新 수학의
바이블

개념

중학 3-1

新 수학의 바이블만의 탁월한 구성과 특징

본교재

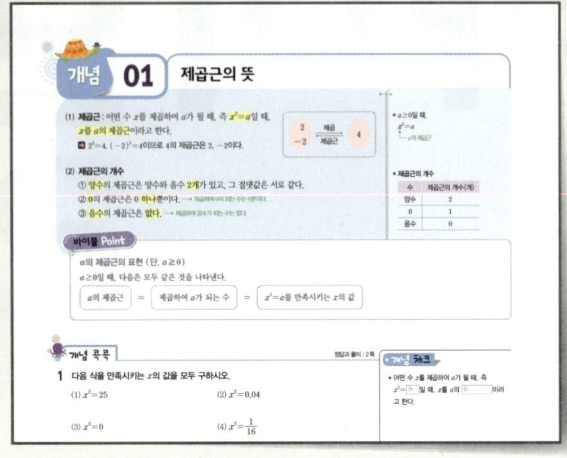

1 개념 학습

개념 설명 바이블만의 체계적이고 자세한 설명으로 개념의 원리와 공식을 완벽하게 이해할 수 있도록 하였습니다.

바이블 Point 중요 개념 및 공식, 성질이 성립하는 과정을 설명하고 핵심 내용을 도식화하여 설명함으로써 개념을 더 쉽게 이해할 수 있도록 하였습니다.

개념 콕콕 개념을 익힌 후 개념이 직접적으로 적용된 문제를 풀어봄으로써 개념이 문제에 어떻게 적용되는지 이해할 수 있도록 하였습니다.

개념 체크 문제 해결에 이용되는 개념을 정확하게 암기할 수 있도록 빈칸 채우기 문제를 제공하였습니다.

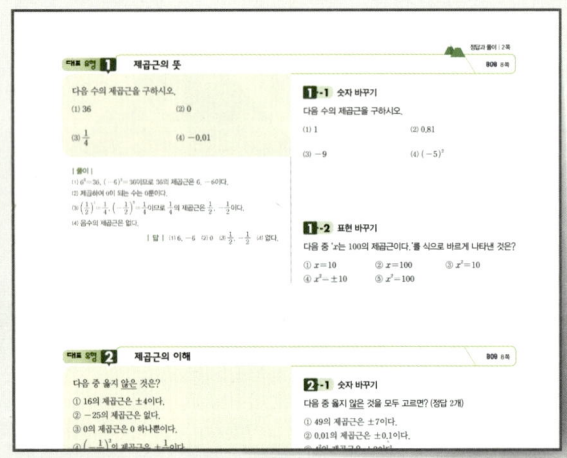

2 유형 학습

대표 유형 개념을 이해하고 적용시키기에 가장 적합한 핵심 문항을 대표 유형으로 선정하였습니다.

숫자 바꾸기 대표 유형에서 숫자만 바꾼 유사 문제로 대표 유형을 통해 습득한 문제 해결 원리를 다시 확인할 수 있도록 하였습니다.

표현 바꾸기 대표 유형에서 표현을 바꾼 변형 문제와 개념 확장 문제를 통하여 통합적 문제 해결 원리를 습득할 수 있도록 하였습니다.

워크북

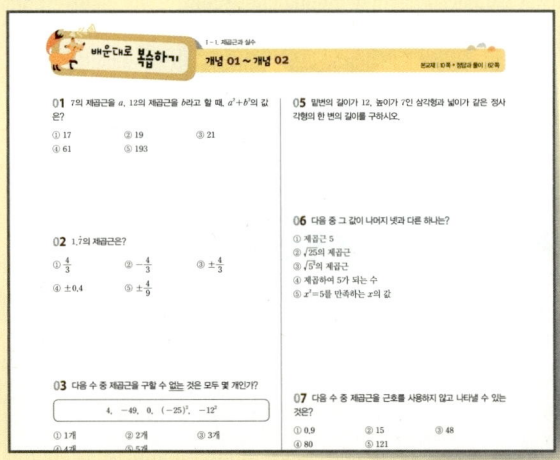

1 배운대로 복습하기

본교재의 〈배운대로 해결하기〉의 유사 문항으로 구성하여 해당 소단원의 내용을 한번 더 학습함으로써 개념을 확실하게 이해할 수 있도록 하였습니다.

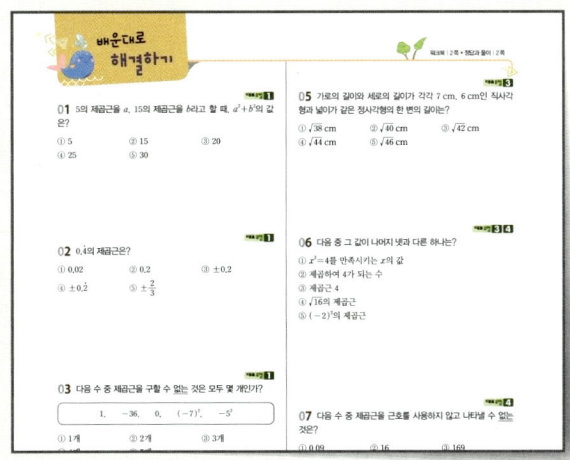

3 배운대로 해결하기

앞에서 학습한 유형들을 완벽하게 이해할 수 있도록 대표 유형의 유사 문항과 개념 확장 문항을 제공하고 있습니다.
또한, 학습의 완성도를 확인할 수 있도록 대표 유형과 링크를 걸어 활용도를 높였습니다.

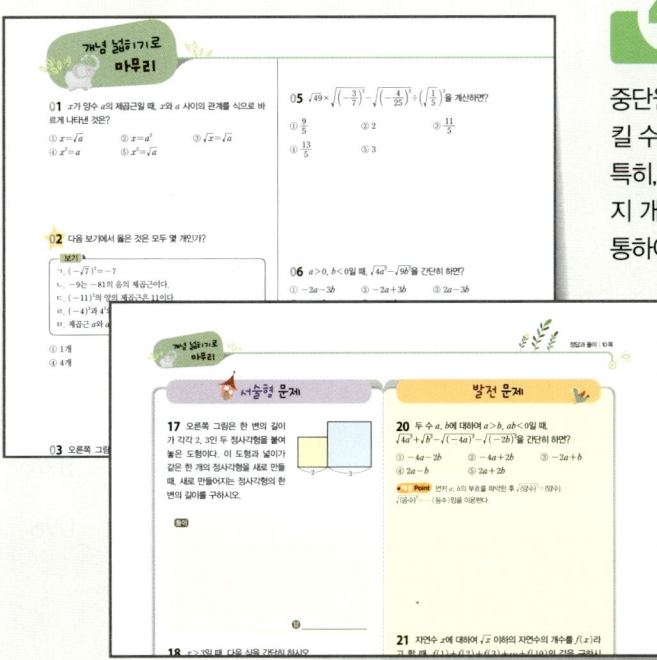

4 개념 넓히기로 마무리

중단원에서 학습한 다양한 문제를 풀어봄으로써 문제 해결력을 향상시킬 수 있도록 하였습니다.
특히, 서술력을 강화할 수 있도록 구성한 〈서술형 문제〉 코너와 여러 가지 개념을 활용하여 해결해야 하는 문항들로 구성한 〈발전 문제〉 코너를 통하여 학교 시험에 완벽하게 대비할 수 있도록 하였습니다.

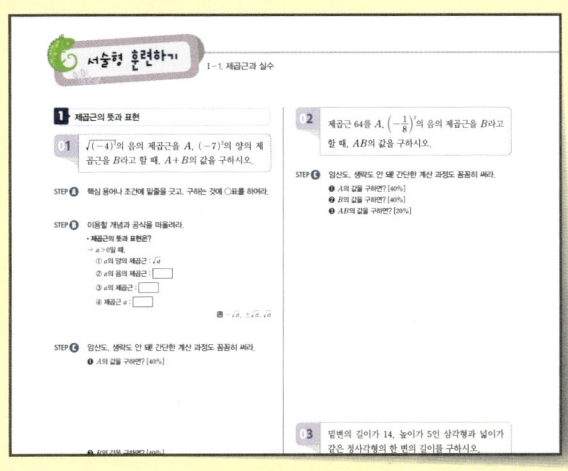

2 서술형 훈련하기

서술형 문제의 해결 방법을 단계별로 제시하여 쓰기 연습을 체계적으로 훈련함으로써 스스로 서술형 문제를 해결할 수 있는 힘을 강화할 수 있도록 하였습니다.

 이 책의 **차례**

Ⅰ 실수와 그 계산

Ⅱ 이차방정식

Ⅲ 이차함수

I. 실수와 그 계산

 **제곱근과 실수**

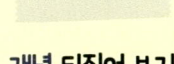

개념 되짚어 보기

- **유리수** : 분수 $\dfrac{a}{b}$ (a, b는 정수, $b \neq 0$)의 꼴로 나타낼 수 있는 수
- **무한소수** : 소수점 아래의 0이 아닌 숫자가 무한히 계속되는 소수

(1) **제곱근** : 어떤 수 x를 제곱하여 a가 될 때, 즉 $x^2 = a$일 때, x를 a의 제곱근이라고 한다.

   예 $2^2 = 4$, $(-2)^2 = 4$이므로 4의 제곱근은 2, -2이다.

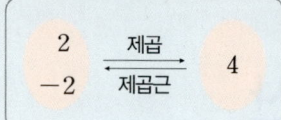

- $a \geq 0$일 때,
$$x^2 = a$$
    └ a의 제곱근

(2) **제곱근의 개수**

  ① 양수의 제곱근은 양수와 음수 2개가 있고, 그 절댓값은 서로 같다.

  ② 0의 제곱근은 0 하나뿐이다. → 제곱하여 0이 되는 수는 0뿐이다.

  ③ 음수의 제곱근은 없다. → 제곱하여 음수가 되는 수는 없다.

- 제곱근의 개수

수	제곱근의 개수(개)
양수	2
0	1
음수	0

바이블 Point

a의 제곱근의 표현 (단, $a \geq 0$)

$a \geq 0$일 때, 다음은 모두 같은 것을 나타낸다.

a의 제곱근	=	제곱하여 a가 되는 수	=	$x^2 = a$를 만족시키는 x의 값

 개념 콕콕

정답과 풀이 | 2쪽

1 다음 식을 만족시키는 x의 값을 모두 구하시오.

  (1) $x^2 = 25$ (2) $x^2 = 0.04$

  (3) $x^2 = 0$ (4) $x^2 = \dfrac{1}{16}$

  (5) $x^2 = -36$ (6) $x^2 = \left(-\dfrac{1}{3}\right)^2$

2 다음 □ 안에 알맞은 수를 써넣으시오.

  (1) 9의 제곱근 ➡ 제곱하여 □가 되는 수

        ➡ $x^2 = $□를 만족시키는 x의 값

        ➡ $x = $□, □

  (2) $\dfrac{1}{64}$의 제곱근 ➡ 제곱하여 □이 되는 수

           ➡ $x^2 = $□을 만족시키는 x의 값

           ➡ $x = $□, □

개념 체크

- 어떤 수 x를 제곱하여 a가 될 때, 즉 $x^2 = $ ㉠ 일 때, x를 a의 ㉡ 이라고 한다.

- $a \geq 0$일 때, a의 제곱근

  ➡ ㉢ 하여 a가 되는 수

  ➡ $x^2 = $ ㉣ 를 만족시키는 x의 값

답 | ㉠ a ㉡ 제곱근 ㉢ 제곱 ㉣ a

대표 유형 **1**   제곱근의 뜻

BOB 8쪽

다음 수의 제곱근을 구하시오.

(1) 36

(2) 0

(3) $\dfrac{1}{4}$

(4) -0.01

| 풀이 |

(1) $6^2=36$, $(-6)^2=36$이므로 36의 제곱근은 6, -6이다.

(2) 제곱하여 0이 되는 수는 0뿐이다.

(3) $\left(\dfrac{1}{2}\right)^2=\dfrac{1}{4}$, $\left(-\dfrac{1}{2}\right)^2=\dfrac{1}{4}$이므로 $\dfrac{1}{4}$의 제곱근은 $\dfrac{1}{2}$, $-\dfrac{1}{2}$이다.

(4) 음수의 제곱근은 없다.

| 답 | (1) 6, -6 (2) 0 (3) $\dfrac{1}{2}$, $-\dfrac{1}{2}$ (4) 없다.

1-1 숫자 바꾸기

다음 수의 제곱근을 구하시오.

(1) 1

(2) 0.81

(3) -9

(4) $(-5)^2$

1-2 표현 바꾸기

다음 중 'x는 100의 제곱근이다.'를 식으로 바르게 나타낸 것은?

① $x=10$ ② $x=100$ ③ $x^2=10$

④ $x^2=\pm10$ ⑤ $x^2=100$

대표 유형 **2**   제곱근의 이해

BOB 8쪽

다음 중 옳지 <u>않은</u> 것은?

① 16의 제곱근은 ±4이다.

② -25의 제곱근은 없다.

③ 0의 제곱근은 0 하나뿐이다.

④ $\left(-\dfrac{1}{9}\right)^2$의 제곱근은 $\pm\dfrac{1}{3}$이다.

⑤ $(-8)^2$의 제곱근은 2개이다.

| 풀이 |

④ $\left(-\dfrac{1}{9}\right)^2=\dfrac{1}{81}$의 제곱근은 $\pm\dfrac{1}{9}$이다.

| 답 | ④

2-1 숫자 바꾸기

다음 중 옳지 <u>않은</u> 것을 모두 고르면? (정답 2개)

① 49의 제곱근은 ±7이다.

② 0.01의 제곱근은 ±0.1이다.

③ 4^2의 제곱근은 ±2이다.

④ $\left(-\dfrac{2}{3}\right)^2$의 제곱근과 $\left(\dfrac{2}{3}\right)^2$의 제곱근은 모두 $\pm\dfrac{2}{3}$이다.

⑤ 음수가 아닌 모든 수의 제곱근은 2개이다.

2-2 표현 바꾸기

다음 보기에서 옳은 것을 모두 고르시오.

> 보기
>
> ㄱ. $(-2)^2$의 제곱근은 없다.
>
> ㄴ. 0.04^2의 제곱근은 ±0.04이다.
>
> ㄷ. $-\dfrac{1}{121}$의 제곱근은 $\pm\dfrac{1}{11}$이다.
>
> ㄹ. $(-7)^2$의 제곱근과 7^2의 제곱근은 서로 같다.

개념 **02** 제곱근의 표현

(1) 제곱근은 기호 $\sqrt{}$ (근호)를 사용하여 나타내고, 이것을 '제곱근' 또는 '루트(root)'라고 읽는다.
  ➡ $\sqrt{a}$: '제곱근 a' 또는 '루트 a'

(2) 양수 a의 제곱근 중 양수인 것을 양의 제곱근, 음수인 것을 음의 제곱근이라 하고, 기호 $\sqrt{}$를 사용하여 다음과 같이 나타낸다.
  ➡ **양의 제곱근 : $\sqrt{a}$, 음의 제곱근 : $-\sqrt{a}$** ┌ $\sqrt{a}$와 $-\sqrt{a}$를 한꺼번에 $\pm\sqrt{a}$로 나타내기도 한다.
                                                                 이때 $\pm\sqrt{a}$를 '플러스 마이너스 루트 a'라고 읽는다.
  예 2의 양의 제곱근은 $\sqrt{2}$, 음의 제곱근은 $-\sqrt{2}$이다.
  참고 어떤 수의 제곱근은 근호를 사용하지 않고 나타낼 수도 있다.
      예 4의 제곱근 : $\pm\sqrt{4}=\pm 2$, $\dfrac{1}{9}$의 제곱근 : $\pm\sqrt{\dfrac{1}{9}}=\pm\dfrac{1}{3}$

> • 근호 $\sqrt{}$ 는 뿌리(root)를 뜻하는 라틴어 radix의 첫 글자 r을 변형하여 만든 것이다.
>
> • 양수 a의 제곱근
> ➡ 제곱하여 a가 되는 수
> ➡ $x^2=a$를 만족시키는 x의 값
> ➡ $\pm\sqrt{a}$
>
> **용어**
> 근호(뿌리 根, 이름 號)
> 근의 기호

바이블 Point

a의 제곱근과 제곱근 a의 비교 (단, $a>0$)

	a의 제곱근	제곱근 a
뜻	제곱하여 a가 되는 수	a의 양의 제곱근
표현	$\sqrt{a}, -\sqrt{a}$	$\sqrt{a}$
개수(개)	2	1

예 3의 제곱근은 $\pm\sqrt{3}$이고, 제곱근 3은 $\sqrt{3}$이다.

 개념 콕콕

정답과 풀이 | 2쪽

1 다음 수의 제곱근을 근호를 사용하여 나타내시오.
  (1) 5   (2) 11

  (3) 0.3   (4) $\dfrac{1}{2}$

2 다음을 근호를 사용하여 나타내시오.
  (1) 6의 양의 제곱근   (2) 6의 음의 제곱근

  (3) 6의 제곱근   (4) 제곱근 6

3 다음 수를 근호를 사용하지 않고 나타내시오.
  (1) $\sqrt{9}$ (2) $-\sqrt{49}$

  (3) $\sqrt{0.04}$ (4) $-\sqrt{\dfrac{1}{36}}$

개념 체크

• $a>0$일 때, x는 a의 제곱근
  ➡ $x^2=a$
  ➡ $x=\boxed{\ ㉠\ }$

• $a>0$일 때,
 ① a의 양의 제곱근 : $\sqrt{a}$
 ② a의 음의 제곱근 : $-\sqrt{a}$
 ③ a의 제곱근 : $\boxed{\ ㉡\ }$
 ④ 제곱근 a : $\boxed{\ ㉢\ }$

• a가 어떤 유리수의 $\boxed{\ ㉣\ }$이면 $\sqrt{a}$는 근호를 사용하지 않고 나타낼 수 있다.

답 | ㉠ $\pm\sqrt{a}$ ㉡ $\pm\sqrt{a}$ ㉢ $\sqrt{a}$ ㉣ 제곱

대표 유형 3 제곱근의 표현

BOB 9쪽

다음 중 그 값이 나머지 넷과 다른 하나는?

① 제곱근 3
② 3의 제곱근
③ $\sqrt{3}$ 또는 $-\sqrt{3}$
④ 제곱하여 3이 되는 수
⑤ $x^2=3$을 만족시키는 x의 값

| 풀이 |
① $\sqrt{3}$
②, ③, ④, ⑤ $\pm\sqrt{3}$

| 답 | ①

3 -1 숫자 바꾸기

다음 중 그 값이 나머지 넷과 다른 하나는?

① $\sqrt{7}$
② 제곱근 7
③ 7의 양의 제곱근
④ 제곱하여 7이 되는 양수
⑤ $x^2=7$을 만족시키는 x의 값

3 -2 표현 바꾸기

오른쪽 그림과 같은 직각삼각형에서 x의 값을 구하시오.

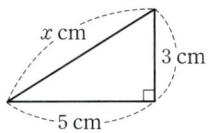

대표 유형 4 근호를 사용하지 않고 제곱근 나타내기

BOB 10쪽

다음 수 중 제곱근을 근호를 사용하지 않고 나타낼 수 있는 것을 모두 고르면? (정답 2개)

① 0.16   ② 0.1   ③ $\dfrac{6}{49}$

④ 15   ⑤ 121

| 풀이 |
① $\pm\sqrt{0.16}=\pm0.4$
⑤ $\pm\sqrt{121}=\pm11$

| 답 | ①, ⑤

4 -1 숫자 바꾸기

다음 수 중 제곱근을 근호를 사용하지 않고 나타낼 수 없는 것은?

① $\dfrac{1}{4}$ ② 0.36   ③ 99

④ 144   ⑤ $\dfrac{9}{64}$

4 -2 표현 바꾸기

다음 수 중 제곱근을 근호를 사용하지 않고 나타낼 수 있는 것은 모두 몇 개인지 구하시오.

$$10, \quad 0.01, \quad \frac{5}{81}, \quad 6.4, \quad \frac{9}{25}$$

배운대로 해결하기

대표유형 1

01 5의 제곱근을 a, 15의 제곱근을 b라고 할 때, a^2+b^2의 값은?

① 5 ② 15 ③ 20
④ 25 ⑤ 30

대표유형 1

02 $0.\dot{4}$의 제곱근은?

① 0.02 ② 0.2 ③ ±0.2
④ $\pm0.\dot{2}$ ⑤ $\pm\dfrac{2}{3}$

대표유형 1

03 다음 수 중 제곱근을 구할 수 <u>없는</u> 것은 모두 몇 개인가?

$$1, \quad -36, \quad 0, \quad (-7)^2, \quad -5^2$$

① 1개 ② 2개 ③ 3개
④ 4개 ⑤ 5개

대표유형 2 3

04 다음 중 옳은 것을 모두 고르면? (정답 2개)

① −3은 9의 음의 제곱근이다.
② 제곱근 49는 ±7이다.
③ 음수의 제곱근은 없다.
④ $(0.25)^2$의 제곱근은 ±0.5이다.
⑤ 제곱근 64와 64의 제곱근은 서로 같다.

대표유형 3

05 가로의 길이와 세로의 길이가 각각 7 cm, 6 cm인 직사각형과 넓이가 같은 정사각형의 한 변의 길이는?

① $\sqrt{38}$ cm ② $\sqrt{40}$ cm ③ $\sqrt{42}$ cm
④ $\sqrt{44}$ cm ⑤ $\sqrt{46}$ cm

대표유형 3 4

06 다음 중 그 값이 나머지 넷과 다른 하나는?

① $x^2=4$를 만족시키는 x의 값
② 제곱하여 4가 되는 수
③ 제곱근 4
④ $\sqrt{16}$의 제곱근
⑤ $(-2)^2$의 제곱근

대표유형 4

07 다음 수 중 제곱근을 근호를 사용하지 않고 나타낼 수 <u>없는</u> 것은?

① 0.09 ② 16 ③ 169
④ $\dfrac{3}{25}$ ⑤ $7.\dot{1}$

생각이 쑥쑥 **대표유형 4**

08 $(-6)^2$의 음의 제곱근을 a, 제곱근 100을 b, $\sqrt{81}$의 양의 제곱근을 c라고 할 때, $a+b+c$의 값은?

① 6 ② 7 ③ 8
④ 9 ⑤ 10

제곱근의 성질

$a>0$일 때,

(1) a의 제곱근을 제곱하면 a이다. → 양수 a의 제곱근은 $\pm\sqrt{a}$이므로 $(\pm\sqrt{a})^2=a$이다.

➡ $(\sqrt{a})^2=a,\ (-\sqrt{a})^2=a$

예 $(\sqrt{2})^2=2,\ (-\sqrt{2})^2=2$

(2) 근호 안의 수가 어떤 수의 제곱이면 근호를 없앨 수 있다.

➡ $\sqrt{a^2}=a,\ \sqrt{(-a)^2}=a$

예 $\sqrt{3^2}=3,\ \sqrt{(-3)^2}=\sqrt{3^2}=3$

• $a>0$일 때,
$$\sqrt{(-a)^2}=\sqrt{(-a)\times(-a)}$$
$$=\sqrt{a^2}=a$$

바이블 Point

제곱근의 성질

(1) $a>0$일 때,

① $(\sqrt{a})^2$, $(-\sqrt{a})^2$은 제곱한 것이므로 양수이다.

② $\sqrt{a^2}$, $\sqrt{(-a)^2}$은 양의 제곱근이므로 양수이다.

(2) $(\sqrt{a})^2$, $(-\sqrt{a})^2$, $\sqrt{a^2}$, $\sqrt{(-a)^2}$과 같이 근호가 포함된 식을 계산할 때에는 먼저 제곱근의 성질을 이용하여 근호를 없앤 후 계산한다.

 개념 콕콕

정답과 풀이 | 3쪽

1 다음 값을 구하시오.

(1) $(\sqrt{5})^2$

(2) $\left(\sqrt{\dfrac{2}{7}}\right)^2$

(3) $(-\sqrt{0.2})^2$

(4) $-(-\sqrt{6})^2$

2 다음 값을 구하시오.

(1) $\sqrt{10^2}$

(2) $-\sqrt{1.6^2}$

(3) $\sqrt{(-7)^2}$

(4) $-\sqrt{\left(-\dfrac{3}{4}\right)^2}$

3 다음을 계산하시오.

(1) $(\sqrt{2})^2+(\sqrt{7})^2$

(2) $\sqrt{11^2}-(-\sqrt{13})^2$

(3) $(\sqrt{3})^2\times\sqrt{16}$

(4) $(-\sqrt{24})^2\div\sqrt{(-6)^2}$

(5) $\left(\sqrt{\dfrac{3}{7}}\right)^2\times\sqrt{\left(-\dfrac{14}{3}\right)^2}$

(6) $(-\sqrt{1.2})^2\div\sqrt{0.04}$

개념 체크

• a의 제곱근을 제곱하면 ⓐ 이다.

➡ $(\sqrt{a})^2=$ ⓑ , $(-\sqrt{a})^2=$ ⓒ

• 근호 안의 수가 어떤 수의 제곱이면 ⓓ 를 없앨 수 있다.

➡ $\sqrt{a^2}=$ ⓔ , $\sqrt{(-a)^2}=$ ⓕ

• 제곱근의 성질을 이용하여 ⓖ 를 없앤 후 계산한다.

답 | ⓐ a ⓑ a ⓒ a ⓓ 근호 ⓔ a ⓕ a ⓖ 근호

대표 유형 **1** 제곱근의 성질

BOB 10쪽

다음 중 그 값이 나머지 넷과 다른 하나는?

① $\sqrt{3^2}$ ② $\sqrt{(-3)^2}$ ③ $(-\sqrt{3})^2$

④ $-(-\sqrt{3})^2$ ⑤ $-(-\sqrt{3^2})$

| 풀이 |

①, ②, ③, ⑤ 3

④ -3

| 답 | ④

1-1 숫자 바꾸기

다음 중 그 값이 나머지 넷과 다른 하나는?

① $(\sqrt{5})^2$ ② $\sqrt{5^2}$ ③ $(-\sqrt{5})^2$

④ $\sqrt{(-5)^2}$ ⑤ $-\sqrt{(-5)^2}$

1-2 표현 바꾸기

다음 중 옳지 <u>않은</u> 것은?

① $\sqrt{(-0.3)^2}=0.3$ ② $(\sqrt{4})^2=4$

③ $\sqrt{\left(\dfrac{3}{8}\right)^2}=\dfrac{3}{8}$ ④ $-\sqrt{\left(-\dfrac{1}{16}\right)^2}=-\dfrac{1}{16}$

⑤ $\left(-\sqrt{\dfrac{4}{5}}\right)^2=-\dfrac{4}{5}$

대표 유형 **2** 제곱근의 성질을 이용한 식의 계산

BOB 11쪽

$(-\sqrt{2})^2-\sqrt{\left(-\dfrac{3}{2}\right)^2}\times\sqrt{4^2}$을 계산하시오.

| 풀이 |

(주어진 식)$=2-\dfrac{3}{2}\times 4=2-6=-4$

| 답 | -4

2-1 숫자 바꾸기

$\sqrt{81}+(-\sqrt{5})^2\div\left(\sqrt{\dfrac{5}{4}}\right)^2$을 계산하시오.

2-2 표현 바꾸기

$a=\sqrt{5}$, $b=-\sqrt{3}$, $c=2$일 때, $2a^2\times b^2\div\sqrt{(-c)^2}$의 값은?

① 4 ② 7 ③ 9

④ 11 ⑤ 15

개념 04 $\sqrt{A^2}$ 의 성질

$\sqrt{A^2}$은 A^2의 양의 제곱근이므로 A의 부호에 관계없이 항상 음이 아닌 값을 갖는다.

$$\sqrt{A^2}=|A|=\begin{cases} A\geq 0 일 \ 때, \ A \\ A<0 일 \ 때, \ -A \end{cases}$$ → 0 또는 양수

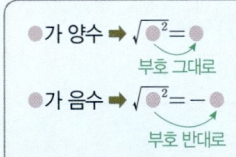

● 가 양수 ➡ $\sqrt{\bullet^2}=\bullet$
　　　　　　　　부호 그대로
● 가 음수 ➡ $\sqrt{\bullet^2}=-\bullet$
　　　　　　　　부호 반대로

● ① $\sqrt{(양수)^2}=(양수)$
　② $\sqrt{(음수)^2}=-(음수)=(양수)$

● $\sqrt{A^2}$을 간단히 할 때에는 먼저 A가 양수인지 음수인지를 확인한다.

바이블 Point

문자가 포함된 식에서 근호 없애기

$\sqrt{A^2}$에서 $A=a-b$로 주어질 때에도 먼저 $a-b$가 양수인지 음수인지 확인한다.

$$\sqrt{(a-b)^2}=|a-b|=\begin{cases} a-b\geq 0 일 \ 때, \ a-b \\ a-b<0 일 \ 때, \ -(a-b)=-a+b \end{cases}$$

개념 콕콕

정답과 풀이 | 4쪽

1 $a>0$일 때, □ 안에 알맞은 부등호를 써넣고, 주어진 식을 근호를 사용하지 않고 나타 내시오.

(1) $2a$□0이므로 $\sqrt{(2a)^2}=$ _____

(2) $-3a$□0이므로 $\sqrt{(-3a)^2}=$ _____

2 $a<0$일 때, □ 안에 알맞은 부등호를 써넣고, 주어진 식을 근호를 사용하지 않고 나타 내시오.

(1) $4a$□0이므로 $\sqrt{(4a)^2}=$ _____

(2) $-a$□0이므로 $-\sqrt{(-a)^2}=$ _____

3 $a>1$일 때, □ 안에 알맞은 부등호를 써넣고, 주어진 식을 근호를 사용하지 않고 나타 내시오.

(1) $a-1$□0이므로 $\sqrt{(a-1)^2}=$ _____

(2) $1-a$□0이므로 $\sqrt{(1-a)^2}=$ _____

개념 체크

● $\sqrt{A^2}$의 성질
　① $A\geq 0$이면 $\sqrt{A^2}=$ ⓐ
　② $A<0$이면 $\sqrt{A^2}=$ ⓑ

● $\sqrt{A^2}$에서 $A=a-b$로 주어질 때에도 먼저 $a-b$의 ⓒ 를 확인한다.

답 | ⓐ A　ⓑ $-A$　ⓒ 부호

1. 제곱근과 실수 **13**

대표 유형 3 $\sqrt{A^2}$의 성질(1)

BOB 11쪽

$a<0$일 때, 다음 보기에서 옳은 것을 모두 고르시오.

보기
ㄱ. $-\sqrt{a^2}=-a$ ㄴ. $\sqrt{(5a)^2}=5a$
ㄷ. $\sqrt{(-3a)^2}=-3a$ ㄹ. $-\sqrt{16a^2}=4a$

| 풀이 |
ㄱ. $a<0$이므로 $-\sqrt{a^2}=-(-a)=a$
ㄴ. $5a<0$이므로 $\sqrt{(5a)^2}=-5a$
ㄷ. $-3a>0$이므로 $\sqrt{(-3a)^2}=-3a$
ㄹ. $-\sqrt{16a^2}=-\sqrt{(4a)^2}$이고 $4a<0$이므로
$\quad -\sqrt{16a^2}=-\sqrt{(4a)^2}=-(-4a)=4a$
따라서 옳은 것은 ㄷ, ㄹ이다.

| 답 | ㄷ, ㄹ

3-1 숫자 바꾸기

$a>0$일 때, 다음 보기에서 옳은 것을 모두 고르시오.

보기
ㄱ. $\sqrt{(-a)^2}=a$ ㄴ. $\sqrt{49a^2}=-7a$
ㄷ. $-\sqrt{(6a)^2}=-6a$ ㄹ. $-\sqrt{(-2a)^2}=2a$

3-2 표현 바꾸기

$a>0$, $b<0$일 때, $\sqrt{(3a)^2}+\sqrt{(-b)^2}$을 간단히 하면?

① $-3a-b$ ② $-3a+b$ ③ $3a-b$
④ $3a+b$ ⑤ $9a+b$

대표 유형 4 $\sqrt{A^2}$의 성질(2)

BOB 12쪽

$x<2$일 때, $\sqrt{(x-2)^2}+\sqrt{(2-x)^2}$을 간단히 하시오.

| 풀이 |
$x<2$이므로 $x-2<0$, $2-x>0$
$\therefore \sqrt{(x-2)^2}+\sqrt{(2-x)^2}=-(x-2)+(2-x)$
$\qquad\qquad\qquad\qquad\qquad =-x+2+2-x$
$\qquad\qquad\qquad\qquad\qquad =-2x+4$

| 답 | $-2x+4$

4-1 숫자 바꾸기

$x>5$일 때, $\sqrt{(5-x)^2}-\sqrt{(x-5)^2}$을 간단히 하시오.

4-2 표현 바꾸기

$-2<a<1$일 때, $\sqrt{(a+2)^2}+\sqrt{(a-1)^2}$을 간단히 하면?

① 1 ② 3 ③ $-2a-1$
④ $2a-1$ ⑤ $2a+1$

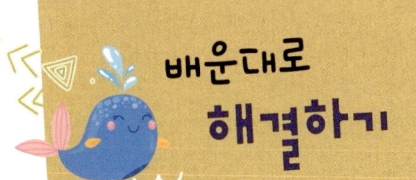

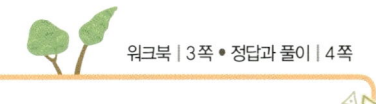

01 다음 중 옳은 것은? 대표유형 **1**

① $\sqrt{(-5)^2}=-5$ ② $(-\sqrt{7})^2=-7$

③ $-\sqrt{(-9)^2}=9$ ④ $-(\sqrt{3})^2=3$

⑤ $-\sqrt{36}=-6$

02 $\sqrt{(-64)^2}$의 양의 제곱근을 A, $(-\sqrt{100})^2$의 음의 제곱근을 B라고 할 때, $A+B$의 값을 구하시오. 대표유형 **1**

03 다음 중 옳은 것은? 대표유형 **2**

① $\sqrt{(-3)^2}+\sqrt{16}=1$

② $(-\sqrt{6})^2-\sqrt{5^2}=-1$

③ $-\left(\sqrt{\dfrac{1}{2}}\right)^2+\sqrt{\left(-\dfrac{3}{2}\right)^2}=1$

④ $\sqrt{81}\div(-\sqrt{3})^2=-3$

⑤ $(-\sqrt{7})^2\times(-\sqrt{3^2})=21$

생각이 쑥쑥
04 $A=\sqrt{(-12)^2}-(\sqrt{5})^2\times\sqrt{(-2)^2}$, 대표유형 **2**
$B=\sqrt{8^2}\div(-\sqrt{4})^2+\sqrt{49}$일 때, $A+B$의 값은?

① 8 ② 9 ③ 10

④ 11 ⑤ 12

05 $x>0$일 때, 다음 중 옳지 않은 것은? 대표유형 **3**

① $\sqrt{x^2}=x$ ② $\sqrt{(-x)^2}=x$

③ $\sqrt{25x^2}=5x$ ④ $-\sqrt{(7x)^2}=7x$

⑤ $-\sqrt{(-4x)^2}=-4x$

06 $a<0$, $b>0$일 때, $\sqrt{(5a)^2}-\sqrt{(-2b)^2}$을 간단히 하면? 대표유형 **3**

① $-5a-2b$ ② $-5a+2b$ ③ $5a+2b$

④ $25a-4b$ ⑤ $25a+4b$

07 $a<6$일 때, $\sqrt{(a-6)^2}-\sqrt{(6-a)^2}$을 간단히 하면? 대표유형 **4**

① -12 ② 0 ③ $-2a-12$

④ $-2a$ ⑤ $2a$

08 $-4<a<3$일 때, $\sqrt{(a+4)^2}+\sqrt{(a-3)^2}$을 간단히 하시오. 대표유형 **4**

개념 05 제곱수를 이용하여 근호 없애기

(1) **제곱수** : 1, 4, 9, 16, …과 같이 자연수의 제곱인 수

참고 10 이상의 암기해 두면 편리한 제곱수

자연수	11	12	13	14	15	16
제곱수	121	144	169	196	225	256

(2) 근호($\sqrt{}$) 안의 수가 제곱수이면 근호를 사용하지 않고 자연수로 나타낼 수 있다.

➡ $\sqrt{(제곱수)}=\sqrt{(자연수)^2}=(자연수)$

예 $\sqrt{25}=\sqrt{5^2}=5$, $\sqrt{49}=\sqrt{7^2}=7$

(3) **제곱수의 성질** : 제곱수를 소인수분해하면 각 소인수의 지수가 모두 짝수이다.

예 $36=2^2\times3^2$, $81=3^4$

- $\sqrt{\bullet}=(자연수)$
- ➡ $\bullet$는 1^2, 2^2, 3^2, …
- ➡ $\bullet$는 제곱수

바이블 Point

제곱수를 이용하여 근호를 없애는 방법

A가 제곱수가 아닌 자연수일 때,

(1) $\sqrt{Ax}$, $\sqrt{\dfrac{A}{x}}$의 꼴을 자연수로 만들기

➡ A를 소인수분해한 후 소인수의 지수가 모두 짝수가 되도록 x의 값을 정한다.

(2) $\sqrt{A+x}$의 꼴을 자연수로 만들기

➡ $A+x>A$이므로 A보다 큰 제곱수를 찾는다.

(3) $\sqrt{A-x}$의 꼴을 자연수로 만들기

➡ $A-x<A$이므로 A보다 작은 제곱수를 찾는다.

개념 콕콕

정답과 풀이 | 5쪽

1 다음은 $\sqrt{12x}$가 자연수가 되도록 하는 가장 작은 자연수 x의 값을 구하는 과정이다. □ 안에 알맞은 수를 써넣으시오.

근호 안의 수를 소인수분해하면 $12x=\square^2\times\square\times x$
소인수의 지수가 모두 짝수가 되도록 하려면 $x=\square\times(자연수)^2$의 꼴이어야 한다.
따라서 가장 작은 자연수 x의 값은 $\square$이다.

2 다음은 $\sqrt{4+x}$가 자연수가 되도록 하는 가장 작은 자연수 x의 값을 구하는 과정이다. □ 안에 알맞은 수를 써넣으시오.

$4+x$는 4보다 큰 제곱수이어야 한다.
4보다 큰 제곱수는 $\square$, $\square$, $\square$, …
이때 4보다 큰 제곱수 중 가장 작은 수는 $\square$이므로 $4+x=\square$
따라서 가장 작은 자연수 x의 값은 $\square$이다.

개념 체크

- 근호 안의 수가 ㉠_____이면 근호를 사용하지 않고 자연수로 나타낼 수 있다.

- $\sqrt{Ax}$ (A는 자연수)의 꼴을 자연수로 만들기
  ① A를 ㉡_____한다.
  ② 각 소인수의 지수가 모두 ㉢_____가 되도록 x의 값을 구한다.

- $\sqrt{A+x}$ (A는 자연수)의 꼴을 자연수로 만들기
  ➡ A보다 큰 ㉣_____를 찾는다.

답 | ㉠ 제곱수 ㉡ 소인수분해 ㉢ 짝수 ㉣ 제곱수

대표 유형 1 $\sqrt{Ax}$, $\sqrt{\dfrac{A}{x}}$ 가 자연수가 되도록 하는 자연수 x의 값 구하기 BOB 13쪽

$\sqrt{18x}$가 자연수가 되도록 하는 가장 작은 자연수 x의 값은?

① 2　　　　② 3　　　　③ 5
④ 6　　　　⑤ 10

| 풀이 |
$18x = 2 \times 3^2 \times x$이므로 $x = 2 \times$ (자연수)^{2}의 꼴이어야 한다.
따라서 가장 작은 자연수 x의 값은 2이다.

| 답 | ①

1-1 숫자 바꾸기

$\sqrt{40x}$가 자연수가 되도록 하는 가장 작은 자연수 x의 값은?

① 2　　　　② 5　　　　③ 10
④ 12　　　　⑤ 15

1-2 표현 바꾸기

$\sqrt{\dfrac{45}{x}}$가 자연수가 되도록 하는 가장 작은 자연수 x의 값을 구하시오.

대표 유형 2 $\sqrt{A+x}$, $\sqrt{A-x}$가 자연수가 되도록 하는 자연수 x의 값 구하기 BOB 14쪽

$\sqrt{21+x}$가 자연수가 되도록 하는 가장 작은 자연수 x의 값은?

① 2　　　　② 3　　　　③ 4
④ 5　　　　⑤ 6

| 풀이 |
$21+x$는 21보다 큰 제곱수이어야 한다.
21보다 큰 제곱수는 25, 36, 49, …
이때 x는 가장 작은 자연수이므로
$21+x=25$　　$\therefore x=4$

| 답 | ③

2-1 숫자 바꾸기

$\sqrt{57+x}$가 자연수가 되도록 하는 가장 작은 자연수 x의 값은?

① 3　　　　② 5　　　　③ 7
④ 9　　　　⑤ 11

2-2 표현 바꾸기

$\sqrt{32-x}$가 자연수가 되도록 하는 자연수 x의 개수는?

① 2개　　　　② 3개　　　　③ 4개
④ 5개　　　　⑤ 6개

개념 06 제곱근의 대소 관계

$a>0$, $b>0$일 때,

(1) $a<b$이면 $\sqrt{a}<\sqrt{b}$　　예 $3<5$이므로 $\sqrt{3}<\sqrt{5}$

(2) $\sqrt{a}<\sqrt{b}$이면 $a<b$　　예 $\sqrt{3}<\sqrt{5}$이므로 $3<5$

(3) $\sqrt{a}<\sqrt{b}$이면 $-\sqrt{a}>-\sqrt{b}$　　예 $\sqrt{3}<\sqrt{5}$이므로 $-\sqrt{3}>-\sqrt{5}$

참고 정사각형의 넓이를 이용한 제곱근의 대소 관계의 이해
① 정사각형의 넓이가 넓을수록 한 변의 길이도 길다.
　➡ $a<b$이면 $\sqrt{a}<\sqrt{b}$
② 정사각형의 한 변의 길이가 길수록 넓이도 넓다.
　➡ $\sqrt{a}<\sqrt{b}$이면 $a<b$

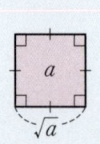 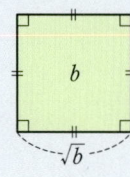

• 제곱근을 포함한 부등식
$a>0$, $b>0$일 때, 부등식 $a<\sqrt{x}<b$를 만족시키는 x의 값의 범위는 각 변을 제곱하여 구한다.
➡ $a^2<x<b^2$

바이블 Point

a와 $\sqrt{b}$의 대소 비교 (단, $a>0$, $b>0$)

방법1 근호가 없는 수를 근호가 있는 수로 나타낸 후 대소를 비교한다.
　➡ $\sqrt{a^2}$과 $\sqrt{b}$의 대소 비교

방법2 각각을 제곱하여 대소를 비교한다.
　➡ a^2과 b의 대소 비교

예 2와 $\sqrt{3}$의 대소 비교
　방법1 $2=\sqrt{2^2}=\sqrt{4}$이고 $\sqrt{4}>\sqrt{3}$이므로 $2>\sqrt{3}$
　방법2 $2^2=4$, $(\sqrt{3})^2=3$이고 $4>3$이므로 $2>\sqrt{3}$

개념 콕콕

정답과 풀이 | 5쪽

1 다음 □ 안에 알맞은 부등호를 써넣으시오.

(1) $\sqrt{10}$ □ $\sqrt{13}$

(2) $\sqrt{0.3}$ □ $\sqrt{0.2}$

(3) 4 □ $\sqrt{15}$

(4) $\dfrac{1}{2}$ □ $\sqrt{\dfrac{1}{2}}$

(5) $-\sqrt{\dfrac{2}{3}}$ □ $-\sqrt{\dfrac{1}{2}}$

(6) $-\sqrt{12}$ □ -3

2 다음은 부등식 $2<\sqrt{x}<3$을 만족시키는 모든 자연수 x의 값을 구하는 과정이다. □ 안에 알맞은 수를 써넣으시오.

> 각 변이 모두 양수이므로 각 변을 제곱하면
> $2^2<(\sqrt{x})^2<$□^{2}　∴ $4<x<$□
> 따라서 자연수 x의 값은 □, □, □, □이다.

개념 체크

• $a>0$, $b>0$일 때,
① $a<b$이면 $\sqrt{a}$ ㉠ $\sqrt{b}$
② $\sqrt{a}<\sqrt{b}$이면 a ㉡ b
③ $\sqrt{a}<\sqrt{b}$이면 $-\sqrt{a}$ ㉢ $-\sqrt{b}$

• $a>0$, $b>0$일 때, 부등식 $a<\sqrt{x}<b$를 만족시키는 x의 값의 범위는 각 변을 ㉣ □ 하여 구한다.

답 | ㉠ $<$　㉡ $<$　㉢ $>$　㉣ 제곱

BOB 15쪽

대표 유형 3 제곱근의 대소 관계

다음 중 두 수의 대소 관계가 옳은 것은?

① $\sqrt{7} > 3$ ② $-\sqrt{5} < -\sqrt{6}$ ③ $\sqrt{\dfrac{1}{5}} > \dfrac{1}{3}$

④ $\sqrt{26} < 5$ ⑤ $-\sqrt{30} < -6$

| 풀이 |

① $3 = \sqrt{9}$이고 $\sqrt{7} < \sqrt{9}$이므로 $\sqrt{7} < 3$

② $\sqrt{5} < \sqrt{6}$이므로 $-\sqrt{5} > -\sqrt{6}$

③ $\dfrac{1}{3} = \sqrt{\dfrac{1}{9}}$이고 $\sqrt{\dfrac{1}{5}} > \sqrt{\dfrac{1}{9}}$이므로 $\sqrt{\dfrac{1}{5}} > \dfrac{1}{3}$

④ $5 = \sqrt{25}$이고 $\sqrt{26} > \sqrt{25}$이므로 $\sqrt{26} > 5$

⑤ $6 = \sqrt{36}$이고 $\sqrt{30} < \sqrt{36}$이므로 $-\sqrt{30} > -\sqrt{36}$ ∴ $-\sqrt{30} > -6$

따라서 대소 관계가 옳은 것은 ③이다.

| 답 | ③

3 -1 숫자 바꾸기

다음 중 두 수의 대소 관계가 옳지 <u>않은</u> 것은?

① $0.2 < \sqrt{0.2}$ ② $-\sqrt{8} > -\sqrt{18}$ ③ $\dfrac{1}{4} < \sqrt{\dfrac{1}{8}}$

④ $-\sqrt{\dfrac{5}{6}} > -\sqrt{\dfrac{2}{3}}$ ⑤ $7 > \sqrt{40}$

3 -2 표현 바꾸기

다음 수를 작은 수부터 차례대로 나열할 때, 네 번째에 오는 수를 구하시오.

$$\sqrt{\dfrac{1}{6}}, \quad -3, \quad \sqrt{0.1}, \quad \dfrac{1}{5}, \quad -\sqrt{12}$$

BOB 16쪽

대표 유형 4 제곱근을 포함한 부등식

부등식 $4 \leq \sqrt{2x} < 5$를 만족시키는 자연수 x의 개수는?

① 2개 ② 3개 ③ 4개

④ 5개 ⑤ 6개

| 풀이 |

각 변을 제곱하면 $4^2 \leq (\sqrt{2x})^2 < 5^2$

$16 \leq 2x < 25$ ∴ $8 \leq x < \dfrac{25}{2}$

따라서 자연수 x는 8, 9, 10, 11, 12의 5개이다.

| 답 | ④

4 -1 숫자 바꾸기

부등식 $2 < \sqrt{3x} < 4$를 만족시키는 자연수 x의 개수는?

① 3개 ② 4개 ③ 5개

④ 6개 ⑤ 7개

4 -2 표현 바꾸기

부등식 $3 < \sqrt{x-2} \leq 5$를 만족시키는 자연수 x의 값 중 가장 큰 수를 M, 가장 작은 수를 m이라고 할 때, $M-m$의 값은?

① 13 ② 14 ③ 15

④ 16 ⑤ 17

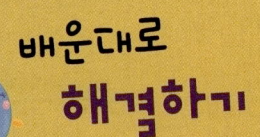

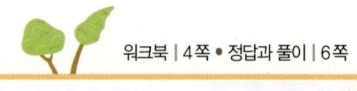
대표유형 1

01 다음 중 $\sqrt{28x}$가 자연수가 되도록 하는 자연수 x의 값이 아닌 것은?

① 7   ② 28   ③ 63
④ 108   ⑤ 112

대표유형 1

02 $\sqrt{\dfrac{60}{x}}$이 자연수가 되도록 하는 가장 작은 자연수 x의 값은?

① 3   ② 5   ③ 6
④ 12   ⑤ 15

대표유형 2

03 a가 40보다 작은 자연수일 때, $\sqrt{13+a}$가 자연수가 되도록 하는 자연수 a의 개수는?

① 2개   ② 3개   ③ 4개
④ 5개   ⑤ 6개

대표유형 2

04 $\sqrt{42-x}$가 자연수가 되도록 하는 자연수 x의 값 중 가장 큰 수와 가장 작은 수의 합을 구하시오.

대표유형 3

05 다음 중 두 수의 대소 관계가 옳은 것은?

① $0.3 > \sqrt{0.3}$ ② $-\sqrt{15} > -\sqrt{12}$ ③ $\dfrac{7}{2} < \sqrt{10}$
④ $\sqrt{\dfrac{1}{10}} < \dfrac{1}{3}$ ⑤ $-\sqrt{\dfrac{2}{3}} < -\sqrt{\dfrac{3}{4}}$

대표유형 3

06 다음 수 중 가장 작은 수를 a, 가장 큰 수를 b라고 할 때, a^2+b^2의 값을 구하시오.

$$\sqrt{0.5}, \quad -4, \quad \sqrt{(-3)^2}, \quad \sqrt{\dfrac{9}{2}}, \quad -\sqrt{11}$$

대표유형 4

07 부등식 $-3 \le -\sqrt{x} \le 0$을 만족시키는 자연수 x의 개수를 구하시오.

생각이 쑥쑥   **대표유형 4**

08 부등식 $5 < \sqrt{2x+1} < \sqrt{31}$을 만족시키는 모든 자연수 x의 값의 합은?

① 27   ② 39   ③ 42
④ 50   ⑤ 54

(1) 무리수 : 유리수가 아닌 수, 즉 <mark>순환소수가 아닌 무한소수</mark>

　예 $\sqrt{2}=1.414\cdots$, $-\sqrt{3}=-1.732\cdots$, $\pi=3.141592\cdots$

　　　　→ 소수점 아래에 0이 아닌 숫자가 한없이 계속되는 소수

　주의 근호가 있다고 해서 모두 무리수인 것은 아니다. 근호 안의 수가 제곱수이면 근호를 없앨 수 있으므로 근호가 있어도 유리수가 될 수 있다.

　　　예 $\sqrt{4}=\sqrt{2^2}=2$이므로 $\sqrt{4}$는 유리수이다.

(2) 실수

① 실수 : <mark>유리수와 무리수</mark>를 통틀어 실수라고 한다.

② 실수의 분류

$$\text{실수}\begin{cases}\text{유리수}\begin{cases}\text{정수}\begin{cases}\text{양의 정수 (자연수)}: 1, 2, 3, \cdots\\ 0\\ \text{음의 정수}: -1, -2, -3, \cdots\end{cases}\\ \text{정수가 아닌 유리수}: \dfrac{1}{2}, -\dfrac{3}{4}, 1.3, 1.\dot{6}, \cdots\end{cases}\\ \text{무리수 (순환소수가 아닌 무한소수)}: \sqrt{2}, -\sqrt{3}, \pi, \cdots\end{cases}$$

• **유리수** : 분수 $\dfrac{a}{b}$ (a, b는 정수, $b\neq 0$)의 꼴로 나타낼 수 있는 수

　예 2, $\dfrac{1}{4}$, $0.\dot{2}=\dfrac{2}{9}$

• 소수 $\begin{cases}\text{유한소수}\\ \text{무한소수}\begin{cases}\text{순환소수} \rightarrow \text{유리수}\\ \text{순환소수가 아닌}\\ \text{무한소수} \rightarrow \text{무리수}\end{cases}\end{cases}$

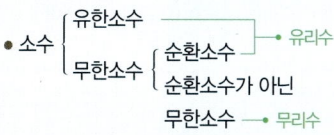 **용어**

무리수 (없다 無, 다스리다 理, 셈 數)
유리수가 아닌 수

바이블 Point

유리수와 무리수

유리수	무리수
① 분수로 나타낼 수 있는 수 → $\dfrac{\text{(정수)}}{\text{(0이 아닌 정수)}}$	① 분수로 나타낼 수 없는 수
② 정수, 유한소수, 순환소수	② 순환소수가 아닌 무한소수
③ 근호를 사용하지 않고 나타낼 수 있는 수	③ 유리수가 아닌 수

개념 콕콕

정답과 풀이 | 6쪽

1 다음 수가 유리수이면 '유'를, 무리수이면 '무'를 (　　) 안에 써넣으시오.

(1) $\sqrt{5}$ 　　　　　　(　　)　　(2) $3.\dot{1}$ 　　　　　　(　　)

(3) $\sqrt{36}$ 　　　　　(　　)　　(4) $5.1234\cdots$ 　　(　　)

(5) $-\sqrt{0.09}$ 　　(　　)　　(6) π 　　　　　　　(　　)

2 다음 중 옳은 것에는 ○표, 옳지 않은 것에는 ×표를 (　　) 안에 써넣으시오.

(1) 순환소수는 유리수이다. 　　　　　　　　　　　　　(　　)

(2) 순환소수가 아닌 무한소수는 무리수이다. 　　　　　(　　)

(3) 근호를 사용하여 나타낸 수는 모두 무리수이다. 　　(　　)

개념 체크

• 분수 $\dfrac{a}{b}$ (a, b는 정수, $b\neq 0$)의 꼴로 나타낼 수 있는 수는 ⓐ □ 이고, 유리수가 아닌 수는 ⓑ □ 이다.

• 유리수와 무리수를 통틀어 ⓒ □ 라고 한다.

답 | ⓐ 유리수　ⓑ 무리수　ⓒ 실수

대표 유형 **1**　유리수와 무리수 구별하기

BOB 24쪽

다음 중 무리수가 <u>아닌</u> 것은?

① $\sqrt{1.6}$　　② $-\sqrt{3}$　　③ $-\sqrt{0.01}$

④ $\sqrt{\dfrac{3}{2}}$　　⑤ π

| 풀이 |

③ $-\sqrt{0.01} = -0.1$이므로 유리수이다.

| 답 | ③

1-1　숫자 바꾸기

다음 중 무리수가 <u>아닌</u> 것은?

① $\sqrt{6}+1$　　② $-\sqrt{10}$　　③ $\sqrt{\dfrac{1}{5}}$

④ $\sqrt{2.5}$　　⑤ $\sqrt{(-7)^2}$

1-2　표현 바꾸기

다음 수 중 순환소수가 아닌 무한소수로 나타낼 수 있는 것은 모두 몇 개인지 구하시오.

$$3.143, \quad \sqrt{0.9}, \quad 2.\dot{7}, \quad \sqrt{12}, \quad \sqrt{\dfrac{1}{25}}$$

대표 유형 **2**　무리수의 이해

BOB 24쪽

다음 중 옳지 <u>않은</u> 것을 모두 고르면? (정답 2개)

① 유한소수는 모두 유리수이다.
② 실수는 유리수와 무리수로 이루어져 있다.
③ 유리수이면서 무리수인 수는 없다.
④ 0은 유리수도 아니고 무리수도 아니다.
⑤ 순환소수가 아닌 무한소수는 실수가 아니다.

| 풀이 |

④ 0은 유리수이다.
⑤ 순환소수가 아닌 무한소수는 무리수이고 실수이다.

| 답 | ④, ⑤

2-1　숫자 바꾸기

다음 중 옳은 것을 모두 고르면? (정답 2개)

① 정수가 아닌 수는 무리수이다.
② 근호를 사용하여 나타낸 수가 모두 무리수인 것은 아니다.
③ 모든 실수는 순환소수로 나타낼 수 있다.
④ 무한소수 중에는 유리수인 것도 있다.
⑤ $\sqrt{0}$은 무리수이다.

2-2　표현 바꾸기

다음 보기에서 무리수에 대한 설명으로 옳은 것을 모두 고르시오.

> **보기**
>
> ㄱ. 유리수가 아닌 수이다.
> ㄴ. 순환소수가 아닌 무한소수이다.
> ㄷ. 근호를 사용하여 나타낸 수이다.
> ㄹ. 모든 무한소수는 무리수이다.
> ㅁ. $\dfrac{(정수)}{(0이\ 아닌\ 정수)}$의 꼴로 나타낼 수 없는 수이다.

개념 08 실수와 수직선

(1) 무리수 $\sqrt{2}$, $-\sqrt{2}$를 수직선 위에 나타내기

❶ 한 눈금의 길이가 1인 모눈종이 위에 직각이등변삼각형 OAB와 수직선을 그린다.

➡ $\overline{OB}=\sqrt{2}$

❷ 원점 O를 중심으로 하고 $\overline{OB}$를 반지름으로 하는 원을 그릴 때, 수직선과 만나는 두 점 P, Q에 대응하는 수가 각각 $\sqrt{2}$, $-\sqrt{2}$이다.

$0+\sqrt{2}=\sqrt{2}$　$0-\sqrt{2}=-\sqrt{2}$

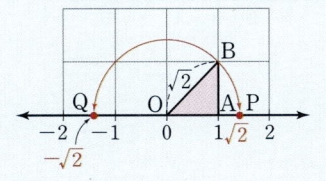

(2) 실수와 수직선

① <mark>모든 실수는 각각 수직선 위의 한 점에 대응한다.</mark>

② 서로 다른 두 실수 사이에는 무수히 많은 실수가 있다.

③ 수직선은 실수에 대응하는 점으로 완전히 메울 수 있다.

참고 실수의 성질

① 서로 다른 두 유리수 사이에는 무수히 많은 유리수가 있다.

② 서로 다른 두 무리수 사이에는 무수히 많은 무리수가 있다.

③ 수직선을 유리수만으로(또는 무리수만으로) 완전히 메울 수 없다.

● 수직선 위에서 원점의 오른쪽에는 양의 실수(양수)가 대응하고, 원점의 왼쪽에는 음의 실수(음수)가 대응한다.

바이블 Point

무리수를 수직선 위에 나타내는 방법

무리수를 수직선 위에 나타낼 때에는

(1) 피타고라스 정리를 이용하여 직각삼각형의 빗변의 길이 $\sqrt{a}$를 구한다.

(2) 기준점을 찾아서 대응하는 점이 　 기준점의 <mark>오른쪽</mark>에 있으면 ➡ (기준점)$+\sqrt{a}$
　　　　　　　　　　　　　　　　　 기준점의 <mark>왼쪽</mark>에 있으면 ➡ (기준점)$-\sqrt{a}$

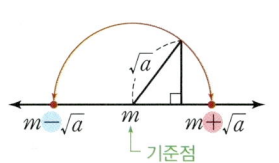

개념 콕콕

정답과 풀이 | 7쪽

1 오른쪽 그림은 한 눈금의 길이가 1인 모눈종이 위에 직각삼각형 ABC와 수직선을 그린 것이다. 점 A를 중심으로 하고 $\overline{AC}$를 반지름으로 하는 원을 그려 수직선과 만나는 점을 각각 P, Q라고 할 때, 두 점 P, Q에 대응하는 수를 각각 구하시오.

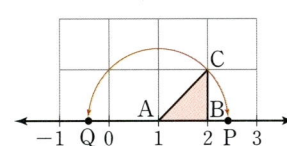

2 다음 중 옳은 것에는 ○표, 옳지 않은 것에는 ×표를 (　) 안에 써넣으시오.

(1) 0과 1 사이에는 무수히 많은 실수가 있다. 　　　　　　　　 (　　)

(2) 서로 다른 두 무리수 사이에는 무수히 많은 유리수가 있다. 　 (　　)

(3) 수직선은 무리수에 대응하는 점들로 완전히 메울 수 있다. 　 (　　)

개념 체크

● 직각삼각형의 빗변의 길이가 $\sqrt{a}$이고 수직선 위의 기준점의 좌표가 p일 때, 기준점의 오른쪽과 왼쪽에 대응하는 수는 각각 [ⓐ 　], [ⓑ 　]이다.

● 실수와 수직선

① 모든 실수는 각각 [ⓒ 　] 위의 한 점에 대응한다.

② 서로 다른 두 실수 사이에는 무수히 많은 실수가 있다.

③ 수직선은 [ⓓ 　]에 대응하는 점으로 완전히 메울 수 있다.

답 | ⓐ $p+\sqrt{a}$ ⓑ $p-\sqrt{a}$ ⓒ 수직선 ⓓ 실수

대표 유형 3 무리수를 수직선 위에 나타내기

BOB 25쪽

오른쪽 그림은 한 눈금의 길이가 1인 모눈종이 위에 직각삼각형 ABC와 수직선을 그린 것이다. $\overline{AC}=\overline{AP}$일 때, 점 P에 대응하는 수를 구하시오.

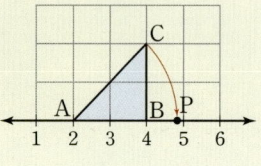

| 풀이 |

$\overline{AC}=\sqrt{2^2+2^2}=\sqrt{8}$이므로 $\overline{AP}=\overline{AC}=\sqrt{8}$

따라서 점 P에 대응하는 수는 $2+\sqrt{8}$이다.

| 답 | $2+\sqrt{8}$

3-1 숫자 바꾸기

오른쪽 그림은 한 눈금의 길이가 1인 모눈종이 위에 직각삼각형 ABC와 수직선을 그린 것이다. $\overline{AC}=\overline{AP}$일 때, 점 P에 대응하는 수를 구하시오.

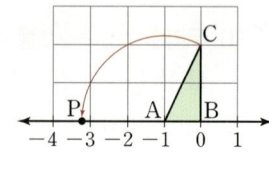

3-2 표현 바꾸기

오른쪽 그림은 한 눈금의 길이가 1인 모눈종이 위에 정사각형 ABCD와 수직선을 그린 것이다. 점 A를 중심으로 하고 $\overline{AB}$를 반지름으로 하는 원을 그려 수직선과 만나는 점을 각각 P, Q라고 할 때, 두 점 P, Q의 좌표를 각각 구하시오.

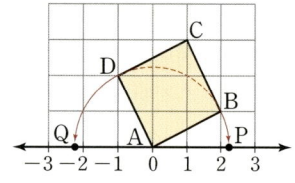

대표 유형 4 실수와 수직선

BOB 26쪽

다음 중 옳지 <u>않은</u> 것은?

① 1과 2 사이에는 무수히 많은 유리수가 있다.

② $\sqrt{5}$와 $\sqrt{6}$ 사이에는 무수히 많은 무리수가 있다.

③ 서로 다른 두 정수 사이에는 무수히 많은 정수가 있다.

④ $\frac{1}{5}$과 $\frac{1}{3}$ 사이에는 무수히 많은 무리수가 있다.

⑤ $1+\sqrt{2}$에 대응하는 점을 수직선 위에 나타낼 수 있다.

| 풀이 |

③ 1과 2 사이에는 정수가 하나도 없다.

| 답 | ③

4-1 숫자 바꾸기

다음 중 옳은 것을 모두 고르면? (정답 2개)

① 유리수에 대응하는 점으로 수직선을 완전히 메울 수 있다.

② 모든 실수는 각각 수직선 위의 한 점에 대응한다.

③ $\sqrt{7}$과 3 사이에 정수는 1개 있다.

④ 1에 가장 가까운 무리수는 $\sqrt{2}$이다.

⑤ 서로 다른 두 자연수 사이에는 무수히 많은 유리수가 있다.

4-2 표현 바꾸기

다음 보기에서 옳은 것의 개수를 구하시오.

> **보기**
>
> ㄱ. $\sqrt{2}$와 $\sqrt{3}$ 사이에는 유리수가 없다.
>
> ㄴ. 2와 3 사이에는 무수히 많은 무리수가 있다.
>
> ㄷ. 수직선 위의 점 중에는 유리수로 나타낼 수 없는 점이 있다.
>
> ㄹ. 0에 가장 가까운 무리수를 찾을 수 있다.

개념 09 실수의 대소 관계

(1) 두 실수 a, b의 대소 관계는 $a-b$의 부호에 따라 다음과 같이 판단할 수 있다.

a, b가 실수일 때,

① $a-b>0$이면 $a>b$

② $a-b=0$이면 $a=b$

③ $a-b<0$이면 $a<b$

예 $\sqrt{3}+3\ \square\ 5$ ➡ $(\sqrt{3}+3)-5=\sqrt{3}-2=\sqrt{3}-\sqrt{4}<0$이므로 $\sqrt{3}+3<5$

(2) 부등식의 성질을 이용한다.

예 $\sqrt{5}-\sqrt{2}\ \square\ 2-\sqrt{2}$ ➡ $\sqrt{5}>2$이므로 $\sqrt{5}-\sqrt{2}>2-\sqrt{2}$

(3) 제곱근의 값을 이용한다.

예 $\underset{3.\times\times\times}{\sqrt{10}}\ \square\ \underset{1.\times\times\times}{1}+\underset{2.\times\times\times}{\sqrt{2}}$ ➡ $\underset{3.\times\times\times}{\sqrt{10}}>\underset{1.\times\times\times}{1}+\underset{2.\times\times\times}{\sqrt{2}}$

• a, b가 실수일 때,

$$a-b>0,\ a-b=0,\ a-b<0$$

중에서 반드시 하나만 성립한다.

• 제곱근의 값

$\sqrt{2}$, $\sqrt{3}$ ➡ $1.\times\times\times$

$\sqrt{5}$, $\sqrt{6}$, $\sqrt{7}$, $\sqrt{8}$ ➡ $2.\times\times\times$

$\sqrt{10}$, $\sqrt{11}$, $\cdots$, $\sqrt{15}$ ➡ $3.\times\times\times$

바이블 Point

실수의 대소 관계

모든 실수는 수직선 위의 점에 대응하므로 실수의 대소 관계는 유리수와 마찬가지로 다음이 성립한다.

(1) (음수) $<0<$ (양수)

(2) 양수끼리는 절댓값이 큰 수가 크다.

(3) 음수끼리는 절댓값이 큰 수가 작다.

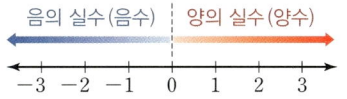
음의 실수(음수) | 양의 실수(양수)

$-3\ -2\ -1\ 0\ 1\ 2\ 3$

개념 콕콕

정답과 풀이 | 7쪽

1 다음은 두 수의 차를 이용하여 $\sqrt{7}-1$과 2의 대소를 비교하는 과정이다. $\square$ 안에는 알맞은 수를, $\bigcirc$ 안에는 알맞은 부등호를 써넣으시오.

$\sqrt{7}-1$에서 2를 빼면 $(\sqrt{7}-1)-2=\boxed{}$

그런데 $\sqrt{7}\ \bigcirc\ 3$이므로 $\sqrt{7}-3\ \bigcirc\ 0$ ∴ $\sqrt{7}-1\ \bigcirc\ 2$

2 다음은 부등식의 성질을 이용하여 $\sqrt{2}+5$와 $\sqrt{3}+5$의 대소를 비교하는 과정이다. $\square$ 안에는 알맞은 수를, $\bigcirc$ 안에는 알맞은 부등호를 써넣으시오.

$\sqrt{2}<\sqrt{3}$이므로 양변에 각각 $\boxed{}$를 더하면

$\sqrt{2}+5\ \bigcirc\ \sqrt{3}+5$

3 다음은 제곱근의 값을 이용하여 $\sqrt{8}-1$과 2의 대소를 비교하는 과정이다. $\square$ 안에는 알맞은 수를, $\bigcirc$ 안에는 알맞은 부등호를 써넣으시오.

$\sqrt{4}<\sqrt{8}<\sqrt{9}$, 즉 $2<\sqrt{8}<3$에서 $\sqrt{8}=\boxed{}.\times\times\times$이므로

$\sqrt{8}-1=\boxed{}.\times\times\times$ ∴ $\sqrt{8}-1\ \bigcirc\ 2$

개념 체크

• a, b가 실수일 때,

① $a-b>0$이면 $a\ \boxed{③}\ b$

② $a-b=0$이면 $a\ \boxed{ⓒ}\ b$

③ $a-b<0$이면 $a\ \boxed{ⓒ}\ b$

• 부등식의 양변에 같은 수를 더해도 부등호의 방향은 바뀌지 않는다.

➡ $a<b$이면 $a+c\ \boxed{ⓔ}\ b+c$

• 제곱근의 값

① $\sqrt{2}$, $\sqrt{3}$ ➡ $1.\times\times\times$

② $\sqrt{5}$, $\sqrt{6}$, $\sqrt{7}$, $\sqrt{8}$ ➡ $\boxed{ⓜ}.\times\times\times$

③ $\sqrt{10}$, $\sqrt{11}$, $\cdots$, $\sqrt{15}$ ➡ $3.\times\times\times$

답 | ③ > ⓒ = ⓒ < ⓔ < ⓜ 2

대표 유형 5 두 실수의 대소 관계 BOB 28쪽

다음 ○ 안에 알맞은 부등호를 써넣으시오.

(1) $1+\sqrt{7}$ ○ 4

(2) $3-\sqrt{2}$ ○ 2

(3) $\sqrt{5}+\sqrt{3}$ ○ $2+\sqrt{3}$

| 풀이 |

(1) $(1+\sqrt{7})-4=\sqrt{7}-3=\sqrt{7}-\sqrt{9}<0$

$\therefore 1+\sqrt{7}<4$

(2) $(3-\sqrt{2})-2=1-\sqrt{2}=\sqrt{1}-\sqrt{2}<0$

$\therefore 3-\sqrt{2}<2$

(3) $(\sqrt{5}+\sqrt{3})-(2+\sqrt{3})=\sqrt{5}+\sqrt{3}-2-\sqrt{3}=\sqrt{5}-2=\sqrt{5}-\sqrt{4}>0$

$\therefore \sqrt{5}+\sqrt{3}>2+\sqrt{3}$

| 답 | (1) $<$ (2) $<$ (3) $>$

5-1 숫자 바꾸기

다음 ○ 안에 알맞은 부등호를 써넣으시오.

(1) 1 ○ $\sqrt{2}-1$

(2) $2+\sqrt{3}$ ○ 3

(3) $5-\sqrt{5}$ ○ $6-\sqrt{5}$

5-2 표현 바꾸기

다음 중 두 실수의 대소 관계가 옳지 <u>않은</u> 것은?

① $4>\sqrt{5}+1$
② $1<\sqrt{3}-1$
③ $6-\sqrt{2}>6-\sqrt{3}$
④ $2+\sqrt{8}<\sqrt{5}+\sqrt{8}$
⑤ $\sqrt{11}-1<3$

대표 유형 6 세 실수의 대소 관계 BOB 28쪽

다음 세 실수 a, b, c의 대소 관계를 바르게 나타낸 것은?

$$a=4-\sqrt{2}, \qquad b=2, \qquad c=-\sqrt{2}+3$$

① $a<b<c$
② $b<a<c$
③ $b<c<a$
④ $c<a<b$
⑤ $c<b<a$

| 풀이 |

$a-b=(4-\sqrt{2})-2=2-\sqrt{2}=\sqrt{4}-\sqrt{2}>0$이므로

$a>b$

$b-c=2-(-\sqrt{2}+3)=2+\sqrt{2}-3=\sqrt{2}-1=\sqrt{2}-\sqrt{1}>0$이므로

$b>c$

$\therefore c<b<a$

| 답 | ⑤

6-1 숫자 바꾸기

다음 세 실수 a, b, c의 대소 관계를 바르게 나타낸 것은?

$$a=\sqrt{5}+\sqrt{3}, \qquad b=\sqrt{3}+4, \qquad c=\sqrt{5}+1$$

① $a<b<c$
② $a<c<b$
③ $b<c<a$
④ $c<a<b$
⑤ $c<b<a$

6-2 표현 바꾸기

오른쪽 수직선 위의 세 점 A, B, C에 대응하는 수가 각각 $\sqrt{5}-\sqrt{2}$, $\sqrt{5}$, $1-\sqrt{2}$ 중 하나일 때, 세 점 A, B, C에 대응하는 수를 차례대로 구하시오.

01 다음 보기에서 무리수인 것을 모두 고르시오. 대표유형 **1**

보기

ㄱ. $\sqrt{0.25}$ ㄴ. $\sqrt{3}-1$ ㄷ. 2π

ㄹ. $\sqrt{\dfrac{1}{9}}$ ㅁ. -0.5 ㅂ. $0.1\dot{7}$

02 다음 중 순환소수가 아닌 무한소수로 나타낼 수 있는 것은? 대표유형 **1**

① $\sqrt{0.04}$ ② $\sqrt{9}-\sqrt{4}$ ③ $\sqrt{\dfrac{1}{4}}$

④ $\sqrt{\dfrac{3}{16}}$ ⑤ $1-\sqrt{0.16}$

03 다음 중 옳은 것을 모두 고르면? (정답 2개) 대표유형 **2**

① 무한소수는 모두 무리수이다.
② 근호가 있는 수는 모두 무리수이다.
③ 실수에서 무리수가 아닌 수는 모두 유리수이다.
④ π는 순환소수가 아닌 무한소수이다.
⑤ 소수는 유한소수와 순환소수로 이루어져 있다.

04 오른쪽 그림은 한 눈금의 길이가 1인 모눈종이 위에 직각 삼각형 ABC와 수직선을 그린 것이다. $\overline{BC}=\overline{BP}$일 때, 점 P에 대응하는 수를 구하시오. 대표유형 **3**

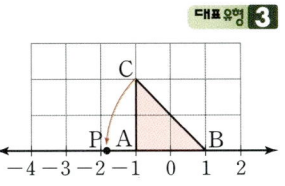

05 오른쪽 그림과 같이 넓이가 2인 정사각형 ABCD에 대하여 $\overline{AB}=\overline{AP}$, $\overline{AD}=\overline{AQ}$일 때, 두 점 P, Q에 각각 대응하는 수의 합을 구하시오. 대표유형 **3**

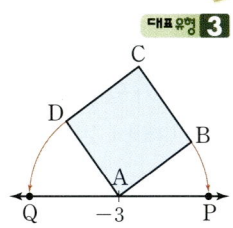

06 다음 중 옳지 <u>않은</u> 것은? 대표유형 **4**

① 4와 5 사이에는 자연수가 없다.
② 1과 1000 사이에는 무수히 많은 정수가 있다.
③ 0과 $\dfrac{1}{2}$ 사이에는 무수히 많은 무리수가 있다.
④ 1과 $\sqrt{2}$ 사이에는 무수히 많은 유리수가 있다.
⑤ 수직선은 유리수와 무리수에 대응하는 점들로 완전히 메울 수 있다.

07 다음 중 두 실수의 대소 관계가 옳은 것은? 대표유형 **5**

① $-3-\sqrt{3}<-5$ ② $2+\sqrt{7}>\sqrt{7}+\sqrt{6}$
③ $1-\sqrt{15}<-4$ ④ $10>\sqrt{5}+8$
⑤ $2-\sqrt{3}<2-\sqrt{2}$

생각이 쑥쑥

08 다음 세 실수 a, b, c의 대소 관계를 부등호를 사용하여 나타내시오. 대표유형 **6**

$a=-2,\qquad b=-\sqrt{12}+2,\qquad c=2-\sqrt{10}$

01 x가 양수 a의 제곱근일 때, x와 a 사이의 관계를 식으로 바르게 나타낸 것은?

① $x=\sqrt{a}$ ② $x=a^2$ ③ $\sqrt{x}=\sqrt{a}$

④ $x^2=a$ ⑤ $x^2=\sqrt{a}$

02 다음 보기에서 옳은 것은 모두 몇 개인가?

보기
ㄱ. $(-\sqrt{7})^2=-7$
ㄴ. -9는 -81의 음의 제곱근이다.
ㄷ. $(-11)^2$의 양의 제곱근은 11이다.
ㄹ. $(-4)^2$의 제곱근과 4^2의 제곱근은 서로 같다.
ㅁ. 제곱근 a와 a의 제곱근은 서로 같다. (단, $a>0$)

① 1개   ② 2개   ③ 3개
④ 4개   ⑤ 5개

03 오른쪽 그림과 같이 $\angle A=90°$인 직각삼각형 ABC에서 $\overline{AB}=6$ cm, $\overline{BC}=11$ cm일 때, $\overline{AC}$의 길이를 구하시오.

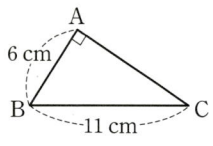

04 다음 중 가장 작은 수는?

① $\left(\sqrt{\dfrac{1}{2}}\right)^2$ ② $\sqrt{\left(-\dfrac{1}{5}\right)^2}$ ③ $\left(-\sqrt{\dfrac{1}{3}}\right)^2$

④ $\sqrt{\dfrac{1}{9}}$ ⑤ $-\left(-\sqrt{\left(\dfrac{1}{2}\right)^2}\right)$

05 $\sqrt{49}\times\sqrt{\left(-\dfrac{3}{7}\right)^2}-\sqrt{\left(-\dfrac{4}{25}\right)^2}\div\left(\sqrt{\dfrac{1}{5}}\right)^2$을 계산하면?

① $\dfrac{9}{5}$ ② 2   ③ $\dfrac{11}{5}$

④ $\dfrac{13}{5}$ ⑤ 3

06 $a>0$, $b<0$일 때, $\sqrt{4a^2}-\sqrt{9b^2}$을 간단히 하면?

① $-2a-3b$ ② $-2a+3b$ ③ $2a-3b$
④ $2a+3b$ ⑤ $4a+9b$

07 $\sqrt{300x}$가 자연수가 되도록 하는 가장 작은 두 자리의 자연수 x의 값을 구하시오.

08 $\sqrt{27+a}=b$라고 할 때, b가 자연수가 되도록 하는 가장 작은 자연수 a와 그때의 b에 대하여 $a+b$의 값은?

① 11   ② 12   ③ 13
④ 14   ⑤ 15

09 다음 중 두 수의 대소 관계가 옳지 <u>않은</u> 것은?

① $\sqrt{70}>8$ 　② $-\sqrt{6}<-\sqrt{3}$ 　③ $\sqrt{\dfrac{2}{5}}>\sqrt{0.2}$

④ $0.6>\sqrt{0.6}$ 　⑤ $-\sqrt{20}>-5$

10 부등식 $\sqrt{3}<x<\sqrt{20}$을 만족시키는 자연수 x의 개수를 a개, 부등식 $2\le\sqrt{x}<3$을 만족시키는 자연수 x의 개수를 b개라고 할 때, $a+b$의 값은?

① 8 　② 9 　③ 10
④ 11 　⑤ 12

11 다음 중 □ 안의 수에 해당하는 것은?

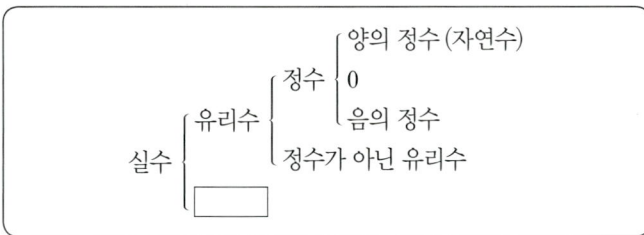

① $\sqrt{0.81}$ 　② $\sqrt{500}$ 　③ $-\sqrt{1.\dot{7}}$

④ $5-\sqrt{36}$ 　⑤ $\sqrt{\dfrac{49}{144}}$

12 오른쪽 그림은 한 눈금의 길이가 1인 모눈종이 위에 직각삼각형 ABC와 수직선을 그린 것이다. $\overline{BC}=\overline{BP}$일 때, 점 P에 대응하는 수를 구하시오.

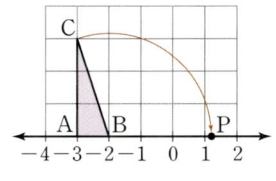

13 오른쪽 그림과 같이 수직선 위에 한 변의 길이가 1인 정사각형 ABCD를 그렸다. $\overline{AC}=\overline{AP}$, $\overline{BD}=\overline{BQ}$이고 점 Q에 대응하는 수가 $3-\sqrt{2}$일 때, 점 P에 대응하는 수는?

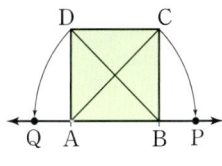

① $2-\sqrt{2}$ 　② $1-\sqrt{2}$ 　③ $1+\sqrt{2}$
④ $2+\sqrt{2}$ 　⑤ $3+\sqrt{2}$

14 다음 중 옳은 것은?

① -2와 $\sqrt{2}$ 사이에는 정수가 2개 있다.
② $\dfrac{1}{3}$과 $\dfrac{1}{2}$ 사이에는 무리수가 없다.
③ (유리수)$+$(무리수)는 무리수이다.
④ 수직선은 유리수에 대응하는 점들로 완전히 메울 수 있다.
⑤ 서로 다른 두 무리수 사이에는 유한개의 유리수가 있다.

15 다음 중 □ 안에 들어갈 부등호의 방향이 나머지 넷과 다른 하나는?

① $5\,\square\,\sqrt{5}+3$ 　② $\sqrt{10}-3\,\square\,\sqrt{10}-\sqrt{7}$
③ $2-\sqrt{15}\,\square\,2-\sqrt{14}$ 　④ $2-\sqrt{8}\,\square\,\sqrt{2}-\sqrt{8}$
⑤ $1+\sqrt{15}\,\square\,1+\sqrt{18}$

16 두 실수 $1-\sqrt{14}$와 $2+\sqrt{6}$ 사이에 있는 정수의 개수는?

① 4개 　② 5개 　③ 6개
④ 7개 　⑤ 8개

개념 넓히기로
마무리

서술형 문제

17 오른쪽 그림은 한 변의 길이가 각각 2, 3인 두 정사각형을 붙여 놓은 도형이다. 이 도형과 넓이가 같은 한 개의 정사각형을 새로 만들 때, 새로 만들어지는 정사각형의 한 변의 길이를 구하시오.

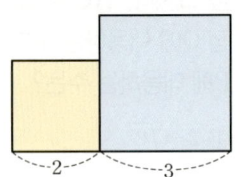

풀이

답 _____

18 $x > 3$일 때, 다음 식을 간단히 하시오.

$$\sqrt{4(x-3)^2} + \sqrt{(3-x)^2}$$

풀이

답 _____

19 부등식 $2 < \sqrt{4x-3} < 8$을 만족시키는 자연수 x의 개수를 구하시오.

풀이

답 _____

발전 문제

20 두 수 a, b에 대하여 $a > b$, $ab < 0$일 때, $\sqrt{4a^2} + \sqrt{b^2} - \sqrt{(-4a)^2} - \sqrt{(-2b)^2}$을 간단히 하면?

① $-4a - 2b$ ② $-4a + 2b$ ③ $-2a + b$
④ $2a - b$ ⑤ $2a + 2b$

해결 Point 먼저 a, b의 부호를 파악한 후 $\sqrt{(양수)^2} = (양수)$, $\sqrt{(음수)^2} = -(음수)$임을 이용한다.

21 자연수 x에 대하여 $\sqrt{x}$ 이하의 자연수의 개수를 $f(x)$라고 할 때, $f(1) + f(2) + f(3) + \cdots + f(10)$의 값을 구하시오.

해결 Point $\sqrt{1} = 1$, $\sqrt{4} = 2$, $\sqrt{9} = 3$, $\sqrt{16} = 4$임을 이용하여 $\sqrt{1}$, $\sqrt{2}$, $\sqrt{3}$, $\cdots$, $\sqrt{10}$ 이하의 자연수의 개수를 각각 구한다.

22 $a = 3$, $b = \sqrt{7} + 2$일 때, $\sqrt{(a+b)^2} - \sqrt{(a-b)^2}$의 값을 구하시오.

해결 Point 먼저 $a+b$, $a-b$의 부호를 파악한다.

I. 실수와 그 계산

2 근호를 포함한 식의 계산

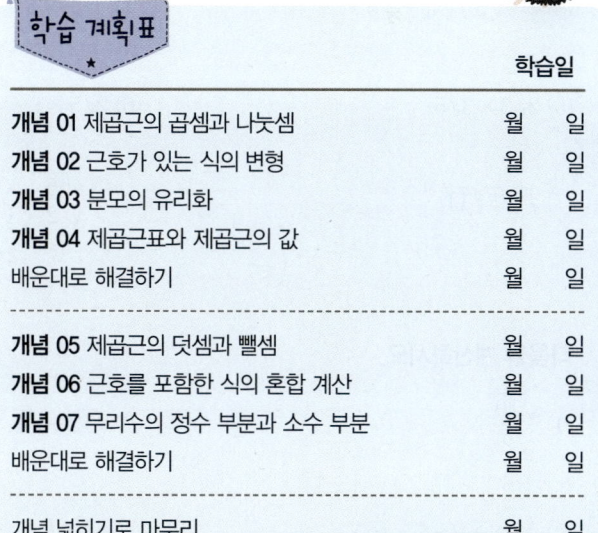
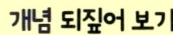
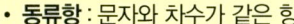

개념 되짚어 보기

- **동류항** : 문자와 차수가 같은 항
- **단항식의 계산** : 단항식의 곱셈과 나눗셈은 계수는 계수끼리, 문자는 문자끼리 계산한다.

제곱근의 곱셈과 나눗셈

(1) 제곱근의 곱셈

$a>0$, $b>0$이고 m, n이 유리수일 때,

① $\sqrt{a}\times\sqrt{b}=\sqrt{a}\sqrt{b}=\sqrt{ab}$

예 $\sqrt{2}\times\sqrt{3}=\sqrt{2}\sqrt{3}=\sqrt{2\times3}=\sqrt{6}$

② $m\sqrt{a}\times n\sqrt{b}=mn\sqrt{ab}$

예 $2\sqrt{2}\times3\sqrt{5}=(2\times3)\times\sqrt{2\times5}=6\sqrt{10}$

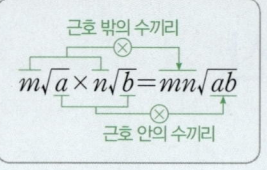

근호 밖의 수끼리
$$m\sqrt{a}\times n\sqrt{b}=mn\sqrt{ab}$$
근호 안의 수끼리

(2) 제곱근의 나눗셈

$a>0$, $b>0$이고 m, n이 유리수일 때,

① $\sqrt{a}\div\sqrt{b}=\dfrac{\sqrt{a}}{\sqrt{b}}=\sqrt{\dfrac{a}{b}}$

예 $\sqrt{2}\div\sqrt{3}=\dfrac{\sqrt{2}}{\sqrt{3}}=\sqrt{\dfrac{2}{3}}$

② $m\sqrt{a}\div n\sqrt{b}=\dfrac{m}{n}\sqrt{\dfrac{a}{b}}$ (단, $n\neq0$)

예 $4\sqrt{9}\div2\sqrt{3}=\dfrac{4}{2}\sqrt{\dfrac{9}{3}}=2\sqrt{3}$

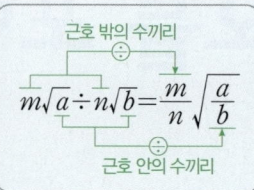

근호 밖의 수끼리
$$m\sqrt{a}\div n\sqrt{b}=\dfrac{m}{n}\sqrt{\dfrac{a}{b}}$$
근호 안의 수끼리

- $\sqrt{a}\times\sqrt{b}$는 곱셈 기호 $\times$를 생략하여 $\sqrt{a}\sqrt{b}$와 같이 나타낸다.

- 3개 이상의 제곱근의 곱셈도 근호 안의 수끼리 곱한다.
  즉, $a>0$, $b>0$, $c>0$일 때,
  $\sqrt{a}\sqrt{b}\sqrt{c}=\sqrt{abc}$

- 나눗셈은 역수의 곱셈으로 고쳐서 근호 밖의 수끼리, 근호 안의 수끼리 계산한다.

개념 콕콕

정답과 풀이 | 11쪽

1 다음을 계산하시오.

(1) $\sqrt{2}\sqrt{7}$

(2) $-\sqrt{3}\sqrt{11}$

(3) $(-\sqrt{5})\times(-\sqrt{6})$

(4) $\sqrt{\dfrac{1}{2}}\sqrt{\dfrac{6}{5}}$

(5) $2\sqrt{3}\times3\sqrt{5}$

(6) $2\sqrt{5}\times(-4\sqrt{6})$

(7) $\sqrt{2}\sqrt{5}\sqrt{11}$

(8) $-\sqrt{\dfrac{5}{2}}\times\sqrt{\dfrac{3}{10}}\times2\sqrt{8}$

2 다음을 계산하시오.

(1) $\dfrac{\sqrt{10}}{\sqrt{2}}$

(2) $\sqrt{12}\div\sqrt{4}$

(3) $(-\sqrt{8})\div(-\sqrt{2})$

(4) $\sqrt{7}\div\left(-\dfrac{1}{\sqrt{3}}\right)$

(5) $\sqrt{\dfrac{4}{21}}\div\sqrt{\dfrac{20}{3}}$

(6) $2\sqrt{6}\div4\sqrt{3}$

(7) $\sqrt{24}\div\sqrt{6}\div\sqrt{2}$

(8) $6\sqrt{15}\div(-3\sqrt{3})\div\sqrt{5}$

대표 유형 1 제곱근의 곱셈

다음을 계산하시오.

$$(-\sqrt{10}) \times 4\sqrt{\dfrac{3}{5}} \times \sqrt{\dfrac{11}{6}}$$

| 풀이 |

$$(-\sqrt{10}) \times 4\sqrt{\dfrac{3}{5}} \times \sqrt{\dfrac{11}{6}} = (-1 \times 4) \times \sqrt{10 \times \dfrac{3}{5} \times \dfrac{11}{6}}$$
$$= -4\sqrt{11}$$

| 답 | $-4\sqrt{11}$

1-1 숫자 바꾸기

다음을 계산하시오.

$$2\sqrt{7} \times (-3\sqrt{6}) \times \left(-\sqrt{\dfrac{5}{14}}\right)$$

1-2 표현 바꾸기

다음 중 그 값이 가장 큰 것은?

① $\sqrt{3}\sqrt{4}$

② $(-\sqrt{5}) \times \sqrt{3}$

③ $\dfrac{\sqrt{5}}{\sqrt{2}} \times \sqrt{8}$

④ $\sqrt{2}\sqrt{3}\sqrt{4}$

⑤ $\sqrt{\dfrac{1}{2}} \times (-\sqrt{3}) \times \sqrt{\dfrac{10}{3}}$

대표 유형 2 제곱근의 나눗셈

다음 중 옳지 않은 것은?

① $\dfrac{\sqrt{6}}{\sqrt{3}} = \sqrt{2}$

② $-\dfrac{\sqrt{20}}{\sqrt{4}} = -\sqrt{5}$

③ $\sqrt{16} \div (-\sqrt{8}) = -\sqrt{2}$

④ $4\sqrt{6} \div 2\sqrt{2} = 2\sqrt{3}$

⑤ $10\sqrt{12} \div 5\sqrt{3} \div (-2\sqrt{2}) = -2\sqrt{2}$

| 풀이 |

⑤ $10\sqrt{12} \div 5\sqrt{3} \div (-2\sqrt{2}) = 10\sqrt{12} \times \dfrac{1}{5\sqrt{3}} \times \left(-\dfrac{1}{2\sqrt{2}}\right)$

$= \left\{10 \times \dfrac{1}{5} \times \left(-\dfrac{1}{2}\right)\right\} \times \sqrt{12 \times \dfrac{1}{3} \times \dfrac{1}{2}}$

$= -\sqrt{2}$

| 답 | ⑤

2-1 숫자 바꾸기

다음 중 옳지 않은 것은?

① $\dfrac{\sqrt{40}}{\sqrt{8}} = \sqrt{5}$

② $(-\sqrt{22}) \div \sqrt{\dfrac{2}{11}} = -11$

③ $14\sqrt{10} \div 2\sqrt{5} = 7\sqrt{2}$

④ $\dfrac{\sqrt{6}}{\sqrt{7}} \div \dfrac{\sqrt{3}}{\sqrt{35}} = \dfrac{1}{\sqrt{10}}$

⑤ $6\sqrt{\dfrac{5}{7}} \div \sqrt{3} \div \left(-\sqrt{\dfrac{5}{42}}\right) = -6\sqrt{2}$

2-2 표현 바꾸기

다음을 만족시키는 두 수 a, b에 대하여 $\dfrac{b}{a}$의 값을 구하시오.

$$(-\sqrt{18}) \div \sqrt{6} = a, \ \sqrt{5} \div \dfrac{1}{\sqrt{3}} = b$$

개념 02 근호가 있는 식의 변형

(1) 근호 안의 수에 제곱인 인수가 있으면 근호 밖으로 꺼낼 수 있다.

$a>0$, $b>0$일 때,

① $\sqrt{a^2 b}=a\sqrt{b}$

② $\sqrt{\dfrac{a}{b^2}}=\dfrac{\sqrt{a}}{b}$

(2) 근호 밖의 양수를 제곱하여 근호 안으로 넣을 수 있다.

$a>0$, $b>0$일 때,

① $a\sqrt{b}=\sqrt{a^2 b}$

② $\dfrac{\sqrt{a}}{b}=\sqrt{\dfrac{a}{b^2}}$

- $a\sqrt{b}$의 꼴로 나타낼 때, 일반적으로 근호 안의 수는 제곱인 인수가 없는 가장 작은 자연수가 되도록 한다.

- 근호 밖의 수가 음수인 경우에는 '−' 부호는 그대로 두고 양수만 제곱하여 근호 안으로 넣는다.

바이블 Point

근호가 있는 식의 변형

(1) 근호 안의 수를 근호 밖으로 꺼낼 때, 근호 안의 수를 소인수분해하여 지수가 짝수인 인수를 근호 밖으로 꺼낸다. 이때 근호 안의 수가 가장 작은 자연수가 되도록 한다.

예 $\sqrt{48}=\sqrt{2^4\times 3}=2\sqrt{12}$ (×), $\sqrt{48}=\sqrt{2^4\times 3}=4\sqrt{3}$ (○)

(2) 근호 밖의 수를 근호 안으로 넣을 때, 반드시 양수만 제곱하여 근호 안으로 넣는다.

예 $-2\sqrt{3}=\sqrt{(-2)^2\times 3}=\sqrt{12}$ (×), $-2\sqrt{3}=-\sqrt{2^2\times 3}=-\sqrt{12}$ (○)

개념 콕콕

정답과 풀이 | 11쪽

1 다음 수를 $a\sqrt{b}$의 꼴로 나타내시오. (단, a는 유리수이고, b는 가장 작은 자연수)

(1) $\sqrt{20}$

(2) $\sqrt{54}$

(3) $-\sqrt{32}$

(4) $-\sqrt{75}$

(5) $\sqrt{\dfrac{5}{4}}$

(6) $-\sqrt{\dfrac{2}{25}}$

(7) $\sqrt{0.03}$

(8) $-\sqrt{0.41}$

2 다음 수를 $\sqrt{a}$ 또는 $-\sqrt{a}$의 꼴로 나타내시오.

(1) $2\sqrt{6}$

(2) $3\sqrt{5}$

(3) $-10\sqrt{2}$

(4) $2\sqrt{\dfrac{2}{5}}$

(5) $\dfrac{\sqrt{3}}{5}$

(6) $-\dfrac{\sqrt{7}}{3}$

개념 체크

- $a>0$, $b>0$일 때, 근호 안의 수에 제곱인 인수가 있으면 근호 밖으로 꺼낼 수 있다.

① $\sqrt{a^2 b}=\boxed{\text{㉠}}\sqrt{b}$

② $\sqrt{\dfrac{a}{b^2}}=\dfrac{\sqrt{a}}{\boxed{\text{㉡}}}$

- $a>0$, $b>0$일 때, 근호 밖의 양수를 제곱하여 근호 안으로 넣을 수 있다.

① $a\sqrt{b}=\sqrt{\boxed{\text{㉢}}\,b}$

② $\dfrac{\sqrt{a}}{b}=\sqrt{\dfrac{a}{\boxed{\text{㉣}}}}$

답 | ㉠ a ㉡ b ㉢ a^2 ㉣ b^2

34 I. 실수와 그 계산

대표 유형 3 근호가 있는 식의 변형

BOB 39쪽

$\sqrt{18}=a\sqrt{2}$, $3\sqrt{3}=\sqrt{b}$일 때, $a+b$의 값을 구하시오.

| 풀이 |
$\sqrt{18}=\sqrt{3^2 \times 2}=3\sqrt{2}$이므로 $a=3$
$3\sqrt{3}=\sqrt{3^2 \times 3}=\sqrt{27}$이므로 $b=27$
$\therefore a+b=3+27=30$

| 답 | 30

3-1 숫자 바꾸기

$\dfrac{5\sqrt{2}}{2}=\sqrt{a}$, $\sqrt{72}=b\sqrt{2}$일 때, ab의 값을 구하시오.

3-2 표현 바꾸기

다음 중 □ 안에 알맞은 수가 가장 큰 것은?

① $2\sqrt{2}=\sqrt{\square}$

② $\sqrt{98}=\square\sqrt{2}$

③ $-\sqrt{40}=-2\sqrt{\square}$

④ $-\dfrac{3}{2\sqrt{3}}=-\sqrt{\square}$

⑤ $\sqrt{0.12}=\dfrac{\sqrt{3}}{\square}$

대표 유형 4 문자를 사용한 제곱근의 표현

BOB 40쪽

$\sqrt{2}=a$, $\sqrt{3}=b$일 때, $\sqrt{24}$를 a, b를 사용하여 나타내면?

① $\dfrac{ab}{2}$　　② ab　　③ $2ab$

④ a^2b　　⑤ $2a^2b^2$

| 풀이 |
$\sqrt{24}=\sqrt{2^2 \times 6}=2\sqrt{6}=2\sqrt{2 \times 3}=2\sqrt{2}\sqrt{3}=2ab$

| 답 | ③

4-1 숫자 바꾸기

$\sqrt{2}=a$, $\sqrt{5}=b$일 때, $\sqrt{90}$을 a, b를 사용하여 나타내면?

① $2ab$　　② $3ab$　　③ a^2b

④ $2a^2b$　　⑤ a^2b^2

4-2 표현 바꾸기

$\sqrt{3}=k$일 때, $\sqrt{0.48}$을 k를 사용하여 나타내면?

① $\dfrac{k}{5}$　　② $\dfrac{2}{5}k$　　③ $\dfrac{k}{2}$

④ $\dfrac{3}{5}k$　　⑤ $\dfrac{4}{5}k$

개념 03 분모의 유리화

(1) 분모의 유리화 : 분수의 분모가 근호를 포함한 무리수일 때, 분자와 분모에 0이 아닌 같은 수를 곱하여 <mark>분모를 유리수로 고치는 것</mark>

(2) 분모를 유리화하는 방법 → 분모를 유리화할 때에는 먼저 분수를 간단히 한 후 분모가 유리수가 되도록 하는 수 중에서 가장 간단한 수를 곱한다.

① $\dfrac{1}{\sqrt{a}}=\dfrac{\sqrt{a}}{\sqrt{a}\times\sqrt{a}}=\dfrac{\sqrt{a}}{a}$ (단, $a>0$) 예 $\dfrac{1}{\sqrt{2}}=\dfrac{\sqrt{2}}{\sqrt{2}\times\sqrt{2}}=\dfrac{\sqrt{2}}{2}$

② $\dfrac{b}{\sqrt{a}}=\dfrac{b\times\sqrt{a}}{\sqrt{a}\times\sqrt{a}}=\dfrac{b\sqrt{a}}{a}$ (단, $a>0$) 예 $\dfrac{3}{\sqrt{2}}=\dfrac{3\times\sqrt{2}}{\sqrt{2}\times\sqrt{2}}=\dfrac{3\sqrt{2}}{2}$

③ <mark>$\dfrac{\sqrt{b}}{\sqrt{a}}=\dfrac{\sqrt{b}\times\sqrt{a}}{\sqrt{a}\times\sqrt{a}}=\dfrac{\sqrt{ab}}{a}$</mark> (단, $a>0$, $b>0$) 예 $\dfrac{\sqrt{3}}{\sqrt{2}}=\dfrac{\sqrt{3}\times\sqrt{2}}{\sqrt{2}\times\sqrt{2}}=\dfrac{\sqrt{6}}{2}$

④ $\dfrac{c}{b\sqrt{a}}=\dfrac{c\times\sqrt{a}}{b\sqrt{a}\times\sqrt{a}}=\dfrac{c\sqrt{a}}{ab}$ (단, $a>0$, $b\neq0$) 예 $\dfrac{5}{3\sqrt{2}}=\dfrac{5\times\sqrt{2}}{3\sqrt{2}\times\sqrt{2}}=\dfrac{5\sqrt{2}}{6}$

> ● 제곱근의 곱셈과 나눗셈의 혼합 계산
> 나눗셈은 역수의 곱셈으로 고친 후 앞에서부터 순서대로 계산한다. 이때 제곱근의 성질과 분모의 유리화를 이용한다.

바이블 Point

분모의 유리화

(1) 분모의 근호 안의 수에 제곱인 인수가 있으면 $\sqrt{a^2b}=a\sqrt{b}$임을 이용하여 제곱인 인수를 근호 밖으로 꺼낸 후 분모를 유리화한다.

예 $\dfrac{1}{\sqrt{12}}=\dfrac{1}{\sqrt{2^2\times3}}=\dfrac{1}{2\sqrt{3}}=\dfrac{\sqrt{3}}{2\sqrt{3}\times\sqrt{3}}=\dfrac{\sqrt{3}}{6}$

(2) 분자와 분모가 약분이 되면 약분을 한 다음 분모를 유리화한다.

예 $\dfrac{\sqrt{10}}{\sqrt{15}}=\dfrac{\sqrt{2}\times\sqrt{5}}{\sqrt{3}\times\sqrt{5}}=\dfrac{\sqrt{2}}{\sqrt{3}}=\dfrac{\sqrt{2}\times\sqrt{3}}{\sqrt{3}\times\sqrt{3}}=\dfrac{\sqrt{6}}{3}$

개념 콕콕

정답과 풀이 | 12쪽

1 다음 수의 분모를 유리화하시오.

(1) $\dfrac{1}{\sqrt{5}}$

(2) $-\dfrac{3}{\sqrt{6}}$

(3) $\dfrac{\sqrt{5}}{\sqrt{2}}$

(4) $-\dfrac{\sqrt{7}}{\sqrt{3}}$

(5) $\dfrac{3}{2\sqrt{5}}$

(6) $\dfrac{\sqrt{7}}{3\sqrt{2}}$

2 다음 수의 분모를 유리화하시오.

(1) $\dfrac{1}{\sqrt{8}}$

(2) $\dfrac{2}{\sqrt{20}}$

(3) $\dfrac{\sqrt{5}}{\sqrt{12}}$

(4) $-\dfrac{\sqrt{7}}{\sqrt{50}}$

개념 체크

● 분수의 분모가 근호를 포함한 무리수일 때, 분자와 분모에 0이 아닌 같은 수를 곱하여 분모를 유리수로 고치는 것을 분모의 ㉠ ⬚ 라고 한다.

● $a>0$, $b>0$일 때,

$\dfrac{\sqrt{b}}{\sqrt{a}}=\dfrac{\sqrt{b}\times㉡⬚}{\sqrt{a}\times㉡⬚}=㉢⬚$

답 | ㉠ 유리화 ㉡ $\sqrt{a}$ ㉢ $\dfrac{\sqrt{ab}}{a}$

대표 유형 **5** 분모의 유리화

BOB 40쪽

다음 중 분모를 유리화한 것으로 옳지 <u>않은</u> 것은?

① $\dfrac{1}{\sqrt{6}}=\dfrac{\sqrt{6}}{6}$ 　② $\dfrac{4}{\sqrt{2}}=2\sqrt{2}$ 　③ $\dfrac{\sqrt{2}}{\sqrt{3}\sqrt{5}}=\dfrac{\sqrt{30}}{15}$

④ $\dfrac{5}{2\sqrt{10}}=\dfrac{\sqrt{10}}{5}$ 　⑤ $\dfrac{\sqrt{5}}{\sqrt{8}}=\dfrac{\sqrt{10}}{4}$

| 풀이 |

④ $\dfrac{5}{2\sqrt{10}}=\dfrac{5\times\sqrt{10}}{2\sqrt{10}\times\sqrt{10}}=\dfrac{5\sqrt{10}}{20}=\dfrac{\sqrt{10}}{4}$

| 답 | ④

5-1 숫자 바꾸기

다음 중 분모를 유리화한 것으로 옳지 <u>않은</u> 것은?

① $\dfrac{2}{\sqrt{7}}=\dfrac{2\sqrt{7}}{7}$ 　② $\dfrac{\sqrt{6}}{\sqrt{5}}=\dfrac{\sqrt{30}}{5}$ 　③ $\dfrac{\sqrt{3}}{4\sqrt{2}}=\dfrac{\sqrt{6}}{8}$

④ $\dfrac{3}{2\sqrt{6}}=\dfrac{\sqrt{6}}{4}$ 　⑤ $\dfrac{\sqrt{125}}{\sqrt{3}}=\dfrac{4\sqrt{15}}{3}$

5-2 표현 바꾸기

$\dfrac{4}{\sqrt{20}}=a\sqrt{5}$, $\dfrac{9\sqrt{2}}{2\sqrt{3}}=b\sqrt{6}$일 때, ab의 값을 구하시오.

(단, a, b는 유리수)

대표 유형 **6** 제곱근의 곱셈과 나눗셈의 혼합 계산

BOB 41쪽

$\dfrac{\sqrt{15}}{\sqrt{28}}\div\dfrac{\sqrt{3}}{4\sqrt{7}}\times\sqrt{\dfrac{5}{6}}$ 를 계산하면?

① $\dfrac{\sqrt{6}}{3}$ 　② $\sqrt{6}$ 　③ $\dfrac{3\sqrt{6}}{2}$

④ $\dfrac{5\sqrt{6}}{3}$ 　⑤ $2\sqrt{6}$

| 풀이 |

$\dfrac{\sqrt{15}}{\sqrt{28}}\div\dfrac{\sqrt{3}}{4\sqrt{7}}\times\sqrt{\dfrac{5}{6}}=\dfrac{\sqrt{15}}{2\sqrt{7}}\times\dfrac{4\sqrt{7}}{\sqrt{3}}\times\dfrac{\sqrt{5}}{\sqrt{6}}$

$=\dfrac{10}{\sqrt{6}}=\dfrac{10\times\sqrt{6}}{\sqrt{6}\times\sqrt{6}}$

$=\dfrac{10\sqrt{6}}{6}=\dfrac{5\sqrt{6}}{3}$

| 답 | ④

6-1 숫자 바꾸기

$\sqrt{\dfrac{48}{5}}\times\dfrac{\sqrt{54}}{2}\div(-6\sqrt{3})$ 을 계산하면?

① $-2\sqrt{10}$ 　② $-\dfrac{\sqrt{30}}{5}$ 　③ $-\dfrac{\sqrt{6}}{2}$

④ $\dfrac{3\sqrt{3}}{2}$ 　⑤ $4\sqrt{5}$

6-2 표현 바꾸기

한 변의 길이가 $4\sqrt{3}$ cm인 정사각형과 넓이가 같은 직사각형을 만들려고 한다. 이 직사각형의 가로의 길이가 $2\sqrt{6}$ cm일 때, 세로의 길이를 구하시오.

개념 04 제곱근표와 제곱근의 값

(1) 제곱근표

① 제곱근표 : 1.00부터 99.9까지의 수에 대한 양의 제곱근의 값을 반올림하여 소수점 아래 셋째 자리까지 나타낸 표

② 제곱근표를 읽는 방법 : 처음 두 자리 수의 가로줄과 끝자리 수의 세로줄이 만나는 곳에 있는 수를 읽는다.

예 $\sqrt{2.01}=1.418$, $\sqrt{2.23}=1.493$

제곱근표

수	0	1	2	3
⋮	⋮	⋮	⋮	⋮
2.0	1.414	1.418	1.421	1.425
2.1	1.449	1.453	1.456	1.459
2.2	1.483	1.487	1.490	1.493

● 제곱근표에는 1.00부터 9.99까지의 수는 0.01의 간격으로, 10.0부터 99.9까지의 수는 0.1의 간격으로 양의 제곱근의 값이 적혀 있다.

(2) 제곱근표에 없는 수의 제곱근의 값

제곱근표에 없는 수의 제곱근의 값은 제곱근의 성질을 이용하여 제곱근표에 있는 수로 바꾸어 구한다.

① 100보다 큰 수 : $\sqrt{100a}=10\sqrt{a}$, $\sqrt{10000a}=100\sqrt{a}$, ⋯ (단, $1\leq a\leq 99.9$)

② 0과 1 사이의 수 : $\sqrt{\dfrac{a}{100}}=\dfrac{\sqrt{a}}{10}$, $\sqrt{\dfrac{a}{10000}}=\dfrac{\sqrt{a}}{100}$, ⋯ (단, $1\leq a\leq 99.9$)

바이블 Point

제곱근표에 없는 수의 제곱근의 값

(1) 근호 안이 100보다 큰 수일 때, 제곱근표에 있는 수가 나올 때까지 <mark>소수점을 앞으로 두 자리씩</mark> 움직인다.

(2) 근호 안이 0과 1 사이의 수일 때, 제곱근표에 있는 수가 나올 때까지 <mark>소수점을 뒤로 두 자리씩</mark> 움직인다.

예 $\sqrt{1.23}=1.109$일 때,

(1) $\sqrt{123}=\sqrt{1.23\times100}=10\sqrt{1.23}=10\times1.109=11.09$

(2) $\sqrt{0.0123}=\sqrt{\dfrac{1.23}{100}}=\dfrac{\sqrt{1.23}}{10}=\dfrac{1}{10}\times1.109=0.1109$

개념 콕콕

정답과 풀이 | 12쪽

[1~2] 아래 제곱근표를 보고 다음 물음에 답하시오.

수	0	1	2	3	4	5
10	3.162	3.178	3.194	3.209	3.225	3.240
11	3.317	3.332	3.347	3.362	3.376	3.391
12	3.464	3.479	3.493	3.507	3.521	3.536
13	3.606	3.619	3.633	3.647	3.661	3.674

1 제곱근표를 이용하여 다음 제곱근의 값을 구하시오.

(1) $\sqrt{10}$ (2) $\sqrt{11.1}$

(3) $\sqrt{12.3}$ (4) $\sqrt{13.5}$

2 제곱근표를 이용하여 다음 □ 안에 알맞은 수를 써넣으시오.

(1) $\sqrt{\boxed{}}=3.194$ (2) $\sqrt{\boxed{}}=3.521$

개념 체크

● 1.00부터 99.9까지의 수에 대한 양의 제곱근의 값을 반올림하여 소수점 아래 셋째 자리까지 나타낸 표를 ⊙____라고 한다.

답 | ⊙ 제곱근표

대표 유형 7 제곱근표에 있는 수의 제곱근의 값

다음 제곱근표에서 $\sqrt{23.2}=a$, $\sqrt{26.3}=b$일 때, $a+b$의 값을 구하시오.

수	0	1	2	3	4
23	4.796	4.806	4.817	4.827	4.837
24	4.899	4.909	4.919	4.930	4.940
25	5.000	5.010	5.020	5.030	5.040
26	5.099	5.109	5.119	5.128	5.138

| 풀이 |

$a=\sqrt{23.2}=4.817$, $b=\sqrt{26.3}=5.128$이므로

$a+b=4.817+5.128=9.945$

| 답 | 9.945

7 -1 숫자 바꾸기

다음 제곱근표에서 $\sqrt{9.05}=a$, $\sqrt{9.37}=b$일 때, $b-a$의 값을 구하시오.

수	5	6	7	8	9
9.0	3.008	3.010	3.012	3.013	3.015
9.1	3.025	3.027	3.028	3.030	3.032
9.2	3.041	3.043	3.045	3.046	3.048
9.3	3.058	3.059	3.061	3.063	3.064
9.4	3.074	3.076	3.077	3.079	3.081

7 -2 표현 바꾸기

위 **7 -1** 의 제곱근표에서 $\sqrt{x}=3.032$, $\sqrt{y}=3.076$일 때, $x+y$의 값을 구하시오.

대표 유형 8 제곱근표에 없는 수의 제곱근의 값

$\sqrt{4.26}=2.064$, $\sqrt{42.6}=6.527$일 때, 다음 중 옳지 <u>않은</u> 것은?

① $\sqrt{426}=20.64$　　② $\sqrt{4260}=65.27$
③ $\sqrt{42600}=652.7$　　④ $\sqrt{0.426}=0.6527$
⑤ $\sqrt{0.0426}=0.2064$

| 풀이 |

① $\sqrt{426}=\sqrt{4.26\times100}=10\sqrt{4.26}=10\times2.064=20.64$
② $\sqrt{4260}=\sqrt{42.6\times100}=10\sqrt{42.6}=10\times6.527=65.27$
③ $\sqrt{42600}=\sqrt{4.26\times10000}=100\sqrt{4.26}=100\times2.064=206.4$
④ $\sqrt{0.426}=\sqrt{\dfrac{42.6}{100}}=\dfrac{\sqrt{42.6}}{10}=\dfrac{1}{10}\times6.527=0.6527$
⑤ $\sqrt{0.0426}=\sqrt{\dfrac{4.26}{100}}=\dfrac{\sqrt{4.26}}{10}=\dfrac{1}{10}\times2.064=0.2064$

따라서 옳지 않은 것은 ③이다.

| 답 | ③

8 -1 숫자 바꾸기

$\sqrt{5.82}=2.412$, $\sqrt{58.2}=7.629$일 때, 다음 중 옳지 <u>않은</u> 것은?

① $\sqrt{582}=24.12$　　② $\sqrt{5820}=76.29$
③ $\sqrt{0.582}=0.7629$　　④ $\sqrt{0.0582}=0.2412$
⑤ $\sqrt{0.00582}=0.007629$

8 -2 표현 바꾸기

다음 중 $\sqrt{6}=2.449$임을 이용하여 그 값을 구할 수 <u>없는</u> 것은?

① $\sqrt{0.0006}$　　② $\sqrt{0.06}$　　③ $\sqrt{0.6}$
④ $\sqrt{60000}$　　⑤ $\sqrt{600}$

01 다음 중 그 값이 가장 작은 것은? $\boxed{\text{대표유형 1}}$

① $\sqrt{3}\sqrt{8}$ ② $\sqrt{2}\sqrt{10}$

③ $\sqrt{\dfrac{2}{7}} \times \sqrt{63}$ ④ $\sqrt{2} \times \sqrt{5} \times \sqrt{\dfrac{11}{2}}$

⑤ $\sqrt{5} \times \sqrt{6} \times \sqrt{\dfrac{2}{3}}$

02 $\sqrt{\dfrac{14}{8}} \times \sqrt{\dfrac{16}{7}} = a$, $5\sqrt{\dfrac{3}{5}} \times \sqrt{\dfrac{15}{9}} = b$일 때, ab의 값은? $\boxed{\text{대표유형 1}}$

① 10   ② 12   ③ 14

④ 16   ⑤ 18

03 다음을 만족시키는 두 유리수 a, b에 대하여 $\sqrt{\dfrac{b}{a}}$ 의 값을 구하시오. $\boxed{\text{대표유형 2}}$

$$\frac{\sqrt{14}}{\sqrt{7}} = \sqrt{a}, \quad \sqrt{\frac{9}{2}} \div \sqrt{\frac{3}{4}} = \sqrt{b}$$

04 다음을 계산하시오. $\boxed{\text{대표유형 2}}$

$$\sqrt{21} \div \left(-\frac{\sqrt{12}}{\sqrt{10}} \right) \div \frac{\sqrt{7}}{3\sqrt{2}}$$

05 다음 중 옳은 것은? $\boxed{\text{대표유형 3}}$

① $\sqrt{200} = 100\sqrt{2}$ ② $3\sqrt{6} = \sqrt{18}$

③ $-\sqrt{50} = -5\sqrt{10}$ ④ $\sqrt{\dfrac{12}{27}} = \dfrac{\sqrt{2}}{3}$

⑤ $-\sqrt{0.07} = -\dfrac{\sqrt{7}}{10}$

06 $\sqrt{80} = a\sqrt{5}$, $4\sqrt{6} = \sqrt{b}$일 때, $\sqrt{a+b}$의 값을 구하시오. $\boxed{\text{대표유형 3}}$

(단, a, b는 유리수)

07 $\sqrt{12} \times \sqrt{15} \times \sqrt{18} = a\sqrt{10}$을 만족시키는 자연수 a의 값은? $\boxed{\text{대표유형 3}}$

① 6   ② 10   ③ 14

④ 16   ⑤ 18

08 $\sqrt{3} = a$, $\sqrt{5} = b$일 때, $\sqrt{225}$를 a, b를 사용하여 나타내면? $\boxed{\text{대표유형 4}}$

① ab ② $2ab$ ③ $a^2 b$

④ ab^2 ⑤ $a^2 b^2$

09 다음 중 분모를 유리화한 것으로 옳지 <u>않은</u> 것은?

① $\dfrac{2}{\sqrt{6}}=\dfrac{\sqrt{6}}{3}$ ② $\dfrac{\sqrt{2}}{\sqrt{6}}=\dfrac{\sqrt{3}}{3}$ ③ $\dfrac{3}{\sqrt{12}}=\dfrac{\sqrt{3}}{6}$

④ $\sqrt{\dfrac{7}{8}}=\dfrac{\sqrt{14}}{4}$ ⑤ $\dfrac{2\sqrt{3}}{\sqrt{20}}=\dfrac{\sqrt{15}}{5}$

10 $\dfrac{6}{\sqrt{45}}=a\sqrt{5}$, $\dfrac{4\sqrt{3}}{\sqrt{6}}=b\sqrt{2}$일 때, ab의 값을 구하시오.

(단, a, b는 유리수)

11 $\sqrt{32}\times\sqrt{54}\div\sqrt{96}=a\sqrt{2}$를 만족시키는 유리수 a의 값은?

① 1   ② $\dfrac{3}{2}$ ③ 2

④ $\dfrac{5}{2}$ ⑤ 3

12 $\dfrac{4}{\sqrt{3}}\times\dfrac{2\sqrt{2}}{\sqrt{7}}\div\sqrt{\dfrac{12}{21}}$ 를 계산하면?

① $\dfrac{\sqrt{3}}{3}$ ② $\sqrt{6}$ ③ $\dfrac{4\sqrt{6}}{3}$

④ $2\sqrt{2}$ ⑤ $\dfrac{8\sqrt{3}}{3}$

13 오른쪽 그림과 같이 부피가 $4\sqrt{30}$ cm³인 직육면체의 밑면의 가로의 길이가 $2\sqrt{2}$ cm, 세로의 길이가 $\sqrt{5}$ cm일 때, 직육면체의 높이를 구하시오.

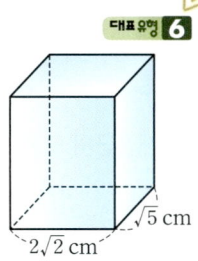

[**14~15**] 아래 제곱근표를 보고 다음 물음에 답하시오.

수	0	1	2	3	4	5	6
55	7.416	7.423	7.430	7.436	7.443	7.450	7.457
56	7.483	7.490	7.497	7.503	7.510	7.517	7.523
57	7.550	7.556	7.563	7.570	7.576	7.583	7.589
58	7.616	7.622	7.629	7.635	7.642	7.649	7.655
59	7.681	7.688	7.694	7.701	7.707	7.714	7.720

14 $\sqrt{58.4}=a$, $\sqrt{b}=7.490$일 때, $1000a-10b$의 값을 구하시오.

15 다음 중 위의 제곱근표를 이용하여 그 값을 구할 수 <u>없는</u> 것은?

① $\sqrt{0.00581}$ ② $\sqrt{0.565}$ ③ $\sqrt{59.6}$

④ $\sqrt{584}$ ⑤ $\sqrt{5500}$

16 $\sqrt{7}=2.646$, $\sqrt{70}=8.367$일 때, 다음 중 옳은 것은?

① $\sqrt{0.7}=0.2646$ ② $\sqrt{0.07}=0.8367$

③ $\sqrt{0.007}=0.02646$ ④ $\sqrt{700}=264.6$

⑤ $\sqrt{7000}=83.67$

개념 05 제곱근의 덧셈과 뺄셈

제곱근의 덧셈과 뺄셈은 근호 안의 수가 같은 것끼리 모아서 계산한다.

m, n이 유리수이고 $\sqrt{a}$가 무리수일 때,

(1) $m\sqrt{a}+n\sqrt{a}=(m+n)\sqrt{a}$

 예 $4\sqrt{2}+5\sqrt{2}=(4+5)\sqrt{2}=9\sqrt{2}$

(2) $m\sqrt{a}-n\sqrt{a}=(m-n)\sqrt{a}$

 예 $5\sqrt{3}-2\sqrt{3}=(5-2)\sqrt{3}=3\sqrt{3}$

 주의 제곱근의 덧셈과 뺄셈은 근호 안의 수가 같지 않으면 더 이상 간단히 할 수 없다.

 ➡ $\sqrt{a}+\sqrt{b}\neq\sqrt{a+b}$, $\sqrt{a}-\sqrt{b}\neq\sqrt{a-b}$

- 근호 안의 수가 같을 때, 근호를 포함한 식의 덧셈과 뺄셈은 다항식의 동류항의 덧셈, 뺄셈과 같은 방법으로 계산한다.
- l, m, n이 유리수이고 $\sqrt{a}$가 무리수일 때, $m\sqrt{a}+n\sqrt{a}-l\sqrt{a}=(m+n-l)\sqrt{a}$

바이블 Point

제곱근의 덧셈과 뺄셈

(1) 근호 안의 수가 $\sqrt{a^2b}$의 꼴인 경우는 $a\sqrt{b}$의 꼴로 고쳐서 근호 안을 가장 작은 자연수로 바꾼 후 계산한다.

 예 $\sqrt{8}+\sqrt{18}=2\sqrt{2}+3\sqrt{2}=(2+3)\sqrt{2}=5\sqrt{2}$

(2) 분모에 무리수가 있는 식은 분모를 유리화하여 간단히 한 후 계산한다.

 예 $\sqrt{3}+\dfrac{6}{\sqrt{3}}=\sqrt{3}+2\sqrt{3}=(1+2)\sqrt{3}=3\sqrt{3}$

개념 콕콕

정답과 풀이 | 14쪽

1 다음을 계산하시오.

(1) $2\sqrt{3}+3\sqrt{3}$

(2) $\sqrt{5}+3\sqrt{5}$

(3) $5\sqrt{2}-3\sqrt{2}$

(4) $6\sqrt{7}-9\sqrt{7}$

(5) $3\sqrt{2}+\sqrt{2}-2\sqrt{2}$

(6) $2\sqrt{5}-3\sqrt{11}+4\sqrt{5}+\sqrt{11}$

2 다음을 계산하시오.

(1) $\sqrt{8}+4\sqrt{2}$

(2) $\sqrt{27}-\sqrt{12}$

(3) $\sqrt{20}+\dfrac{10}{\sqrt{5}}$

(4) $-2\sqrt{32}+\sqrt{18}$

(5) $\sqrt{48}-2\sqrt{12}+\sqrt{75}$

(6) $\sqrt{72}-\sqrt{50}-\dfrac{6}{\sqrt{2}}$

개념 체크

- m, n이 유리수이고 $\sqrt{a}$가 무리수일 때,
 ① $m\sqrt{a}+n\sqrt{a}=(\boxed{㉠})\sqrt{a}$
 ② $m\sqrt{a}-n\sqrt{a}=(\boxed{㉡})\sqrt{a}$

- ① 근호 안의 수가 제곱인 인수를 갖는 경우에는 소인수분해하여 제곱인 인수를 $\boxed{㉢}$ 밖으로 꺼내어 계산한다.
 ② 분모에 무리수가 있는 식은 분모를 $\boxed{㉣}$하여 간단히 한 후 계산한다.

답 | ㉠ $m+n$ ㉡ $m-n$ ㉢ 근호 ㉣ 유리화

대표 유형 1 제곱근의 덧셈과 뺄셈(1)

다음 중 옳지 **않은** 것을 모두 고르면? (정답 2개)

① $5\sqrt{6}-\sqrt{6}=4\sqrt{6}$

② $\sqrt{11}+\sqrt{5}=4$

③ $-4\sqrt{3}+2\sqrt{3}-3\sqrt{3}=-5\sqrt{3}$

④ $\dfrac{\sqrt{3}}{2}+\dfrac{\sqrt{3}}{3}-\dfrac{\sqrt{3}}{6}=\dfrac{2\sqrt{3}}{3}$

⑤ $3\sqrt{10}-2\sqrt{5}+\sqrt{5}=2\sqrt{5}$

| 풀이 |
② 근호 안의 수가 다르므로 더 이상 간단히 할 수 없다.
⑤ $3\sqrt{10}-2\sqrt{5}+\sqrt{5}=3\sqrt{10}-\sqrt{5}$

| 답 | ②, ⑤

1-1 숫자 바꾸기

다음 중 옳은 것을 모두 고르면? (정답 2개)

① $3\sqrt{5}+2\sqrt{5}=5\sqrt{10}$

② $2\sqrt{11}-3\sqrt{14}=-\sqrt{3}$

③ $5\sqrt{2}-6\sqrt{2}+3\sqrt{2}=2\sqrt{2}$

④ $-4\sqrt{6}+2\sqrt{6}-\sqrt{6}=-2\sqrt{6}$

⑤ $2\sqrt{5}+3\sqrt{7}-4\sqrt{5}-5\sqrt{7}=-2\sqrt{5}-2\sqrt{7}$

1-2 표현 바꾸기

$\dfrac{4\sqrt{6}}{5}-\dfrac{\sqrt{3}}{2}+\dfrac{\sqrt{6}}{2}+\dfrac{2\sqrt{3}}{5}=a\sqrt{3}+b\sqrt{6}$일 때, $a-b$의 값을 구하시오. (단, a, b는 유리수)

대표 유형 2 제곱근의 덧셈과 뺄셈(2)

$\sqrt{80}-3\sqrt{20}-\sqrt{45}=a\sqrt{5}$일 때, 유리수 a의 값은?

① -5 ② -3 ③ 3
④ 5 ⑤ 7

| 풀이 |
$\sqrt{80}-3\sqrt{20}-\sqrt{45}=4\sqrt{5}-6\sqrt{5}-3\sqrt{5}$
$\qquad\qquad\qquad\qquad =-5\sqrt{5}$
$\therefore a=-5$

| 답 | ①

2-1 숫자 바꾸기

$2\sqrt{28}+\sqrt{63}-\sqrt{175}=a\sqrt{7}$일 때, 유리수 a의 값을 구하시오.

2-2 표현 바꾸기

$\sqrt{18}+\dfrac{6}{\sqrt{3}}-\dfrac{\sqrt{27}}{3}+\dfrac{4}{\sqrt{8}}=a\sqrt{2}+b\sqrt{3}$일 때, $a+b$의 값은?
(단, a, b는 유리수)

① 3 ② 4 ③ 5
④ 6 ⑤ 7

근호를 포함한 식의 혼합 계산

(1) 근호를 포함한 식의 분배법칙 — 근호를 포함한 식에서도 다항식에서와 마찬가지로 분배법칙이 성립한다.

$a>0$, $b>0$, $c>0$일 때,

① $\sqrt{a}(\sqrt{b}+\sqrt{c})=\sqrt{a}\sqrt{b}+\sqrt{a}\sqrt{c}=\sqrt{ab}+\sqrt{ac}$ → $\sqrt{a}(\sqrt{b}-\sqrt{c})=\sqrt{a}\sqrt{b}-\sqrt{a}\sqrt{c}=\sqrt{ab}-\sqrt{ac}$

예 $\sqrt{2}(\sqrt{3}+\sqrt{5})=\sqrt{2}\sqrt{3}+\sqrt{2}\sqrt{5}=\sqrt{6}+\sqrt{10}$

② $(\sqrt{a}+\sqrt{b})\sqrt{c}=\sqrt{a}\sqrt{c}+\sqrt{b}\sqrt{c}=\sqrt{ac}+\sqrt{bc}$ → $(\sqrt{a}-\sqrt{b})\sqrt{c}=\sqrt{a}\sqrt{c}-\sqrt{b}\sqrt{c}=\sqrt{ac}-\sqrt{bc}$

예 $(\sqrt{2}+\sqrt{3})\sqrt{5}=\sqrt{2}\sqrt{5}+\sqrt{3}\sqrt{5}=\sqrt{10}+\sqrt{15}$

(2) 분배법칙을 이용한 분모의 유리화

$a>0$, $b>0$, $c>0$일 때,

$$\frac{\sqrt{a}+\sqrt{b}}{\sqrt{c}}=\frac{(\sqrt{a}+\sqrt{b})\times\sqrt{c}}{\sqrt{c}\times\sqrt{c}}=\frac{\sqrt{ac}+\sqrt{bc}}{c}$$

예 $\dfrac{\sqrt{5}-\sqrt{3}}{\sqrt{2}}=\dfrac{(\sqrt{5}-\sqrt{3})\times\sqrt{2}}{\sqrt{2}\times\sqrt{2}}=\dfrac{\sqrt{10}-\sqrt{6}}{2}$

(3) 근호를 포함한 식의 혼합 계산

❶ 괄호가 있으면 분배법칙을 이용하여 괄호를 푼다.

❷ 근호 안의 수에 제곱인 인수가 있으면 근호 밖으로 꺼낸다.

❸ 분모에 무리수가 있으면 분모를 유리화한다.

❹ 곱셈, 나눗셈을 먼저 계산한 후 덧셈, 뺄셈을 계산한다.

• 다항식의 분배법칙

① $a(b+c)=ab+ac$

② $(a+b)c=ac+bc$

• 나눗셈은 역수의 곱셈으로 바꾸어 계산한다.

개념 콕콕

정답과 풀이 | 15쪽

1 다음을 계산하시오.

(1) $\sqrt{2}(\sqrt{3}+\sqrt{7})$

(2) $(1-\sqrt{5})\sqrt{3}$

(3) $\sqrt{3}(\sqrt{2}-4\sqrt{5})$

(4) $(\sqrt{30}+\sqrt{24})\div\sqrt{6}$

2 다음 수의 분모를 유리화하시오.

(1) $\dfrac{1+\sqrt{2}}{\sqrt{2}}$

(2) $\dfrac{\sqrt{3}-\sqrt{8}}{\sqrt{5}}$

3 다음을 계산하시오.

(1) $\sqrt{2}\times\sqrt{6}+\sqrt{15}\div\sqrt{3}$

(2) $\sqrt{27}-6\div\sqrt{3}+\sqrt{75}$

개념 체크

• $a>0$, $b>0$, $c>0$일 때,

① $\sqrt{a}(\sqrt{b}+\sqrt{c})=$ ⊙ ⬚

② $(\sqrt{a}+\sqrt{b})\sqrt{c}=$ ⓛ ⬚

• $a>0$, $b>0$, $c>0$일 때,

$$\frac{\sqrt{a}+\sqrt{b}}{\sqrt{c}}=\frac{(\sqrt{a}+\sqrt{b})\times \boxed{ⓒ}}{\sqrt{c}\times \boxed{ⓒ}}$$

$$=\boxed{ⓔ}$$

답 | ⊙ $\sqrt{ab}+\sqrt{ac}$ ⓛ $\sqrt{ac}+\sqrt{bc}$ ⓒ $\sqrt{c}$

ⓔ $\dfrac{\sqrt{ac}+\sqrt{bc}}{c}$

대표 유형 3 근호를 포함한 식의 분배법칙

BOB 46쪽

$\sqrt{2}(-\sqrt{6}+\sqrt{3})-\sqrt{3}(5+2\sqrt{2})$ 를 계산하면 $a\sqrt{3}+b\sqrt{6}$일 때, $a+b$의 값은? (단, a, b는 유리수)

① -8　　　　② -6　　　　③ -4
④ 4　　　　⑤ 6

| 풀이 |

$\begin{aligned}(\text{주어진 식}) &= -\sqrt{12}+\sqrt{6}-5\sqrt{3}-2\sqrt{6}\\ &= -2\sqrt{3}+\sqrt{6}-5\sqrt{3}-2\sqrt{6}\\ &= -7\sqrt{3}-\sqrt{6}\end{aligned}$

따라서 $a=-7$, $b=-1$이므로

$a+b=-7+(-1)=-8$

| 답 | ①

3-1 숫자 바꾸기

$(\sqrt{10}-2\sqrt{15})\div\sqrt{5}+\sqrt{6}(2\sqrt{3}-3\sqrt{2})$ 를 계산하면 $a\sqrt{2}+b\sqrt{3}$일 때, $a-b$의 값은? (단, a, b는 유리수)

① -15　　　　② -1　　　　③ 1
④ 8　　　　⑤ 15

3-2 표현 바꾸기

$x=\sqrt{2}+\sqrt{3}$, $y=\sqrt{3}-\sqrt{2}$일 때, $\sqrt{2}x+\sqrt{3}y$를 계산하시오.

대표 유형 4 근호를 포함한 식의 혼합 계산

BOB 47쪽

$\sqrt{72}\div 2\sqrt{3}+\sqrt{32}\times\dfrac{9}{\sqrt{3}}$ 를 계산하면?

① $\sqrt{3}+\sqrt{6}$　　　　② $8\sqrt{6}$　　　　③ $10\sqrt{3}$
④ $13\sqrt{6}$　　　　⑤ $5\sqrt{3}+10\sqrt{6}$

| 풀이 |

$\begin{aligned}(\text{주어진 식}) &= 6\sqrt{2}\div 2\sqrt{3}+4\sqrt{2}\times\dfrac{9\times\sqrt{3}}{\sqrt{3}\times\sqrt{3}}\\ &= \dfrac{3\sqrt{2}}{\sqrt{3}}+4\sqrt{2}\times 3\sqrt{3}\\ &= \dfrac{3\sqrt{2}\times\sqrt{3}}{\sqrt{3}\times\sqrt{3}}+12\sqrt{6}\\ &= \sqrt{6}+12\sqrt{6}=13\sqrt{6}\end{aligned}$

| 답 | ④

4-1 숫자 바꾸기

$\sqrt{20}\left(\dfrac{1}{\sqrt{5}}+\dfrac{1}{\sqrt{10}}\right)-\sqrt{40}\div\dfrac{\sqrt{5}}{2}$ 를 계산하면?

① $1-2\sqrt{2}$　　　　② $2-3\sqrt{2}$　　　　③ $1+\sqrt{2}$
④ $2+5\sqrt{2}$　　　　⑤ $3+2\sqrt{2}$

4-2 표현 바꾸기

$\sqrt{3}\left(\dfrac{1}{\sqrt{6}}+\dfrac{1}{3}\right)+\dfrac{5-2\sqrt{6}}{\sqrt{3}}=a\sqrt{2}+b\sqrt{3}$일 때, $2a+b$의 값을 구하시오. (단, a, b는 유리수)

개념 07 무리수의 정수 부분과 소수 부분

(1) 무리수의 정수 부분과 소수 부분

① 무리수는 순환소수가 아닌 무한소수이므로 정수 부분과 소수 부분으로 나눌 수 있다.

➡ (무리수)=(정수 부분)+(소수 부분) → 0<(소수 부분)<1

② 소수 부분은 무리수에서 정수 부분을 뺀 값이다.

참고 $a>0$이고 n이 정수일 때, $n<\sqrt{a}<n+1$ ➡ $\begin{cases} (\sqrt{a}의\ 정수\ 부분)=n \\ (\sqrt{a}의\ 소수\ 부분)=\sqrt{a}-n \end{cases}$

예 $1<\sqrt{3}<2$이므로 ($\sqrt{3}$의 정수 부분)=1, ($\sqrt{3}$의 소수 부분)=$\sqrt{3}-1$

(2) 실수의 대소 관계

a, b가 실수일 때, → 두 실수 a, b의 대소 관계는 $a-b$의 부호로 판단한다.

① $a-b>0$이면 $a>b$　② $a-b=0$이면 $a=b$　③ $a-b<0$이면 $a<b$

예 두 수 $\sqrt{5}+1$, $3\sqrt{5}-3$의 대소 비교

$\sqrt{5}+1-(3\sqrt{5}-3)=\sqrt{5}+1-3\sqrt{5}+3=4-2\sqrt{5}=\sqrt{16}-\sqrt{20}<0$　∴ $\sqrt{5}+1<3\sqrt{5}-3$

• 근호 안의 수와 가장 가까운 제곱수를 찾아 무리수의 정수 부분을 찾는다.

• (소수 부분)=(무리수)-(정수 부분)

바이블 Point

무리수의 정수 부분 구하기

$\sqrt{1}=\sqrt{1^2}=1$, $\sqrt{4}=\sqrt{2^2}=2$, $\sqrt{9}=\sqrt{3^2}=3$, $\sqrt{16}=\sqrt{4^2}=4$이므로

(1) $\sqrt{2}$, $\sqrt{3}$의 정수 부분 ➡ 1

(2) $\sqrt{5}$, $\sqrt{6}$, $\sqrt{7}$, $\sqrt{8}$의 정수 부분 ➡ 2

(3) $\sqrt{10}$, $\sqrt{11}$, $\sqrt{12}$, $\sqrt{13}$, $\sqrt{14}$, $\sqrt{15}$의 정수 부분 ➡ 3

예 $1+\sqrt{7}$의 정수 부분을 구해 보자.

$\sqrt{4}<\sqrt{7}<\sqrt{9}$에서 $2<\sqrt{7}<3$이므로 각 변에 1을 더하면 $3<1+\sqrt{7}<4$

따라서 $1+\sqrt{7}$의 정수 부분은 3이다.

개념 콕콕

정답과 풀이 | 15쪽

1 다음은 $2+\sqrt{5}$의 정수 부분과 소수 부분을 구하는 과정이다. ☐ 안에 알맞은 수를 써넣으시오.

> 5보다 작은 정수 중에서 가장 큰 제곱수는 ☐이고, 5보다 큰 정수 중에서 가장 작은 제곱수는 ☐이다.
>
> 즉, ☐$<5<$☐에서 ☐$<\sqrt{5}<$☐
>
> 각 변에 2를 더하면 ☐$<2+\sqrt{5}<$☐
>
> 따라서 $2+\sqrt{5}$의 정수 부분은 ☐, 소수 부분은 ☐이다.

2 다음 ☐ 안에 알맞은 부등호를 써넣으시오.

(1) $5-\sqrt{2}$ ☐ $3\sqrt{2}$ 　　　　(2) $\sqrt{24}+\sqrt{2}$ ☐ $\sqrt{8}+\sqrt{6}$

개념 체크

• 무리수는 순환소수가 아닌 무한소수이므로 정수 부분과 ㉠ ☐ 부분으로 나눌 수 있다.

• a, b가 실수일 때,
① $a-b>0$이면 a ㉡ b
② $a-b=0$이면 a ㉢ b
③ $a-b<0$이면 a ㉣ b

답 | ㉠ 소수 ㉡ > ㉢ = ㉣ <

대표 유형 5 무리수의 정수 부분과 소수 부분

$\sqrt{2}+3$의 정수 부분을 a, 소수 부분을 b라고 할 때, $a-b$의 값은?

① $3+\sqrt{2}$ ② $2+\sqrt{2}$ ③ $1+\sqrt{2}$

④ $2-\sqrt{2}$ ⑤ $5-\sqrt{2}$

| 풀이 |

$1<\sqrt{2}<2$이므로 $4<\sqrt{2}+3<5$

따라서 정수 부분은 4이므로 $a=4$

소수 부분은 $(\sqrt{2}+3)-4=\sqrt{2}-1$이므로 $b=\sqrt{2}-1$

$\therefore a-b=4-(\sqrt{2}-1)=5-\sqrt{2}$

| 답 | ⑤

5-1 숫자 바꾸기

$\sqrt{10}-2$의 정수 부분을 a, 소수 부분을 b라고 할 때, $a-b$의 값은?

① $6-\sqrt{10}$ ② $4-\sqrt{10}$ ③ $2-\sqrt{10}$

④ $2+\sqrt{10}$ ⑤ $4+\sqrt{10}$

5-2 표현 바꾸기

$\sqrt{8}$의 정수 부분을 a, 소수 부분을 b라고 할 때, $\dfrac{a}{b+2}$의 값을 구하시오.

대표 유형 6 실수의 대소 관계

다음 중 두 실수의 대소 관계가 옳은 것은?

① $5-\sqrt{2}>4$ ② $\sqrt{3}+2<2\sqrt{3}-1$

③ $\sqrt{28}-\sqrt{2}>\sqrt{7}+\sqrt{2}$ ④ $\sqrt{12}+\sqrt{5}<\sqrt{3}+2\sqrt{5}$

⑤ $3-\sqrt{3}<\sqrt{3}-1$

| 풀이 |

① $(5-\sqrt{2})-4=1-\sqrt{2}=\sqrt{1}-\sqrt{2}<0$ $\therefore 5-\sqrt{2}<4$

② $(\sqrt{3}+2)-(2\sqrt{3}-1)=\sqrt{3}+2-2\sqrt{3}+1=3-\sqrt{3}=\sqrt{9}-\sqrt{3}>0$

    $\therefore \sqrt{3}+2>2\sqrt{3}-1$

③ $(\sqrt{28}-\sqrt{2})-(\sqrt{7}+\sqrt{2})=2\sqrt{7}-\sqrt{2}-\sqrt{7}-\sqrt{2}$

                        $=\sqrt{7}-2\sqrt{2}=\sqrt{7}-\sqrt{8}<0$

    $\therefore \sqrt{28}-\sqrt{2}<\sqrt{7}+\sqrt{2}$

④ $(\sqrt{12}+\sqrt{5})-(\sqrt{3}+2\sqrt{5})=2\sqrt{3}+\sqrt{5}-\sqrt{3}-2\sqrt{5}=\sqrt{3}-\sqrt{5}<0$

    $\therefore \sqrt{12}+\sqrt{5}<\sqrt{3}+2\sqrt{5}$

⑤ $(3-\sqrt{3})-(\sqrt{3}-1)=3-\sqrt{3}-\sqrt{3}+1=4-2\sqrt{3}=\sqrt{16}-\sqrt{12}>0$

    $\therefore 3-\sqrt{3}>\sqrt{3}-1$

따라서 대소 관계가 옳은 것은 ④이다.

| 답 | ④

6-1 숫자 바꾸기

다음 중 두 실수의 대소 관계가 옳지 <u>않은</u> 것은?

① $2+\sqrt{2}<3\sqrt{2}$ ② $\sqrt{2}-\sqrt{3}>\sqrt{8}-2\sqrt{3}$

③ $\sqrt{20}+1>\sqrt{45}-2$ ④ $4\sqrt{3}+1<\sqrt{75}$

⑤ $3\sqrt{2}+\sqrt{7}<\sqrt{2}+2\sqrt{7}$

6-2 표현 바꾸기

다음 중 세 수 A, B, C의 대소 관계를 바르게 나타낸 것은?

$$A=2\sqrt{6}+1, \qquad B=\sqrt{6}+2, \qquad C=3\sqrt{6}-1$$

① $A<B<C$ ② $A<C<B$ ③ $B<A<C$

④ $B<C<A$ ⑤ $C<A<B$

대표유형 1

01 $A=\sqrt{2}-3\sqrt{2}+5\sqrt{2}$, $B=8\sqrt{6}-7\sqrt{6}$일 때, $\dfrac{A}{B}$의 값을 구하시오.

대표유형 1

02 $2\sqrt{3}+\dfrac{3\sqrt{5}}{4}+\dfrac{\sqrt{3}}{3}-\sqrt{5}$를 계산하면?

① $\dfrac{5}{3}\sqrt{3}-\dfrac{1}{4}\sqrt{5}$
② $\dfrac{5}{3}\sqrt{3}+\dfrac{1}{4}\sqrt{5}$
③ $\dfrac{7}{3}\sqrt{3}-\dfrac{1}{4}\sqrt{5}$

④ $\dfrac{7}{3}\sqrt{3}+\dfrac{1}{4}\sqrt{5}$
⑤ $5\sqrt{3}+2\sqrt{5}$

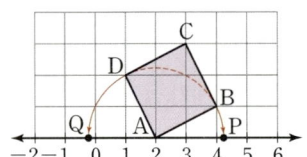

대표유형 1

03 다음 그림은 한 눈금의 길이가 1인 모눈 종이 위에 정사각형 ABCD와 수직선을 그린 것이다. $\overline{AB}=\overline{AP}=\overline{AQ}$일 때, 점 P에 대응하는 수를 p, 점 Q에 대응하는 수를 q라고 하자. 이때 $2p-q$의 값을 구하시오.

대표유형 2

04 다음 중 옳은 것을 모두 고르면? (정답 2개)

① $2\sqrt{3}+4\sqrt{3}=6\sqrt{6}$
② $\sqrt{63}-5\sqrt{7}=-2\sqrt{7}$
③ $\sqrt{32}+\sqrt{18}-\sqrt{8}=4\sqrt{2}$
④ $\sqrt{27}-\dfrac{\sqrt{12}}{3}-\dfrac{\sqrt{48}}{2}=\dfrac{\sqrt{3}}{3}$
⑤ $\sqrt{5}-\sqrt{45}+\sqrt{125}=2\sqrt{5}$

대표유형 2

05 다음을 계산하시오.

$$\dfrac{1}{\sqrt{2}}+\dfrac{\sqrt{5}}{2}-\dfrac{1}{\sqrt{5}}+\sqrt{8}$$

대표유형 2

06 $\sqrt{108}-a\sqrt{3}+\sqrt{75}=15\sqrt{3}$일 때, 유리수 a의 값은?

① -6
② -5
③ -4

④ -3
⑤ -2

대표유형 3

07 $3\sqrt{3}(\sqrt{6}-\sqrt{3})+2\sqrt{2}(3-\sqrt{8})$을 계산하면 $a+b\sqrt{2}$일 때, $a+b$의 값은? (단, a, b는 유리수)

① -4
② -2
③ -1

④ 2
⑤ 4

대표유형 3

08 $\sqrt{5}(2-\sqrt{5})+a(\sqrt{5}+3)$의 계산 결과가 유리수가 되도록 하는 유리수 a의 값을 구하시오.

09 다음을 계산하시오. **대표유형 3**

$$\frac{\sqrt{6}-\sqrt{8}}{\sqrt{2}}+\frac{2\sqrt{3}-\sqrt{18}}{\sqrt{3}}$$

10 $\sqrt{18}\div\sqrt{6}+\sqrt{2}\times\sqrt{\frac{27}{2}}$을 계산하면? **대표유형 4**

① $2\sqrt{3}$ ② $3\sqrt{3}$ ③ $4\sqrt{3}$
④ $2+\sqrt{3}$ ⑤ $3+3\sqrt{3}$

11 $\sqrt{2}(\sqrt{3}-\sqrt{5})+\frac{4\sqrt{3}-2\sqrt{5}}{\sqrt{2}}=a\sqrt{6}+b\sqrt{10}$일 때, ab의 값은? (단, a, b는 유리수) **대표유형 4**

① -6 ② -4 ③ -2
④ 2 ⑤ 4

12 오른쪽 그림과 같은 사다리꼴 ABCD의 넓이를 구하시오. **대표유형 4**

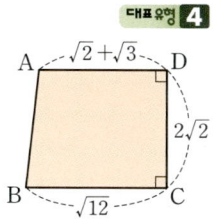

13 $\sqrt{15}$의 정수 부분과 소수 부분을 각각 구하시오. **대표유형 5**

14 $4-\sqrt{5}$의 정수 부분을 a, 소수 부분을 b라고 할 때, $a-b$의 값은? **대표유형 5**

① $-2+\sqrt{5}$ ② $-1-\sqrt{5}$ ③ $1+\sqrt{5}$
④ $2-\sqrt{5}$ ⑤ $3+\sqrt{5}$

생각이 쑥쑥
15 $\sqrt{6}$의 소수 부분을 k라고 할 때, $\sqrt{96}$의 소수 부분을 k를 사용하여 나타내면? **대표유형 5**

① $4k-2$ ② $4k-1$ ③ $4k$
④ $4k+1$ ⑤ $4k+2$

16 다음 보기에서 두 실수의 대소 관계를 바르게 나타낸 것을 모두 고른 것은? **대표유형 6**

보기
ㄱ. $7-\sqrt{2}<3+\sqrt{8}$ ㄴ. $2\sqrt{6}+\sqrt{5}>4+\sqrt{24}$
ㄷ. $3\sqrt{10}-\sqrt{3}<\sqrt{40}-\sqrt{12}$ ㄹ. $1+3\sqrt{5}>\sqrt{20}+2$

① ㄱ, ㄴ   ② ㄱ, ㄹ   ③ ㄴ, ㄷ
④ ㄴ, ㄹ   ⑤ ㄷ, ㄹ

01 다음 중 옳지 <u>않은</u> 것은?

① $3\sqrt{2} \times \sqrt{5} = 3\sqrt{10}$

② $\dfrac{\sqrt{33}}{\sqrt{11}} = \sqrt{3}$

③ $-\sqrt{7}\sqrt{2} = -\sqrt{14}$

④ $4\sqrt{6} \div 2\sqrt{3} = \sqrt{2}$

⑤ $\sqrt{\dfrac{10}{3}} \div \left(-\sqrt{\dfrac{5}{12}}\right) = -\sqrt{8}$

02 $3\sqrt{2}\sqrt{k}\sqrt{2}\sqrt{18} = 36$을 만족시키는 양수 k의 값은?

① 1   ② 2   ③ 3

④ 4   ⑤ 5

03 $\sqrt{45} = 3\sqrt{a}$, $\sqrt{108} = b\sqrt{3}$일 때, ab의 값을 구하시오.
(단, a, b는 유리수)

04 $\sqrt{3} = x$, $\sqrt{5} = y$일 때, $\sqrt{48} - \sqrt{80} = ax + by$이다. 이때 $a+b$의 값은? (단, a, b는 유리수)

① -2 ② -1 ③ 0

④ 1   ⑤ 2

05 $\dfrac{\sqrt{a}}{\sqrt{15}} = \dfrac{2\sqrt{3}}{3}$일 때, 양수 a의 값은?

① 14   ② 16   ③ 18

④ 20   ⑤ 22

06 $\dfrac{1}{\sqrt{5}} \times \dfrac{\sqrt{10}}{\sqrt{18}} \times \sqrt{24} = \dfrac{a\sqrt{b}}{3}$를 만족시키는 자연수 a, b에 대하여 $b-a$의 값은? (단, b는 가장 작은 자연수)

① 0   ② 2   ③ 4

④ 6   ⑤ 8

07 다음과 같이 화살표 위에 쓰여진 계산을 차례대로 한 결과가 5일 때, ㉠에 알맞는 수를 구하시오.

$$\boxed{㉠} \xrightarrow{\times \sqrt{5}} \boxed{} \xrightarrow{\div \sqrt{27}} \boxed{5}$$

08 다음 제곱근표를 이용하여 $\sqrt{0.0238}$과 $\sqrt{245}$의 값을 차례대로 구하시오.

수	4	5	6	7	8
2.2	1.497	1.500	1.503	1.507	1.510
2.3	1.530	1.533	1.536	1.539	1.543
2.4	1.562	1.565	1.568	1.572	1.575

09 $\sqrt{2}=a$, $\sqrt{5}=b$라고 할 때, $\sqrt{32}+2\sqrt{45}-\sqrt{98}+\sqrt{20}$을 a, b를 사용하여 나타내면?

① $-8a+3b$
② $-3a+8b$
③ $3a-8b$
④ $3a+8b$
⑤ $8a-3b$

10 $2\sqrt{5}-\dfrac{3\sqrt{10}}{\sqrt{2}}-\dfrac{10}{\sqrt{5}}=a\sqrt{5}$일 때, 유리수 a의 값은?

① -3
② -2
③ -1
④ 1
⑤ 2

11 $A=\sqrt{3}+\sqrt{6}$, $B=3\sqrt{2}-6$일 때, $\sqrt{2}A-\sqrt{3}B$를 계산하면?

① $6\sqrt{2}-2\sqrt{3}$
② $6\sqrt{3}-2\sqrt{6}$
③ $8\sqrt{2}-2\sqrt{3}$
④ $8\sqrt{2}-2\sqrt{6}$
⑤ $8\sqrt{3}-2\sqrt{6}$

12 $\dfrac{\sqrt{2}-\sqrt{12}}{\sqrt{3}}-\dfrac{\sqrt{8}-2\sqrt{3}}{\sqrt{2}}$ 을 계산하면?

① $-4+\dfrac{\sqrt{6}}{6}$
② $-4+\dfrac{4\sqrt{6}}{3}$
③ $-1+\dfrac{\sqrt{6}}{6}$
④ $-1+\dfrac{4\sqrt{6}}{3}$
⑤ $-1+\dfrac{5\sqrt{6}}{3}$

13 다음을 계산하시오.

$$5\sqrt{2}(1-\sqrt{2})+\sqrt{8}\div\sqrt{2}-\dfrac{4}{\sqrt{2}}$$

14 오른쪽 그림과 같이 직사각형 모양의 땅이 있다. 땅 A와 C는 정사각형 모양이고 그 넓이가 각각 490 m², 90 m²일 때, 땅 B의 넓이를 구하시오.

15 $3+\sqrt{7}$의 정수 부분을 a, $2\sqrt{5}$의 소수 부분을 b라고 할 때, $a+b$의 값은?

① $3-\sqrt{5}$
② $\sqrt{5}$
③ $2\sqrt{5}$
④ $2+\sqrt{5}$
⑤ $1+2\sqrt{5}$

16 다음 중 세 수 $A=\sqrt{20}+\sqrt{18}$, $B=\sqrt{45}+\sqrt{2}$, $C=\sqrt{80}-2\sqrt{2}$의 대소 관계를 바르게 나타낸 것은?

① $A<B<C$
② $A<C<B$
③ $B<A<C$
④ $C<A<B$
⑤ $C<B<A$

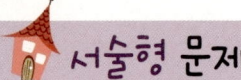

서술형 문제

17 $\dfrac{1}{\sqrt{75}}=a\sqrt{3}$, $\dfrac{45}{\sqrt{3}}=b\sqrt{3}$일 때, ab의 값을 구하시오.

(단, a, b는 유리수)

> 풀이
>
>
>
> 답 _____

18 다음 그림의 삼각형과 직사각형의 넓이가 서로 같을 때, 삼각형의 높이 x의 값을 구하시오.

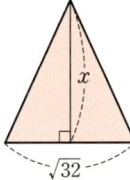 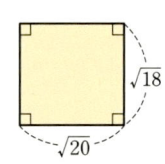

> 풀이
>
>
>
> 답 _____

19 $\sqrt{50}+2\sqrt{12}-\sqrt{2}\left(2-\dfrac{3}{\sqrt{6}}\right)=a\sqrt{2}+b\sqrt{3}$일 때, $a-b$의 값을 구하시오. (단, a, b는 유리수)

> 풀이
>
>
>
> 답 _____

발전 문제

20 $a>0$, $b>0$, $ab=16$일 때, $a\sqrt{\dfrac{4b}{a}}+b\sqrt{\dfrac{9a}{b}}$의 값을 구하시오.

● 해결 Point $a>0$, $b>0$일 때, $\sqrt{a^2b}=a\sqrt{b}$, $a\sqrt{b}=\sqrt{a^2b}$임을 이용한다.

21 $\sqrt{(3-\sqrt{5})^2}-\sqrt{(2\sqrt{5}-6)^2}$을 간단히 하시오.

● 해결 Point $3-\sqrt{5}$, $2\sqrt{5}-6$의 부호를 각각 확인한다.

22 자연수 n에 대하여 $\sqrt{n}$의 소수 부분을 $f(n)$이라고 할 때, $f(48)-f(12)$의 값은?

① $\sqrt{3}-3$　　② $\sqrt{3}-2$　　③ $2\sqrt{3}-4$

④ $2\sqrt{3}-3$　　⑤ $2\sqrt{3}-2$

● 해결 Point $a>0$이고 n이 정수일 때, $n<\sqrt{a}<n+1$이면 $\sqrt{a}$의 정수 부분은 n, 소수 부분은 $\sqrt{a}-n$이다.

Ⅱ. 이차방정식

1 다항식의 곱셈

개념 되짚어 보기

- **다항식** : 한 개 또는 두 개 이상의 항의 합으로 이루어진 식
- **일차식** : 차수가 1인 다항식

개념 01 다항식과 다항식의 곱셈

다항식과 다항식의 곱셈은 <u>분배법칙</u>을 이용하여 전개하고 동류항이 있으면 간단히 정리한다.

$$a(b+c)=ab+ac,\ (a+b)c=ac+bc$$

➡ $(a+b)(c+d)=ac+ad+bc+bd$

예 $(a+3)(b-5)=a\times b+a\times(-5)+3\times b+3\times(-5)$
$=ab-5a+3b-15$

● 곱셈의 부호
① $(+)\times(+)=(+)$
② $(-)\times(-)=(+)$
③ $(+)\times(-)=(-)$
④ $(-)\times(+)=(-)$

바이블 Point

$(a+b)(c+d)$의 전개

(1) 분배법칙 이용

$(a+b)(c+d)=(a+b)M$ → $c+d=M$으로 놓는다.
$=aM+bM$ → 전개한다.
$=a(c+d)+b(c+d)$ → M에 $c+d$를 대입한다.
$=ac+ad+bc+bd$ → 전개한다.

(2) 직사각형의 넓이 이용

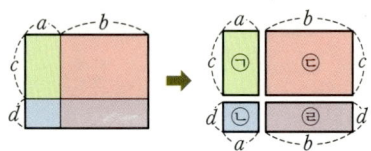

$(a+b)(c+d)=㉠+㉡+㉢+㉣$
$=ac+ad+bc+bd$

개념 콕콕

정답과 풀이 | 19쪽

1 다음 식을 전개하시오.

(1) $(x+3)(y+2)$

(2) $(a+3)(2b-1)$

(3) $(a-b)(c-d)$

(4) $(a+2b)(4c-d)$

(5) $(3x-2y)(4y-1)$

(6) $(-2x+3)(y+5)$

2 다음 식을 전개하시오.

(1) $(a+2)(a+7)$

(2) $(2x+3)(x-2)$

(3) $(4y+1)(5y-3)$

(4) $(3a-2)(2a+5)$

(5) $(5x-2y)(3x-y)$

(6) $(4a-6b)(3a+4b)$

3 다음 식을 전개하시오.

(1) $(x+1)(x+2y+2)$

(2) $(a+b-2)(a-b)$

● 개념 체크

● $(a+b)(c+d)=$ ㉠ ⬚

● 다항식과 다항식의 곱셈을 하는 방법
① ㉡ ⬚ 을 이용하여 전개한다.
② ㉢ ⬚ 이 있으면 간단히 정리한다.

답 | ㉠ $ac+ad+bc+bd$ ㉡ 분배법칙
㉢ 동류항

대표 유형 **1** 다항식과 다항식의 곱셈

BOB 58쪽

$(2x-y)(3x+2y-5)$를 전개하면?

① $6x^2+xy-2y^2-10x-5y$
② $6x^2+xy-2y^2-10x+5y$
③ $6x^2+7xy-2y^2-10x+5y$
④ $6x^2-2y^2-10x+5y$
⑤ $6x^2-2y^2+10x-5y$

| 풀이 |
(주어진 식)$=6x^2+4xy-10x-3xy-2y^2+5y$
$\qquad\quad=6x^2+xy-2y^2-10x+5y$

| 답 | ②

1-1 숫자 바꾸기

$(5a+3b-2)(-2a+1)$을 전개하면?

① $-10a^2-6ab-9a+3b-2$
② $-10a^2-6ab+9a+3b-2$
③ $-10a^2+6ab+9a-3b+2$
④ $10a^2-6ab-9a-3b+2$
⑤ $10a^2+6ab+9a+3b-2$

1-2 표현 바꾸기

다음 식을 간단히 하시오.

$$(x-y)(2x+y+3)+(3x-y)(2x-5y)$$

대표 유형 **2** 전개식에서 항의 계수 구하기

BOB 58쪽

$(x+y-3)(-x+4y-7)$을 전개한 식에서 xy의 계수를 a, y^2의 계수를 b라고 할 때, $a+b$의 값은?

① 4 ② 5 ③ 6
④ 7 ⑤ 8

| 풀이 |
xy항이 나오는 부분만 전개하면
$x\times 4y+y\times(-x)=4xy-xy=3xy$ ∴ $a=3$
y^2항이 나오는 부분만 전개하면
$y\times 4y=4y^2$ ∴ $b=4$
∴ $a+b=3+4=7$

| 답 | ④

2-1 숫자 바꾸기

$(2x-3y+1)(3x+5y-6)$을 전개한 식에서 x의 계수를 a, xy의 계수를 b라고 할 때, $b-a$의 값은?

① -10 ② -8 ③ 8
④ 10 ⑤ 14

2-2 표현 바꾸기

$(x+ay)(x-6y)$를 전개한 식에서 xy의 계수가 -10일 때, 상수 a의 값을 구하시오.

개념 **02** 곱셈 공식 (1)

(1) **곱셈 공식 – 합의 제곱, 차의 제곱**

① $(a+b)^2=a^2+2ab+b^2$
② $(a-b)^2=a^2-2ab+b^2$

예 ① $(x+3)^2=x^2+2\times x\times 3+3^2=x^2+6x+9$
 ② $(x-3)^2=x^2-2\times x\times 3+3^2=x^2-6x+9$

(2) **곱셈 공식 – 합과 차의 곱**

$(a+b)(a-b)=a^2-b^2$

예 $(x+3)(x-3)=x^2-3^2=x^2-9$

• 서로 같은 식
① $(a+b)^2=(-a-b)^2$
② $(a-b)^2=(-a+b)^2$

바이블 Point

$(a+b)^2$, $(a-b)^2$, $(a+b)(a-b)$의 전개

	$(a+b)^2$	$(a-b)^2$	$(a+b)(a-b)$
다항식과 다항식의 곱셈 이용	$\begin{aligned}(a+b)^2&=(a+b)(a+b)\\&=a^2+ab+ba+b^2\\&=a^2+2ab+b^2\end{aligned}$	$\begin{aligned}(a-b)^2&=(a-b)(a-b)\\&=a^2-ab-ba+b^2\\&=a^2-2ab+b^2\end{aligned}$	$\begin{aligned}(a+b)(a-b)&=a^2-ab+ba-b^2\\&=a^2-b^2\end{aligned}$
직사각형의 넓이 이용	$\begin{aligned}(a+b)^2&=㉠+㉡+㉢+㉣\\&=a^2+ab+ab+b^2\\&=a^2+2ab+b^2\end{aligned}$	$\begin{aligned}(a-b)^2&=a^2-㉠-㉡-㉢\\&=a^2-b(a-b)-b(a-b)-b^2\\&=a^2-2ab+b^2\end{aligned}$	$\begin{aligned}(a+b)(a-b)&=㉠+㉡=㉠+㉢\\&=a^2-㉣\\&=a^2-b^2\end{aligned}$

개념 콕콕

정답과 풀이 | 20쪽

1 다음 식을 전개하시오.

(1) $(a+2)^2$

(2) $(x-1)^2$

(3) $(4x+1)^2$

(4) $(-3x+2)^2$

(5) $(a-3b)^2$

(6) $\left(\dfrac{1}{2}x+\dfrac{1}{5}y\right)^2$

2 다음 식을 전개하시오.

(1) $(x+2)(x-2)$

(2) $(2a-5)(2a+5)$

(3) $(1+6y)(1-6y)$

(4) $(-a+3b)(a+3b)$

○ 개념 체크

• $(a+b)^2=$ ㉠
 $(a-b)^2=$ ㉡

• $(a+b)(a-b)=$ ㉢

답 | ㉠ $a^2+2ab+b^2$ ㉡ $a^2-2ab+b^2$
 ㉢ a^2-b^2

대표 유형 **3** 곱셈 공식 – 합의 제곱, 차의 제곱

BOB 59쪽

$(x+A)^2=x^2+Bx+36$일 때, $A+B$의 값은?

(단, A, B는 양수)

① 12   ② 14   ③ 16

④ 18   ⑤ 20

| 풀이 |

$(x+A)^2=x^2+2Ax+A^2=x^2+Bx+36$

따라서 $2A=B$, $A^2=36$이고 A, B는 양수이므로

$A=6$, $B=12$

$\therefore A+B=6+12=18$

| 답 | ④

3-1 숫자 바꾸기

$(3x+A)^2=9x^2-30x+B$일 때, $A+B$의 값은?

(단, A, B는 상수)

① -30 ② -20 ③ 5

④ 15   ⑤ 20

3-2 표현 바꾸기

다음 중 옳지 <u>않은</u> 것은?

① $(x+5)^2=x^2+10x+25$

② $(x-2y)^2=x^2-4xy+4y^2$

③ $(-2x+5)^2=4x^2-20x+25$

④ $(-x-3y)^2=x^2-6xy+9y^2$

⑤ $\left(\dfrac{1}{3}x-\dfrac{1}{2}y\right)^2=\dfrac{1}{9}x^2-\dfrac{1}{3}xy+\dfrac{1}{4}y^2$

대표 유형 **4** 곱셈 공식 – 합과 차의 곱

BOB 60쪽

$(3x+4y)(3x-4y)-(2x+3y)(2x-3y)$를 간단히 하시오.

| 풀이 |

(주어진 식)$=9x^2-16y^2-(4x^2-9y^2)$

$=9x^2-16y^2-4x^2+9y^2$

$=5x^2-7y^2$

| 답 | $5x^2-7y^2$

4-1 숫자 바꾸기

$(5x+y)(5x-y)-(-x+7y)(-x-7y)$를 간단히 하시오.

4-2 표현 바꾸기

다음 □ 안에 알맞은 수는?

$(1-x)(1+x)(1+x^2)=1-x^\square$

① 2   ② 3   ③ 4

④ 6   ⑤ 8

개념 03 곱셈 공식 (2)

(1) 곱셈 공식 – x의 계수가 1인 두 일차식의 곱

$$(x+a)(x+b)=x^2+(a+b)x+ab$$

📝 $(x+1)(x+3)=x^2+(1+3)x+1\times3=x^2+4x+3$

(2) 곱셈 공식 – x의 계수가 1인 아닌 두 일차식의 곱

$$(ax+b)(cx+d)=acx^2+(ad+bc)x+bd$$

📝 $(2x+1)(3x+4)=(2\times3)x^2+(2\times4+1\times3)x+1\times4=6x^2+11x+4$

> • $(ax+b)(cx+d)$에서 $a=1$, $c=1$이면 x의 계수가 1인 두 일차식의 곱, 즉 $(x+a)(x+b)$와 같은 형태가 됨을 알 수 있다.

바이블 Point

$(x+a)(x+b)$, $(ax+b)(cx+d)$의 전개

	$(x+a)(x+b)$	$(ax+b)(cx+d)$
다항식과 다항식의 곱셈 이용	$(x+a)(x+b)=x^2+bx+ax+ab$ $\qquad\qquad\quad=x^2+(a+b)x+ab$	$(ax+b)(cx+d)=acx^2+adx+bcx+bd$ $\qquad\qquad\qquad\quad=acx^2+(ad+bc)x+bd$
직사각형의 넓이 이용	$(x+a)(x+b)=㉠+㉡+㉢+㉣$ $\qquad\qquad\quad=x^2+bx+ax+ab$ $\qquad\qquad\quad=x^2+(a+b)x+ab$	$(ax+b)(cx+d)=㉠+㉡+㉢+㉣$ $\qquad\qquad\qquad\quad=acx^2+adx+bcx+bd$ $\qquad\qquad\qquad\quad=acx^2+(ad+bc)x+bd$

개념 콕콕

정답과 풀이 | 20쪽

1 다음 식을 전개하시오.

(1) $(x+3)(x+4)$

(2) $(a-1)(a+5)$

(3) $(y-2)(y-4)$

(4) $\left(b-\dfrac{1}{4}\right)\left(b+\dfrac{3}{4}\right)$

(5) $(x+5y)(x-6y)$

(6) $\left(x+\dfrac{1}{3}y\right)\left(x+\dfrac{5}{6}y\right)$

2 다음 식을 전개하시오.

(1) $(2a+3)(3a+1)$

(2) $(4b+3)(b-5)$

(3) $(3x-2)(5x+3)$

(4) $(-x+y)(2x+5y)$

(5) $(7x-4y)(2x-y)$

(6) $\left(\dfrac{1}{3}a-2b\right)\left(\dfrac{2}{3}a+3b\right)$

개념 체크

• $(x+a)(x+b)=$ ㉠ [　　]

• $(ax+b)(cx+d)$
$=$ ㉡ [　　]

답 | ㉠ $x^2+(a+b)x+ab$
　　㉡ $acx^2+(ad+bc)x+bd$

대표 유형 5 곱셈 공식 − x의 계수가 1인 두 일차식의 곱

BOB 61쪽

$(x-A)(x-8)$을 전개하면 $x^2-Bx+16$일 때, $A+B$의 값은? (단, A, B는 상수)

① -12 　　　② -8 　　　③ 8

④ 12 　　　⑤ 14

| 풀이 |
$(x-A)(x-8)=x^2-(A+8)x+8A=x^2-Bx+16$
따라서 $-(A+8)=-B$, $8A=16$이므로
$A=2$, $B=10$
$\therefore A+B=2+10=12$

| 답 | ④

5-1 숫자 바꾸기

$(x-7)(x+A)$를 전개하면 x^2-3x-B일 때, $B-A$의 값은? (단, A, B는 상수)

① -24 　　　② -12 　　　③ 0

④ 12 　　　⑤ 24

5-2 표현 바꾸기

$\left(x+\dfrac{1}{4}y\right)\left(x-\dfrac{1}{2}y\right)$를 전개한 식에서 xy의 계수와 y^2의 계수의 합을 구하시오.

대표 유형 6 곱셈 공식 − x의 계수가 1이 아닌 두 일차식의 곱

BOB 61쪽

$(9x-2y)(3x+4y)=Ax^2+Bxy+Cy^2$일 때, $A-B+C$의 값을 구하시오. (단, A, B, C는 상수)

| 풀이 |
$(9x-2y)(3x+4y)=27x^2+30xy-8y^2$이므로
$A=27$, $B=30$, $C=-8$
$\therefore A-B+C=27-30+(-8)=-11$

| 답 | -11

6-1 숫자 바꾸기

$\left(3x-\dfrac{3}{4}\right)\left(4x+\dfrac{4}{3}\right)=Ax^2+Bx+C$일 때, $A-B-C$의 값을 구하시오. (단, A, B, C는 상수)

6-2 표현 바꾸기

오른쪽 그림과 같이 가로의 길이가 $2x$, 세로의 길이가 $3x$인 직사각형에서 가로의 길이는 y만큼 늘이고, 세로의 길이는 y만큼 줄였다. 이때 색칠한 직사각형의 넓이는?

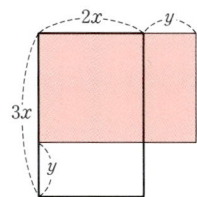

① $6x^2-5xy+y^2$ 　　② $6x^2-xy-y^2$

③ $6x^2+xy-y^2$ 　　④ $6x^2+3xy$

⑤ $6x^2+5xy+y^2$

대표유형 1

01 다음 식을 전개하시오.

$$(3a-b+1)(-a+4b)$$

대표유형 2

02 $(4x-y-5)(2x+y-3)$을 전개한 식에서 xy의 계수는?

① -6 　　② -2 　　③ 0

④ 2 　　⑤ 6

대표유형 2

03 $(x+2y+a)(3y-2)$를 전개한 식에서 y의 계수가 11일 때, 상수 a의 값은?

① -5 　　② -3 　　③ -1

④ 3 　　⑤ 5

대표유형 2

04 $(-x^2+9x-4)(x+a)$를 전개한 식에서 x^2의 계수와 상수항이 같을 때, 상수 a의 값은?

① -4 　　② -3 　　③ -2

④ -1 　　⑤ 1

대표유형 3

05 $(2x+a)^2=4x^2+bx+\dfrac{1}{9}$일 때, $3(a+b)$의 값은?

(단, a, b는 양수)

① 1 　　② 2 　　③ 3

④ 4 　　⑤ 5

대표유형 3

06 $(4x+3y)^2-2(2x-y)^2$을 간단히 하시오.

대표유형 3

07 다음 중 $(-x+y)^2$과 전개식이 같은 것은?

① $(x+y)^2$ 　　② $(x-y)^2$ 　　③ $-(x-y)^2$

④ $-(y-x)^2$ 　　⑤ $-(-x-y)^2$

대표유형 4

08 $(5x-3)(5x+3)-(5x+1)^2$을 간단히 한 식에서 x의 계수와 상수항의 합을 구하시오.

09 $\left(\dfrac{1}{2}x-\dfrac{1}{4}\right)\left(\dfrac{1}{2}x+\dfrac{1}{4}\right)=ax^2+b$일 때, $\dfrac{a}{b}$의 값을 구하시오. (단, a, b는 상수)

대표유형 **4**

생각이 쑥쑥   대표유형 **4**

10 $(x-2)(x+2)(x^2+4)(x^4+16)=x^a-b$일 때, $b-a$의 값은? (단, a, b는 상수)

① 12   ② 24   ③ 48
④ 240   ⑤ 248

대표유형 **5**

11 $(x-8)(x+a)$를 전개한 식에서 x의 계수가 -5일 때, 상수항을 구하시오. (단, a는 상수)

대표유형 **5**

12 오른쪽 그림과 같이 한 변의 길이가 a인 정사각형에서 가로의 길이는 $2b$만큼 늘이고, 세로의 길이는 b만큼 줄였다. 이때 색칠한 직사각형의 넓이는?

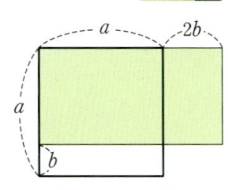

① a^2-b^2 ② a^2+b^2 ③ $a^2+ab-2b^2$
④ a^2+ab+b^2 ⑤ $a^2+2ab-b^2$

13 다음 중 옳은 것은?

대표유형 **6**

① $(x+4)^2=x^2+4x+16$
② $(2x-3y)^2=4x^2-9y^2$
③ $(-x+1)(-x-1)=x^2-1$
④ $\left(x-\dfrac{1}{4}\right)\left(x+\dfrac{2}{3}\right)=x^2-\dfrac{5}{12}x-\dfrac{1}{6}$
⑤ $(3x+y)(4x-y)=12x^2-xy-y^2$

대표유형 **6**

14 $(3x+A)(-x+3)=-3x^2+Bx-15$일 때, $A-B$의 값은? (단, A, B는 상수)

① -19 ② -9 ③ -5
④ 9   ⑤ 19

대표유형 **6**

15 $(x-2)(x-5)$를 전개한 식에서 x의 계수를 a, $(2x+7)(3x-1)$을 전개한 식에서 상수항을 b라고 할 때, ab의 값을 구하시오.

생각이 쑥쑥   대표유형 **6**

16 $5x+a$에 $2x+1$을 곱해야 할 것을 잘못하여 $x+2$를 곱하였더니 $5x^2+6x-8$이 되었다. 이때 바르게 계산한 결과를 구하시오. (단, a는 상수)

개념 04 곱셈 공식의 활용

(1) 복잡한 식의 전개 : 공통부분을 하나의 문자로 놓고 전개한 후 다시 공통부분을 대입하여 정리한다.

예
$$(x-y+1)^2 = (A+1)^2 \quad \leftarrow x-y=A로 놓는다.$$
$$= A^2 + 2A + 1 \quad \leftarrow 곱셈 공식을 이용하여 전개한다.$$
$$= (x-y)^2 + 2(x-y) + 1 \quad \leftarrow A에 x-y를 대입한다.$$
$$= x^2 - 2xy + y^2 + 2x - 2y + 1 \quad \leftarrow 전개하여 정리한다.$$

(2) 곱셈 공식을 이용한 수의 계산

① 수의 제곱의 계산 : 곱셈 공식 $(a+b)^2 = a^2 + 2ab + b^2$ 또는 $(a-b)^2 = a^2 - 2ab + b^2$ 을 이용한다.

② 두 수의 곱의 계산 : 곱셈 공식 $(a+b)(a-b) = a^2 - b^2$ 또는 $(x+a)(x+b) = x^2 + (a+b)x + ab$ 를 이용한다.

● 곱셈 공식을 이용한 수의 계산에서 a, b 의 값은 계산이 편리한 수로 정한다.

바이블 Point

곱셈 공식을 이용한 수의 계산

수의 제곱이나 두 수의 곱을 계산할 때, 주어진 수를 제곱을 쉽게 구할 수 있는 수의 합 또는 차로 변형하여 곱셈 공식을 이용하면 편리하다.

(1) 수의 제곱의 계산

예 ① $101^2 = (100+1)^2$
$$= 100^2 + 2 \times 100 \times 1 + 1^2 \quad (a+b)^2 = a^2 + 2ab + b^2 \ 이용$$
$$= 10000 + 200 + 1 = 10201$$

② $99^2 = (100-1)^2$
$$= 100^2 - 2 \times 100 \times 1 + 1^2 \quad (a-b)^2 = a^2 - 2ab + b^2 \ 이용$$
$$= 10000 - 200 + 1 = 9801$$

(2) 두 수의 곱의 계산

예 ① $101 \times 99 = (100+1)(100-1)$
$$= 100^2 - 1^2 \quad (a+b)(a-b) = a^2 - b^2 \ 이용$$
$$= 10000 - 1 = 9999$$

② $101 \times 102 = (100+1)(100+2)$
$$= 100^2 + (1+2) \times 100 + 1 \times 2 \quad \begin{array}{l}(x+a)(x+b) \\ = x^2 + (a+b)x + ab \\ 이용\end{array}$$
$$= 10000 + 300 + 2 = 10302$$

 개념 콕콕

정답과 풀이 | 22쪽

1 다음은 $(a+2b)(a+2b-1)$을 전개하는 과정이다. □ 안에 알맞은 것을 써넣으시오.

$a+2b=A$로 놓으면
$$(a+2b)(a+2b-1) = \boxed{}(\boxed{}-1) = \boxed{} - A$$
$$= \boxed{} - (a+2b)$$
$$= \boxed{} - a - 2b$$

2 곱셈 공식을 이용하여 다음을 계산하시오.

(1) 102^2

(2) 48^2

(3) 49×51

(4) 32×34

개념 체크

● 공통부분이 있는 식을 전개하는 방법
① 공통부분을 한 ㉠ 로 놓는다.
② ①의 식을 ㉡ 한다.
③ ②의 식에 공통부분을 대입한다.
④ 전개하여 정리한다.

● 수의 제곱의 계산은
$(a+b)^2 = a^2 + 2ab + b^2$ 또는
$(a-b)^2 = $ ㉢ 을 이용하고,
두 수의 곱의 계산은
$(a+b)(a-b) = $ ㉣ 또는
$(x+a)(x+b) = x^2 + (a+b)x + ab$를 이용한다.

답 | ㉠ 문자 ㉡ 전개 ㉢ $a^2 - 2ab + b^2$
㉣ $a^2 - b^2$

대표 유형 **1** 복잡한 식의 전개

BOB 63쪽

$(x+y-3)(x+y+1)$을 전개하면?

① $x^2-4xy+y^2-2x-2y-3$
② $x^2-2xy+y^2-2x-2y-3$
③ $x^2+2xy+y^2-2x-2y-3$
④ $x^2+2xy+y^2-2x+2y-3$
⑤ $x^2+2xy+y^2+2x-2y-3$

| 풀이 |

$x+y=A$로 놓으면

(주어진 식)$=(A-3)(A+1)$
$\qquad\qquad =A^2-2A-3$
$\qquad\qquad =(x+y)^2-2(x+y)-3$
$\qquad\qquad =x^2+2xy+y^2-2x-2y-3$

| 답 | ③

1-1 숫자 바꾸기

$(x-2y+1)(x-2y+5)$를 전개하면?

① $x^2-8xy+4y^2-6x+12y+5$
② $x^2-4xy+4y^2-6x-12y+5$
③ $x^2-4xy+4y^2+6x-12y+5$
④ $x^2+4xy+4y^2-6x+12y+5$
⑤ $x^2+4xy+4y^2+6x-12y+5$

1-2 표현 바꾸기

$(2x-y+4)^2$을 전개한 식에서 상수항을 제외한 모든 항의 계수의 합을 구하시오.

대표 유형 **2** 곱셈 공식을 이용한 수의 계산

BOB 64쪽

곱셈 공식을 이용하여 104×96을 계산하려고 할 때, 다음 중 어떤 곱셈 공식을 이용하는 것이 가장 편리한가?
(단, a, b는 양수)

① $(a+b)^2=a^2+2ab+b^2$
② $(a-b)^2=a^2-2ab+b^2$
③ $(a+b)(a-b)=a^2-b^2$
④ $(x+a)(x+b)=x^2+(a+b)x+ab$
⑤ $(ax+b)(cx+d)=acx^2+(ad+bc)x+bd$

| 풀이 |

$104\times96=(100+4)(100-4)$
➡ $(a+b)(a-b)=a^2-b^2$

| 답 | ③

2-1 숫자 바꾸기

곱셈 공식을 이용하여 203^2을 계산하려고 할 때, 다음 중 어떤 곱셈 공식을 이용하는 것이 가장 편리한가? (단, a, b는 양수)

① $(a+b)^2=a^2+2ab+b^2$
② $(a-b)^2=a^2-2ab+b^2$
③ $(a+b)(a-b)=a^2-b^2$
④ $(x+a)(x+b)=x^2+(a+b)x+ab$
⑤ $(ax+b)(cx+d)=acx^2+(ad+bc)x+bd$

2-2 표현 바꾸기

다음 중 곱셈 공식 $(x+a)(x+b)=x^2+(a+b)x+ab$를 이용하여 계산하면 가장 편리한 것은? (단, a, b는 양수)

① 69^2 ② 1.03^2 ③ 9.8×10.2
④ 37×43 ⑤ 103×105

(1) 곱셈 공식을 이용한 제곱근의 계산

제곱근을 문자로 생각하고 곱셈 공식을 이용하여 계산한다.

① $(\sqrt{a}+\sqrt{b})^2 = a + 2\sqrt{ab} + b$

② $(\sqrt{a}-\sqrt{b})^2 = a - 2\sqrt{ab} + b$

③ $(\sqrt{a}+\sqrt{b})(\sqrt{a}-\sqrt{b}) = a - b$

- $(\sqrt{a}+b)(\sqrt{a}+c)$
  $= a + (b+c)\sqrt{a} + bc$

(2) 곱셈 공식을 이용한 분모의 유리화

분모가 2개의 항으로 되어 있는 무리수일 때에는 곱셈 공식 $(a+b)(a-b) = a^2 - b^2$을 이용하여 분모를 유리화한다.

$a > 0$, $b > 0$, $a \neq b$일 때,

$$\frac{c}{\sqrt{a}+\sqrt{b}} = \frac{c(\sqrt{a}-\sqrt{b})}{(\sqrt{a}+\sqrt{b})(\sqrt{a}-\sqrt{b})} = \frac{c(\sqrt{a}-\sqrt{b})}{a-b}$$

예 $\dfrac{1}{\sqrt{3}+\sqrt{2}} = \dfrac{\sqrt{3}-\sqrt{2}}{(\sqrt{3}+\sqrt{2})(\sqrt{3}-\sqrt{2})} = \dfrac{\sqrt{3}-\sqrt{2}}{3-2} = \sqrt{3}-\sqrt{2}$

분모	분자, 분모에 곱하는 수
$a+\sqrt{b}$	$a-\sqrt{b}$
$a-\sqrt{b}$	$a+\sqrt{b}$
$\sqrt{a}+\sqrt{b}$	$\sqrt{a}-\sqrt{b}$
$\sqrt{a}-\sqrt{b}$	$\sqrt{a}+\sqrt{b}$

부호 반대로

개념 콕콕

정답과 풀이 | 22쪽

1 다음을 계산하시오.

(1) $(\sqrt{3}+1)^2$

(2) $(\sqrt{5}-\sqrt{2})^2$

(3) $(\sqrt{2}+3)(\sqrt{2}-3)$

(4) $(\sqrt{5}-\sqrt{3})(\sqrt{5}+\sqrt{3})$

2 다음을 계산하시오.

(1) $(\sqrt{2}+2)(\sqrt{2}-1)$

(2) $(\sqrt{5}+2)(\sqrt{5}-3)$

(3) $(\sqrt{3}+1)(2\sqrt{3}+1)$

(4) $(2\sqrt{6}-3)(3\sqrt{6}+1)$

3 다음 수의 분모를 유리화하시오.

(1) $\dfrac{1}{\sqrt{6}+\sqrt{5}}$

(2) $\dfrac{7}{3+\sqrt{2}}$

(3) $\dfrac{2}{\sqrt{5}-2}$

(4) $\dfrac{\sqrt{3}+\sqrt{2}}{\sqrt{3}-\sqrt{2}}$

개념 체크

- 곱셈 공식을 이용하여 제곱근의 계산을 할 때에는 제곱근을 ⑦ ⬚ 로 생각하고 계산한다.

- 분모가 2개의 항으로 되어 있는 무리수일 때에는 곱셈 공식 $(a+b)(a-b) = ⓒ$ ⬚ 을 이용하여 분모를 유리화한다.

답 | ⑦ 문자 ⓒ $a^2 - b^2$

대표 유형 3 곱셈 공식을 이용한 제곱근의 계산

BOB 65쪽

$(\sqrt{2}+5)(\sqrt{2}-3)=a+b\sqrt{2}$일 때, $a+b$의 값은?

(단, a, b는 유리수)

① -15 ② -13 ③ -11
④ -9 ⑤ -7

| 풀이 |

$(\sqrt{2}+5)(\sqrt{2}-3)=2+2\sqrt{2}-15=-13+2\sqrt{2}$

따라서 $a=-13$, $b=2$이므로

$a+b=-13+2=-11$

| 답 | ③

3-1 숫자 바꾸기

$(2\sqrt{3}+4)^2=a+b\sqrt{3}$일 때, $a-b$의 값은? (단, a, b는 유리수)

① 6   ② 8   ③ 10
④ 12   ⑤ 14

3-2 표현 바꾸기

$(3+3\sqrt{2})(a-2\sqrt{2})$를 계산한 결과가 유리수일 때, 유리수 a의 값은?

① -4 ② -2 ③ 0
④ 2 ⑤ 4

대표 유형 4 곱셈 공식을 이용한 분모의 유리화

BOB 65쪽

$\dfrac{\sqrt{2}}{\sqrt{6}-\sqrt{3}}-\dfrac{\sqrt{2}}{\sqrt{6}+\sqrt{3}}$ 를 계산하면?

① $\dfrac{\sqrt{6}}{3}$ ② $\dfrac{2\sqrt{6}}{3}$ ③ 2
④ $\sqrt{6}$ ⑤ $2\sqrt{6}$

| 풀이 |

$\dfrac{\sqrt{2}}{\sqrt{6}-\sqrt{3}}-\dfrac{\sqrt{2}}{\sqrt{6}+\sqrt{3}}=\dfrac{\sqrt{2}(\sqrt{6}+\sqrt{3})}{(\sqrt{6}-\sqrt{3})(\sqrt{6}+\sqrt{3})}-\dfrac{\sqrt{2}(\sqrt{6}-\sqrt{3})}{(\sqrt{6}+\sqrt{3})(\sqrt{6}-\sqrt{3})}$

$=\dfrac{\sqrt{12}+\sqrt{6}}{3}-\dfrac{\sqrt{12}-\sqrt{6}}{3}$

$=\dfrac{2\sqrt{6}}{3}$

| 답 | ②

4-1 숫자 바꾸기

$\dfrac{3}{\sqrt{5}+\sqrt{2}}-\dfrac{6}{\sqrt{5}-\sqrt{2}}$ 을 계산하면?

① $-3\sqrt{2}-\sqrt{5}$ ② $-\sqrt{2}-2\sqrt{5}$ ③ $-2\sqrt{5}$
④ $-3\sqrt{2}$ ⑤ $-\sqrt{5}$

4-2 표현 바꾸기

$x=\dfrac{\sqrt{2}-1}{\sqrt{2}+1}$, $y=\dfrac{\sqrt{2}+1}{\sqrt{2}-1}$일 때, $x+y$의 값을 구하시오.

개념 **06** 곱셈 공식의 변형

곱셈 공식의 좌변과 우변의 항을 적당히 이항하면 다음을 얻을 수 있다.

(1) $a^2+b^2=(a+b)^2-2ab$

(2) $a^2+b^2=(a-b)^2+2ab$

(3) $(a+b)^2=(a-b)^2+4ab$

(4) $(a-b)^2=(a+b)^2-4ab$

예 $a+b=3$, $ab=2$일 때,

① $a^2+b^2=(a+b)^2-2ab=3^2-2\times2=5$

② $(a-b)^2=(a+b)^2-4ab=3^2-4\times2=1$

왼쪽의 (1)~(4)에 b 대신 $\dfrac{1}{a}$ 을 대입하면 다음을 얻을 수 있다.

● **두 수의 곱이 1인 식의 변형**

① $a^2+\dfrac{1}{a^2}=\left(a+\dfrac{1}{a}\right)^2-2$

② $a^2+\dfrac{1}{a^2}=\left(a-\dfrac{1}{a}\right)^2+2$

③ $\left(a+\dfrac{1}{a}\right)^2=\left(a-\dfrac{1}{a}\right)^2+4$

④ $\left(a-\dfrac{1}{a}\right)^2=\left(a+\dfrac{1}{a}\right)^2-4$

바이블 Point

곱셈 공식의 변형

$(a+b)^2=a^2+2ab+b^2$ ······ ㉠

$(a-b)^2=a^2-2ab+b^2$ ······ ㉡

(1) ㉠에서 $a^2+b^2=(a+b)^2-2ab$

(2) ㉡에서 $a^2+b^2=(a-b)^2+2ab$

(3), (4) ㉠에서 ㉡을 변끼리 빼면 $(a+b)^2-(a-b)^2=4ab$

  ∴ $(a+b)^2=(a-b)^2+4ab$, $(a-b)^2=(a+b)^2-4ab$

개념 콕콕

정답과 풀이 | 23쪽

1 $a+b=4$, $ab=3$일 때, 다음 □ 안에 알맞은 것을 써넣으시오.

(1) $a^2+b^2=(a+b)^2-\boxed{}=4^2-\boxed{}=\boxed{}$

(2) $(a-b)^2=(a+b)^2-\boxed{}=4^2-\boxed{}=\boxed{}$

2 $a-b=2$, $ab=4$일 때, 다음 □ 안에 알맞은 것을 써넣으시오.

(1) $a^2+b^2=(a-b)^2+\boxed{}=2^2+\boxed{}=\boxed{}$

(2) $(a+b)^2=(a-b)^2+\boxed{}=2^2+\boxed{}=\boxed{}$

3 $a+\dfrac{1}{a}=3$일 때, 다음 □ 안에 알맞은 수를 써넣으시오.

(1) $a^2+\dfrac{1}{a^2}=\left(a+\dfrac{1}{a}\right)^2-\boxed{}=3^2-\boxed{}=\boxed{}$

(2) $\left(a-\dfrac{1}{a}\right)^2=\left(a+\dfrac{1}{a}\right)^2-\boxed{}=3^2-\boxed{}=\boxed{}$

○ 개념 체크

● $x^2+y^2=(x+y)^2-\boxed{㉠}$

  $(x-y)^2=(x+y)^2-\boxed{㉡}$

● $x^2+y^2=(x-y)^2+\boxed{㉢}$

  $(x+y)^2=(x-y)^2+\boxed{㉣}$

● $x^2+\dfrac{1}{x^2}=\left(x+\dfrac{1}{x}\right)^2-\boxed{㉤}$

  $\left(x-\dfrac{1}{x}\right)^2=\left(x+\dfrac{1}{x}\right)^2-\boxed{㉥}$

답 | ㉠ $2xy$ ㉡ $4xy$ ㉢ $2xy$ ㉣ $4xy$
  ㉤ 2 ㉥ 4

대표 유형 **5** 곱셈 공식의 변형 (1)

BOB 66쪽

$x+y=6$, $xy=4$일 때, $\dfrac{y}{x}+\dfrac{x}{y}$의 값은?

① $\dfrac{27}{4}$ ② 7 ③ $\dfrac{29}{4}$

④ $\dfrac{15}{2}$ ⑤ $\dfrac{31}{4}$

| 풀이 |

$\dfrac{y}{x}+\dfrac{x}{y}=\dfrac{x^2+y^2}{xy}=\dfrac{(x+y)^2-2xy}{xy}$

$=\dfrac{6^2-2\times4}{4}=\dfrac{28}{4}=7$

| 답 | ②

5-1 숫자 바꾸기

$x-y=3\sqrt{2}$, $xy=2$일 때, $\dfrac{y}{x}+\dfrac{x}{y}$의 값은?

① 7 ② 8 ③ 9
④ 10 ⑤ 11

5-2 표현 바꾸기

$a+b=6$, $a^2+b^2=24$일 때, ab의 값을 구하시오.

대표 유형 **6** 곱셈 공식의 변형 (2)

BOB 67쪽

$x+\dfrac{1}{x}=2\sqrt{5}$일 때, $x^2+\dfrac{1}{x^2}$의 값은?

① 18 ② 20 ③ 22
④ 24 ⑤ 26

| 풀이 |

$x^2+\dfrac{1}{x^2}=\left(x+\dfrac{1}{x}\right)^2-2$

$=(2\sqrt{5})^2-2=18$

| 답 | ①

6-1 숫자 바꾸기

$x-\dfrac{1}{x}=5$일 때, $x^2+\dfrac{1}{x^2}$의 값은?

① 25 ② 26 ③ 27
④ 28 ⑤ 29

6-2 표현 바꾸기

$x+\dfrac{1}{x}=8$일 때, $\left(x-\dfrac{1}{x}\right)^2$의 값은?

① 48 ② 52 ③ 56
④ 60 ⑤ 64

01 다음 식을 전개하시오. 대표유형 **1**

$$(x+3y+2)(x-3y+2)$$

02 $(x-5y+2)^2$을 전개한 식에서 xy의 계수와 y의 계수의 합은? 대표유형 **1**

① -30 ② -10 ③ -6
④ 8 ⑤ 29

03 곱셈 공식을 이용하여 8.3×7.7을 계산하려고 할 때, 다음 중 어떤 곱셈 공식을 이용하는 것이 가장 편리한가? 대표유형 **2**

(단, a, b는 양수)

① $(a+b)^2 = a^2 + 2ab + b^2$
② $(a-b)^2 = a^2 - 2ab + b^2$
③ $(a+b)(a-b) = a^2 - b^2$
④ $(x+a)(x+b) = x^2 + (a+b)x + ab$
⑤ $(ax+b)(cx+d) = acx^2 + (ad+bc)x + bd$

04 곱셈 공식을 이용하여 $\dfrac{2019 \times 2021 + 1}{2020}$ 을 계산하면? 대표유형 **2**

① 2018   ② 2019   ③ 2020
④ 2021   ⑤ 2022

05 $(2\sqrt{2}+\sqrt{5})^2 = a + b\sqrt{10}$일 때, $a-2b$의 값은? 대표유형 **3**

(단, a, b는 유리수)

① 5   ② 3   ③ 1
④ -1 ⑤ -3

06 $(\sqrt{3}-2)^2 - (2\sqrt{3}+4)(2\sqrt{3}-4)$를 계산하면? 대표유형 **3**

① $11-5\sqrt{3}$ ② $11-4\sqrt{3}$ ③ $11-3\sqrt{3}$
④ $15+3\sqrt{3}$ ⑤ $15+4\sqrt{3}$

07 $(a-2\sqrt{5})(6+3\sqrt{5})$를 계산한 결과가 유리수일 때, 유리수 a의 값은? 대표유형 **3**

① -4 ② -2 ③ 2
④ 4 ⑤ 6

생각이 쑥쑥

08 $x=\sqrt{3}+5$일 때, $x^2 - 10x - 3$의 값을 구하시오. 대표유형 **3**

대표유형 4

09 $\dfrac{\sqrt{5}}{\sqrt{10}-\sqrt{2}}=a\sqrt{2}+b\sqrt{10}$일 때, $a-b$의 값은?

(단, a, b는 유리수)

① $\dfrac{1}{8}$ ② $\dfrac{1}{4}$ ③ $\dfrac{3}{8}$

④ $\dfrac{1}{2}$ ⑤ $\dfrac{5}{8}$

대표유형 4

10 $\dfrac{2-\sqrt{3}}{2+\sqrt{3}}-\dfrac{2+\sqrt{3}}{2-\sqrt{3}}$ 을 계산하면?

① -14 ② $-8\sqrt{3}$ ③ 1

④ $8\sqrt{3}$ ⑤ 14

대표유형 4

11 $x=5+2\sqrt{6}$이고 x의 역수를 y라고 할 때, $x+y$의 값은?

① -10 ② $-4\sqrt{6}$ ③ $-2\sqrt{6}$

④ $4\sqrt{6}$ ⑤ 10

대표유형 5

12 $x+y=7$, $xy=1$일 때, $x-y$의 값은? (단, $x>y$)

① 5 ② $2\sqrt{10}$ ③ $3\sqrt{5}$

④ 7 ⑤ $5\sqrt{2}$

대표유형 5

13 $a-b=4$, $ab=6$일 때, $a^2+3ab+b^2$의 값은?

① 28 ② 34 ③ 40

④ 46 ⑤ 52

대표유형 5

14 $x+y=\sqrt{6}$, $x^2+y^2=8$일 때, $\dfrac{1}{x}+\dfrac{1}{y}$의 값은?

① -6 ② $-\sqrt{6}$ ③ -2

④ $\sqrt{6}$ ⑤ 6

대표유형 6

15 $x-\dfrac{1}{x}=3$일 때, $\left(x+\dfrac{1}{x}\right)^2$의 값을 구하시오.

대표유형 6

16 $x^2-4x+1=0$일 때, $x^2+\dfrac{1}{x^2}$의 값은?

① 8 ② 10 ③ 12

④ 14 ⑤ 16

01 $(ax-5y+3)(x-2y+b)$를 전개한 식에서 xy의 계수가 -13, 상수항이 -15일 때, $a+b$의 값은? (단, a, b는 상수)

① -2　　　　② -1　　　　③ 0
④ 1　　　　⑤ 2

02 한 변의 길이가 $6x+y$인 정사각형의 넓이를 구하시오.

03 다음 식을 간단히 한 식에서 x^2의 계수와 상수항의 합은?

$$(2x-5)^2+(-4+3x)(-4-3x)$$

① -38　　　　② -25　　　　③ 16
④ 31　　　　⑤ 36

04 $a^2=72$, $b^2=32$일 때, $\left(\dfrac{1}{3}a+\dfrac{3}{4}b\right)\left(\dfrac{1}{3}a-\dfrac{3}{4}b\right)$의 값을 구하시오.

05 다음 중 전개식이 나머지 넷과 다른 하나는?

① $(a+4)(a-4)$　　　　② $(a-4)(-a+4)$
③ $(4+a)(-4+a)$　　　　④ $(4-a)(-4-a)$
⑤ $-(4+a)(4-a)$

06 다음 중 □ 안에 알맞은 수가 가장 작은 것은?

① $\left(x+\dfrac{9}{2}y\right)^2=x^2+\square xy+\dfrac{81}{4}y^2$

② $(-6x+y)^2=36x^2-\square xy+y^2$

③ $(x+5)(x-5)=x^2-\square$

④ $(x-4)(x-3)=x^2-7x+\square$

⑤ $(3x-4)(2x+5)=6x^2+\square x-20$

07 $(3x+2)(x-1)$을 전개하는데 동현이는 3을 a로 잘못 보아 ax^2-6x-2로 전개하였고, 연정이는 -1을 b로 잘못 보아 $3x^2-10x+c$로 전개하였다. 이때 $a-b+c$의 값을 구하시오.
(단, a, b, c는 상수)

08 오른쪽 그림과 같이 가로의 길이가 $5a-4$, 세로의 길이가 $3a+3$인 직사각형 모양의 화단에 폭이 1인 길을 만들었다. 이때 길을 제외한 화단의 넓이는?

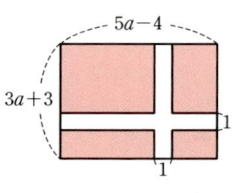

① $15a^2-5a-10$　② $15a^2-15$　③ $15a^2+a-6$
④ $15a^2+6a-9$　⑤ $15a^2+8a-12$

09 $(1+x-y)(1-x+y)$를 전개하면?

① $-x^2+2xy-y^2-1$ ② $-x^2+2xy-y^2+1$
③ $x^2-2xy+y^2-1$ ④ $2x^2-xy-3y^2-1$
⑤ $2x^2+xy+y^2+1$

10 $(x+1)(x+3)(x-2)(x-4)$를 전개한 식에서 x^2의 계수를 구하시오.

11 다음 중 주어진 수의 계산을 편리하게 하기 위해 곱셈 공식을 적용한 것으로 옳지 <u>않은</u> 것은? (단, a, b는 양수)

① 501^2 ➡ $(a+b)^2=a^2+2ab+b^2$
② 4.9^2 ➡ $(a-b)^2=a^2-2ab+b^2$
③ 203×202 ➡ $(a+b)(a-b)=a^2-b^2$
④ 102×98 ➡ $(a+b)(a-b)=a^2-b^2$
⑤ 1001×1002 ➡ $(x+a)(x+b)=x^2+(a+b)x+ab$

12 $(3\sqrt{10}-\sqrt{5})^2$을 계산하면 $a+b\sqrt{2}$일 때, $a+b$의 값을 구하시오. (단, a, b는 유리수)

13 $(a\sqrt{2}-3)(3\sqrt{2}-2)-\sqrt{2}(3-\sqrt{2})$를 계산한 결과가 유리수일 때, 유리수 a의 값은?

① -2 ② -4 ③ -6
④ -8 ⑤ -10

14 $x=\dfrac{1}{3+2\sqrt{2}}$, $y=\dfrac{1}{3-2\sqrt{2}}$일 때, $x+y$의 값은?

① -6 ② -4 ③ $-\sqrt{2}$
④ $4\sqrt{2}$ ⑤ 6

15 $x+y=7$, $(x-y)^2=9$일 때, xy의 값을 구하시오.

16 $x^2+6x-1=0$일 때, $x^2+\dfrac{1}{x^2}$의 값은?

① 36 ② 38 ③ 40
④ 42 ⑤ 44

서술형 문제

17 $(Ax+1)(3x-B)=12x^2+Cx+4$일 때, $A+B+C$의 값을 구하시오. (단, A, B, C는 상수)

풀이

답 _____

18 두 수 A, B가 다음과 같을 때, $A-B$의 값을 구하시오.

$$A=(1+2\sqrt{3})^2, \ B=(5\sqrt{3}+2)(\sqrt{3}-1)$$

풀이

답 _____

19 $x=\sqrt{5}-2$, $y=\sqrt{5}+2$일 때, $\dfrac{y}{x}+\dfrac{x}{y}$의 값을 구하시오.

풀이

답 _____

발전 문제

20 $(2+1)(2^2+1)(2^4+1)(2^8+1)=2^A-1$일 때, A의 값은?

① 8
② 12
③ 16
④ 20
⑤ 24

●해결 Point $2-1=1$이므로 좌변에 $2-1$을 곱한 후 곱셈 공식 $(a+b)(a-b)=a^2-b^2$을 이용하여 좌변을 간단히 한다.

21 $5-\sqrt{11}$의 정수 부분을 a, 소수 부분을 b라고 할 때, $\dfrac{2}{3a-b}$의 값을 구하시오.

●해결 Point 근호 안의 수와 가장 가까운 제곱수를 찾아 무리수의 정수 부분을 구한 후 (소수 부분)=(무리수)−(정수 부분)임을 이용하여 무리수의 소수 부분을 구한다.

22 $F(x)=\sqrt{x+1}+\sqrt{x}$일 때, $\dfrac{1}{F(1)}+\dfrac{1}{F(2)}+\dfrac{1}{F(3)}+\cdots+\dfrac{1}{F(35)}$의 값은?

① 1
② $\sqrt{2}$
③ 4
④ 5
⑤ $4\sqrt{2}$

●해결 Point $F(x)$에 $x=1, 2, 3, \cdots, 35$를 차례대로 대입하여 $F(1)$, $F(2)$, $F(3)$, $\cdots$, $F(35)$를 구한 후 분모를 유리화하여 간단히 한다.

Ⅱ. 이차방정식

2 인수분해

개념 되짚어 보기

- **소인수분해** : 자연수를 소인수들만의 곱으로 나타내는 것

개념 01 인수분해

(1) 인수분해

① 인수 : 하나의 다항식을 두 개 이상의 다항식의 곱으로 나타낼 때, 각각의 식을 처음 다항식의 인수라고 한다.

② 인수분해 : 하나의 다항식을 두 개 이상의 인수의 곱으로 나타내는 것

$$x^2+3x+2 \xleftarrow[\text{전개}]{\text{인수분해}} (x+1)(x+2)$$
인수

예 x^2+3x+2를 인수분해하면

$(x+1)(x+2)$이므로 x^2+3x+2의 인수는 1, $x+1$, $x+2$, $(x+1)(x+2)$이다.
→ 1과 자기 자신도 인수이다.

(2) 공통인수를 이용한 인수분해

① 공통인수 : 다항식의 각 항에 공통으로 들어 있는 인수

② 공통인수를 이용한 인수분해 : 다항식에 공통인수가 있을 때에는 분배법칙을 이용하여 공통인수로 묶어 내어 인수분해한다.

$$ma+mb=m(a+b)$$
공통인수

예 $2x^2-4x=2x(x-2)$
공통인수

주의 인수분해할 때에는 공통인수가 남지 않도록 모두 묶어 낸다.

예 $2x^2y-6y^2=2(x^2y-3y^2)(\times)$ $2x^2y-6y^2=2y(x^2-3y)(\bigcirc)$

- 모든 다항식에서 1과 자기 자신은 그 다항식의 인수이다.

- 인수분해는 전개를 거꾸로 한 과정이다.

용어

인수분해 (인하다 因, 셈 數, 나누다 分, 풀다 解)
어떤 수나 식을 원인이 되는 수나 식의 곱의 꼴로 나타내는 것

바이블 Point

소인수분해와 인수분해

자연수를 소인수들만의 곱으로 나타내는 것을 소인수분해한다 하고, 하나의 다항식을 두 개 이상의 인수의 곱으로 나타내는 것을 인수분해한다고 한다.

자연수	$6 \xrightarrow{\text{소인수분해}} 2\times3 \xrightarrow{\text{소인수}} 2, 3$
다항식	$x^2+4x+3 \xrightarrow{\text{인수분해}} (x+1)(x+3) \xrightarrow{\text{인수}} 1, x+1, x+3, (x+1)(x+3)$

개념 콕콕

정답과 풀이 | 27쪽

1 다음 식은 어떤 다항식을 인수분해한 것인지 구하시오.

(1) $3x(x-2)$

(2) $(x+1)^2$

(3) $(x+3)(x-3)$

(4) $(2x+1)(2x-3)$

2 다음 다항식을 인수분해하시오.

(1) $ax+ay$

(2) $2ax-bx$

(3) $4x^2+2x$

(4) xy^2-6xy

개념 체크

- 하나의 다항식을 두 개 이상의 인수의 곱으로 나타내는 것을 ㉠ ☐ 한다고 한다.

- 다항식에 공통인수가 있을 때에는 분배법칙을 이용하여 공통인수로 묶어 내어 인수분해한다.

➡ $ma+mb=$ ㉡ ☐ $(a+b)$

답 | ㉠ 인수분해 ㉡ m

대표 유형 1 인수

BOB 78쪽

다음 중 $x(2x-y)$의 인수가 <u>아닌</u> 것은?

① 1   ② x ③ $2x-y$

④ $2x^2$ ⑤ $x(2x-y)$

| 풀이 |

$x(2x-y)$의 인수는 1, x, $2x-y$, $x(2x-y)$이다.

| 답 | ④

1-1 숫자 바꾸기

다음 중 $ab(a+b)$의 인수가 <u>아닌</u> 것은?

① 1   ② a ③ b

④ $a+b$ ⑤ a^2b

1-2 표현 바꾸기

다음 보기에서 $x(x+1)(x-1)$의 인수를 모두 고르시오.

> 보기
>
> ㄱ. x ㄴ. $x+1$ ㄷ. $2x$
>
> ㄹ. $x(x-1)$ ㅁ. $2x-1$ ㅂ. $(x+1)(x-1)$

대표 유형 2 공통인수를 이용한 인수분해

BOB 78쪽

다음 중 옳지 <u>않은</u> 것은?

① $x^3-x^2y=x^2(x-y)$

② $a^2+ab-2ac=a(a+b-2c)$

③ $-3a^2-6a=-3a(a+2)$

④ $xy^3-x^2y^2=xy^2(x-y)$

⑤ $2a^2b^2-4ab^3=2ab^2(a-2b)$

| 풀이 |

④ $xy^3-x^2y^2=xy^2(y-x)$

| 답 | ④

2-1 숫자 바꾸기

다음 중 옳은 것을 모두 고르면? (정답 2개)

① $2x-2y=2(x+y)$

② $a^3-2a^2=a^2(a-2)$

③ $x^2y-xy^2=x(xy-xy^2)$

④ $ax+bx-cx=x(a+b+c)$

⑤ $(a+b)c-5c=(a+b-5)c$

2-2 표현 바꾸기

다음 보기에서 xy를 인수로 갖는 것을 모두 고른 것은?

> 보기
>
> ㄱ. $2xy-xyz$ ㄴ. x^2y+ay^2
>
> ㄷ. $axy-by^2$ ㄹ. $x^2yz-axy+bxy^2$

① ㄱ, ㄴ   ② ㄱ, ㄹ   ③ ㄴ, ㄷ

④ ㄴ, ㄹ   ⑤ ㄷ, ㄹ

인수분해 공식 (1)

(1) 인수분해 공식 – $a^2 \pm 2ab + b^2$의 인수분해

① $a^2 + 2ab + b^2 = (a+b)^2$ 예 $x^2 + 2x + 1 = x^2 + 2 \times x \times 1 + 1^2 = (x+1)^2$

② $a^2 - 2ab + b^2 = (a-b)^2$ 예 $x^2 - 2x + 1 = x^2 - 2 \times x \times 1 + 1^2 = (x-1)^2$

(2) 완전제곱식 : 다항식의 제곱으로 된 식 또는 이 식에 상수를 곱한 식

예 $(x+3)^2$, $2(a-1)^2$, $-3(a+b)^2$

(3) 완전제곱식이 되기 위한 조건

① $x^2 + ax + b$가 완전제곱식이 되기 위한 b의 조건 : $b = \left(\dfrac{a}{2}\right)^2$

예 $x^2 + 4x + b$가 완전제곱식이 되려면 $b = \left(\dfrac{4}{2}\right)^2 = 4$

② $x^2 + ax + b\,(b > 0)$가 완전제곱식이 되기 위한 a의 조건 : $a = \pm 2\sqrt{b}$

예 $x^2 + ax + 4$가 완전제곱식이 되려면 $a = \pm 2\sqrt{4} = \pm 4$

> • 곱셈 공식의 좌변과 우변을 바꾸면 인수분해 공식을 얻는다.
>
> • 다항식을 인수분해할 때, 모든 항에 공통인수가 있으면 먼저 그 인수로 묶어낸 후 인수분해한다.
>
> • x^2의 계수가 1일 때, 완전제곱식이 되려면 (상수항)$= \left(\dfrac{x의\ 계수}{2}\right)^2$이어야 한다.

바이블 Point

$a^2 + 2ab + b^2$의 인수분해

[그림 1]과 같이 넓이가 a^2, ab, b^2인 세 종류의 직사각형 모양의 대수 막대 4개를 모두 이용하여 [그림 2]와 같이 하나의 정사각형 모양을 만들 수 있다.

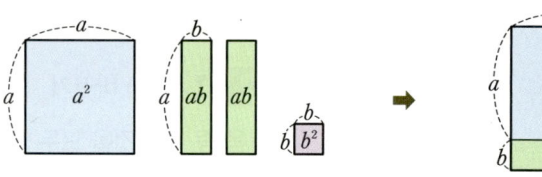

[그림 1]   →   [그림 2]

[그림 1]의 사각형들의 넓이의 합은 $a^2 + 2ab + b^2$이고, [그림 2]의 정사각형의 넓이는 $(a+b)^2$이다.

$\therefore a^2 + 2ab + b^2 = (a+b)^2$

개념 콕콕

정답과 풀이 | 27쪽

1 다음 다항식을 인수분해하시오.

(1) $x^2 + 8x + 16$

(2) $x^2 - 6x + 9$

(3) $x^2 + \dfrac{2}{3}x + \dfrac{1}{9}$

(4) $4x^2 - 4x + 1$

(5) $4x^2 + 12xy + 9y^2$

(6) $25x^2 - 10xy + y^2$

2 다음 다항식이 완전제곱식이 되도록 □ 안에 알맞은 수를 써넣으시오.

(1) $x^2 + 10x + \boxed{}$

(2) $x^2 + \boxed{}x + 36$

개념 체크

• $a^2 + 2ab + b^2 = \boxed{}$ ㉠

  $a^2 - 2ab + b^2 = \boxed{}$ ㉡

• $x^2 + ax + b\,(b > 0)$가 완전제곱식이 되기 위한 조건

  ➡ $b = \left(\boxed{}^{\,㉢}\right)^2$, $a = \pm \boxed{}^{\,㉣}\sqrt{b}$

답 | ㉠ $(a+b)^2$ ㉡ $(a-b)^2$ ㉢ $\dfrac{a}{2}$ ㉣ 2

대표 유형 3 인수분해 공식 − $a^2 \pm 2ab + b^2$의 인수분해

BOB 79쪽

다음 중 $4x^2 - 28x + 49$의 인수인 것은?

① $-2x-7$　　② $2x-7$　　③ $2x+7$

④ $7x-2$　　⑤ $7x+2$

| 풀이 |

$4x^2 - 28x + 49 = (2x)^2 - 2 \times 2x \times 7 + 7^2$
$\qquad\qquad\qquad\quad = (2x-7)^2$

따라서 $4x^2 - 28x + 49$의 인수인 것은 ② $2x-7$이다.

| 답 | ②

3-1 숫자 바꾸기

다음 중 $9x^2 + 12x + 4$의 인수인 것은?

① $3x-2$　　② $2x-3$　　③ $2x+3$

④ $3x+2$　　⑤ $9x+4$

3-2 표현 바꾸기

다음 중 옳지 않은 것은?

① $x^2 + 4x + 4 = (x+2)^2$

② $a^2 - 10a + 25 = (a-5)^2$

③ $y^2 + \frac{1}{2}y + \frac{1}{16} = \left(y + \frac{1}{4}\right)^2$

④ $2x^2 - 24x + 72 = 2(x-6)^2$

⑤ $16x^2 - 24xy + 9y^2 = (2x-3y)^2$

대표 유형 4 완전제곱식이 되기 위한 조건

BOB 79쪽

$4x^2 - 12x + a$가 완전제곱식이 되도록 하는 상수 a의 값을 구하시오.

| 풀이 |

$4x^2 - 12x + a = (2x)^2 - 2 \times 2x \times 3 + a$이므로

$a = 3^2 = 9$

| 답 | 9

4-1 숫자 바꾸기

$25x^2 + 60x + a$가 완전제곱식이 되도록 하는 상수 a의 값을 구하시오.

4-2 표현 바꾸기

다음 이차식이 완전제곱식으로 인수분해될 때, 양수 A의 값 중 가장 큰 것은?

① $x^2 + Ax + \frac{4}{9}$　　② $x^2 - \frac{1}{4}x + A$　　③ $4x^2 - 4x + A$

④ $9x^2 + Ax + 1$　　⑤ $\frac{1}{16}x^2 + Ax + \frac{1}{25}$

인수분해 공식 – 제곱의 차

$$\underset{\text{제곱의 차}}{a^2-b^2}=\underset{\text{합}}{(a+b)}\underset{\text{차}}{(a-b)}$$

예 $x^2-9=x^2-3^2=(x+3)(x-3)$

참고 ① 제곱의 차를 이용한 인수분해는 각 항을 제곱의 꼴로 고쳐서 인수분해한다.

예 $4x^2-y^2=(2x)^2-y^2=(2x+y)(2x-y)$

② 특별한 조건이 없으면 다항식의 인수분해는 유리수의 범위에서 더 이상 인수분해할 수 없을 때까지 계속한다.

- a^2-b^2의 꼴의 인수분해를 할 때에는 − 부호가 붙은 제곱인 항이 +, −로 인수분해된다.

바이블 Point

a^2-b^2의 인수분해

[그림 1]과 같이 한 변의 길이가 a인 정사각형 모양의 종이에서 한 변의 길이가 b인 정사각형을 잘라낸 후 점선을 따라 잘라 자른 두 조각을 붙이면 [그림 2]와 같이 직사각형 모양을 만들 수 있다.

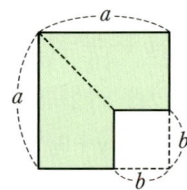 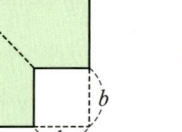 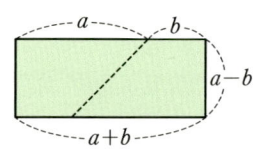

[그림 1]   [그림 2]

[그림 1]의 도형의 넓이는 a^2-b^2이고, [그림 2]의 직사각형의 넓이는 $(a+b)(a-b)$이다.

$$\therefore a^2-b^2=(a+b)(a-b)$$

개념 콕콕

정답과 풀이 | 27쪽

1 다음은 다항식을 인수분해하는 과정이다. □ 안에 알맞은 수를 써넣으시오.

(1) $x^2-16=x^2-\boxed{}^2=(x+\boxed{})(x-\boxed{})$

(2) $\dfrac{1}{4}x^2-1=\left(\boxed{}\right)^2-1^2=\left(\boxed{}+1\right)\left(\boxed{}-1\right)$

(3) $a^2-4b^2=a^2-(\boxed{})^2=(a+\boxed{})(\boxed{})$

(4) $9x^2-25=(\boxed{})^2-5^2=(\boxed{})(\boxed{}-5)$

2 다음 다항식을 인수분해하시오.

(1) x^2-36

(2) $4x^2-9$

(3) $25x^2-y^2$

(4) $x^2-\dfrac{1}{81}y^2$

개념 체크

- $a^2-b^2=\boxed{\text{⊙}}$

답 | ⊙ $(a+b)(a-b)$

대표 유형 5 인수분해 공식 – 제곱의 차

BOB 80쪽

$4a^2-25b^2$을 인수분해하면?

① $(2a-5b)^2$ ② $(2a+5b)(2a-5b)$
③ $4(a+5b)(a-5b)$ ④ $4(a-5b)^2$
⑤ $(4a+5b)(4a-5b)$

| 풀이 |
$4a^2-25b^2=(2a)^2-(5b)^2=(2a+5b)(2a-5b)$

| 답 | ②

5-1 숫자 바꾸기

$-9a^2+\dfrac{1}{36}b^2$을 인수분해하면?

① $\left(\dfrac{1}{6}b-3a\right)^2$ ② $\left(3a+\dfrac{1}{6}b\right)\left(3a-\dfrac{1}{6}b\right)$
③ $9\left(a+\dfrac{1}{6}b\right)\left(a-\dfrac{1}{6}b\right)$ ④ $\dfrac{1}{6}(b+3a)^2$
⑤ $\left(\dfrac{1}{6}b+3a\right)\left(\dfrac{1}{6}b-3a\right)$

5-2 표현 바꾸기

$18x^2-32y^2=a(bx+cy)(bx-cy)$일 때, $a+b+c$의 값은?
(단, a, b, c는 자연수)

① 7 ② 8 ③ 9
④ 10 ⑤ 11

대표 유형 6 a^2-b^2의 인수분해의 응용

BOB 80쪽

다음 중 x^3-x의 인수가 아닌 것은?

① x ② $x-1$ ③ $x+1$
④ x^2 ⑤ x^3-x

| 풀이 |
$x^3-x=x(x^2-1)=x(x+1)(x-1)$
따라서 x^3-x의 인수가 아닌 것은 ④ x^2이다.

| 답 | ④

6-1 숫자 바꾸기

다음 중 $x^2y^2-49x^2$의 인수가 아닌 것은?

① $y-7$ ② $y+7$ ③ x^2y
④ x^2 ⑤ x

6-2 표현 바꾸기

a^4-1을 인수분해하시오.

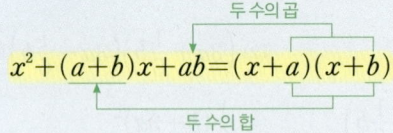
인수분해 공식 (3)

(1) 인수분해 공식 – 이차항의 계수가 1인 이차식의 인수분해

두 수의 곱

$$x^2+(a+b)x+ab=(x+a)(x+b)$$

두 수의 합

(2) $x^2+(a+b)x+ab$의 인수분해 방법

❶ 곱했을 때 상수항 ab가 되는 두 정수 a, b를 모두 찾는다.

❷ ❶의 두 수 중 합이 x의 계수가 되는 두 정수 a, b를 찾는다.

❸ $(x+a)(x+b)$의 꼴로 나타낸다.

예 다항식 x^2+3x+2를 인수분해해 보자.

곱이 2인 두 정수는 오른쪽 표와 같이 2가지이다.

이 중에서 합이 3인 것은 1과 2이므로

$x^2+3x+2=(x+1)(x+2)$

곱이 2인 두 정수	합
1, 2	3
−1, −2	−3

• $x^2+(a+b)x+ab$를 인수분해할 때, 더해서 $a+b$가 되는 두 정수는 가짓수가 많으므로 곱해서 ab가 되는 두 정수를 먼저 찾는 것이 편리하다.

바이블 Point

$x^2+(a+b)x+ab$의 인수분해

[그림 1]과 같이 넓이가 x^2, x, 1인 세 종류의 직사각형 모양의 대수 막대 6개를 모두 이용하여 [그림 2]와 같이 하나의 직사각형 모양을 만들 수 있다.

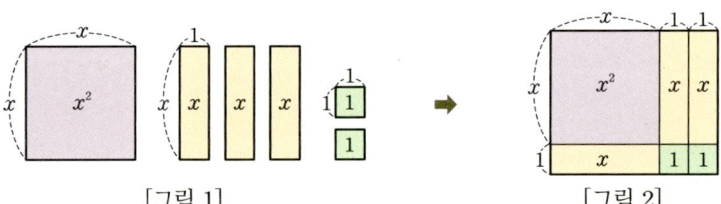

[그림 1]   [그림 2]

[그림 1]의 사각형들의 넓이의 합은 x^2+3x+2이고, [그림 2]의 직사각형의 넓이는 $(x+1)(x+2)$이다.

∴ $x^2+3x+2=(x+1)(x+2)$

개념 콕콕

정답과 풀이 | 28쪽

1 합과 곱이 다음과 같은 두 정수를 구하시오.

(1) 합 : 6, 곱 : 8

(2) 합 : −4, 곱 : 3

(3) 합 : 1, 곱 : −2

(4) 합 : −2, 곱 : −15

2 다음 다항식을 인수분해하시오.

(1) x^2+5x+4

(2) $a^2-7a+10$

(3) $x^2-4x-12$

(4) $x^2-xy-6y^2$

개념 체크

• $x^2+(a+b)x+ab$를 인수분해할 때에는 합이 x의 ⓐ ____, 곱이 ⓑ ____인 두 수를 찾는다.

• $x^2+(a+b)x+ab=$ ⓒ ____

답 | ⓐ 계수 ⓑ 상수항 ⓒ $(x+a)(x+b)$

대표 유형 7 인수분해 공식 − 이차항의 계수가 1인 이차식의 인수분해

BOB 81쪽

$x^2-6x-16$이 $(x+a)(x+b)$로 인수분해될 때, 상수 a, b에 대하여 $a-b$의 값은? (단, $a>b$)

① 4 ② 6 ③ 8
④ 10 ⑤ 12

| 풀이 |

$x^2-6x-16=(x+2)(x-8)$

따라서 $a=2$, $b=-8$이므로

$a-b=2-(-8)=10$

| 답 | ④

7-1 숫자 바꾸기

$x^2+3xy-10y^2$이 $(x+ay)(x+by)$로 인수분해될 때, 상수 a, b에 대하여 $a-b$의 값은? (단, $a<b$)

① -9 ② -7 ③ -5
④ -3 ⑤ -1

7-2 표현 바꾸기

$x^2-9x+20$이 x의 계수가 1인 두 일차식의 곱으로 인수분해될 때, 두 일차식의 합은?

① $2x-9$ ② $2x-6$ ③ $2x-3$
④ $2x+6$ ⑤ $2x+9$

대표 유형 8 인수가 주어진 이차식의 미지수의 값 구하기 (1)

BOB 81쪽

$x^2+axy+18y^2$을 인수분해하면 $(x+3y)(x+by)$일 때, $a+b$의 값은? (단, a, b는 상수)

① -3 ② 3 ③ 6
④ 9 ⑤ 15

| 풀이 |

$x^2+axy+18y^2=(x+3y)(x+by)=x^2+(3+b)xy+3by^2$

따라서 $a=3+b$, $18=3b$이므로

$b=6$, $a=3+6=9$

∴ $a+b=9+6=15$

| 답 | ⑤

8-1 숫자 바꾸기

$x^2-6xy+ay^2$을 인수분해하면 $(x-by)(x-4y)$일 때, $a+b$의 값은? (단, a, b는 상수)

① -10 ② -6 ③ -2
④ 6 ⑤ 10

8-2 표현 바꾸기

$x^2+kx+12$가 $x+4$로 나누어떨어질 때, 상수 k의 값을 구하시오.

개념 05 인수분해 공식 (4)

(1) **인수분해 공식 – 이차항의 계수가 1이 아닌 이차식의 인수분해**

$$acx^2+(ad+bc)x+bd=(ax+b)(cx+d)$$

(2) $acx^2+(ad+bc)x+bd$**의 인수분해 방법**

❶ 곱하여 x^2의 계수가 되는 두 정수 a, c를 세로로 나열한다.

❷ 곱하여 상수항이 되는 두 정수 b, d를 세로로 나열한다.

❸ ❶, ❷의 정수를 대각선으로 곱하여 더한 것이 x의 계수가 되는 것을 찾는다.

❹ $(ax+b)(cx+d)$의 꼴로 나타낸다.

> • $acx^2+\underline{(ad+bc)}x+bd$
>
> ```
> a ———→ b ——→ bc
> c ———→ d ——→ ad
>              ad+bc
> ```
>
> • 소수는 약수가 1과 자기 자신뿐이므로 ac와 bd의 값 중에서 소수인 것이 있으면 곱해서 소수가 되는 두 정수를 먼저 찾는다.

바이블 Point

$2x^2+7x+3$을 인수분해하는 방법

❶ 곱하여 x^2의 계수 2가 되는 두 정수를 x^2항 아래 세로로 나열한다.

❷ 곱하여 상수항 3이 되는 두 정수를 상수항 아래 세로로 나열한다.

❸ ❶, ❷의 정수를 대각선으로 곱하여 더한 것이 x의 계수 7이 되는 것을 찾는다.

```
1 ⤲ 1 → 2        1 ⤲ -1 → -2      1 ⤲ 3 → 6        1 ⤲ -3 → -6
2 ⤲ 3 → 3        2 ⤲ -3 → -3      2 ⤲ 1 → 1        2 ⤲ -1 → -1
        5                 -5               7                -7
```

❹ ∴ $2x^2+7x+3=(x+3)(2x+1)$

개념 콕콕

정답과 풀이 | 28쪽

1 다음은 다항식을 인수분해하는 과정이다. □ 안에 알맞은 것을 써넣으시오.

(1) $2x^2+5x+2=(x+\boxed{})(2x+1)$

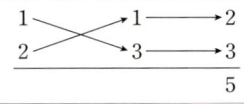

(2) $6x^2-7x+2=(2x-1)(\boxed{})$

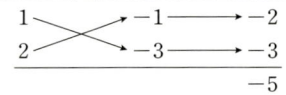

(3) $2x^2-xy-6y^2=(x-\boxed{})(2x+\boxed{})$

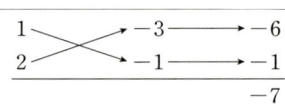

개념 체크

• $acx^2+(ad+bc)x+bd$

$=(\boxed{㉠})(cx+d)$

• $acx^2+(ad+bc)x+bd$**의 인수분해 방법**

① 곱하여 x^2의 $\boxed{㉡}$가 되는 두 정수 a, c를 세로로 나열한다.

② 곱하여 $\boxed{㉢}$이 되는 두 정수 b, d를 세로로 나열한다.

③ ①, ②의 정수를 대각선으로 곱하여 더한 것이 $\boxed{㉣}$의 계수가 되는 것을 찾는다.

④ $(ax+b)(cx+d)$의 꼴로 나타낸다.

답 | ㉠ $ax+b$ ㉡ 계수 ㉢ 상수항 ㉣ x

대표 유형 9 인수분해 공식 − 이차항의 계수가 1이 아닌 이차식의 인수분해

$3x^2+4x-15=(x+a)(bx+c)$일 때, $a+b+c$의 값은? (단, a, b, c는 상수)

① -3 ② -2 ③ -1

④ 1 ⑤ 2

| 풀이 |

$3x^2+4x-15=(x+3)(3x-5)$

따라서 $a=3$, $b=3$, $c=-5$이므로

$a+b+c=3+3+(-5)=1$

| 답 | ④

9-1 숫자 바꾸기

$6x^2-5xy-4y^2=(2x+ay)(bx+cy)$일 때, $a+b+c$의 값은? (단, a, b, c는 상수)

① -2 ② -1 ③ 0

④ 1 ⑤ 2

9-2 표현 바꾸기

다음 두 다항식의 공통인수는?

$$x^2-5x-14, \qquad 5x^2+8x-4$$

① $x-7$ ② $x-2$ ③ $x+2$

④ $5x-2$ ⑤ $5x+2$

대표 유형 10 인수가 주어진 이차식의 미지수의 값 구하기 (2)

$4x^2+ax-15$가 $x+5$를 인수로 가질 때, 상수 a의 값은?

① 13 ② 14 ③ 15

④ 16 ⑤ 17

| 풀이 |

$4x^2+ax-15=(x+5)(4x+b)$ (단, b는 상수)로 놓으면

$4x^2+ax-15=4x^2+(b+20)x+5b$

따라서 $a=b+20$, $-15=5b$이므로

$b=-3$, $a=-3+20=17$

| 답 | ⑤

10-1 숫자 바꾸기

$2x^2-ax+4$가 $x-4$를 인수로 가질 때, 상수 a의 값은?

① 1 ② 3 ③ 6

④ 9 ⑤ 12

10-2 표현 바꾸기

$10x^2+x+a=(2x+b)(cx+3)$일 때, $a+b+c$의 값을 구하시오. (단, a, b, c는 상수)

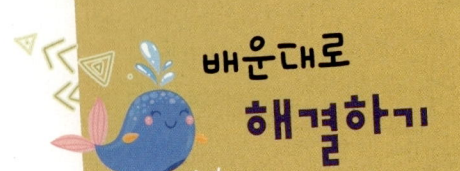
01 다음 중 $ab(bc+a)$의 인수가 <u>아닌</u> 것은? 〔대표유형 1〕

① a ② ab ③ bc

④ $bc+a$ ⑤ $ab(bc+a)$

02 다음 보기에서 $8x^3-4x^2y$의 인수를 모두 고른 것은? 〔대표유형 2〕

> 보기
> ㄱ. $4x$ ㄴ. x^2y ㄷ. $8x^3$
> ㄹ. $2x-y$ ㅁ. $x^2(x-y)$ ㅂ. $4x^2(2x-y)$

① ㄱ, ㄴ, ㅂ   ② ㄱ, ㄹ, ㅁ   ③ ㄱ, ㄹ, ㅂ

④ ㄴ, ㄷ, ㅂ   ⑤ ㄷ, ㄹ, ㅁ

03 다음 중 옳지 않은 것은? 〔대표유형 2〕

① $5a^3b-ab=ab(5a^2-1)$

② $-2a^2x+8a^2y=-2a^2(x-4y)$

③ $x^2y+xy-2y^2=y(x^2+x-2y)$

④ $a^3x-3a^2y=a^2(ax-3ay)$

⑤ $8x^3y^2-4xy^3+6xy^2=2xy^2(4x^2-2y+3)$

04 다음 중 완전제곱식으로 인수분해되지 <u>않는</u> 것은? 〔대표유형 3〕

① x^2-2x+1 ② $a^2+a+\dfrac{1}{4}$

③ $\dfrac{1}{25}y^2+\dfrac{2}{15}y+\dfrac{1}{9}$ ④ $4x^2-x+1$

⑤ $9x^2-\dfrac{3}{2}xy+\dfrac{1}{16}y^2$

05 $4x^2-28x+49$가 $(ax+b)^2$으로 인수분해될 때, 상수 a, b의 값을 각각 구하시오. (단, $a>0$) 〔대표유형 3〕

06 $(x+1)(x+3)+k$가 완전제곱식이 되도록 하는 상수 k의 값은? 〔대표유형 4〕

① 1   ② 2   ③ 3

④ 4   ⑤ 5

07 오른쪽 그림과 같이 가로의 길이가 $3x+2$이고 넓이가 $9x^2-4$인 직사각형의 둘레의 길이를 구하시오. 〔대표유형 5〕

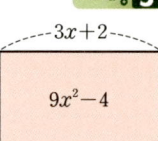
$3x+2$
$9x^2-4$

08 다음 중 a^4-a^2의 인수가 <u>아닌</u> 것은? 〔대표유형 6〕

① a^2 ② $a-1$ ③ $a+1$

④ $(a+1)(a-1)$ ⑤ a^2+1

대표유형 7

09 x^2+x-30이 $(x+A)(x+B)$로 인수분해될 때, 상수 A, B에 대하여 $A-B$의 값은? (단, $A>B$)

① 7 ② 9 ③ 11
④ 13 ⑤ 15

대표유형 7

10 다음 중 두 다항식 $x^2+5x-24$, $x^2-7x+12$의 공통인수는?

① $x-8$ ② $x-4$ ③ $x-3$
④ $x+3$ ⑤ $x+8$

대표유형 8

11 x^2-2x+a가 $x+3$을 인수로 가질 때, 상수 a의 값을 구하시오.

생각이 쑥쑥
대표유형 8

12 $x^2+Ax+18$이 $(x+a)(x+b)$로 인수분해될 때, 다음 중 상수 A의 값이 될 수 <u>없는</u> 것은? (단, a, b는 정수)

① -19 ② -11 ③ -9
④ 5 ⑤ 9

대표유형 9

13 다음 중 옳은 것은?

① $x^2+10x+25=(x+10)^2$
② $x^2+3x-40=(x+5)(x-8)$
③ $2x^2-16x+32=2(x-4)^2$
④ $2x^2+5xy+2y^2=(2x-y)(x+2y)$
⑤ $\dfrac{1}{81}x^2-4=\dfrac{1}{81}(x+2)(x-2)$

대표유형 9

14 $12x^2+x-6$을 인수분해하면 x의 계수가 자연수이고 상수항이 정수인 두 일차식의 곱으로 인수분해될 때, 두 일차식의 합은?

① $7x-5$ ② $7x-1$ ③ $7x+1$
④ $7x+3$ ⑤ $7x+5$

대표유형 10

15 $5x^2+axy+15y^2$을 인수분해하면 $(x-5y)(5x+by)$일 때, $a-b$의 값은? (단, a, b는 상수)

① -25 ② -23 ③ -21
④ -19 ⑤ -17

생각이 쑥쑥
대표유형 10

16 $x-4$가 두 다항식 $2x^2+ax-4$, $5x^2-23x+b$의 공통인수일 때, $a+b$의 값을 구하시오. (단, a, b는 상수)

개념 06 복잡한 식의 인수분해

(1) 공통부분이 있는 다항식의 인수분해

➡ 공통부분을 한 문자로 놓는다.

예 $(x+y)^2+5(x+y)+4=A^2+5A+4$ ← $x+y=A$로 놓는다.

$\qquad\qquad\qquad\qquad\quad =(A+1)(A+4)$ ← 인수분해한다.

$\qquad\qquad\qquad\qquad\quad =(x+y+1)(x+y+4)$ ← A에 $x+y$를 대입한다.

(2) 항이 4개인 다항식의 인수분해

① 공통인수가 생기도록 (2항)+(2항)으로 묶는다.

예 $xy+x+y+1=x(y+1)+(y+1)=(x+1)(y+1)$

② A^2-B^2의 꼴이 되도록 (3항)+(1항) 또는 (1항)+(3항)으로 묶는다.

예 $x^2+2x-y^2+1=(x^2+2x+1)-y^2=(x+1)^2-y^2$

$\qquad\qquad\qquad\qquad =(x+1+y)(x+1-y)=(x+y+1)(x-y+1)$

(3) 항이 5개 이상인 다항식의 인수분해

➡ 차수가 낮은 한 문자에 대하여 내림차순으로 정리한다.

예 $x^2+xy+x-y-2=(x-1)y+(x^2+x-2)=(x-1)y+(x-1)(x+2)$

$\qquad\qquad\qquad\qquad\quad =(x-1)(x+y+2)$

참고 다항식을 어떤 문자에 대하여 차수가 높은 항부터 차수가 낮은 항의 순서로 나열하는 것을 그 문자에 대하여 내림차순으로 정리한다고 한다.

> • 주어진 식의 공통부분을 한 문자로 놓은 후 인수분해한 다음 문자에 원래의 식을 대입하여 정리한다.
>
> • 항이 4개일 때,
> ① 공통인수가 생기도록 두 항씩 묶은 다음 인수분해한다.
> ② 완전제곱식의 꼴이 있으면 $(\quad)^2-(\quad)^2$의 꼴로 만들어 인수분해한다.

 **개념 콕콕**

정답과 풀이 | 30쪽

1 다음은 주어진 다항식을 인수분해하는 과정이다. ☐ 안에 알맞은 것을 써넣으시오.

(1) $(x+2)^2+5(x+2)-6$

$\quad =A^2+5A-6$

$\quad =(A-1)(A+\boxed{})$

$\quad =\{(\boxed{})-1\}\{(x+2)+\boxed{}\}$

$\quad =(x+\boxed{})(x+\boxed{})$

(2) $ab-a+b-1=a(\boxed{})+(b-1)$

$\qquad\qquad\quad =\boxed{}$

(3) $a^2-4a+4-b^2=(\boxed{})^2-b^2$

$\qquad\qquad\qquad =\boxed{}$

(4) $x^2+xy+x-2y-6=(x-2)y+(\boxed{})$

$\qquad\qquad\qquad\quad =(x-2)y+(x-2)(\boxed{})$

$\qquad\qquad\qquad\quad =\boxed{}$

> **개념 체크**
>
> • 공통부분이 있으면 공통부분을 한 ⓐ ☐ 로 놓는다.
>
> • ⓑ ☐ 가 생기도록 두 항씩 묶은 다음 인수분해한다.
>
> 답 | ⓐ 문자 ⓑ 공통인수

대표 유형 **1** 공통부분이 있는 다항식의 인수분해

BOB 92쪽

다음 중 $(x-2)^2+(x-2)-6$의 인수인 것은?

① $2x-3$ ② $x-2$ ③ $x-1$

④ $x+1$ ⑤ $x+4$

| 풀이 |

$x-2=A$로 놓으면

(주어진 식)$=A^2+A-6$

$\qquad\qquad\;\; =(A-2)(A+3)$

$\qquad\qquad\;\; =(x-2-2)(x-2+3)$

$\qquad\qquad\;\; =(x-4)(x+1)$

따라서 인수인 것은 ④ $x+1$이다.

| 답 | ④

1-1 숫자 바꾸기

다음 중 $(x+5)^2-(y-3)^2$의 인수인 것은?

① $x-y$ ② $x-y-8$ ③ $x-y+1$

④ $x+y$ ⑤ $x+y+2$

1-2 표현 바꾸기

$6(x+3)^2-11(x+3)-10$이 x의 계수가 자연수이고 상수항이 정수인 두 일차식의 곱으로 인수분해될 때, 두 일차식의 합을 구하시오.

대표 유형 **2** 항이 4개인 다항식의 인수분해 – 두 항씩 묶기

BOB 94쪽

$x^2-y^2-2x+2y$를 인수분해하면?

① $(x-y)(x+y-2)$ ② $(x-y)(x+y+2)$

③ $(x+y)(x-y-2)$ ④ $(x+y)(x-y+2)$

⑤ $(x+y)(x+y-2)$

| 풀이 |

$x^2-y^2-2x+2y=(x+y)(x-y)-2(x-y)$

$\qquad\qquad\qquad\;\;\; =(x-y)(x+y-2)$

| 답 | ①

2-1 숫자 바꾸기

x^3-2x^2-x+2를 인수분해하시오.

2-2 표현 바꾸기

두 다항식 $ab+2a-3b-6$, $2ab+a-6b-3$의 공통인수는?

① $a-3$ ② $a+3$ ③ $b-2$

④ $b+2$ ⑤ $2b+1$

대표 유형 3 항이 4개인 다항식의 인수분해 − ( )²−( )²의 꼴

BOB 95쪽

a^2-b^2-2b-1을 인수분해하면?

① $(a+b-1)(a-b-1)$ ② $(a+b-1)(a-b+1)$
③ $(a+b+1)(a-b-1)$ ④ $(a+b+1)(a-b+1)$
⑤ $(a+b+1)(a+b-1)$

| 풀이 |

(주어진 식)$=a^2-(b^2+2b+1)$
$\qquad\quad =a^2-(b+1)^2$
$\qquad\quad =(a+b+1)(a-b-1)$

| 답 | ③

3-1 숫자 바꾸기

$-a^2+4b^2+4b+1$을 인수분해하면?

① $(a-2b-1)(-a+2b-1)$
② $(a+2b-1)(-a+2b-1)$
③ $(a+2b+1)(-a+2b-1)$
④ $(a+2b+1)(-a+2b+1)$
⑤ $(a+2b+1)(a-2b+1)$

3-2 표현 바꾸기

$x^2-2xy+y^2-4$가 $(x+ay+b)(x-y-2)$로 인수분해될 때, $a+b$의 값을 구하시오. (단, a, b는 상수)

대표 유형 4 항이 5개 이상인 다항식의 인수분해

BOB 95쪽

$x^2+3xy-3y+3x-4$를 인수분해하면?

① $(x-2)(x-2y+2)$ ② $(x-1)(x-3y+4)$
③ $(x-1)(x+3y+4)$ ④ $(x+1)(x-3y-4)$
⑤ $(x+1)(x+3y-4)$

| 풀이 |

(주어진 식)$=3xy-3y+(x^2+3x-4)$
$\qquad\quad =3y(x-1)+(x-1)(x+4)$
$\qquad\quad =(x-1)(x+3y+4)$

| 답 | ③

4-1 숫자 바꾸기

$a^2+ab-6a-3b+9$를 인수분해하면?

① $(a-3)(a-b-3)$ ② $(a-3)(a+b-3)$
③ $(a-1)(a+b-9)$ ④ $(a+1)(a-b+9)$
⑤ $(a+3)(a-b+3)$

4-2 표현 바꾸기

$x^2-y^2+2x+6y-8=A(x+y-2)$일 때, 다항식 A를 구하시오.

개념 07 인수분해 공식을 이용한 계산

(1) **수의 계산** : 인수분해 공식을 이용할 수 있도록 수의 모양을 변형하여 계산한다.

　① 공통인수로 묶어 내기 ➡ $ma+mb=m(a+b)$

　　예 $13\times25+13\times75=13\times(25+75)=13\times100=1300$

　② 완전제곱식 이용하기 ➡ $a^2+2ab+b^2=(a+b)^2$, $a^2-2ab+b^2=(a-b)^2$

　　예 $27^2+2\times27\times3+3^2=(27+3)^2=30^2=900$

　③ 제곱의 차 이용하기 ➡ $a^2-b^2=(a+b)(a-b)$

　　예 $35^2-15^2=(35+15)(35-15)=50\times20=1000$

(2) **식의 값** : 주어진 식을 인수분해한 후 주어진 수나 식을 대입하여 식의 값을 구한다.

　예 $x=102$일 때, x^2-4x+4의 값 구하기

　　$\underline{x^2-4x+4=(x-2)^2}=\underline{(102-2)^2}=100^2=10000$
　　　　└ 인수분해　　　└ $x=102$를 대입

> • 식의 값을 구할 때, 식에 주어진 수를 직접 대입하여 구할 수도 있지만 식을 인수분해한 후 대입하여 구하는 것이 더 편리하다.

개념 콕콕　　　　　　　　　　　　　　　　　정답과 풀이 | 31쪽

1 다음은 인수분해 공식을 이용하여 수를 계산하는 과정이다. ☐ 안에 알맞은 수를 써넣으시오.

(1) $27\times11+27\times89=27\times(11+\boxed{})$
　　　　　　　　　　　$=27\times\boxed{}=\boxed{}$

(2) $21^2-42+1=21^2-2\times\boxed{}\times1+1^2$
　　　　　　　$=(21-\boxed{})^2=\boxed{}$

(3) $13.5^2-3.5^2=(13.5+\boxed{})(13.5-\boxed{})$
　　　　　　　$=17\times\boxed{}=\boxed{}$

2 다음은 인수분해 공식을 이용하여 식의 값을 구하는 과정이다. ☐ 안에 알맞은 것을 써넣으시오.

(1) $x=54$일 때, $x^2-8x+16$의 값
　➡ $x^2-8x+16=(x-\boxed{})^2=(54-\boxed{})^2=\boxed{}$

(2) $a=76$, $b=24$일 때, a^2-b^2의 값
　➡ $a^2-b^2=(a+\boxed{})(a-\boxed{})$
　　　　　$=(76+\boxed{})(76-\boxed{})$
　　　　　$=\boxed{}\times52=\boxed{}$

대표 유형 5   인수분해 공식을 이용한 수의 계산

BOB 96쪽

인수분해 공식을 이용하여 다음을 계산하시오.

(1) $110 \times 2.4 + 110 \times 2.6$

(2) $51^2 - 49^2$

| 풀이 |

(1) $110 \times 2.4 + 110 \times 2.6 = 110 \times (2.4 + 2.6)$
$= 110 \times 5 = 550$

(2) $51^2 - 49^2 = (51 + 49)(51 - 49)$
$= 100 \times 2 = 200$

| 답 | (1) 550 (2) 200

5-1 숫자 바꾸기

인수분해 공식을 이용하여 다음을 계산하시오.

(1) $20 \times 2.5^2 - 20 \times 1.5^2$

(2) $32^2 - 4 \times 32 + 4$

5-2 표현 바꾸기

인수분해 공식을 이용하여 $\dfrac{98 \times 96 + 98 \times 4}{99^2 - 1}$ 를 계산하시오.

대표 유형 6   인수분해 공식을 이용한 식의 값

BOB 96쪽

$x = 103$일 때, $x^2 - 6x + 9$의 값은?

① 100   ② 500   ③ 1000
④ 5000   ⑤ 10000

| 풀이 |

$x^2 - 6x + 9 = (x - 3)^2$
$= (103 - 3)^2$
$= 100^2 = 10000$

| 답 | ⑤

6-1 숫자 바꾸기

$x = 2 + \sqrt{3}$일 때, $x^2 - 4x + 4$의 값은?

① 3   ② $2\sqrt{3}$ ③ 4
④ 6   ⑤ $4\sqrt{3}$

6-2 표현 바꾸기

$x = -1 + \sqrt{2}$, $y = 1 + \sqrt{2}$일 때, $x^2 - y^2$의 값을 구하시오.

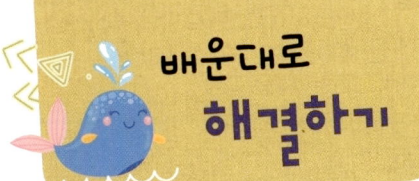

01 대표유형 **1**
$(x-2y)(x-2y-1)-12$를 인수분해하면?

① $(x-2y-4)(x-2y+3)$

② $(x-2y-3)(x-2y-4)$

③ $(x-2y-2)(x-2y+6)$

④ $(x-2y+3)(x-2y+4)$

⑤ $(x-2y+4)(x-2y-3)$

02 대표유형 **1**
$12(x-3)^2+(x-3)-6$이 $(3x+a)(4x+b)$로 인수분해될 때, $a-b$의 값을 구하시오. (단, a, b는 상수)

03 대표유형 **2**
다음 두 다항식의 공통인수는?

$$ab-3a-4b+12,\ 2ab+5a-8b-20$$

① $a-4$ ② $a+4$ ③ $b-3$

④ $b+3$ ⑤ $2b+5$

04 대표유형 **3**
$x^2+4xy+4y^2-9$가 x의 계수가 1인 두 일차식의 곱으로 인수분해될 때, 두 일차식의 합은?

① 6 ② $2x$ ③ $2x+6$

④ $2x+4y$ ⑤ $2x+4y+6$

05 대표유형 **4**
$x^2-y^2+4x-2y+3$을 인수분해하면?

① $(x-y-1)(x-y-3)$ ② $(x-y-1)(x+y-3)$

③ $(x-y+1)(x-y+3)$ ④ $(x-y+1)(x+y+3)$

⑤ $(x+y+1)(x-y+3)$

06 대표유형 **5**
인수분해 공식을 이용하여 $\sqrt{68^2-32^2}$을 계산하면?

① 10 ② 20 ③ 40

④ 60 ⑤ 80

07 대표유형 **6**
$a=1+\sqrt{5}$, $b=2-\sqrt{5}$일 때, $a^2+2ab+b^2$의 값은?

① 1 ② 4 ③ 9

④ 20 ⑤ 25

생각이 쑥쑥
08 대표유형 **6**
$x+y=6$, $x-y=-2$일 때, $x^2-y^2-5x+5y$의 값을 구하시오.

01 다음 두 다항식의 공통인수는?

$$x^2-2xy, \quad 2x^2-4xy$$

① y 　② $2x$ 　③ xy
④ $x-y$ 　⑤ $x(x-2y)$

02 다음 중 $(x-4)(x-2)+1$의 인수인 것은?

① $x-4$ 　② $x-3$ 　③ $x-2$
④ $x+3$ 　⑤ $x+4$

03 $-1<x<1$일 때, $\sqrt{x^2-2x+1}+\sqrt{x^2+2x+1}$을 간단히 하면?

① -2 　② 1 　③ 2
④ $2x-2$ 　⑤ $2x+2$

04 다음 두 다항식이 모두 완전제곱식이 될 때, AB의 값은? (단, A, B는 양수)

$$x^2-\frac{3}{2}x+A, \quad x^2+Bx+16$$

① $\dfrac{9}{32}$ 　② $\dfrac{9}{16}$ 　③ $\dfrac{9}{8}$
④ $\dfrac{9}{4}$ 　⑤ $\dfrac{9}{2}$

05 $12x^2-75y^2=a(bx+cy)(bx-cy)$일 때, $a+b+c$의 값은? (단, a, b, c는 자연수)

① 8 　② 9 　③ 10
④ 11 　⑤ 12

06 다음 중 $x+5$를 인수로 갖지 <u>않는</u> 다항식은?

① $x^2+8x+15$ 　② $x^2+3x-10$ 　③ $x^2-2x-35$
④ $x^2-9x+20$ 　⑤ $x^2+10x+25$

07 $x^2+ax+18$을 인수분해하였더니 일차식인 인수가 $x+2$, $x+b$이었다. 이때 두 상수 a, b의 값을 각각 구하시오.

08 직사각형 모양의 액자의 가로의 길이가 $x-4y$이고, 넓이가 $3x^2-14xy+8y^2$일 때, 액자의 세로의 길이는?

① $3x-2y$ 　② $3x-y$ 　③ $3x+y$
④ $3x+2y$ 　⑤ $3x+4y$

09 다항식 ax^2+bx-8을 인수분해하면 $(x+2)(5x+c)$일 때, $a+b+c$의 값은? (단, a, b, c는 상수)

① 4   ② 5   ③ 6
④ 7   ⑤ 8

13 $a^2-3a-6b-4b^2$을 인수분해하면?

① $(a-2b)(a+2b-3)$
② $(a-2b)(a+2b+3)$
③ $(a+2b)(a-2b-3)$
④ $(a+2b)(a+2b-3)$
⑤ $(a+3b)(a-b-4)$

10 $2x^2+ax-15$가 $x+5$로 나누어떨어질 때, 상수 a의 값은?

① -10 ② -7 ③ -3
④ 7   ⑤ 10

14 인수분해 공식을 이용하여 다음을 계산하시오.

$$1^2-2^2+3^2-4^2+5^2-6^2+7^2-8^2$$

11 다음 중 옳은 것은?

① $x^2-5xy+6y^2=(x-2y)(x+3y)$
② $5x^2-16=(5x+4)(5x-4)$
③ $-x^2+9y^2=(x+3y)(x-3y)$
④ $3x^2+7x-6=3(x-2)(x+1)$
⑤ $3x^2y^2-6x^2y-9x^2=3x^2(y+1)(y-3)$

15 $\sqrt{10}$의 소수 부분을 a라고 할 때, a^2+6a+9의 값은?

① 6   ② 7   ③ 8
④ 9   ⑤ 10

12 다음 중 $(2x-1)^2-7(2x-1)+6$의 인수가 <u>아닌</u> 것은?

① 2   ② $x-1$ ③ $x+1$
④ $2x-7$ ⑤ $2(x-1)$

16 $x=\dfrac{1}{2-\sqrt{3}}$, $y=\dfrac{1}{2+\sqrt{3}}$일 때, x^2y-xy^2의 값을 구하시오.

개념 넓히기로
마무리

🏠 서술형 문제

17 $(x+3)(x-4)-3x$를 인수분해하면 x의 계수가 1인 두 일차식의 곱으로 나타날 때, 두 일차식의 합을 구하시오.

풀이

답 _____

18 $x^2-3y^2+2xy+4y-1$을 인수분해하였더니 $(x-y+a)(x+by+c)$가 되었다. 이때 $a+b+c$의 값을 구하시오. (단, a, b, c는 상수)

풀이

답 _____

19 $x=\sqrt{6}-1$일 때, $(x+3)^2-4(x+3)+4$의 값을 구하시오.

풀이

답 _____

발전 문제

20 x^2+9x+A가 $(x+a)(x+b)$로 인수분해될 때, 상수 A의 값 중 가장 큰 값을 구하시오. (단, a, b는 자연수)

⦁해결 **Point** $(x+a)(x+b)$를 전개하여 x^2+9x+A의 x의 계수와 상수항을 각각 비교해 본다.

21 어떤 이차식을 인수분해하는데 지원이는 x^2의 계수를 잘못 보아 $(x+2)(2x-3)$으로 인수분해하였고, 민지는 x의 계수를 잘못 보아 $2(3x+1)(2x-3)$으로 인수분해하였다. 처음 이차식을 바르게 인수분해하시오.

⦁해결 **Point** 지원이는 x의 계수와 상수항을 바르게 보았고, 민지는 x^2의 계수와 상수항을 바르게 보았다.

22 $x(x-1)(x-2)(x-3)+k$가 완전제곱식이 되도록 하는 상수 k의 값을 구하시오.

⦁해결 **Point** 공통부분이 생기도록 괄호를 2개씩 묶어 전개한 후 공통부분을 치환하여 인수분해한다.

Ⅱ. 이차방정식

3 이차방정식

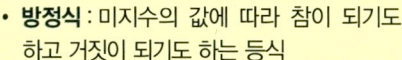

개념 되짚어 보기

- **방정식** : 미지수의 값에 따라 참이 되기도 하고 거짓이 되기도 하는 등식
- **이차식** : 각 항의 차수 중 가장 큰 차수가 2인 다항식

 개념 **01** 이차방정식과 그 해

> → 주어진 방정식에 x^2항이 있더라도 정리하여 x^2항이 소거되면 이차방정식이 아니다.

(1) x에 대한 이차방정식: 등식의 우변의 모든 항을 좌변으로 이항하여 정리하였을 때, (x에 대한 이차식)$=0$ 꼴로 나타내어지는 방정식

예 $x^2-2x+1=0$, $2x^2-x=0$, $3x^2+1=0$

참고 일반적으로 x에 대한 이차방정식은 $ax^2+bx+c=0$ (a, b, c는 상수, $a\neq0$)과 같이 나타낼 수 있다.

(2) 이차방정식의 해(근)

① 이차방정식의 해(근): 이차방정식 $ax^2+bx+c=0$을 참이 되게 하는 미지수 x의 값

예 이차방정식 $x^2-1=0$에서

$x=-1$을 대입하면 $(-1)^2-1=0$ ➡ $x=-1$은 $x^2-1=0$의 해이다.

$x=0$을 대입하면 $0^2-1=-1\neq0$ ➡ $x=0$은 $x^2-1=0$의 해가 아니다.

② 이차방정식을 푼다: 이차방정식의 해를 모두 구하는 것

• x에 대한 이차방정식을 판별하는 방법
① 등식인지 확인한다.
② 우변의 모든 항을 좌변으로 이항하여 정리하였을 때, (x에 대한 이차식)$=0$ 꼴인지 확인한다.

• 이차방정식의 해를 찾는 방법
① 이차방정식에 주어진 x의 값을 대입한다.
② 참이 되는 것을 찾는다.

바이블 Point

이차방정식의 판별

$ax^2+bx+c=0$에서

(1) $a\neq0$ ➡ 이차방정식

(2) $a=0$, $b\neq0$ ➡ 일차방정식

예 $x^2+2x-4=x^2+1$에서 $2x-5=0$(일차방정식)

이차방정식의 해

$x=p$가 이차방정식 $ax^2+bx+c=0$의 해이다.

⬇ $x=p$를 대입

$ap^2+bp+c=0$이 성립한다.

개념 콕콕

정답과 풀이 | 34쪽

1 다음 식이 x에 대한 이차방정식이면 ○, 이차방정식이 아니면 ×표를 (   ) 안에 써넣으시오.

(1) x^2+x-2 (   ) (2) $x^2=-x^2+x$ (   )

(3) $2x^2+x=2x(x+1)$ (   ) (4) $3x^2+2=x^2+x$ (   )

2 다음 x의 값이 이차방정식 $x^2+x-12=0$의 해이면 ○표, 해가 아니면 ×표를 (   ) 안에 써넣으시오.

(1) $x=1$ (   ) (2) $x=-2$ (   )

(3) $x=3$ (   ) (4) $x=-4$ (   )

개념 체크

• 등식의 우변의 모든 항을 좌변으로 이항하여 정리한 식이 (x에 대한 이차식)$=0$ 꼴로 나타내어지는 방정식을 x에 대한 [㉠]이라고 한다.

• 이차방정식 $ax^2+bx+c=0$이 참이 되게 하는 미지수 x의 값을 이차방정식의 [㉡] 또는 근이라고 한다.

답 | ㉠ 이차방정식 ㉡ 해

대표 유형 1 이차방정식의 뜻

다음 중 x에 대한 이차방정식인 것을 모두 고르면?

(정답 2개)

① $2x-1=0$　　　② $x^2=0$　　　③ x^2-3x+4

④ $7=x-6x^2$　　　⑤ $x^2+3x=x^2-5$

| 풀이 |

① $2x-1=0$은 일차방정식이다.

② $x^2=0$은 이차방정식이다.

③ x^2-3x+4는 이차식이다.

④ $7=x-6x^2$에서 $6x^2-x+7=0$이므로 이차방정식이다.

⑤ $x^2+3x=x^2-5$에서 $3x+5=0$이므로 일차방정식이다.

따라서 이차방정식인 것은 ②, ④이다.

| 답 | ②, ④

1-1 숫자 바꾸기

다음 중 x에 대한 이차방정식인 것을 모두 고르면? (정답 2개)

① $x^2-x=0$　　　　　　② $1-2x+x^2$

③ $\dfrac{x^2}{3}+\dfrac{x}{2}+1=0$　　　④ $(x-1)(x+1)=x^2$

⑤ $2x(x^2-4x)=3x-1$

1-2 표현 바꾸기

다음 중 방정식 $a(x^2-x)=-3x^2+2$가 x에 대한 이차방정식이 되도록 하는 상수 a의 값이 <u>아닌</u> 것은?

① -5　　　　　② -3　　　　　③ 1

④ 3　　　　　⑤ 5

대표 유형 2 이차방정식의 해

다음 중 [ ] 안의 수가 주어진 이차방정식의 해가 <u>아닌</u> 것은?

① $x^2-2x=0$ [2]　　　② $x^2-9=0$ [-3]

③ $x^2+4x+3=0$ [-1]　　④ $2x^2-5x+2=0$ [2]

⑤ $4x^2+x=x^2-4$ [3]

| 풀이 |

① $x^2-2x=0$에 $x=2$를 대입하면 $2^2-2\times2=0$

② $x^2-9=0$에 $x=-3$을 대입하면 $(-3)^2-9=0$

③ $x^2+4x+3=0$에 $x=-1$을 대입하면 $(-1)^2+4\times(-1)+3=0$

④ $2x^2-5x+2=0$에 $x=2$를 대입하면 $2\times2^2-5\times2+2=0$

⑤ $4x^2+x=x^2-4$에서 $3x^2+x+4=0$

　　위의 식에 $x=3$을 대입하면 $3\times3^2+3+4=34\neq0$

따라서 [ ] 안의 수가 주어진 이차방정식의 해가 아닌 것은 ⑤이다.

| 답 | ⑤

2-1 숫자 바꾸기

다음 중 [ ] 안의 수가 주어진 이차방정식의 해가 <u>아닌</u> 것은?

① $x^2+5x=0$ [-5]　　② $x^2-16=0$ [4]

③ $x^2+2x+1=0$ [-1]　　④ $9x^2-3x+1=0$ $\left[\dfrac{1}{3}\right]$

⑤ $2\left(x+\dfrac{1}{2}\right)^2=18$ $\left[\dfrac{5}{2}\right]$

2-2 표현 바꾸기

이차방정식 $x^2+5x+a=0$의 한 근이 $x=-2$일 때, 상수 a의 값을 구하시오.

인수분해를 이용한 이차방정식의 풀이

(1) $AB=0$의 성질 : 두 수 또는 두 식 A, B에 대하여 다음이 성립한다.

$AB=0$이면 $A=0$ 또는 $B=0$

예 $(x-1)(x-2)=0$에서 $x-1=0$ 또는 $x-2=0$ ∴ $x=1$ 또는 $x=2$

(2) **인수분해를 이용한 이차방정식의 풀이**

❶ 이차방정식을 $ax^2+bx+c=0$ 꼴로 나타낸다.

❷ 좌변을 인수분해한다.

❸ $AB=0$의 성질을 이용한다.

❹ 해를 구한다.

예 $x^2-x-1=1$

$x^2-x-2=0$ 〉 $ax^2+bx+c=0$ 꼴로 나타내기

$(x+1)(x-2)=0$ 〉 좌변을 인수분해하기

$x+1=0$ 또는 $x-2=0$ 〉 $AB=0$의 성질 이용하기

∴ $x=-1$ 또는 $x=2$ 〉 해 구하기

- 인수분해를 이용하여 이차방정식을 풀 때에는 반드시 우변을 0으로 만든 후 좌변을 인수분해한다.

바이블 Point

'$A=0$ 또는 $B=0$'의 뜻

'$A=0$ 또는 $B=0$'은 다음 세 가지 중 어느 하나가 성립한다는 뜻이다.

(1) $A=0$이고 $B=0$ ⟶ A와 B가 모두 0이다.

(2) $A=0$이고 $B≠0$ ⟶ A와 B 둘 중 하나가 0이다.

(3) $A≠0$이고 $B=0$

인수분해를 이용한 이차방정식의 풀이

❶ 식 정리하기	$ax^2+bx+c=0$
↓	
❷ 인수분해하기	$a(x-p)(x-q)=0$
↓	
❸ 해 구하기	$x=p$ 또는 $x=q$

개념 콕콕

정답과 풀이 | 34쪽

1 다음 이차방정식을 $AB=0$의 성질을 이용하여 푸시오.

(1) $x(x+2)=0$

(2) $(x+3)(x-3)=0$

(3) $(x+4)(x-1)=0$

(4) $(x+5)(2x-1)=0$

2 다음 이차방정식을 인수분해를 이용하여 푸시오.

(1) $x^2-5x=0$

(2) $x^2-16=0$

(3) $x^2+7x+6=0$

(4) $2x^2-x-6=0$

대표 유형 **3** 인수분해를 이용한 이차방정식의 풀이

BOB 110쪽

이차방정식 $2x^2+x-10=-2x+10$을 풀면?

① $x=-4$ 또는 $x=-\dfrac{5}{2}$　　② $x=-4$ 또는 $x=\dfrac{5}{2}$

③ $x=-\dfrac{5}{2}$ 또는 $x=4$　　④ $x=\dfrac{5}{2}$ 또는 $x=4$

⑤ $x=4$ 또는 $x=5$

| 풀이 |

$2x^2+x-10=-2x+10$에서 $2x^2+3x-20=0$

$(x+4)(2x-5)=0$　　$\therefore x=-4$ 또는 $x=\dfrac{5}{2}$

| 답 | ②

3-1 숫자 바꾸기

이차방정식 $4x^2+15x+25=x^2-5x$를 풀면?

① $x=-5$ 또는 $x=-\dfrac{5}{3}$　　② $x=-5$ 또는 $x=\dfrac{5}{3}$

③ $x=-\dfrac{5}{3}$ 또는 $x=5$　　④ $x=\dfrac{5}{3}$ 또는 $x=5$

⑤ $x=3$ 또는 $x=5$

3-2 표현 바꾸기

이차방정식 $2(x+1)^2=4x+10$의 해가 $x=a$ 또는 $x=b$일 때, $a-b$의 값은? (단, $a>b$)

① -4　　　② -2　　　③ 0

④ 2　　　⑤ 4

대표 유형 **4** 한 근이 주어졌을 때, 다른 한 근 구하기

BOB 111쪽

이차방정식 $x^2-x+a=0$의 한 근이 $x=2$일 때, 상수 a의 값과 다른 한 근을 각각 구하시오.

| 풀이 |

$x^2-x+a=0$에 $x=2$를 대입하면

$2^2-2+a=0$, $2+a=0$　　$\therefore a=-2$

따라서 이차방정식 $x^2-x-2=0$을 풀면

$(x+1)(x-2)=0$　　$\therefore x=-1$ 또는 $x=2$

즉, 다른 한 근은 $x=-1$이다.

| 답 | $a=-2$, $x=-1$

4-1 숫자 바꾸기

이차방정식 $3x^2-ax-4=0$의 한 근이 $x=-1$일 때, 상수 a의 값과 다른 한 근을 각각 구하시오.

4-2 표현 바꾸기

이차방정식 $x^2+2x-15=0$의 두 근 중 작은 근이 이차방정식 $x^2+3x+a-7=0$의 한 근일 때, 상수 a의 값을 구하시오.

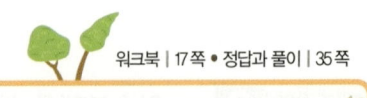

01 다음 중 x에 대한 이차방정식이 <u>아닌</u> 것은? 〔대표유형 **1**〕

① $x^2 = 2 - x^2$ ② $2 - 3x = x^2$

③ $3x^2 - 2x = -2x$ ④ $2x(x+1) = 2x - 3$

⑤ $(4x-1)(x-3) = 4x^2 + x$

02 방정식 $(2x-1)(2x+1) = ax^2 + 5$가 x에 대한 이차방정식이 되도록 하는 상수 a의 조건을 구하시오. 〔대표유형 **1**〕

03 다음 이차방정식 중 $x = 2$를 해로 가지는 것은? 〔대표유형 **2**〕

① $x^2 - 2 = 0$ ② $x^2 - 3x + 1 = 0$

③ $x^2 + 5x = 12$ ④ $(x-4)^2 = 2x$

⑤ $(x+3)(x-1) = 15$

04 이차방정식 $2x^2 + ax - 15 = 0$의 한 근이 $x = -3$일 때, 상수 a의 값은? 〔대표유형 **2**〕

① -5 ② -3 ③ -1

④ 1 ⑤ 3

05 이차방정식 $(4x+5)(3x+1) = 0$을 풀면? 〔대표유형 **3**〕

① $x = -5$ 또는 $x = -1$

② $x = -4$ 또는 $x = 3$

③ $x = -\dfrac{5}{4}$ 또는 $x = -\dfrac{1}{3}$

④ $x = -\dfrac{1}{3}$ 또는 $x = \dfrac{5}{4}$

⑤ $x = \dfrac{1}{3}$ 또는 $x = \dfrac{5}{4}$

06 이차방정식 $(x+1)(x-1) = 2x + 7$의 해가 $x = a$ 또는 $x = b$일 때, $a - b$의 값은? (단, $a > b$) 〔대표유형 **3**〕

① -6 ② -4 ③ 2

④ 4 ⑤ 6

07 이차방정식 $x^2 = 3x + 18$의 두 근 중 큰 근이 이차방정식 $x^2 + ax - 12 = 0$의 한 근일 때, 상수 a의 값을 구하시오. 〔대표유형 **4**〕

08 두 이차방정식 $x^2 + ax + a - 3 = 0$, $(x+2)(x-b) = 0$의 해가 서로 같을 때, $a + b$의 값을 구하시오. (단, a, b는 상수) 〔대표유형 **4**〕

개념 03 이차방정식의 중근

(1) 이차방정식의 중근

이차방정식의 **두 근이 중복**될 때, 이 근을 이차방정식의 **중근**이라고 한다.

예 이차방정식 $x^2-2x+1=0$에서 $(x-1)^2=0$ $\therefore x=1$

(2) 이차방정식이 중근을 가질 조건

① 이차방정식이 (완전제곱식)$=0$ 꼴로 나타내어지면 이 이차방정식은 중근을 갖는다.

② 이차방정식 $x^2+ax+b=0$이 중근을 가지려면 $b=\left(\dfrac{a}{2}\right)^2$이어야 한다.

예 이차방정식 $x^2+2x+k=0$이 중근을 가지려면 $k=\left(\dfrac{2}{2}\right)^2=1$

- 이차방정식이 $a(x-\alpha)^2=0$ 꼴로 나타내어지면 이 이차방정식은 중근 $x=\alpha$를 갖는다.

- 이차방정식에서 x^2의 계수가 1일 때, (상수항)$=\left(\dfrac{x의\ 계수}{2}\right)^2$이면 중근을 갖는다.

바이블 Point

이차방정식의 중근

$a(x-\alpha)^2=0$

➡ $a(x-\alpha)(x-\alpha)=0$

➡ $x=\alpha$ 또는 $x=\alpha$ └→ 해가 중복된다.

➡ $x=\alpha$ └→ 중근

이차방정식이 중근을 가질 조건

이차방정식 $x^2+ax+b=0$이 중근을 가진다.

➡ (완전제곱식)$=0$ 꼴이다.

➡ $b=\left(\dfrac{a}{2}\right)^2$

개념 콕콕

정답과 풀이 | 36쪽

1 다음 이차방정식을 푸시오.

(1) $(x-2)^2=0$

(2) $(x+5)^2=0$

(3) $x^2+8x+16=0$

(4) $9x^2-6x+1=0$

2 다음은 이차방정식이 중근을 가질 때, 상수 a의 값을 구하는 과정이다. □ 안에 알맞은 수를 써넣으시오.

(1) $x^2+6x+a=0$

주어진 이차방정식이 중근을 가지려면 좌변이 완전제곱식이 되어야 하므로

$a=\left(\dfrac{\Box}{2}\right)^2=\Box$

(2) $x^2+ax+4=0$

주어진 이차방정식이 중근을 가지려면 좌변이 완전제곱식이 되어야 하므로

$\Box=\left(\dfrac{a}{2}\right)^2$, $a^2=\Box$ $\therefore a=\Box$

개념 체크

- 이차방정식 $a(x-\alpha)^2=0$의 해는 $x=\boxed{\ⓐ\ }$이다.

- ① 이차방정식이 ($\boxed{\quad ⓑ \quad}$)$=0$ 꼴로 나타내어지면 이 이차방정식은 중근을 갖는다.
  ② 이차방정식 $x^2+ax+b=0$이 중근을 가지려면 $b=\left(\boxed{\ⓒ\ }\right)^2$이어야 한다.

답 | ⓐ α ⓑ 완전제곱식 ⓒ $\dfrac{a}{2}$

대표 유형 1 이차방정식의 중근

BOB 112쪽

다음 이차방정식 중 중근을 갖는 것은?

① $x^2=1$ 　　　　② $(x+4)^2=1$

③ $x^2+6x+8=0$ 　　④ $(x+5)(x-5)=0$

⑤ $x^2+3x+\dfrac{9}{4}=0$

| 풀이 |

① $x^2=1$에서 $x=-1$ 또는 $x=1$

② $(x+4)^2=1$에서 $x^2+8x+16=1$, $x^2+8x+15=0$

　　$(x+5)(x+3)=0$　　∴ $x=-5$ 또는 $x=-3$

③ $x^2+6x+8=0$에서 $(x+4)(x+2)=0$　　∴ $x=-4$ 또는 $x=-2$

④ $(x+5)(x-5)=0$에서 $x=-5$ 또는 $x=5$

⑤ $x^2+3x+\dfrac{9}{4}=0$에서 $\left(x+\dfrac{3}{2}\right)^2=0$　　∴ $x=-\dfrac{3}{2}$

따라서 중근을 갖는 것은 ⑤이다.

| 답 | ⑤

1-1 숫자 바꾸기

다음 이차방정식 중 중근을 갖는 것은?

① $x^2+3x=0$ 　　　② $2(x+1)^2=2$

③ $4x^2-4x+1=0$ 　④ $x(x-3)=10$

⑤ $(x+1)(x+2)=6$

1-2 표현 바꾸기

다음 보기에서 중근을 갖지 <u>않는</u> 이차방정식을 모두 고르시오.

보기

ㄱ. $x^2-9=0$ 　　　　ㄴ. $5-x^2=2x+6$

ㄷ. $x(x-8)+12=0$ 　ㄹ. $(2x+1)(2x+5)=-4$

대표 유형 2 이차방정식이 중근을 가질 조건

BOB 112쪽

이차방정식 $x^2+4x+3a-2=0$이 중근을 가질 때, 상수 a의 값은?

① -2 　　② -1 　　③ 1

④ 2 　　⑤ 3

| 풀이 |

$3a-2=\left(\dfrac{4}{2}\right)^2$에서 $3a=6$　　∴ $a=2$

| 답 | ④

2-1 숫자 바꾸기

이차방정식 $x^2-6x-2a+3=0$이 중근을 가질 때, 상수 a의 값은?

① -3 　　② -1 　　③ 1

④ 3 　　⑤ 5

2-2 표현 바꾸기

이차방정식 $x^2-2ax=4-5a$가 중근을 갖도록 하는 모든 상수 a의 값의 합은?

① -5 　　② -3 　　③ -1

④ 3 　　⑤ 5

제곱근, 완전제곱식을 이용한 이차방정식의 풀이

(1) 제곱근을 이용한 이차방정식의 풀이

① 이차방정식 $x^2=q(q\geq0)$의 해 : $x=\pm\sqrt{q}$

예 이차방정식 $x^2=2$의 해는 $x=\pm\sqrt{2}$

② 이차방정식 $(x-p)^2=q(q\geq0)$의 해 : $x=p\pm\sqrt{q}$

예 이차방정식 $(x-1)^2=2$의 해는 $x=1\pm\sqrt{2}$

(2) 완전제곱식을 이용한 이차방정식의 풀이

이차방정식 $ax^2+bx+c=0$을 $(x-p)^2=q$의 꼴로 바꾸어 제곱근을 이용한다.

❶ x^2의 계수로 양변을 나누어 x^2의 계수를 1로 만든다.

❷ 상수항을 우변으로 이항한다.

❸ 양변에 $\left(\dfrac{x의\ 계수}{2}\right)^2$을 더한다.

❹ 좌변을 완전제곱식으로 나타낸다.

❺ 제곱근을 이용하여 해를 구한다.

예 $2x^2-4x-2=0$ ⟩ x^2의 계수를 1로 만들기

$x^2-2x-1=0$ ⟩ 상수항을 우변으로 이항하기

$x^2-2x=1$ ⟩ 양변에 $\left(\dfrac{x의\ 계수}{2}\right)^2$ 더하기

$x^2-2x+1^2=1+1^2$ ⟩ 좌변을 완전제곱식으로 고치기

$(x-1)^2=2$ ⟩ 제곱근 구하기

$x-1=\pm\sqrt{2}$ ⟩ 해 구하기

$\therefore\ x=1\pm\sqrt{2}$

- 이차방정식 $ax^2+bx+c=0$에서 좌변을 인수분해할 수 없을 때에는 제곱근 또는 완전제곱식을 이용하여 해를 구할 수 있다.

- 이차방정식에서 x^2의 계수가 1일 때, 좌변이 완전제곱식이 되려면 좌변의 상수항이 $\left(\dfrac{x의\ 계수}{2}\right)^2$이어야 한다.

 개념 **콕콕**

정답과 풀이 | 36쪽

1 다음 이차방정식을 제곱근을 이용하여 푸시오.

(1) $x^2=16$

(2) $x^2-6=0$

(3) $2x^2=8$

(4) $3x^2-2=0$

2 다음 이차방정식을 제곱근을 이용하여 푸시오.

(1) $(x+1)^2=2$

(2) $(x-2)^2-5=0$

(3) $2(x+2)^2=6$

(4) $5(x-3)^2-10=0$

3 다음은 이차방정식 $x^2-6x-2=0$을 완전제곱식을 이용하여 푸는 과정이다. □ 안에 알맞은 수를 써넣으시오.

상수항을 우변으로 이항하면 $x^2-6x=$ □

양변에 $\left(\dfrac{x의\ 계수}{2}\right)^2$을 더하면 x^2-6x+ □ $=$ □

좌변을 완전제곱식으로 나타내면 $(x-$ □ $)^2=$ □ $\therefore\ x=$ □ $\pm\sqrt{□}$

개념 체크

- 이차방정식 $x^2=q(q\geq0)$의 해는 $x=\boxed{\text{㉠}}$이다.

- 이차방정식 $(x-p)^2=q(q\geq0)$의 해는 $x=\boxed{\text{㉡}}$이다.

- 이차방정식 $ax^2+bx+c=0$을 $(x-p)^2=q$의 꼴로 바꾸어 $\boxed{\text{㉢}}$을 이용한다.

답 | ㉠ $\pm\sqrt{q}$ ㉡ $p\pm\sqrt{q}$ ㉢ 제곱근

대표 유형 3 제곱근을 이용한 이차방정식의 풀이

BOB 114쪽

이차방정식 $3(x-4)^2=1$의 해가 $x=a\pm\dfrac{\sqrt{b}}{3}$일 때, $a+b$의 값은? (단, a, b는 유리수)

① -3 ② -1 ③ 3

④ 4   ⑤ 7

| 풀이 |

$3(x-4)^2=1$에서 $(x-4)^2=\dfrac{1}{3}$

$x-4=\pm\dfrac{\sqrt{3}}{3}$ ∴ $x=4\pm\dfrac{\sqrt{3}}{3}$

따라서 $a=4$, $b=3$이므로 $a+b=4+3=7$

| 답 | ⑤

3-1 숫자 바꾸기

이차방정식 $4(x+2)^2=5$의 해가 $x=a\pm\dfrac{\sqrt{b}}{2}$일 때, $a+b$의 값은? (단, a, b는 유리수)

① -3 ② -1 ③ 1

④ 3   ⑤ 5

3-2 표현 바꾸기

이차방정식 $(x-a)^2-10=0$의 해가 $x=5\pm\sqrt{b}$일 때, $a-b$의 값은? (단, a, b는 유리수)

① -15 ② -10 ③ -5

④ 10   ⑤ 15

대표 유형 4 완전제곱식을 이용한 이차방정식의 풀이

BOB 114쪽

다음은 이차방정식 $x^2+4x-2=0$을 완전제곱식을 이용하여 푸는 과정이다. 이때 $A+B+C$의 값을 구하시오.
(단, A, B, C는 유리수)

$x^2+4x-2=0$에서 $x^2+4x=2$
$x^2+4x+A=2+A$, $(x+B)^2=C$
∴ $x=-B\pm\sqrt{C}$

| 풀이 |

$x^2+4x-2=0$에서 $x^2+4x=2$
$x^2+4x+4=2+4$, $(x+2)^2=6$
∴ $x=-2\pm\sqrt{6}$
따라서 $A=4$, $B=2$, $C=6$이므로 $A+B+C=4+2+6=12$

| 답 | 12

4-1 숫자 바꾸기

다음은 이차방정식 $2x^2-4x-3=0$을 완전제곱식을 이용하여 푸는 과정이다. 이때 $A-B+C+D$의 값을 구하시오.
(단, A, B, C, D는 유리수)

$2x^2-4x-3=0$에서 $x^2-2x-\dfrac{3}{2}=0$
$x^2-2x=\dfrac{3}{2}$, $x^2-2x+A=\dfrac{3}{2}+A$
$(x-B)^2=C$ ∴ $x=B\pm\dfrac{\sqrt{D}}{2}$

4-2 표현 바꾸기

이차방정식 $x^2+12x+a=0$을 완전제곱식을 이용하여 풀었더니 해가 $x=b\pm\sqrt{15}$이었다. 이때 $a+b$의 값을 구하시오.
(단, a, b는 유리수)

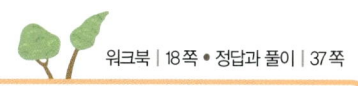
01 다음 이차방정식 중 중근을 갖지 <u>않는</u> 것은? 대표유형 **1**

① $x^2+2x+1=0$ ② $x^2-x+\dfrac{1}{4}=0$

③ $8x^2+4x+1=0$ ④ $5x(5x+2)=-1$

⑤ $(x-7)^2=2x-15$

02 두 이차방정식 $x^2+10x+a=0$, $x^2-bx+81=0$이 모두 중근을 가질 때, $a-b$의 값을 구하시오. 대표유형 **2**

(단, a, b는 상수이고 $b>0$)

03 이차방정식 $x^2-8x-5a+6=0$이 중근 $x=b$를 가질 때, $a+b$의 값은? (단, a는 상수) 대표유형 **2**

① -4 ② -2 ③ -1
④ 2 ⑤ 4

04 이차방정식 $7(x-3)^2=21$의 두 근의 곱은? 대표유형 **3**

① -6 ② -4 ③ 2
④ 4 ⑤ 6

05 이차방정식 $4(x+a)^2-24=0$의 해가 $x=-3\pm\sqrt{b}$일 때, $a-b$의 값은? (단, a, b는 유리수) 대표유형 **3**

① -3 ② -2 ③ 1
④ 2 ⑤ 3

06 이차방정식 $4x^2-8x+3=0$을 $(x-p)^2=q$ 꼴로 나타낼 때, $p+q$의 값은? (단, p, q는 상수) 대표유형 **4**

① $-\dfrac{5}{4}$ ② $-\dfrac{3}{4}$ ③ $\dfrac{1}{4}$

④ $\dfrac{3}{4}$ ⑤ $\dfrac{5}{4}$

07 다음은 이차방정식 $3x^2+12x-5=0$을 완전제곱식을 이용하여 푸는 과정이다. 이때 $A+B-C$의 값을 구하시오. 대표유형 **4**

(단, A, B, C는 유리수)

$3x^2+12x-5=0$에서 $x^2+4x-\dfrac{5}{3}=0$

$x^2+4x=\dfrac{5}{3}$, $x^2+4x+A=\dfrac{5}{3}+A$

$(x+B)^2=C$ $\therefore x=-B\pm\dfrac{\sqrt{51}}{3}$

08 이차방정식 $x^2-8x+7=0$을 $(x+a)^2=b$ 꼴로 나타내어 풀었더니 해가 $x=c$ 또는 $x=d$이었다. 이때 $ad+bc$의 값은? (단, a, b는 유리수이고 $c<d$) 대표유형 **4**

① -22 ② -19 ③ -16
④ -13 ⑤ -10

개념 05 이차방정식의 근의 공식

(1) **이차방정식 $ax^2+bx+c=0$의 근**

➡ $x=\dfrac{-b\pm\sqrt{b^2-4ac}}{2a}$ (단, $b^2-4ac\geq0$) → 근의 공식

예 이차방정식 $2x^2+5x+1=0$에서 $a=2$, $b=5$, $c=1$이므로

$x=\dfrac{-5\pm\sqrt{5^2-4\times2\times1}}{2\times2}=\dfrac{-5\pm\sqrt{17}}{4}$

(2) **이차방정식 $ax^2+2b'x+c=0$의 근** ← x의 계수가 짝수인 경우

➡ $x=\dfrac{-b'\pm\sqrt{b'^2-ac}}{a}$ (단, $b'^2-ac\geq0$)

예 이차방정식 $x^2-2x-1=0$에서 $a=1$, $b'=-1$, $c=-1$이므로

$x=\dfrac{-(-1)\pm\sqrt{(-1)^2-1\times(-1)}}{1}=1\pm\sqrt{2}$

• 이차방정식의 풀이
① 좌변이 인수분해가 되면 인수분해를 이용하여 푼다.
② 좌변이 인수분해가 되지 않으면 근의 공식을 이용하여 푼다.

• 근호 안의 값은 음수가 될 수 없으므로 $b^2-4ac\geq0$이어야 한다.

바이블 Point

이차방정식의 근의 공식 유도 과정

이차방정식 $ax^2+bx+c=0$을 완전제곱식을 이용하여 풀면 근의 공식을 유도할 수 있다.

$ax^2+bx+c=0\,(a>0,\ b^2-4ac\geq0)$에서 $x^2+\dfrac{b}{a}x+\dfrac{c}{a}=0$, $x^2+\dfrac{b}{a}x=-\dfrac{c}{a}$

$x^2+\dfrac{b}{a}x+\left(\dfrac{b}{2a}\right)^2=-\dfrac{c}{a}+\left(\dfrac{b}{2a}\right)^2$, $\left(x+\dfrac{b}{2a}\right)^2=\dfrac{b^2-4ac}{4a^2}$

$x+\dfrac{b}{2a}=\pm\dfrac{\sqrt{b^2-4ac}}{2a}$ $\therefore x=\dfrac{-b\pm\sqrt{b^2-4ac}}{2a}$

개념 콕콕

정답과 풀이 | 38쪽

1 다음은 이차방정식 $2x^2+x-4=0$을 근의 공식을 이용하여 푸는 과정이다. ☐ 안에 알맞은 수를 써넣으시오.

근의 공식에 $a=2$, $b=\boxed{}$, $c=\boxed{}$를 대입하면

$x=\dfrac{\boxed{}\pm\sqrt{\boxed{}^2-\boxed{}\times2\times(-4)}}{2\times\boxed{}}=\dfrac{\boxed{}\pm\sqrt{\boxed{}}}{4}$

2 다음 이차방정식을 근의 공식을 이용하여 푸시오.

(1) $x^2+x-1=0$

(2) $2x^2-7x+4=0$

(3) $x^2+6x+7=0$

(4) $3x^2-8x-2=0$

개념 체크

• 이차방정식 $ax^2+bx+c=0$의 해는

$x=\dfrac{-b\pm\sqrt{\boxed{\textcircled{\scriptsize ㉠}}}}{2a}$ 이다.

• 이차방정식의 풀이
① 좌변이 인수분해가 되면 인수분해를 이용하여 푼다.
② 좌변이 인수분해가 되지 않으면 $\boxed{\textcircled{\scriptsize ㉡}}$을 이용하여 푼다.

답 | ㉠ b^2-4ac ㉡ 근의 공식

대표 유형 **1** 근의 공식을 이용한 이차방정식의 풀이

BOB 122쪽

이차방정식 $x^2-5x+2=0$의 근이 $x=\dfrac{A\pm\sqrt{B}}{2}$일 때, $A+B$의 값은? (단, A, B는 유리수)

① -22 ② -12 ③ 2

④ 12   ⑤ 22

| 풀이 |

$x^2-5x+2=0$에서

$x=\dfrac{-(-5)\pm\sqrt{(-5)^2-4\times1\times2}}{2\times1}=\dfrac{5\pm\sqrt{17}}{2}$

따라서 $A=5$, $B=17$이므로 $A+B=5+17=22$

| 답 | ⑤

1-1 숫자 바꾸기

이차방정식 $3x^2+2x-3=0$의 근이 $x=\dfrac{A\pm\sqrt{B}}{3}$일 때, $A+B$의 값은? (단, A, B는 유리수)

① -11 ② -9 ③ 1

④ 9   ⑤ 11

1-2 표현 바꾸기

이차방정식 $2x^2=6x+5$의 두 근을 $x=\alpha$ 또는 $x=\beta$라고 할 때, $\alpha-\beta$의 값을 구하시오. (단, $\alpha>\beta$)

대표 유형 **2** 근의 공식을 이용하여 미지수 구하기

BOB 122쪽

이차방정식 $x^2+3x+k=0$의 근이 $x=\dfrac{-3\pm\sqrt{13}}{2}$일 때, 유리수 k의 값은?

① -4 ② -1 ③ 1

④ 4   ⑤ 8

| 풀이 |

$x^2+3x+k=0$에서

$x=\dfrac{-3\pm\sqrt{3^2-4\times1\times k}}{2\times1}=\dfrac{-3\pm\sqrt{9-4k}}{2}$

이때 $9-4k=13$이므로 $-4k=4$ $\therefore k=-1$

| 답 | ②

2-1 숫자 바꾸기

이차방정식 $2x^2-10x-k=0$의 근이 $x=\dfrac{5\pm\sqrt{29}}{2}$일 때, 유리수 k의 값은?

① -4 ② -2 ③ 2

④ 4   ⑤ 6

2-2 표현 바꾸기

이차방정식 $5x^2+8x+A=0$의 근이 $x=\dfrac{B\pm\sqrt{26}}{5}$일 때, $A-B$의 값은? (단, A, B는 유리수)

① -3 ② -2 ③ -1

④ 2   ⑤ 3

개념 06 복잡한 이차방정식의 풀이

(1) **괄호가 있는 이차방정식** : 괄호를 풀어 $ax^2+bx+c=0$ 꼴로 정리한 후 해를 구한다.

　예 $(x+1)(x-1)=3x$ $\xrightarrow{\text{괄호를 풀어 정리하면}}$ $x^2-3x-1=0$

・ 괄호를 풀 때에는 분배법칙 또는 곱셈 공식을 이용한다.

(2) **계수가 분수인 이차방정식** : 양변에 분모의 최소공배수를 곱하여 계수를 정수로 고친 후 해를 구한다.

　예 $\dfrac{1}{2}x^2+\dfrac{1}{6}x-\dfrac{1}{3}=0$ $\xrightarrow{\text{양변에 6을 곱하면}}$ $3x^2+x-2=0$

・ 양변에 어떤 수를 곱할 때에는 모든 항에 빠짐없이 곱해 주어야 한다.

　예 $\dfrac{1}{3}x^2-\dfrac{1}{2}x-1=0$의 양변에 6을 곱하면
　　$2x^2-3x-1=0$ (×)
　　$2x^2-3x-6=0$ (○)

(3) **계수가 소수인 이차방정식** : 양변에 적당한 10의 거듭제곱을 곱하여 계수를 정수로 고친 후 해를 구한다.

　예 $0.3x^2-0.2x-0.1=0$ $\xrightarrow{\text{양변에 10을 곱하면}}$ $3x^2-2x-1=0$

(4) **공통부분이 있는 이차방정식** : 공통부분이 있는 이차방정식은 다음 순서로 해를 구한다.
　❶ (공통부분)$=A$로 치환한다.
　❷ 인수분해 또는 근의 공식을 이용하여 A의 값을 구한다.
　❸ A 대신 원래의 식을 대입하여 x의 값을 구한다.

　예 $(x-1)^2+3(x-1)+2=0$ $\xrightarrow{x-1=A\text{로 치환}}$ $A^2+3A+2=0$

・ 이차방정식에서 (공통부분)$=A$로 치환하여 풀었을 때, A의 값을 주어진 방정식의 해로 생각하지 않도록 주의한다.

 개념 콕콕

정답과 풀이 | 38쪽

1 다음 이차방정식을 푸시오.

(1) $(x+2)(x-2)=-4x$

(2) $2(x-1)^2=x^2+7$

(3) $x^2+\dfrac{1}{2}x-\dfrac{1}{4}=0$

(4) $x^2-\dfrac{1}{3}x-2=0$

(5) $0.1x^2+0.2x-0.8=0$

(6) $0.2x^2-0.5x+0.1=0$

2 다음은 이차방정식 $(x+2)^2-5(x+2)-6=0$을 치환을 이용하여 푸는 과정이다. □ 안에 알맞은 수를 써넣으시오.

> $x+2=A$로 치환하면 $A^2-\boxed{}A-\boxed{}=0$
>
> $(A+1)(A-\boxed{})=0$　∴ $A=-1$ 또는 $A=\boxed{}$
>
> 따라서 $x+2=-1$ 또는 $x+2=\boxed{}$이므로
>
> $x=-3$ 또는 $x=\boxed{}$

○ 개념 체크

・ 복잡한 이차방정식의 풀이
① 괄호가 있으면 ㉠ $\boxed{}$ 를 풀어 $ax^2+bx+c=0$ 꼴로 정리한 후 해를 구한다.
② 계수가 분수 또는 소수이면 양변에 적당한 수를 곱하여 계수를 ㉡ $\boxed{}$ 로 고친 후 해를 구한다.

・ 공통부분이 있는 이차방정식은 공통부분을 한 문자로 ㉢ $\boxed{}$ 하여 해를 구한다.

답 | ㉠ 괄호 ㉡ 정수 ㉢ 치환

대표 유형 3 복잡한 이차방정식의 풀이 – 괄호, 분수, 소수

BOB 123쪽

이차방정식 $\frac{1}{2}x^2+0.8x-\frac{2}{5}=0$을 풀면?

① $x=-2$ 또는 $x=-\frac{2}{5}$　　② $x=-2$ 또는 $x=\frac{2}{5}$

③ $x=-2$ 또는 $x=\frac{5}{2}$　　④ $x=\frac{2}{5}$ 또는 $x=2$

⑤ $x=2$ 또는 $x=\frac{5}{2}$

| 풀이 |

주어진 이차방정식의 양변에 10을 곱하면 $5x^2+8x-4=0$

$(x+2)(5x-2)=0$　　$\therefore x=-2$ 또는 $x=\frac{2}{5}$

| 답 | ②

3-1 숫자 바꾸기

이차방정식 $0.5x^2-\frac{4}{3}x+\frac{1}{6}=0$을 풀면?

① $x=\frac{-4\pm\sqrt{13}}{6}$　　　② $x=\frac{-4\pm\sqrt{13}}{3}$

③ $x=\frac{-4\pm\sqrt{19}}{3}$　　　④ $x=\frac{4\pm\sqrt{13}}{3}$

⑤ $x=\frac{4\pm\sqrt{19}}{3}$

3-2 표현 바꾸기

이차방정식 $\frac{x(x-1)}{5}=\frac{(x+1)(x-2)}{3}$의 근이 $x=\frac{A\pm\sqrt{B}}{2}$

일 때, $A+B$의 값을 구하시오. (단, A, B는 유리수)

대표 유형 4 복잡한 이차방정식의 풀이 – 치환

BOB 124쪽

이차방정식 $3(x+1)^2-(x+1)-2=0$을 풀면?

① $x=-\frac{5}{3}$ 또는 $x=0$　　② $x=-\frac{5}{3}$ 또는 $x=2$

③ $x=-1$ 또는 $x=\frac{2}{3}$　　④ $x=-\frac{2}{3}$ 또는 $x=1$

⑤ $x=0$ 또는 $x=\frac{1}{3}$

| 풀이 |

$x+1=A$로 치환하면 $3A^2-A-2=0$

$(3A+2)(A-1)=0$　　$\therefore A=-\frac{2}{3}$ 또는 $A=1$

즉, $x+1=-\frac{2}{3}$ 또는 $x+1=1$이므로 $x=-\frac{5}{3}$ 또는 $x=0$

| 답 | ①

4-1 숫자 바꾸기

이차방정식 $6(x-3)^2+7(x-3)-20=0$을 풀면?

① $x=-\frac{11}{2}$ 또는 $x=-\frac{5}{3}$　② $x=-\frac{13}{3}$ 또는 $x=-\frac{1}{2}$

③ $x=-\frac{7}{2}$ 또는 $x=\frac{5}{3}$　　④ $x=\frac{1}{2}$ 또는 $x=\frac{11}{3}$

⑤ $x=\frac{1}{2}$ 또는 $x=\frac{13}{3}$

4-2 표현 바꾸기

$(2x-y)(2x-y+6)-27=0$일 때, $2x-y$의 값을 구하시오.

(단, $2x>y$)

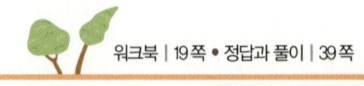

01 이차방정식 $3x^2+5x-1=0$을 풀면? (대표 유형 **1**)

① $x=\dfrac{-5\pm\sqrt{37}}{6}$ ② $x=\dfrac{-5\pm\sqrt{13}}{6}$

③ $x=\dfrac{-5\pm\sqrt{37}}{3}$ ④ $x=\dfrac{5\pm\sqrt{17}}{3}$

⑤ $x=\dfrac{5\pm\sqrt{37}}{6}$

02 이차방정식 $2x^2+6x-3=0$의 근이 $x=\dfrac{A\pm\sqrt{B}}{2}$일 때, $A+B$의 값은? (단, A, B는 유리수) (대표 유형 **1**)

① 10 ② 11 ③ 12
④ 13 ⑤ 14

03 이차방정식 $3x^2+4x+A=0$의 근이 $x=\dfrac{B\pm\sqrt{13}}{3}$일 때, $A+B$의 값을 구하시오. (단, A, B는 유리수) (대표 유형 **2**)

04 이차방정식 $(x+3)(3x-1)=2(x-2)^2$을 풀면? (대표 유형 **3**)

① $x=-16\pm5\sqrt{3}$ ② $x=-8\pm5\sqrt{3}$
③ $x=-8\pm\sqrt{53}$ ④ $x=8\pm\sqrt{53}$
⑤ $x=16\pm5\sqrt{3}$

05 다음 두 이차방정식의 공통인 해를 구하시오. (대표 유형 **3**)

$$\frac{1}{2}x^2-\frac{5}{6}x-\frac{1}{3}=0,\ 0.1x^2+0.1x-0.6=0$$

06 이차방정식 $\dfrac{(x+1)(x-1)}{4}=0.4(2x+1)(2x-1)$의 두 근 중 큰 근을 구하시오. (대표 유형 **3**)

07 이차방정식 $6(x-2)^2+17(x-2)-14=0$의 두 근의 곱은? (대표 유형 **4**)

① -4 ② -2 ③ -1
④ 2 ⑤ 4

08 $(x-3y)(x-3y+8)+16=0$일 때, $6y-2x$의 값은? (대표 유형 **4**)

① -8 ② -4 ③ -2
④ 4 ⑤ 8

개념 07 이차방정식의 근의 개수

이차방정식 $ax^2+bx+c=0$의 근의 개수는 근의 공식 $x=\dfrac{-b\pm\sqrt{b^2-4ac}}{2a}$에서 b^2-4ac의
└ 판별식

부호에 의하여 결정된다.

(1) $b^2-4ac>0$ ➡ 서로 다른 두 근을 갖는다. ┐
(2) $b^2-4ac=0$ ➡ 한 근(중근)을 갖는다. ┘ ➡ $b^2-4ac\geq0$이면 근을 갖는다.
(3) $b^2-4ac<0$ ➡ 근은 없다.

예 이차방정식 $x^2+5x-1=0$에서 $a=1$, $b=5$, $c=-1$이므로
$b^2-4ac=5^2-4\times1\times(-1)=29>0$ ➡ 서로 다른 두 근을 갖는다.

• x의 계수가 짝수인 이차방정식
$ax^2+2b'x+c=0$에서는 b^2-4ac 대신
b'^2-ac를 이용할 수 있다.

• 이차방정식이 중근을 가질 조건
① 완전제곱식 이용 ➡ x^2의 계수가 1일
때, (상수항)$=\left(\dfrac{x의 계수}{2}\right)^2$
② 판별식 이용 ➡ $b^2-4ac=0$

바이블 Point

이차방정식의 근의 개수

이차방정식 $ax^2+bx+c=0$의 근의 개수는 b^2-4ac의 부호에 의하여 다음과 같이 결정된다.

b^2-4ac의 부호	이차방정식의 근	근의 개수
+	$x=\dfrac{-b\pm\sqrt{b^2-4ac}}{2a}$ ➡ $x=\dfrac{-b+\sqrt{b^2-4ac}}{2a}$ 또는 $x=\dfrac{-b-\sqrt{b^2-4ac}}{2a}$	2개
0	$x=\dfrac{-b\pm0}{2a}$ ➡ $x=-\dfrac{b}{2a}$	1개
—	$\sqrt{b^2-4ac}$의 값이 존재하지 않는다. ➡ 근은 없다.	0개

➡ ① 서로 다른 두 근을 가질 조건 : $b^2-4ac>0$
  ② 근을 가질 조건 : $b^2-4ac\geq0$

개념 콕콕

정답과 풀이 | 40쪽

1 다음은 주어진 이차방정식의 근의 개수를 구하는 과정이다. □ 안에는 알맞은 수를, ○ 안에는 >, =, < 중 알맞은 것을 써넣으시오.

(1) $x^2+3x-3=0$

$a=\square$, $b=\square$, $c=\square$ 이므로 $b^2-4ac=\square^2-4\times1\times(\square)=\square$
따라서 $b^2-4ac\bigcirc0$이므로 근의 개수는 $\square$개이다.

(2) $x^2-2x+1=0$

$a=\square$, $b'=\square$, $c=\square$ 이므로 $b'^2-ac=(\square)^2-1\times\square=\square$
따라서 $b'^2-ac\bigcirc0$이므로 근의 개수는 $\square$개이다.

(3) $x^2+2x+2=0$

$a=\square$, $b'=\square$, $c=\square$ 이므로 $b'^2-ac=\square^2-1\times\square=\square$
따라서 $b'^2-ac\bigcirc0$이므로 근의 개수는 $\square$개이다.

개념 체크

• 이차방정식 $ax^2+bx+c=0$의 근의 개수
① b^2-4ac ⓐ 0 ➡ 2개
② b^2-4ac ⓑ 0 ➡ 1개
③ b^2-4ac ⓒ 0 ➡ 0개

답 | ⓐ > ⓑ = ⓒ <

대표 유형 1 이차방정식의 근의 개수 　　　　　　　　　　BOB 124쪽

다음 이차방정식 중 서로 다른 두 근을 갖는 것은?

① $x^2+x+3=0$ 　　　　　② $x^2-2x+4=0$

③ $2x^2+3x-4=0$ 　　　　④ $\dfrac{1}{3}x^2-\dfrac{1}{6}x+\dfrac{1}{12}=0$

⑤ $1.6x^2-0.8x+0.1=0$

| 풀이 |

① $1^2-4\times1\times3=-11<0$이므로 근을 갖지 않는다.

② $(-1)^2-1\times4=-3<0$이므로 근을 갖지 않는다.

③ $3^2-4\times2\times(-4)=41>0$이므로 서로 다른 두 근을 갖는다.

④ $\dfrac{1}{3}x^2-\dfrac{1}{6}x+\dfrac{1}{12}=0$에서 $4x^2-2x+1=0$

　　$(-1)^2-4\times1=-3<0$이므로 근을 갖지 않는다.

⑤ $1.6x^2-0.8x+0.1=0$에서 $16x^2-8x+1=0$

　　$(-4)^2-16\times1=0$이므로 중근을 갖는다.

따라서 서로 다른 두 근을 갖는 것은 ③이다.

| 답 | ③

1-1 숫자 바꾸기

다음 이차방정식 중 서로 다른 두 근을 갖는 것은?

① $x^2+2x+3=0$ 　　　　② $x^2-4x+4=0$

③ $2x^2+x+1=0$ 　　　　④ $\dfrac{1}{2}x^2-\dfrac{3}{5}x-1=0$

⑤ $0.2x^2-0.5x+0.7=0$

1-2 표현 바꾸기

다음 보기에서 근을 갖지 않는 이차방정식을 모두 고르시오.

> **보기**
> ㄱ. $x^2+x-5=0$ 　　　ㄴ. $3x^2=6x-7$
> ㄷ. $2x(x+3)=x^2-9$ 　ㄹ. $(2x-1)(4x+3)=10x^2$

대표 유형 2 이차방정식이 근을 가질 조건 　　　　　　　　BOB 126쪽

이차방정식 $x^2+4x+k-1=0$이 서로 다른 두 근을 가질 때, 상수 k의 값의 범위를 구하시오.

| 풀이 |

$2^2-1\times(k-1)>0$이어야 하므로

$4-k+1>0$, $-k>-5$ 　∴ $k<5$

| 답 | $k<5$

2-1 숫자 바꾸기

이차방정식 $3x^2-3x+k+2=0$이 서로 다른 두 근을 가질 때, 상수 k의 값의 범위를 구하시오.

2-2 표현 바꾸기

이차방정식 $x^2+8x+13-k=0$이 중근을 가질 때, 상수 k의 값과 그때의 중근을 각각 구하면?

① $k=-3$, $x=-4$ 　　　② $k=-3$, $x=4$

③ $k=-1$, $x=-4$ 　　　④ $k=3$, $x=-4$

⑤ $k=3$, $x=4$

개념 08 이차방정식 구하기

(1) **두 근이 α, β이고 x^2의 계수가 a인 이차방정식**

➡ $a(x-\alpha)(x-\beta)=0$

[예] 두 근이 2, 3이고 x^2의 계수가 2인 이차방정식은
$2(x-2)(x-3)=0$ ∴ $2x^2-10x+12=0$

(2) **중근이 α이고 x^2의 계수가 a인 이차방정식**

➡ $a(x-\alpha)^2=0$ → (완전제곱식)=0

[예] 중근이 1이고 x^2의 계수가 3인 이차방정식은
$3(x-1)^2=0$ ∴ $3x^2-6x+3=0$

> • 두 근이 α, β이고 x^2의 계수가 a인 이차 방정식은
> $a(x-\alpha)(x-\beta)=0$
> ∴ $a\{x^2-(\alpha+\beta)x+\alpha\beta\}=0$
> └두 근의 합 └두 근의 곱

바이블 Point

이차방정식 구하기

x^2의 계수가 a인 이차방정식의
① 두 근이 α, β이다. ➡ 좌변의 이차식이 $x-\alpha$, $x-\beta$를 인수로 갖는다. ➡ $a(x-\alpha)(x-\beta)=0$
② 중근이 α이다. ➡ 좌변의 이차식이 $(x-\alpha)^2$을 인수로 갖는다. ➡ $a(x-\alpha)^2=0$

개념 콕콕

정답과 풀이 | 40쪽

1 다음 이차방정식을 구하시오.

(1) 두 근이 1, 3이고 x^2의 계수가 1인 이차방정식

(2) 두 근이 2, -5이고 x^2의 계수가 2인 이차방정식

(3) 두 근이 1, -2이고 x^2의 계수가 -1인 이차방정식

2 다음 이차방정식을 구하시오.

(1) 중근이 2이고 x^2의 계수가 1인 이차방정식

(2) 중근이 -1이고 x^2의 계수가 4인 이차방정식

(3) 중근이 4이고 x^2의 계수가 $\dfrac{1}{2}$인 이차방정식

개념 체크

• 두 근이 α, β이고 x^2의 계수가 a인 이차방 정식은 ⓐ$(x-\alpha)(x-$ⓑ$)=0$이 다.

• 중근이 α이고 x^2의 계수가 a인 이차방정식 은 ⓒ$(x-$ⓓ$)^2=0$이다.

답 | ㉠ a ㉡ β ㉢ a ㉣ α

대표 유형 3 두 근이 주어질 때, 이차방정식 구하기 BOB 127쪽

이차방정식 $2x^2+ax+b=0$의 두 근이 -1, 4일 때, $a+b$의 값은? (단, a, b는 상수)

① -14 ② -7 ③ -1
④ 7 ⑤ 14

| 풀이 |
두 근이 -1, 4이고 x^2의 계수가 2인 이차방정식은
$2(x+1)(x-4)=0$, $2(x^2-3x-4)=0$ ∴ $2x^2-6x-8=0$
따라서 $a=-6$, $b=-8$이므로 $a+b=-6+(-8)=-14$

| 답 | ①

3-1 숫자 바꾸기

이차방정식 $3x^2+ax+b=0$의 두 근이 -2, 3일 때, $a-b$의 값은? (단, a, b는 상수)

① 6 ② 9 ③ 12
④ 15 ⑤ 18

3-2 표현 바꾸기

이차방정식 $x^2+6x+k=0$의 한 근이 다른 한 근의 2배일 때, 상수 k의 값은?

① -12 ② -8 ③ -2
④ 8 ⑤ 12

대표 유형 4 중근이 주어질 때, 이차방정식 구하기 BOB 127쪽

이차방정식 $4x^2+ax+b=0$이 중근 $x=\frac{1}{2}$을 가질 때, $a+b$의 값은? (단, a, b는 상수)

① -5 ② -3 ③ 1
④ 3 ⑤ 5

| 풀이 |
중근이 $x=\frac{1}{2}$이고 x^2의 계수가 4인 이차방정식은
$4\left(x-\frac{1}{2}\right)^2=0$, $4\left(x^2-x+\frac{1}{4}\right)=0$ ∴ $4x^2-4x+1=0$
따라서 $a=-4$, $b=1$이므로 $a+b=-4+1=-3$

| 답 | ②

4-1 숫자 바꾸기

이차방정식 $6x^2+ax+b=0$이 중근 $x=-\frac{1}{3}$을 가질 때, $a-b$의 값은? (단, a, b는 상수)

① 2 ② $\frac{8}{3}$ ③ $\frac{10}{3}$
④ 4 ⑤ $\frac{14}{3}$

4-2 표현 바꾸기

이차방정식 $x^2-7x+12=0$의 두 근 중 작은 근을 중근으로 갖고, x^2의 계수가 1인 이차방정식은?

① $x^2-6x-9=0$ ② $x^2-6x+9=0$
③ $x^2+6x+9=0$ ④ $x^2-4x+4=0$
⑤ $x^2+4x+4=0$

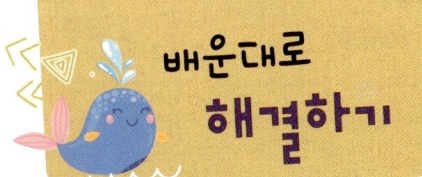

01 다음 이차방정식 중 근의 개수가 나머지 넷과 <u>다른</u> 하나는? `대표유형 1`

① $x^2-3x-1=0$
② $3x^2-2x-6=0$
③ $-x^2+4x-1=0$
④ $\frac{1}{2}x^2+\frac{7}{2}x-1=0$
⑤ $0.9x^2+0.6x+0.1=0$

02 이차방정식 $x^2-5x+3=0$의 근의 개수를 a개, 이차방정식 $3x^2-2x+\frac{1}{3}=0$의 근의 개수를 b개라고 할 때, $a+b$의 값을 구하시오. `대표유형 1`

03 이차방정식 $2x^2+5x-k+2=0$이 근을 가질 때, 상수 k의 값의 범위를 구하시오. `대표유형 2`

04 이차방정식 $x^2-kx+k+3=0$이 중근을 갖도록 하는 모든 상수 k의 값의 합은? `대표유형 2`

① -8
② -6
③ -2
④ 4
⑤ 6

05 이차방정식 $x^2+ax-b=0$의 두 근이 2, -4일 때, $b-a$의 값은? (단, a, b는 상수) `대표유형 3`

① -10
② -6
③ -2
④ 6
⑤ 10

생각이 쑥쑥

06 이차방정식 $6x^2+ax+b=0$의 두 근이 $\frac{1}{2}$, $\frac{1}{3}$일 때, 이차방정식 $ax^2+bx+4=0$을 풀면? (단, a, b는 상수) `대표유형 3`

① $x=-\frac{5}{4}$ 또는 $x=-1$
② $x=-\frac{5}{4}$ 또는 $x=1$
③ $x=-\frac{4}{5}$ 또는 $x=1$
④ $x=-\frac{2}{5}$ 또는 $x=-2$
⑤ $x=-\frac{2}{5}$ 또는 $x=2$

07 x^2의 계수가 -2이고 $x=3$을 중근으로 갖는 이차방정식은? `대표유형 4`

① $-2x^2-12x=0$
② $-2x^2+12x=0$
③ $-2x^2-12x+18=0$
④ $-2x^2+12x-18=0$
⑤ $-2x^2+12x+18=0$

08 이차방정식 $2x^2+5x+3=0$의 두 근 중 큰 근을 중근으로 갖고, x^2의 계수가 3인 이차방정식을 구하시오. `대표유형 4`

개념 09 이차방정식의 활용

이차방정식의 활용 문제는 다음과 같은 순서로 푼다.

❶ 미지수 정하기 : 문제의 뜻을 이해하고 구하고자 하는 것을 미지수 x로 놓는다.

❷ 이차방정식 세우기 : 문제의 뜻에 맞게 x에 대한 이차방정식을 세운다.

❸ 이차방정식 풀기 : 이차방정식을 푼다.

❹ 답 구하기 : 구한 해 중에서 문제의 뜻에 맞는 것을 답으로 택한다.

● 이차방정식의 해가 모두 답이 되는 것은 아니므로 이차방정식의 해를 구한 후 문제의 조건에 맞는지 확인한다.

바이블 Point

수에 대한 이차방정식의 활용 문제에서 미지수 정하기

(1) 연속하는 두 정수 ➡ $x-1$, x 또는 x, $x+1$

(2) 연속하는 세 정수 ➡ $x-1$, x, $x+1$ 또는 x, $x+1$, $x+2$

(3) 연속하는 두 짝수(홀수) ➡ $x-2$, x 또는 x, $x+2$

(4) 연속하는 세 짝수(홀수) ➡ $x-2$, x, $x+2$ 또는 x, $x+2$, $x+4$

개념 콕콕

정답과 풀이 | 42쪽

1 다음은 연속하는 두 자연수의 곱이 30일 때, 이 두 자연수를 구하는 과정이다. ☐ 안에 알맞은 것을 써넣으시오.

❶ 미지수 정하기	연속하는 두 자연수를 x, ☐ 이라고 하자.
❷ 이차방정식 세우기	연속하는 두 자연수의 곱이 30이므로 $x($ ☐ $)=30$, 즉 x^2+x- ☐ $=0$
❸ 이차방정식 풀기	x^2+x- ☐ $=0$에서 $(x+6)(x-$ ☐ $)=0$ $\therefore x=-6$ 또는 $x=$ ☐
❹ 답 구하기	$x>0$이므로 $x=$ ☐ 따라서 구하는 두 자연수는 ☐, ☐ 이다.

2 다음은 어떤 정사각형의 가로의 길이를 2 cm 늘이고 세로의 길이를 3 cm 줄여서 넓이가 50 cm²인 직사각형을 만들었을 때, 처음 정사각형의 한 변의 길이를 구하는 과정이다. ☐ 안에 알맞은 것을 써넣으시오.

❶ 미지수 정하기	처음 정사각형의 한 변의 길이를 x cm라고 하자.
❷ 이차방정식 세우기	정사각형의 가로의 길이를 2 cm 늘이고 세로의 길이를 3 cm 줄여서 넓이가 50 cm²인 직사각형을 만들었으므로 $(x+2)($ ☐ $)=50$, 즉 x^2-x- ☐ $=0$
❸ 이차방정식 풀기	x^2-x- ☐ $=0$에서 $(x+7)(x-$ ☐ $)=0$ $\therefore x=-7$ 또는 $x=$ ☐
❹ 답 구하기	$x>0$이므로 $x=$ ☐ 따라서 처음 정사각형의 한 변의 길이는 ☐ cm이다.

개념 체크

● 이차방정식의 활용 문제는 다음과 같은 순서로 푼다.

❶ ⑦ ☐ 정하기

❷ ⓒ ☐ 세우기

❸ 이차방정식 풀기

❹ 답 구하기

답 | ⑦ 미지수 ⓒ 이차방정식

정답과 풀이 | 42쪽

대표 유형 1 이차방정식의 활용 – 주어진 공식을 이용하는 경우

BOB 129쪽

n각형의 대각선의 총 개수는 $\dfrac{n(n-3)}{2}$개이다. 이때 대각선의 총 개수가 27개인 다각형은?

① 팔각형   ② 구각형   ③ 십각형
④ 십일각형   ⑤ 십이각형

| 풀이 |

$\dfrac{n(n-3)}{2}=27$에서 $n^2-3n-54=0$

$(n+6)(n-9)=0$ $\therefore n=-6$ 또는 $n=9$

이때 $n\geq4$이므로 $n=9$

따라서 구하는 다각형은 구각형이다.

| 답 | ②

1-1 숫자 바꾸기

n각형의 대각선의 총 개수는 $\dfrac{n(n-3)}{2}$개이다. 이때 대각선의 총 개수가 44개인 다각형은?

① 칠각형   ② 팔각형   ③ 구각형
④ 십각형   ⑤ 십일각형

1-2 표현 바꾸기

자연수 1부터 n까지의 합은 $\dfrac{n(n+1)}{2}$이다. 1부터 n까지의 합이 78일 때, 자연수 n의 값은?

① 9   ② 10   ③ 11
④ 12   ⑤ 13

대표 유형 2 이차방정식의 활용 – 수

BOB 129쪽

연속하는 두 짝수의 제곱의 합이 52일 때, 두 짝수 중 작은 수는?

① 2   ② 4   ③ 6
④ 8   ⑤ 10

| 풀이 |

연속하는 두 짝수를 x, $x+2$라고 하면

$x^2+(x+2)^2=52$, $x^2+x^2+4x+4=52$

$2x^2+4x-48=0$, $x^2+2x-24=0$

$(x+6)(x-4)=0$ $\therefore x=-6$ 또는 $x=4$

이때 x는 짝수이므로 $x=4$

따라서 연속하는 두 짝수는 4, 6이므로 두 짝수 중 작은 수는 4이다.

| 답 | ②

2-1 숫자 바꾸기

연속하는 두 홀수의 제곱의 합이 74일 때, 두 홀수 중 큰 수는?

① 3   ② 5   ③ 7
④ 9   ⑤ 11

2-2 표현 바꾸기

연속하는 세 자연수가 있다. 가장 큰 수와 가장 작은 수의 합의 5배에 39를 더한 값이 가운데 수의 제곱과 같을 때, 가장 작은 수는?

① 10   ② 11   ③ 12
④ 13   ⑤ 14

정답과 풀이 | 42쪽

대표 유형 ③ 이차방정식의 활용 – 쏘아 올린 물체

BOB 131쪽

지면에서 초속 20 m로 똑바로 위로 쏘아 올린 물체의 t초 후의 높이는 $(-5t^2+20t)$ m이다. 이 물체가 지면에 떨어지는 것은 쏘아 올린 지 몇 초 후인가?

① 2초 ② 3초 ③ 4초
④ 5초 ⑤ 6초

| 풀이 |

$-5t^2+20t=0$에서 $t^2-4t=0$

$t(t-4)=0$ ∴ $t=0$ 또는 $t=4$

이때 $t>0$이므로 $t=4$

따라서 이 물체가 지면에 떨어지는 것은 쏘아 올린 지 4초 후이다.

| 답 | ③

③-1 숫자 바꾸기

지면으로부터 30 m 높이에서 초속 25 m로 똑바로 위로 던진 공의 t초 후의 지면으로부터의 높이는 $(-5t^2+25t+30)$ m이다. 이 공이 지면에 떨어지는 것은 공을 던진 지 몇 초 후인지 구하시오.

③-2 표현 바꾸기

지면에서 초속 40 m로 똑바로 위로 쏘아 올린 물 로켓의 t초 후의 높이는 $(40t-5t^2)$ m이다. 이 물 로켓의 높이가 처음으로 75 m가 되는 것은 쏘아 올린 지 몇 초 후인지 구하시오.

대표 유형 ④ 이차방정식의 활용 – 도형

BOB 131쪽

오른쪽 그림과 같이 가로의 길이와 세로의 길이가 각각 13 m, 10 m인 직사각형 모양의 땅에 폭이 일정한 길을 만들었더니 길을 제외한 땅의 넓이가 70 m²가 되었다. 이 길의 폭은 몇 m인지 구하시오.

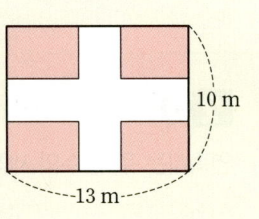

| 풀이 |

길의 폭을 x m라고 하면

$(13-x)(10-x)=70$, $130-23x+x^2=70$

$x^2-23x+60=0$, $(x-3)(x-20)=0$

∴ $x=3$ 또는 $x=20$

이때 $0<x<10$이므로 $x=3$

따라서 길의 폭은 3 m이다.

| 답 | 3 m

④-1 숫자 바꾸기

오른쪽 그림과 같이 가로의 길이와 세로의 길이가 각각 20 m, 16 m인 직사각형 모양의 꽃밭에 폭이 일정한 산책로를 만들었더니 산책로를 제외한 꽃밭의 넓이가 192 m²가 되었다. 이 산책로의 폭은 몇 m인지 구하시오.

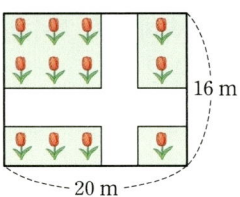

④-2 표현 바꾸기

오른쪽 그림과 같이 길이가 9 cm인 선분을 두 부분으로 나누어 각각을 한 변으로 하는 두 정사각형을 만들었다. 두 정사각형의 넓이의 합이 53 cm²일 때, 작은 정사각형의 한 변의 길이를 구하시오.

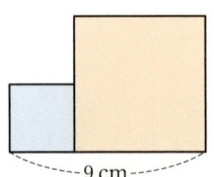

배운대로 해결하기

01 n명 중에서 대표 2명을 뽑는 경우의 수는 $\dfrac{n(n-1)}{2}$이다.

어떤 모임의 회원 중에서 대표 2명을 뽑는 경우의 수가 120일 때, 이 모임의 회원 수는 모두 몇 명인지 구하시오.

대표유형 **1**

02 연속하는 두 정수의 제곱의 합이 113일 때, 이 두 정수의 곱은?

대표유형 **2**

① 30　　　　② 42　　　　③ 56
④ 72　　　　⑤ 90

03 어떤 자연수에 4를 더하여 제곱해야 하는데 잘못하여 2를 더하고 4배 하였더니 원래 구하려고 했던 값보다 68만큼 작아졌다. 이때 어떤 자연수를 구하시오.

대표유형 **2**

04 언니와 동생의 나이의 차는 3세이고, 두 사람의 나이의 곱은 88일 때, 동생의 나이는?

대표유형 **2**

① 8세　　　　② 9세
③ 10세　　　　④ 11세
⑤ 12세

05 지면으로부터 120 m 높이에서 초속 25 m로 똑바로 위로 쏘아 올린 물 로켓의 t초 후의 지면으로부터의 높이는 $(120+25t-5t^2)$ m이다. 이 물 로켓이 지면에 떨어지는 것은 쏘아 올린 지 몇 초 후인가?

대표유형 **3**

① 5초　　　　② 6초　　　　③ 7초
④ 8초　　　　⑤ 9초

06 지면에서 초속 30 m로 똑바로 위로 쏘아 올린 폭죽의 t초 후의 높이는 $(30t-5t^2)$ m이다. 이 폭죽의 높이가 처음으로 40 m가 되는 것은 쏘아 올린 지 몇 초 후인지 구하시오.

대표유형 **3**

07 어떤 원의 반지름의 길이를 3 cm만큼 늘였더니 넓이가 처음 원의 넓이의 4배가 되었다. 이때 처음 원의 반지름의 길이를 구하시오.

대표유형 **4**

생각이 쑥쑥

08 둘레의 길이가 40 cm이고, 넓이가 96 cm²인 직사각형이 있다. 가로의 길이가 세로의 길이보다 더 길 때, 세로의 길이는?

대표유형 **4**

① 6 cm　　　　② 8 cm　　　　③ 10 cm
④ 12 cm　　　　⑤ 14 cm

01 다음 중 x에 대한 이차방정식이 <u>아닌</u> 것은?

① $x^2+2=0$ ② $5x-6=x^2$

③ $\dfrac{x^2}{3}+\dfrac{x}{8}+1=0$ ④ $2(x^2-1)=2x-5$

⑤ $x(x+4)=x^2-5x$

02 이차방정식 $x^2+(3+a)x-a=0$의 한 근이 $x=2$일 때, 상수 a의 값은?

① -10 ② -8 ③ -6

④ -4 ⑤ -2

03 다음 두 이차방정식의 공통인 근은?

$$3x^2-16x+5=0, \quad x^2-3x=10$$

① $x=-2$ ② $x=\dfrac{1}{3}$ ③ $x=\dfrac{1}{2}$

④ $x=3$ ⑤ $x=5$

04 이차방정식 $x^2-2x-8=0$의 두 근 중 큰 근이 이차방정식 $x^2+ax+4=0$의 한 근일 때, 상수 a의 값은?

① -5 ② -3 ③ -1

④ 3 ⑤ 5

05 이차방정식 $x^2-10x+2a-1=0$이 중근을 가질 때, 상수 a의 값은?

① -13 ② -12 ③ -11

④ 12 ⑤ 13

06 이차방정식 $(x+a)^2=b$의 해가 $x=\dfrac{-3\pm\sqrt{5}}{2}$일 때, $2a+4b$의 값은? (단, a, b는 유리수)

① 6 ② 7 ③ 8

④ 9 ⑤ 10

07 다음은 이차방정식 $x^2-3x+1=0$을 완전제곱식을 이용하여 푸는 과정이다. ①~⑤에 알맞지 <u>않은</u> 것은?

$x^2-3x+1=0$에서 $x^2-3x=-1$
$x^2-3x+\boxed{①}=-1+\boxed{①}$, $(x-\boxed{②})^2=\boxed{③}$
$x-\boxed{②}=\boxed{④}$ $\therefore x=\boxed{⑤}$

① $\dfrac{9}{4}$ ② $\dfrac{3}{2}$ ③ $\dfrac{5}{4}$

④ $\pm\dfrac{\sqrt{5}}{2}$ ⑤ $\dfrac{-3\pm\sqrt{5}}{2}$

08 이차방정식 $-2x^2+6x-A=0$의 근이 $x=\dfrac{B\pm\sqrt{3}}{2}$일 때, $A+B$의 값은? (단, A, B는 유리수)

① -6 ② -3 ③ 0

④ 3 ⑤ 6

09 이차방정식 $0.1x^2+x+\dfrac{2}{5}=0$을 풀면?

① $x=-5\pm\sqrt{21}$ ② $x=\dfrac{-5\pm\sqrt{21}}{2}$

③ $x=\dfrac{-5\pm\sqrt{21}}{4}$ ④ $x=\dfrac{5\pm\sqrt{21}}{2}$

⑤ $x=5\pm\sqrt{21}$

10 이차방정식 $(3x+2)^2+2(3x+2)-15=0$을 풀면?

① $x=-\dfrac{7}{3}$ 또는 $x=-\dfrac{5}{3}$ ② $x=-\dfrac{7}{3}$ 또는 $x=\dfrac{1}{3}$

③ $x=-\dfrac{5}{3}$ 또는 $x=-\dfrac{1}{3}$ ④ $x=-\dfrac{5}{3}$ 또는 $x=\dfrac{1}{3}$

⑤ $x=-\dfrac{1}{3}$ 또는 $x=\dfrac{7}{3}$

11 다음 보기에서 서로 다른 두 근을 갖는 이차방정식을 모두 고른 것은?

> **보기**
>
> ㄱ. $x^2-x+1=0$ ㄴ. $2x^2+3x-1=0$
>
> ㄷ. $3x^2+6x+2=0$ ㄹ. $0.4x^2-1.2x+0.9=0$

① ㄱ, ㄴ   ② ㄱ, ㄹ   ③ ㄴ, ㄷ

④ ㄱ, ㄴ, ㄷ   ⑤ ㄴ, ㄷ, ㄹ

12 이차방정식 $x^2+(k-1)x+k-1=0$이 중근을 갖도록 하는 모든 상수 k의 값의 합을 구하시오.

13 이차방정식 $x^2-4x+k+1=0$의 두 근의 비가 $1:3$일 때, 상수 k의 값은?

① -3 ② -2 ③ -1

④ 2 ⑤ 3

14 이차방정식 $x^2+ax+b=0$을 푸는데 수민이는 x의 계수 a를 잘못 보고 풀었더니 근이 $x=1$ 또는 $x=5$가 되었고, 주형이는 상수항 b를 잘못 보고 풀었더니 중근 $x=-3$을 얻었다. 이때 $a+b$의 값을 구하시오. (단, a, b는 상수)

15 연속하는 두 짝수 중 큰 수의 제곱이 작은 수의 제곱의 2배보다 4만큼 크다고 할 때, 이 두 수를 구하시오.

16 어떤 정사각형의 가로의 길이를 15 cm 늘이고 세로의 길이를 2 cm 줄여서 넓이가 처음 정사각형의 넓이의 2배인 직사각형을 만들었다. 이때 처음 정사각형의 한 변의 길이를 구하시오.

🏠 서술형 문제

17 이차방정식 $x^2-ax-3a=0$의 두 근이 $x=-2$ 또는 $x=b$일 때, $a+b$의 값을 구하시오. (단, a는 상수)

[풀이]

답 _____

18 이차방정식 $x^2+6x-4a+1=0$이 $x=b$를 중근으로 가질 때, $a+b$의 값을 구하시오. (단, a는 상수)

[풀이]

답 _____

19 지면에서 초속 50 m로 똑바로 위로 던진 공의 t초 후의 높이를 h m라고 하면 $h=50t-5t^2$인 관계가 성립한다. 이때 공의 높이가 120 m 이상인 것은 몇 초 동안인지 구하시오.

[풀이]

답 _____

발전 문제

20 두 실수 x, y에 대하여 $x◎y=x+y^2-xy$라고 할 때, $(a+1)◎(2a-1)=9$를 만족하는 상수 a의 값을 구하시오. (단, $a>0$)

● 해결 Point $(a+1)◎(2a-1)=9$를 주어진 규칙에 따라 나타내어 a에 대한 이차방정식을 푼다.

21 이차방정식 $ax^2+bx+c=0$의 근의 공식을 $x=\dfrac{-b\pm\sqrt{b^2-4ac}}{a}$로 잘못 암기하여 어떤 이차방정식의 근을 구했더니 -6, 4가 나왔다. 이 이차방정식의 옳은 두 근의 곱을 구하시오. (단, a, b, c는 상수)

● 해결 Point 이차방정식 $ax^2+bx+c=0$의 근의 공식은 $x=\dfrac{-b\pm\sqrt{b^2-4ac}}{2a}$임을 이용한다.

22 가로의 길이가 세로의 길이보다 5 cm 더 긴 직사각형 모양의 종이가 있다. 오른쪽 그림과 같이 이 종이의 네 귀퉁이에서 한 변의 길이가 3 cm인 정사각형을 잘라내고 나머지를 접어서 뚜껑이 없는 상자를 만들려고 한다. 상자의 부피가 108 cm³일 때, 처음 직사각형 모양의 종이의 가로의 길이를 구하시오.

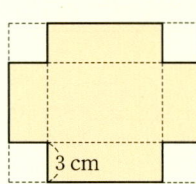

3 cm

● 해결 Point (상자의 부피)=(처음 종이의 가로의 길이-6)×(처음 종이의 세로의 길이-6)×3임을 이용한다.

Ⅲ. 이차함수

1 이차함수와 그 그래프

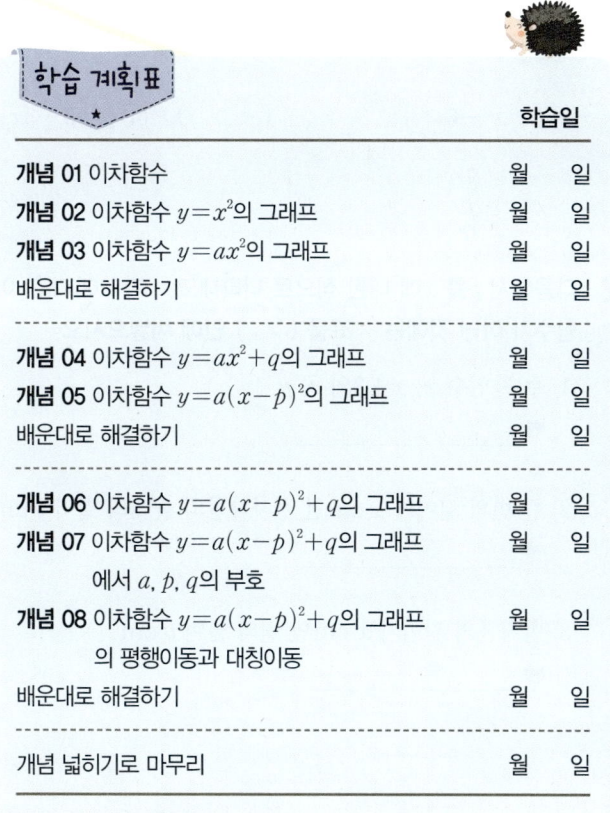
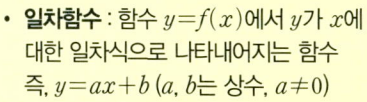

개념 되짚어 보기

- **일차함수** : 함수 $y=f(x)$에서 y가 x에
  대한 일차식으로 나타내어지는 함수
  즉, $y=ax+b$ (a, b는 상수, $a \neq 0$)
- **평행이동** : 한 도형을 일정한 방향으로 일정
  한 거리만큼 옮기는 것

개념 01 이차함수

이차함수 : 함수 $y=f(x)$에서 y가 x에 대한 이차식
$$y=ax^2+bx+c \ (a, b, c는 \ 상수, a\neq0)$$
로 나타내어질 때, 이 함수를 x에 대한 **이차함수**라고 한다.

예 $y=x^2+4x+3$, $y=\dfrac{1}{2}x^2$, $y=-3x^2+1$

- x의 값이 하나 정해지면 그에 따라 y의 값이 오직 하나로 정해질 때, y를 x의 함수라고 한다.
- $y=ax^2+bx+c$가 이차함수가 되기 위한 조건은 $a\neq0$이다. 이때 $b=0$ 또는 $c=0$이어도 된다.

바이블 Point

이차함수의 판별법

❶ y가 있는지 확인한다.
❷ $y=(x$에 대한 식)의 꼴로 나타내어 우변을 간단히 한다.
❸ 우변이 x에 대한 이차식인지 확인한다.

이차식, 이차방정식, 이차함수

$a\neq0$일 때
(1) ax^2+bx+c ➡ 이차식
(2) $ax^2+bx+c=0$ ➡ 이차방정식
(3) $y=ax^2+bx+c$ ➡ 이차함수

개념 콕콕

정답과 풀이 | 45쪽

1 다음 중 y가 x에 대한 이차함수인 것에는 ○표, 이차함수가 아닌 것에는 ×표를 (　) 안에 써넣으시오.

(1) $x^2+2x+3=0$　　　　(　　　)　(2) $y=2x-1$　　　　(　　　)

(3) $y=x^2-6$　　　　(　　　)　(4) $y=5-3x+x^2$　　　　(　　　)

2 다음에서 y를 x에 대한 식으로 나타내고, y가 x에 대한 이차함수인 것에는 ○표, 이차함수가 아닌 것에는 ×표를 (　) 안에 써넣으시오.

(1) 두 자연수 x, $x+3$의 곱 y

➡ _____　　　　(　　　)

(2) 한 변의 길이가 x cm인 정사각형의 둘레의 길이 y cm

➡ _____　　　　(　　　)

(3) 반지름의 길이가 x cm인 원의 넓이 y cm^2

➡ _____　　　　(　　　)

3 다음 이차함수에 대하여 $f(2)$의 값을 구하시오.

(1) $f(x)=x^2-x+4$

(2) $f(x)=2x^2+x-7$

개념 체크

- 함수 $y=f(x)$에서 y가 x에 대한 이차식 $y=ax^2+bx+c$ (a, b, c는 상수, $a\neq0$)로 나타내어질 때, 이 함수를 x에 대한 ⓐ_____라고 한다.

- 함수 $y=f(x)$에 대하여
 $f(a)$ ➡ $x=$ⓑ일 때의 함숫값
 　　➡ $x=$ⓒ일 때의 y의 값
 　　➡ $f(x)$에 x 대신 ⓓ를 대입한 값
 답 | ⓐ 이차함수 ⓑ a ⓒ a ⓓ a

대표 유형 1 이차함수의 뜻

BOB 146쪽

다음 중 y가 x에 대한 이차함수인 것을 모두 고르면?

(정답 2개)

① $y=x+2$

② $y=3-x^3$

③ $y=\dfrac{x^2}{2}+1$

④ $y=x^2+x(5-x)$

⑤ $y=4x^2-4(x-1)$

| 풀이 |

① 일차함수이다.

② x^3항이 있으므로 이차함수가 아니다.

④ $y=x^2+x(5-x)$에서 $y=x^2+5x-x^2$, $y=5x$이므로 일차함수이다.

⑤ $y=4x^2-4(x-1)$에서 $y=4x^2-4x+4$이므로 이차함수이다.

따라서 y가 x에 대한 이차함수인 것은 ③, ⑤이다.

| 답 | ③, ⑤

1-1 숫자 바꾸기

다음 중 y가 x에 대한 이차함수인 것을 모두 고르면? (정답 2개)

① x^2+3x-5

② $y=9-2x+x^2$

③ $y=\dfrac{1}{x^2}+\dfrac{6}{x}-4$

④ $y=(x-2)(x+2)$

⑤ $y=3x^2-3x(x+1)$

1-2 표현 바꾸기

다음 중 y가 x에 대한 이차함수인 것은?

① 반지름의 길이가 x cm인 원의 둘레의 길이 y cm

② 한 모서리의 길이가 x cm인 정육면체의 부피 y cm^3

③ 밑변의 길이가 x cm, 높이가 10 cm인 삼각형의 넓이 y cm^2

④ 반지름의 길이가 x cm이고 중심각의 크기가 60°인 부채꼴의 넓이 y cm^2

⑤ 시속 5 km로 x시간 동안 달린 거리 y km

대표 유형 2 이차함수의 함숫값

BOB 146쪽

이차함수 $f(x)=x^2-4x-8$에 대하여 $f(1)+f(-3)$의 값은?

① -2

② -1

③ 1

④ 2

⑤ 3

| 풀이 |

$f(1)=1^2-4\times1-8=-11$

$f(-3)=(-3)^2-4\times(-3)-8=13$

$\therefore f(1)+f(-3)=-11+13=2$

| 답 | ④

2-1 숫자 바꾸기

이차함수 $f(x)=3x^2+2x-6$에 대하여 $f(2)+f(-2)$의 값은?

① -12

② -8

③ -2

④ 8

⑤ 12

2-2 표현 바꾸기

이차함수 $f(x)=ax^2+5x-3$에 대하여 $f(-1)=-4$일 때, 상수 a의 값을 구하시오.

이차함수 $y=x^2$의 그래프

(1) 이차함수 $y=x^2$의 그래프

① 원점을 지나고, 아래로 볼록한 곡선이다.

② y축에 대칭이다.

③ $x<0$일 때, x의 값이 증가하면 y의 값은 감소한다.

$x>0$일 때, x의 값이 증가하면 y의 값도 증가한다.

④ 원점을 제외한 점들은 모두 x축보다 위쪽에 있다.

⑤ 이차함수 $y=-x^2$의 그래프와 x축에 대칭이다.

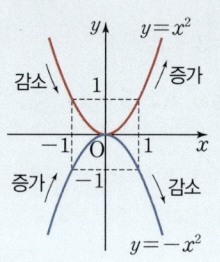

(2) 포물선 : 이차함수 $y=x^2$, $y=-x^2$의 그래프와 같은 모양의 곡선

① 포물선은 한 직선에 대칭이며, 그 직선을 포물선의 축이라고 한다.

② 포물선과 축의 교점을 포물선의 꼭짓점이라고 한다.

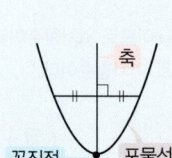

● 이차함수 $y=-x^2$의 그래프

① 원점을 지나고, 위로 볼록한 곡선이다.

② y축에 대칭이다.

③ $x<0$일 때, x의 값이 증가하면 y의 값도 증가한다.

$x>0$일 때, x의 값이 증가하면 y의 값은 감소한다.

④ 원점을 제외한 점들은 모두 x축보다 아래쪽에 있다.

용어

포물선(던지다 抛, 물건 物, 선 線)
물체를 던질 때 물체가 그리는 곡선

개념 콕콕

정답과 풀이 | 46쪽

1 다음은 이차함수 $y=x^2$의 그래프에 대한 설명이다. □ 안에 알맞은 것을 써넣으시오.

(1) 꼭짓점의 좌표는 (□, □)이고, □로 볼록한 곡선이다.

(2) y축에 대칭이므로 축의 방정식은 □이다.

(3) $x>0$일 때, x의 값이 증가하면 y의 값은 □한다.

(4) 원점을 제외한 점들은 모두 x축보다 □쪽에 있다.

(5) 이차함수 $y=-x^2$의 그래프와 □축에 대칭이다.

2 다음은 이차함수 $y=-x^2$의 그래프에 대한 설명이다. □ 안에 알맞은 것을 써넣으시오.

(1) 꼭짓점의 좌표는 (□, □)이고, □로 볼록한 곡선이다.

(2) y축에 대칭이므로 축의 방정식은 □이다.

(3) $x>0$일 때, x의 값이 증가하면 y의 값은 □한다.

(4) 원점을 제외한 점들은 모두 x축보다 □쪽에 있다.

(5) 이차함수 $y=x^2$의 그래프와 □축에 대칭이다.

개념 체크

● 이차함수 $y=x^2$의 그래프

① ㉠ 을 지나고, 아래로 볼록한 곡선이다.

② ㉡ 축에 대칭이다.

③ $x<0$일 때, x의 값이 증가하면 y의 값은 감소한다.

④ 원점을 제외한 점들은 모두 x축보다 위쪽에 있다.

● 이차함수 $y=-x^2$의 그래프

① 원점을 지나고, ㉢ 로 볼록한 곡선이다.

② y축에 대칭이다.

③ $x<0$일 때, x의 값이 증가하면 y의 값도 증가한다.

④ 원점을 제외한 점들은 모두 ㉣ 축보다 아래쪽에 있다.

답 | ㉠ 원점 ㉡ y ㉢ 위 ㉣ x

대표 유형 3 이차함수 $y=x^2$의 그래프의 성질

BOB 147쪽

다음 중 이차함수 $y=x^2$의 그래프에 대한 설명으로 옳지 <u>않은</u> 것은?

① 아래로 볼록한 곡선이다.
② y축에 대칭이다.
③ 꼭짓점의 좌표는 $(0, 0)$이다.
④ $x<0$일 때, x의 값이 증가하면 y의 값도 증가한다.
⑤ 제1, 2사분면을 지난다.

| 풀이 |
④ $x<0$일 때, x의 값이 증가하면 y의 값은 감소한다.

| 답 | ④

3-1 숫자 바꾸기

다음 중 이차함수 $y=-x^2$의 그래프에 대한 설명으로 옳은 것은?

① 아래로 볼록한 곡선이다.
② 축의 방정식은 $y=0$이다.
③ 이차함수 $y=x^2$의 그래프와 y축에 대칭이다.
④ $x>0$일 때, x의 값이 증가하면 y의 값도 증가한다.
⑤ 제3, 4사분면을 지난다.

대표 유형 4 이차함수 $y=x^2$의 그래프 위의 점

BOB 147쪽

다음 중 이차함수 $y=x^2$의 그래프 위의 점이 <u>아닌</u> 것은?

① $(-4, 16)$ ② $(-3, 6)$ ③ $(-1, 1)$
④ $\left(\dfrac{1}{2}, \dfrac{1}{4}\right)$ ⑤ $(2, 4)$

| 풀이 |
② $y=x^2$에 $x=-3$, $y=6$을 대입하면 $6 \neq (-3)^2$

| 답 | ②

4-1 숫자 바꾸기

다음 중 이차함수 $y=-x^2$의 그래프 위의 점이 <u>아닌</u> 것은?

① $(-3, -9)$ ② $(-2, -4)$ ③ $(1, -1)$
④ $(2, 4)$ ⑤ $\left(\dfrac{5}{2}, -\dfrac{25}{4}\right)$

4-2 표현 바꾸기

이차함수 $y=-x^2$의 그래프가 점 $(-4, a)$를 지날 때, a의 값은?

① -16 ② -14 ③ -12
④ 14 ⑤ 16

개념 03 이차함수 $y=ax^2$의 그래프

(1) **그래프의 모양** : a의 부호에 따라 결정
  ① $a>0$이면 아래로 볼록한 포물선이다.
  ② $a<0$이면 위로 볼록한 포물선이다.

(2) **꼭짓점의 좌표** : $(0, 0)$

(3) **축의 방정식** : $x=0$ (y축) → y축에 대칭이다.

(4) **그래프의 폭** : a의 절댓값의 크기에 따라 결정
  ➡ a의 절댓값이 클수록 그래프의 폭이 좁아진다.

(5) 이차함수 $y=-ax^2$의 그래프와 x축에 대칭이다.

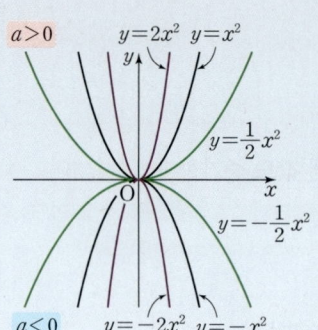

• 두 이차함수 $y=ax^2$, $y=-ax^2$과 같이 x^2의 계수의 절댓값이 같고 부호가 반대이면 두 그래프는 x축에 대칭이다.

바이블 Point

이차함수 $y=ax^2$의 그래프 그리기
❶ a의 부호에 따라 그래프의 모양을 결정한다. ➡ $a>0$이면 $\cup$, $a<0$이면 $\cap$
❷ 꼭짓점 $(0, 0)$을 찍는다.
❸ 꼭짓점과 다른 몇 개의 점을 지나는 포물선을 y축에 대칭이 되도록 그린다.

개념 콕콕

정답과 풀이 | 46쪽

1 다음은 이차함수 $y=2x^2$의 그래프에 대한 설명이다. ☐ 안에 알맞은 것을 써넣으시오.

(1) 꼭짓점의 좌표는 (☐, ☐)이고, ☐로 볼록한 포물선이다.

(2) ☐축에 대칭이므로 축의 방정식은 $x=0$이다.

(3) 이차함수 $y=$☐의 그래프와 x축에 대칭이다.

(4) $x>0$일 때, x의 값이 증가하면 y의 값은 ☐한다.

2 다음 보기의 이차함수에 대하여 물음에 답하시오.

> **보기**
> ㄱ. $y=-x^2$ ㄴ. $y=\dfrac{1}{2}x^2$ ㄷ. $y=2x^2$
> ㄹ. $y=-\dfrac{1}{3}x^2$ ㅁ. $y=3x^2$ ㅂ. $y=-2x^2$

(1) 그래프의 모양이 아래로 볼록한 것을 모두 고르시오.

(2) 그래프의 폭이 가장 넓은 것을 고르시오.

(3) 그래프가 x축에 대칭인 것끼리 짝 지으시오.

개념 체크

• **이차함수 $y=ax^2$의 그래프**
  ① $a>0$이면 아래로 볼록하고, $a<0$이면 ㉠로 볼록하다.
  ② 꼭짓점의 좌표는 (㉡, 0)이다.
  ③ 축의 방정식은 $x=0$(y축)이다.
  ④ 이차함수 $y=-ax^2$의 그래프와 ㉢축에 대칭이다.

• **이차함수 $y=ax^2$에서**
  ① a의 부호는 그래프의 ㉣을 결정한다.
  ② a의 절댓값의 크기는 그래프의 ㉤을 결정한다.

답 | ㉠ 위 ㉡ 0 ㉢ x ㉣ 모양 ㉤ 폭

대표 유형 **5** 이차함수 $y=ax^2$의 그래프의 성질

다음 이차함수 중 그래프가 위로 볼록하면서 폭이 가장 좁은 것은?

① $y=-3x^2$ ② $y=-x^2$ ③ $y=-\dfrac{1}{3}x^2$

④ $y=\dfrac{1}{4}x^2$ ⑤ $y=4x^2$

| 풀이 |

그래프가 위로 볼록하면서 폭이 가장 좁은 것은 x^2의 계수가 음수이면서 절댓값의 크기가 가장 큰 것이므로 ①이다.

| 답 | ①

5 -1 숫자 바꾸기

다음 이차함수 중 그래프가 아래로 볼록하면서 폭이 가장 넓은 것은?

① $y=-5x^2$ ② $y=-\dfrac{1}{2}x^2$ ③ $y=\dfrac{1}{2}x^2$

④ $y=2x^2$ ⑤ $y=5x^2$

5 -2 표현 바꾸기

다음 중 이차함수 $y=\dfrac{3}{2}x^2$의 그래프에 대한 설명으로 옳지 <u>않은</u> 것은?

① 아래로 볼록한 포물선이다.
② 축의 방정식은 $x=0$이다.
③ $x<0$일 때, x의 값이 증가하면 y의 값은 감소한다.
④ 제1, 2사분면을 지난다.
⑤ 이차함수 $y=-3x^2$의 그래프보다 폭이 좁다.

대표 유형 **6** 이차함수 $y=ax^2$의 그래프 위의 점

이차함수 $y=-4x^2$의 그래프가 점 $(k, -16)$을 지날 때, 양수 k의 값은?

① 1   ② 2   ③ 3

④ 4   ⑤ 5

| 풀이 |

$y=-4x^2$에 $x=k$, $y=-16$을 대입하면

$-16=-4k^2$, $k^2=4$ $\therefore k=2\ (\because k>0)$

| 답 | ②

6 -1 숫자 바꾸기

이차함수 $y=-\dfrac{1}{3}x^2$의 그래프가 점 $\left(k, -\dfrac{3}{4}\right)$을 지날 때, 양수 k의 값은?

① $\dfrac{1}{2}$ ② 1   ③ $\dfrac{3}{2}$

④ 2   ⑤ $\dfrac{5}{2}$

6 -2 표현 바꾸기

이차함수 $y=ax^2$의 그래프가 두 점 $(4, 2)$, $(-2, b)$를 지날 때, $a+b$의 값을 구하시오. (단, a는 상수)

01 다음 중 y가 x에 대한 이차함수가 <u>아닌</u> 것은?

① $y = 2x^2 - 10x - 1$

② $y = \frac{2}{3}x^2 + \frac{1}{2}x - \frac{1}{6}$

③ $y = (x+2)^2 - 4x$

④ $y = -3(x+1)^2 + 3x^2$

⑤ $y = (1-x)(4-x)$

02 다음 중 y가 x에 대한 이차함수인 것을 모두 고르면?

(정답 2개)

① 한 변의 길이가 x cm인 정사각형의 넓이 y cm²

② 한 모서리의 길이가 $2x$ cm인 정육면체의 부피 y cm³

③ 한 개에 200원인 사탕 x개의 가격 y원

④ 자동차가 시속 60 km로 x시간 동안 달린 거리 y km

⑤ 가로의 길이가 x cm, 세로의 길이가 $(2x-3)$ cm인 직사각형의 넓이 y cm²

03 이차함수 $f(x) = ax^2 - x - 1$에 대하여 $f(1) = 4$, $f(-1) = b$일 때, $a+b$의 값을 구하시오. (단, a는 상수)

04 다음 이차함수 중 그래프가 y축에 가장 가까운 것은?

① $y = -9x^2$

② $y = -x^2$

③ $y = -\frac{1}{6}x^2$

④ $y = \frac{1}{4}x^2$

⑤ $y = 7x^2$

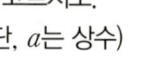

05 오른쪽 그림은 이차함수 $y = ax^2$의 그래프이다. 이 중 a의 값이 가장 큰 것과 가장 작은 것을 차례대로 고르시오.

(단, a는 상수)

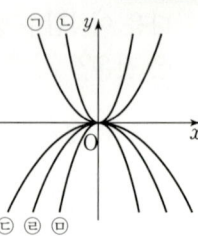

06 다음 중 이차함수 $y = -\frac{2}{5}x^2$의 그래프에 대한 설명으로 옳지 <u>않은</u> 것을 모두 고르면? (정답 2개)

① 축의 방정식은 $x = 0$이다.

② 꼭짓점의 좌표는 $\left(0, -\frac{2}{5}\right)$이다.

③ $x > 0$일 때, x의 값이 증가하면 y의 값은 감소한다.

④ 이차함수 $y = \frac{2}{5}x^2$의 그래프와 y축에 대칭이다.

⑤ 이차함수 $y = -x^2$의 그래프보다 폭이 넓다.

07 이차함수 $y = ax^2$의 그래프가 점 $(3, -6)$을 지날 때, 상수 a의 값은?

① $-\frac{3}{2}$

② $-\frac{2}{3}$

③ $-\frac{1}{2}$

④ $\frac{2}{3}$

⑤ $\frac{3}{2}$

08 이차함수 $y = 3x^2$의 그래프가 두 점 $(a, 12)$, $(-1, b)$를 지날 때, ab의 값을 구하시오. (단, $a < 0$)

이차함수 $y=ax^2+q$의 그래프

(1) **이차함수 $y=ax^2+q$의 그래프** : 이차함수 $y=ax^2$의 그래프를 <mark>y축의 방향으로 q만큼 평행이동</mark>한 것이다.

$$y=ax^2 \xrightarrow[q만큼\ 평행이동]{y축의\ 방향으로} y=ax^2+q$$

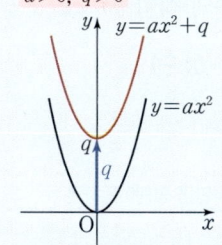

(2) **꼭짓점의 좌표** : $(0, q)$ → 꼭짓점의 y좌표만 변한다.

(3) **축의 방정식** : $x=0$ (y축) → y축에 대칭이다.

예 이차함수 $y=2x^2+3$의 그래프는

① 이차함수 $y=2x^2$의 그래프를 y축의 방향으로 3만큼 평행이동한 것이다.

② 꼭짓점의 좌표는 $(0, 3)$이고, 축의 방정식은 $x=0$이다.

	평행이동 전	평행이동 후
식	$y=ax^2$	$y=ax^2+q$
축	$x=0$	$x=0$
꼭짓점	$(0, 0)$	$(0, q)$

용어

평행이동(평평하다 平, 다니다 行, 옮기다 移, 움직이다 動)
한 도형을 일정한 방향으로 일정한 거리만큼 움직이는 것

바이블 Point

이차함수 $y=ax^2$의 그래프를 y축의 방향으로 q만큼 평행이동

이차함수 $y=ax^2$의 그래프를 y축의 방향으로 q만큼 평행이동한다는 것은 좌표평면 위에서 그래프가 y축의 방향으로, 즉 위아래로 움직인다는 것을 의미한다. 이때 그래프의 모양과 폭은 변하지 않고, 위치만 위아래로 바뀌므로 a의 값은 그대로 두고, y 대신 $y-q$를 대입하여 식을 구한다.

즉, $y=ax^2$에 y 대신 $y-q$를 대입하면 $y-q=ax^2$ ∴ $y=ax^2+q$

이때 이차함수 $y=ax^2$의 그래프를 $\begin{cases} 위로\ 평행이동하면 ➡ q>0 \\ 아래로\ 평행이동하면 ➡ q<0 \end{cases}$

 **개념 콕콕**

정답과 풀이 | 47쪽

1 다음 이차함수의 그래프를 y축의 방향으로 [ ] 안의 수만큼 평행이동한 그래프를 나타내는 이차함수의 식을 구하시오.

(1) $y=x^2$ [2]

(2) $y=3x^2$ [−1]

(3) $y=-2x^2$ [4]

(4) $y=-4x^2$ [−3]

2 다음 이차함수의 그래프의 꼭짓점의 좌표와 축의 방정식을 각각 구하시오.

(1) $y=2x^2-1$ ➡ 꼭짓점의 좌표 : _____ , 축의 방정식 : _____

(2) $y=5x^2+3$ ➡ 꼭짓점의 좌표 : _____ , 축의 방정식 : _____

(3) $y=-x^2+7$ ➡ 꼭짓점의 좌표 : _____ , 축의 방정식 : _____

(4) $y=-6x^2-2$ ➡ 꼭짓점의 좌표 : _____ , 축의 방정식 : _____

개념 체크

● 이차함수 $y=ax^2+q$의 그래프는 이차함수 $y=ax^2$의 그래프를 y축의 방향으로 ㉠ 만큼 평행이동한 것이다.

● 이차함수 $y=ax^2+q$의 그래프의 꼭짓점의 좌표는 (㉡ , ㉢)이고, 축의 방정식은 ㉣ 이다.

답 | ㉠ q ㉡ 0 ㉢ q ㉣ $x=0$

대표 유형 **1** 이차함수 $y=ax^2+q$의 그래프

BOB 149쪽

이차함수 $y=\frac{1}{2}x^2$의 그래프를 y축의 방향으로 q만큼 평행이동한 그래프를 나타내는 이차함수의 식이 $y=ax^2+\frac{3}{2}$일 때, $a+q$의 값을 구하시오. (단, a는 상수)

| 풀이 |

이차함수 $y=\frac{1}{2}x^2$의 그래프를 y축의 방향으로 q만큼 평행이동하면

$$y=\frac{1}{2}x^2+q$$

따라서 $a=\frac{1}{2}$, $q=\frac{3}{2}$이므로 $a+q=\frac{1}{2}+\frac{3}{2}=2$

| 답 | 2

1-1 숫자 바꾸기

이차함수 $y=-\frac{1}{4}x^2$의 그래프를 y축의 방향으로 q만큼 평행이동한 그래프를 나타내는 이차함수의 식이 $y=ax^2+\frac{3}{4}$일 때, $a+q$의 값을 구하시오. (단, a는 상수)

1-2 표현 바꾸기

이차함수 $y=3x^2$의 그래프를 y축의 방향으로 -4만큼 평행이동하면 점 $(-2, k)$를 지날 때, k의 값을 구하시오.

대표 유형 **2** 이차함수 $y=ax^2+q$의 그래프의 성질

BOB 149쪽

다음은 이차함수 $y=x^2-5$의 그래프에 대한 설명이다. ㈎~㈐에 알맞은 수를 차례대로 구하시오.

- 꼭짓점의 좌표는 $(0,\ \boxed{\text{㈎}}\ )$이다.
- 축의 방정식은 $x=\boxed{\text{㈏}}$이다.
- y축과 만나는 점의 y좌표는 $\boxed{\text{㈐}}$이다.

| 풀이 |

이차함수 $y=x^2-5$의 그래프에서
꼭짓점의 좌표는 $(0,\ -5)$이므로 ㈎에 알맞은 수는 -5이다.
축의 방정식은 $x=0$이므로 ㈏에 알맞은 수는 0이다.
y축과 만나는 점의 y좌표는 -5이므로 ㈐에 알맞은 수는 -5이다.
$\therefore$ ㈎ -5, ㈏ 0, ㈐ -5

| 답 | ㈎ -5, ㈏ 0, ㈐ -5

2-1 숫자 바꾸기

다음은 이차함수 $y=-3x^2+1$의 그래프에 대한 설명이다. ㈎~㈐에 알맞은 수를 차례대로 구하시오.

- 꼭짓점의 좌표는 $(0,\ \boxed{\text{㈎}}\ )$이다.
- 축의 방정식은 $x=\boxed{\text{㈏}}$이다.
- y축과 만나는 점의 y좌표는 $\boxed{\text{㈐}}$이다.

2-2 표현 바꾸기

다음 중 이차함수 $y=2x^2+4$의 그래프에 대한 설명으로 옳은 것은?

① 위로 볼록한 포물선이다.
② 꼭짓점의 좌표는 $(0,\ 0)$이다.
③ 축의 방정식은 $x=2$이다.
④ 제3, 4사분면을 지난다.
⑤ 이차함수 $y=2x^2$의 그래프를 y축의 방향으로 4만큼 평행이동한 것이다.

이차함수 $y=a(x-p)^2$의 그래프

(1) **이차함수 $y=a(x-p)^2$의 그래프** : 이차함수 $y=ax^2$의 그 래프를 <mark>x축의 방향으로 p만큼 평행이동</mark>한 것이다.

$$y=ax^2 \xrightarrow[p만큼 \ 평행이동]{x축의 \ 방향으로} y=a(x-p)^2$$

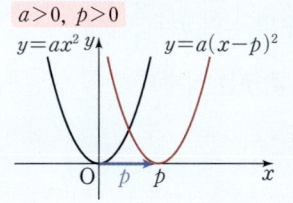

	평행이동 전	평행이동 후
식	$y=ax^2$	$y=a(x-p)^2$
축	$x=0$	$x=p$
꼭짓점	$(0, 0)$	$(p, 0)$

(2) **꼭짓점의 좌표** : $(p, 0)$
→ 꼭짓점의 좌표와 축의 방정식이 모두 변한다.

(3) **축의 방정식** : $x=p$

예 이차함수 $y=2(x-3)^2$의 그래프는
① 이차함수 $y=2x^2$의 그래프를 x축의 방향으로 3만큼 평행이동한 것이다.
② 꼭짓점의 좌표는 $(3, 0)$이고, 축의 방정식은 $x=3$이다.

● 이차함수 $y=ax^2$의 그래프를 x축의 방향으로 p만큼 평행이동하면 축의 방정식이 $x=p$로 변하므로 증가 · 감소하는 x의 값의 범위도 $x=p$를 기준으로 변한다.

바이블 Point

이차함수 $y=ax^2$의 그래프를 x축의 방향으로 p만큼 평행이동

이차함수 $y=ax^2$의 그래프를 x축의 방향으로 p만큼 평행이동한다는 것은 좌표평면 위에서 그래프가 x축의 방향으로, 즉 좌우로 움직인다는 것을 의미한다. 이때 그래프의 모양과 폭은 변하지 않고, 위치만 좌우로 바뀌므로 a의 값은 그대로 두고, x 대신 $x-p$를 대입하여 식을 구한다.
즉, $y=ax^2$에 x 대신 $x-p$를 대입하면 $y=a(x-p)^2$
이때 이차함수 $y=ax^2$의 그래프를 $\begin{cases} 오른쪽으로 \ 평행이동하면 \Rightarrow p>0 \\ 왼쪽으로 \ 평행이동하면 \Rightarrow p<0 \end{cases}$

 **개념 콕콕**

정답과 풀이 | 48쪽

1 다음 이차함수의 그래프를 x축의 방향으로 [ ] 안의 수만큼 평행이동한 그래프를 나타내는 이차함수의 식을 구하시오.

(1) $y=x^2$ [1]

(2) $y=4x^2$ [-2]

(3) $y=-3x^2$ [5]

(4) $y=-6x^2$ [-1]

2 다음 이차함수의 그래프의 꼭짓점의 좌표와 축의 방정식을 각각 구하시오.

(1) $y=3(x-2)^2$ ➡ 꼭짓점의 좌표 : _____ , 축의 방정식 : _____

(2) $y=5(x+3)^2$ ➡ 꼭짓점의 좌표 : _____ , 축의 방정식 : _____

(3) $y=-(x-4)^2$ ➡ 꼭짓점의 좌표 : _____ , 축의 방정식 : _____

(4) $y=-2(x+7)^2$ ➡ 꼭짓점의 좌표 : _____ , 축의 방정식 : _____

개념 체크

● 이차함수 $y=a(x-p)^2$의 그래프는 이차함수 $y=ax^2$의 그래프를 x축의 방향으로 ㉠ 만큼 평행이동한 것이다.

● 이차함수 $y=a(x-p)^2$의 그래프의 꼭짓점의 좌표는 (㉡ , 0)이고, 축의 방정식은 ㉢ 이다.

답 | ㉠ p ㉡ p ㉢ $x=p$

대표 유형 3 이차함수 $y=a(x-p)^2$의 그래프   BOB 150쪽

이차함수 $y=ax^2$의 그래프를 x축의 방향으로 $\dfrac{1}{3}$만큼 평행이동한 그래프를 나타내는 이차함수의 식이 $y=\dfrac{2}{3}(x+p)^2$일 때, $a+p$의 값을 구하시오. (단, a, p는 상수)

| 풀이 |

이차함수 $y=ax^2$의 그래프를 x축의 방향으로 $\dfrac{1}{3}$만큼 평행이동하면

$$y=a\left(x-\dfrac{1}{3}\right)^2$$

따라서 $a=\dfrac{2}{3}$, $p=-\dfrac{1}{3}$이므로 $a+p=\dfrac{2}{3}+\left(-\dfrac{1}{3}\right)=\dfrac{1}{3}$

| 답 | $\dfrac{1}{3}$

3-1 숫자 바꾸기

이차함수 $y=ax^2$의 그래프를 x축의 방향으로 $-\dfrac{4}{5}$만큼 평행이동한 그래프를 나타내는 이차함수의 식이 $y=-\dfrac{2}{5}(x+p)^2$일 때, $a+p$의 값을 구하시오. (단, a, p는 상수)

3-2 표현 바꾸기

이차함수 $y=4x^2$의 그래프를 x축의 방향으로 -2만큼 평행이동한 그래프가 점 $(-1, k)$를 지날 때, k의 값을 구하시오.

대표 유형 4 이차함수 $y=a(x-p)^2$의 그래프의 성질   BOB 150쪽

다음은 이차함수 $y=5(x-3)^2$의 그래프에 대한 설명이다. ㈎~㈐에 알맞은 것을 차례대로 구하시오.

- 꼭짓점의 좌표는 (㈎ , 0)이다.
- 축의 방정식은 $x=$ ㈏ 이다.
- ㈐ 일 때, x의 값이 증가하면 y의 값도 증가한다.

| 풀이 |

이차함수 $y=5(x-3)^2$의 그래프에서
꼭짓점의 좌표는 $(3, 0)$이므로 ㈎에 알맞은 수는 3이다.
축의 방정식은 $x=3$이므로 ㈏에 알맞은 수는 3이다.
$x>3$일 때, x의 값이 증가하면 y의 값도 증가하므로 ㈐에 알맞은 것은 $x>3$이다.
∴ ㈎ 3, ㈏ 3, ㈐ $x>3$

| 답 | ㈎ 3, ㈏ 3, ㈐ $x>3$

4-1 숫자 바꾸기

다음은 이차함수 $y=-3(x+6)^2$의 그래프에 대한 설명이다. ㈎~㈐에 알맞은 것을 차례대로 구하시오.

- 꼭짓점의 좌표는 (㈎ , 0)이다.
- 축의 방정식은 $x=$ ㈏ 이다.
- ㈐ 일 때, x의 값이 증가하면 y의 값도 증가한다.

4-2 표현 바꾸기

다음 중 이차함수 $y=-\dfrac{1}{2}(x+1)^2$의 그래프에 대한 설명으로 옳지 <u>않은</u> 것을 모두 고르면? (정답 2개)

① 위로 볼록한 포물선이다.
② 꼭짓점의 좌표는 $(1, 0)$이다.
③ 축의 방정식은 $x=-1$이다.
④ $x>-1$일 때, x의 값이 증가하면 y의 값은 감소한다.
⑤ 이차함수 $y=-\dfrac{1}{2}x^2$의 그래프를 x축의 방향으로 1만큼 평행이동한 것이다.

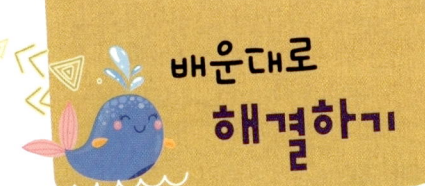

대표유형 1

01 이차함수 $y=-2x^2$의 그래프를 y축의 방향으로 5만큼 평행이동한 그래프를 나타내는 이차함수의 식은?

① $y=-2x^2-5$ ② $y=-2x^2+5$

③ $y=2x^2+5$ ④ $y=-2(x-5)^2$

⑤ $y=-2(x+5)^2$

대표유형 1

02 다음 이차함수의 그래프 중 평행이동하면 이차함수 $y=-4x^2-1$의 그래프와 완전히 포개어지는 것은?

① $y=-4x^2+3$ ② $y=-\dfrac{1}{4}x^2-2$

③ $y=\dfrac{1}{4}x^2$ ④ $y=4x^2-1$

⑤ $y=4x^2+4$

대표유형 2

03 이차함수 $y=\dfrac{1}{2}x^2$의 그래프를 y축의 방향으로 q만큼 평행이동하면 점 $(-2,\ 4)$를 지날 때, 꼭짓점의 좌표를 구하시오.

대표유형 2

04 다음 보기에서 이차함수 $y=-x^2+3$의 그래프에 대한 설명으로 옳은 것을 모두 고르시오.

┌─ 보기 ─────────────────────┐
ㄱ. 꼭짓점은 원점이다.
ㄴ. 점 $(2,\ 1)$을 지난다.
ㄷ. 위로 볼록한 포물선이다.
ㄹ. $x<0$일 때, x의 값이 증가하면 y의 값도 증가한다.
└──────────────────────────┘

대표유형 3

05 이차함수 $y=5x^2$의 그래프를 x축의 방향으로 p만큼 평행이동한 그래프를 나타내는 이차함수의 식이 $y=a(x-9)^2$일 때, $a+p$의 값은? (단, a는 상수)

① -14 ② -4 ③ 4

④ 14   ⑤ 24

대표유형 3

06 다음 중 이차함수 $y=(x+3)^2$의 그래프는?

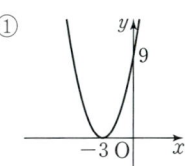
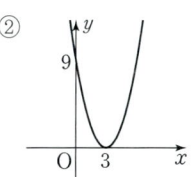
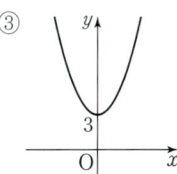
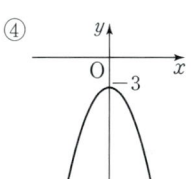
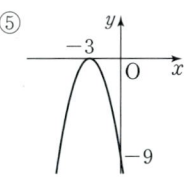

대표유형 3

07 이차함수 $y=ax^2$의 그래프를 x축의 방향으로 6만큼 평행이동하면 점 $(5,\ 2)$를 지날 때, 상수 a의 값을 구하시오.

생각이 쑥쑥   **대표유형 4**

08 다음 중 두 이차함수 $y=\dfrac{3}{4}x^2-1$, $y=-\dfrac{3}{4}(x+1)^2$의 그래프에 대한 설명으로 옳은 것은?

① 점 $(1,\ -3)$을 지난다.

② 꼭짓점의 좌표가 같다.

③ 그래프의 폭이 같다.

④ 축의 방정식이 같다.

⑤ 이차함수 $y=\dfrac{3}{4}x^2$의 그래프를 평행이동한 것이다.

이차함수 $y=a(x-p)^2+q$의 그래프

(1) **이차함수 $y=a(x-p)^2+q$의 그래프** : 이차함수 $y=ax^2$의
그래프를 x축의 방향으로 p만큼, y축의 방향으로 q만큼 평
행이동한 것이다.

$$y=ax^2 \xrightarrow[\substack{y\text{축의 방향으로 }q\text{만큼 평행이동}}]{\substack{x\text{축의 방향으로 }p\text{만큼,}}} y=a(x-p)^2+q$$

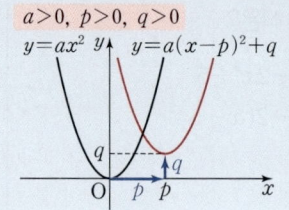

	평행이동 전	평행이동 후
식	$y=ax^2$	$y=a(x-p)^2+q$
축	$x=0$	$x=p$
꼭짓점	$(0, 0)$	(p, q)

(2) **꼭짓점의 좌표** : (p, q)

(3) **축의 방정식** : $x=p$

⟐ 이차함수 $y=2(x-1)^2+3$의 그래프는 이차함수 $y=2x^2$의 그래프를 x축의 방향으로 1만큼, y축
의 방향으로 3만큼 평행이동한 것이므로 꼭짓점의 좌표는 $(1, 3)$, 축의 방정식은 $x=1$이다.

● 이차함수 $y=a(x-p)^2+q$의 그래프에
서 증가, 감소하는 x의 값의 범위는 축
$x=p$를 기준으로 나뉜다.

바이블 **Point**

이차함수 $y=ax^2$의 그래프의 평행이동

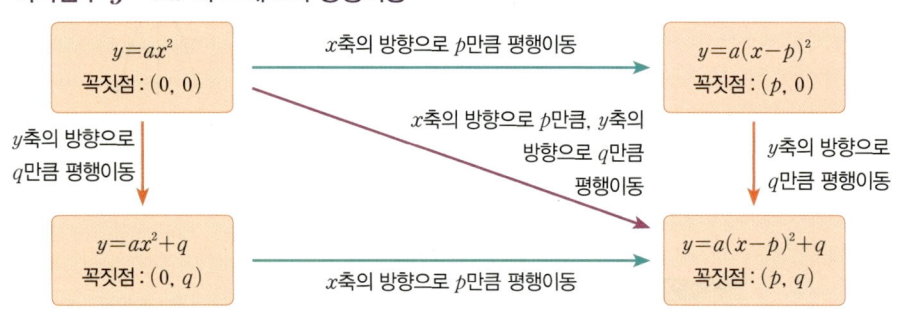

개념 콕콕

정답과 풀이 | 49쪽

1 다음 이차함수의 그래프를 x축의 방향으로 p만큼, y축의 방향으로 q만큼 평행이동한
그래프를 나타내는 이차함수의 식을 구하시오.

(1) $y=x^2$ [$p=2$, $q=1$]

(2) $y=-2x^2$ [$p=-3$, $q=-1$]

(3) $y=4x^2$ [$p=-4$, $q=3$]

(4) $y=-5x^2$ [$p=2$, $q=-2$]

2 다음 이차함수의 그래프의 꼭짓점의 좌표와 축의 방정식을 각각 구하시오.

(1) $y=3(x-1)^2+5$

➡ 꼭짓점의 좌표 : _____ , 축의 방정식 : _____

(2) $y=-(x+6)^2+1$

➡ 꼭짓점의 좌표 : _____ , 축의 방정식 : _____

(3) $y=-4(x+2)^2-3$

➡ 꼭짓점의 좌표 : _____ , 축의 방정식 : _____

○ 개념 체크

● 이차함수 $y=a(x-p)^2+q$의 그래프는
이차함수 $y=ax^2$의 그래프를 x축의 방향
으로 ⊙ 만큼, y축의 방향으로 ⓒ 만큼
평행이동한 것이다.

● 이차함수 $y=a(x-p)^2+q$의 그래프의
꼭짓점의 좌표는 $(p,$ ⓒ $)$이고, 축의 방
정식은 ⓔ 이다.

답 | ⊙ p ⓒ q ⓒ q ⓔ $x=p$

대표 유형 **1** 이차함수 $y=a(x-p)^2+q$의 그래프

BOB 151쪽

이차함수 $y=-2(x+1)^2+4$의 그래프는 이차함수 $y=-2x^2$의 그래프를 x축의 방향으로 p만큼, y축의 방향으로 q만큼 평행이동한 것이다. 이때 p, q의 값을 각각 구하면?

① $p=-2$, $q=-4$ ② $p=-1$, $q=-4$
③ $p=-1$, $q=4$ ④ $p=1$, $q=4$
⑤ $p=2$, $q=4$

| 풀이 |
이차함수 $y=-2(x+1)^2+4$의 그래프는 이차함수 $y=-2x^2$의 그래프를 x축의 방향으로 -1만큼, y축의 방향으로 4만큼 평행이동한 것이므로
$p=-1$, $q=4$

| 답 | ③

1-1 숫자 바꾸기

이차함수 $y=6(x-3)^2-2$의 그래프는 이차함수 $y=6x^2$의 그래프를 x축의 방향으로 p만큼, y축의 방향으로 q만큼 평행이동한 것이다. 이때 p, q의 값을 각각 구하면?

① $p=-6$, $q=-2$ ② $p=-3$, $q=-2$
③ $p=-3$, $q=2$ ④ $p=3$, $q=-2$
⑤ $p=3$, $q=2$

1-2 표현 바꾸기

이차함수 $y=3x^2$의 그래프를 x축의 방향으로 5만큼, y축의 방향으로 -7만큼 평행이동한 그래프가 점 $(3, k)$를 지날 때, k의 값은?

① 1   ② 3   ③ 5
④ 7   ⑤ 9

대표 유형 **2** 이차함수 $y=a(x-p)^2+q$의 그래프의 성질

BOB 151쪽

다음 중 이차함수 $y=\frac{1}{2}(x+2)^2-1$의 그래프에 대한 설명으로 옳은 것을 모두 고르면? (정답 2개)

① 위로 볼록한 포물선이다.
② 꼭짓점의 좌표는 $(-2, 1)$이다.
③ 점 $(0, 1)$을 지난다.
④ $x<-2$일 때, x의 값이 증가하면 y의 값도 증가한다.
⑤ 이차함수 $y=\frac{1}{2}x^2$의 그래프를 x축의 방향으로 -2만큼, y축의 방향으로 -1만큼 평행이동한 것이다.

| 풀이 |
① 아래로 볼록한 포물선이다.
② 꼭짓점의 좌표는 $(-2, -1)$이다.
④ $x<-2$일 때, x의 값이 증가하면 y의 값은 감소한다.

| 답 | ③, ⑤

2-1 숫자 바꾸기

다음 중 이차함수 $y=-\frac{1}{4}(x-2)^2-3$의 그래프에 대한 설명으로 옳지 않은 것을 모두 고르면? (정답 2개)

① 꼭짓점의 좌표는 $(2, -3)$이다.
② 직선 $x=2$에 대칭이다.
③ 점 $(0, -4)$를 지난다.
④ $x>2$일 때, x의 값이 증가하면 y의 값도 증가한다.
⑤ 평행이동하면 이차함수 $y=\frac{1}{4}x^2$의 그래프와 포개어진다.

2-2 표현 바꾸기

이차함수 $y=(x-3)^2-4$의 그래프가 지나지 <u>않는</u> 사분면을 구하시오.

이차함수 $y=a(x-p)^2+q$의 그래프에서 a, p, q의 부호

(1) a의 부호 : 그래프의 모양에 따라 결정
  ① 아래로 볼록($\cup$) ➡ $a>0$
  ② 위로 볼록($\cap$) ➡ $a<0$

(2) p, q의 부호 : 꼭짓점의 위치에 따라 결정
  ① 제1사분면 ➡ $p>0, q>0$
  ② 제2사분면 ➡ $p<0, q>0$
  ③ 제3사분면 ➡ $p<0, q<0$
  ④ 제4사분면 ➡ $p>0, q<0$

• 이차함수 $y=a(x-p)^2+q$의 그래프에서
  ① $p=0$이면 꼭짓점이 y축 위에 있다.
  ② $q=0$이면 꼭짓점이 x축 위에 있다.
  ③ $p=0$, $q=0$이면 꼭짓점이 원점 위에 있다.

바이블 Point

이차함수 $y=a(x-p)^2+q$의 그래프에서 p, q의 부호
이차함수 $y=a(x-p)^2+q$의 그래프의 꼭짓점의 좌표는 (p, q)이므로 그 위치에 따른 p, q의 부호는 오른쪽 그림과 같다.

제2사분면 $(-, +)$ $p<0, q>0$	제1사분면 $(+, +)$ $p>0, q>0$
제3사분면 $(-, -)$ $p<0, q<0$	제4사분면 $(+, -)$ $p>0, q<0$

개념 콕콕

정답과 풀이 | 49쪽

1 이차함수 $y=a(x-p)^2+q$의 그래프가 오른쪽 그림과 같을 때, 다음 □ 안에 알맞은 부등호를 써넣으시오. (단, a, p, q는 상수)

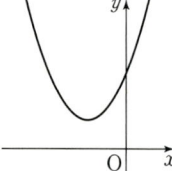

(1) 그래프가 아래로 볼록하므로
  ➡ a □ 0

(2) 꼭짓점이 제2사분면 위에 있으므로
  ➡ p □ 0, q □ 0

2 이차함수 $y=a(x-p)^2+q$의 그래프가 오른쪽 그림과 같을 때, 다음 □ 안에 알맞은 부등호를 써넣으시오. (단, a, p, q는 상수)

(1) 그래프가 위로 볼록하므로
  ➡ a □ 0

(2) 꼭짓점이 제4사분면 위에 있으므로
  ➡ p □ 0, q □ 0

개념 체크

• 이차함수 $y=a(x-p)^2+q$의 그래프에서 a, p, q의 부호
  ① a의 부호
    ㉠ 아래로 볼록 : a ㉠ 0
    ㉡ 위로 볼록 : $a<0$
  ② p, q의 부호
    ㉠ 제1사분면 : $p>0, q>0$
    ㉡ 제2사분면 : p ㉡ 0, q ㉢ 0
    ㉢ 제3사분면 : $p<0, q<0$
    ㉣ 제4사분면 : p ㉣ 0, q ㉤ 0

답 | ㉠ > ㉡ < ㉢ > ㉣ > ㉤ <

대표 유형 3 이차함수 $y=a(x-p)^2+q$의 그래프에서 a, p, q의 부호

BOB 154쪽

이차함수 $y=a(x+p)^2+q$의 그래프가 오른쪽 그림과 같을 때, 상수 a, p, q의 부호는?

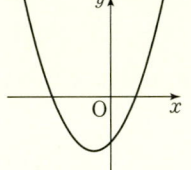

① $a<0$, $p<0$, $q<0$
② $a<0$, $p>0$, $q<0$
③ $a>0$, $p<0$, $q<0$
④ $a>0$, $p>0$, $q<0$
⑤ $a>0$, $p>0$, $q>0$

| 풀이 |

그래프가 아래로 볼록하므로 $a>0$
꼭짓점이 제3사분면 위에 있으므로 $-p<0$, $q<0$ ∴ $p>0$, $q<0$

| 답 | ④

3-1 숫자 바꾸기

이차함수 $y=a(x-p)^2-q$의 그래프가 오른쪽 그림과 같을 때, 상수 a, p, q의 부호는?

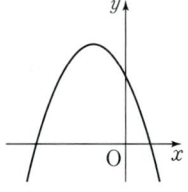

① $a<0$, $p<0$, $q<0$
② $a<0$, $p>0$, $q<0$
③ $a<0$, $p>0$, $q>0$
④ $a>0$, $p>0$, $q<0$
⑤ $a>0$, $p>0$, $q>0$

3-2 표현 바꾸기

이차함수 $y=a(x-p)^2+q$의 그래프가 오른쪽 그림과 같을 때, 일차함수 $y=ax+pq$의 그래프가 지나지 <u>않는</u> 사분면은?
(단, a, p, q는 상수)

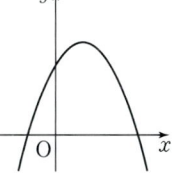

① 제1사분면   ② 제2사분면
③ 제3사분면   ④ 제4사분면
⑤ 모든 사분면을 지난다.

대표 유형 4 a, p, q의 부호가 주어질 때, 이차함수 $y=a(x-p)^2+q$의 그래프

BOB 154쪽

$a>0$, $p>0$, $q>0$일 때, 다음 중 이차함수 $y=a(x-p)^2+q$의 그래프로 알맞은 것은?
(단, a, p, q는 상수)

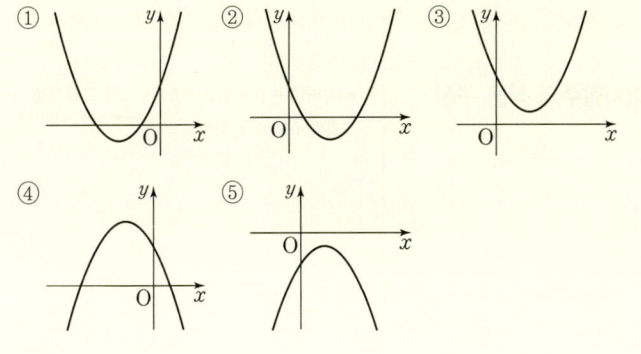

| 풀이 |

$a>0$이므로 그래프는 아래로 볼록하고, $p>0$, $q>0$이므로 꼭짓점 (p, q)는 제1사분면 위에 있다.
따라서 이차함수 $y=a(x-p)^2+q$의 그래프는 ③이다.

| 답 | ③

4-1 숫자 바꾸기

$a<0$, $p<0$, $q<0$일 때, 다음 중 이차함수 $y=a(x-p)^2+q$의 그래프로 알맞은 것은? (단, a, p, q는 상수)

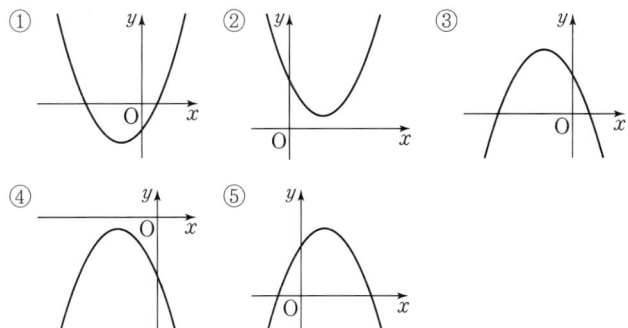

이차함수 $y=a(x-p)^2+q$의 그래프의 평행이동과 대칭이동

(1) 이차함수 $y=a(x-p)^2+q$의 그래프의 평행이동

이차함수 $y=a(x-p)^2+q$의 그래프를 x축의 방향으로 m 만큼, y축의 방향으로 n만큼 평행이동한 그래프를 나타내는 이차함수의 식은 $y=a(x-p-m)^2+q+n$이다.

➡ 꼭짓점의 좌표: $(p+m, q+n)$, 축의 방정식: $x=p+m$

예 이차함수 $y=2(x-1)^2+3$의 그래프를 x축의 방향으로 2만큼, y축의 방향으로 -4만큼 평행이동한 그래프를 나타내는 이차함수의 식은 $y=2(x-1-2)^2+3-4$, $y=2(x-3)^2-1$이다.

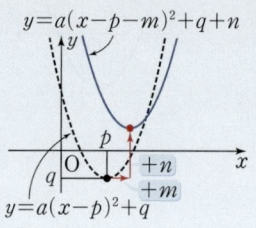

- x축의 방향으로 m만큼 평행이동
  ➡ x 대신 $x-m$을 대입

- y축의 방향으로 n만큼 평행이동
  ➡ y 대신 $y-n$을 대입

(2) 이차함수 $y=a(x-p)^2+q$의 그래프의 대칭이동

① x축에 대칭이동

$-y=a(x-p)^2+q$ ➡ $y=-a(x-p)^2-q$
└─ y 대신 $-y$를 대입한다.

② y축에 대칭이동

$y=a(-x-p)^2+q$ ➡ $y=a(x+p)^2+q$
└─ x 대신 $-x$를 대입한다.

$a>0,\ p>0,\ q>0$

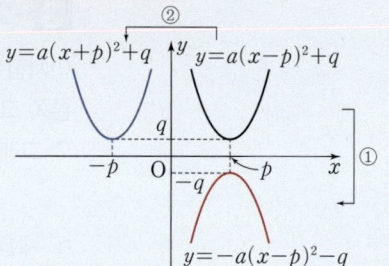

개념 콕콕

정답과 풀이 | 50쪽

1 다음 이차함수의 그래프를 x축의 방향으로 m만큼, y축의 방향으로 n만큼 평행이동한 그래프를 나타내는 이차함수의 식을 구하시오.

(1) $y=(x-2)^2+2$ [$m=1,\ n=-4$]

(2) $y=3(x+4)^2+1$ [$m=2,\ n=-5$]

2 다음 이차함수의 그래프를 x축에 대칭이동한 그래프를 나타내는 이차함수의 식을 구하시오.

(1) $y=(x-1)^2-3$

(2) $y=-2(x+3)^2-5$

3 다음 이차함수의 그래프를 y축에 대칭이동한 그래프를 나타내는 이차함수의 식을 구하시오.

(1) $y=(x-2)^2-4$

(2) $y=5(x+6)^2-3$

○ 개념 체크

- 이차함수 $y=a(x-p)^2+q$의 그래프를 x축의 방향으로 m만큼, y축의 방향으로 n만큼 평행이동하면
  $y=a(x-p-\boxed{③})^2+q+\boxed{⑥}$

- 이차함수 $y=a(x-p)^2+q$의 그래프를 x축에 대칭이동하면 $y=\boxed{ⓒ}$

- 이차함수 $y=a(x-p)^2+q$의 그래프를 y축에 대칭이동하면 $y=\boxed{ⓔ}$

답 | ③ m ⑥ n ⓒ $-a(x-p)^2-q$
 ⓔ $a(x+p)^2+q$

대표 유형 5 이차함수 $y=a(x-p)^2+q$의 그래프의 평행이동

BOB 152쪽

이차함수 $y=-2x^2+1$의 그래프를 x축의 방향으로 5만큼, y축의 방향으로 -3만큼 평행이동한 그래프의 꼭짓점의 좌표는?

① $(-5, -4)$ ② $(-5, -2)$ ③ $(-5, 4)$

④ $(5, -2)$ ⑤ $(5, 4)$

| 풀이 |

이차함수 $y=-2x^2+1$의 그래프를 x축의 방향으로 5만큼, y축의 방향으로 -3만큼 평행이동하면

$y=-2(x-5)^2+1-3$ ∴ $y=-2(x-5)^2-2$

따라서 구하는 꼭짓점의 좌표는 $(5, -2)$이다.

| 답 | ④

5-1 숫자 바꾸기

이차함수 $y=3(x-2)^2$의 그래프를 x축의 방향으로 -4만큼, y축의 방향으로 6만큼 평행이동한 그래프의 꼭짓점의 좌표는?

① $(-6, -6)$ ② $(-6, 6)$ ③ $(-2, 6)$

④ $(2, 6)$ ⑤ $(6, -6)$

5-2 표현 바꾸기

이차함수 $y=-(x+2)^2-1$의 그래프를 x축의 방향으로 m만큼, y축의 방향으로 n만큼 평행이동하였더니 이차함수 $y=-(x-1)^2-2$의 그래프와 일치하였다. 이때 $m+n$의 값은?

① -6 ② -4 ③ 2

④ 4 ⑤ 6

대표 유형 6 이차함수 $y=a(x-p)^2+q$의 그래프의 대칭이동

BOB 152쪽

이차함수 $y=2(x-5)^2-4$의 그래프를 x축에 대칭이동한 그래프를 나타내는 이차함수의 식을 $y=a(x-p)^2+q$라고 할 때, $a+p+q$의 값은? (단, a, p, q는 상수)

① -13 ② -7 ③ -3

④ 7 ⑤ 13

| 풀이 |

이차함수 $y=2(x-5)^2-4$의 그래프를 x축에 대칭이동하면

$-y=2(x-5)^2-4$ ∴ $y=-2(x-5)^2+4$

따라서 $a=-2$, $p=5$, $q=4$이므로

$a+p+q=-2+5+4=7$

| 답 | ④

6-1 숫자 바꾸기

이차함수 $y=-6(x+1)^2+3$의 그래프를 y축에 대칭이동한 그래프를 나타내는 이차함수의 식을 $y=a(x-p)^2+q$라고 할 때, $a+p+q$의 값은? (단, a, p, q는 상수)

① -10 ② -2 ③ 0

④ 2 ⑤ 10

6-2 표현 바꾸기

이차함수 $y=\frac{3}{2}(x+4)^2-7$의 그래프를 x축에 대칭이동한 그래프가 점 $(-2, k)$를 지날 때, k의 값은?

① -47 ② -19 ③ 1

④ 19 ⑤ 47

대표유형 1

01 이차함수 $y=\frac{1}{2}(x-6)^2+\frac{1}{3}$의 그래프는 이차함수 $y=\frac{1}{2}x^2$의 그래프를 x축의 방향으로 p만큼, y축의 방향으로 q만큼 평행이동한 것이다. 이때 pq의 값은?

① $-\frac{19}{3}$ ② -2 ③ $\frac{1}{3}$

④ 2 ⑤ $\frac{19}{3}$

대표유형 1

02 다음 중 이차함수 $y=-(x-2)^2+1$의 그래프는?

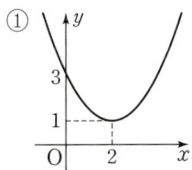 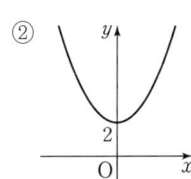

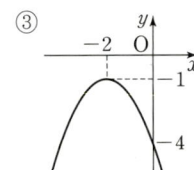 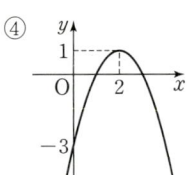

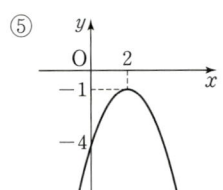

대표유형 1

03 이차함수 $y=-\frac{1}{3}x^2$의 그래프를 x축의 방향으로 4만큼, y축의 방향으로 -1만큼 평행이동하면 점 $(1, k)$를 지날 때, k의 값은?

① -4 ② -2 ③ -1

④ 2 ⑤ 4

대표유형 2

04 이차함수 $y=4x^2$의 그래프를 x축의 방향으로 -5만큼, y축의 방향으로 2만큼 평행이동한 그래프의 꼭짓점의 좌표를 구하시오.

대표유형 2

05 다음 중 이차함수 $y=-3(x+1)^2-6$의 그래프에 대한 설명으로 옳지 <u>않은</u> 것은?

① 꼭짓점의 좌표는 $(-1, -6)$이다.
② 축의 방정식은 $x=1$이다.
③ $x<-1$일 때, x의 값이 증가하면 y의 값도 증가한다.
④ 제3, 4사분면을 지난다.
⑤ 이차함수 $y=-3x^2$의 그래프를 x축의 방향으로 -1만큼, y축의 방향으로 -6만큼 평행이동한 것이다.

대표유형 2

06 다음 중 이차함수의 그래프의 꼭짓점이 제2사분면 위에 있는 것은?

① $y=(x+1)^2$ ② $y=2x^2+5$
③ $y=(x-1)^2-4$ ④ $y=-2(x+2)^2+3$
⑤ $y=-6(x+3)^2-5$

대표유형 2

07 이차함수 $y=-2x^2$의 그래프를 x축의 방향으로 -4만큼, y축의 방향으로 7만큼 평행이동한 그래프에서 x의 값이 증가할 때, y의 값도 증가하는 x의 값의 범위는?

① $x<-7$ ② $x<-4$ ③ $x>-4$
④ $x>4$ ⑤ $x>7$

08 이차함수 $y=a(x+p)^2-q$의 그래프 가 오른쪽 그림과 같을 때, 다음 중 옳지 <u>않</u> 은 것은? (단, a, p, q는 상수) 〔대표유형 **3**〕

① $a<0$
② $ap<0$
③ $pq>0$
④ $apq>0$
⑤ $a-p-q<0$

09 $a>0$, $p<0$, $q<0$일 때, 다음 중 이차함수 $y=a(x+p)^2+q$의 그래프로 알맞은 것은? (단, a, p, q는 상수) 〔대표유형 **4**〕

① 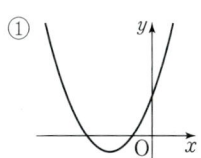   ②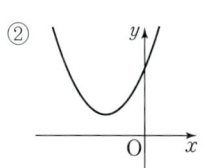

③ 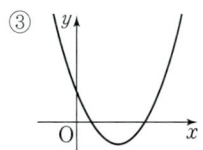   ④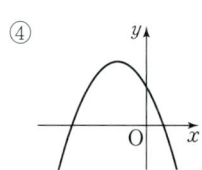

⑤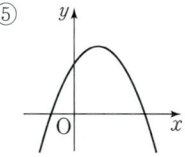

10 이차함수 $y=3x^2-5$의 그래프를 x축의 방향으로 a만큼, y 축의 방향으로 1만큼 평행이동하였더니 $y=3(x-4)^2+q$의 그래 프와 일치하였다. 이때 $a-q$의 값을 구하시오. (단, q는 상수) 〔대표유형 **5**〕

11 이차함수 $y=-2(x+5)^2+3$의 그래프를 x축의 방향으로 2만큼, y축의 방향으로 n만큼 평행이동한 그래프가 점 $(-3, 2)$ 를 지날 때, n의 값은? 〔대표유형 **5**〕

① -2 ② -1 ③ 1
④ 2 ⑤ 3

12 다음 중 이차함수 $y=\dfrac{1}{3}(x-6)^2+2$의 그래프를 x축의 방향으로 -2만큼, y축의 방향으로 -1만큼 평행이동한 그래프에 대한 설명으로 옳은 것은? 〔대표유형 **5**〕

① 위로 볼록한 포물선이다.
② 꼭짓점의 좌표는 $(4, 3)$이다.
③ 축의 방정식은 $x=-4$이다.
④ y축과 만나는 점의 좌표는 $(0, 5)$이다.
⑤ 이차함수 $y=\dfrac{1}{3}x^2$의 그래프를 x축의 방향으로 4만큼, y축 의 방향으로 1만큼 평행이동한 것이다.

13 이차함수 $y=a(x-p)^2+q$의 그래프를 y축에 대칭이동한 그래프를 나타내는 이차함수의 식이 $y=2(x+4)^2-5$일 때, $a+p+q$의 값을 구하시오. (단, a, p, q는 상수) 〔대표유형 **6**〕

생각이 쑥쑥 **14** 이차함수 $y=-4(x-3)^2-8$의 그래프를 x축에 대칭이동 한 후 y축에 대칭이동한 그래프의 꼭짓점의 좌표는? 〔대표유형 **6**〕

① $(-3, -8)$ ② $(-3, 8)$ ③ $(3, -8)$
④ $(3, 0)$ ⑤ $(3, 8)$

01 다음 보기에서 y가 x에 대한 이차함수인 것을 모두 고른 것은?

> **보기**
> ㄱ. 시속 x km로 $(x+4)$시간 동안 달린 거리 y km
> ㄴ. 한 밑면의 넓이가 $5x^2$ cm^{2}이고 높이가 x cm인 삼각기둥의 부피 y cm^3
> ㄷ. 한 개에 600원인 과자 x개를 사고 2000원을 냈을 때의 거스름돈 y원
> ㄹ. 한 모서리의 길이가 x cm인 정육면체의 겉넓이 y cm^2

① ㄱ, ㄴ   ② ㄱ, ㄹ   ③ ㄴ, ㄷ
④ ㄴ, ㄹ   ⑤ ㄷ, ㄹ

02 함수 $y=(k+2)x^2+2x-3x^2$이 x에 대한 이차함수가 되도록 하는 실수 k의 조건은?

① $k \neq -2$ ② $k \neq -1$ ③ $k \neq 0$
④ $k \neq 1$ ⑤ $k \neq 2$

03 이차함수 $f(x)=3x^2+x-3$에 대하여 $f(a)=1$일 때, 상수 a의 값은?

① $a=-\dfrac{4}{3}$ 또는 $a=-1$ ② $a=-\dfrac{4}{3}$ 또는 $a=1$

③ $a=-1$ 또는 $a=\dfrac{4}{3}$ ④ $a=1$ 또는 $a=\dfrac{4}{3}$

⑤ $a=1$ 또는 $a=3$

04 이차함수 $y=ax^2$의 그래프가 두 점 $(-2, 3)$, $(4, b)$를 지날 때, ab의 값은? (단, a는 상수)

① 3   ② 6   ③ 9
④ 12   ⑤ 15

05 이차함수 $y=ax^2$의 그래프가 이차함수 $y=2x^2$의 그래프와 x축 사이에 있도록 하는 상수 a의 값의 범위는?

① $a<-2$ ② $-2<a<0$ ③ $a<0$
④ $0<a<2$ ⑤ $a>2$

06 이차함수 $y=-\dfrac{1}{2}x^2+q$의 그래프가 점 $(2, 1)$을 지날 때, 상수 q의 값은?

① -2 ② -1 ③ 1
④ 2 ⑤ 3

07 이차함수 $y=-5x^2-3$의 그래프가 지나는 사분면은?

① 제1, 2사분면   ② 제2, 3사분면
③ 제3, 4사분면   ④ 제1, 2, 3사분면
⑤ 제2, 3, 4사분면

08 이차함수 $y=-2x^2$의 그래프를 x축의 방향으로 1만큼 평행이동한 그래프가 y축과 만나는 점의 좌표는?

① $(-4, 0)$ ② $(-2, 0)$ ③ $(0, -2)$
④ $(0, 2)$ ⑤ $(0, 4)$

09 이차함수 $y=-(x+4)^2$의 그래프에서 x의 값이 증가할 때, y의 값도 증가하는 x의 값의 범위는?

① $x<-4$　　　② $x>-4$　　　③ $x<1$

④ $x>1$　　　⑤ $x>4$

10 다음 이차함수 중 그 그래프를 평행이동하였을 때, 이차함수 $y=3(x+2)^2-8$의 그래프와 완전히 포개어지는 것은?

① $y=-3x^2$　　　② $y=-2x^2$　　　③ $y=-x^2$

④ $y=2x^2$　　　⑤ $y=3x^2$

11 다음 중 이차함수 $y=-\dfrac{1}{5}(x+3)^2+10$의 그래프에 대한 설명으로 옳은 것을 모두 고르면? (정답 2개)

① x축과 만나지 않는다.
② 점 $(2, -5)$를 지난다.
③ 축의 방정식은 $x=-3$이다.
④ $x<-3$일 때, x의 값이 증가하면 y의 값은 감소한다.
⑤ 이차함수 $y=\dfrac{1}{5}(x+3)^2-10$의 그래프와 x축에 대칭이다.

12 이차함수 $y=(x-a)^2-a$의 그래프가 점 $(1, 5)$를 지나고 꼭짓점이 제4사분면 위에 있을 때, 상수 a의 값은?

① -4　　　② -1　　　③ 0

④ 1　　　⑤ 4

13 이차함수 $y=-3(x-p)^2+4$의 그래프의 꼭짓점의 좌표가 직선 $y=x+2$ 위에 있을 때, 상수 p의 값은?

① -2　　　② -1　　　③ 1

④ 2　　　⑤ 3

14 이차함수 $y=a(x+p)^2+q$의 그래프가 오른쪽 그림과 같을 때, 상수 a, p, q의 부호는?

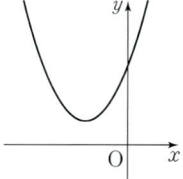

① $a<0$, $p<0$, $q<0$
② $a<0$, $p>0$, $q<0$
③ $a>0$, $p<0$, $q<0$
④ $a>0$, $p<0$, $q>0$
⑤ $a>0$, $p>0$, $q>0$

15 이차함수 $y=2(x-4)^2-1$의 그래프를 x축의 방향으로 2만큼, y축의 방향으로 3만큼 평행이동한 그래프의 꼭짓점의 좌표가 (a, b)일 때, $a+b$의 값은?

① 4　　　② 5　　　③ 6

④ 7　　　⑤ 8

16 이차함수 $y=-\dfrac{1}{4}(x+1)^2+2$의 그래프를 x축에 대칭이동한 그래프가 점 $(-3, k)$를 지날 때, k의 값은?

① -6　　　② -1　　　③ 1

④ 6　　　⑤ 14

개념 넓히기로
마무리

🏠 서술형 문제

17 이차함수 $y=x^2+2x-7$에 대하여 $f(2)-f(-1)$의 값을 구하시오.

풀이

답 _____

18 이차함수 $y=-2x^2$의 그래프를 y축의 방향으로 3만큼 평행이동한 그래프의 꼭짓점의 좌표를 (a, b), 축의 방정식을 $x=c$라고 할 때, $a+b+c$의 값을 구하시오.

풀이

답 _____

19 이차함수 $y=a(x-b)^2$의 그래프가 오른쪽 그림과 같을 때, 일차함수 $y=ax-b$의 그래프가 지나지 <u>않는</u> 사분면을 구하시오. (단, a, b는 상수)

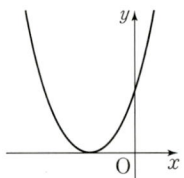

풀이

답 _____

20 이차함수 $y=3(x+2)^2-1$의 그래프를 x축의 방향으로 3만큼, y축의 방향으로 -2만큼 평행이동한 후 y축에 대칭이동한 그래프를 나타내는 이차함수의 식을 구하시오.

풀이

답 _____

🐦 발전 문제

21 이차함수 $y=-\frac{1}{5}x^2$의 그래프와 x축에 대칭인 그래프가 점 $(a-5, a-1)$을 지날 때, 모든 a의 값의 합을 구하시오.

●해결 Point 이차함수 $y=ax^2$의 그래프와 x축에 대칭인 그래프를 나타내는 이차함수의 식은 $y=-ax^2$임을 이용한다.

22 오른쪽 그림과 같이 이차함수 $y=\frac{1}{3}x^2-3$의 그래프가 x축과 만나는 두 점을 A, B라 하고 각 점에서 y축에 평행하게 그은 직선이 이차함수 $y=\frac{1}{3}x^2+2$의 그래프와 만나는 점을 각각 C, D라고 할 때, 색칠한 부분의 넓이를 구하시오.

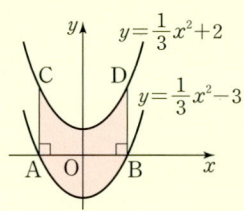

●해결 Point 평행이동은 모양과 폭은 변하지 않고 위치만 바뀐 것임을 이용한다.

23 이차함수 $y=\frac{5}{4}(x+3)^2$의 그래프를 x축의 방향으로 k만큼, y축의 방향으로 $k+2$만큼 평행이동한 그래프의 꼭짓점이 제2사분면 위에 있을 때, k의 값의 범위를 구하시오.

●해결 Point 이차함수 $y=a(x-p)^2+q$의 그래프의 꼭짓점이 제2사분면 위에 있으려면 $p<0$, $q>0$이어야 함을 이용한다.

2 이차함수의 활용

개념 되짚어 보기

- **일차함수의 식 구하기** : 기울기가 a이고 점 $(x_1,\ y_1)$을 지나는 직선을 그래프로 하는 일차함수의 식은 $y-y_1=a(x-x_1)$이다.

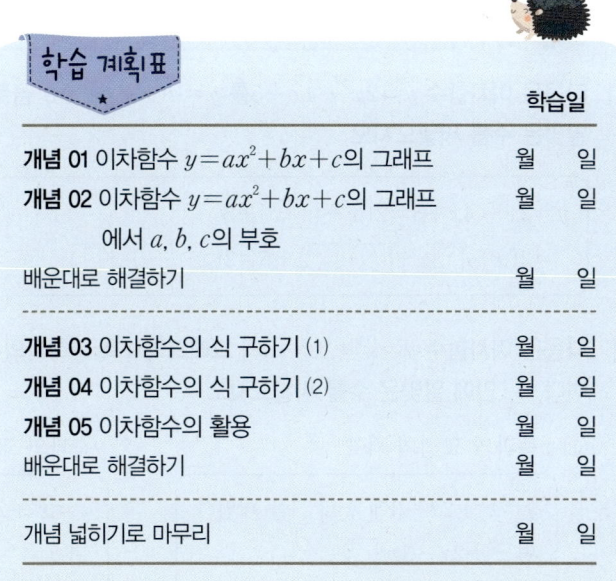

개념 01 이차함수 $y=ax^2+bx+c$의 그래프

(1) **이차함수 $y=ax^2+bx+c$의 그래프**

직선 $x=p$를 축으로 하고 꼭짓점의 좌표가 (p, q)인 포물선

이차함수 $y=ax^2+bx+c$의 그래프는 $y=a(x-p)^2+q$ 꼴로 고쳐서 그린다.

$$y=ax^2+bx+c \Rightarrow y=a\left(x+\frac{b}{2a}\right)^2-\frac{b^2-4ac}{4a}$$

① 꼭짓점의 좌표 : $\left(-\dfrac{b}{2a}, \ -\dfrac{b^2-4ac}{4a}\right)$

② 축의 방정식 : $x=-\dfrac{b}{2a}$

③ y축과의 교점의 좌표 : $(0, c)$

(2) **이차함수의 그래프와 x축, y축과의 교점**

① x축과의 교점 : $y=0$일 때의 x의 값을 구한다.

② y축과의 교점 : $x=0$일 때의 y의 값을 구한다.

- $y=ax^2+bx+c$

$=a\left(x^2+\dfrac{b}{a}x\right)+c$

$=a\left\{x^2+\dfrac{b}{a}x+\left(\dfrac{b}{2a}\right)^2-\left(\dfrac{b}{2a}\right)^2\right\}+c$

$=a\left(x+\dfrac{b}{2a}\right)^2-\dfrac{b^2-4ac}{4a}$

- 이차함수 $y=ax^2+bx+c$의 그래프와 x축과의 교점의 x좌표는 이차방정식 $ax^2+bx+c=0$의 근과 같다.

바이블 Point

이차함수의 식

이차함수의 식은 일반적으로 $y=a(x-p)^2+q$ 또는 $y=ax^2+bx+c$ 꼴로 나타낸다.

이름	형태	이용
표준형	$y=a(x-p)^2+q$	• 꼭짓점의 좌표 $\Rightarrow (p, q)$ • 축의 방정식 $\Rightarrow x=p$ • 평행이동 $\Rightarrow y=ax^2$의 그래프를 x축의 방향으로 p만큼, y축의 방향으로 q만큼 평행이동
일반형	$y=ax^2+bx+c$	• y축과의 교점의 좌표 $\Rightarrow (0, c)$

개념 콕콕

정답과 풀이 | 54쪽

1 다음은 이차함수 $y=2x^2-4x+5$를 $y=a(x-p)^2+q$ 꼴로 고치는 과정이다. $\square$ 안에 알맞은 수를 써넣으시오.

$$y=2x^2-4x+5=2(x^2-\square x)+5$$
$$=2(x^2-\square x+\square-\square)+5=2(x-\square)^2+\square$$

2 다음은 이차함수 $y=x^2+2x-3$의 그래프와 x축, y축과의 교점의 좌표를 구하는 과정이다. $\square$ 안에 알맞은 수를 써넣으시오.

(1) x축과의 교점의 좌표

$y=x^2+2x-3$에 $y=\square$을 대입하면 $x^2+2x-3=\square$

$(x+3)(x-\square)=0$

$\therefore x=-3$ 또는 $x=\square$

따라서 x축과의 교점의 좌표는 $(-3, 0), (\square, 0)$이다.

(2) y축과의 교점의 좌표

$y=x^2+2x-3$에 $x=\square$을 대입하면 $y=\square$

따라서 y축과의 교점의 좌표는 $(0, \square)$이다.

개념 체크

- 이차함수 $y=ax^2+bx+c$의 그래프는 $y=a(\boxed{\text{㉠}})^2+q$ 꼴로 고쳐서 그린다.

- 이차함수의 그래프와
① x축과의 교점 : $\boxed{\text{㉡}}$일 때의 x의 값을 구한다.
② y축과의 교점 : $\boxed{\text{㉢}}$일 때의 y의 값을 구한다.

답 | ㉠ $x-p$ ㉡ $y=0$ ㉢ $x=0$

대표 유형 1 이차함수 $y=ax^2+bx+c$의 그래프의 꼭짓점의 좌표, 축의 방정식 BOB 164쪽

이차함수 $y=-x^2+4x-2$의 그래프의 꼭짓점의 좌표와 축의 방정식을 차례대로 구하면?

① $(-2, -6)$, $x=-2$ ② $(-2, 2)$, $x=-2$

③ $(-2, 2)$, $x=2$ ④ $(2, 2)$, $x=-2$

⑤ $(2, 2)$, $x=2$

| 풀이 |

$y=-x^2+4x-2=-(x^2-4x+4-4)-2$

$\quad =-(x-2)^2+2$

따라서 꼭짓점의 좌표는 $(2, 2)$이고, 축의 방정식은 $x=2$이다.

| 답 | ⑤

1-1 숫자 바꾸기

이차함수 $y=3x^2+6x+7$의 그래프의 꼭짓점의 좌표와 축의 방정식을 차례대로 구하면?

① $(-1, -4)$, $x=-1$ ② $(-1, -4)$, $x=1$

③ $(-1, 4)$, $x=-1$ ④ $(1, 4)$, $x=-1$

⑤ $(1, 4)$, $x=1$

1-2 표현 바꾸기

이차함수 $y=2x^2-12x+a$의 그래프의 꼭짓점의 좌표가 $(b, -5)$일 때, $a+b$의 값은? (단, a는 상수)

① -16 ② -10 ③ 6

④ 10 ⑤ 16

대표 유형 2 이차함수 $y=ax^2+bx+c$의 그래프의 평행이동 BOB 166쪽

이차함수 $y=x^2-2x+5$의 그래프는 이차함수 $y=x^2$의 그래프를 x축의 방향으로 p만큼, y축의 방향으로 q만큼 평행이동한 것이다. 이때 $p+q$의 값은?

① -5 ② -3 ③ -1

④ 3 ⑤ 5

| 풀이 |

$y=x^2-2x+5=(x^2-2x+1-1)+5$

$\quad =(x-1)^2+4$

따라서 이차함수 $y=x^2-2x+5$의 그래프는 이차함수 $y=x^2$의 그래프를 x축의 방향으로 1만큼, y축의 방향으로 4만큼 평행이동한 것이므로

$p=1$, $q=4$

$\therefore p+q=1+4=5$

| 답 | ⑤

2-1 숫자 바꾸기

이차함수 $y=-2x^2+8x-7$의 그래프는 이차함수 $y=-2x^2$의 그래프를 x축의 방향으로 p만큼, y축의 방향으로 q만큼 평행이동한 것이다. 이때 $p+q$의 값은?

① -4 ② -3 ③ -1

④ 3 ⑤ 4

2-2 표현 바꾸기

이차함수 $y=-x^2-8x-10$의 그래프를 x축의 방향으로 2만큼, y축의 방향으로 -3만큼 평행이동한 그래프의 꼭짓점의 좌표는?

① $(-6, -9)$ ② $(-4, 6)$ ③ $(-2, 3)$

④ $(2, 3)$ ⑤ $(6, 9)$

대표 유형 3 이차함수 $y=ax^2+bx+c$의 그래프와 x축, y축과의 교점

BOB 165쪽

이차함수 $y=x^2+5x-6$의 그래프가 x축과 만나는 두 점의 좌표를 $(a, 0)$, $(b, 0)$이라 하고, y축과 만나는 점의 좌표를 $(0, c)$라고 할 때, $a+b+c$의 값은?

① -11 ② -6 ③ 1
④ 6 ⑤ 11

| 풀이 |

$y=x^2+5x-6$에 $y=0$을 대입하면
$0=x^2+5x-6$, $(x+6)(x-1)=0$
$\therefore x=-6$ 또는 $x=1$
즉, x축과 만나는 두 점의 좌표는 $(-6, 0)$, $(1, 0)$이므로
$a=-6$, $b=1$ 또는 $a=1$, $b=-6$
또, $y=x^2+5x-6$에 $x=0$을 대입하면 $y=-6$
즉, y축과 만나는 점의 좌표는 $(0, -6)$이므로 $c=-6$
$\therefore a+b+c=-6+1+(-6)=-11$

| 답 | ①

3-1 **숫자 바꾸기**

이차함수 $y=-x^2+2x+8$의 그래프가 x축과 만나는 두 점의 좌표를 $(a, 0)$, $(b, 0)$이라 하고, y축과 만나는 점의 좌표를 $(0, c)$라고 할 때, $a+b+c$의 값은?

① 2 ② 4 ③ 6
④ 8 ⑤ 10

3-2 **표현 바꾸기**

이차함수 $y=-2x^2+4x+k$의 그래프가 점 $(3, -2)$를 지날 때, 이 그래프가 y축과 만나는 점의 좌표를 구하시오.

(단, k는 상수)

대표 유형 4 이차함수 $y=ax^2+bx+c$의 그래프의 성질

BOB 167쪽

다음 중 이차함수 $y=x^2+2x-2$의 그래프에 대한 설명으로 옳은 것은?

① 위로 볼록한 포물선이다.
② 꼭짓점의 좌표는 $(1, -3)$이다.
③ 축의 방정식은 $x=2$이다.
④ $x>-1$일 때, x의 값이 증가하면 y의 값도 증가한다.
⑤ 이차함수 $y=x^2$의 그래프를 x축의 방향으로 1만큼, y축의 방향으로 3만큼 평행이동한 것이다.

| 풀이 |

$y=x^2+2x-2=(x^2+2x+1-1)-2$
  $=(x+1)^2-3$
① 아래로 볼록한 포물선이다.
② 꼭짓점의 좌표는 $(-1, -3)$이다.
③ 축의 방정식은 $x=-1$이다.
⑤ 이차함수 $y=x^2$의 그래프를 x축의 방향으로 -1만큼, y축의 방향으로 -3만큼 평행이동한 것이다.

| 답 | ④

4-1 **숫자 바꾸기**

다음 중 이차함수 $y=-3x^2-12x-3$의 그래프에 대한 설명으로 옳은 것은?

① 아래로 볼록한 포물선이다.
② 꼭짓점의 좌표는 $(-2, 9)$이다.
③ 축의 방정식은 $x=-4$이다.
④ $x<-2$일 때, x의 값이 증가하면 y의 값은 감소한다.
⑤ 이차함수 $y=-3x^2$의 그래프를 x축의 방향으로 -4만큼, y축의 방향으로 9만큼 평행이동한 것이다.

(1) a의 부호 : 그래프의 모양에 따라 결정

　① 아래로 볼록($\cup$) ➡ $a>0$　　　② 위로 볼록($\cap$) ➡ $a<0$

(2) b의 부호 : 축의 위치에 따라 결정

　① 축이 y축의 왼쪽 ➡ $ab>0$ → a, b는 서로 같은 부호

　② 축이 y축 ➡ $b=0$

　③ 축이 y축의 오른쪽 ➡ $ab<0$ → a, b는 서로 다른 부호

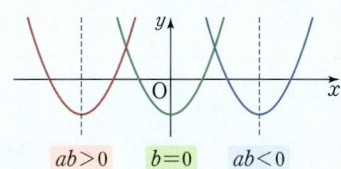

$ab>0$　$b=0$　$ab<0$

(3) c의 부호 : y축과의 교점의 위치에 따라 결정

　① y축과의 교점이 x축보다 위쪽 ➡ $c>0$

　② y축과의 교점이 원점 ➡ $c=0$

　③ y축과의 교점이 x축보다 아래쪽 ➡ $c<0$

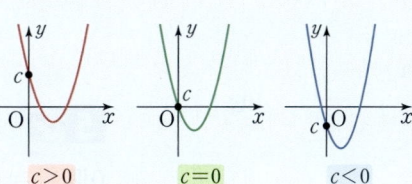

$c>0$　$c=0$　$c<0$

• 이차함수 $y=ax^2+bx+c$에서
① $b=0$이면 축이 y축($x=0$)이다.
② $c=0$이면 y축과 원점에서 만난다.
만약 $a=0$이면 이차함수가 아니다.

바이블 Point

이차함수 $y=ax^2+bx+c$에서 상수 a, b의 부호

$y=ax^2+bx+c=a\left(x+\dfrac{b}{2a}\right)^2-\dfrac{b^2-4ac}{4a}$에서 축의 방정식이 $x=-\dfrac{b}{2a}$이므로

(1) 축이 y축의 왼쪽에 있으면 ➡ $-\dfrac{b}{2a}<0$, 즉 $ab>0$ (a, b는 서로 같은 부호)

(2) 축이 y축의 오른쪽에 있으면 ➡ $-\dfrac{b}{2a}>0$, 즉 $ab<0$ (a, b는 서로 다른 부호)

개념 콕콕

정답과 풀이 | 54쪽

1 이차함수 $y=ax^2+bx+c$의 그래프가 오른쪽 그림과 같을 때, 다음 □ 안에 알맞은 부등호를 써넣으시오. (단, a, b, c는 상수)

(1) 그래프가 아래로 볼록하므로 ➡ a □ 0

(2) 축이 y축의 왼쪽에 있으므로 ➡ ab □ 0　　∴ b □ 0

(3) y축과의 교점이 x축보다 위쪽에 있으므로 ➡ c □ 0

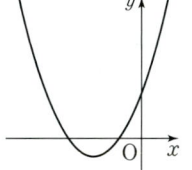

2 이차함수 $y=ax^2+bx+c$의 그래프가 오른쪽 그림과 같을 때, 다음 □ 안에 알맞은 부등호를 써넣으시오. (단, a, b, c는 상수)

(1) 그래프가 위로 볼록하므로 ➡ a □ 0

(2) 축이 y축의 오른쪽에 있으므로 ➡ ab □ 0　　∴ b □ 0

(3) y축과의 교점이 x축보다 아래쪽에 있으므로 ➡ c □ 0

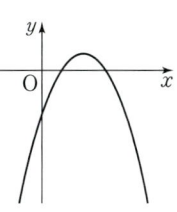

개념 체크

• 이차함수 $y=ax^2+bx+c$의 그래프에서 a, b, c의 부호

① a의 부호
　㉠ 아래로 볼록 : $a>0$
　㉡ 위로 볼록 : a Ⓐ 0

② b의 부호
　㉠ 축이 y축의 왼쪽 : ab Ⓑ 0
　㉡ 축이 y축의 오른쪽 : $ab<0$

③ c의 부호
　㉠ y축과의 교점이 x축보다 위쪽 : $c>0$
　㉡ y축과의 교점이 x축보다 아래쪽
　　 : c Ⓒ 0

답 | ㉠ $<$ ㉡ $>$ ㉢ $<$

대표 유형 5   이차함수 $y=ax^2+bx+c$의 그래프에서 a, b, c의 부호   BOB 169쪽

이차함수 $y=ax^2+bx+c$의 그래프가 오른쪽 그림과 같을 때, 상수 a, b, c의 부호는?

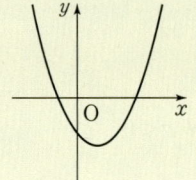

① $a<0$, $b<0$, $c>0$
② $a<0$, $b>0$, $c<0$
③ $a>0$, $b<0$, $c<0$
④ $a>0$, $b<0$, $c>0$
⑤ $a>0$, $b>0$, $c<0$

| 풀이 |

그래프가 아래로 볼록하므로 $a>0$
축이 y축의 오른쪽에 있으므로 $ab<0$ ∴ $b<0$
y축과의 교점이 x축보다 아래쪽에 있으므로 $c<0$

| 답 | ③

5-1   숫자 바꾸기

이차함수 $y=ax^2+bx+c$의 그래프가 오른쪽 그림과 같을 때, 상수 a, b, c의 부호는?

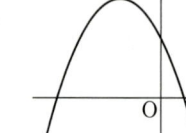

① $a<0$, $b<0$, $c<0$
② $a<0$, $b<0$, $c>0$
③ $a<0$, $b>0$, $c>0$
④ $a>0$, $b<0$, $c>0$
⑤ $a>0$, $b>0$, $c>0$

5-2   표현 바꾸기

이차함수 $y=ax^2+bx+c$의 그래프가 오른쪽 그림과 같을 때, 다음 중 옳지 않은 것은? (단, a, b, c는 상수)

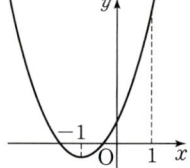

① $a>0$ ② $b>0$
③ $c>0$ ④ $a+b+c<0$
⑤ $a-b+c<0$

대표 유형 6 a, b, c의 부호가 주어질 때, 이차함수 $y=ax^2+bx+c$의 그래프   BOB 169쪽

$a>0$, $b>0$, $c<0$일 때, 다음 중 이차함수 $y=ax^2+bx+c$의 그래프로 알맞은 것은? (단, a, b, c는 상수)

① 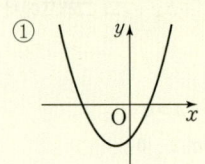   ② 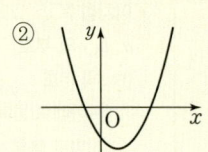   ③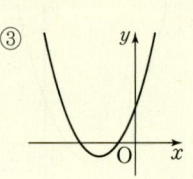

④ 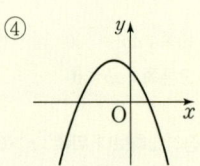   ⑤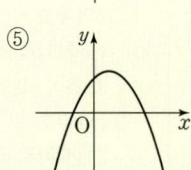

| 풀이 |

$a>0$이므로 그래프는 아래로 볼록하고, $ab>0$이므로 축은 y축의 왼쪽에 있다.
또, $c<0$이므로 y축과의 교점은 x축보다 아래쪽에 있다.
따라서 이차함수 $y=ax^2+bx+c$의 그래프로 알맞은 것은 ①이다.

| 답 | ①

6-1   숫자 바꾸기

$a<0$, $b>0$, $c>0$일 때, 다음 중 이차함수 $y=ax^2+bx+c$의 그래프로 알맞은 것은? (단, a, b, c는 상수)

① 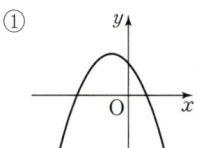   ② 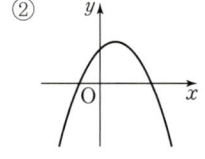   ③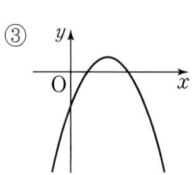

④ 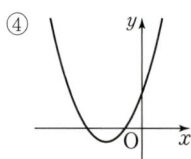   ⑤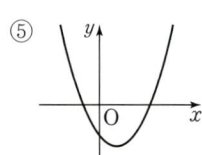

배운대로 해결하기

01 이차함수 $y=-3x^2+6x+a$의 그래프의 꼭짓점의 좌표가 $(b, 0)$일 때, $a+b$의 값은? (단, a는 상수) **대표유형 1**

① -4 ② -2 ③ 0
④ 2 ⑤ 4

02 이차함수 $y=x^2-8x+a$의 그래프가 점 $(1, 3)$을 지날 때, 이 그래프의 꼭짓점의 좌표는? (단, a는 상수) **대표유형 1**

① $(-4, -6)$ ② $(-4, 6)$ ③ $(4, -6)$
④ $(4, 6)$ ⑤ $(6, 4)$

03 이차함수 $y=-\dfrac{1}{2}x^2-x+2$의 그래프를 x축의 방향으로 -2만큼, y축의 방향으로 1만큼 평행이동한 그래프의 꼭짓점의 좌표는? **대표유형 2**

① $\left(-3, \dfrac{7}{2}\right)$ ② $\left(-2, \dfrac{3}{2}\right)$ ③ $\left(-1, \dfrac{5}{2}\right)$
④ $\left(2, \dfrac{3}{2}\right)$ ⑤ $\left(3, \dfrac{7}{2}\right)$

04 이차함수 $y=-2x^2+10x-12$의 그래프가 x축과 만나는 두 점을 각각 A, B라고 할 때, $\overline{AB}$의 길이는? **대표유형 3**

① 1 ② 2 ③ 3
④ 4 ⑤ 5

05 다음 중 이차함수 $y=x^2-4x+5$의 그래프에 대한 설명으로 옳지 <u>않은</u> 것은? **대표유형 4**

① 아래로 볼록한 포물선이다.
② 꼭짓점의 좌표는 $(-2, 1)$이다.
③ 직선 $x=2$에 대하여 대칭이다.
④ $x<2$일 때, x의 값이 증가하면 y의 값은 감소한다.
⑤ 이차함수 $y=x^2$의 그래프를 x축의 방향으로 2만큼, y축의 방향으로 1만큼 평행이동한 것이다.

06 이차함수 $y=ax^2+bx+c$의 그래프가 오른쪽 그림과 같을 때, 상수 a, b, c의 부호는? **대표유형 5**

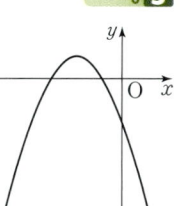

① $a<0, b<0, c<0$
② $a<0, b<0, c>0$
③ $a<0, b>0, c<0$
④ $a>0, b<0, c<0$
⑤ $a>0, b>0, c>0$

생각이 쑥쑥

07 일차함수 $y=ax+b$의 그래프가 오른쪽 그림과 같을 때, 다음 중 이차함수 $y=x^2+ax+b$의 그래프로 알맞은 것은? (단, a, b는 상수) **대표유형 6**

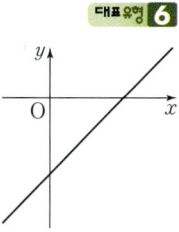

① 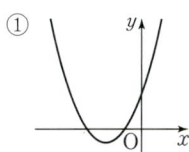 ②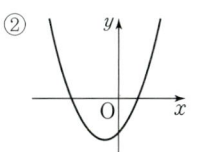

③ 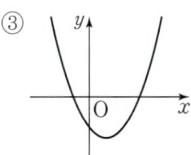 ④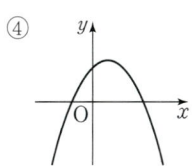

⑤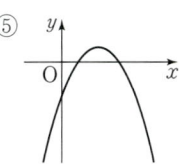

개념 03 이차함수의 식 구하기 (1)

(1) 꼭짓점의 좌표 (p, q)와 그래프 위의 다른 한 점의 좌표가 주어질 때,
  ❶ 이차함수의 식을 $y=a(x-p)^2+q$로 놓는다.
  ❷ 주어진 다른 한 점의 좌표를 대입하여 a의 값을 구한다.

(2) 축의 방정식 $x=p$와 그래프 위의 두 점의 좌표가 주어질 때,
  ❶ 이차함수의 식을 $y=a(x-p)^2+q$로 놓는다.
  ❷ 주어진 두 점의 좌표를 각각 대입하여 a, q의 값을 구한다.

● 꼭짓점의 좌표에 따른 이차함수의 식
  ① $(0, 0)$ ➡ $y=ax^2$
  ② $(0, q)$ ➡ $y=ax^2+q$
  ③ $(p, 0)$ ➡ $y=a(x-p)^2$
  ④ (p, q) ➡ $y=a(x-p)^2+q$

● 축의 방정식이 $x=0$인 이차함수의 식은 $y=ax^2+q$ 꼴이다.

바이블 Point

그래프의 꼭짓점이 좌표축 위에 있는 이차함수의 식
이차함수의 그래프의 꼭짓점의 좌표가 (p, q)일 때,
(1) 그래프의 꼭짓점이 x축 위에 있으면 ➡ $q=0$
  ➡ $y=a(x-p)^2$
(2) 그래프의 꼭짓점이 y축 위에 있으면 ➡ $p=0$
  ➡ $y=ax^2+q$

개념 콕콕

정답과 풀이 | 55쪽

1 다음은 꼭짓점의 좌표가 $(1, -4)$이고, 점 $(0, -7)$을 지나는 포물선을 그래프로 하는 이차함수의 식을 구하는 과정이다. ☐ 안에 알맞은 수를 써넣으시오.

구하는 이차함수의 식을 $y=a(x-\boxed{})^2-\boxed{}$로 놓고 $x=0$, $y=-7$을 대입하면
$-7=a-\boxed{}$ $\therefore a=\boxed{}$
따라서 구하는 이차함수의 식은
$y=\boxed{}(x-\boxed{})^2-\boxed{}$

2 다음은 축의 방정식이 $x=-1$이고, 두 점 $(0, 5)$, $(1, 11)$을 지나는 포물선을 그래프로 하는 이차함수의 식을 구하는 과정이다. ☐ 안에 알맞은 수를 써넣으시오.

구하는 이차함수의 식을 $y=a(x+\boxed{})^2+q$로 놓고
$x=0$, $y=5$를 대입하면 $\boxed{}=a+q$ ······ ㉠
$x=1$, $y=11$을 대입하면 $\boxed{}=4a+q$ ······ ㉡
㉠, ㉡을 연립하여 풀면 $a=2$, $q=\boxed{}$
따라서 구하는 이차함수의 식은
$y=2(x+\boxed{})^2+\boxed{}$

개념 체크

● 꼭짓점의 좌표 (p, q)와 그래프 위의 다른 한 점의 좌표가 주어질 때, 이차함수의 식 구하기
  ❶ 이차함수의 식을 $y=a(x-p)^2+\boxed{㉠}$ 로 놓는다.
  ❷ 주어진 다른 한 점의 좌표를 대입하여 a의 값을 구한다.

● 축의 방정식 $x=p$와 그래프 위의 두 점의 좌표가 주어질 때, 이차함수의 식 구하기
  ❶ 이차함수의 식을 $y=a(x-\boxed{㉡})^2+q$ 로 놓는다.
  ❷ 주어진 두 점의 좌표를 각각 대입하여 a, q의 값을 구한다.

답 | ㉠ q ㉡ p

대표 유형 1 꼭짓점의 좌표와 그래프 위의 다른 한 점이 주어질 때, 이차함수의 식 구하기

BOB 170쪽

꼭짓점의 좌표가 $(2, -1)$이고, y축과 만나는 점의 y좌표가 -5인 포물선을 그래프로 하는 이차함수의 식은?

① $y=-2x^2+8x+5$ ② $y=-x^2+4x-5$

③ $y=x^2-4x+5$ ④ $y=x^2+4x-5$

⑤ $y=2x^2-8x-5$

| 풀이 |

구하는 이차함수의 식을 $y=a(x-2)^2-1$로 놓고 $x=0$, $y=-5$를 대입하면

$-5=4a-1$, $4a=-4$ $\therefore a=-1$

따라서 구하는 이차함수의 식은

$y=-(x-2)^2-1=-x^2+4x-5$

| 답 | ②

1-1 숫자 바꾸기

꼭짓점의 좌표가 $(-3, -6)$이고, y축과 만나는 점의 y좌표가 12인 포물선을 그래프로 하는 이차함수의 식은?

① $y=-2x^2+12x+12$ ② $y=x^2+6x-12$

③ $y=x^2+6x+12$ ④ $y=2x^2+12x-12$

⑤ $y=2x^2+12x+12$

1-2 표현 바꾸기

꼭짓점의 좌표가 $(-2, 5)$이고, 점 $(-4, 3)$을 지나는 이차함수의 그래프가 y축과 만나는 점의 좌표는?

① $(0, -3)$ ② $(0, 3)$ ③ $(0, 7)$

④ $(3, 0)$ ⑤ $(7, 0)$

대표 유형 2 축의 방정식과 그래프 위의 두 점이 주어질 때, 이차함수의 식 구하기

BOB 170쪽

축의 방정식이 $x=3$이고, 두 점 $(0, 13)$, $(4, 5)$를 지나는 포물선을 그래프로 하는 이차함수의 식은?

① $y=-x^2-6x-5$ ② $y=-x^2-6x+13$

③ $y=x^2-6x+13$ ④ $y=x^2+6x-5$

⑤ $y=x^2+6x+13$

| 풀이 |

구하는 이차함수의 식을 $y=a(x-3)^2+q$로 놓고

$x=0$, $y=13$을 대입하면 $13=9a+q$ …… ㉠

$x=4$, $y=5$를 대입하면 $5=a+q$ …… ㉡

㉠, ㉡을 연립하여 풀면 $a=1$, $q=4$

따라서 구하는 이차함수의 식은

$y=(x-3)^2+4=x^2-6x+13$

| 답 | ③

2-1 숫자 바꾸기

축의 방정식이 $x=-2$이고, 두 점 $(-1, 3)$, $(0, 15)$를 지나는 포물선을 그래프로 하는 이차함수의 식은?

① $y=2x^2+8x+3$ ② $y=2x^2+8x+7$

③ $y=4x^2-16x-17$ ④ $y=4x^2+16x+7$

⑤ $y=4x^2+16x+15$

2-2 표현 바꾸기

오른쪽 그림과 같이 축의 방정식이 $x=1$인 포물선을 그래프로 하는 이차함수의 식을 $y=ax^2+bx+c$ 꼴로 나타내시오.

(단, a, b, c는 상수)

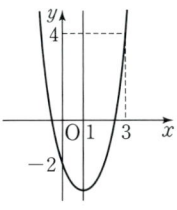

이차함수의 식 구하기 (2)

(1) **그래프 위의 세 점의 좌표가 주어질 때,**

   ❶ 이차함수의 식을 $y=ax^2+bx+c$로 놓는다.

   ❷ 주어진 세 점의 좌표를 각각 대입하여 a, b, c의 값을 구한다.

       ┌─ 축의 방정식 : $x=\dfrac{\alpha+\beta}{2}$

(2) <u>x축과의 교점의 좌표 $(\alpha,\ 0)$, $(\beta,\ 0)$과 그래프 위의 다른 한 점의 좌표가 주어질 때,</u>

   ❶ 이차함수의 식을 $y=a(x-\alpha)(x-\beta)$로 놓는다.

   ❷ 주어진 다른 한 점의 좌표를 대입하여 a의 값을 구한다.

> • x축과의 교점의 좌표와 그래프 위의 다른 한 점의 좌표가 주어진 경우는 그래프 위의 세 점의 좌표가 주어진 경우와 같은 방법으로 이차함수의 식을 구할 수 있다.

바이블 Point

그래프 위의 세 점의 좌표가 주어질 때, 이차함수의 식 구하기

이차함수 $y=ax^2+bx+c$의 그래프가 지나는 세 점의 좌표가 주어질 때, x좌표가 0인 점이 있으면 그 점의 좌표를 이용하여 먼저 c의 값을 구하도록 한다.

즉, 이차함수 $y=ax^2+bx+c$의 그래프가 점 $(0,\ k)$를 지난다고 할 때,

$y=ax^2+bx+c$에 $x=0$, $y=k$를 대입하면

$k=a\times 0^2+b\times 0+c=c$ $\therefore\ c=k$

개념 콕콕

정답과 풀이 | 56쪽

1 다음은 세 점 $(0, 3)$, $(1, -2)$, $(2, -3)$을 지나는 포물선을 그래프로 하는 이차함수의 식을 구하는 과정이다. ☐ 안에 알맞은 것을 써넣으시오.

> 구하는 이차함수의 식을 $y=ax^2+bx+c$로 놓고
>
> $x=0$, $y=3$을 대입하면 $3=\boxed{}$ …… ㉠
>
> $x=1$, $y=-2$를 대입하면 $-2=\boxed{}$ …… ㉡
>
> $x=2$, $y=-3$을 대입하면 $-3=\boxed{}$ …… ㉢
>
> ㉠, ㉡, ㉢을 연립하여 풀면
>
> $a=2$, $b=\boxed{}$, $c=\boxed{}$
>
> 따라서 구하는 이차함수의 식은
>
> $y=2x^2-\boxed{}x+\boxed{}$

개념 체크

> • 그래프 위의 세 점의 좌표가 주어질 때, 이차함수의 식 구하기
>
> ❶ 이차함수의 식을 $y=\boxed{\quad ㉠ \quad}$로 놓는다.
>
> ❷ 주어진 세 점의 좌표를 각각 대입하여 a, b, c의 값을 구한다.

2 다음은 x축과의 교점의 좌표가 $(-2, 0)$, $(1, 0)$이고, 점 $(0, 2)$를 지나는 포물선을 그래프로 하는 이차함수의 식을 구하는 과정이다. ☐ 안에 알맞은 수를 써넣으시오.

> 구하는 이차함수의 식을 $y=a(x+\boxed{})(x-1)$로 놓고 $x=0$, $y=2$를 대입하면
>
> $2=a\times(0+\boxed{})\times(0-1)$ $\therefore\ a=\boxed{}$
>
> 따라서 구하는 이차함수의 식은
>
> $y=\boxed{}(x+\boxed{})(x-1)=-x^2-x+\boxed{}$

> • x축과의 교점의 좌표 $(\alpha, 0)$, $(\beta, 0)$과 그래프 위의 다른 한 점의 좌표가 주어질 때, 이차함수의 식 구하기
>
> ❶ 이차함수의 식을
>
> $y=a(x-\boxed{\quad ㉡ \quad})(x-\beta)$로 놓는다.
>
> ❷ 주어진 다른 한 점의 좌표를 대입하여 a의 값을 구한다.

답 | ㉠ ax^2+bx+c ㉡ α

대표 유형 3 그래프 위의 세 점이 주어질 때, 이차함수의 식 구하기 BOB 171쪽

이차함수 $y=ax^2+bx+c$의 그래프가 세 점 $(0, 6)$, $(1, 0)$, $(2, -10)$을 지날 때, $a+b-c$의 값은?

(단, a, b, c는 상수)

① -12　　　② -8　　　③ 0
④ 8　　　⑤ 12

| 풀이 |

$y=ax^2+bx+c$에
$x=0$, $y=6$을 대입하면 $6=c$　　　　…… ㉠
$x=1$, $y=0$을 대입하면 $0=a+b+c$　　　…… ㉡
$x=2$, $y=-10$을 대입하면 $-10=4a+2b+c$　…… ㉢
㉠, ㉡, ㉢을 연립하여 풀면 $a=-2$, $b=-4$, $c=6$
∴ $a+b-c=-2+(-4)-6=-12$

| 답 | ①

3-1 숫자 바꾸기

이차함수 $y=ax^2+bx+c$의 그래프가 세 점 $(0, 3)$, $(1, 4)$, $(4, -5)$를 지날 때, $a-b+c$의 값은? (단, a, b, c는 상수)

① -6　　　② -4　　　③ 0
④ 4　　　⑤ 6

3-2 표현 바꾸기

세 점 $(-1, 9)$, $(0, 4)$, $(1, 5)$를 지나는 이차함수의 그래프의 꼭짓점의 좌표는?

① $\left(-\dfrac{4}{3}, -\dfrac{1}{3}\right)$　② $\left(-\dfrac{1}{3}, \dfrac{11}{3}\right)$　③ $\left(\dfrac{1}{3}, \dfrac{11}{3}\right)$
④ $\left(\dfrac{2}{3}, \dfrac{8}{3}\right)$　⑤ $\left(\dfrac{4}{3}, \dfrac{1}{3}\right)$

대표 유형 4 x축과의 두 교점과 그래프 위의 다른 한 점이 주어질 때, 이차함수의 식 구하기 BOB 171쪽

오른쪽 그림과 같은 포물선을 그래프로 하는 이차함수의 식은?

① $y=x^2-4x+1$　② $y=x^2+8x-6$
③ $y=2x^2-8x+6$　④ $y=2x^2+6x+3$
⑤ $y=3x^2+2x+6$

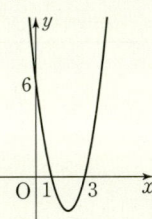

| 풀이 |

그래프가 x축과 두 점 $(1, 0)$, $(3, 0)$에서 만나므로 구하는 이차함수의 식을 $y=a(x-1)(x-3)$으로 놓자.
이 그래프가 점 $(0, 6)$을 지나므로 $y=a(x-1)(x-3)$에 $x=0$, $y=6$을 대입하면
$6=3a$　∴ $a=2$
따라서 구하는 이차함수의 식은
$y=2(x-1)(x-3)=2x^2-8x+6$

| 답 | ③

4-1 숫자 바꾸기

오른쪽 그림과 같은 포물선을 그래프로 하는 이차함수의 식은?

① $y=-2x^2-3x-1$
② $y=-x^2+2x+3$
③ $y=-x^2+4x+3$
④ $y=x^2-5x+3$
⑤ $y=2x^2+3x-3$

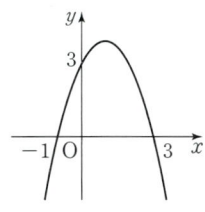

4-2 표현 바꾸기

x축과 두 점 $(-4, 0)$, $(2, 0)$에서 만나고, 점 $(0, -8)$을 지나는 포물선의 꼭짓점의 y좌표는?

① -9　　　② -8　　　③ -7
④ -6　　　⑤ -5

개념 05 이차함수의 활용

이차함수의 활용 문제는 다음과 같은 순서로 푼다.

❶ 변수 x, y 정하기 : 문제의 뜻을 파악하고 두 변수 x, y를 정한다.

❷ 함수의 식 세우기 : x와 y 사이의 관계를 식으로 나타낸다.

❸ 답 구하기 : 얻고자 하는 답을 구한다.

❹ 확인하기 : 구한 답이 주어진 조건에 맞는지 확인한다.

주의 시간, 길이, 거리, 넓이에 해당하는 수는 항상 양수이어야 하므로 변수 x의 값의 범위에 주의한다.

• 합 또는 차가 일정한 두 수의 곱, 도형의 넓이 등에 대한 식을 세울 때에는 먼저 변하는 양을 x로, x에 따라 변하는 양을 y로 놓는다.

 개념 콕콕

정답과 풀이 | 57쪽

1 지면에서 초속 40 m로 똑바로 위로 쏘아 올린 물체의 x초 후의 높이를 y m라고 하면 $y=40x-5x^2$이 성립한다. 다음은 이 물체가 35 m 높이에 도달하는 데 걸리는 시간을 구하는 과정이다. ☐ 안에 알맞은 수를 써넣으시오.

> $y=40x-5x^2$에 $y=$☐를 대입하면 ☐$=40x-5x^2$
>
> x^2-8x+☐$=0$, $(x-$☐$)(x-7)=0$ ∴ $x=$☐ 또는 $x=7$
>
> 따라서 이 물체가 35 m 높이에 도달하는 데 걸리는 시간은 ☐초 또는 7초이다.

2 다음은 합이 10인 두 수의 곱이 16일 때, 이를 만족하는 두 수를 구하는 과정이다. ☐ 안에 알맞은 것을 써넣으시오.

> 두 수 중 한 수를 x라고 하면 다른 한 수는 ☐이다.
>
> 두 수의 곱을 y라고 하면 $y=x($☐$)=-x^2+$☐x
>
> 위의 식에 $y=16$을 대입하면 $16=-x^2+$☐x
>
> x^2-☐$x+16=0$, $(x-2)(x-$☐$)=0$ ∴ $x=2$ 또는 $x=$☐
>
> $x=2$일 때, 다른 한 수는 $10-2=8$
>
> $x=$☐일 때, 다른 한 수는 $10-$☐$=$☐
>
> 따라서 구하는 두 수는 ☐, ☐이다.

• 합이 a인 두 수는 x, ㉠☐로 놓고, 차가 a인 두 수는 x, ㉡☐ 또는 x, $x-a$로 놓는다.

3 다음은 둘레의 길이가 16 cm인 직사각형의 넓이가 15 cm²일 때, 가로의 길이를 구하는 과정이다. ☐ 안에 알맞은 것을 써넣으시오.

> 직사각형의 가로의 길이를 x cm라고 하면 세로의 길이는 (☐) cm이다.
>
> 직사각형의 넓이를 y cm²라고 하면 $y=x($☐$)=-x^2+$☐x
>
> 위의 식에 $y=15$를 대입하면 $15=-x^2+$☐x
>
> x^2-☐$x+15=0$, $(x-3)(x-$☐$)=0$ ∴ $x=3$ 또는 $x=$☐
>
> 따라서 구하는 직사각형의 가로의 길이는 3 cm 또는 ☐ cm이다.

• 둘레의 길이가 16 cm인 직사각형의 가로의 길이와 세로의 길이의 합은 $\dfrac{16}{㉢☐}=$ ㉣☐ (cm)이므로 직사각형의 가로의 길이를 x cm라고 하면 세로의 길이는 (㉤☐) cm이다.

답 | ㉠ $a-x$ ㉡ $x+a$ ㉢ 2 ㉣ 8 ㉤ $8-x$

대표 유형 5 이차함수의 활용 – 식이 주어진 경우

BOB 168쪽

지면으로부터 $10\,m$ 높이에서 초속 $20\,m$로 똑바로 위로 쏘아 올린 공의 x초 후의 지면으로부터의 높이를 $y\,m$라고 하면 $y=-5x^2+20x+10$이 성립한다. 이 공이 지면으로부터 $25\,m$ 높이에 도달하는 데 걸리는 시간을 구하시오.

| 풀이 |

$y=-5x^2+20x+10$에 $y=25$를 대입하면

$25=-5x^2+20x+10$, $5x^2-20x+15=0$

$x^2-4x+3=0$, $(x-1)(x-3)=0$

$\therefore x=1$ 또는 $x=3$

따라서 이 공이 지면으로부터 $25\,m$ 높이에 도달하는 데 걸리는 시간은 1초 또는 3초이다.

| 답 | 1초 또는 3초

5-1 숫자 바꾸기

지면으로부터 $45\,m$ 높이에서 초속 $30\,m$로 똑바로 위로 쏘아 올린 공의 x초 후의 지면으로부터의 높이를 $y\,m$라고 하면 $y=-5x^2+30x+45$가 성립한다. 이 공이 지면으로부터 $85\,m$ 높이에 도달하는 데 걸리는 시간을 구하시오.

5-2 표현 바꾸기

농구 선수가 초속 $60\,cm$로 링을 향해 던진 공의 x초 후의 높이를 $y\,cm$라고 하면 $y=-5x^2+60x$가 성립한다. 이 공이 지면에 떨어질 때까지 걸리는 시간은?

(단, 링을 향해 던진 공은 포물선을 그리며 떨어진다.)

① 5초 　　② 8초 　　③ 10초
④ 12초 　　⑤ 15초

대표 유형 6 이차함수의 활용 – 식이 주어지지 않은 경우

BOB 168쪽

합이 13인 두 수의 곱이 42일 때, 이를 만족하는 두 수를 구하시오.

| 풀이 |

두 수 중 한 수를 x라고 하면 다른 한 수는 $13-x$이다.

두 수의 곱을 y라고 하면

$y=x(13-x)=-x^2+13x$

$y=-x^2+13x$에 $y=42$를 대입하면

$42=-x^2+13x$, $x^2-13x+42=0$

$(x-6)(x-7)=0$　　$\therefore x=6$ 또는 $x=7$

$x=6$일 때, 다른 한 수는 $13-6=7$

$x=7$일 때, 다른 한 수는 $13-7=6$

따라서 구하는 두 수는 6, 7이다.

| 답 | 6, 7

6-1 숫자 바꾸기

합이 21인 두 수의 곱이 80일 때, 이를 만족하는 두 수를 구하시오.

6-2 표현 바꾸기

둘레의 길이가 $24\,cm$인 직사각형의 넓이가 $27\,cm^2$일 때, 이 직사각형의 가로의 길이를 구하시오.

01 꼭짓점의 좌표가 $(-2, 3)$이고, y축과 만나는 점의 y좌표가 7인 포물선을 그래프로 하는 이차함수의 식은? 대표유형 1

① $y=-2x^2-8x+7$ ② $y=-x^2-4x+7$
③ $y=x^2+4x+7$ ④ $y=2x^2-8x+7$
⑤ $y=2x^2+8x+7$

02 꼭짓점의 좌표가 $(4, -1)$이고, 점 $(3, 1)$을 지나는 이차함수의 그래프가 y축과 만나는 점의 y좌표는? 대표유형 1

① 8 ② 15 ③ 16
④ 31 ⑤ 32

03 오른쪽 그림과 같은 이차함수의 그래프가 점 $(6, k)$를 지날 때, k의 값을 구하시오. 대표유형 1

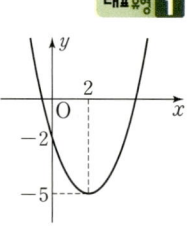

04 오른쪽 그림과 같이 축의 방정식이 $x=-1$인 포물선을 그래프로 하는 이차함수의 식은? 대표유형 2

① $y=x^2-2x-2$
② $y=x^2-2x$
③ $y=x^2+2x-2$
④ $y=x^2+2x$
⑤ $y=x^2+2x+2$

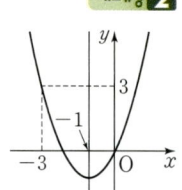

05 축의 방정식이 $x=-2$이고, 두 점 $(-1, 1)$, $(0, -5)$를 지나는 포물선의 꼭짓점의 좌표는? 대표유형 2

① $(-2, -3)$ ② $(-2, -2)$ ③ $(-2, 3)$
④ $(2, -2)$ ⑤ $(2, 3)$

생각이 쑥쑥

06 다음 조건을 모두 만족하는 포물선을 그래프로 하는 이차함수의 식을 $y=ax^2+bx+c$라고 할 때, $a+b+c$의 값은? 대표유형 2
(단, a, b, c는 상수)

> (가) 축의 방정식이 $x=2$이다.
> (나) 점 $(3, 4)$를 지난다.
> (다) 이차함수 $y=-4x^2$의 그래프를 평행이동한 것이다.

① -28 ② -20 ③ 4
④ 20 ⑤ 28

07 세 점 $(-2, 0)$, $(-1, -5)$, $(0, -12)$를 지나는 포물선을 그래프로 하는 이차함수의 식은? 대표유형 3

① $y=-x^2-8x-12$ ② $y=-x^2-8x+12$
③ $y=-x^2+8x-12$ ④ $y=-x^2-4x-6$
⑤ $y=-x^2-4x+6$

08 세 점 $(-1, -1)$, $(0, 4)$, $(1, 7)$을 지나는 이차함수의 그래프의 축의 방정식을 $x=p$라고 할 때, p의 값을 구하시오. 대표유형 3

09 오른쪽 그림과 같은 포물선을 그래프로 하는 이차함수의 식을 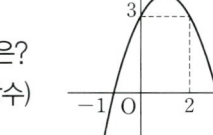 $y=ax^2+bx+c$라고 할 때, abc의 값은?

(단, a, b, c는 상수)

① -6 ② -4
③ -2 ④ 4
⑤ 6

10 이차함수 $y=-2x^2$의 그래프와 모양과 폭이 같고, x축과의 두 교점의 x좌표가 -3, 2인 이차함수의 그래프가 y축과 만나는 점의 좌표는?

① $(0, -12)$ ② $(0, -3)$ ③ $(0, 12)$
④ $(3, 0)$ ⑤ $(12, 0)$

11 이차함수 $y=ax^2+bx+c$의 그래프가 x축과 두 점 $(-1, 0)$, $(5, 0)$에서 만나고, 점 $(4, -10)$을 지날 때, $a+b-c$의 값은? (단, a, b, c는 상수)

① -4 ② -2 ③ -1
④ 2 ⑤ 4

생각이 쑥쑥

12 오른쪽 그림과 같은 포물선을 x축의 방향으로 -2만큼, y축의 방향으로 $\dfrac{1}{2}$만큼 평행이동한 그래프를 나타내는 이차함수의 식은?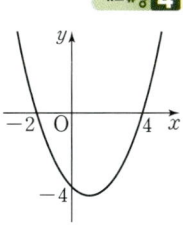

① $y=-\dfrac{1}{2}(x-3)^2-4$ ② $y=-\dfrac{1}{2}(x-1)^2+5$
③ $y=\dfrac{1}{2}(x+1)^2-4$ ④ $y=\dfrac{1}{2}(x+1)^2+5$
⑤ $y=\dfrac{1}{2}(x-3)^2-4$

13 지면에서 초속 35 m로 똑바로 위로 쏘아 올린 물체의 x초 후의 높이를 y m라고 하면 $y=-5x^2+35x$가 성립한다. 이 물체를 쏘아 올린 지 3초 후의 물체의 높이는?

① $60\,\mathrm{m}$ ② $65\,\mathrm{m}$ ③ $70\,\mathrm{m}$
④ $75\,\mathrm{m}$ ⑤ $80\,\mathrm{m}$

14 지면으로부터 60 m 높이에서 초속 20 m로 똑바로 위로 쏘아 올린 물 로켓의 x초 후의 지면으로부터의 높이를 y m라고 하면 $y=-5x^2+20x+60$이 성립한다. 이 물 로켓이 지면에 떨어질 때까지 걸리는 시간은?

① 2초 ② 3초 ③ 4초
④ 5초 ⑤ 6초

15 차가 5인 두 자연수의 곱이 14일 때, 이를 만족하는 두 자연수를 구하시오.

16 둘레의 길이가 30 cm인 직사각형의 넓이가 44 cm²일 때, 이 직사각형의 세로의 길이를 구하시오.

01 이차함수 $y=-x^2-6x-7$의 그래프의 꼭짓점의 좌표와 축의 방정식을 차례대로 구하면?

① $(-3, 2)$, $x=-3$ ② $(-3, 2)$, $x=3$

③ $(3, -7)$, $x=3$ ④ $(3, 2)$, $x=3$

⑤ $(7, -3)$, $x=-7$

02 두 이차함수 $y=x^2-2x-a$와 $y=\dfrac{1}{2}x^2-x$의 그래프의 꼭짓점이 일치할 때, 상수 a의 값은?

① $-\dfrac{3}{2}$ ② -1 ③ $-\dfrac{1}{2}$

④ $\dfrac{1}{2}$ ⑤ 1

03 이차함수 $y=-x^2+8x-5$의 그래프를 x축의 방향으로 -2만큼, y축의 방향으로 -6만큼 평행이동한 그래프의 꼭짓점의 좌표는?

① $(2, 1)$ ② $(2, 5)$ ③ $(2, 17)$

④ $(6, 1)$ ⑤ $(6, 5)$

04 이차함수 $y=2x^2+5x-3$의 그래프가 x축과 만나는 두 점의 x좌표를 각각 p, q라 하고, y축과 만나는 점의 y좌표를 r라고 할 때, $p+q-r$의 값은?

① $\dfrac{1}{2}$ ② 1 ③ $\dfrac{3}{2}$

④ 2 ⑤ $\dfrac{5}{2}$

05 이차함수 $y=x^2-4x+3+a$의 그래프가 x축에 접할 때, 상수 a의 값을 구하시오.

06 다음 중 이차함수 $y=-2x^2+4x+7$의 그래프에 대한 설명으로 옳지 <u>않은</u> 것은?

① 꼭짓점의 좌표는 $(1, 9)$이다.
② 축의 방정식은 $x=1$이다.
③ $x<1$일 때, x의 값이 증가하면 y의 값도 증가한다.
④ 이차함수 $y=-2x^2$의 그래프를 x축의 방향으로 -1만큼, y축의 방향으로 9만큼 평행이동한 것이다.
⑤ y축과의 교점의 좌표는 $(0, 7)$이다.

07 이차함수 $y=ax^2+bx+c$의 그래프가 오른쪽 그림과 같을 때, 다음 중 옳은 것은? (단, a, b, c는 상수)

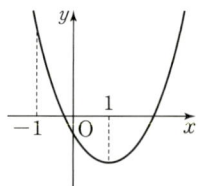

① $a<0$ ② $b>0$

③ $c>0$ ④ $a+b+c>0$

⑤ $a-b+c>0$

08 이차함수 $y=ax^2+bx+c$의 그래프가 오른쪽 그림과 같을 때, 다음 중 이차함수 $y=bx^2-ax-c$의 그래프로 알맞은 것은? (단, a, b, c는 상수)

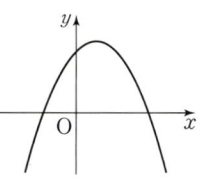

① 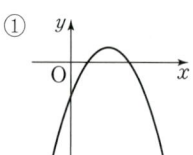 ② 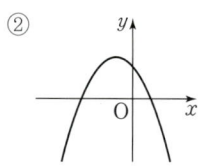 ③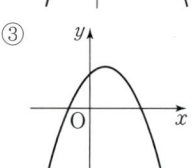

④ 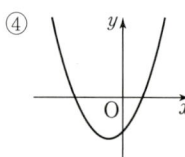 ⑤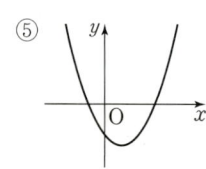

09 꼭짓점의 좌표가 $(3, -1)$이고, 점 $(0, 8)$을 지나는 포물선을 그래프로 하는 이차함수의 식은?

① $y = -2x^2 + 12x + 10$ ② $y = -x^2 - 6x + 8$
③ $y = x^2 - 6x + 8$ ④ $y = x^2 + 6x + 8$
⑤ $y = 2x^2 - 12x + 10$

10 오른쪽 그림과 같은 이차함수의 그래프가 점 $(4, k)$를 지날 때, k의 값은?

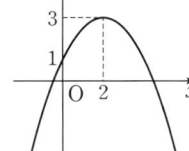

① -5 ② -1
③ 1 ④ 5
⑤ 10

11 직선 $x = -5$를 축으로 하고, 두 점 $(-4, -3)$, $(-2, 13)$을 지나는 포물선의 꼭짓점의 좌표는?

① $(-5, -5)$ ② $(-5, -3)$ ③ $(-1, 3)$
④ $(1, 3)$ ⑤ $(5, 5)$

12 이차함수 $y = ax^2 + bx + c$의 그래프가 세 점 $(-1, -6)$, $(0, -2)$, $(3, -2)$를 지날 때, $a + b + c$의 값은?

(단, a, b, c는 상수)

① -6 ② -5 ③ 0
④ 5 ⑤ 6

13 오른쪽 그림과 같은 이차함수의 그래프의 꼭짓점의 좌표를 (p, q)라고 할 때, $p + q$의 값은?

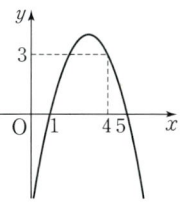

① 6 ② 7
③ 8 ④ 9
⑤ 10

14 x축과 만나는 두 점의 x좌표가 각각 -3, 4이고, 점 $(1, -4)$를 지나는 포물선이 y축과 만나는 점의 y좌표는?

① -4 ② -2 ③ -1
④ 2 ⑤ 4

15 지면에서 초속 45 m로 똑바로 위로 쏘아 올린 물체의 x초 후의 높이를 y m라고 하면 $y = -5x^2 + 45x$가 성립한다. 이 공이 지면에 떨어질 때까지 걸리는 시간은?

① 6초 ② 7초 ③ 8초
④ 9초 ⑤ 10초

16 오른쪽 그림과 같이 길이가 20 m인 철망을 사용하여 직사각형 모양의 꽃밭을 만들려고 한다. 벽에는 철망을 사용하지 않을 때, 꽃밭의 넓이가 42 m²가 되도록 하는 x의 값을 구하시오.

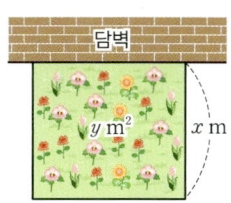

서술형 문제

17 이차함수 $y=x^2-6x+12$의 그래프를 x축의 방향으로 a만큼, y축의 방향으로 b만큼 평행이동하면 이차함수 $y=x^2-4x+9$의 그래프와 일치한다. 이때 $a+b$의 값을 구하시오.

풀이

답 _____

18 이차함수 $y=ax^2+bx+c$의 그래프가 오른쪽 그림과 같을 때, 일차함수 $y=ax+bc$의 그래프가 지나지 않는 사분면을 구하시오. (단, a, b, c는 상수)

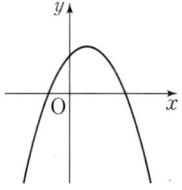

풀이

답 _____

19 다음 조건을 모두 만족하는 포물선을 그래프로 하는 이차함수의 식을 $y=ax^2+bx+c$라고 할 때, $a+b+c$의 값을 구하시오. (단, a, b, c는 상수)

㈎ x축과 두 점 $(-3, 0)$, $(2, 0)$에서 만난다.
㈏ y축과 점 $(0, 12)$에서 만난다.

풀이

답 _____

발전 문제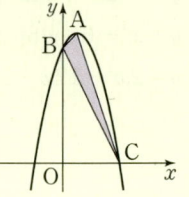

20 오른쪽 그림과 같이 이차함수 $y=-x^2+2x+8$의 그래프의 꼭짓점을 A, 그래프가 y축과 만나는 점을 B, x축의 양의 부분과 만나는 점을 C라고 할 때, △ABC의 넓이를 구하시오.

● 해결 Point △ABC=△ABO+△AOC−△BOC임을 이용한다.

21 세 점 $(-1, 6)$, $(0, 1)$, $(2, 9)$를 지나는 이차함수의 그래프를 x축의 방향으로 $\dfrac{2}{3}$만큼, y축의 방향으로 $\dfrac{4}{3}$만큼 평행이동한 후 x축에 대칭이동한 그래프를 나타내는 이차함수의 식을 구하시오.

● 해결 Point 이차함수 $y=a(x-p)^2+q$의 그래프를 x축의 방향으로 m만큼, y축의 방향으로 n만큼 평행이동한 그래프를 나타내는 이차함수의 식은 $y=a(x-p-m)^2+q+n$임을 이용한다.

22 한 권의 가격이 800원일 때, 200권이 팔리는 공책이 있다. 이 공책의 한 권당 가격을 x원 내리면 $2x$권만큼 더 팔린다고 할 때, 총 판매 금액이 280000원이 되게 하려면 공책 한 권의 가격은 얼마로 해야 하는지 구하시오.

● 해결 Point (총 판매 금액)=(한 권의 가격)×(판매량)임을 이용한다.

新 수학의 바이블

원리를 쉽게! **개념**을 빠르게! 생각을 우월하게!

개념

중학 **3-1**

워크북

이투스북

新 수학의
바이블

워크북

배운대로 **복습하기**

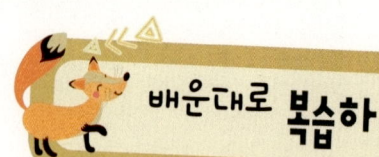

01 7의 제곱근을 a, 12의 제곱근을 b라고 할 때, a^2+b^2의 값은?

① 17 ② 19 ③ 21

④ 61 ⑤ 193

02 $1.\dot{7}$의 제곱근은?

① $\dfrac{4}{3}$ ② $-\dfrac{4}{3}$ ③ $\pm\dfrac{4}{3}$

④ ±0.4 ⑤ $\pm\dfrac{4}{9}$

03 다음 수 중 제곱근을 구할 수 없는 것은 모두 몇 개인가?

$$4, \quad -49, \quad 0, \quad (-25)^2, \quad -12^2$$

① 1개 ② 2개 ③ 3개

④ 4개 ⑤ 5개

04 다음 중 옳지 않은 것은?

① 제곱근 169는 13이다.
② -9의 제곱근은 없다.
③ $\sqrt{4}$의 제곱근은 ±2이다.
④ 0의 제곱근은 1개이다.
⑤ $\left(-\dfrac{1}{6}\right)^2$의 음의 제곱근은 $-\dfrac{1}{6}$이다.

05 밑변의 길이가 12, 높이가 7인 삼각형과 넓이가 같은 정사각형의 한 변의 길이를 구하시오.

06 다음 중 그 값이 나머지 넷과 다른 하나는?

① 제곱근 5
② $\sqrt{25}$의 제곱근
③ $\sqrt{5^2}$의 제곱근
④ 제곱하여 5가 되는 수
⑤ $x^2=5$를 만족하는 x의 값

07 다음 수 중 제곱근을 근호를 사용하지 않고 나타낼 수 있는 것은?

① 0.9 ② 15 ③ 48

④ 80 ⑤ 121

08 $\left(-\dfrac{2}{5}\right)^2$의 양의 제곱근을 a, 제곱근 5를 b라고 할 때, ab^2의 값은?

① $\dfrac{2}{5}$ ② $\dfrac{3}{5}$ ③ $\dfrac{4}{5}$

④ 1 ⑤ 2

01 다음 중 옳지 <u>않은</u> 것은?

① $\sqrt{(-7)^2}=7$ ② $(-\sqrt{8})^2=8$

③ $-\sqrt{(-5)^2}=5$ ④ $-(\sqrt{6})^2=-6$

⑤ $-\sqrt{81}=-9$

02 $(-\sqrt{9})^2$의 양의 제곱근을 a, $\sqrt{(-4)^2}$의 음의 제곱근을 b 라고 할 때, $b-a$의 값을 구하시오.

03 다음 중 옳은 것은?

① $(\sqrt{2})^2+(-\sqrt{3})^2=-1$

② $\sqrt{36}-\sqrt{(-2)^2}=8$

③ $-\sqrt{3^2}\times\left(-\sqrt{\dfrac{5}{3}}\right)^2=15$

④ $\sqrt{0.04}\div\sqrt{(-0.1)^2}=2$

⑤ $(-\sqrt{8})^2-\sqrt{(-4)^2}+\sqrt{9}=15$

04 $A=\sqrt{(-3)^2}+\sqrt{121}-\sqrt{9^2}$,
$B=-\sqrt{256}\div(-\sqrt{8})^2\times\sqrt{(-3)^2}$일 때, $A+B$의 값은?

① -3 ② -2 ③ -1

④ 1 ⑤ 2

05 $a>0$일 때, 다음 중 그 값이 나머지 넷과 다른 하나는?

① $\sqrt{a^2}$ ② $(-\sqrt{a})^2$ ③ $\sqrt{(-a)^2}$

④ $(\sqrt{a})^2$ ⑤ $-(-\sqrt{a})^2$

06 $a<0$, $b>0$일 때, $-\sqrt{b^2}-\sqrt{a^2}$을 간단히 하면?

① $b-a$ ② $a-b$ ③ $-a-b$

④ $a+b$ ⑤ $-a^2+b^2$

07 $x<5$일 때, $\sqrt{(5-x)^2}-\sqrt{(x-5)^2}$을 간단히 하면?

① $-2x-10$ ② $-2x$ ③ $-2x+10$

④ 0 ⑤ $2x$

08 $2<x<4$일 때, $\sqrt{(x-2)^2}+\sqrt{(x-4)^2}$을 간단히 하면?

① $2x+2$ ② $2x+6$ ③ 2

④ $-2x+2$ ⑤ 6

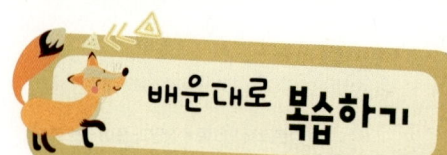

01 $\sqrt{150x}$가 자연수가 되도록 하는 두 자리의 자연수 x의 값 중 가장 작은 수는?

① 20　　　　② 21　　　　③ 22
④ 24　　　　⑤ 26

02 $\sqrt{\dfrac{56}{n}}$이 자연수가 되도록 하는 가장 작은 자연수 n의 값은?

① 2　　　　② 7　　　　③ 14
④ 21　　　　⑤ 28

03 다음 중 $\sqrt{21+x}$가 자연수가 되지 <u>않는</u> x의 값은?

① 4　　　　② 15　　　　③ 28
④ 43　　　　⑤ 59

04 $\sqrt{25-x}$가 정수가 되도록 하는 자연수 x의 개수는?

① 4개　　　　② 5개　　　　③ 6개
④ 7개　　　　⑤ 8개

05 다음 중 두 수의 대소 관계가 옳지 <u>않은</u> 것은?

① $\sqrt{37}>6$　　　　② $-\dfrac{1}{\sqrt{6}}>-\dfrac{1}{2}$

③ $\sqrt{3}>-\sqrt{5}$　　　　④ $\dfrac{1}{2}<\dfrac{1}{\sqrt{2}}$

⑤ $-\sqrt{(-3)^2}<-\sqrt{10}$

06 다음 수 중 가장 큰 수를 a, 가장 작은 수를 b라고 할 때, a^2+b^2의 값을 구하시오.

$$(\sqrt{3})^2,\quad \sqrt{(-5)^2},\quad -\sqrt{3},\quad 0,\quad -\sqrt{5},\quad 4$$

07 부등식 $-5<-\sqrt{2x}<-4$를 만족시키는 자연수 x의 개수를 구하시오.

08 부등식 $3<\sqrt{2x+1}<4$를 만족시키는 자연수 x의 값 중 가장 큰 수는?

① 9　　　　② 8　　　　③ 7
④ 6　　　　⑤ 5

01 다음 중 세 수가 모두 무리수인 것은?

① $\sqrt{8}$, 0, $-\sqrt{2}$ ② $0.\dot{2}$, π, $\sqrt{3}+2$

③ $\sqrt{6}$, $\sqrt{9}$, $\sqrt{12}$ ④ $\sqrt{44}$, $\sqrt{2}-1$, $\sqrt{\dfrac{5}{4}}$

⑤ $-\sqrt{0.49}$, $\sqrt{5}$, $\sqrt{4}+3$

02 다음 보기 중 순환소수가 아닌 무한소수의 개수는?

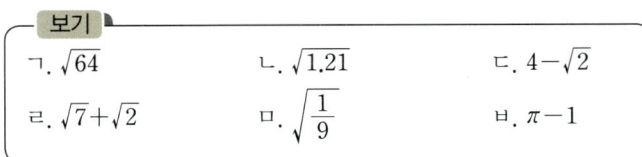

보기
ㄱ. $\sqrt{64}$ ㄴ. $\sqrt{1.21}$ ㄷ. $4-\sqrt{2}$
ㄹ. $\sqrt{7}+\sqrt{2}$ ㅁ. $\sqrt{\dfrac{1}{9}}$ ㅂ. $\pi-1$

① 1개   ② 2개   ③ 3개
④ 4개   ⑤ 5개

03 다음 중 옳지 않은 것은?

① 유한소수는 유리수이다.
② 무리수는 순환소수가 아닌 무한소수이다.
③ 유리수는 실수이다.
④ 근호를 사용하여 나타낸 수는 모두 무리수이다.
⑤ 실수 중에서 유리수가 아닌 수는 모두 무리수이다.

04 오른쪽 그림은 한 눈금의 길이가 1인 모눈종이 위에 직각삼각형 ABC와 수직선을 그린 것이다. $\overline{BA}=\overline{BP}$일 때, 점 P에 대응하는 수를 구하시오.

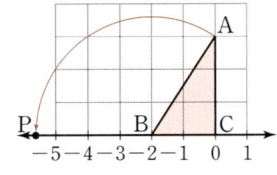

05 오른쪽 그림과 같이 넓이가 5인 정사각형 ABCD에 대하여 $\overline{BA}=\overline{BP}$, $\overline{BC}=\overline{BQ}$일 때, 두 점 P, Q에 각각 대응하는 수의 합을 구하시오.

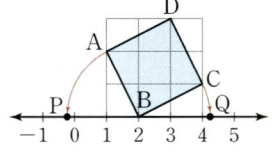

06 다음 중 옳지 않은 것은?

① 유리수가 아닌 실수는 모두 무리수이다.
② 실수 중에서 유리수이면서 동시에 무리수인 수는 없다.
③ 1보다 크면서 1에 가장 가까운 실수는 1.1이다.
④ $-\sqrt{10}$과 $\sqrt{5}$ 사이에는 6개의 정수가 있다.
⑤ $\dfrac{2}{5}$와 $\dfrac{3}{5}$ 사이에는 무수히 많은 무리수가 있다.

07 다음 중 두 실수의 대소 관계가 옳지 않은 것은?

① $1-\sqrt{3}<1-\sqrt{2}$ ② $3<1+\sqrt{5}$
③ $\sqrt{6}-1>2$ ④ $\sqrt{5}-\sqrt{8}>\sqrt{5}-3$
⑤ $5+\sqrt{2}>2+\sqrt{2}$

08 다음 세 수 a, b, c를 큰 수부터 차례대로 나열한 것은?

$$a=\sqrt{3}-\sqrt{10}, \quad b=\sqrt{3}-3, \quad c=1-\sqrt{10}$$

① a, b, c ② b, a, c ③ b, c, a
④ c, a, b ⑤ c, b, a

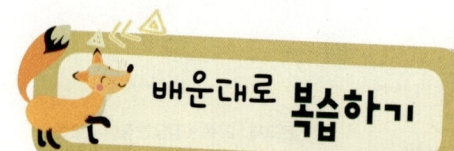

배운대로 **복습하기**

개념 01 ~ 개념 04

01 다음 중 그 계산 결과가 나머지 넷과 다른 하나는?

① $\sqrt{2} \times \sqrt{3}$

② $\sqrt{48} \times \sqrt{\dfrac{1}{8}}$

③ $\sqrt{\dfrac{1}{2}} \times \sqrt{12}$

④ $\sqrt{56} \times \sqrt{\dfrac{1}{7}}$

⑤ $\sqrt{18} \times \sqrt{\dfrac{2}{3}} \times \sqrt{\dfrac{1}{2}}$

02 $\sqrt{7} \times \sqrt{\dfrac{1}{14}} \times \sqrt{24} = \sqrt{a}$, $\sqrt{3} \times \sqrt{\dfrac{1}{21}} = \sqrt{b}$일 때, 두 유리수 a, b에 대하여 $a+7b$의 값은?

① 12   ② 13   ③ 14

④ 15   ⑤ 16

03 $\dfrac{\sqrt{143}}{\sqrt{11}} = \sqrt{a}$, $\sqrt{10} \div \sqrt{26} = \sqrt{b}$일 때, 두 유리수 a, b에 대하여 ab의 값을 구하시오.

04 다음을 계산하시오.

$$-\dfrac{\sqrt{2}}{\sqrt{3}} \div \dfrac{\sqrt{10}}{5} \div (-2\sqrt{5})$$

05 다음 중 □ 안에 알맞은 수가 가장 큰 것은?

① $2\sqrt{5} = \sqrt{\square}$

② $-\sqrt{270} = -3\sqrt{\square}$

③ $\sqrt{1250} = \square\sqrt{2}$

④ $\sqrt{500} = \square\sqrt{5}$

⑤ $-4\sqrt{\dfrac{5}{2}} = -\sqrt{\square}$

06 두 유리수 a, b에 대하여 $\sqrt{48} = 4\sqrt{a}$, $-5\sqrt{3} = -\sqrt{b}$일 때, $b-a$의 값은?

① 70   ② 72   ③ 74

④ 76   ⑤ 78

07 $\sqrt{12} \times \sqrt{24} \times \sqrt{75} = a\sqrt{6}$를 만족시키는 자연수 a의 값은?

① 15   ② 20   ③ 30

④ 45   ⑤ 60

08 $\sqrt{2} = a$, $\sqrt{3} = b$일 때, $\sqrt{108}$을 a, b를 사용하여 나타내면?

① $2ab$ ② $2a^2b$ ③ $2ab^2$

④ $3ab$ ⑤ $3a^2b$

09 다음 중 분모를 유리화한 것으로 옳지 <u>않은</u> 것은?

① $\dfrac{\sqrt{2}}{\sqrt{5}}=\dfrac{\sqrt{10}}{5}$ ② $\dfrac{1}{2\sqrt{2}}=\dfrac{\sqrt{2}}{4}$

③ $\dfrac{2}{5\sqrt{2}}=\dfrac{\sqrt{2}}{5}$ ④ $\dfrac{1}{\sqrt{12}}=\dfrac{\sqrt{3}}{6}$

⑤ $\dfrac{3}{\sqrt{18}}=\sqrt{2}$

10 유리수 a, b에 대하여 $\dfrac{\sqrt{5}}{3\sqrt{2}}=a\sqrt{10}$, $\dfrac{\sqrt{3}}{\sqrt{32}}=b\sqrt{6}$일 때, $\dfrac{1}{ab}$ 의 값을 구하시오.

11 $\sqrt{108}\div3\sqrt{3}\times\sqrt{48}=a\sqrt{3}$일 때, 유리수 a의 값은?

① -8 ② -4 ③ 2

④ 4 ⑤ 8

12 $\dfrac{3\sqrt{3}}{\sqrt{2}}\times\dfrac{8}{\sqrt{12}}\div\dfrac{\sqrt{6}}{\sqrt{5}}$ 을 계산하면?

① $2\sqrt{15}$ ② $\sqrt{5}$ ③ $\dfrac{3\sqrt{3}}{5}$

④ $\dfrac{2\sqrt{5}}{5}$ ⑤ $\dfrac{\sqrt{5}}{3}$

13 오른쪽 그림과 같이 밑면인 원의 반지름의 길이가 $2\sqrt{10}$ cm인 원기둥의 부피가 $\sqrt{7600}\pi$ cm³일 때, 이 원기둥의 높이는 몇 cm인지 구하시오.

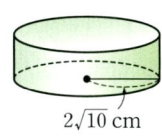

2√10 cm

[14~15] 다음 표는 제곱근표의 일부이다. 물음에 답하시오.

수	0	1	2	3	4	5
65	8.062	8.068	8.075	8.081	8.087	8.093
66	8.124	8.130	8.136	8.142	8.149	8.155
67	8.185	8.191	8.198	8.204	8.210	8.216
68	8.246	8.252	8.258	8.264	8.270	8.276
69	8.307	8.313	8.319	8.325	8.331	8.337

14 다음 중 옳지 <u>않은</u> 것은?

① $\sqrt{65.2}=8.075$ ② $\sqrt{68.5}=8.276$

③ $\sqrt{0.671}=0.8191$ ④ $\sqrt{6750}=81.85$

⑤ $\sqrt{6940}=83.31$

15 다음 중 위의 제곱근표를 이용하여 그 값을 구할 수 <u>없는</u> 것은?

① $\sqrt{0.00672}$ ② $\sqrt{0.0683}$ ③ $\sqrt{65}$

④ $\sqrt{6620}$ ⑤ $\sqrt{684000}$

16 $\sqrt{2}=1.414$, $\sqrt{20}=4.472$일 때, 다음 중 옳지 <u>않은</u> 것은?

① $\sqrt{0.002}=0.04472$ ② $\sqrt{0.2}=0.1414$

③ $\sqrt{200}=14.14$ ④ $\sqrt{2000}=44.72$

⑤ $\sqrt{20000}=141.4$

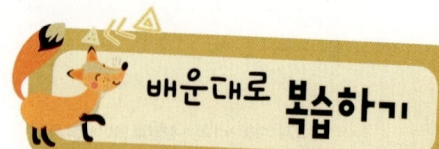

배운대로 복습하기 개념 05 ~ 개념 07

01 $A=2\sqrt{5}-4\sqrt{5}-\sqrt{5}$, $B=-\sqrt{3}+5\sqrt{3}-4\sqrt{3}$일 때, $A+B$ 의 값을 구하시오.

02 $2\sqrt{3}+\dfrac{\sqrt{7}}{2}-3\sqrt{3}-\dfrac{2\sqrt{7}}{3}=a\sqrt{3}+b\sqrt{7}$일 때, $a+6b$의 값은? (단, a, b는 유리수)

① -4 ② -3 ③ -2
④ -1 ⑤ 0

03 오른쪽 그림은 한 눈금의 길이가 1인 모눈종이 위에 정사각형 ABCD와 수직선을 그린 것이다. $\overline{BA}=\overline{BP}$, $\overline{BC}=\overline{BQ}$일 때, 점 P에 대응하는 수를 p, 점 Q에 대응하는 수를 q라고 하자. 이때 $p-3q$의 값을 구하시오.

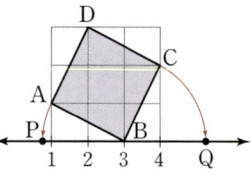

04 다음 중 옳지 <u>않은</u> 것은?

① $3\sqrt{2}+5\sqrt{2}=8\sqrt{2}$
② $5\sqrt{2}-8\sqrt{2}=-3\sqrt{2}$
③ $\sqrt{300}-6\sqrt{3}+2\sqrt{3}=6\sqrt{3}$
④ $\dfrac{\sqrt{5}}{2}+\dfrac{\sqrt{5}}{3}-\dfrac{3\sqrt{5}}{4}=\dfrac{\sqrt{5}}{6}$
⑤ $\sqrt{28}-\sqrt{63}+5\sqrt{7}=4\sqrt{7}$

05 다음 식을 계산하면?

$$\sqrt{2}\left(\frac{1}{\sqrt{2}}+\frac{1}{\sqrt{3}}\right)+\sqrt{3}\left(\frac{1}{\sqrt{2}}-\frac{1}{\sqrt{3}}\right)$$

① $\dfrac{\sqrt{6}}{2}$ ② $\dfrac{5\sqrt{6}}{6}$ ③ $\dfrac{5\sqrt{6}}{3}$
④ $5\sqrt{6}$ ⑤ $10\sqrt{6}$

06 $4\sqrt{5}-a\sqrt{5}+\sqrt{45}=6\sqrt{5}$일 때, 유리수 a의 값을 구하시오.

07 $A=\sqrt{3}+\sqrt{6}$, $B=3\sqrt{2}-2$일 때, $\sqrt{2}A-\sqrt{3}B$를 계산하면?

① $4\sqrt{3}-2\sqrt{6}$ ② $4\sqrt{3}-3\sqrt{6}$
③ $4\sqrt{3}-4\sqrt{6}$ ④ $5\sqrt{3}-2\sqrt{6}$
⑤ $5\sqrt{3}-3\sqrt{6}$

08 $\sqrt{2}(a+3\sqrt{2})-\sqrt{50}-2a+8$이 유리수가 되도록 하는 유리수 a의 값은?

① -6 ② -5 ③ 0
④ 5 ⑤ 6

09 $\dfrac{\sqrt{3}-3\sqrt{2}}{\sqrt{3}}-\dfrac{\sqrt{32}-2\sqrt{3}}{\sqrt{2}}$ 을 계산하시오.

10 $\dfrac{2}{\sqrt{5}}(\sqrt{5}-\sqrt{3})-\dfrac{\sqrt{27}-3\sqrt{5}}{3\sqrt{3}}$ 를 계산하면?

① $3+\dfrac{11\sqrt{15}}{15}$　　② $3-\dfrac{11\sqrt{15}}{15}$　　③ $1+\dfrac{11\sqrt{15}}{15}$

④ $1+\dfrac{\sqrt{15}}{15}$　　⑤ $1-\dfrac{\sqrt{15}}{15}$

11 $\sqrt{10}(2-\sqrt{20})+\dfrac{6\sqrt{6}-12\sqrt{30}}{\sqrt{3}}=a\sqrt{2}+b\sqrt{10}$일 때, $a-b$ 의 값은? (단, a, b는 유리수)

① 2　　② 3　　③ 4

④ 5　　⑤ 6

12 오른쪽 그림과 같은 사다리꼴 ABCD의 넓이를 구하시오.

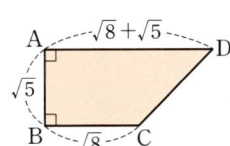

13 $\sqrt{5}$의 소수 부분을 x라고 할 때, $\dfrac{5x}{x+2}$의 값을 구하시오.

14 $\sqrt{30}-2$의 정수 부분을 a, 소수 부분을 b라고 할 때, $a+2b$ 의 값은?

① $-4+\sqrt{30}$　　② $-4+2\sqrt{30}$

③ $-7+\sqrt{30}$　　④ $-7+2\sqrt{30}$

⑤ $-7+4\sqrt{30}$

15 $\sqrt{3}$의 소수 부분을 p라고 할 때, $\sqrt{108}$의 소수 부분을 p를 사용하여 나타내면?

① $6p+1$　　② $6p-4$　　③ $6p-3$

④ $6p-2$　　⑤ $6p-1$

16 다음 중 두 실수의 대소 관계가 옳지 <u>않은</u> 것은?

① $\sqrt{3}+1<3$　　② $1+\sqrt{2}<4-\sqrt{2}$

③ $2-\sqrt{2}<\sqrt{2}-1$　　④ $\sqrt{40}>3+\sqrt{10}$

⑤ $\sqrt{27}-4<\sqrt{12}-2$

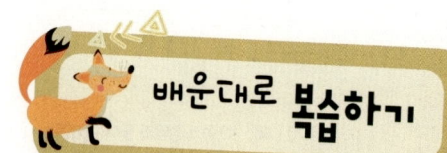
01 $(a-b)(2a-3b+1)$을 전개하면?

① $2a^2+3b^2+a-b$

② $2a^2-ab+3b^2+a-b$

③ $2a^2+ab+3b^2-a-b$

④ $2a^2-5ab+3b^2+a-b$

⑤ $2a^2+5ab+3b^2-a-b$

02 $(2x+3y+5)(x-2y)$를 전개한 식에서 x의 계수를 A, xy의 계수를 B라고 할 때, $A+B$의 값은?

① 2 ② 3 ③ 4

④ 5 ⑤ 6

03 $(5x-2y)(3x-ay+3)$을 전개한 식에서 xy의 계수가 -26일 때, 상수 a의 값은?

① 1 ② 2 ③ 3

④ 4 ⑤ 5

04 $(x^2-x+a)(2x^2+bx-3)$을 전개한 식에서 x^3의 계수가 -1이고 x^2의 계수가 4일 때, $a+b$의 값은?

① 1 ② 2 ③ 3

④ 4 ⑤ 5

05 $(3x+a)^2=9x^2+bx+\dfrac{1}{16}$일 때, $4(a+b)$의 값은?

(단, a, b는 양수)

① 3 ② 4 ③ 5

④ 6 ⑤ 7

06 $(3x-2y)^2-2(x+2y)^2$을 간단히 하였을 때, x^2의 계수를 a, xy의 계수를 b, y^2의 계수를 c라고 하자. 이때 $a+b+c$의 값은?

① -19 ② -17 ③ -15

④ -13 ⑤ -11

07 다음 중 $(-2x+y)^2$과 전개식이 같은 것은?

① $(x+2y)^2$ ② $(x-2y)^2$ ③ $(2x+y)^2$

④ $(2x-y)^2$ ⑤ $(-2x-y)^2$

08 $(x-4)(x+4)-(3x-1)^2=Ax^2+Bx+C$일 때, $A-B-C$의 값은? (단, A, B, C는 상수)

① -19 ② -3 ③ -1

④ 3 ⑤ 19

09 $\left(-\dfrac{1}{3}a+\dfrac{1}{2}b\right)\left(\dfrac{1}{3}a+\dfrac{1}{2}b\right)=ma^2-nb^2$일 때, $\dfrac{n}{m}$의 값은? (단, m, n은 상수)

① $-\dfrac{9}{4}$ ② $-\dfrac{4}{9}$ ③ 1

④ $\dfrac{4}{9}$ ⑤ $\dfrac{9}{4}$

10 $(x-3)(x+3)(x^2+9)=x^A+B$일 때, $A-B$의 값은? (단, A, B는 상수)

① -77 ② -22 ③ 22
④ 77 ⑤ 85

11 $(x+a)\left(x-\dfrac{1}{3}\right)$을 전개한 식에서 x의 계수가 상수항의 3배일 때, 상수 a의 값은?

① $\dfrac{1}{6}$ ② $\dfrac{1}{3}$ ③ $\dfrac{1}{2}$

④ 1 ⑤ 2

12 오른쪽 그림은 한 변의 길이가 a인 정사각형을 대각선을 따라 자른 후 직각을 낀 변의 길이가 b인 직각이등변삼각형 2개를 잘라낸 것이다. 이때 색칠한 부분의 넓이는?

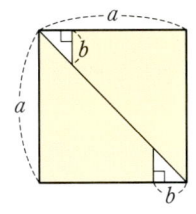

① $a^2+2ab+b^2$ ② $a^2-2ab+b^2$
③ a^2-b^2 ④ a^2+ab
⑤ a^2-ab

13 다음 중 옳은 것은?

① $(x+2)(x-2)=-x^2-4$
② $(3x+y)^2=9x^2+6xy+y^2$
③ $(3x-5y)^2=9x^2-25y^2$
④ $(x+6)(x-3)=x^2-3x-18$
⑤ $(2x-3)(x+4)=2x^2-5x-12$

14 $(3x+A)(x-2)=3x^2+7x+B$일 때, $A+B$의 값은? (단, A, B는 상수)

① -37 ② -26 ③ -13
④ 13 ⑤ 26

15 $(x-3)(x+10)$을 전개한 식에서 x의 계수를 a, $(3x-4)(4x+5)$를 전개한 식에서 상수항을 b라고 할 때, ab의 값을 구하시오.

16 $4x+a$에 $3x-2$를 곱해야 할 것을 잘못하여 $x-3$을 곱하였더니 $4x^2-11x-3$이 되었다. 이때 바르게 계산한 결과를 구하시오. (단, a는 상수)

배운대로 복습하기

개념 04 ~ 개념 06

01 다음 식을 전개하시오.

$$(x+4y-5)^2$$

02 $(x-y-3)(x-y+2)$를 전개한 식에서 상수항을 포함한 모든 항의 계수의 합은?

① -6 ② -5 ③ -4
④ -3 ⑤ -2

03 곱셈 공식을 이용하여 97×103을 계산하려고 할 때, 다음 중 어떤 곱셈 공식을 이용하는 것이 가장 편리한가?

(단, a, b는 양수)

① $(a+b)^2=a^2+2ab+b^2$
② $(a-b)^2=a^2-2ab+b^2$
③ $(a+b)(a-b)=a^2-b^2$
④ $(x+a)(x+b)=x^2+(a+b)x+ab$
⑤ $(ax+b)(cx+d)=acx^2+(ad+bc)x+bd$

04 곱셈 공식을 이용하여 $\dfrac{2019}{2016^2-2015\times2017}$를 계산하면?

① 2015   ② 2017   ③ 2018
④ 2019   ⑤ 2020

05 $(2\sqrt{3}-\sqrt{5})^2=a+b\sqrt{15}$일 때, $a+2b$의 값은?

(단, a, b는 유리수)

① 3   ② 5   ③ 7
④ 9   ⑤ 11

06 $(2-\sqrt{2})^2+3(2-\sqrt{2})(2+\sqrt{2})+(2+\sqrt{2})^2$을 계산하면?

① 12   ② 14   ③ 18
④ 22   ⑤ 24

07 $(3+2\sqrt{2})(\sqrt{18}+a)$를 계산한 결과가 유리수일 때, 유리수 a의 값은?

① $-\dfrac{9}{2}$ ② $-\dfrac{7}{2}$ ③ -3
④ 3   ⑤ $\dfrac{9}{2}$

08 $x=\sqrt{3}+2$일 때, x^2-4x+1의 값을 구하시오.

09 $\dfrac{\sqrt{8}}{\sqrt{5}-\sqrt{3}}=a\sqrt{6}+b\sqrt{10}$일 때, $a-b$의 값은?

(단, a, b는 유리수)

① -1 ② 0 ③ 1

④ 2 ⑤ 3

10 $\dfrac{\sqrt{11}+\sqrt{10}}{\sqrt{11}-\sqrt{10}}+\dfrac{\sqrt{11}-\sqrt{10}}{\sqrt{11}+\sqrt{10}}$ 을 계산하시오.

11 $x=5\sqrt{2}-7$이고 x의 역수를 y라고 할 때, $x+y$의 값은?

① $10\sqrt{5}$ ② $10\sqrt{2}$ ③ 14

④ -14 ⑤ $-10\sqrt{2}$

12 $x-y=8$, $xy=2$일 때, $x+y$의 값을 모두 고르면?

① $-6\sqrt{2}$ ② $-3\sqrt{2}$ ③ $3\sqrt{2}$

④ $6\sqrt{2}$ ⑤ $6\sqrt{3}$

13 $x+y=7$, $xy=5$일 때, x^2+xy+y^2의 값은?

① 40 ② 41 ③ 42

④ 43 ⑤ 44

14 $a+b=4$, $a^2+b^2=10$일 때, $\dfrac{b}{a}+\dfrac{a}{b}$의 값은?

① -5 ② $-\dfrac{10}{3}$ ③ $\dfrac{4}{3}$

④ $\dfrac{10}{3}$ ⑤ 5

15 $x-\dfrac{1}{x}=5$일 때, $\left(x+\dfrac{1}{x}\right)^2$의 값을 구하시오.

16 $x^2-3x+1=0$일 때, $x^2+\dfrac{1}{x^2}+4$의 값은?

① 7 ② 9 ③ 11

④ 13 ⑤ 15

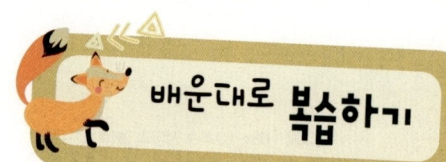

01 다음 중 $3ab(4a-b)$의 인수가 <u>아닌</u> 것은?

① a ② $3a$ ③ b

④ $4a$ ⑤ $4a-b$

02 다음 보기에서 $xy^2(3x-6y)-x^2y(6y-3x)$의 인수인 것은 모두 몇 개인가?

> **보기**
>
> ㄱ. x ㄴ. y ㄷ. xy
>
> ㄹ. $x-2y$ ㅁ. $x+y$ ㅂ. $3x-3y$

① 2개   ② 3개   ③ 4개

④ 5개   ⑤ 6개

03 다음 중 옳지 <u>않은</u> 것은?

① $mx-my=m(x-y)$

② $2x^2+4xy=2x(x+2y)$

③ $6a^2b+3b^2=3b(2a^2+b)$

④ $x^2y+xy-2xy^2=xy(x-2y)$

⑤ $ma+mb-mc=m(a+b-c)$

04 다음 중 완전제곱식으로 인수분해되지 <u>않는</u> 것은?

① x^2-6x+9 ② $x^2+5x+\dfrac{25}{4}$

③ $x^2-8x+16$ ④ $16x^2-8x+1$

⑤ $10x^2-5x+1$

05 $x^2-\dfrac{3}{4}x+\dfrac{9}{64}$가 $(ax+b)^2$으로 인수분해될 때, 상수 a, b에 대하여 $8ab$의 값은? (단, $a>0$)

① -9 ② -3 ③ 1

④ 3 ⑤ 9

06 $(x+3)(x-5)+k$가 완전제곱식이 되기 위한 상수 k의 값은?

① 12 ② 13 ③ 14

④ 15 ⑤ 16

07 정사각형 모양의 공원의 넓이가 $9a^2+30ab+25b^2$일 때, 이 공원의 둘레의 길이는?

① $3a+5b$ ② $5a+3b$ ③ $6a+10b$

④ $9a+25b$ ⑤ $12a+20b$

08 다음 중 a^4-1의 인수가 <u>아닌</u> 것은?

① $a-1$ ② a ③ $a+1$

④ a^2-1 ⑤ a^2+1

09 $x^2-2x-15$가 $(x+a)(x+b)$로 인수분해될 때, $a+b$의 값은? (단, a, b는 상수)

① -8　　　　② -2　　　　③ 2
④ 8　　　　⑤ 16

10 다음 두 다항식의 공통인수는?

$$x^2-x-30, \quad x^2+3x-10$$

① $x-6$　　　　② $x-5$　　　　③ $x-2$
④ $x+2$　　　　⑤ $x+5$

11 $x-4$가 다항식 x^2+3x+a의 인수일 때, 상수 a의 값을 구하시오.

12 $x^2+Ax+28$이 $(x+a)(x+b)$로 인수분해될 때, 다음 중 상수 A의 값이 될 수 <u>없는</u> 것은? (단, a, b는 정수)

① -29　　　　② -16　　　　③ -11
④ 5　　　　⑤ 11

13 다음 중 옳은 것은?

① $2x^2-12x+18=(2x-3)^2$
② $1-4x^2=(2x-1)(2x+1)$
③ $x^2y+4xy-5y=y(x+5)(x-1)$
④ $6x^2+7x-3=(2x-3)(3x+1)$
⑤ $a(x-1)+b(x-1)=(a-b)(x-1)$

14 일차항의 계수가 자연수인 두 일차식의 곱이 $14x^2+33x-5$일 때, 두 일차식의 합은?

① $9x$　　　　② $9x+2$　　　　③ $9x+4$
④ $9x+6$　　　　⑤ $9x+8$

15 $4x^2-5x+a$를 인수분해하였더니 $(x-2)(bx+c)$가 되었다. 이때 $a+b+c$의 값은? (단, a, b, c는 상수)

① 1　　　　② 2　　　　③ 3
④ 4　　　　⑤ 5

16 $x+3$이 두 다항식 $3x^2+Ax-6$, $4x^2+11x+B$의 공통인수일 때, $A+B$의 값을 구하시오. (단, A, B는 상수)

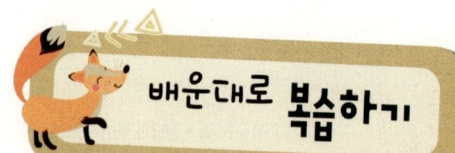
01 $(a+3b)(a+3b-2)-8$을 인수분해하면?

① $(a+3b-1)(a+3b-8)$

② $(a+3b+1)(a+3b-8)$

③ $(a+3b+1)(a+3b+8)$

④ $(a+3b-2)(a+3b+4)$

⑤ $(a+3b+2)(a+3b-4)$

02 $15(x+3)^2+7(x+3)-2$를 인수분해하였더니 $(ax+11)(5x+b)$가 되었다. 이때 두 상수 a, b에 대하여 $a+b$의 값을 구하시오.

03 다음 두 다항식의 공통인수는?

$$ab-2a-4b+8, \quad 2ab-4a+3b-6$$

① $a-4$　　　② $a+3$　　　③ $2a+3$

④ $b-2$　　　⑤ $2b+1$

04 $x^2-4xy+4y^2-16$을 인수분해하였더니 $(x+ay+b)(x-2y-4)$가 되었다. 두 상수 a, b에 대하여 $a+b$의 값을 구하시오.

05 $x^2+2y^2+3xy+y-1=A(x+y+1)$일 때, 다항식 A를 구하시오.

06 인수분해 공식을 이용하여 $51^2\times6-49^2\times6$을 계산하면?

① 300　　　② 600　　　③ 1200

④ 2400　　　⑤ 12000

07 $x=2+\sqrt{3}$, $y=4+\sqrt{3}$일 때, $x^2-2xy+y^2$의 값을 구하시오.

08 $x+y=6$, $xy=1$일 때, $(1+x^2)y+(1+y^2)x$의 값을 구하시오.

01 다음 중 x에 대한 이차방정식이 <u>아닌</u> 것은?

① $2x^2=x-2x^2$ ② $3-4x=-x^2$

③ $(2x-1)(x+1)=-2x^2$ ④ $-2x^2+3x=3x$

⑤ $\dfrac{3x^2-5x}{3}=x^2$

02 방정식 $3(x-1)^2=ax^2-5x+3$이 x에 대한 이차방정식일 때, 다음 중 상수 a의 값이 될 수 <u>없는</u> 것은?

① -1 ② 0 ③ 1

④ 3 ⑤ 5

03 다음 중 [ ] 안의 수가 주어진 이차방정식의 해가 <u>아닌</u> 것은?

① $x^2+2x-3=0$ [1]   ② $x^2-5x=-2$ [2]

③ $x^2-4x=0$ [4]   ④ $2(x-3)^2=8$ [1]

⑤ $2x^2-4=-2x$ [-2]

04 이차방정식 $x^2-4x+a=0$의 한 근이 $x=3$일 때, 상수 a의 값을 구하시오.

05 이차방정식 $(5x+2)(4x-3)=0$을 풀면?

① $x=-\dfrac{2}{5}$ 또는 $x=-\dfrac{3}{4}$ ② $x=-\dfrac{2}{5}$ 또는 $x=\dfrac{3}{4}$

③ $x=-\dfrac{5}{2}$ 또는 $x=\dfrac{4}{3}$ ④ $x=\dfrac{2}{5}$ 또는 $x=-\dfrac{3}{4}$

⑤ $x=\dfrac{2}{5}$ 또는 $x=\dfrac{3}{4}$

06 이차방정식 $4x^2-4x-3=0$의 해가 $x=a$ 또는 $x=b$일 때, $a-b$의 값을 구하시오. (단, $a>b$)

07 이차방정식 $2x^2+x-10=0$의 두 근 중 큰 근이 이차방정식 $x^2+3x+2a=0$의 한 근일 때, 상수 a의 값을 구하시오.

08 두 이차방정식 $2x^2+ax+a-8=0$과 $(2x-b)(x+3)=0$의 해가 서로 같을 때, $a+b$의 값을 구하시오. (단, a, b는 상수)

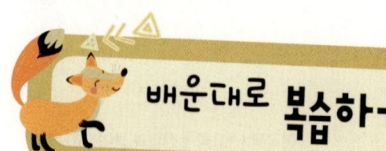
01 다음 이차방정식 중 중근을 갖지 <u>않는</u> 것은?

① $x^2 + 3x + \dfrac{9}{4} = 0$　　　② $x^2 - 12x + 36 = 0$

③ $x^2 - 5x + \dfrac{25}{2} = 0$　　　④ $16x^2 - 8x + 1 = 0$

⑤ $9x^2 + 6x + 1 = 0$

02 두 이차방정식 $x^2 - (a+6)x + 64 = 0$, $2x^2 - 4x + b = 0$이 모두 중근을 가질 때, $a+b$의 값을 구하시오.

(단, a, b는 상수이고 $a > 0$)

03 이차방정식 $4x^2 + 16x + a = 0$이 중근 $x = b$를 가질 때, $a - b$의 값은? (단, a는 상수)

① 12　　　② 14　　　③ 16

④ 18　　　⑤ 20

04 이차방정식 $2(x+1)^2 - 12 = 0$의 두 근의 곱은?

① -6　　　② -5　　　③ $\sqrt{6}$

④ 5　　　⑤ 6

05 이차방정식 $4(x-2)^2 = 12$의 해가 $x = A \pm \sqrt{B}$일 때, $A + B$의 값은? (단, A, B는 유리수)

① 1　　　② 2　　　③ 3

④ 4　　　⑤ 5

06 이차방정식 $3x^2 - 12x + 2 = 0$을 $(x-a)^2 = b$의 꼴로 나타낼 때, $a + b$의 값은? (단, a, b는 상수)

① $-\dfrac{16}{3}$　　　② $-\dfrac{4}{3}$　　　③ 0

④ $\dfrac{4}{3}$　　　⑤ $\dfrac{16}{3}$

07 오른쪽은 이차방정식 $2x^2 - 12x - 3 = 0$을 완전제곱식을 이용하여 푸는 과정이다. 이때 $A + B + C$의 값을 구하시오.

(단, A, B, C는 상수)

$$2x^2 - 12x - 3 = 0 \text{에서}$$
$$x^2 - 6x - \dfrac{3}{2} = 0$$
$$x^2 - 6x = \dfrac{3}{2}$$
$$x^2 - 6x + A = \dfrac{3}{2} + A$$
$$(x - B)^2 = C$$
$$\therefore x = B \pm \dfrac{\sqrt{42}}{2}$$

08 이차방정식 $x^2 + 8x + a = 0$의 해가 $x = b \pm \sqrt{13}$일 때, $a + b$의 값을 구하시오. (단, a, b는 유리수)

01 이차방정식 $5x^2+3x-1=0$을 풀면?

① $x=\dfrac{-6\pm\sqrt{19}}{10}$ ② $x=\dfrac{-3\pm\sqrt{19}}{10}$ ③ $x=\dfrac{-3\pm\sqrt{29}}{10}$

④ $x=\dfrac{-3\pm\sqrt{29}}{5}$ ⑤ $x=\dfrac{-3\pm\sqrt{39}}{5}$

02 이차방정식 $2x^2-5x+1=0$의 해가 $x=\dfrac{A\pm\sqrt{B}}{4}$일 때, $A+B$의 값은? (단, A, B는 유리수)

① 20   ② 21   ③ 22

④ 23   ⑤ 24

03 이차방정식 $4x^2-3x+a=0$의 해가 $x=\dfrac{b\pm\sqrt{41}}{8}$일 때, $a+b$의 값을 구하시오. (단, a, b는 유리수)

04 이차방정식 $3(x+2)^2-5(x-2)=19$를 풀면?

① $x=\dfrac{-7\pm\sqrt{13}}{6}$ ② $x=\dfrac{-7\pm\sqrt{13}}{3}$

③ $x=\dfrac{7\pm\sqrt{13}}{12}$ ④ $x=\dfrac{7\pm\sqrt{13}}{6}$

⑤ $x=\dfrac{7\pm\sqrt{13}}{3}$

05 다음 두 이차방정식의 공통인 해를 구하시오.

$$0.1x^2-\dfrac{1}{5}x-0.8=0, \quad \dfrac{x-1}{3}=0.2(x+1)(x-3)$$

06 이차방정식 $0.2(3x-5)=\dfrac{2(x-1)(x+3)}{5}$의 두 근 중 더 작은 근을 구하시오.

07 이차방정식 $6(x+3)^2+(x+3)-35=0$을 풀면?

① $x=-\dfrac{11}{2}$ 또는 $x=-\dfrac{2}{3}$

② $x=-\dfrac{11}{2}$ 또는 $x=\dfrac{2}{3}$

③ $x=\dfrac{11}{2}$ 또는 $x=-\dfrac{2}{3}$

④ $x=\dfrac{11}{2}$ 또는 $x=\dfrac{2}{3}$

⑤ $x=\dfrac{7}{2}$ 또는 $x=\dfrac{5}{3}$

08 $(x-y)(x-y-10)+25=0$일 때, $x-y$의 값은?

① 1   ② 2   ③ 3

④ 4   ⑤ 5

01 다음 보기에서 서로 다른 두 근을 갖는 이차방정식을 모두 고르시오.

┌ 보기 ┐
ㄱ. $x^2 + 3x + 3 = 0$ ㄴ. $x^2 - 4x + 5 = 0$
ㄷ. $2x^2 - 3x - 1 = 0$ ㄹ. $36x^2 + 12x + 1 = 0$
ㅁ. $3x^2 + 2x + 3 = 0$

02 이차방정식 $4x^2 - 2x + \dfrac{1}{4} = 0$의 근의 개수를 a개, 이차방정식 $3x^2 - 4x + 2 = 0$의 근의 개수를 b개라고 할 때, $a + b$의 값을 구하시오.

03 이차방정식 $5x^2 - 10x + k + 2 = 0$이 서로 다른 두 근을 가질 때, 상수 k의 값의 범위는?

① $k > 3$ ② $k < 3$ ③ $k > 5$
④ $k < 5$ ⑤ $k > 10$

04 이차방정식 $3x^2 + 12x - k + 3 = 0$이 중근을 갖도록 하는 상수 k의 값은?

① -9 ② -6 ③ 1
④ 6 ⑤ 9

05 이차방정식 $x^2 + 12x + m = 0$의 한 근이 다른 한 근의 3배일 때, 상수 m의 값은?

① 9 ② 18 ③ 27
④ 36 ⑤ 45

06 이차방정식 $x^2 + ax + b = 0$의 두 근이 -1, 4일 때, 이차방정식 $ax^2 + bx - 1 = 0$을 풀면? (단, a, b는 상수)

① $x = \dfrac{1}{3}$ 또는 $x = -1$ ② $x = -\dfrac{1}{3}$ 또는 $x = -1$

③ $x = -\dfrac{1}{3}$ 또는 $x = 1$ ④ $x = \dfrac{1}{3}$ 또는 $x = 1$

⑤ $x = 1$ 또는 $x = 3$

07 x^2의 계수가 3이고 $x = -2$를 중근으로 갖는 이차방정식은?

① $3x^2 - x + 2 = 0$ ② $3x^2 - 3x + 2 = 0$
③ $3x^2 + 6x + 6 = 0$ ④ $3x^2 + 12x + 12 = 0$
⑤ $3x^2 - 18x + 36 = 0$

08 이차방정식 $2x^2 - 5x + 2 = 0$의 두 근 중 작은 근을 중근으로 갖고, x^2의 계수가 4인 이차방정식을 구하시오.

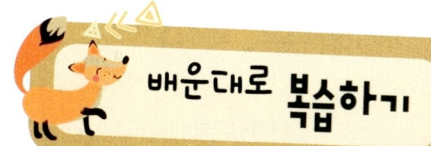
01 n각형에서 그을 수 있는 대각선의 총 개수는 $\dfrac{n(n-3)}{2}$이다. 대각선의 총 개수가 65인 다각형은?

① 십각형   ② 십일각형   ③ 십이각형
④ 십삼각형   ⑤ 십사각형

02 연속하는 두 홀수의 제곱의 합이 130일 때, 이 두 수의 곱은?

① 15   ② 35   ③ 63
④ 99   ⑤ 131

03 어떤 양수에 3을 더한 후 제곱해야 할 것을 잘못하여 3을 더한 후 2배를 하였더니 구하려는 값보다 8만큼 작아졌다고 할 때, 이 양수를 구하시오.

04 형과 동생의 나이 차는 4살이고, 두 사람의 나이의 곱은 192일 때, 동생의 나이는?

① 12살   ② 13살   ③ 14살
④ 15살   ⑤ 16살

05 지면으로부터 10 m 높이에서 초속 30 m로 똑바로 위로 쏘아 올린 물체의 t초 후의 지면으로부터의 높이를 $(-5t^2+30t+10)$ m라고 할 때, 물체가 55 m의 높이에 도달할 때까지 걸리는 시간은?

① 2초   ② 3초   ③ 4초
④ 5초   ⑤ 6초

06 지면으로부터 2 m 높이에서 똑바로 위로 던진 야구공의 t초 후의 지면으로부터의 높이가 $(-5t^2+9t+2)$ m일 때, 야구공이 지면에 떨어지는 것은 몇 초 후인지 구하시오.

07 밑변의 길이와 높이가 같은 삼각형이 있다. 이 삼각형의 밑변의 길이를 6 cm, 높이를 4 cm 늘였더니 그 넓이가 처음 삼각형의 2배가 되었다. 이때 처음 삼각형의 넓이를 구하시오.

08 둘레의 길이가 46 cm이고, 넓이가 130 cm^{2}인 직사각형이 있다. 가로의 길이가 세로의 길이보다 더 길 때, 세로의 길이는?

① 9 cm   ② 10 cm   ③ 11 cm
④ 12 cm   ⑤ 13 cm

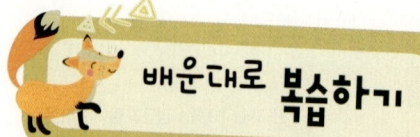
01 다음 중 이차함수가 <u>아닌</u> 것은?

① $y=-x^2$ ② $y=(x+3)^2$

③ $y=(1-2x)(3-2x)$ ④ $y=2(x+3)^2-2x^2$

⑤ $y=x^2-3x+2$

02 다음 중 y가 x에 대한 이차함수인 것을 모두 고르면?

(정답 2개)

① 반지름의 길이가 x cm인 원의 넓이는 y cm^{2}이다.

② 자동차가 시속 60 km로 x시간 동안 달린 거리는 y km이다.

③ 가로의 길이가 x cm, 세로의 길이가 y cm인 직사각형의 넓이는 20 cm^{2}이다.

④ 가로의 길이가 x cm, 세로의 길이가 $(x+5)$ cm인 직사각형의 둘레의 길이는 y cm이다.

⑤ 가로의 길이가 x cm, 세로의 길이가 $(x-3)$ cm인 직사각형의 넓이는 y cm^{2}이다.

03 이차함수 $f(x)=x^2-5x+4$일 때, $f(-1)+f(2)$의 값을 구하시오.

04 다음 이차함수 중 그 그래프의 폭이 가장 넓은 것은?

① $y=x^2$ ② $y=\dfrac{1}{4}x^2$ ③ $y=-\dfrac{1}{3}x^2$

④ $y=5x^2$ ⑤ $y=-2x^2$

05 오른쪽 그림은 모두 이차함수 $y=ax^2$의 그래프이다. 보기에 주어진 이차함수의 식과 그래프를 바르게 연결한 것은? (단, (가), (마)와 (다), (라)의 그래프의 폭은 각각 서로 같다.)

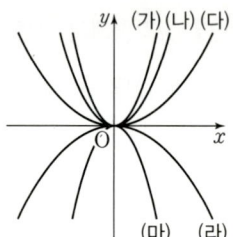

보기

ㄱ. $y=-\dfrac{1}{5}x^2$ ㄴ. $y=-2x^2$ ㄷ. $y=x^2$

ㄹ. $y=2x^2$ ㅁ. $y=\dfrac{1}{5}x^2$

① (가) — ㅁ   ② (나) — ㄷ   ③ (다) — ㄹ

④ (라) — ㄴ   ⑤ (마) — ㄱ

06 다음 중 이차함수 $y=3x^2$의 그래프에 대한 설명으로 옳지 <u>않은</u> 것을 모두 고르면? (정답 2개)

① 축의 방정식은 $x=0$이다.

② 꼭짓점의 좌표는 $(0, 0)$이다.

③ $x<0$일 때, x의 값이 증가하면 y의 값도 증가한다.

④ 이차함수 $y=\dfrac{1}{3}x^2$의 그래프와 x축에 대하여 대칭이다.

⑤ 이차함수 $y=2x^2$의 그래프보다 폭이 좁다.

07 이차함수 $y=ax^2$의 그래프가 두 점 $(2, 2)$, $(-4, b)$를 지날 때, $4a+b$의 값은? (단, a는 상수)

① -10 ② -4 ③ 0

④ 4   ⑤ 10

08 이차함수 $y=ax^2$의 그래프가 두 점 $(2, -12)$, $\left(k, -\dfrac{4}{3}\right)$를 지날 때, 양수 k의 값을 구하시오. (단, a는 상수)

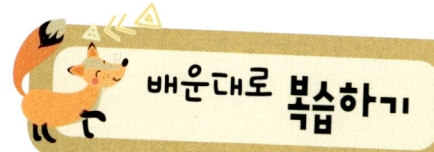

01 이차함수 $y=4x^2$의 그래프를 y축의 방향으로 -2만큼 평행이동한 그래프를 나타내는 이차함수의 식은?

① $y=4(x+2)^2$　　　　② $y=4x^2-2$

③ $y=4x^2+2$　　　　④ $y=4(x-1)^2-2$

⑤ $y=4(x-2)^2+2$

02 다음 이차함수의 그래프 중 평행이동하면 이차함수 $y=4x^2-1$의 그래프와 완전히 포개어지는 것은?

① $y=-4x^2-3$　② $y=x-4x^2$　③ $y=4x^2$

④ $y=\dfrac{1}{4}x^2-2$　⑤ $y=-\dfrac{1}{4}x^2+3$

03 이차함수 $y=2x^2+q$의 그래프를 y축의 방향으로 -3만큼 평행이동하면 꼭짓점의 좌표가 $(0,\ -5)$가 된다. 이때 상수 q의 값을 구하시오.

04 다음 중 이차함수 $y=4x^2+1$의 그래프에 대한 설명으로 옳지 않은 것은?

① 꼭짓점의 좌표는 $(0,\ 1)$이다.

② 그래프는 제1사분면과 제2사분면을 지난다.

③ 아래로 볼록한 포물선이다.

④ $x>0$일 때, x의 값이 증가하면 y의 값은 감소한다.

⑤ $y=4x^2$의 그래프를 y축의 방향으로 1만큼 평행이동한 그래프이다.

05 이차함수 $y=ax^2$의 그래프를 x축의 방향으로 -3만큼 평행이동한 그래프를 나타내는 이차함수의 식이 $y=-4(x+p)^2$일 때, $a+p$의 값은? (단, a, p는 상수)

① -2　　　　② -1　　　　③ 0

④ 1　　　　⑤ 2

06 다음 중 이차함수 $y=-\dfrac{1}{2}(x-3)^2$의 그래프는?

① 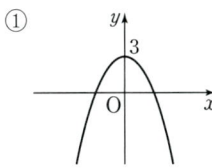　　　②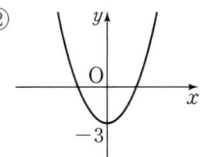

③ 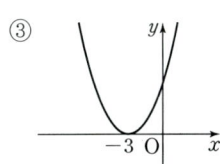　　　④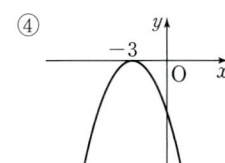

⑤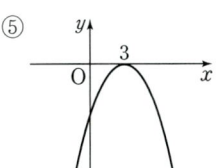

07 이차함수 $y=ax^2$의 그래프를 x축의 방향으로 p만큼 평행이동한 그래프의 꼭짓점의 좌표는 $(4,\ 0)$이고 점 $(2,\ 8)$을 지난다. 이때 ap의 값을 구하시오. (단, a, p는 상수)

08 다음 중 두 이차함수 $y=3x^2+2$, $y=-3(x-2)^2$의 그래프에 대한 공통된 설명으로 옳은 것은?

① 축의 방정식은 $x=2$이다.

② 아래로 볼록한 그래프이다.

③ 제1사분면과 제2사분면을 지난다.

④ 그래프의 폭이 같다.

⑤ 이차함수 $y=3x^2$의 그래프를 평행이동하면 겹칠 수 있다.

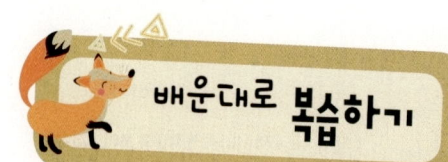
01 이차함수 $y=5(x+2)^2-3$의 그래프는 이차함수 $y=5x^2$의 그래프를 x축의 방향으로 p만큼, y축의 방향으로 q만큼 평행이동한 것이다. 이때 pq의 값은?

① 2   ② 4   ③ 6
④ 8   ⑤ 10

02 다음 중 이차함수 $y=2(x+2)^2-4$의 그래프는?

①
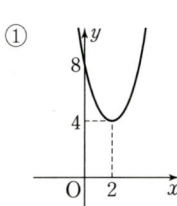

②
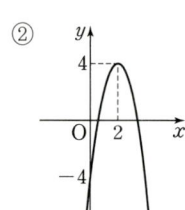

③
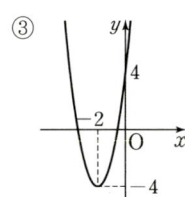

④
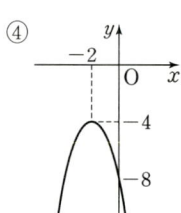

⑤
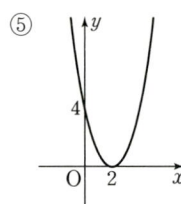

03 이차함수 $y=3x^2$의 그래프를 x축의 방향으로 -3만큼, y축의 방향으로 -2만큼 평행이동한 그래프가 점 $(-4,\ k)$를 지날 때, k의 값은?

① 1   ② 2   ③ 3
④ 4   ⑤ 5

04 이차함수 $y=-4x^2$의 그래프를 x축의 방향으로 1만큼, y축의 방향으로 -3만큼 평행이동한 그래프의 꼭짓점의 좌표를 구하시오.

05 다음 중 이차함수 $y=-2(x+1)^2-2$의 그래프에 대한 설명으로 옳지 <u>않은</u> 것은?

① 축의 방정식은 $x=-1$이다.
② 꼭짓점의 좌표는 $(-1,\ -2)$이다.
③ 제3사분면과 제4사분면을 지난다.
④ 이차함수 $y=-x^2$의 그래프보다 폭이 넓다.
⑤ 이차함수 $y=-2x^2$의 그래프를 x축의 방향으로 -1만큼, y축의 방향으로 -2만큼 평행이동한 것이다.

06 다음 이차함수 중 그 그래프의 꼭짓점의 좌표가 제2사분면 위에 있는 것은?

① $y=2(x+1)^2$ ② $y=(x+2)^2-3$
③ $y=3(x-4)^2-2$ ④ $y=-(x-1)^2+4$
⑤ $y=-2(x+3)^2+5$

07 이차함수 $y=4x^2$의 그래프를 x축의 방향으로 1만큼, y축의 방향으로 5만큼 평행이동한 그래프에서 x의 값이 증가할 때 y의 값은 감소하는 x의 값의 범위는?

① $x>1$ ② $x<1$ ③ $x>5$
④ $x<5$ ⑤ $x>-1$

08 이차함수 $y=a(x-p)^2+q$의 그래프가 오른쪽 그림과 같을 때, 다음 중 옳지 <u>않은</u> 것은? (단, a, p, q는 상수)

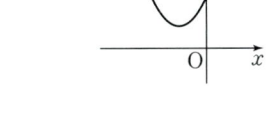

① $ap<0$ ② $aq>0$
③ $pq<0$ ④ $apq>0$
⑤ $a-p>0$

09 $a>0$, $p>0$, $q<0$일 때, 다음 중 이차함수 $y=a(x+p)^2+q$의 그래프로 알맞은 것은?

① 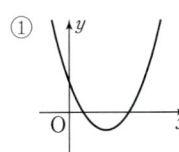 ②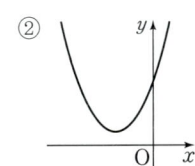

③ 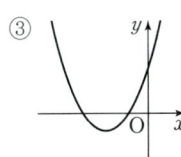 ④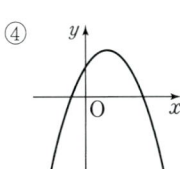

⑤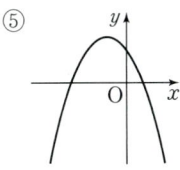

10 이차함수 $y=3(x+2)^2+1$의 그래프를 x축의 방향으로 m만큼, y축의 방향으로 n만큼 평행이동한 그래프를 나타내는 이차함수의 식이 $y=3(x+5)^2-2$일 때, $m+n$의 값은?

① -6 ② -3 ③ 0
④ 3 ⑤ 6

11 이차함수 $y=\dfrac{1}{3}(x-4)^2+2$의 그래프를 x축의 방향으로 m만큼, y축의 방향으로 n만큼 평행이동한 그래프의 꼭짓점의 좌표가 $(2, -2)$일 때, $m+n$의 값은?

① -10 ② -8 ③ -6
④ -4 ⑤ -2

12 다음 중 이차함수 $y=-\dfrac{1}{2}(x+1)^2-3$의 그래프를 x축의 방향으로 3만큼, y축의 방향으로 -1만큼 평행이동한 그래프에 대한 설명으로 옳지 <u>않은</u> 것은?

① 위로 볼록한 포물선이다.
② 점 $(0, -6)$을 지난다.
③ 축의 방정식은 $x=2$이다.
④ 꼭짓점의 좌표는 $(-2, 4)$이다.
⑤ 이차함수 $y=-\dfrac{1}{2}x^2$의 그래프를 평행이동하여 그릴 수 있다.

13 이차함수 $y=a(x-p)^2+q$의 그래프를 y축에 대칭이동한 그래프를 나타내는 이차함수의 식이 $y=3(x-4)^2-1$일 때, apq의 값을 구하시오. (단, a, p, q는 상수)

14 이차함수 $y=3(x-1)^2-2$의 그래프를 y축에 대칭이동한 후 다시 x축에 대칭이동한 그래프의 꼭짓점의 좌표를 구하시오.

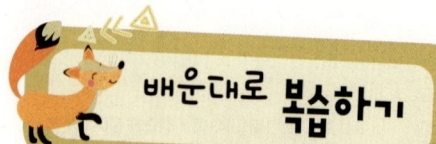
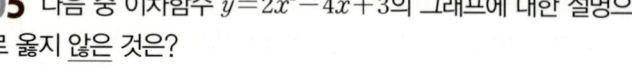
01 이차함수 $y=-2x^2+4x+a$의 그래프의 꼭짓점의 좌표가 $(b, -b^2+1)$일 때, $a+b$의 값은? (단, a는 상수)

① -3 ② -2 ③ -1

④ 0 ⑤ 1

02 이차함수 $y=4x^2-kx+5$의 그래프가 점 $(-1, 1)$을 지날 때, 이 그래프의 꼭짓점의 좌표는? (단, k는 상수)

① $(-1, 1)$ ② $(-1, 2)$ ③ $(1, 1)$

④ $(1, -1)$ ⑤ $(-2, 1)$

03 이차함수 $y=x^2+2x-5$의 그래프를 x축의 방향으로 -1만큼, y축의 방향으로 1만큼 평행이동한 그래프의 꼭짓점의 좌표는?

① $(2, 5)$ ② $(-2, -5)$ ③ $(-2, 5)$

④ $(2, -5)$ ⑤ $(-1, -6)$

04 이차함수 $y=2x^2+6x-8$의 그래프와 x축과의 교점을 각각 A, B라고 할 때, $\overline{AB}$의 길이를 구하시오.

05 다음 중 이차함수 $y=2x^2-4x+3$의 그래프에 대한 설명으로 옳지 **않은** 것은?

① 아래로 볼록한 포물선이다.
② 꼭짓점의 좌표는 $(1, 1)$이다.
③ 축의 방정식은 $x=1$이다.
④ $x>1$일 때, x의 값이 증가하면 y의 값도 증가한다.
⑤ 이차함수 $y=2x^2$의 그래프를 x축의 방향으로 -1만큼, y축의 방향으로 1만큼 평행이동한 것이다.

06 이차함수 $y=ax^2+bx+c$의 그래프가 오른쪽 그림과 같을 때, 다음 중 옳은 것은? (단, a, b, c는 상수)

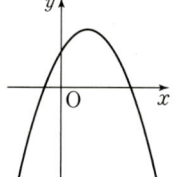

① $a<0$, $b<0$, $c>0$
② $a<0$, $b>0$, $c<0$
③ $a<0$, $b>0$, $c>0$
④ $a>0$, $b<0$, $c>0$
⑤ $a>0$, $b>0$, $c>0$

07 일차함수 $y=ax+b$의 그래프가 오른쪽 그림과 같을 때, 이차함수 $y=x^2-ax-b$의 그래프의 꼭짓점이 있는 사분면은? (단, a, b는 상수)

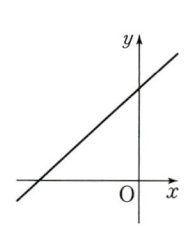

① 제1사분면   ② 제2사분면
③ 제3사분면   ④ 제4사분면
⑤ 어느 사분면에도 속하지 않는다.

01 이차함수 $y=ax^2+bx+c$의 그래프가 점 $(1, -6)$을 지나고 꼭짓점의 좌표가 $(3, -2)$일 때, $a+b-c$의 값은?

(단, a, b, c는 상수)

① -6 ② 2 ③ 8

④ 16 ⑤ 20

02 꼭짓점의 좌표가 $(2, 5)$이고 점 $(1, 3)$을 지나는 포물선이 y축과 만나는 점의 y좌표는?

① -1 ② -2 ③ -3

④ -4 ⑤ -5

03 오른쪽 그림과 같은 이차함수의 그래프가 점 $(-3, k)$를 지날 때, k의 값을 구하시오.

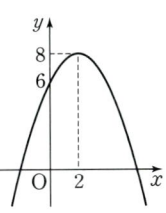

04 오른쪽 그림과 같은 포물선을 그래프로 하는 이차함수의 식은?

① $y=x^2-4$

② $y=x^2+2x-3$

③ $y=x^2+2x+5$

④ $y=2x^2-4x-5$

⑤ $y=2x^2+4x+3$

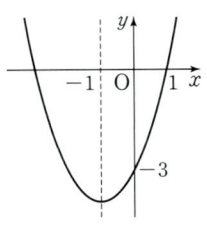

05 축의 방정식이 $x=2$이고 두 점 $(1, -2)$, $(4, 4)$를 지나는 포물선의 꼭짓점의 좌표는?

① $(-4, 2)$ ② $(2, -4)$ ③ $(-2, -4)$

④ $(2, 4)$ ⑤ $(4, -2)$

06 다음 조건을 모두 만족하는 포물선을 그래프로 하는 이차함수의 식을 $y=ax^2+bx+c$라고 할 때, $a+b+c$의 값은?

(단, a, b, c는 상수)

> (가) 축의 방정식은 $x=3$이다.
> (나) 점 $(1, 17)$을 지난다.
> (다) 이차함수 $y=3x^2+2$의 그래프를 평행이동한 것이다.

① 11 ② 13 ③ 15

④ 17 ⑤ 19

07 세 점 $(0, 6)$, $(-1, 0)$, $(1, 8)$을 지나는 포물선을 그래프로 하는 이차함수의 식은?

① $y=-2x^2-4x+6$ ② $y=-2x^2+4x-6$

③ $y=-2x^2+4x+6$ ④ $y=2x^2-4x+6$

⑤ $y=2x^2+4x+6$

08 세 점 $(0, -3)$, $(-1, -4)$, $(2, 5)$를 지나는 이차함수의 그래프의 축의 방정식을 구하시오.

09 오른쪽 그림과 같은 포물선을 그래프로 하는 이차함수의 식을 $y=ax^2+bx+c$라고 할 때, $a+b+c$의 값은? (단, a, b, c는 상수)

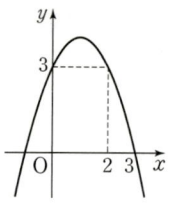

① 1   ② 2
③ 3   ④ 4
⑤ 5

10 이차함수 $y=-x^2$의 그래프와 모양과 폭이 같고, x축과 두 점 $(-1, 0)$, $(3, 0)$에서 만난다. 이 이차함수의 그래프가 y축과 만나는 점의 y좌표는?

① -3 ② -2 ③ 1
④ 2   ⑤ 3

11 이차함수 $y=ax^2+bx+c$의 그래프가 x축과 두 점 $(3, 0)$, $(-3, 0)$에서 만나고 y축과 점 $(0, 9)$에서 만날 때, $a+b-c$의 값은? (단, a, b, c는 상수)

① -10 ② -9 ③ -3
④ 8   ⑤ 10

12 오른쪽 그림과 같은 포물선을 x축의 방향으로 $-\dfrac{1}{2}$만큼, y축의 방향으로 $-\dfrac{1}{8}$만큼 평행이동한 그래프의 꼭짓점의 좌표를 구하시오.

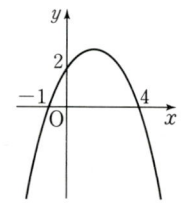

13 지면으로부터 100 m 높이에서 초속 50 m로 똑바로 위로 쏘아 올린 물체의 x초 후의 지면으로부터의 높이를 y m라고 하면 $y=-5x^2+50x+100$인 관계가 성립한다고 한다. 이 물체를 쏘아 올린 지 3초 후의 지면으로부터의 높이는?

① 50 m   ② 100 m   ③ 150 m
④ 205 m   ⑤ 225 m

14 지면으로부터 9 m 높이에서 초속 6 m로 똑바로 위로 던져 올린 물체의 t초 후의 지면으로부터의 높이를 h m라고 하면 $h=9+6t-3t^2$이 성립한다고 한다. 이 물체가 지면에 떨어질 때까지 걸린 시간은?

① 1초   ② 2초   ③ 3초
④ 4초   ⑤ 5초

15 차가 20인 두 자연수의 곱이 44일 때, 이를 만족하는 두 자연수를 구하시오.

16 가로의 길이가 세로의 길이보다 짧고 둘레의 길이가 36 cm인 직사각형의 넓이가 72 cm^{2}일 때, 이 직사각형의 세로의 길이를 구하시오.

워크북

서술형 훈련하기

1 제곱근의 뜻과 표현

01 $\sqrt{(-4)^2}$의 음의 제곱근을 A, $(-7)^2$의 양의 제곱근을 B라고 할 때, $A+B$의 값을 구하시오.

STEP A 핵심 용어나 조건에 밑줄을 긋고, 구하는 것에 ○표를 하여라.

STEP B 이용할 개념과 공식을 떠올려라.
- 제곱근의 뜻과 표현은?
→ $a > 0$일 때,
① a의 양의 제곱근 : $\sqrt{a}$
② a의 음의 제곱근 : ☐
③ a의 제곱근 : ☐
④ 제곱근 a : ☐

답 $-\sqrt{a}$, $\pm\sqrt{a}$, $\sqrt{a}$

STEP C 암산도, 생략도 안 돼! 간단한 계산 과정도 꼼꼼히 써라.
❶ A의 값을 구하면? [40%]

❷ B의 값을 구하면? [40%]

❸ $A+B$의 값을 구하면? [20%]

STEP D 오류 점검은 필수! 스스로 감점 요인을 찾아라.

02 제곱근 64를 A, $\left(-\dfrac{1}{8}\right)^2$의 음의 제곱근을 B라고 할 때, AB의 값을 구하시오.

STEP C 암산도, 생략도 안 돼! 간단한 계산 과정도 꼼꼼히 써라.
❶ A의 값을 구하면? [40%]
❷ B의 값을 구하면? [40%]
❸ AB의 값을 구하면? [20%]

03 밑변의 길이가 14, 높이가 5인 삼각형과 넓이가 같은 정사각형의 한 변의 길이를 구하시오.

STEP C 암산도, 생략도 안 돼! 간단한 계산 과정도 꼼꼼히 써라.
❶ 삼각형의 넓이를 구하면? [50%]
❷ 정사각형의 한 변의 길이를 구하면? [50%]

2 제곱근의 성질

04 $a>0$, $b<0$일 때, $\sqrt{(-2a)^2}-\sqrt{(-b)^2}+\sqrt{(3a)^2}$ 을 간단히 하시오.

STEP A 핵심 용어나 조건에 밑줄을 긋고, 구하는 것에 ○표를 하여라.

STEP B 이용할 개념과 공식을 떠올려라.

• $\sqrt{A^2}$의 꼴을 간단히 하면?

→ ① $A>0$이면 $\sqrt{A^2}=$ ☐

　② $A<0$이면 $\sqrt{A^2}=$ ☐

답 A, $-A$

STEP C 암산도, 생략도 안 돼! 간단한 계산 과정도 꼼꼼히 써라.

❶ $-2a$, $-b$, $3a$의 부호를 각각 구하면? [40%]

❷ $\sqrt{(-2a)^2}-\sqrt{(-b)^2}+\sqrt{(3a)^2}$을 간단히 하면? [60%]

STEP D 오류 점검은 필수! 스스로 감점 요인을 찾아라.

05 $-3<x<1$일 때, $\sqrt{(x-1)^2}-\sqrt{(x+3)^2}$을 간단히 하시오.

STEP C 암산도, 생략도 안 돼! 간단한 계산 과정도 꼼꼼히 써라.

❶ $x-1$, $x+3$의 부호를 각각 구하면? [40%]

❷ $\sqrt{(x-1)^2}-\sqrt{(x+3)^2}$을 간단히 하면? [60%]

06 $a<b$, $ab<0$일 때, 다음 식을 간단히 하시오.

$$-\sqrt{a^2}+\sqrt{b^2}+\sqrt{(b-a)^2}$$

STEP C 암산도, 생략도 안 돼! 간단한 계산 과정도 꼼꼼히 써라.

❶ a, b, $b-a$의 부호를 각각 구하면? [40%]

❷ $-\sqrt{a^2}+\sqrt{b^2}+\sqrt{(b-a)^2}$을 간단히 하면? [60%]

3 제곱근의 성질의 활용

07 $\sqrt{180x}$ 가 자연수가 되도록 하는 가장 작은 두 자리의 자연수 x의 값을 구하시오.

STEP A 핵심 용어나 조건에 밑줄을 긋고, 구하는 것에 ○표를 하여라.

STEP B 이용할 개념과 공식을 떠올려라.

- $\sqrt{A}$가 자연수가 되려면?
  → A가 (자연수)$^\square$의 꼴이어야 한다.
  A를 소인수분해하였을 때, 소인수의 지수가 모두 ☐☐이어야 한다.

답 2, 짝수

STEP C 암산도, 생략도 안 돼! 간단한 계산 과정도 꼼꼼히 써라.

❶ 180을 소인수분해하면? [30%]

❷ x가 어떤 수이어야 하는지 구하면? [40%]

❸ 가장 작은 두 자리의 자연수 x의 값을 구하면? [30%]

STEP D 오류 점검은 필수! 스스로 감점 요인을 찾아라.

08 $\sqrt{30-x}$ 가 정수가 되도록 하는 모든 자연수 x의 값의 합을 구하시오.

STEP C 암산도, 생략도 안 돼! 간단한 계산 과정도 꼼꼼히 써라.

❶ $\sqrt{30-x}$ 가 정수가 되도록 하는 모든 자연수 x의 값을 구하면?
[60%]

❷ 모든 자연수 x의 값의 합을 구하면? [40%]

09 m, n은 자연수이고 $\sqrt{\dfrac{104}{m}}=n$일 때, n의 최댓값을 구하시오.

STEP C 암산도, 생략도 안 돼! 간단한 계산 과정도 꼼꼼히 써라.

❶ n의 값이 최대일 때, m의 값은 어떻게 되어야 하는지 구하면?
[30%]

❷ $\sqrt{\dfrac{104}{m}}$ 가 최대의 자연수가 되도록 하는 m의 값을 구하면? [40%]

❸ n의 최댓값을 구하면? [30%]

4 제곱근의 대소 관계

10 $\sqrt{(4-\sqrt{15})^2} - \sqrt{(\sqrt{15}-4)^2}$을 간단히 하시오.

STEP Ⓐ 핵심 용어나 조건에 밑줄을 긋고, 구하는 것에 ○표를 하여라.

STEP Ⓑ 이용할 개념과 공식을 떠올려라.

• $a>0$, $b>0$일 때, a와 $\sqrt{b}$의 대소를 비교하는 방법은?

→ ① 근호가 없는 수를 근호가 있는 수로 바꾸어 비교한다.

즉, ☐과 $\sqrt{b}$의 대소를 비교한다.

② 두 수를 각각 제곱하여 비교한다.

즉, a^2과 ☐의 대소를 비교한다.

🗒 $\sqrt{a^2}$, b

STEP Ⓒ 암산도, 생략도 안 돼! 간단한 계산 과정도 꼼꼼히 써라.

❶ 4와 $\sqrt{15}$의 대소를 비교하여 $4-\sqrt{15}$, $\sqrt{15}-4$의 부호를 각각 구하면? [40%]

❷ $\sqrt{(4-\sqrt{15})^2} - \sqrt{(\sqrt{15}-4)^2}$을 간단히 하면? [60%]

STEP Ⓓ 오류 점검은 필수! 스스로 감점 요인을 찾아라.

11 $\sqrt{5}<x<\sqrt{39}$를 만족하는 자연수 x의 값 중에서 가장 큰 수를 M, 가장 작은 수를 m이라고 할 때, $M-m$의 값을 구하시오.

STEP Ⓒ 암산도, 생략도 안 돼! 간단한 계산 과정도 꼼꼼히 써라.

❶ $\sqrt{5}<x<\sqrt{39}$를 만족하는 자연수 x의 값을 모두 구하면? [60%]

❷ $M-m$의 값을 구하면? [40%]

12 자연수 x에 대하여 $\sqrt{x}$ 이하의 자연수 중에서 가장 큰 수를 $f(x)$라고 할 때, $f(63)-f(27)$의 값을 구하시오.

STEP Ⓒ 암산도, 생략도 안 돼! 간단한 계산 과정도 꼼꼼히 써라.

❶ $f(63)$의 값을 구하면? [40%]

❷ $f(27)$의 값을 구하면? [40%]

❸ $f(63)-f(27)$의 값을 구하면? [20%]

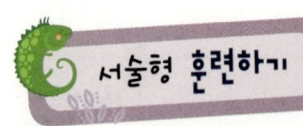

5 실수와 수직선

13 오른쪽 그림에서 모눈 한 칸은 한 변의 길이가 1인 정사각형이다. □ABCD는 정사각형이고 $\overline{AB}=\overline{AP}$, $\overline{AD}=\overline{AQ}$일 때, 두 점 P, Q에 대응하는 수를 각각 구하시오.

STEP **A** 핵심 용어나 조건에 밑줄을 긋고, 구하는 것에 ○표를 하여라.

STEP **B** 이용할 개념과 공식을 떠올려라.
• 어떤 점에 대응하는 무리수를 구하는 방법은?
→ ① 직각삼각형에서 ⬜⬜⬜⬜⬜ ⬜⬜를 이용하여 빗변의 길이를 구한다.
② 기준점에서 $\sqrt{a}$만큼 어느 방향으로 이동했는지 구한다. 이때 기준점 n에서 $\sqrt{a}$만큼 오른쪽으로 이동한 점은 $n+\sqrt{a}$에 대응하고, 왼쪽으로 이동한 점은 ⬜⬜⬜에 대응한다.
🔑 피타고라스 정리, $n-\sqrt{a}$

STEP **C** 암산도, 생략도 안 돼! 간단한 계산 과정도 꼼꼼히 써라.
❶ □ABCD의 한 변의 길이를 구하면? [40%]

❷ $\overline{AB}=\overline{AP}$, $\overline{AD}=\overline{AQ}$임을 이용하여 두 점 P, Q에 대응하는 수를 각각 구하면? [60%]

STEP **D** 오류 점검은 필수! 스스로 감점 요인을 찾아라.

14 오른쪽 그림에서 모눈 한 칸은 한 변의 길이가 1인 정사각형이다. □ABCD는 정사각형이고 $\overline{AB}=\overline{AP}$, $\overline{AD}=\overline{AQ}$일 때, 두 점 P, Q에 대응하는 수를 각각 구하시오.

STEP **C** 암산도, 생략도 안 돼! 간단한 계산 과정도 꼼꼼히 써라.
❶ □ABCD의 한 변의 길이를 구하면? [40%]
❷ $\overline{AB}=\overline{AP}$, $\overline{AD}=\overline{AQ}$임을 이용하여 두 점 P, Q에 대응하는 수를 각각 구하면? [60%]

15 오른쪽 그림에서 모눈 한 칸은 한 변의 길이가 1인 정사각형이다. $\overline{AC}=\overline{AQ}$, $\overline{BC}=\overline{BP}$일 때, 다음 물음에 답하시오.
(1) $\overline{AQ}$, $\overline{BP}$의 길이를 각각 구하시오.
(2) 두 점 P, Q에 대응하는 수를 각각 구하시오.

STEP **C** 암산도, 생략도 안 돼! 간단한 계산 과정도 꼼꼼히 써라.
(1) $\overline{AQ}$, $\overline{BP}$의 길이를 각각 구하면? [50%]
(2) 두 점 P, Q에 대응하는 수를 각각 구하면? [50%]

6 실수의 대소 관계

16 다음 세 수 A, B, C에 대하여 물음에 답하시오.

$$A=\sqrt{10}+2,\ B=\sqrt{10}+\sqrt{3},\ C=3+\sqrt{3}$$

(1) A, B의 대소 관계를 부등호를 사용하여 나타내시오.

(2) B, C의 대소 관계를 부등호를 사용하여 나타내시오.

(3) A, B, C의 대소 관계를 부등호를 사용하여 나타내시오.

STEP A 핵심 용어나 조건에 밑줄을 긋고, 구하는 것에 ○표를 하여라.

STEP B 이용할 개념과 공식을 떠올려라.

· **세 실수 a, b, c의 대소를 비교하는 방법은?**

→ 두 수씩 대소를 비교하여 세 수의 대소 관계를 구한다.

즉, $a<b$이고 $b<c$이면 $\boxed{}<\boxed{}<\boxed{}$이다.

답 a, b, c

STEP C 암산도, 생략도 안 돼! 간단한 계산 과정도 꼼꼼히 써라.

(1) A, B의 대소 관계를 부등호를 사용하여 나타내면? [40%]

(2) B, C의 대소 관계를 부등호를 사용하여 나타내면? [40%]

(3) A, B, C의 대소 관계를 부등호를 사용하여 나타내면? [20%]

STEP D 오류 점검은 필수! 스스로 감점 요인을 찾아라.

17 다음 세 수 A, B, C 중 가장 큰 수와 가장 작은 수의 합을 구하시오.

$$A=6-\sqrt{11},\ B=2,\ C=-\sqrt{13}+6$$

STEP C 암산도, 생략도 안 돼! 간단한 계산 과정도 꼼꼼히 써라.

❶ A, C의 대소 관계를 부등호를 사용하여 나타내면? [30%]

❷ B, C의 대소 관계를 부등호를 사용하여 나타내면? [30%]

❸ A, B, C의 대소 관계를 부등호를 사용하여 나타내면? [20%]

❹ 가장 큰 수와 가장 작은 수의 합을 구하면? [20%]

18 다음 수직선에서 두 수 $\sqrt{15}-1$, $2-\sqrt{3}$에 대응하는 점이 있는 구간을 각각 구하시오.

STEP C 암산도, 생략도 안 돼! 간단한 계산 과정도 꼼꼼히 써라.

❶ $\sqrt{15}-1$의 양옆에 있는 정수를 구하면? [30%]

❷ $\sqrt{15}-1$에 대응하는 점이 있는 구간을 구하면? [20%]

❸ $2-\sqrt{3}$의 양옆에 있는 정수를 구하면? [30%]

❹ $2-\sqrt{3}$에 대응하는 점이 있는 구간을 구하면? [20%]

1 제곱근의 곱셈과 나눗셈

01 $3 \times \sqrt{5} \times \sqrt{a} = \sqrt{5} \times \sqrt{45}$를 만족하는 양의 유리수 a의 값을 구하시오.

STEP A 핵심 용어나 조건에 밑줄을 긋고, 구하는 것에 ○표를 하여라.

STEP B 이용할 개념과 공식을 떠올려라.

· 제곱근의 곱셈, 나눗셈을 하는 방법은?

→ $a>0$, $b>0$이고 m, n이 유리수일 때,

① $\sqrt{a} \times \sqrt{b} = \sqrt{ab}$

② $m\sqrt{a} \times n\sqrt{b} = \boxed{\phantom{mn\sqrt{ab}}}$

③ $\sqrt{a} \div \sqrt{b} = \dfrac{\sqrt{a}}{\sqrt{b}} = \sqrt{\dfrac{a}{b}}$

④ $m\sqrt{a} \div n\sqrt{b} = \dfrac{m\sqrt{a}}{n\sqrt{b}} = \boxed{\phantom{\dfrac{m}{n}\sqrt{\dfrac{a}{b}}}}$

답 $mn\sqrt{ab}$, $\dfrac{m}{n}\sqrt{\dfrac{a}{b}}$

STEP C 암산도, 생략도 안 돼! 간단한 계산 과정도 꼼꼼히 써라.

❶ 주어진 식을 간단히 하면? [60%]

❷ 조건을 만족하는 양의 유리수 a의 값을 구하면? [40%]

STEP D 오류 점검은 필수! 스스로 감점 요인을 찾아라.

02 다음을 만족하는 두 유리수 a, b에 대하여 $\sqrt{a} \div \sqrt{b}$의 값을 구하시오.

$$\sqrt{\dfrac{5}{3}} \times \sqrt{\dfrac{27}{5}} = \sqrt{a}, \quad \sqrt{\dfrac{39}{2}} \div \sqrt{\dfrac{13}{2}} = \sqrt{b}$$

STEP C 암산도, 생략도 안 돼! 간단한 계산 과정도 꼼꼼히 써라.

❶ $\sqrt{a}$의 값을 구하면? [40%]

❷ $\sqrt{b}$의 값을 구하면? [40%]

❸ $\sqrt{a} \div \sqrt{b}$의 값을 구하면? [20%]

03 가로의 길이가 $\sqrt{32}$ cm, 세로의 길이가 $\sqrt{8}$ cm인 직사각형이 있다. 이 직사각형과 넓이가 같은 정사각형의 한 변의 길이를 구하시오.

STEP C 암산도, 생략도 안 돼! 간단한 계산 과정도 꼼꼼히 써라.

❶ 직사각형의 넓이를 구하면? [60%]

❷ 정사각형의 한 변의 길이를 구하면? [40%]

2 근호가 있는 식의 변형

04 $\sqrt{27}=a\sqrt{3}$, $\sqrt{125}=b\sqrt{5}$일 때, $\sqrt{ab}$의 값을 구하시오. (단, a, b는 유리수)

STEP A 핵심 용어나 조건에 밑줄을 긋고, 구하는 것에 ○표를 하여라.

STEP B 이용할 개념과 공식을 떠올려라.

- 근호가 있는 식을 변형하는 방법은?
→ $a>0$, $b>0$일 때,

① $\sqrt{a^2b}=\boxed{}$

② $\sqrt{\dfrac{a}{b^2}}=\boxed{}$

답 $a\sqrt{b}$, $\dfrac{\sqrt{a}}{b}$

STEP C 암산도, 생략도 안 돼! 간단한 계산 과정도 꼼꼼히 써라.

❶ a의 값을 구하면? [40%]

❷ b의 값을 구하면? [40%]

❸ $\sqrt{ab}$의 값을 구하면? [20%]

STEP D 오류 점검은 필수! 스스로 감점 요인을 찾아라.

---

05 $\sqrt{\dfrac{128}{9}}=a\sqrt{2}$, $\sqrt{0.0252}=b\sqrt{7}$일 때, $25ab$의 값을 구하시오. (단, a, b는 유리수)

STEP C 암산도, 생략도 안 돼! 간단한 계산 과정도 꼼꼼히 써라.

❶ a의 값을 구하면? [40%]

❷ b의 값을 구하면? [40%]

❸ $25ab$의 값을 구하면? [20%]

06 $\sqrt{50000}$은 $\sqrt{5}$의 a배이고, $\sqrt{\dfrac{18}{75}}$은 $\sqrt{6}$의 b배일 때, ab의 값을 구하시오.

STEP C 암산도, 생략도 안 돼! 간단한 계산 과정도 꼼꼼히 써라.

❶ a의 값을 구하면? [40%]

❷ b의 값을 구하면? [40%]

❸ ab의 값을 구하면? [20%]

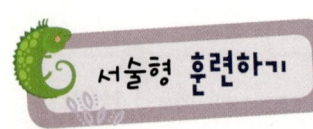

3 제곱근의 값

07 다음 제곱근표에서 $\sqrt{32.6}$의 값을 a, $\sqrt{b}$의 값을 5.523이라고 할 때, $100a+10b$의 값을 구하시오.

수	4	5	6	7	8
30	5.514	5.523	5.532	5.541	5.550
31	5.604	5.612	5.621	5.630	5.639
32	5.692	5.701	5.710	5.718	5.727
33	5.779	5.788	5.797	5.805	5.814

STEP A 핵심 용어나 조건에 밑줄을 긋고, 구하는 것에 ○표를 하여라.

STEP B 이용할 개념과 공식을 떠올려라.

• 제곱근을 어림한 값을 구하는 방법은?
→ ① 근호 안의 수가 100 이상인 수의 어림한 값 : 근호 안의 수를 10^2, 10^4, 10^6, …과의 곱으로 나타낸 후 $\sqrt{a^2b}=\boxed{}$임을 이용하여 어림한 값을 구한다.

② 근호 안의 수가 0 이상 1 미만인 수의 어림한 값 : 근호 안의 수를 $\dfrac{1}{10^2}$, $\dfrac{1}{10^4}$, $\dfrac{1}{10^6}$, …과의 곱으로 나타낸 후 $\sqrt{\dfrac{a}{b^2}}=\boxed{}$임을 이용하여 어림한 값을 구한다.

답 $a\sqrt{b}$, $\dfrac{\sqrt{a}}{b}$

STEP C 암산도, 생략도 안 돼! 간단한 계산 과정도 꼼꼼히 써라.

❶ a의 값을 구하면? [40%]

❷ b의 값을 구하면? [40%]

❸ $100a+10b$의 값을 구하면? [20%]

STEP D 오류 점검은 필수! 스스로 감점 요인을 찾아라.

---

08 $\sqrt{5.3}=2.302$, $\sqrt{53}=7.280$일 때, $\sqrt{530}+\sqrt{5300}$의 값을 구하시오.

STEP C 암산도, 생략도 안 돼! 간단한 계산 과정도 꼼꼼히 써라.

❶ $\sqrt{530}$의 값을 구하면? [40%]
❷ $\sqrt{5300}$의 값을 구하면? [40%]
❸ $\sqrt{530}+\sqrt{5300}$의 값을 구하면? [20%]

09 $\sqrt{1.9}=1.378$, $\sqrt{19}=4.359$일 때, $10\sqrt{0.19}-\dfrac{1}{100}\sqrt{19000}$의 값을 구하시오.

STEP C 암산도, 생략도 안 돼! 간단한 계산 과정도 꼼꼼히 써라.

❶ $10\sqrt{0.19}$의 값을 구하면? [40%]
❷ $\dfrac{1}{100}\sqrt{19000}$의 값을 구하면? [40%]
❸ $10\sqrt{0.19}-\dfrac{1}{100}\sqrt{19000}$의 값을 구하면? [20%]

4 제곱근의 덧셈과 뺄셈

10 $\dfrac{4\sqrt{2}}{3}-\dfrac{\sqrt{3}}{2}-\dfrac{3\sqrt{2}}{8}+\dfrac{\sqrt{3}}{6}=a\sqrt{2}+b\sqrt{3}$일 때, $a+b$의 값을 구하시오. (단, a, b는 유리수)

STEP Ⓐ 핵심 용어나 조건에 밑줄을 긋고, 구하는 것에 ○표를 하여라.

STEP Ⓑ 이용할 개념과 공식을 떠올려라.

• 제곱근의 덧셈, 뺄셈을 하는 방법은?

→ a, b, c, d는 유리수이고 $\sqrt{x}$, $\sqrt{y}$는 무리수일 때,
$a\sqrt{x}+b\sqrt{y}+c\sqrt{x}-d\sqrt{y}$
$=a\sqrt{x}+c\sqrt{x}+b\sqrt{y}-d\sqrt{y}$
$=(a+c)\sqrt{\boxed{}}+(b-d)\sqrt{\boxed{}}$

🌳 x, y

STEP Ⓒ 암산도, 생략도 안 돼! 간단한 계산 과정도 꼼꼼히 써라.

❶ 좌변을 간단히 하면? [60%]

❷ $a+b$의 값을 구하면? [40%]

STEP Ⓓ 오류 점검은 필수! 스스로 감점 요인을 찾아라.

11 $\sqrt{(\sqrt{5}-3)^2}-\sqrt{(6-2\sqrt{5})^2}$을 간단히 하시오.

STEP Ⓒ 암산도, 생략도 안 돼! 간단한 계산 과정도 꼼꼼히 써라.

❶ $\sqrt{5}-3$, $6-2\sqrt{5}$의 부호를 각각 구하면? [40%]
❷ $\sqrt{(\sqrt{5}-3)^2}-\sqrt{(6-2\sqrt{5})^2}$을 간단히 하면? [60%]

12 $\sqrt{3}(\sqrt{12}-2)+\sqrt{6}(\sqrt{6}-\sqrt{18})$을 간단히 하면 $a+b\sqrt{3}$이 될 때, $a+b$의 값을 구하시오.
(단, a, b는 유리수)

STEP Ⓒ 암산도, 생략도 안 돼! 간단한 계산 과정도 꼼꼼히 써라.

❶ $\sqrt{3}(\sqrt{12}-2)+\sqrt{6}(\sqrt{6}-\sqrt{18})$을 간단히 하면? [60%]
❷ $a+b$의 값을 구하면? [40%]

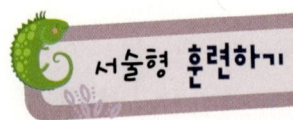

서술형 훈련하기

5 유리수가 되는 조건

13 $\sqrt{2}(\sqrt{2}-\sqrt{3})-\sqrt{3}(a\sqrt{2}+\sqrt{3})$을 계산한 결과가 유리수가 되도록 하는 유리수 a의 값을 구하시오.

STEP A 핵심 용어나 조건에 밑줄을 긋고, 구하는 것에 ○표를 하여라.

STEP B 이용할 개념과 공식을 떠올려라.
· a, b가 유리수이고 $\sqrt{m}$이 무리수일 때, $a+b\sqrt{m}$이 유리수가 될 조건은?
→ $b=$ ☐ 이어야 한다.

답 0

STEP C 암산도, 생략도 안 돼! 간단한 계산 과정도 꼼꼼히 써라.
❶ 주어진 식을 간단히 하면 [50%]

❷ ❶의 식이 유리수가 되도록 하는 유리수 a의 값을 구하면? [50%]

STEP D 오류 점검은 필수! 스스로 감점 요인을 찾아라.

---

14 다음 식을 계산한 결과가 유리수가 되도록 하는 유리수 a의 값을 구하시오.

$$\frac{a}{\sqrt{2}}(4-\sqrt{32})+\sqrt{48}\left(\frac{1}{\sqrt{3}}-\frac{1}{\sqrt{6}}\right)$$

STEP C 암산도, 생략도 안 돼! 간단한 계산 과정도 꼼꼼히 써라.
❶ 주어진 식을 간단히 하면? [50%]
❷ ❶의 식이 유리수가 되도록 하는 유리수 a의 값을 구하면? [50%]

15 다음 식을 계산한 결과가 유리수가 되도록 하는 유리수 a의 값을 구하고, 그때의 계산 결과를 구하시오.

$$5(a-2\sqrt{3})+6\sqrt{3}+2a\sqrt{3}-17$$

STEP C 암산도, 생략도 안 돼! 간단한 계산 과정도 꼼꼼히 써라.
❶ 주어진 식을 간단히 하면? [30%]
❷ ❶의 식이 유리수가 되도록 하는 유리수 a의 값을 구하면? [30%]
❸ 주어진 식의 계산 결과를 구하면? [40%]

6 무리수의 정수 부분과 소수 부분

16 $\sqrt{10}-2$의 정수 부분을 a, 소수 부분을 b라고 할 때, $a+2b$의 값을 구하시오.

STEP A 핵심 용어나 조건에 밑줄을 긋고, 구하는 것에 ○표를 하여라.

STEP B 이용할 개념과 공식을 떠올려라.
- 무리수의 정수 부분과 소수 부분이란?
  → (무리수)=($\boxed{}\boxed{}$ 부분)+(소수 부분)이므로
  (소수 부분)=(무리수)−($\boxed{}\boxed{}$ 부분)이다.

  📑 정수, 정수

STEP C 암산도, 생략도 안 돼! 간단한 계산 과정도 꼼꼼히 써라.
❶ $\sqrt{10}-2$의 양옆에 있는 정수를 구하면? [40%]

❷ a, b의 값을 각각 구하면? [40%]

❸ $a+2b$의 값을 구하면? [20%]

STEP D 오류 점검은 필수! 스스로 감점 요인을 찾아라.

17 $\sqrt{2}$의 소수 부분을 a, $\sqrt{6}$의 소수 부분을 b라고 할 때, $\sqrt{2}a+\sqrt{6}b+\dfrac{12}{\sqrt{6}}$의 값을 구하시오.

STEP C 암산도, 생략도 안 돼! 간단한 계산 과정도 꼼꼼히 써라.
❶ a의 값을 구하면? [30%]
❷ b의 값을 구하면? [30%]
❸ $\sqrt{2}a+\sqrt{6}b+\dfrac{12}{\sqrt{6}}$의 값을 구하면? [40%]

18 자연수 n에 대하여 $\sqrt{n}$의 소수 부분을 $f(n)$이라고 할 때, $f(72)-f(32)$의 값을 구하시오.

STEP C 암산도, 생략도 안 돼! 간단한 계산 과정도 꼼꼼히 써라.
❶ $f(72)$의 값을 구하면? [30%]
❷ $f(32)$의 값을 구하면? [30%]
❸ $f(72)-f(32)$의 값을 구하면? [40%]

1 곱셈 공식

01 $(3x-A)^2=9x^2-Bx+49$일 때, 양수 A, B에 대하여 $A+B$의 값을 구하시오.

STEP A 핵심 용어나 조건에 밑줄을 긋고, 구하는 것에 ○표를 하여라.

STEP B 이용할 개념과 공식을 떠올려라.

• 곱셈 공식은?

→ ① $(a+b)^2=a^2+2ab+b^2$

② $(a-b)^2=a^2-2ab+b^2$

③ $(a+b)(a-b)=\boxed{}$

④ $(x+a)(x+b)=x^2+(a+b)x+ab$

⑤ $(ax+b)(cx+d)=acx^2+(\boxed{})x+bd$

답 a^2-b^2, $ad+bc$

STEP C 암산도, 생략도 안 돼! 간단한 계산 과정도 꼼꼼히 써라.

❶ 곱셈 공식을 이용하여 좌변을 전개하면? [40%]

❷ 좌변과 우변이 같음을 이용하여 A, B의 값을 각각 구하면? [40%]

❸ $A+B$의 값을 구하면? [20%]

STEP D 오류 점검은 필수! 스스로 감점 요인을 찾아라.

02 $(x+3)(x-4)$의 전개식에서 x의 계수를 a, $(5x+2)(5x-2)$의 전개식에서 상수항을 b라고 할 때, ab의 값을 구하시오.

STEP C 암산도, 생략도 안 돼! 간단한 계산 과정도 꼼꼼히 써라.

❶ 곱셈 공식을 이용하여 a의 값을 구하면? [40%]

❷ 곱셈 공식을 이용하여 b의 값을 구하면? [40%]

❸ ab의 값을 구하면? [20%]

03 $(x-2)(x+2)(x^2+4)(x^4+16)=x^a+b$일 때, $\dfrac{b}{a}$의 값을 구하시오. (단, a, b는 상수)

STEP C 암산도, 생략도 안 돼! 간단한 계산 과정도 꼼꼼히 써라.

❶ 곱셈 공식을 이용하여 좌변을 전개하면? [40%]

❷ 좌변과 우변이 같음을 이용하여 a, b의 값을 각각 구하면? [40%]

❸ $\dfrac{b}{a}$의 값을 구하면? [20%]

2 곱셈 공식을 이용한 근호를 포함한 식의 계산

04 $(4-\sqrt{7})^2+(1+2\sqrt{7})^2=a+b\sqrt{7}$일 때, $a-b$의 값을 구하시오. (단, a, b는 유리수)

STEP A 핵심 용어나 조건에 밑줄을 긋고, 구하는 것에 ○표를 하여라.

STEP B 이용할 개념과 공식을 떠올려라.
- 제곱근을 포함한 수의 계산 방법은?
→ 제곱근을 문자로 생각하고 ☐☐ 공식을 이용한다.

답 곱셈

STEP C 암산도, 생략도 안 돼! 간단한 계산 과정도 꼼꼼히 써라.
❶ 좌변을 곱셈 공식을 이용하여 간단히 하면? [60%]

❷ a, b의 값을 각각 구하면? [20%]

❸ $a-b$의 값을 구하면? [20%]

STEP D 오류 점검은 필수! 스스로 감점 요인을 찾아라.

05 $(5-3\sqrt{2})(2+4\sqrt{2})$를 계산하면 $a+b\sqrt{2}$일 때, $b-a$의 값을 구하시오. (단, a, b는 유리수)

STEP C 암산도, 생략도 안 돼! 간단한 계산 과정도 꼼꼼히 써라.
❶ $(5-3\sqrt{2})(2+4\sqrt{2})$를 곱셈 공식을 이용하여 간단히 하면?
[70%]

❷ $b-a$의 값을 구하면? [30%]

06 $A=(\sqrt{5}+4)^2$, $B=(-\sqrt{5}+3)(-3\sqrt{5}-1)$일 때, $A+B$의 값을 구하시오.

STEP C 암산도, 생략도 안 돼! 간단한 계산 과정도 꼼꼼히 써라.
❶ A를 간단히 하면? [40%]
❷ B를 간단히 하면? [40%]
❸ $A+B$의 값을 구하면? [20%]

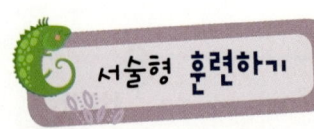

3 곱셈 공식을 이용한 분모의 유리화

07 $\dfrac{2}{\sqrt{6}+\sqrt{3}}-\dfrac{5}{\sqrt{6}-\sqrt{3}}$ 를 계산하면 $a\sqrt{3}+b\sqrt{6}$ 일 때, $a+b$ 의 값을 구하시오. (단, a, b 는 유리수)

STEP A 핵심 용어나 조건에 밑줄을 긋고, 구하는 것에 ○표를 하여라.

STEP B 이용할 개념과 공식을 떠올려라.

• 분모가 2개의 항으로 되어 있는 무리수일 때, 분모를 유리화하는 방법은?

→ 곱셈 공식 $(a+b)(a-b)=\boxed{}$ 을 이용한다.

🔑 a^2-b^2

STEP C 암산도, 생략도 안 돼! 간단한 계산 과정도 꼼꼼히 써라.

❶ $\dfrac{2}{\sqrt{6}+\sqrt{3}}-\dfrac{5}{\sqrt{6}-\sqrt{3}}$ 를 계산하면? [70%]

❷ $a+b$ 의 값을 구하면? [30%]

STEP D 오류 점검은 필수! 스스로 감점 요인을 찾아라.

08 $\dfrac{\sqrt{3}-2}{\sqrt{3}+2}-\dfrac{\sqrt{3}+2}{\sqrt{3}-2}$ 를 계산하면 $a+b\sqrt{3}$ 일 때, $a+b$ 의 값을 구하시오. (단, a, b 는 유리수)

STEP C 암산도, 생략도 안 돼! 간단한 계산 과정도 꼼꼼히 써라.

❶ $\dfrac{\sqrt{3}-2}{\sqrt{3}+2}-\dfrac{\sqrt{3}+2}{\sqrt{3}-2}$ 를 계산하면? [70%]

❷ $a+b$ 의 값을 구하면? [30%]

09 $x=\dfrac{1}{3-2\sqrt{2}}$, $y=\dfrac{1}{3+2\sqrt{2}}$ 일 때, $x^2+3xy+y^2$ 의 값을 구하시오.

STEP C 암산도, 생략도 안 돼! 간단한 계산 과정도 꼼꼼히 써라.

❶ x, y 의 분모를 각각 유리화하면? [40%]

❷ $x+y$, xy 의 값을 각각 구하면? [30%]

❸ $x^2+3xy+y^2$ 의 값을 구하면? [30%]

4 곱셈 공식의 활용

10 곱셈 공식을 이용하여 $\dfrac{511 \times 513 + 1}{512}$ 을 계산하려고 한다. 다음 물음에 답하시오.

(1) $\dfrac{511 \times 513 + 1}{512}$ 을 계산하시오.

(2) (1)에서 이용한 곱셈 공식을 쓰시오.

STEP A 핵심 용어나 조건에 밑줄을 긋고, 구하는 것에 ○표를 하여라.

STEP B 이용할 개념과 공식을 떠올려라.

• **곱셈 공식을 이용하여 수를 계산하는 방법은?**

→ 곱셈 공식을 이용할 수 있도록 숫자를 적당히 변형하여 계산한다.

• **필요한 곱셈 공식은?**

→ ① 수의 제곱의 계산

$(a+b)^2 = a^2 + 2ab + b^2$, $(a-b)^2 = a^2 - 2ab + b^2$

② 두 수의 곱의 계산

$(a+b)(a-b) = \boxed{}$

$(x+a)(x+b) = x^2 + (a+b)x + ab$

답 $a^2 - b^2$

STEP C 암산도, 생략도 안 돼! 간단한 계산 과정도 꼼꼼히 써라.

(1) ❶ $512 = A$라고 할 때, 주어진 식을 A를 사용한 식으로 나타내면? [50%]

❷ $\dfrac{511 \times 513 + 1}{512}$ 을 계산하면? [30%]

(2) (1)에서 이용한 곱셈 공식은? [20%]

STEP D 오류 점검은 필수! 스스로 감점 요인을 찾아라.

11 $a - b = -5$, $ab = 2$일 때, 다음 식의 값을 구하시오.

(1) $a^2 + b^2$

(2) $(a+b)^2$

STEP C 암산도, 생략도 안 돼! 간단한 계산 과정도 꼼꼼히 써라.

(1) ❶ $a^2 + b^2$을 $a - b$, ab를 사용한 식으로 나타내면? [30%]

❷ $a^2 + b^2$의 값을 구하면? [20%]

(2) ❶ $(a+b)^2$을 $a - b$, ab를 사용한 식으로 나타내면? [30%]

❷ $(a+b)^2$의 값을 구하면? [20%]

12 $x + \dfrac{1}{x} = 4$일 때, $x^4 + \dfrac{1}{x^4}$의 값을 구하시오.

STEP C 암산도, 생략도 안 돼! 간단한 계산 과정도 꼼꼼히 써라.

❶ $x^2 + \dfrac{1}{x^2}$을 $x + \dfrac{1}{x}$을 사용한 식으로 나타내면? [30%]

❷ $x^2 + \dfrac{1}{x^2}$의 값을 구하면? [20%]

❸ $x^4 + \dfrac{1}{x^4}$을 $x^2 + \dfrac{1}{x^2}$을 사용한 식으로 나타내면? [30%]

❹ $x^4 + \dfrac{1}{x^4}$의 값을 구하면? [20%]

1 인수분해 공식 (1)

01

$4x^2+20x+25=(ax+b)^2$일 때, $a+b$의 값을 구하시오. (단, a, b는 자연수)

STEP A 핵심 용어나 조건에 밑줄을 긋고, 구하는 것에 ○표를 하여라.

STEP B 이용할 개념과 공식을 떠올려라.

- 인수분해 공식 (1) 은?
  ① $a^2+2ab+b^2=(\boxed{})^2$
  ② $a^2-2ab+b^2=(\boxed{})^2$

  ▤ $a+b$, $a-b$

STEP C 암산도, 생략도 안 돼! 간단한 계산 과정도 꼼꼼히 써라.

❶ $4x^2+20x+25$를 인수분해하면? [50%]

❷ a, b의 값을 각각 구하면? [30%]

❸ $a+b$의 값을 구하면? [20%]

STEP D 오류 점검은 필수! 스스로 감점 요인을 찾아라.

02

다음 두 식이 모두 완전제곱식이 되도록 하는 양수 a, b에 대하여 $b-a$의 값을 구하시오.

$$16x^2+24x+a,\ x^2-bx+49$$

STEP C 암산도, 생략도 안 돼! 간단한 계산 과정도 꼼꼼히 써라.

❶ a의 값을 구하면? [40%]
❷ b의 값을 구하면? [40%]
❸ $b-a$의 값을 구하면? [20%]

03

$0<a<b$일 때, $\sqrt{a^2+2ab+b^2}+\sqrt{4a^2-8ab+4b^2}$ 을 간단히 하시오.

STEP C 암산도, 생략도 안 돼! 간단한 계산 과정도 꼼꼼히 써라.

❶ $a+b$, $a-b$의 부호를 각각 구하면? [40%]
❷ $\sqrt{a^2+2ab+b^2}+\sqrt{4a^2-8ab+4b^2}$을 간단히 하면? [60%]

2 인수분해 공식 (2)

04

$32x^2 - 18y^2 = a(bx + cy)(bx - cy)$일 때, $a+b+c$의 값을 구하시오.

(단, a, b, c는 양의 정수)

STEP A 핵심 용어나 조건에 밑줄을 긋고, 구하는 것에 ○표를 하여라.

STEP B 이용할 개념과 공식을 떠올려라.

• 인수분해 공식 (2) 는?

→ $a^2 - b^2 = (a+b)(\boxed{})$

答 $a-b$

STEP C 암산도, 생략도 안 돼! 간단한 계산 과정도 꼼꼼히 써라.

❶ $32x^2 - 18y^2$을 인수분해하면? [50%]

❷ a, b, c의 값을 각각 구하면? [30%]

❸ $a+b+c$의 값을 구하면? [20%]

STEP D 오류 점검은 필수! 스스로 감점 요인을 찾아라.

05

$a^3 - a$가 a의 계수가 1인 세 일차식의 곱으로 인수분해될 때, 이 세 일차식의 합을 구하시오.

STEP C 암산도, 생략도 안 돼! 간단한 계산 과정도 꼼꼼히 써라.

❶ $a^3 - a$를 인수분해하면? [60%]

❷ a의 계수가 1인 세 일차식의 합을 구하면? [40%]

06

넓이가 $81x^2 - 36$인 직사각형 모양의 그림이 있다. 이 그림의 가로의 길이가 $9x + 6$일 때, 그림의 둘레의 길이를 구하시오.

STEP C 암산도, 생략도 안 돼! 간단한 계산 과정도 꼼꼼히 써라.

❶ 그림의 세로의 길이를 구하면? [50%]

❷ 그림의 둘레의 길이를 구하면? [50%]

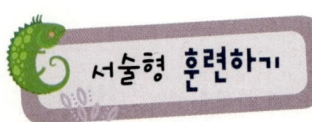

3 인수분해 공식(3)

07 $x^2+ax-14$를 인수분해하면 $(x+2)(x+b)$일 때, $a+b$의 값을 구하시오. (단, a, b는 상수)

STEP **A** 핵심 용어나 조건에 밑줄을 긋고, 구하는 것에 ○표를 하여라.

STEP **B** 이용할 개념과 공식을 떠올려라.

• 인수분해 공식 (3)은?

→ $x^2+(a+b)x+ab=(x+a)(\boxed{})$

🖹 $x+b$

STEP **C** 암산도, 생략도 안 돼! 간단한 계산 과정도 꼼꼼히 써라.

❶ a, b의 값을 각각 구하면? [70%]

❷ $a+b$의 값을 구하면? [30%]

STEP **D** 오류 점검은 필수! 스스로 감점 요인을 찾아라.

08 x의 계수가 1인 두 일차식의 곱이 $(x-3)(x+4)-8$일 때, 이 두 일차식의 합을 구하시오.

STEP **C** 암산도, 생략도 안 돼! 간단한 계산 과정도 꼼꼼히 써라.

❶ $(x-3)(x+4)-8$을 인수분해하면? [60%]

❷ x의 계수가 1인 두 일차식의 합을 구하면? [40%]

09 어떤 이차식을 현성이는 x의 계수를 잘못 보아 $(x+6)(x-3)$으로 인수분해하였고, 지율이는 상수항을 잘못 보아 $(x-2)(x-5)$로 인수분해하였다. 처음 이차식을 바르게 인수분해하시오.

STEP **C** 암산도, 생략도 안 돼! 간단한 계산 과정도 꼼꼼히 써라.

❶ $(x+6)(x-3)$을 전개하여 처음 이차식의 상수항을 구하면? [30%]

❷ $(x-2)(x-5)$를 전개하여 처음 이차식의 x의 계수를 구하면? [30%]

❸ 처음 이차식을 바르게 인수분해하면? [40%]

4 인수분해 공식 (4)

10 $4x^2+(2a-7)x-15=(x-5)(4x+b)$일 때, ab의 값을 구하시오. (단, a, b는 상수)

STEP A 핵심 용어나 조건에 밑줄을 긋고, 구하는 것에 ○표를 하여라.

STEP B 이용할 개념과 공식을 떠올려라.

• 인수분해 공식 (4)는?

→ $acx^2+(ad+bc)x+bd=(ax+b)(\boxed{})$

답 $cx+d$

STEP C 암산도, 생략도 안 돼! 간단한 계산 과정도 꼼꼼히 써라.

❶ a, b의 값을 각각 구하면? [70%]

❷ ab의 값을 구하면? [30%]

STEP D 오류 점검은 필수! 스스로 감점 요인을 찾아라.

11 다음 두 다항식의 공통인수를 구하시오.

$$6x^2-7x-3,\ 10x^2-9x-9$$

STEP C 암산도, 생략도 안 돼! 간단한 계산 과정도 꼼꼼히 써라.

❶ $6x^2-7x-3$을 인수분해하면? [40%]
❷ $10x^2-9x-9$를 인수분해하면? [40%]
❸ 두 다항식의 공통인수를 구하면? [20%]

12 다음 그림에 주어진 직사각형을 모두 사용하여 하나의 큰 직사각형을 만들 때, 그 직사각형의 둘레의 길이를 구하시오.

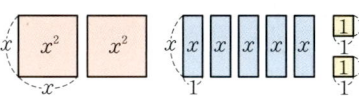

STEP C 암산도, 생략도 안 돼! 간단한 계산 과정도 꼼꼼히 써라.

❶ 새로 만든 큰 직사각형의 넓이를 구하여 가로의 길이와 세로의 길이를 각각 구하면? [60%]
❷ 새로 만든 큰 직사각형의 둘레의 길이를 구하면? [40%]

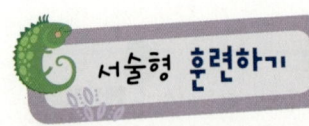
5 복잡한 식의 인수분해

13 $(5x-1)^2+3(5x-1)-10=(5x+a)(5x+b)$
일 때, $a-b$의 값을 구하시오.
(단, a, b는 상수, $a>b$)

STEP A 핵심 용어나 조건에 밑줄을 긋고, 구하는 것에 ○표를 하여라.

STEP B 이용할 개념과 공식을 떠올려라.
- 복잡한 식을 인수분해하는 방법은?
→ ① 공통부분이 있으면 한 문자로 □□ 하여 인수분해한 후 원래
의 식을 대입하여 정리한다.
② 항이 4개이면 공통부분이 생기도록 2개의 항씩 묶어 인수분해
하거나 3개의 항과 1개의 항을 A^2-B^2의 꼴로 변형하여 인수
분해한다.
🔖 치환

STEP C 암산도, 생략도 안 돼! 간단한 계산 과정도 꼼꼼히 써라.
❶ 좌변을 치환을 이용하여 인수분해하면? [60%]

❷ a, b의 값을 각각 구하면? [20%]

❸ $a-b$의 값을 구하면? [20%]

STEP D 오류 점검은 필수! 스스로 감점 요인을 찾아라.

14 다음 두 다항식의 공통인수를 구하시오.

$$xy-6x+2y-12, \quad x^2+2x-xy-2y$$

STEP C 암산도, 생략도 안 돼! 간단한 계산 과정도 꼼꼼히 써라.
❶ $xy-6x+2y-12$를 인수분해하면? [40%]
❷ $x^2+2x-xy-2y$를 인수분해하면? [40%]
❸ 두 다항식의 공통인수를 구하면? [20%]

15 $4x^2-4xy+y^2-9z^2$을 인수분해하였더니
$(ax-by+3z)(2x-by-cz)$가 되었을 때,
$a+b-c$의 값을 구하시오. (단, a, b, c는 상수)

STEP C 암산도, 생략도 안 돼! 간단한 계산 과정도 꼼꼼히 써라.
❶ $4x^2-4xy+y^2-9z^2$을 인수분해하면? [50%]
❷ a, b, c의 값을 각각 구하면? [30%]
❸ $a+b-c$의 값을 구하면? [20%]

6 인수분해 공식의 활용

16 두 수 A, B가 다음과 같을 때, AB의 값을 구하시오.

$$A=22.5^2-5\times22.5+2.5^2$$
$$B=\sqrt{0.36\times0.18+0.36\times0.82}$$

STEP A 핵심 용어나 조건에 밑줄을 긋고, 구하는 것에 ○표를 하여라.

STEP B 이용할 개념과 공식을 떠올려라.

• 복잡한 식의 값을 구하는 방법은?

→ ① 주어진 식을 ☐☐☐☐한다.

② 문자의 값을 간단히 하여 대입한다.

📖 인수분해

STEP C 암산도, 생략도 안 돼! 간단한 계산 과정도 꼼꼼히 써라.

❶ A의 값을 구하면? [40%]

❷ B의 값을 구하면? [40%]

❸ AB의 값을 구하면? [20%]

STEP D 오류 점검은 필수! 스스로 감점 요인을 찾아라.

---

17 $x=\dfrac{1}{\sqrt{2}+1}$, $y=\dfrac{1}{\sqrt{2}-1}$일 때, x^2y+xy^2의 값을 구하시오.

STEP C 암산도, 생략도 안 돼! 간단한 계산 과정도 꼼꼼히 써라.

❶ x, y의 분모를 각각 유리화하면? [40%]

❷ $x+y$, xy의 값을 각각 구하면? [30%]

❸ x^2y+xy^2의 값을 구하면? [30%]

18 $\sqrt{21}$의 소수 부분을 a, $3\sqrt{2}$의 정수 부분을 b라고 할 때, $\dfrac{a^3-b^3+a^2b-ab^2}{a-b}$의 값을 구하시오.

STEP C 암산도, 생략도 안 돼! 간단한 계산 과정도 꼼꼼히 써라.

❶ a의 값을 구하면? [25%]

❷ b의 값을 구하면? [25%]

❸ $\dfrac{a^3-b^3+a^2b-ab^2}{a-b}$의 값을 구하면? [50%]

1 이차방정식의 해

01 이차방정식 $x^2-10x+a=0$의 한 근이 4일 때, 상수 a의 값과 다른 한 근을 각각 구하시오.

STEP A 핵심 용어나 조건에 밑줄을 긋고, 구하는 것에 ○표를 하여라.

STEP B 이용할 개념과 공식을 떠올려라.

- **이차방정식 $ax^2+bx+c=0$의 한 근이 p이면?**
→ $ax^2+bx+c=0$에 $x=p$를 대입하면 등식이 성립한다.
→ $ap^2+bp+c=\boxed{}$이 참이다.

답 0

STEP C 암산도, 생략도 안 돼! 간단한 계산 과정도 꼼꼼히 써라.

❶ 이차방정식 $x^2-10x+a=0$의 한 근이 4임을 이용하여 a의 값을 구하면? [50%]

❷ 이차방정식 $x^2-10x+a=0$의 다른 한 근을 구하면? [50%]

STEP D 오류 점검은 필수! 스스로 감점 요인을 찾아라.

02 이차방정식 $2x^2-x-a=0$의 한 근이 2이고, 이차방정식 $5x^2+9x-b=0$의 한 근이 -1일 때, $a+b$의 값을 구하시오. (단, a, b는 상수)

STEP C 암산도, 생략도 안 돼! 간단한 계산 과정도 꼼꼼히 써라.

❶ 이차방정식 $2x^2-x-a=0$의 한 근이 2임을 이용하여 a의 값을 구하면? [40%]

❷ 이차방정식 $5x^2+9x-b=0$의 한 근이 -1임을 이용하여 b의 값을 구하면? [40%]

❸ $a+b$의 값을 구하면? [20%]

03 이차방정식 $x^2+6x+1=0$의 한 근을 α라고 할 때, $\alpha^2+\dfrac{1}{\alpha^2}$의 값을 구하시오.

STEP C 암산도, 생략도 안 돼! 간단한 계산 과정도 꼼꼼히 써라.

❶ 이차방정식 $x^2+6x+1=0$의 한 근이 α임을 이용하여 $\alpha+\dfrac{1}{\alpha}$의 값을 구하면? [50%]

❷ 곱셈 공식의 변형을 이용하여 $\alpha^2+\dfrac{1}{\alpha^2}$의 값을 구하면? [50%]

2 인수분해를 이용한 이차방정식의 풀이

04 한 근이 -3인 이차방정식 $x^2+(a+5)x+4a=0$ 의 다른 한 근을 b라고 할 때, $a-b$의 값을 구하시오. (단, a는 상수)

STEP A 핵심 용어나 조건에 밑줄을 긋고, 구하는 것에 ○표를 하여라.

STEP B 이용할 개념과 공식을 떠올려라.

• 인수분해를 이용하여 이차방정식을 푸는 방법은?
→ ① 모든 항을 좌변으로 이항하여 간단히 한다.
② 좌변을 □□□□□한다.
③ '$AB=0$이면 $A=$□ 또는 $B=$□'임을 이용하여 해를 구한다.

📖 인수분해, 0, 0

STEP C 암산도, 생략도 안 돼! 간단한 계산 과정도 꼼꼼히 써라.
❶ 이차방정식 $x^2+(a+5)x+4a=0$의 한 근이 -3임을 이용하여 a의 값을 구하면? [40%]

❷ 이차방정식 $x^2+(a+5)x+4a=0$의 다른 한 근 b를 구하면?
[40%]

❸ $a-b$의 값을 구하면? [20%]

STEP D 오류 점검은 필수! 스스로 감점 요인을 찾아라.

05 이차방정식 $x^2+3x-18=0$의 두 근 중 작은 근이 이차방정식 $x^2-ax-30=0$의 근일 때, 상수 a의 값을 구하시오.

STEP C 암산도, 생략도 안 돼! 간단한 계산 과정도 꼼꼼히 써라.
❶ 이차방정식 $x^2+3x-18=0$의 두 근을 구하면? [50%]
❷ 이차방정식 $x^2-ax-30=0$에 두 근 중 작은 근을 대입하여 a의 값을 구하면? [50%]

06 이차방정식 $x^2-8x-m=0$이 중근을 가질 때, 이차방정식 $(m+10)x^2+17x-10=0$의 두 근의 차를 구하시오. (단, m은 상수)

STEP C 암산도, 생략도 안 돼! 간단한 계산 과정도 꼼꼼히 써라.
❶ 이차방정식 $x^2-8x-m=0$이 중근을 가짐을 이용하여 m의 값을 구하면? [30%]
❷ 이차방정식 $(m+10)x^2+17x-10=0$의 두 근을 구하면? [50%]
❸ 두 근의 차를 구하면? [20%]

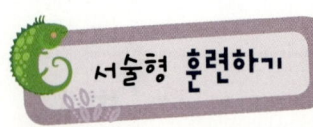

3 제곱근, 완전제곱식을 이용한 이차방정식의 풀이

07 이차방정식 $9(x-a)^2=b$의 해가 $x=-3\pm\sqrt{5}$일 때, $a+b$의 값을 구하시오. (단, a, b는 유리수)

STEP **A** 핵심 용어나 조건에 밑줄을 긋고, 구하는 것에 ○표를 하여라.

STEP **B** 이용할 개념과 공식을 떠올려라.
 • 이차방정식 $x^2=q(q\geq0)$의 해는?
 → $x=\boxed{}$
 • 이차방정식 $(x+p)^2=q(q\geq0)$의 해는?
 → $x=\boxed{}$

답 $\pm\sqrt{q}$, $-p\pm\sqrt{q}$

STEP **C** 암산도, 생략도 안 돼! 간단한 계산 과정도 꼼꼼히 써라.
 ❶ 이차방정식 $9(x-a)^2=b$를 풀면? [40%]

 ❷ 해가 $x=-3\pm\sqrt{5}$임을 이용하여 a, b의 값을 각각 구하면? [40%]

 ❸ $a+b$의 값을 구하면? [20%]

STEP **D** 오류 점검은 필수! 스스로 감점 요인을 찾아라.

08 이차방정식 $3x^2+10x+6=0$의 해가 $x=\dfrac{a\pm\sqrt{b}}{3}$ 일 때, ab의 값을 구하시오. (단, a, b는 유리수)

STEP **C** 암산도, 생략도 안 돼! 간단한 계산 과정도 꼼꼼히 써라.
 ❶ 이차방정식 $3x^2+10x+6=0$을 풀면? [40%]
 ❷ 해가 $x=\dfrac{a\pm\sqrt{b}}{3}$임을 이용하여 a, b의 값을 각각 구하면? [40%]
 ❸ ab의 값을 구하면? [20%]

09 이차방정식 $x^2-7x+q=0$의 해에 대하여 다음 물음에 답하시오. (단, q는 상수)

(1) 해를 q에 대한 식으로 나타내시오.
(2) 해를 갖도록 하는 실수 q의 값의 범위를 구하시오.
(3) 유리수인 해를 갖도록 하는 자연수 q의 값을 모두 구하시오.

STEP **C** 암산도, 생략도 안 돼! 간단한 계산 과정도 꼼꼼히 써라.
 (1) 해를 q에 대한 식으로 나타내면? [30%]
 (2) 해를 갖도록 하는 실수 q의 값의 범위를 구하면? [30%]
 (3) 유리수인 해를 갖도록 하는 자연수 q의 값을 모두 구하면? [40%]

4 복잡한 이차방정식의 풀이

10 이차방정식 $\frac{1}{5}x^2 - \frac{1}{3}x - 0.2 = 0$의 해가

$x = \frac{p \pm \sqrt{q}}{6}$일 때, $p + q$의 값을 구하시오.

(단, p, q는 유리수)

STEP A 핵심 용어나 조건에 밑줄을 긋고, 구하는 것에 ○표를 하여라.

STEP B 이용할 개념과 공식을 떠올려라.

· 복잡한 이차방정식을 푸는 방법은?

→ ① 분수 또는 소수인 계수를 ☐☐로 바꾼다.

② 괄호가 있으면 괄호를 풀어 $ax^2 + bx + c = 0$의 꼴로 나타낸다.

③ 인수분해 또는 ☐☐ ☐☐을 이용하여 해를 구한다.

📖 정수. 근의 공식

STEP C 암산도, 생략도 안 돼! 간단한 계산 과정도 꼼꼼히 써라.

❶ 주어진 이차방정식을 풀면? [60%]

❷ 해가 $x = \frac{p \pm \sqrt{q}}{6}$임을 이용하여 p, q의 값을 각각 구하면? [20%]

❸ $p + q$의 값을 구하면? [20%]

STEP D 오류 점검은 필수! 스스로 감점 요인을 찾아라.

11 이차방정식 $0.3(x+3)(x-1) = \frac{x(x-2)}{5}$의 두 근 중 큰 근을 α라고 할 때, $\alpha + 5$의 값을 구하시오.

STEP C 암산도, 생략도 안 돼! 간단한 계산 과정도 꼼꼼히 써라.

❶ 주어진 이차방정식을 풀면? [70%]

❷ $\alpha + 5$의 값을 구하면? [30%]

12 $(2x - y + 1)(2x - y + 5) + 4 = 0$일 때, $3y - 6x$의 값을 구하시오.

STEP C 암산도, 생략도 안 돼! 간단한 계산 과정도 꼼꼼히 써라.

❶ 공통부분을 A로 치환하면? [20%]

❷ 인수분해를 이용하여 A의 값을 구하면? [40%]

❸ $3y - 6x$의 값을 구하면? [40%]

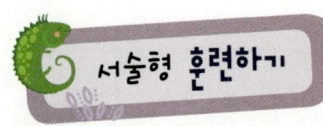

5 ▶ 이차방정식이 중근을 가질 조건

13   두 이차방정식 $x^2-8x+a=0$,
$x^2-(a-4)x+b=0$이 모두 중근을 가질 때,
$a+b$의 값을 구하시오. (단, a, b는 상수)

STEP **A**   핵심 용어나 조건에 밑줄을 긋고, 구하는 것에 ◯표를 하여라.

STEP **B**   이용할 개념과 공식을 떠올려라.

   • **이차방정식** $ax^2+bx+c=0$이 **중근을 가질 조건**은?
   → b^2-4ac ☐ 0

   립 =

STEP **C**   암산도, 생략도 안 돼! 간단한 계산 과정도 꼼꼼히 써라.

   ❶ a의 값을 구하면? [40%]

   ❷ b의 값을 구하면? [40%]

   ❸ $a+b$의 값을 구하면? [20%]

STEP **D**   오류 점검은 필수! 스스로 감점 요인을 찾아라.

14   이차방정식 $ax^2+8x+(3a-8)=0$이 중근을 가
질 때, 양수 a의 값을 구하시오.

STEP **C**   암산도, 생략도 안 돼! 간단한 계산 과정도 꼼꼼히 써라.

   ❶ $ax^2+8x+(3a-8)=0$이 중근을 가질 조건을 구하면? [70%]
   ❷ 양수 a의 값을 구하면? [30%]

15   두 이차방정식 $x^2-ax+1=0$,
$ax^2-8x+a+6=0$이 모두 중근을 가질 때, 상
수 a의 값을 구하시오.

STEP **C**   암산도, 생략도 안 돼! 간단한 계산 과정도 꼼꼼히 써라.

   ❶ $x^2-ax+1=0$에서 a의 값을 구하면? [30%]
   ❷ $ax^2-8x+a+6=0$에서 a의 값을 구하면? [50%]
   ❸ 조건을 모두 만족하는 a의 값을 구하면? [20%]

6 ▸ 이차방정식 구하기

16 일차함수 $y=ax+b$의 그래프가 오른쪽 그림과 같을 때, a, b를 두 근으로 하고 x^2의 계수가 4인 이차방정식을 구하시오. (단, a, b는 상수)

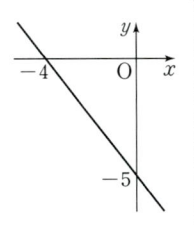

STEP A 핵심 용어나 조건에 밑줄을 긋고, 구하는 것에 ◯표를 하여라.

STEP B 이용할 개념과 공식을 떠올려라.

• 이차방정식을 구하는 방법은?

→ ① 두 근이 α, β이고 x^2의 계수가 a인 이차방정식은 $\boxed{}=0$이다.

② 중근이 k이고 x^2의 계수가 a인 이차방정식은 $\boxed{}=0$이다.

③ 계수가 유리수인 이차방정식에서 한 근이 $p+q\sqrt{m}$이면 다른 한 근은 $\boxed{}$이다. (단, p, q는 유리수, $\sqrt{m}$은 무리수)

🔖 $a(x-\alpha)(x-\beta)$, $a(x-k)^2$, $p-q\sqrt{m}$

STEP C 암산도, 생략도 안 돼! 간단한 계산 과정도 꼼꼼히 써라.

❶ 그래프를 이용하여 a, b의 값을 각각 구하면? [60%]

❷ a, b를 두 근으로 하고 x^2의 계수가 4인 이차방정식을 구하면? [40%]

STEP D 오류 점검은 필수! 스스로 감점 요인을 찾아라.

17 이차방정식 $x^2+2mx+n=0$의 한 근이 $4-3\sqrt{2}$일 때, $m+n$의 값을 구하시오.

(단, m, n은 상수)

STEP C 암산도, 생략도 안 돼! 간단한 계산 과정도 꼼꼼히 써라.

❶ 이차방정식 $x^2+2mx+n=0$의 다른 한 근을 구하면? [20%]

❷ m, n의 값을 각각 구하면? [50%]

❸ $m+n$의 값을 구하면? [20%]

18 이차방정식 $2x^2+ax+b=0$의 두 근의 차가 2이고, 큰 근이 작은 근의 3배일 때, $a+b$의 값을 구하시오. (단, a, b는 상수)

STEP C 암산도, 생략도 안 돼! 간단한 계산 과정도 꼼꼼히 써라.

❶ 이차방정식 $2x^2+ax+b=0$의 두 근을 구하면? [40%]

❷ a, b의 값을 각각 구하면? [40%]

❸ $a+b$의 값을 구하면? [20%]

7 이차방정식의 활용

19 연속하는 두 홀수의 제곱의 합이 130일 때, 이 두 홀수의 합을 구하시오.

STEP **A** 핵심 용어나 조건에 밑줄을 긋고, 구하는 것에 ○표를 하여라.

STEP **B** 이용할 개념과 공식을 떠올려라.

• 이차방정식의 활용 문제를 푸는 순서는?

→ ① 구하는 것을 미지수 ☐로 놓는다.

② x에 대한 ☐☐방정식을 세운다.

③ 이차방정식을 푼다.

④ 구한 해 중에서 문제의 뜻에 맞는 것을 택한다.

답 x, 이차

STEP **C** 암산도, 생략도 안 돼! 간단한 계산 과정도 꼼꼼히 써라.

❶ 연속하는 두 홀수를 x, $x+2$로 놓고 x에 대한 이차방정식을 세우면? [40%]

❷ 이차방정식을 풀어 조건에 맞는 x의 값을 구하면? [40%]

❸ 두 홀수의 합을 구하면? [20%]

STEP **D** 오류 점검은 필수! 스스로 감점 요인을 찾아라.

20 지면에서 초속 35 m로 쏘아 올린 물체의 x초 후의 높이가 $(35x-5x^2)$ m일 때, 이 물체가 다시 지면에 떨어지는 것은 물체를 쏘아 올린 지 몇 초 후인지 구하시오.

STEP **C** 암산도, 생략도 안 돼! 간단한 계산 과정도 꼼꼼히 써라.

❶ 물체가 다시 지면에 떨어질 때의 높이가 0 m임을 이용하여 x에 대한 이차방정식을 세우면? [40%]

❷ 이차방정식을 풀어 조건에 맞는 x의 값을 구하면? [60%]

21 가로, 세로의 길이가 각각 20 m, 16 m인 직사각형 모양의 땅에 오른쪽 그림과 같이 폭이 일정한 도로를 만들려고 한다. 도로를 제외한 부분의 넓이가 192 m² 가 되도록 할 때, 도로의 폭을 구하시오.

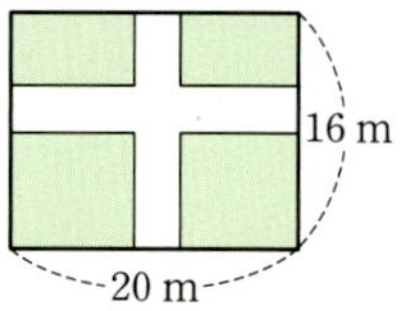

16 m
20 m

STEP **C** 암산도, 생략도 안 돼! 간단한 계산 과정도 꼼꼼히 써라.

❶ 도로의 폭을 x m로 놓고 x에 대한 이차방정식을 세우면? [40%]

❷ 이차방정식을 풀어 조건에 맞는 x의 값을 구하면? [60%]

• 정답과 풀이 | 88쪽

1 이차함수 $y=ax^2$의 그래프

01 이차함수 $y=ax^2$의 그래프가 두 점 $(2, -8)$, $(-1, b)$를 지날 때, ab의 값을 구하시오.

(단, a는 상수)

STEP A 핵심 용어나 조건에 밑줄을 긋고, 구하는 것에 ○표를 하여라.

STEP B 이용할 개념과 공식을 떠올려라.

• **이차함수 $y=ax^2$의 그래프는?**

→ ① ☐☐을 꼭짓점으로 하는 포물선이다.

② 축은 ☐축이다.

③ $a>0$이면 ☐☐로 볼록하고, $a<0$이면 위로 볼록하다.

④ a의 절댓값이 클수록 그래프의 폭이 좁아진다.

🔑 원점, y, 아래

STEP C 암산도, 생략도 안 돼! 간단한 계산 과정도 꼼꼼히 써라.

❶ 이차함수 $y=ax^2$의 그래프가 점 $(2, -8)$을 지남을 이용하여 a의 값을 구하면? [40%]

❷ 이차함수 $y=ax^2$의 그래프가 점 $(-1, b)$를 지남을 이용하여 b의 값을 구하면? [40%]

❸ ab의 값을 구하면? [20%]

STEP D 오류 점검은 필수! 스스로 감점 요인을 찾아라.

02 원점을 꼭짓점으로 하는 포물선이 두 점 $(-2, 16)$, $(k, 20)$을 지날 때, 양수 k의 값을 구하시오.

STEP C 암산도, 생략도 안 돼! 간단한 계산 과정도 꼼꼼히 써라.

❶ 구하는 이차함수의 식을 미지수를 사용하여 나타내면? [10%]

❷ ❶의 그래프가 점 $(-2, 16)$을 지남을 이용하여 x^2의 계수를 구하면? [40%]

❸ ❶의 그래프가 점 $(k, 20)$을 지남을 이용하여 양수 k의 값을 구하면? [50%]

03 이차함수 $y=3x^2$의 그래프는 점 $(-3, a)$를 지나고, 이차함수 $y=bx^2$의 그래프와 x축에 대하여 대칭이다. 이때 $a+b$의 값을 구하시오.

(단, b는 상수)

STEP C 암산도, 생략도 안 돼! 간단한 계산 과정도 꼼꼼히 써라.

❶ 이차함수 $y=3x^2$의 그래프가 점 $(-3, a)$를 지남을 이용하여 a의 값을 구하면? [40%]

❷ 이차함수 $y=3x^2$의 그래프가 이차함수 $y=bx^2$의 그래프와 x축에 대하여 대칭임을 이용하여 b의 값을 구하면? [40%]

❸ $a+b$의 값을 구하면? [20%]

2 이차함수 $y=ax^2+q$의 그래프

04 이차함수 $y=ax^2+q$의 그래프가 오른쪽 그림과 같을 때, $a+q$의 값을 구하시오.
(단, a, q는 상수)

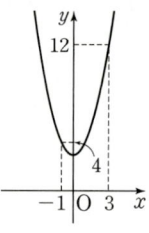

STEP A 핵심 용어나 조건에 밑줄을 긋고, 구하는 것에 ◯표를 하여라.

STEP B 이용할 개념과 공식을 떠올려라.

• **이차함수 $y=ax^2+q$의 그래프는?**
→ ① 이차함수 $y=ax^2$의 그래프를 y축의 방향으로 ☐만큼 평행이동한 것이다.
② 점 (☐, ☐)를 꼭짓점으로 하는 포물선이다.
③ 축은 ☐축이다.

🄰 q, 0, q, y

STEP C 암산도, 생략도 안 돼! 간단한 계산 과정도 꼼꼼히 써라.

❶ 이차함수 $y=ax^2+q$의 그래프가 두 점 $(-1, 4)$, $(3, 12)$를 지남을 이용하여 a, q에 대한 두 일차방정식을 세우면? [40%]

❷ ❶의 두 식을 연립하여 풀어 a, q의 값을 각각 구하면? [40%]

❸ $a+q$의 값을 구하면? [20%]

STEP D 오류 점검은 필수! 스스로 감점 요인을 찾아라.

---

05 이차함수 $y=-3x^2+q$의 그래프의 꼭짓점의 좌표는 $(0, -2)$이고, 점 $(k, -14)$를 지난다. 이때 양수 k의 값을 구하시오. (단, q는 상수)

STEP C 암산도, 생략도 안 돼! 간단한 계산 과정도 꼼꼼히 써라.

❶ 이차함수 $y=-3x^2+q$의 그래프의 꼭짓점의 좌표가 $(0, -2)$임을 이용하여 q의 값을 구하면? [40%]
❷ 이차함수 $y=-3x^2+q$의 그래프가 점 $(k, -14)$를 지남을 이용하여 양수 k의 값을 구하면? [60%]

---

06 이차함수 $y=-5x^2+1$의 그래프를 x축에 대하여 대칭이동한 후 y축의 방향으로 b만큼 평행이동하면 이차함수 $y=ax^2+4$의 그래프와 일치한다. 이때 $a+b$의 값을 구하시오. (단, a는 상수)

STEP C 암산도, 생략도 안 돼! 간단한 계산 과정도 꼼꼼히 써라.

❶ 이차함수 $y=-5x^2+1$의 그래프를 x축에 대하여 대칭이동한 후 y축의 방향으로 b만큼 평행이동한 그래프의 식을 구하면? [40%]
❷ ❶의 그래프가 이차함수 $y=ax^2+4$의 그래프와 일치함을 이용하여 a, b의 값을 각각 구하면? [40%]
❸ $a+b$의 값을 구하면? [20%]

3 이차함수 $y=a(x-p)^2$의 그래프

07 이차함수 $y=3x^2$의 그래프를 x축의 방향으로 -4만큼 평행이동하면 점 $(-6,\ m)$을 지날 때, m의 값을 구하시오.

STEP A 핵심 용어나 조건에 밑줄을 긋고, 구하는 것에 ○표를 하여라.

STEP B 이용할 개념과 공식을 떠올려라.

• 이차함수 $y=a(x-p)^2$의 그래프는?
→ ① 이차함수 $y=ax^2$의 그래프를 x축의 방향으로 ☐만큼 평행이 동한 것이다.
② 점 $(☐,\ ☐)$을 꼭짓점으로 하는 포물선이다.
③ 축의 방정식은 $x=☐$이다.

📋 $p,\ p,\ 0,\ p$

STEP C 암산도, 생략도 안 돼! 간단한 계산 과정도 꼼꼼히 써라.

❶ 이차함수 $y=3x^2$의 그래프를 x축의 방향으로 -4만큼 평행이동한 그래프의 식을 구하면? [40%]

❷ ❶의 그래프가 점 $(-6,\ m)$을 지남을 이용하여 m의 값을 구하면? [60%]

STEP D 오류 점검은 필수! 스스로 감점 요인을 찾아라.

08 이차함수 $y=-\dfrac{1}{2}(x-4)^2$의 그래프는 꼭짓점의 좌표가 $(a,\ 0)$이고, 점 $(2,\ b)$를 지난다. 이때 $a+b$의 값을 구하시오.

STEP C 암산도, 생략도 안 돼! 간단한 계산 과정도 꼼꼼히 써라.

❶ 이차함수 $y=-\dfrac{1}{2}(x-4)^2$의 그래프의 꼭짓점의 좌표를 구하여 a의 값을 구하면? [40%]

❷ 이차함수 $y=-\dfrac{1}{2}(x-4)^2$의 그래프가 점 $(2,\ b)$를 지남을 이용하여 b의 값을 구하면? [40%]

❸ $a+b$의 값을 구하면? [20%]

09 이차함수 $y=a(x-1)^2$의 그래프를 x축에 대하여 대칭이동한 후 y축에 대하여 대칭이동하면 점 $(-2,\ 6)$을 지난다. 이때 상수 a의 값을 구하시오.

STEP C 암산도, 생략도 안 돼! 간단한 계산 과정도 꼼꼼히 써라.

❶ 이차함수 $y=a(x-1)^2$의 그래프를 x축에 대하여 대칭이동한 후 y축에 대하여 대칭이동한 그래프의 식을 구하면? [60%]

❷ ❶의 그래프가 점 $(-2,\ 6)$을 지남을 이용하여 a의 값을 구하면? [40%]

4 이차함수 $y=a(x-p)^2+q$의 그래프

10 축의 방정식이 $x=3$이고 두 점 $(-1, 15)$, $(5, 3)$을 지나는 포물선이 y축과 만나는 점의 y좌표를 구하시오.

STEP **A** 핵심 용어나 조건에 밑줄을 긋고, 구하는 것에 ○표를 하여라.

STEP **B** 이용할 개념과 공식을 떠올려라.
- **이차함수** $y=a(x-p)^2+q$**의 그래프는?**
  → ① 이차함수 $y=ax^2$의 그래프를 x축의 방향으로 ☐만큼, y축의 방향으로 ☐만큼 평행이동한 것이다.
  ② 점 (☐, ☐)를 꼭짓점으로 하는 포물선이다.
  ③ 축의 방정식은 $x=$☐이다.

답 p, q, p, q, p

STEP **C** 암산도, 생략도 안 돼! 간단한 계산 과정도 꼼꼼히 써라.
❶ 구하는 이차함수의 식을 미지수를 사용하여 나타내면? [10%]

❷ ❶의 그래프가 두 점 $(-1, 15)$, $(5, 3)$을 지남을 이용하여 a, q의 값을 각각 구하면? [60%]

❸ ❶의 그래프가 y축과 만나는 점의 y좌표를 구하면? [30%]

STEP **D** 오류 점검은 필수! 스스로 감점 요인을 찾아라.

11 이차함수 $y=a(x-p)^2+q$의 그래프가 오른쪽 그림과 같을 때, $a+p+q$의 값을 구하시오. (단, a, p, q는 상수)

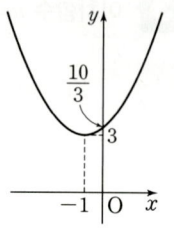

STEP **C** 암산도, 생략도 안 돼! 간단한 계산 과정도 꼼꼼히 써라.
❶ 꼭짓점의 좌표를 이용하여 p, q의 값을 각각 구하면? [40%]
❷ 이차함수 $y=a(x-p)^2+q$의 그래프가 점 $\left(0, \dfrac{10}{3}\right)$을 지남을 이용하여 a의 값을 구하면? [40%]
❸ $a+p+q$의 값을 구하면? [20%]

12 이차함수 $y=4(x-5)^2+7$의 그래프를 y축의 방향으로 m만큼 평행이동하면 꼭짓점의 좌표가 $(n, 0)$이 된다. 이때 $m+n$의 값을 구하시오.

STEP **C** 암산도, 생략도 안 돼! 간단한 계산 과정도 꼼꼼히 써라.
❶ 이차함수 $y=4(x-5)^2+7$의 그래프를 y축의 방향으로 m만큼 평행이동한 그래프의 식을 구하면? [30%]
❷ ❶의 그래프의 꼭짓점의 좌표가 $(n, 0)$이 됨을 이용하여 m, n의 값을 각각 구하면? [60%]
❸ $m+n$의 값을 구하면? [10%]

1 이차함수 $y=ax^2+bx+c$의 그래프

01 이차함수 $y=x^2+4x$의 그래프와 이차함수 $y=-x^2+2px+q$의 그래프의 꼭짓점이 서로 일치할 때, $p-q$의 값을 구하시오.

(단, p, q는 상수)

STEP **A** 핵심 용어나 조건에 밑줄을 긋고, 구하는 것에 ○표를 하여라.

STEP **B** 이용할 개념과 공식을 떠올려라.

• **이차함수** $y=ax^2+bx+c$의 그래프는?

→ $y=ax^2+bx+c$를 $y=a(x-p)^2+q$의 꼴로 나타내었을 때,

① 꼭짓점의 좌표 : $(p, \boxed{})$

② 축의 방정식 : $x=\boxed{}$

답 q, p

STEP **C** 암산도, 생략도 안 돼! 간단한 계산 과정도 꼼꼼히 써라.

❶ 이차함수 $y=x^2+4x$의 그래프의 꼭짓점의 좌표를 구하면?

[30%]

❷ 이차함수 $y=-x^2+2px+q$의 그래프의 꼭짓점의 좌표를 구하면? [30%]

❸ 꼭짓점이 서로 일치함을 이용하여 p, q의 값을 각각 구하면?

[20%]

❹ $p-q$의 값을 구하면? [20%]

STEP **D** 오류 점검은 필수! 스스로 감점 요인을 찾아라.

02 이차함수 $y=-x^2+6x-5a+3$의 그래프가 x축에 접할 때, 상수 a의 값을 구하시오.

STEP **C** 암산도, 생략도 안 돼! 간단한 계산 과정도 꼼꼼히 써라.

❶ 이차함수 $y=-x^2+6x-5a+3$의 그래프의 꼭짓점의 좌표를 구하면? [50%]

❷ 이차함수 $y=-x^2+6x-5a+3$의 그래프가 x축에 접함을 이용하여 a의 값을 구하면? [50%]

03 이차함수 $y=-\dfrac{1}{3}x^2-2x+1$의 그래프를 x축의 방향으로 1만큼 평행이동하면 점 $(1, m)$을 지날 때, m의 값을 구하시오.

STEP **C** 암산도, 생략도 안 돼! 간단한 계산 과정도 꼼꼼히 써라.

❶ $y=-\dfrac{1}{3}x^2-2x+1$을 $y=a(x-p)^2+q$의 꼴로 나타내면?

[30%]

❷ 이차함수 $y=-\dfrac{1}{3}x^2-2x+1$의 그래프를 x축의 방향으로 1만큼 평행이동한 그래프의 식을 구하면? [30%]

❸ ❷의 그래프가 점 $(1, m)$을 지남을 이용하여 m의 값을 구하면?

[40%]

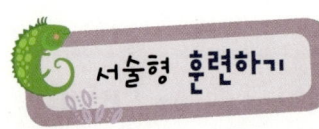

2 이차함수 $y=ax^2+bx+c$의 그래프와 x축, y축과의 교점

04 이차함수 $y=-3x^2-12x+15$의 그래프와 x축과의 두 교점을 각각 A, B라고 할 때, $\overline{AB}$의 길이를 구하시오.

STEP **A** 핵심 용어나 조건에 밑줄을 긋고, 구하는 것에 ○표를 하여라.

STEP **B** 이용할 개념과 공식을 떠올려라.

• 이차함수 $y=ax^2+bx+c$의 그래프와 좌표축과의 교점의 좌표는?

→ ① x축과의 교점의 x좌표 : $y=ax^2+bx+c$에 $y=\boxed{}$을 대입하여 얻은 $\boxed{}$의 값

② y축과의 교점의 y좌표 : $y=ax^2+bx+c$에 $x=\boxed{}$을 대입하여 얻은 $\boxed{}$의 값

🔖 0, x, 0, y

STEP **C** 암산도, 생략도 안 돼! 간단한 계산 과정도 꼼꼼히 써라.

❶ $y=-3x^2-12x+15$에서 $y=0$일 때의 x의 값을 구하면? [60%]

❷ $\overline{AB}$의 길이를 구하면? [40%]

STEP **D** 오류 점검은 필수! 스스로 감점 요인을 찾아라.

---

05 이차함수 $y=ax^2-6x-10$의 그래프는 x축과 두 점에서 만난다. 두 교점 중 한 점의 좌표가 $(-2, 0)$일 때, 다른 한 점의 좌표를 구하시오.
(단, a는 상수)

STEP **C** 암산도, 생략도 안 돼! 간단한 계산 과정도 꼼꼼히 써라.

❶ 이차함수 $y=ax^2-6x-10$의 그래프가 점 $(-2, 0)$을 지남을 이용하여 a의 값을 구하면? [40%]

❷ $y=ax^2-6x-10$에서 $y=0$일 때의 x의 값을 구하면? [40%]

❸ 두 교점 중 다른 한 점의 좌표를 구하면? [20%]

06 오른쪽 그림과 같이 이차함수 $y=-2x^2-4x+16$의 그래프의 꼭짓점을 A, x축과의 두 교점을 각각 B, C라고 하자. 이때 △ABC의 넓이를 구하시오.

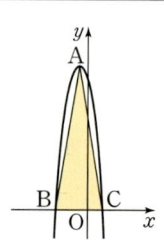

STEP **C** 암산도, 생략도 안 돼! 간단한 계산 과정도 꼼꼼히 써라.

❶ 이차함수 $y=-2x^2-4x+16$의 그래프의 꼭짓점 A의 좌표를 구하면? [30%]

❷ 이차함수 $y=-2x^2-4x+16$의 그래프와 x축과의 교점 B, C의 좌표를 각각 구하면? [50%]

❸ △ABC의 넓이를 구하면? [20%]

3 이차함수 $y=ax^2+bx+c$의 그래프의 식 구하기

07 이차함수 $y=ax^2+bx+c$의 그래프가 세 점 $(0, 9)$, $(1, -1)$, $(2, -7)$을 지날 때, $a-b-c$의 값을 구하시오. (단, a, b, c는 상수)

STEP **A** 핵심 용어나 조건에 밑줄을 긋고, 구하는 것에 ○표를 하여라.

STEP **B** 이용할 개념과 공식을 떠올려라.

• 이차함수의 식을 구하는 방법은?

→ ① 그래프 위의 서로 다른 세 점의 좌표가 주어지면, 이차함수의 식을 $y=\boxed{}$로 놓고, 세 점의 좌표를 각각 대입하여 a, b, c의 값을 구한다.

② x축과의 두 교점의 좌표 $(m, 0)$, $(n, 0)$과 그래프 위의 다른 한 점의 좌표가 주어지면, 이차함수의 식을 $y=a(x-m)(x-\boxed{})$으로 놓고, 다른 한 점의 좌표를 대입하여 a의 값을 구한다.

📖 ax^2+bx+c, n

STEP **C** 암산도, 생략도 안 돼! 간단한 계산 과정도 꼼꼼히 써라.

❶ 이차함수 $y=ax^2+bx+c$의 그래프가 지나는 세 점의 좌표를 각각 대입하면? [40%]

❷ ❶의 세 식을 연립하여 풀어 a, b, c의 값을 각각 구하면? [50%]

❸ $a-b-c$의 값을 구하면? [10%]

STEP **D** 오류 점검은 필수! 스스로 감점 요인을 찾아라.

08 이차함수 $y=ax^2+bx+c$의 그래프와 x축과의 두 교점의 x좌표는 -2, 6이고, 이 그래프가 점 $(2, 8)$을 지날 때, abc의 값을 구하시오.

(단, a, b, c는 상수)

STEP **C** 암산도, 생략도 안 돼! 간단한 계산 과정도 꼼꼼히 써라.

❶ 구하는 이차함수의 식을 미지수를 사용하여 나타내면? [10%]

❷ ❶의 그래프가 점 $(2, 8)$을 지남을 이용하여 a의 값을 구하면? [40%]

❸ b, c의 값을 각각 구하면? [40%]

❹ abc의 값을 구하면? [10%]

09 이차함수 $y=ax^2+bx+c$의 그래프가 오른쪽 그림과 같고, 점 $(3, k)$가 이 그래프 위에 있을 때, k의 값을 구하시오. (단, a, b, c는 상수)

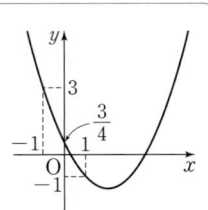

STEP **C** 암산도, 생략도 안 돼! 간단한 계산 과정도 꼼꼼히 써라.

❶ 이차함수 $y=ax^2+bx+c$의 그래프가 지나는 세 점을 찾아 좌표를 대입하면? [30%]

❷ ❶의 세 식을 연립하여 풀어 a, b, c의 값을 각각 구하면? [30%]

❸ 점 $(3, k)$가 이차함수 $y=ax^2+bx+c$의 그래프 위에 있음을 이용하여 k의 값을 구하면? [40%]

MeMo

MeMo

MeMo

新 수학의
바이블

新 수학의
바이블
개념

新 수학의

바이블

개념

중학 **3-1**

정답과 풀이

이투스북

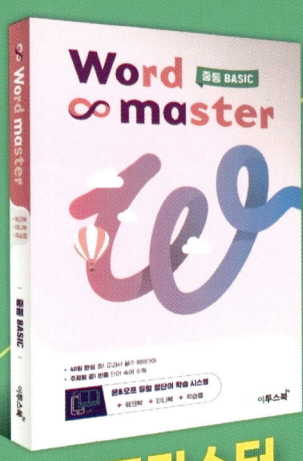

新 수학의 바이블

개념

중학 **3-1**

정답과 풀이

I. 실수와 그 계산

1. 제곱근과 실수

개념 01 제곱근의 뜻

개념 콕콕 본교재 | 6쪽

1 (1) 5, -5 (2) 0.2, -0.2 (3) 0 (4) $\dfrac{1}{4}$, $-\dfrac{1}{4}$

(5) 없다. (6) $\dfrac{1}{3}$, $-\dfrac{1}{3}$

2 (1) 9, 9, 3, -3 (2) $\dfrac{1}{64}$, $\dfrac{1}{64}$, $\dfrac{1}{8}$, $-\dfrac{1}{8}$

대표 유형 본교재 | 7쪽

1 (1) 6, -6 (2) 0 (3) $\dfrac{1}{2}$, $-\dfrac{1}{2}$ (4) 없다.

1 -1 (1) 1, -1 (2) 0.9, -0.9 (3) 없다. (4) 5, -5

1 -2 ⑤

2 ④   **2 -1** ③, ⑤   **2 -2** ㄴ, ㄹ

1 -1

(1) $1^2=1$, $(-1)^2=1$이므로 1의 제곱근은 1, -1이다.

(2) $(0.9)^2=0.81$, $(-0.9)^2=0.81$이므로 0.81의 제곱근은 0.9, -0.9이다.

(3) 음수의 제곱근은 없다.

(4) $(-5)^2=25$이고 $5^2=25$, $(-5)^2=25$이므로 $(-5)^2$의 제곱근은 5, -5이다.

답 (1) 1, -1 (2) 0.9, -0.9 (3) 없다. (4) 5, -5

1 -2

x는 100의 제곱근이므로

$x^2=100$ 또는 $x=\pm10$ 답 ⑤

2 -1

③ $4^2=16$의 제곱근은 ±4이다.

⑤ 음수가 아닌 수 중에서 0의 제곱근은 0의 1개이다.   답 ③, ⑤

2 -2

ㄱ. $(-2)^2=4$의 제곱근은 ±2이다.

ㄷ. 음수의 제곱근은 없다.

따라서 옳은 것은 ㄴ, ㄹ이다.   답 ㄴ, ㄹ

개념 02 제곱근의 표현

개념 콕콕 본교재 | 8쪽

1 (1) $\pm\sqrt{5}$ (2) $\pm\sqrt{11}$ (3) $\pm\sqrt{0.3}$ (4) $\pm\sqrt{\dfrac{1}{2}}$

2 (1) $\sqrt{6}$ (2) $-\sqrt{6}$ (3) $\pm\sqrt{6}$ (4) $\sqrt{6}$

3 (1) 3 (2) -7 (3) 0.2 (4) $-\dfrac{1}{6}$

대표 유형 본교재 | 9쪽

3 ①   **3 -1** ⑤   **3 -2** $\sqrt{34}$

4 ①, ⑤   **4 -1** ③   **4 -2** 2개

3 -1

①, ②, ③, ④ $\sqrt{7}$

⑤ $\pm\sqrt{7}$ 답 ⑤

3 -2

$5^2+3^2=x^2$이므로

$x^2=34$

이때 x는 34의 양의 제곱근이므로

$x=\sqrt{34}$ 답 $\sqrt{34}$

4 -1

① $\pm\sqrt{\dfrac{1}{4}}=\pm\dfrac{1}{2}$

② $\pm\sqrt{0.36}=\pm0.6$

④ $\pm\sqrt{144}=\pm12$

⑤ $\pm\sqrt{\dfrac{9}{64}}=\pm\dfrac{3}{8}$ 답 ③

4 -2

$\pm\sqrt{0.01}=\pm0.1$, $\pm\sqrt{\dfrac{9}{25}}=\pm\dfrac{3}{5}$의 2개이다.   답 2개

배운대로 해결하기 본교재 | 10쪽

| 01 ③ | 02 ⑤ | 03 ② | 04 ①, ③ |
| 05 ③ | 06 ③ | 07 ④ | 08 ② |

01

$a^2=5$, $b^2=15$이므로 $a^2+b^2=5+15=20$　　　답 ③

02

$0.\dot{4}=\dfrac{4}{9}$이고 $\left(\dfrac{2}{3}\right)^2=\dfrac{4}{9}$, $\left(-\dfrac{2}{3}\right)^2=\dfrac{4}{9}$이므로 $0.\dot{4}$의 제곱근은 $\pm\dfrac{2}{3}$
이다.　　　답 ⑤

03

음수의 제곱근은 없으므로 제곱근을 구할 수 없는 수는 -36, -5^2
의 2개이다.　　　답 ②

04

② 제곱근 49는 $\sqrt{49}=7$이다.
④ $(0.25)^2$의 제곱근은 ±0.25이다.
⑤ 제곱근 64는 8이고, 64의 제곱근은 ±8이다.　　　답 ①, ③

05

(직사각형의 넓이)$=7\times6=42(\mathrm{cm}^2)$
넓이가 $42\ \mathrm{cm}^2$인 정사각형의 한 변의 길이를 $x\ \mathrm{cm}$라고 하면
$x^2=42$
이때 x는 42의 양의 제곱근이므로
$x=\sqrt{42}$
따라서 구하는 정사각형의 한 변의 길이는 $\sqrt{42}\ \mathrm{cm}$이다.　　　답 ③

06

①, ②, ④, ⑤ ±2
③ $\sqrt4=2$　　　답 ③

07

① $\pm\sqrt{0.09}=\pm0.3$
② $\pm\sqrt{16}=\pm4$
③ $\pm\sqrt{169}=\pm13$
⑤ $7.\dot{1}=\dfrac{64}{9}$이므로 $\pm\sqrt{\dfrac{64}{9}}=\pm\dfrac{8}{3}$　　　답 ④

08

$(-6)^2=36$의 음의 제곱근은 -6이므로
$a=-6$
제곱근 100은 $\sqrt{100}=10$이므로
$b=10$
$\sqrt{81}=9$의 양의 제곱근은 3이므로
$c=3$
$\therefore a+b+c=-6+10+3=7$　　　답 ②

개념 03 제곱근의 성질

개념 콕콕　　　본교재 | 11쪽

1 (1) 5　(2) $\dfrac{2}{7}$　(3) 0.2　(4) -6

2 (1) 10　(2) -1.6　(3) 7　(4) $-\dfrac{3}{4}$

3 (1) 9　(2) -2　(3) 12　(4) 4　(5) 2　(6) 6

3
(1) $(\sqrt2)^2+(\sqrt7)^2=2+7=9$
(2) $\sqrt{11^2}-(-\sqrt{13})^2=11-13=-2$
(3) $(\sqrt3)^2\times\sqrt{16}=3\times4=12$
(4) $(-\sqrt{24})^2\div\sqrt{(-6)^2}=24\div6=4$
(5) $\left(\sqrt{\dfrac{3}{7}}\right)^2\times\sqrt{\left(-\dfrac{14}{3}\right)^2}=\dfrac{3}{7}\times\dfrac{14}{3}=2$
(6) $(-\sqrt{1.2})^2\div\sqrt{0.04}=1.2\div0.2=6$

대표 유형　　　본교재 | 12쪽

| 1 ④ | 1 -1 ⑤ | 1 -2 ⑤ |
| 2 -4 | 2 -1 13 | 2 -2 ⑤ |

1 -1
①, ②, ③, ④ 5
⑤ -5　　　답 ⑤

1 -2
⑤ $\left(-\sqrt{\dfrac{4}{5}}\right)^2=\dfrac{4}{5}$　　　답 ⑤

2 -1
(주어진 식)$=\sqrt{9^2}+5\div\dfrac{5}{4}$
$\qquad\qquad=9+5\times\dfrac{4}{5}$
$\qquad\qquad=9+4=13$　　　답 13

2 -2
$2a^2\times b^2\div\sqrt{(-c)^2}=2\times(\sqrt5)^2\times(-\sqrt3)^2\div\sqrt{(-2)^2}$
$\qquad\qquad=2\times5\times3\div2$
$\qquad\qquad=15$　　　답 ⑤

개념 04 $\sqrt{A^2}$의 성질

개념 콕콕 · 본교재 | 13쪽

1 (1) $>$, $2a$ (2) $<$, $3a$
2 (1) $<$, $-4a$ (2) $>$, a
3 (1) $>$, $a-1$ (2) $<$, $a-1$

1

(2) $-3a<0$이므로 $\sqrt{(-3a)^2}=-(-3a)=3a$

2

(2) $-a>0$이므로 $-\sqrt{(-a)^2}=-(-a)=a$

3

(2) $1-a<0$이므로 $\sqrt{(1-a)^2}=-(1-a)=a-1$

대표 유형 · 본교재 | 14쪽

3 ㄷ, ㄹ   3 -1 ㄱ, ㄷ   3 -2 ③
4 $-2x+4$ 4 -1 0   4 -2 ②

3 -1

ㄱ. $-a<0$이므로 $\sqrt{(-a)^2}=-(-a)=a$
ㄴ. $\sqrt{49a^2}=\sqrt{(7a)^2}$이고 $7a>0$이므로 $\sqrt{49a^2}=\sqrt{(7a)^2}=7a$
ㄷ. $6a>0$이므로 $-\sqrt{(6a)^2}=-6a$
ㄹ. $-2a<0$이므로 $-\sqrt{(-2a)^2}=-\{-(-2a)\}=-2a$
따라서 옳은 것은 ㄱ, ㄷ이다.   답 ㄱ, ㄷ

3 -2

$a>0$이므로 $3a>0$
$b<0$이므로 $-b>0$
$\therefore \sqrt{(3a)^2}+\sqrt{(-b)^2}=3a-b$ 답 ③

4 -1

$x>5$이므로 $5-x<0$, $x-5>0$
$\therefore \sqrt{(5-x)^2}-\sqrt{(x-5)^2}=-(5-x)-(x-5)$
$=-5+x-x+5=0$ 답 0

4 -2

$-2<a<1$이므로 $a+2>0$, $a-1<0$
$\therefore \sqrt{(a+2)^2}+\sqrt{(a-1)^2}=a+2-(a-1)$
$=a+2-a+1=3$ 답 ②

배운대로 해결하기 · 본교재 | 15쪽

01 ⑤   02 -2 03 ③   04 ④
05 ④   06 ①   07 ②   08 7

01

① $\sqrt{(-5)^2}=5$
② $(-\sqrt{7})^2=7$
③ $-\sqrt{(-9)^2}=-9$
④ $-(\sqrt{3})^2=-3$ 답 ⑤

02

$\sqrt{(-64)^2}=64$의 양의 제곱근은 8이므로 $A=8$
$(-\sqrt{100})^2=100$의 음의 제곱근은 -10이므로 $B=-10$
$\therefore A+B=8+(-10)=-2$ 답 -2

03

① $\sqrt{(-3)^2}+\sqrt{16}=3+4=7$
② $(-\sqrt{6})^2-\sqrt{5^2}=6-5=1$
③ $-\left(\sqrt{\dfrac{1}{2}}\right)^2+\sqrt{\left(-\dfrac{3}{2}\right)^2}=-\dfrac{1}{2}+\dfrac{3}{2}=1$
④ $\sqrt{81}\div(-\sqrt{3})^2=9\div3=3$
⑤ $(-\sqrt{7})^2\times(-\sqrt{3^2})=7\times(-3)=-21$
따라서 옳은 것은 ③이다.   답 ③

04

$A=\sqrt{(-12)^2}-(\sqrt{5})^2\times\sqrt{(-2)^2}=12-5\times2$
$\quad=12-10=2$
$B=\sqrt{8^2}\div(-\sqrt{4})^2+\sqrt{49}=8\div4+7$
$\quad=2+7=9$
$\therefore A+B=2+9=11$ 답 ④

05

① $x>0$이므로 $\sqrt{x^2}=x$
② $-x<0$이므로 $\sqrt{(-x)^2}=-(-x)=x$
③ $\sqrt{25x^2}=\sqrt{(5x)^2}$이고 $5x>0$이므로 $\sqrt{25x^2}=\sqrt{(5x)^2}=5x$
④ $7x>0$이므로 $-\sqrt{(7x)^2}=-7x$
⑤ $-4x<0$이므로 $-\sqrt{(-4x)^2}=-\{-(-4x)\}=-4x$
따라서 옳지 않은 것은 ④이다.   답 ④

06

$a<0$이므로 $5a<0$
$b>0$이므로 $-2b<0$
$\therefore \sqrt{(5a)^2}-\sqrt{(-2b)^2}=5a-\{-(-2b)\}$
$=-5a-2b$ 답 ①

07

$a<6$이므로 $a-6<0$, $6-a>0$

$\therefore \sqrt{(a-6)^2}-\sqrt{(6-a)^2}=-(a-6)-(6-a)$

$\qquad\qquad\qquad\qquad\qquad =-a+6-6+a=0$

답 ②

08

$-4<a<3$이므로 $a+4>0$, $a-3<0$

$\therefore \sqrt{(a+4)^2}+\sqrt{(a-3)^2}=a+4-(a-3)$

$\qquad\qquad\qquad\qquad\qquad =a+4-a+3=7$

답 7

개념 **05** 제곱수를 이용하여 근호 없애기

개념 콕콕
본교재 | 16쪽

1 2, 3, 3, 3
2 9, 16, 25, 9, 9, 5

대표 유형
본교재 | 17쪽

| **1** ① | **1** -1 ③ | **1** -2 5 |
| **2** ③ | **2** -1 ③ | **2** -2 ④ |

1 -1

$40x=2^3\times 5\times x$이므로 $x=2\times 5\times$(자연수)^{2}의 꼴이어야 한다.
따라서 가장 작은 자연수 x의 값은 $2\times 5=10$이다.

답 ③

1 -2

$\dfrac{45}{x}=\dfrac{3^2\times 5}{x}$이므로 x는 5 또는 5×3^2이어야 한다.
따라서 가장 작은 자연수 x의 값은 5이다.

답 5

2 -1

$57+x$는 57보다 큰 제곱수이어야 한다.
57보다 큰 제곱수는 64, 81, 100, $\cdots$
이때 x는 가장 작은 자연수이므로
$57+x=64$ $\quad\therefore x=7$

답 ③

2 -2

$32-x$는 32보다 작은 제곱수이어야 하므로
$32-x=1,\ 4,\ 9,\ 16,\ 25$ $\quad\therefore x=31,\ 28,\ 23,\ 16,\ 7$
따라서 구하는 자연수 x의 개수는 5개이다.

답 ④

개념 **06** 제곱근의 대소 관계

개념 콕콕
본교재 | 18쪽

1 (1) < (2) > (3) > (4) < (5) < (6) <
2 3, 9, 5, 6, 7, 8

1

(3) $4=\sqrt{16}$이고 $\sqrt{16}>\sqrt{15}$이므로 $4>\sqrt{15}$

(4) $\dfrac{1}{2}=\sqrt{\dfrac{1}{4}}$이고 $\sqrt{\dfrac{1}{4}}<\sqrt{\dfrac{1}{2}}$이므로 $\dfrac{1}{2}<\sqrt{\dfrac{1}{2}}$

(5) $\sqrt{\dfrac{2}{3}}>\sqrt{\dfrac{1}{2}}$이므로 $-\sqrt{\dfrac{2}{3}}<-\sqrt{\dfrac{1}{2}}$

(6) $-3=-\sqrt{9}$이고 $\sqrt{12}>\sqrt{9}$이므로 $-\sqrt{12}<-\sqrt{9}$
$\qquad \therefore -\sqrt{12}<-3$

대표 유형
본교재 | 19쪽

| **3** ③ | **3** -1 ④ | **3** -2 $\sqrt{0.1}$ |
| **4** ④ | **4** -1 ② | **4** -2 ③ |

3 -1

① $0.2=\sqrt{0.04}$이고 $\sqrt{0.04}<\sqrt{0.2}$이므로 $0.2<\sqrt{0.2}$

② $\sqrt{8}<\sqrt{18}$이므로 $-\sqrt{8}>-\sqrt{18}$

③ $\dfrac{1}{4}=\sqrt{\dfrac{1}{16}}$이고 $\sqrt{\dfrac{1}{16}}<\sqrt{\dfrac{1}{8}}$이므로 $\dfrac{1}{4}<\sqrt{\dfrac{1}{8}}$

④ $\sqrt{\dfrac{5}{6}}>\sqrt{\dfrac{2}{3}}$이므로 $-\sqrt{\dfrac{5}{6}}<-\sqrt{\dfrac{2}{3}}$

⑤ $7=\sqrt{49}$이고 $\sqrt{49}>\sqrt{40}$이므로 $7>\sqrt{40}$

따라서 대소 관계가 옳지 않은 것은 ④이다.

답 ④

3 -2

(i) 음수 : $3=\sqrt{9}$이고 $\sqrt{9}<\sqrt{12}$이므로
$\qquad -\sqrt{9}>-\sqrt{12}$ $\qquad \therefore -3>-\sqrt{12}$

(ii) 양수 : $\sqrt{0.1}=\sqrt{\dfrac{1}{10}}$, $\dfrac{1}{5}=\sqrt{\dfrac{1}{25}}$이므로
$\qquad \sqrt{\dfrac{1}{25}}<\sqrt{\dfrac{1}{10}}<\sqrt{\dfrac{1}{6}}$ $\qquad \therefore \dfrac{1}{5}<\sqrt{0.1}<\sqrt{\dfrac{1}{6}}$

(i), (ii)에서 $-\sqrt{12}<-3<\dfrac{1}{5}<\sqrt{0.1}<\sqrt{\dfrac{1}{6}}$이므로 네 번째에 오는
수는 $\sqrt{0.1}$이다.

답 $\sqrt{0.1}$

4 -1

각 변을 제곱하면 $2^2<(\sqrt{3x})^2<4^2$

$4<3x<16$ $\qquad \therefore \dfrac{4}{3}<x<\dfrac{16}{3}$

따라서 자연수 x는 2, 3, 4, 5의 4개이다.

답 ②

4 -2

각 변을 제곱하면 $3^2 < (\sqrt{x-2})^2 \le 5^2$

$9 < x-2 \le 25$ ∴ $11 < x \le 27$

따라서 자연수 x의 값 중 가장 큰 수는 27, 가장 작은 수는 12이므로

$M=27$, $m=12$

∴ $M-m=27-12=15$ 답 ③

01

$28x=2^2 \times 7 \times x$이므로 $x=7 \times$ (자연수)^{2}의 꼴이어야 한다.

즉, $x=7 \times 1^2=7$, $7 \times 2^2=28$, $7 \times 3^2=63$, $7 \times 4^2=112$, $\cdots$

따라서 $\sqrt{28x}$가 자연수가 되도록 하는 자연수 x의 값이 아닌 것은 ④이다. 답 ④

02

$\dfrac{60}{x}=\dfrac{2^2 \times 3 \times 5}{x}$이므로 x는 3×5 또는 $3 \times 5 \times 2^2$이어야 한다.

따라서 가장 작은 자연수 x의 값은 $3 \times 5=15$이다. 답 ⑤

03

$13+a$는 13보다 크고 53보다 작은 제곱수이어야 하므로

$13+a=16, 25, 36, 49$ ∴ $a=3, 12, 23, 36$

따라서 구하는 자연수 a의 개수는 4개이다. 답 ③

04

$42-x$는 42보다 작은 제곱수이어야 하므로

$42-x=1, 4, 9, 16, 25, 36$ ∴ $x=41, 38, 33, 26, 17, 6$

따라서 가장 큰 수는 41, 가장 작은 수는 6이므로

$41+6=47$ 답 47

05

① $0.3=\sqrt{0.09}$이고 $\sqrt{0.09}<\sqrt{0.3}$이므로 $0.3<\sqrt{0.3}$

② $\sqrt{15}>\sqrt{12}$이므로 $-\sqrt{15}<-\sqrt{12}$

③ $\dfrac{7}{2}=\sqrt{\dfrac{49}{4}}$이고 $\sqrt{\dfrac{49}{4}}>\sqrt{10}$이므로 $\dfrac{7}{2}>\sqrt{10}$

④ $\dfrac{1}{3}=\sqrt{\dfrac{1}{9}}$이고 $\sqrt{\dfrac{1}{10}}<\sqrt{\dfrac{1}{9}}$이므로 $\sqrt{\dfrac{1}{10}}<\dfrac{1}{3}$

⑤ $\sqrt{\dfrac{2}{3}}<\sqrt{\dfrac{3}{4}}$이므로 $-\sqrt{\dfrac{2}{3}}>-\sqrt{\dfrac{3}{4}}$

따라서 대소 관계가 옳은 것은 ④이다. 답 ④

06

(i) 음수 : $4=\sqrt{16}$이고 $\sqrt{16}>\sqrt{11}$이므로

$-\sqrt{16}<-\sqrt{11}$ ∴ $-4<-\sqrt{11}$

(ii) 양수 : $\sqrt{0.5}=\sqrt{\dfrac{1}{2}}$, $\sqrt{(-3)^2}=\sqrt{9}$이므로

$\sqrt{\dfrac{1}{2}}<\sqrt{\dfrac{9}{2}}<\sqrt{9}$ ∴ $\sqrt{0.5}<\sqrt{\dfrac{9}{2}}<\sqrt{(-3)^2}$

(i), (ii)에서 $-4<-\sqrt{11}<\sqrt{0.5}<\sqrt{\dfrac{9}{2}}<\sqrt{(-3)^2}$

따라서 $a=-4$, $b=\sqrt{(-3)^2}=3$이므로

$a^2+b^2=(-4)^2+3^2=25$ 답 25

07

$-3 \le -\sqrt{x} \le 0$에서 $0 \le \sqrt{x} \le 3$

각 변을 제곱하면 $0^2 \le (\sqrt{x})^2 \le 3^2$ ∴ $0 \le x \le 9$

따라서 자연수 x는 1, 2, 3, $\cdots$, 9의 9개이다. 답 9개

08

각 변을 제곱하면 $5^2 < (\sqrt{2x+1})^2 < (\sqrt{31})^2$

$25 < 2x+1 < 31$, $24 < 2x < 30$ ∴ $12 < x < 15$

따라서 자연수 x의 값은 13, 14이므로

$13+14=27$ 답 ①

개념 07 무리수와 실수

개념 콕콕
본교재 | 21쪽

1 (1) 무 (2) 유 (3) 유 (4) 무 (5) 유 (6) 무

2 (1) ○ (2) ○ (3) ×

1

(3) $\sqrt{36}=6$

(5) $-\sqrt{0.09}=-0.3$

대표 유형
본교재 | 22쪽

| **1** ③ | **1 -1** ⑤ | **1 -2** 2개 |
| **2** ④, ⑤ | **2 -1** ②, ④ | **2 -2** ㄱ, ㄴ, ㅁ |

1 -1

⑤ $\sqrt{(-7)^2}=7$이므로 유리수이다. 답 ⑤

1 -2

3.143, $2.\dot{7}$, $\sqrt{\dfrac{1}{25}}=\dfrac{1}{5}$ 은 유리수이다.

따라서 순환소수가 아닌 무한소수, 즉 무리수는 $\sqrt{0.9}$, $\sqrt{12}$의 2개이다. 	답 2개

2 -1

① 정수가 아닌 수는 정수가 아닌 유리수 또는 무리수이다.

③ 무리수는 실수이지만 순환소수로 나타낼 수 없다.

⑤ $\sqrt{0}=0$은 유리수이다. 	답 ②, ④

2 -2

ㄷ. π는 무리수이지만 근호를 사용하여 나타낸 수가 아니다.

ㄹ. 순환소수는 무한소수이지만 유리수이다.

따라서 옳은 것은 ㄱ, ㄴ, ㅁ이다. 	답 ㄱ, ㄴ, ㅁ

개념 08 실수와 수직선

개념 콕콕 	본교재 | 23쪽

1 P : $1+\sqrt{2}$, Q : $1-\sqrt{2}$

2 (1) ○ (2) ○ (3) ✕

1

$\overline{AC}=\sqrt{1^2+1^2}=\sqrt{2}$이므로

$\overline{AP}=\overline{AQ}=\overline{AC}=\sqrt{2}$

따라서 점 P에 대응하는 수는 $1+\sqrt{2}$, 점 Q에 대응하는 수는 $1-\sqrt{2}$이다.

2

(3) 수직선은 무리수에 대응하는 점들로 완전히 메울 수 없다.

대표 유형 	본교재 | 24쪽

3 $2+\sqrt{8}$ 	**3 -1** $-1-\sqrt{5}$

3 -2 P($\sqrt{5}$), Q($-\sqrt{5}$)

4 ③ 	**4 -1** ②, ⑤ 	**4 -2** 2개

3 -1

$\overline{AC}=\sqrt{1^2+2^2}=\sqrt{5}$이므로

$\overline{AP}=\overline{AC}=\sqrt{5}$

따라서 점 P에 대응하는 수는 $-1-\sqrt{5}$이다. 	답 $-1-\sqrt{5}$

---

3 -2

$\overline{AB}=\sqrt{2^2+1^2}=\sqrt{5}$이므로

$\overline{AP}=\overline{AQ}=\overline{AB}=\sqrt{5}$

따라서 두 점 P, Q의 좌표는 각각 P($\sqrt{5}$), Q($-\sqrt{5}$)이다.

	답 P($\sqrt{5}$), Q($-\sqrt{5}$)

4 -1

① 유리수에 대응하는 점으로 수직선을 완전히 메울 수 없다.

③ $\sqrt{7}$과 3 사이에 정수는 없다.

④ 1에 가장 가까운 무리수는 찾을 수 없다. 	답 ②, ⑤

4 -2

ㄱ. $\sqrt{2}$와 $\sqrt{3}$ 사이에는 무수히 많은 유리수가 있다.

ㄹ. 0에 가장 가까운 무리수는 찾을 수 없다.

따라서 옳은 것은 ㄴ, ㄷ의 2개이다. 	답 2개

개념 09 실수의 대소 관계

개념 콕콕 	본교재 | 25쪽

1 $\sqrt{7}-3$, <, <, <

2 5, <

3 2, 1, <

대표 유형 	본교재 | 26쪽

5 (1) < (2) < (3) >

5 -1 (1) > (2) > (3) < 	**5 -2** ②

6 ⑤ 	**6 -1** ④

6 -2 $1-\sqrt{2}$, $\sqrt{5}-\sqrt{2}$, $\sqrt{5}$

5 -1

(1) $1-(\sqrt{2}-1)=1-\sqrt{2}+1=2-\sqrt{2}$
$=\sqrt{4}-\sqrt{2}>0$

$\therefore 1>\sqrt{2}-1$

(2) $(2+\sqrt{3})-3=\sqrt{3}-1=\sqrt{3}-\sqrt{1}>0$

$\therefore 2+\sqrt{3}>3$

(3) $(5-\sqrt{5})-(6-\sqrt{5})=5-\sqrt{5}-6+\sqrt{5}=-1<0$

$\therefore 5-\sqrt{5}<6-\sqrt{5}$ 	답 (1) > (2) > (3) <

5 -2

② $1-(\sqrt{3}-1)=1-\sqrt{3}+1=2-\sqrt{3}$
$\qquad\qquad\qquad =\sqrt{4}-\sqrt{3}>0$
$\therefore 1>\sqrt{3}-1$ ☐ ②

6 -1

$a-b=(\sqrt{5}+\sqrt{3})-(\sqrt{3}+4)$
$\quad =\sqrt{5}+\sqrt{3}-\sqrt{3}-4$
$\quad =\sqrt{5}-4=\sqrt{5}-\sqrt{16}<0$
이므로 $a<b$
$a-c=(\sqrt{5}+\sqrt{3})-(\sqrt{5}+1)$
$\quad =\sqrt{5}+\sqrt{3}-\sqrt{5}-1$
$\quad =\sqrt{3}-1=\sqrt{3}-\sqrt{1}>0$
이므로 $a>c$
$\therefore c<a<b$ ☐ ④

6 -2

$(\sqrt{5}-\sqrt{2})-\sqrt{5}=-\sqrt{2}<0$이므로
$\sqrt{5}-\sqrt{2}<\sqrt{5}$
$(\sqrt{5}-\sqrt{2})-(1-\sqrt{2})=\sqrt{5}-\sqrt{2}-1+\sqrt{2}=\sqrt{5}-1$
$\qquad\qquad\qquad\qquad\qquad =\sqrt{5}-\sqrt{1}>0$
이므로 $\sqrt{5}-\sqrt{2}>1-\sqrt{2}$
따라서 $1-\sqrt{2}<\sqrt{5}-\sqrt{2}<\sqrt{5}$이므로 세 점 A, B, C에 대응하는 수는 차례대로 $1-\sqrt{2}, \sqrt{5}-\sqrt{2}, \sqrt{5}$이다. ☐ $1-\sqrt{2}, \sqrt{5}-\sqrt{2}, \sqrt{5}$

🐳 배운대로 해결하기 본교재 | 27쪽

| 01 ㄴ, ㄷ | 02 ④ | 03 ③, ④ | 04 $1-\sqrt{8}$ |
| 05 -6 | 06 ② | 07 ⑤ | 08 $a<b<c$ |

01

ㄱ. $\sqrt{0.25}=0.5$
ㄹ. $\sqrt{\dfrac{1}{9}}=\dfrac{1}{3}$
따라서 무리수인 것은 ㄴ, ㄷ이다. ☐ ㄴ, ㄷ

02

① $\sqrt{0.04}=0.2$
② $\sqrt{9}-\sqrt{4}=3-2=1$
③ $\sqrt{\dfrac{1}{4}}=\dfrac{1}{2}$
⑤ $1-\sqrt{0.16}=1-0.4=0.6$
따라서 순환소수가 아닌 무한소수, 즉 무리수는 ④이다. ☐ ④

03

① 무한소수 중 순환소수는 유리수이다.
② $\sqrt{4}=2$와 같이 근호 안에 있는 수가 제곱수이면 유리수이다.
⑤ 소수는 유한소수와 무한소수로 이루어져 있다. ☐ ③, ④

04

$\overline{BC}=\sqrt{2^2+2^2}=\sqrt{8}$이므로
$\overline{BP}=\overline{BC}=\sqrt{8}$
따라서 점 P에 대응하는 수는 $1-\sqrt{8}$이다. ☐ $1-\sqrt{8}$

05

정사각형 ABCD의 넓이가 2이므로 한 변의 길이는 $\sqrt{2}$이다.
$\therefore \overline{AP}=\overline{AB}=\sqrt{2}, \overline{AQ}=\overline{AD}=\sqrt{2}$
따라서 두 점 P, Q에 대응하는 수는 각각 $-3+\sqrt{2}, -3-\sqrt{2}$이므로
$(-3+\sqrt{2})+(-3-\sqrt{2})=-6$ ☐ -6

06

② 1과 1000 사이에는 정수가 2, 3, 4, …, 999의 998개가 있다. ☐ ②

07

① $(-3-\sqrt{3})-(-5)=-3-\sqrt{3}+5=2-\sqrt{3}$
$\qquad\qquad\qquad\qquad\quad =\sqrt{4}-\sqrt{3}>0$
$\therefore -3-\sqrt{3}>-5$
② $(2+\sqrt{7})-(\sqrt{7}+\sqrt{6})=2+\sqrt{7}-\sqrt{7}-\sqrt{6}=2-\sqrt{6}$
$\qquad\qquad\qquad\qquad\qquad\quad =\sqrt{4}-\sqrt{6}<0$
$\therefore 2+\sqrt{7}<\sqrt{7}+\sqrt{6}$
③ $(1-\sqrt{15})-(-4)=1-\sqrt{15}+4=5-\sqrt{15}$
$\qquad\qquad\qquad\qquad\quad =\sqrt{25}-\sqrt{15}>0$
$\therefore 1-\sqrt{15}>-4$
④ $10-(\sqrt{5}+8)=10-\sqrt{5}-8=2-\sqrt{5}$
$\qquad\qquad\qquad\quad =\sqrt{4}-\sqrt{5}<0$
$\therefore 10<\sqrt{5}+8$
⑤ $(2-\sqrt{3})-(2-\sqrt{2})=2-\sqrt{3}-2+\sqrt{2}=-\sqrt{3}+\sqrt{2}<0$
$\therefore 2-\sqrt{3}<2-\sqrt{2}$
따라서 옳은 것은 ⑤이다. ☐ ⑤

08

$a-b=-2-(-\sqrt{12}+2)=-2+\sqrt{12}-2$
$\quad =\sqrt{12}-4=\sqrt{12}-\sqrt{16}<0$
이므로 $a<b$
$b-c=(-\sqrt{12}+2)-(2-\sqrt{10})$
$\quad =-\sqrt{12}+2-2+\sqrt{10}$
$\quad =-\sqrt{12}+\sqrt{10}<0$
이므로 $b<c$
$\therefore a<b<c$ ☐ $a<b<c$

개념 넓히기로 마무리

01 ④	**02** ②	**03** $\sqrt{85}$ cm	**04** ②
05 ③	**06** ④	**07** 12	**08** ⑤
09 ④	**10** ①	**11** ②	**12** $-2+\sqrt{10}$
13 ④	**14** ③	**15** ④	**16** ④
17 $\sqrt{13}$	**18** $3x-9$	**19** 15개	**20** ③
21 19	**22** 6		

01

x가 양수 a의 제곱근이므로
$x^2=a$ 또는 $x=\pm\sqrt{a}$ 　　　　　답 ④

02

ㄱ. $(-\sqrt{7})^2=7$
ㄴ. -9는 81의 음의 제곱근이다.
ㅁ. 제곱근 a는 $\sqrt{a}$이고, a의 제곱근은 $\pm\sqrt{a}$이다.
따라서 옳은 것은 ㄷ, ㄹ의 2개이다. 　　　답 ②

03

$6^2+\overline{AC}^2=11^2$이므로 $\overline{AC}^2=85$
이때 $\overline{AC}>0$이므로 $\overline{AC}=\sqrt{85}$(cm) 　답 $\sqrt{85}$ cm

04

① $\dfrac{1}{2}$　　② $\dfrac{1}{5}$　　③ $\dfrac{1}{3}$　　④ $\dfrac{1}{3}$　　⑤ $\dfrac{1}{2}$

따라서 가장 작은 수는 ②이다. 　　　　답 ②

05

$\sqrt{49}\times\sqrt{\left(-\dfrac{3}{7}\right)^2}-\sqrt{\left(-\dfrac{4}{25}\right)^2}\div\sqrt{\left(\dfrac{1}{5}\right)^2}=7\times\dfrac{3}{7}-\dfrac{4}{25}\div\dfrac{1}{5}$

$\qquad\qquad\qquad=3-\dfrac{4}{25}\times5$

$\qquad\qquad\qquad=3-\dfrac{4}{5}=\dfrac{11}{5}$ 　　답 ③

06

$a>0$, $b<0$이므로 $2a>0$, $3b<0$
$\therefore \sqrt{4a^2}-\sqrt{9b^2}=\sqrt{(2a)^2}-\sqrt{(3b)^2}$
$\qquad\qquad\qquad=2a-(-3b)=2a+3b$ 　　答 ④

07

$300x=2^2\times3\times5^2\times x$이므로 $x=3\times$ (자연수)^{2}의 꼴이어야 한다.
이때 x는 가장 작은 두 자리 자연수이므로
$x=3\times2^2=12$ 　　　　　　답 12

08

$27+a$는 27보다 큰 제곱수이어야 한다.
27보다 큰 제곱수는 36, 49, 64, $\cdots$
이때 a는 가장 작은 자연수이므로
$27+a=36$ $\therefore a=9$
$\therefore b=\sqrt{27+9}=\sqrt{36}=6$
$\therefore a+b=9+6=15$ 　　　　答 ⑤

09

① $8=\sqrt{64}$이고 $\sqrt{70}>\sqrt{64}$이므로 $\sqrt{70}>8$
② $\sqrt{6}>\sqrt{3}$이므로 $-\sqrt{6}<-\sqrt{3}$
③ $\sqrt{0.2}=\sqrt{\dfrac{1}{5}}$이고 $\sqrt{\dfrac{2}{5}}>\sqrt{\dfrac{1}{5}}$이므로 $\sqrt{\dfrac{2}{5}}>\sqrt{0.2}$
④ $0.6=\sqrt{0.36}$이고 $\sqrt{0.36}<\sqrt{0.6}$이므로 $0.6<\sqrt{0.6}$
⑤ $5=\sqrt{25}$이고 $\sqrt{20}<\sqrt{25}$이므로 $-\sqrt{20}>-\sqrt{25}$
　　$\therefore -\sqrt{20}>-5$
따라서 대소 관계가 옳지 않은 것은 ④이다. 　答 ④

10

$\sqrt{3}<x<\sqrt{20}$에서
$(\sqrt{3})^2<x^2<(\sqrt{20})^2$ $\therefore 3<x^2<20$
즉, 자연수 x는 2, 3, 4의 3개이므로 $a=3$
$2\leq\sqrt{x}<3$에서
$2^2\leq(\sqrt{x})^2<3^2$ $\therefore 4\leq x<9$
즉, 자연수 x는 4, 5, 6, 7, 8의 5개이므로 $b=5$
$\therefore a+b=3+5=8$ 　　　　答 ①

11

① $\sqrt{0.81}=0.9$
③ $-\sqrt{1.\dot{7}}=-\sqrt{\dfrac{16}{9}}=-\dfrac{4}{3}$
④ $5-\sqrt{36}=5-6=-1$
⑤ $\sqrt{\dfrac{49}{144}}=\dfrac{7}{12}$
따라서 무리수인 것은 ②이다. 　　　答 ②

12

$\overline{BC}=\sqrt{1^2+3^2}=\sqrt{10}$이므로
$\overline{BP}=\overline{BC}=\sqrt{10}$
따라서 점 P에 대응하는 수는 $-2+\sqrt{10}$이다. 　答 $-2+\sqrt{10}$

13

$\overline{AC}=\overline{BD}=\sqrt{2}$
점 Q에 대응하는 수가 $3-\sqrt{2}$이므로 점 B에 대응하는 수는 3이다.
따라서 점 A에 대응하는 수는 2이므로 점 P에 대응하는 수는 $2+\sqrt{2}$이다. 　　　答 ④

14

① $1<\sqrt{2}<2$이므로 -2와 $\sqrt{2}$ 사이에는 정수가 -1, 0, 1의 3개가 있다.

② $\dfrac{1}{3}$과 $\dfrac{1}{2}$ 사이에는 무수히 많은 무리수가 있다.

④ 수직선은 유리수에 대응하는 점들로 완전히 메울 수 없다.

⑤ 서로 다른 두 무리수 사이에는 무수히 많은 유리수가 있다. 	답 ③

15

① $5-(\sqrt{5}+3)=5-\sqrt{5}-3=2-\sqrt{5}$
$\qquad\qquad\qquad =\sqrt{4}-\sqrt{5}<0$
$\quad \therefore 5<\sqrt{5}+3$

② $(\sqrt{10}-3)-(\sqrt{10}-\sqrt{7})=\sqrt{10}-3-\sqrt{10}+\sqrt{7}$
$\qquad\qquad\qquad\qquad =-3+\sqrt{7}=-\sqrt{9}+\sqrt{7}<0$
$\quad \therefore \sqrt{10}-3<\sqrt{10}-\sqrt{7}$

③ $(2-\sqrt{15})-(2-\sqrt{14})=2-\sqrt{15}-2+\sqrt{14}$
$\qquad\qquad\qquad\qquad =-\sqrt{15}+\sqrt{14}<0$
$\quad \therefore 2-\sqrt{15}<2-\sqrt{14}$

④ $(2-\sqrt{8})-(\sqrt{2}-\sqrt{8})=2-\sqrt{8}-\sqrt{2}+\sqrt{8}$
$\qquad\qquad\qquad\qquad =2-\sqrt{2}=\sqrt{4}-\sqrt{2}>0$
$\quad \therefore 2-\sqrt{8}>\sqrt{2}-\sqrt{8}$

⑤ $(1+\sqrt{15})-(1+\sqrt{18})=1+\sqrt{15}-1-\sqrt{18}$
$\qquad\qquad\qquad\qquad =\sqrt{15}-\sqrt{18}<0$
$\quad \therefore 1+\sqrt{15}<1+\sqrt{18}$

따라서 부등호의 방향이 나머지 넷과 다른 하나는 ④이다. 	답 ④

16

$3<\sqrt{14}<4$이므로
$-4<-\sqrt{14}<-3$, $-3<1-\sqrt{14}<-2$
$\therefore 1-\sqrt{14}=-2.\times\times\times$
$2<\sqrt{6}<3$이므로
$4<2+\sqrt{6}<5$ 	$\therefore 2+\sqrt{6}=4.\times\times\times$
따라서 두 실수 $1-\sqrt{14}$와 $2+\sqrt{6}$ 사이에 있는 정수는 -2, -1, 0, 1, 2, 3, 4의 7개이다. 	답 ④

17

(두 정사각형을 붙여 놓은 도형의 넓이)$=2^2+3^2=13$ 	…… 30%
넓이가 13인 정사각형의 한 변의 길이를 x라고 하면
$x^2=13$ 	…… 30%
이때 x는 13의 양의 제곱근이므로
$x=\sqrt{13}$
따라서 새로 만들어지는 정사각형의 한 변의 길이는 $\sqrt{13}$이다.
	…… 40%
	답 $\sqrt{13}$

18

$x>3$이므로 $x-3>0$, $3-x<0$ 	…… 40%
$\therefore \sqrt{4(x-3)^2}+\sqrt{(3-x)^2}=2(x-3)-(3-x)$
$\qquad\qquad\qquad\qquad\qquad =2x-6-3+x$
$\qquad\qquad\qquad\qquad\qquad =3x-9$ 	…… 60%
	답 $3x-9$

19

각 변을 제곱하면
$2^2<(\sqrt{4x-3})^2<8^2$, $4<4x-3<64$
$7<4x<67$ 	$\therefore \dfrac{7}{4}<x<\dfrac{67}{4}$ 	…… 70%
따라서 자연수 x는 2, 3, 4, $\cdots$, 16의 15개이다. 	…… 30%
	답 15개

20

$a>b$, $ab<0$이므로
$a>0$, $b<0$
$\therefore \sqrt{4a^2}+\sqrt{b^2}-\sqrt{(-4a)^2}-\sqrt{(-2b)^2}$
$=\sqrt{(2a)^2}+(-b)-\{-(-4a)\}-(-2b)$
$=2a-b-4a+2b$
$=-2a+b$ 	답 ③

21

$\sqrt{1}=1$, $\sqrt{4}=2$, $\sqrt{9}=3$, $\sqrt{16}=4$이므로
$f(1)=f(2)=f(3)=1$
$f(4)=f(5)=f(6)=f(7)=f(8)=2$
$f(9)=f(10)=3$
$\therefore f(1)+f(2)+f(3)+\cdots+f(10)=1\times3+2\times5+3\times2$
$\qquad\qquad\qquad\qquad\qquad\qquad =3+10+6$
$\qquad\qquad\qquad\qquad\qquad\qquad =19$ 	답 19

22

$a+b=3+(\sqrt{7}+2)=5+\sqrt{7}>0$
$a-b=3-(\sqrt{7}+2)=3-\sqrt{7}-2$
$\qquad =1-\sqrt{7}=\sqrt{1}-\sqrt{7}<0$
$\therefore \sqrt{(a+b)^2}-\sqrt{(a-b)^2}=(a+b)-\{-(a-b)\}$
$\qquad\qquad\qquad\qquad\qquad =a+b+a-b$
$\qquad\qquad\qquad\qquad\qquad =2a$
$\qquad\qquad\qquad\qquad\qquad =2\times3$
$\qquad\qquad\qquad\qquad\qquad =6$ 	답 6

⑤ $\sqrt{\dfrac{1}{2}} \times (-\sqrt{3}) \times \sqrt{\dfrac{10}{3}} = -\sqrt{\dfrac{1}{2} \times 3 \times \dfrac{10}{3}} = -\sqrt{5}$

따라서 그 값이 가장 큰 것은 ④이다.　　　　　답 ④

2 -1

④ $\dfrac{\sqrt{6}}{\sqrt{7}} \div \dfrac{\sqrt{3}}{\sqrt{35}} = \dfrac{\sqrt{6}}{\sqrt{7}} \times \dfrac{\sqrt{35}}{\sqrt{3}} = \sqrt{\dfrac{6}{7} \times \dfrac{35}{3}} = \sqrt{10}$　　　答 ④

2 -2

$a = (-\sqrt{18}) \div \sqrt{6} = -\sqrt{3}$

$b = \sqrt{5} \div \dfrac{1}{\sqrt{3}} = \sqrt{5} \times \sqrt{3} = \sqrt{15}$

$\therefore \dfrac{b}{a} = \dfrac{\sqrt{15}}{-\sqrt{3}} = -\sqrt{\dfrac{15}{3}} = -\sqrt{5}$　　　答 $-\sqrt{5}$

2. 근호를 포함한 식의 계산

개념 01 제곱근의 곱셈과 나눗셈

개념 콕콕　　　　　　　　　본교재 | 32쪽

1 (1) $\sqrt{14}$　(2) $-\sqrt{33}$　(3) $\sqrt{30}$　(4) $\sqrt{\dfrac{3}{5}}$　(5) $6\sqrt{15}$

　(6) $-8\sqrt{30}$　(7) $\sqrt{110}$　(8) $-2\sqrt{6}$

2 (1) $\sqrt{5}$　(2) $\sqrt{3}$　(3) 2　(4) $-\sqrt{21}$　(5) $\dfrac{1}{\sqrt{35}}$　(6) $\dfrac{\sqrt{2}}{2}$

　(7) $\sqrt{2}$　(8) -2

1

(7) $\sqrt{2}\sqrt{5}\sqrt{11} = \sqrt{2 \times 5 \times 11} = \sqrt{110}$

(8) $-\sqrt{\dfrac{5}{2}} \times \sqrt{\dfrac{3}{10}} \times 2\sqrt{8} = (-1 \times 2) \times \sqrt{\dfrac{5}{2} \times \dfrac{3}{10} \times 8}$

$= -2\sqrt{6}$

2

(7) $\sqrt{24} \div \sqrt{6} \div \sqrt{2} = \sqrt{24} \times \dfrac{1}{\sqrt{6}} \times \dfrac{1}{\sqrt{2}} = \sqrt{24 \times \dfrac{1}{6} \times \dfrac{1}{2}} = \sqrt{2}$

(8) $6\sqrt{15} \div (-3\sqrt{3}) \div \sqrt{5} = 6\sqrt{15} \times \left(-\dfrac{1}{3\sqrt{3}}\right) \times \dfrac{1}{\sqrt{5}}$

$= \left\{ 6 \times \left(-\dfrac{1}{3}\right) \right\} \times \sqrt{15 \times \dfrac{1}{3} \times \dfrac{1}{5}}$

$= -2$

대표 유형　　　　　　　　　본교재 | 33쪽

1 $-4\sqrt{11}$　　**1 -1** $6\sqrt{15}$　　**1 -2** ④

2 ⑤　　　　　**2 -1** ④　　　　**2 -2** $-\sqrt{5}$

1 -1

$2\sqrt{7} \times (-3\sqrt{6}) \times \left(-\sqrt{\dfrac{5}{14}}\right)$

$= \{2 \times (-3) \times (-1)\} \times \sqrt{7 \times 6 \times \dfrac{5}{14}}$

$= 6\sqrt{15}$　　　　　　　　　　　답 $6\sqrt{15}$

1 -2

① $\sqrt{3}\sqrt{4} = \sqrt{3 \times 4} = \sqrt{12}$

② $(-\sqrt{5}) \times \sqrt{3} = -\sqrt{5 \times 3} = -\sqrt{15}$

③ $\dfrac{\sqrt{5}}{\sqrt{2}} \times \sqrt{8} = \sqrt{\dfrac{5}{2} \times 8} = \sqrt{20}$

④ $\sqrt{2}\sqrt{3}\sqrt{4} = \sqrt{2 \times 3 \times 4} = \sqrt{24}$

개념 02 근호가 있는 식의 변형

개념 콕콕　　　　　　　　　본교재 | 34쪽

1 (1) $2\sqrt{5}$　(2) $3\sqrt{6}$　(3) $-4\sqrt{2}$　(4) $-5\sqrt{3}$　(5) $\dfrac{\sqrt{5}}{2}$

　(6) $-\dfrac{\sqrt{2}}{5}$　(7) $\dfrac{\sqrt{3}}{10}$　(8) $-\dfrac{\sqrt{41}}{10}$

2 (1) $\sqrt{24}$　(2) $\sqrt{45}$　(3) $-\sqrt{200}$　(4) $\sqrt{\dfrac{8}{5}}$　(5) $\sqrt{\dfrac{3}{25}}$　(6) $-\sqrt{\dfrac{7}{9}}$

대표 유형　　　　　　　　　본교재 | 35쪽

3 30　　　　**3 -1** 75　　　　**3 -2** ③

4 ③　　　　**4 -1** ②　　　　**4 -2** ②

3 -1

$\dfrac{5\sqrt{2}}{2} = \dfrac{\sqrt{5^2 \times 2}}{\sqrt{2^2}} = \dfrac{\sqrt{50}}{\sqrt{4}} = \sqrt{\dfrac{50}{4}} = \sqrt{\dfrac{25}{2}}$이므로 $a = \dfrac{25}{2}$

$\sqrt{72} = \sqrt{6^2 \times 2} = 6\sqrt{2}$이므로 $b = 6$

$\therefore ab = \dfrac{25}{2} \times 6 = 75$　　　　　　답 75

3 -2

① $2\sqrt{2} = \sqrt{2^2 \times 2} = \sqrt{8}$이므로 □ = 8

② $\sqrt{98} = \sqrt{7^2 \times 2} = 7\sqrt{2}$이므로 □ = 7

③ $-\sqrt{40} = -\sqrt{2^2 \times 10} = -2\sqrt{10}$이므로 □ = 10

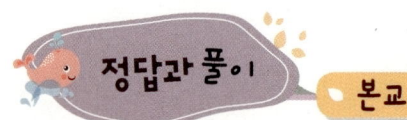
④ $-\dfrac{3}{2\sqrt{3}}=-\dfrac{\sqrt{3^2}}{\sqrt{2^2\times3}}=-\dfrac{\sqrt{9}}{\sqrt{12}}=-\sqrt{\dfrac{9}{12}}=-\sqrt{\dfrac{3}{4}}$이므로

$\square=\dfrac{3}{4}$

⑤ $\sqrt{0.12}=\sqrt{\dfrac{12}{100}}=\dfrac{\sqrt{2^2\times3}}{\sqrt{10^2}}=\dfrac{2\sqrt{3}}{10}=\dfrac{\sqrt{3}}{5}$이므로 $\square=5$

따라서 $\square$ 안에 알맞은 수가 가장 큰 것은 ③이다. 답 ③

4 -1

$\sqrt{90}=\sqrt{3^2\times10}=3\sqrt{10}=3\sqrt{2\times5}$
$=3\sqrt{2}\sqrt{5}=3ab$ 답 ②

4 -2

$\sqrt{0.48}=\sqrt{\dfrac{48}{100}}=\dfrac{\sqrt{4^2\times3}}{\sqrt{10^2}}=\dfrac{4\sqrt{3}}{10}$
$=\dfrac{2\sqrt{3}}{5}=\dfrac{2}{5}k$ 답 ②

개념 03 분모의 유리화

개념 콕콕   본교재 | 36쪽

1 (1) $\dfrac{\sqrt{5}}{5}$ (2) $-\dfrac{\sqrt{6}}{2}$ (3) $\dfrac{\sqrt{10}}{2}$ (4) $-\dfrac{\sqrt{21}}{3}$ (5) $\dfrac{3\sqrt{5}}{10}$ (6) $\dfrac{\sqrt{14}}{6}$

2 (1) $\dfrac{\sqrt{2}}{4}$ (2) $\dfrac{\sqrt{5}}{5}$ (3) $\dfrac{\sqrt{15}}{6}$ (4) $-\dfrac{\sqrt{14}}{10}$

2

(1) $\dfrac{1}{\sqrt{8}}=\dfrac{1}{2\sqrt{2}}=\dfrac{\sqrt{2}}{2\sqrt{2}\times\sqrt{2}}=\dfrac{\sqrt{2}}{4}$

(2) $\dfrac{2}{\sqrt{20}}=\dfrac{2}{2\sqrt{5}}=\dfrac{1}{\sqrt{5}}=\dfrac{\sqrt{5}}{\sqrt{5}\times\sqrt{5}}=\dfrac{\sqrt{5}}{5}$

(3) $\dfrac{\sqrt{5}}{\sqrt{12}}=\dfrac{\sqrt{5}}{2\sqrt{3}}=\dfrac{\sqrt{5}\times\sqrt{3}}{2\sqrt{3}\times\sqrt{3}}=\dfrac{\sqrt{15}}{6}$

(4) $-\dfrac{\sqrt{7}}{\sqrt{50}}=-\dfrac{\sqrt{7}}{5\sqrt{2}}=-\dfrac{\sqrt{7}\times\sqrt{2}}{5\sqrt{2}\times\sqrt{2}}=-\dfrac{\sqrt{14}}{10}$

대표 유형   본교재 | 37쪽

| **5** ④ | **5** -1 ⑤ | **5** -2 $\dfrac{3}{5}$ |
| **6** ④ | **6** -1 ② | **6** -2 $4\sqrt{6}$ cm |

5 -1

⑤ $\dfrac{\sqrt{125}}{\sqrt{3}}=\dfrac{5\sqrt{5}}{\sqrt{3}}=\dfrac{5\sqrt{5}\times\sqrt{3}}{\sqrt{3}\times\sqrt{3}}=\dfrac{5\sqrt{15}}{3}$ 답 ⑤

---

5 -2

$\dfrac{4}{\sqrt{20}}=\dfrac{4}{2\sqrt{5}}=\dfrac{2}{\sqrt{5}}=\dfrac{2\times\sqrt{5}}{\sqrt{5}\times\sqrt{5}}=\dfrac{2\sqrt{5}}{5}$이므로

$a=\dfrac{2}{5}$

$\dfrac{9\sqrt{2}}{2\sqrt{3}}=\dfrac{9\sqrt{2}\times\sqrt{3}}{2\sqrt{3}\times\sqrt{3}}=\dfrac{9\sqrt{6}}{6}=\dfrac{3\sqrt{6}}{2}$이므로

$b=\dfrac{3}{2}$

$\therefore ab=\dfrac{2}{5}\times\dfrac{3}{2}=\dfrac{3}{5}$ 답 $\dfrac{3}{5}$

6 -1

$\sqrt{\dfrac{48}{5}}\times\dfrac{\sqrt{54}}{2}\div(-6\sqrt{3})=\dfrac{4\sqrt{3}}{\sqrt{5}}\times\dfrac{3\sqrt{6}}{2}\times\left(-\dfrac{1}{6\sqrt{3}}\right)$
$=-\dfrac{\sqrt{6}}{\sqrt{5}}=-\dfrac{\sqrt{6}\times\sqrt{5}}{\sqrt{5}\times\sqrt{5}}$
$=-\dfrac{\sqrt{30}}{5}$ 답 ②

6 -2

정사각형의 넓이는
$4\sqrt{3}\times4\sqrt{3}=48(\text{cm}^2)$
직사각형의 세로의 길이를 x cm라고 하면
$2\sqrt{6}x=48$
$\therefore x=\dfrac{48}{2\sqrt{6}}=\dfrac{24}{\sqrt{6}}=\dfrac{24\times\sqrt{6}}{\sqrt{6}\times\sqrt{6}}=\dfrac{24\sqrt{6}}{6}=4\sqrt{6}$
따라서 직사각형의 세로의 길이는 $4\sqrt{6}$ cm이다. 답 $4\sqrt{6}$ cm

개념 04 제곱근표와 제곱근의 값

개념 콕콕   본교재 | 38쪽

1 (1) 3.162 (2) 3.332 (3) 3.507 (4) 3.674

2 (1) 10.2 (2) 12.4

대표 유형   본교재 | 39쪽

| **7** 9.945 | **7** -1 0.053 | **7** -2 18.65 |
| **8** ③ | **8** -1 ⑤ | **8** -2 ③ |

7 -1

$a=\sqrt{9.05}=3.008$, $b=\sqrt{9.37}=3.061$이므로
$b-a=3.061-3.008=0.053$ 답 0.053

7 -2

$\sqrt{9.19}=3.032$이므로 $x=9.19$

$\sqrt{9.46}=3.076$이므로 $y=9.46$

$\therefore x+y=9.19+9.46=18.65$ 답 18.65

8 -1

① $\sqrt{582}=\sqrt{5.82\times100}=10\sqrt{5.82}=10\times2.412=24.12$

② $\sqrt{5820}=\sqrt{58.2\times100}=10\sqrt{58.2}=10\times7.629=76.29$

③ $\sqrt{0.582}=\sqrt{\dfrac{58.2}{100}}=\dfrac{\sqrt{58.2}}{10}=\dfrac{1}{10}\times7.629=0.7629$

④ $\sqrt{0.0582}=\sqrt{\dfrac{5.82}{100}}=\dfrac{\sqrt{5.82}}{10}=\dfrac{1}{10}\times2.412=0.2412$

⑤ $\sqrt{0.00582}=\sqrt{\dfrac{58.2}{10000}}=\dfrac{\sqrt{58.2}}{100}=\dfrac{1}{100}\times7.629=0.07629$

따라서 옳지 않은 것은 ⑤이다. 답 ⑤

8 -2

① $\sqrt{0.0006}=\sqrt{\dfrac{6}{10000}}=\dfrac{\sqrt{6}}{100}=\dfrac{1}{100}\times2.449=0.02449$

② $\sqrt{0.06}=\sqrt{\dfrac{6}{100}}=\dfrac{\sqrt{6}}{10}=\dfrac{1}{10}\times2.449=0.2449$

③ $\sqrt{0.6}=\sqrt{\dfrac{60}{100}}=\dfrac{\sqrt{60}}{10}$이므로 $\sqrt{0.6}$의 값은 구할 수 없다.

④ $\sqrt{60000}=\sqrt{6\times10000}=100\sqrt{6}=100\times2.449=244.9$

⑤ $\sqrt{600}=\sqrt{6\times100}=10\sqrt{6}=10\times2.449=24.49$ 답 ③

🐳 **배운대로 해결하기** 본교재 | 40~41쪽

01 ③	**02** ①	**03** $\sqrt{3}$	**04** $-3\sqrt{5}$
05 ⑤	**06** 10	**07** ⑤	**08** ⑤
09 ③	**10** $\dfrac{4}{5}$	**11** ⑤	**12** ③
13 $2\sqrt{3}$ cm	**14** 7081	**15** ④	**16** ⑤

01

① $\sqrt{3}\sqrt{8}=\sqrt{3\times8}=\sqrt{24}$

② $\sqrt{2}\sqrt{10}=\sqrt{2\times10}=\sqrt{20}$

③ $\sqrt{\dfrac{2}{7}}\times\sqrt{63}=\sqrt{\dfrac{2}{7}\times63}=\sqrt{18}$

④ $\sqrt{2}\times\sqrt{5}\times\sqrt{\dfrac{11}{2}}=\sqrt{2\times5\times\dfrac{11}{2}}=\sqrt{55}$

⑤ $\sqrt{5}\times\sqrt{6}\times\sqrt{\dfrac{2}{3}}=\sqrt{5\times6\times\dfrac{2}{3}}=\sqrt{20}$

따라서 그 값이 가장 작은 것은 ③이다. 답 ③

02

$\sqrt{\dfrac{14}{8}}\times\sqrt{\dfrac{16}{7}}=\sqrt{\dfrac{14}{8}\times\dfrac{16}{7}}=\sqrt{4}=2$이므로 $a=2$

$5\sqrt{\dfrac{3}{5}}\times\sqrt{\dfrac{15}{9}}=5\sqrt{\dfrac{3}{5}\times\dfrac{15}{9}}=5$이므로 $b=5$

$\therefore ab=2\times5=10$ 답 ①

03

$\dfrac{\sqrt{14}}{\sqrt{7}}=\sqrt{2}$이므로 $a=2$

$\sqrt{\dfrac{9}{2}}\div\sqrt{\dfrac{3}{4}}=\dfrac{\sqrt{9}}{\sqrt{2}}\div\dfrac{\sqrt{3}}{\sqrt{4}}=\dfrac{\sqrt{9}}{\sqrt{2}}\times\dfrac{\sqrt{4}}{\sqrt{3}}=\sqrt{\dfrac{9}{2}\times\dfrac{4}{3}}=\sqrt{6}$이므로 $b=6$

$\therefore \sqrt{\dfrac{b}{a}}=\sqrt{\dfrac{6}{2}}=\sqrt{3}$ 답 $\sqrt{3}$

04

$\sqrt{21}\div\left(-\dfrac{\sqrt{12}}{\sqrt{10}}\right)\div\dfrac{\sqrt{7}}{3\sqrt{2}}=\sqrt{21}\times\left(-\dfrac{\sqrt{10}}{\sqrt{12}}\right)\times\dfrac{3\sqrt{2}}{\sqrt{7}}$

$=(-1\times3)\times\sqrt{21\times\dfrac{10}{12}\times\dfrac{2}{7}}$

$=-3\sqrt{5}$ 답 $-3\sqrt{5}$

05

① $\sqrt{200}=\sqrt{10^2\times2}=10\sqrt{2}$

② $3\sqrt{6}=\sqrt{3^2\times6}=\sqrt{54}$

③ $-\sqrt{50}=-\sqrt{5^2\times2}=-5\sqrt{2}$

④ $\sqrt{\dfrac{12}{27}}=\sqrt{\dfrac{4}{9}}=\sqrt{\left(\dfrac{2}{3}\right)^2}=\dfrac{2}{3}$

⑤ $-\sqrt{0.07}=-\sqrt{\dfrac{7}{100}}=-\sqrt{\dfrac{7}{10^2}}=-\dfrac{\sqrt{7}}{10}$

따라서 옳은 것은 ⑤이다. 답 ⑤

06

$\sqrt{80}=\sqrt{4^2\times5}=4\sqrt{5}$이므로 $a=4$

$4\sqrt{6}=\sqrt{4^2\times6}=\sqrt{96}$이므로 $b=96$

$\therefore \sqrt{a+b}=\sqrt{4+96}=\sqrt{100}=10$ 답 10

07

$\sqrt{12}\times\sqrt{15}\times\sqrt{18}=\sqrt{(2^2\times3)\times(3\times5)\times(2\times3^2)}$

$=18\sqrt{10}$

이므로 $a=18$ 답 ⑤

08

$\sqrt{225}=\sqrt{3^2\times5^2}=(\sqrt{3})^2\times(\sqrt{5})^2=a^2b^2$ 답 ⑤

09

③ $\dfrac{3}{\sqrt{12}}=\dfrac{3}{2\sqrt{3}}=\dfrac{3\times\sqrt{3}}{2\sqrt{3}\times\sqrt{3}}=\dfrac{\sqrt{3}}{2}$ 답 ③

I－2. 근호를 포함한 식의 계산

10

$\dfrac{6}{\sqrt{45}}=\dfrac{6}{3\sqrt{5}}=\dfrac{2}{\sqrt{5}}=\dfrac{2\times\sqrt{5}}{\sqrt{5}\times\sqrt{5}}=\dfrac{2\sqrt{5}}{5}$이므로 $a=\dfrac{2}{5}$

$\dfrac{4\sqrt{3}}{\sqrt{6}}=\dfrac{4}{\sqrt{2}}=\dfrac{4\times\sqrt{2}}{\sqrt{2}\times\sqrt{2}}=\dfrac{4\sqrt{2}}{2}=2\sqrt{2}$이므로 $b=2$

$\therefore ab=\dfrac{2}{5}\times2=\dfrac{4}{5}$ **답** $\dfrac{4}{5}$

11

$\sqrt{32}\times\sqrt{54}\div\sqrt{96}=4\sqrt{2}\times3\sqrt{6}\times\dfrac{1}{4\sqrt{6}}=3\sqrt{2}$이므로 $a=3$ **답** ⑤

12

$\dfrac{4}{\sqrt{3}}\times\dfrac{2\sqrt{2}}{\sqrt{7}}\div\sqrt{\dfrac{12}{21}}=\dfrac{4}{\sqrt{3}}\times\dfrac{2\sqrt{2}}{\sqrt{7}}\times\sqrt{\dfrac{21}{12}}=\dfrac{8}{\sqrt{6}}$

$\qquad=\dfrac{8\times\sqrt{6}}{\sqrt{6}\times\sqrt{6}}=\dfrac{8\sqrt{6}}{6}=\dfrac{4\sqrt{6}}{3}$ **답** ③

13

직육면체의 높이를 x cm라고 하면

$2\sqrt{2}\times\sqrt{5}\times x=4\sqrt{30}$, $2\sqrt{10}x=4\sqrt{30}$

$\therefore x=\dfrac{4\sqrt{30}}{2\sqrt{10}}=2\sqrt{3}$

따라서 직육면체의 높이는 $2\sqrt{3}$ cm이다. **답** $2\sqrt{3}$ cm

14

$a=\sqrt{58.4}=7.642$

$\sqrt{56.1}=7.490$이므로 $b=56.1$

$\therefore 1000a-10b=7642-561=7081$ **답** 7081

15

① $\sqrt{0.00581}=\sqrt{\dfrac{58.1}{10000}}=\dfrac{\sqrt{58.1}}{100}=\dfrac{1}{100}\times7.622=0.07622$

② $\sqrt{0.565}=\sqrt{\dfrac{56.5}{100}}=\dfrac{\sqrt{56.5}}{10}=\dfrac{1}{10}\times7.517=0.7517$

③ $\sqrt{59.6}=7.720$

④ $\sqrt{584}=\sqrt{5.84\times100}=10\sqrt{5.84}$이므로 $\sqrt{584}$의 값은 구할 수 없다.

⑤ $\sqrt{5500}=\sqrt{55\times100}=10\sqrt{55}=10\times7.416=74.16$ **답** ④

16

① $\sqrt{0.7}=\sqrt{\dfrac{70}{100}}=\dfrac{\sqrt{70}}{10}=\dfrac{1}{10}\times8.367=0.8367$

② $\sqrt{0.07}=\sqrt{\dfrac{7}{100}}=\dfrac{\sqrt{7}}{10}=\dfrac{1}{10}\times2.646=0.2646$

③ $\sqrt{0.007}=\sqrt{\dfrac{70}{10000}}=\dfrac{\sqrt{70}}{100}=\dfrac{1}{100}\times8.367=0.08367$

④ $\sqrt{700}=\sqrt{7\times100}=10\sqrt{7}=10\times2.646=26.46$

⑤ $\sqrt{7000}=\sqrt{70\times100}=10\sqrt{70}=10\times8.367=83.67$

따라서 옳은 것은 ⑤이다. **답** ⑤

개념 05 제곱근의 덧셈과 뺄셈

개념 콕콕 본교재 | 42쪽

1 (1) $5\sqrt{3}$ (2) $4\sqrt{5}$ (3) $2\sqrt{2}$ (4) $-3\sqrt{7}$ (5) $2\sqrt{2}$
　 (6) $6\sqrt{5}-2\sqrt{11}$

2 (1) $6\sqrt{2}$ (2) $\sqrt{3}$ (3) $4\sqrt{5}$ (4) $-5\sqrt{2}$ (5) $5\sqrt{3}$ (6) $-2\sqrt{2}$

1

(5) $3\sqrt{2}+\sqrt{2}-2\sqrt{2}=(3+1-2)\sqrt{2}$
$\qquad\qquad\qquad=2\sqrt{2}$

(6) $2\sqrt{5}-3\sqrt{11}+4\sqrt{5}+\sqrt{11}=(2+4)\sqrt{5}+(-3+1)\sqrt{11}$
$\qquad\qquad\qquad\qquad\qquad=6\sqrt{5}-2\sqrt{11}$

2

(1) $\sqrt{8}+4\sqrt{2}=2\sqrt{2}+4\sqrt{2}=6\sqrt{2}$

(2) $\sqrt{27}-\sqrt{12}=3\sqrt{3}-2\sqrt{3}=\sqrt{3}$

(3) $\sqrt{20}+\dfrac{10}{\sqrt{5}}=2\sqrt{5}+2\sqrt{5}=4\sqrt{5}$

(4) $-2\sqrt{32}+\sqrt{18}=-8\sqrt{2}+3\sqrt{2}=-5\sqrt{2}$

(5) $\sqrt{48}-2\sqrt{12}+\sqrt{75}=4\sqrt{3}-4\sqrt{3}+5\sqrt{3}=5\sqrt{3}$

(6) $\sqrt{72}-\sqrt{50}-\dfrac{6}{\sqrt{2}}=6\sqrt{2}-5\sqrt{2}-3\sqrt{2}=-2\sqrt{2}$

대표 유형 본교재 | 43쪽

1 ②, ⑤ **1**-1 ③, ⑤ **1**-2 $-\dfrac{7}{5}$

2 ① **2**-1 2 **2**-2 ③

1-1

① $3\sqrt{5}+2\sqrt{5}=5\sqrt{5}$

② 근호 안의 수가 다르므로 더 이상 간단히 할 수 없다.

④ $-4\sqrt{6}+2\sqrt{6}-\sqrt{6}=-3\sqrt{6}$ **답** ③, ⑤

1-2

(주어진 식) $=\left(-\dfrac{1}{2}+\dfrac{2}{5}\right)\sqrt{3}+\left(\dfrac{4}{5}+\dfrac{1}{2}\right)\sqrt{6}$

$\qquad\qquad=-\dfrac{1}{10}\sqrt{3}+\dfrac{13}{10}\sqrt{6}$

따라서 $a=-\dfrac{1}{10}$, $b=\dfrac{13}{10}$이므로

$a-b=-\dfrac{1}{10}-\dfrac{13}{10}=-\dfrac{7}{5}$ **답** $-\dfrac{7}{5}$

2 -1

$2\sqrt{28}+\sqrt{63}-\sqrt{175}=4\sqrt{7}+3\sqrt{7}-5\sqrt{7}=2\sqrt{7}$

$\therefore a=2$ 답 2

2 -2

$\begin{aligned}(\text{주어진 식})&=3\sqrt{2}+\dfrac{6\sqrt{3}}{3}-\dfrac{3\sqrt{3}}{3}+\dfrac{4}{2\sqrt{2}}\\&=3\sqrt{2}+2\sqrt{3}-\sqrt{3}+\sqrt{2}\\&=4\sqrt{2}+\sqrt{3}\end{aligned}$

따라서 $a=4$, $b=1$이므로

$a+b=4+1=5$ 답 ③

개념 06 근호를 포함한 식의 혼합 계산

개념 콕콕
본교재 | 44쪽

1 (1) $\sqrt{6}+\sqrt{14}$ (2) $\sqrt{3}-\sqrt{15}$ (3) $\sqrt{6}-4\sqrt{15}$ (4) $\sqrt{5}+2$

2 (1) $\dfrac{\sqrt{2}+2}{2}$ (2) $\dfrac{\sqrt{15}-2\sqrt{10}}{5}$

3 (1) $2\sqrt{3}+\sqrt{5}$ (2) $6\sqrt{3}$

1

$\begin{aligned}(4)\ (\sqrt{30}+\sqrt{24})\div\sqrt{6}&=(\sqrt{30}+\sqrt{24})\times\dfrac{1}{\sqrt{6}}\\&=\sqrt{30}\times\dfrac{1}{\sqrt{6}}+\sqrt{24}\times\dfrac{1}{\sqrt{6}}\\&=\sqrt{5}+\sqrt{4}=\sqrt{5}+2\end{aligned}$

2

(1) $\dfrac{1+\sqrt{2}}{\sqrt{2}}=\dfrac{(1+\sqrt{2})\sqrt{2}}{\sqrt{2}\times\sqrt{2}}=\dfrac{\sqrt{2}+2}{2}$

(2) $\dfrac{\sqrt{3}-\sqrt{8}}{\sqrt{5}}=\dfrac{(\sqrt{3}-\sqrt{8})\times\sqrt{5}}{\sqrt{5}\times\sqrt{5}}=\dfrac{\sqrt{15}-\sqrt{40}}{5}=\dfrac{\sqrt{15}-2\sqrt{10}}{5}$

3

(1) $\sqrt{2}\times\sqrt{6}+\sqrt{15}\div\sqrt{3}=\sqrt{12}+\sqrt{5}=2\sqrt{3}+\sqrt{5}$

(2) $\begin{aligned}\sqrt{27}-6\div\sqrt{3}+\sqrt{75}&=3\sqrt{3}-\dfrac{6}{\sqrt{3}}+5\sqrt{3}=3\sqrt{3}-\dfrac{6\times\sqrt{3}}{\sqrt{3}\times\sqrt{3}}+5\sqrt{3}\\&=3\sqrt{3}-2\sqrt{3}+5\sqrt{3}=6\sqrt{3}\end{aligned}$

대표 유형
본교재 | 45쪽

| **3** ① | **3 -1** ⑤ | **3 -2** 5 |
| **4** ④ | **4 -1** ② | **4 -2** -1 |

3 -1

$\begin{aligned}(\text{주어진 식})&=\sqrt{2}-2\sqrt{3}+2\sqrt{18}-3\sqrt{12}\\&=\sqrt{2}-2\sqrt{3}+6\sqrt{2}-6\sqrt{3}\\&=7\sqrt{2}-8\sqrt{3}\end{aligned}$

따라서 $a=7$, $b=-8$이므로 $a-b=7-(-8)=15$ 답 ⑤

3 -2

$\begin{aligned}\sqrt{2}x+\sqrt{3}y&=\sqrt{2}(\sqrt{2}+\sqrt{3})+\sqrt{3}(\sqrt{3}-\sqrt{2})\\&=2+\sqrt{6}+3-\sqrt{6}=5\end{aligned}$ 답 5

4 -1

$\begin{aligned}(\text{주어진 식})&=\sqrt{4}+\sqrt{2}-\sqrt{40}\times\dfrac{2}{\sqrt{5}}=2+\sqrt{2}-2\sqrt{8}\\&=2+\sqrt{2}-4\sqrt{2}=2-3\sqrt{2}\end{aligned}$ 답 ②

4 -2

$\begin{aligned}(\text{주어진 식})&=\dfrac{1}{\sqrt{2}}+\dfrac{\sqrt{3}}{3}+\dfrac{(5-2\sqrt{6})\times\sqrt{3}}{\sqrt{3}\times\sqrt{3}}\\&=\dfrac{\sqrt{2}}{2}+\dfrac{\sqrt{3}}{3}+\dfrac{5\sqrt{3}}{3}-2\sqrt{2}=-\dfrac{3\sqrt{2}}{2}+2\sqrt{3}\end{aligned}$

따라서 $a=-\dfrac{3}{2}$, $b=2$이므로

$2a+b=2\times\left(-\dfrac{3}{2}\right)+2=-1$ 답 -1

개념 07 무리수의 정수 부분과 소수 부분

개념 콕콕
본교재 | 46쪽

1 4, 9, 4, 9, 2, 3, 4, 5, 4, $\sqrt{5}-2$

2 (1) $<$ (2) $>$

2

(1) $(5-\sqrt{2})-3\sqrt{2}=5-4\sqrt{2}=\sqrt{25}-\sqrt{32}<0$

$\therefore 5-\sqrt{2}<3\sqrt{2}$

(2) $(\sqrt{24}+\sqrt{2})-(\sqrt{8}+\sqrt{6})=2\sqrt{6}+\sqrt{2}-2\sqrt{2}-\sqrt{6}=\sqrt{6}-\sqrt{2}>0$

$\therefore \sqrt{24}+\sqrt{2}>\sqrt{8}+\sqrt{6}$

대표 유형
본교재 | 47쪽

| **5** ⑤ | **5 -1** ② | **5 -2** $\dfrac{\sqrt{2}}{2}$ |
| **6** ④ | **6 -1** ⑤ | **6 -2** ③ |

5 -1

$3<\sqrt{10}<4$이므로 $1<\sqrt{10}-2<2$
따라서 정수 부분은 1이므로 $a=1$
소수 부분은 $(\sqrt{10}-2)-1=\sqrt{10}-3$이므로 $b=\sqrt{10}-3$
$\therefore a-b=1-(\sqrt{10}-3)=4-\sqrt{10}$ 답 ②

5 -2

$2<\sqrt{8}<3$이므로 $a=2$, $b=\sqrt{8}-2=2\sqrt{2}-2$
$\therefore \dfrac{a}{b+2}=\dfrac{2}{(2\sqrt{2}-2)+2}=\dfrac{2}{2\sqrt{2}}=\dfrac{1}{\sqrt{2}}$
$\qquad\qquad =\dfrac{\sqrt{2}}{\sqrt{2}\times\sqrt{2}}=\dfrac{\sqrt{2}}{2}$ 답 $\dfrac{\sqrt{2}}{2}$

6 -1

① $(2+\sqrt{2})-3\sqrt{2}=2-2\sqrt{2}=\sqrt{4}-\sqrt{8}<0$
　　$\therefore 2+\sqrt{2}<3\sqrt{2}$
② $(\sqrt{2}-\sqrt{3})-(\sqrt{8}-2\sqrt{3})=\sqrt{2}-\sqrt{3}-2\sqrt{2}+2\sqrt{3}$
　　　　　　　　　　　　　　　$=-\sqrt{2}+\sqrt{3}>0$
　　$\therefore \sqrt{2}-\sqrt{3}>\sqrt{8}-2\sqrt{3}$
③ $(\sqrt{20}+1)-(\sqrt{45}-2)=2\sqrt{5}+1-3\sqrt{5}+2$
　　　　　　　　　　　　　　　$=3-\sqrt{5}=\sqrt{9}-\sqrt{5}>0$
　　$\therefore \sqrt{20}+1>\sqrt{45}-2$
④ $(4\sqrt{3}+1)-\sqrt{75}=4\sqrt{3}+1-5\sqrt{3}=1-\sqrt{3}=\sqrt{1}-\sqrt{3}<0$
　　$\therefore 4\sqrt{3}+1<\sqrt{75}$
⑤ $(3\sqrt{2}+\sqrt{7})-(\sqrt{2}+2\sqrt{7})=3\sqrt{2}+\sqrt{7}-\sqrt{2}-2\sqrt{7}$
　　　　　　　　　　　　　　　　$=2\sqrt{2}-\sqrt{7}=\sqrt{8}-\sqrt{7}>0$
　　$\therefore 3\sqrt{2}+\sqrt{7}>\sqrt{2}+2\sqrt{7}$
따라서 대소 관계가 옳지 않은 것은 ⑤이다.   답 ⑤

6 -2

$A-B=(2\sqrt{6}+1)-(\sqrt{6}+2)=2\sqrt{6}+1-\sqrt{6}-2$
$\qquad\quad =\sqrt{6}-1=\sqrt{6}-\sqrt{1}>0$
이므로 $A>B$
$A-C=(2\sqrt{6}+1)-(3\sqrt{6}-1)=2\sqrt{6}+1-3\sqrt{6}+1$
$\qquad\quad =-\sqrt{6}+2=-\sqrt{6}+\sqrt{4}<0$
이므로 $A<C$
$\therefore B<A<C$ 답 ③

배운대로 해결하기
본교재 | 48~49쪽

01 $\sqrt{3}$	**02** ③	**03** $2+3\sqrt{5}$	**04** ②, ④
05 $\dfrac{5\sqrt{2}}{2}+\dfrac{3\sqrt{5}}{10}$		**06** ③	**07** ②
08 -2	**09** $\sqrt{3}-\sqrt{6}$	**10** ③	**11** ①
12 $2+3\sqrt{6}$	**13** 정수 부분 : 3, 소수 부분 : $\sqrt{15}-3$		
14 ①	**15** ②	**16** ②	

01

$A=\sqrt{2}-3\sqrt{2}+5\sqrt{2}=3\sqrt{2}$, $B=8\sqrt{6}-7\sqrt{6}=\sqrt{6}$이므로
$\dfrac{A}{B}=\dfrac{3\sqrt{2}}{\sqrt{6}}=\dfrac{3\sqrt{2}\times\sqrt{6}}{\sqrt{6}\times\sqrt{6}}=\dfrac{6\sqrt{3}}{6}=\sqrt{3}$ 답 $\sqrt{3}$

02

(주어진 식)$=\left(2+\dfrac{1}{3}\right)\sqrt{3}+\left(\dfrac{3}{4}-1\right)\sqrt{5}$
$\qquad\qquad\quad =\dfrac{7}{3}\sqrt{3}-\dfrac{1}{4}\sqrt{5}$ 답 ③

03

$\overline{AB}=\sqrt{2^2+1^2}=\sqrt{5}$이므로 $p=2+\sqrt{5}$, $q=2-\sqrt{5}$
$\therefore 2p-q=2(2+\sqrt{5})-(2-\sqrt{5})$
$\qquad\qquad =4+2\sqrt{5}-2+\sqrt{5}=2+3\sqrt{5}$ 답 $2+3\sqrt{5}$

04

① $2\sqrt{3}+4\sqrt{3}=6\sqrt{3}$
② $\sqrt{63}-5\sqrt{7}=3\sqrt{7}-5\sqrt{7}=-2\sqrt{7}$
③ $\sqrt{32}+\sqrt{18}-\sqrt{8}=4\sqrt{2}+3\sqrt{2}-2\sqrt{2}=5\sqrt{2}$
④ $\sqrt{27}-\dfrac{\sqrt{12}}{3}-\dfrac{\sqrt{48}}{2}=3\sqrt{3}-\dfrac{2\sqrt{3}}{3}-2\sqrt{3}=\dfrac{\sqrt{3}}{3}$
⑤ $\sqrt{5}-\sqrt{45}+\sqrt{125}=\sqrt{5}-3\sqrt{5}+5\sqrt{5}=3\sqrt{5}$ 답 ②, ④

05

(주어진 식)$=\dfrac{\sqrt{2}}{2}+\dfrac{\sqrt{5}}{2}-\dfrac{\sqrt{5}}{5}+2\sqrt{2}$
$\qquad\qquad\quad =\dfrac{5\sqrt{2}}{2}+\dfrac{3\sqrt{5}}{10}$ 답 $\dfrac{5\sqrt{2}}{2}+\dfrac{3\sqrt{5}}{10}$

06

$\sqrt{108}-a\sqrt{3}+\sqrt{75}=6\sqrt{3}-a\sqrt{3}+5\sqrt{3}$
$\qquad\qquad\qquad\qquad =(11-a)\sqrt{3}$
따라서 $11-a=15$이므로 $a=-4$ 답 ③

07

(주어진 식)$=9\sqrt{2}-9+6\sqrt{2}-8$
$\qquad\qquad\quad =-17+15\sqrt{2}$
따라서 $a=-17$, $b=15$이므로
$a+b=-17+15=-2$ 답 ②

08

$\sqrt{5}(2-\sqrt{5})+a(\sqrt{5}+3)=2\sqrt{5}-5+a\sqrt{5}+3a$
$\qquad\qquad\qquad\qquad\qquad =(3a-5)+(2+a)\sqrt{5}$
이때 유리수가 되려면 $2+a=0$이어야 하므로
$a=-2$ 답 -2

09

$$\text{(주어진 식)} = \frac{(\sqrt{6}-\sqrt{8})\times\sqrt{2}}{\sqrt{2}\times\sqrt{2}} + \frac{(2\sqrt{3}-\sqrt{18})\times\sqrt{3}}{\sqrt{3}\times\sqrt{3}}$$
$$= \frac{2\sqrt{3}-4}{2} + \frac{6-3\sqrt{6}}{3}$$
$$= \sqrt{3}-2+2-\sqrt{6}$$
$$= \sqrt{3}-\sqrt{6}$$

답 $\sqrt{3}-\sqrt{6}$

10

$$\sqrt{18}\div\sqrt{6}+\sqrt{2}\times\sqrt{\frac{27}{2}} = \sqrt{3}+\sqrt{27}$$
$$= \sqrt{3}+3\sqrt{3} = 4\sqrt{3}$$

답 ③

11

$$\text{(주어진 식)} = \sqrt{6}-\sqrt{10} + \frac{(4\sqrt{3}-2\sqrt{5})\times\sqrt{2}}{\sqrt{2}\times\sqrt{2}}$$
$$= \sqrt{6}-\sqrt{10}+2\sqrt{6}-\sqrt{10}$$
$$= 3\sqrt{6}-2\sqrt{10}$$

따라서 $a=3$, $b=-2$이므로
$$ab = 3\times(-2) = -6$$

답 ①

12

$$\text{(넓이)} = \frac{1}{2}\times\{(\sqrt{2}+\sqrt{3})+\sqrt{12}\}\times 2\sqrt{2}$$
$$= \frac{1}{2}\times(\sqrt{2}+\sqrt{3}+2\sqrt{3})\times 2\sqrt{2}$$
$$= (\sqrt{2}+3\sqrt{3})\times\sqrt{2} = 2+3\sqrt{6}$$

답 $2+3\sqrt{6}$

13

$3<\sqrt{15}<4$이므로 정수 부분은 3, 소수 부분은 $\sqrt{15}-3$이다.

답 정수 부분 : 3, 소수 부분 : $\sqrt{15}-3$

14

$2<\sqrt{5}<3$이므로 $-3<-\sqrt{5}<-2$
$$\therefore 1<4-\sqrt{5}<2$$
따라서 정수 부분은 1이므로 $a=1$
소수 부분은 $(4-\sqrt{5})-1=3-\sqrt{5}$이므로 $b=3-\sqrt{5}$
$$\therefore a-b = 1-(3-\sqrt{5})$$
$$= 1-3+\sqrt{5} = -2+\sqrt{5}$$

답 ①

15

$2<\sqrt{6}<3$이므로 $k=\sqrt{6}-2$
$$\therefore \sqrt{6}=k+2$$
이때 $9<\sqrt{96}<10$이므로 $\sqrt{96}$의 소수 부분은
$$\sqrt{96}-9 = 4\sqrt{6}-9 = 4(k+2)-9$$
$$= 4k+8-9 = 4k-1$$

답 ②

16

ㄱ. $(7-\sqrt{2})-(3+\sqrt{8}) = 7-\sqrt{2}-3-2\sqrt{2}$
$$= 4-3\sqrt{2} = \sqrt{16}-\sqrt{18}<0$$
$$\therefore 7-\sqrt{2}<3+\sqrt{8}$$

ㄴ. $(2\sqrt{6}+\sqrt{5})-(4+\sqrt{24}) = 2\sqrt{6}+\sqrt{5}-4-2\sqrt{6}$
$$= \sqrt{5}-4 = \sqrt{5}-\sqrt{16}<0$$
$$\therefore 2\sqrt{6}+\sqrt{5}<4+\sqrt{24}$$

ㄷ. $(3\sqrt{10}-\sqrt{3})-(\sqrt{40}-\sqrt{12}) = 3\sqrt{10}-\sqrt{3}-2\sqrt{10}+2\sqrt{3}$
$$= \sqrt{10}+\sqrt{3}>0$$
$$\therefore 3\sqrt{10}-\sqrt{3}>\sqrt{40}-\sqrt{12}$$

ㄹ. $(1+3\sqrt{5})-(\sqrt{20}+2) = 1+3\sqrt{5}-2\sqrt{5}-2$
$$= \sqrt{5}-1 = \sqrt{5}-\sqrt{1}>0$$
$$\therefore 1+3\sqrt{5}>\sqrt{20}+2$$

따라서 대소 관계를 바르게 나타낸 것은 ㄱ, ㄹ이다.

답 ②

개념 넓히기로 마무리

본교재 | 50~52쪽

01 ④	**02** ②	**03** 30	**04** ③
05 ④	**06** ③	**07** $3\sqrt{15}$	
08 0.1543, 15.65		**09** ②	**10** ①
11 ⑤	**12** ②	**13** $3\sqrt{2}-8$	**14** 120 m²
15 ⑤	**16** ⑤	**17** 1	**18** $3\sqrt{5}$
19 -2	**20** 20	**21** $-3+\sqrt{5}$	**22** ④

01

④ $4\sqrt{6}\div 2\sqrt{3} = \frac{4}{2}\sqrt{\frac{6}{3}} = 2\sqrt{2}$

답 ④

02

$$3\sqrt{2}\sqrt{k}\sqrt{2}\sqrt{18} = 3\sqrt{2\times k\times 2\times 18}$$
$$= 3\sqrt{2^3\times 3^2\times k} = 18\sqrt{2k}$$

따라서 $18\sqrt{2k}=36$이므로
$$\sqrt{2k}=2, \ 2k=4 \qquad \therefore k=2$$

답 ②

03

$\sqrt{45} = \sqrt{3^2\times 5} = 3\sqrt{5}$이므로 $a=5$
$\sqrt{108} = \sqrt{6^2\times 3} = 6\sqrt{3}$이므로 $b=6$
$$\therefore ab = 5\times 6 = 30$$

답 30

04

$\sqrt{48}-\sqrt{80}=4\sqrt{3}-4\sqrt{5}=4x-4y$이므로
$a=4,\ b=-4$
$\therefore a+b=4+(-4)=0$ 　　　답 ③

05

$\dfrac{\sqrt{a}}{\sqrt{15}}=\dfrac{\sqrt{a}\times\sqrt{15}}{\sqrt{15}\times\sqrt{15}}=\dfrac{\sqrt{15a}}{15}$

$\dfrac{2\sqrt{3}}{3}=\dfrac{10\sqrt{3}}{15}=\dfrac{\sqrt{300}}{15}$

이때 $\dfrac{\sqrt{15a}}{15}=\dfrac{\sqrt{300}}{15}$이므로

$15a=300$ 　　　$\therefore a=20$ 　　　답 ④

06

$\dfrac{1}{\sqrt{5}}\times\dfrac{\sqrt{10}}{\sqrt{18}}\times\sqrt{24}=\sqrt{\dfrac{1}{5}\times\dfrac{10}{18}\times24}=\sqrt{\dfrac{8}{3}}=\dfrac{2\sqrt{2}}{\sqrt{3}}$

$\qquad\qquad\qquad\qquad\quad=\dfrac{2\sqrt{2}\times\sqrt{3}}{\sqrt{3}\times\sqrt{3}}=\dfrac{2\sqrt{6}}{3}$

따라서 $a=2,\ b=6$이므로
$b-a=6-2=4$ 　　　답 ③

07

$\bigcirc\times\sqrt{5}\div\sqrt{27}=5$이므로

$\bigcirc=5\times\sqrt{27}\div\sqrt{5}=5\times3\sqrt{3}\times\dfrac{1}{\sqrt{5}}$

$\quad=\dfrac{15\sqrt{3}}{\sqrt{5}}=\dfrac{15\sqrt{3}\times\sqrt{5}}{\sqrt{5}\times\sqrt{5}}$

$\quad=\dfrac{15\sqrt{15}}{5}=3\sqrt{15}$ 　　　답 $3\sqrt{15}$

08

$\sqrt{0.0238}=\sqrt{\dfrac{2.38}{100}}=\dfrac{\sqrt{2.38}}{10}=\dfrac{1}{10}\times1.543=0.1543$

$\sqrt{245}=\sqrt{2.45\times100}=10\sqrt{2.45}$
$\qquad\quad=10\times1.565=15.65$ 　　　답 0.1543, 15.65

09

$\sqrt{32}+2\sqrt{45}-\sqrt{98}+\sqrt{20}=4\sqrt{2}+6\sqrt{5}-7\sqrt{2}+2\sqrt{5}$
$\qquad\qquad\qquad\qquad\qquad=-3\sqrt{2}+8\sqrt{5}=-3a+8b$ 　　　답 ②

10

$2\sqrt{5}-\dfrac{3\sqrt{10}}{\sqrt{2}}-\dfrac{10}{\sqrt{5}}=2\sqrt{5}-3\sqrt{5}-\dfrac{10\times\sqrt{5}}{\sqrt{5}\times\sqrt{5}}$
$\qquad\qquad\qquad\qquad=2\sqrt{5}-3\sqrt{5}-2\sqrt{5}$
$\qquad\qquad\qquad\qquad=-3\sqrt{5}$
$\therefore a=-3$ 　　　답 ①

11

$\sqrt{2}A-\sqrt{3}B=\sqrt{2}(\sqrt{3}+\sqrt{6})-\sqrt{3}(3\sqrt{2}-6)$
$\qquad\qquad\quad=\sqrt{6}+2\sqrt{3}-3\sqrt{6}+6\sqrt{3}$
$\qquad\qquad\quad=8\sqrt{3}-2\sqrt{6}$ 　　　답 ⑤

12

(주어진 식)$=\dfrac{\sqrt{2}-2\sqrt{3}}{\sqrt{3}}-\dfrac{2\sqrt{2}-2\sqrt{3}}{\sqrt{2}}$

$\qquad\quad=\dfrac{(\sqrt{2}-2\sqrt{3})\times\sqrt{3}}{\sqrt{3}\times\sqrt{3}}-\dfrac{(2\sqrt{2}-2\sqrt{3})\times\sqrt{2}}{\sqrt{2}\times\sqrt{2}}$

$\qquad\quad=\dfrac{\sqrt{6}-6}{3}-\dfrac{4-2\sqrt{6}}{2}$

$\qquad\quad=\dfrac{\sqrt{6}}{3}-2-2+\sqrt{6}$

$\qquad\quad=-4+\dfrac{4\sqrt{6}}{3}$ 　　　답 ②

13

(주어진 식)$=5\sqrt{2}-10+\sqrt{4}-\dfrac{4\times\sqrt{2}}{\sqrt{2}\times\sqrt{2}}$

$\qquad\quad=5\sqrt{2}-10+2-2\sqrt{2}$

$\qquad\quad=3\sqrt{2}-8$ 　　　답 $3\sqrt{2}-8$

14

정사각형 모양의 땅 A와 C의 넓이가 각각 $490\ \text{m}^2$, $90\ \text{m}^2$이므로
한 변의 길이는 각각 $\sqrt{490}=7\sqrt{10}(\text{m})$, $\sqrt{90}=3\sqrt{10}(\text{m})$이다.
땅 B의 가로의 길이는 $3\sqrt{10}\ \text{m}$, 세로의 길이는
$7\sqrt{10}-3\sqrt{10}=4\sqrt{10}(\text{m})$이므로
(땅 B의 넓이)$=3\sqrt{10}\times4\sqrt{10}=120(\text{m}^2)$ 　　　답 $120\ \text{m}^2$

15

$2<\sqrt{7}<3$이므로 $5<3+\sqrt{7}<6$
$\therefore a=5$
$2\sqrt{5}=\sqrt{20}$이고 $4<\sqrt{20}<5$이므로
$b=2\sqrt{5}-4$
$\therefore a+b=5+(2\sqrt{5}-4)=1+2\sqrt{5}$ 　　　답 ⑤

16

$A-B=(\sqrt{20}+\sqrt{18})-(\sqrt{45}+\sqrt{2})$
$\qquad\quad=2\sqrt{5}+3\sqrt{2}-3\sqrt{5}-\sqrt{2}$
$\qquad\quad=2\sqrt{2}-\sqrt{5}=\sqrt{8}-\sqrt{5}>0$
$\therefore A>B$
$B-C=(\sqrt{45}+\sqrt{2})-(\sqrt{80}-2\sqrt{2})$
$\qquad\quad=3\sqrt{5}+\sqrt{2}-4\sqrt{5}+2\sqrt{2}$
$\qquad\quad=3\sqrt{2}-\sqrt{5}=\sqrt{18}-\sqrt{5}>0$
$\therefore B>C$
$\therefore C<B<A$ 　　　답 ⑤

17

$\dfrac{1}{\sqrt{75}}=\dfrac{1}{5\sqrt{3}}=\dfrac{\sqrt{3}}{5\sqrt{3}\times\sqrt{3}}=\dfrac{\sqrt{3}}{15}$ 이므로 $a=\dfrac{1}{15}$ 40%

$\dfrac{45}{\sqrt{3}}=\dfrac{45\times\sqrt{3}}{\sqrt{3}\times\sqrt{3}}=\dfrac{45\sqrt{3}}{3}=15\sqrt{3}$ 이므로 $b=15$ 40%

$\therefore ab=\dfrac{1}{15}\times15=1$ 20%

답 1

18

(삼각형의 넓이)$=\dfrac{1}{2}\times\sqrt{32}\times x=\dfrac{1}{2}\times4\sqrt{2}\times x=2\sqrt{2}x$ 30%

(직사각형의 넓이)$=\sqrt{20}\times\sqrt{18}=2\sqrt{5}\times3\sqrt{2}=6\sqrt{10}$ 30%

따라서 $2\sqrt{2}x=6\sqrt{10}$ 이므로

$x=\dfrac{6\sqrt{10}}{2\sqrt{2}}=3\sqrt{5}$ 40%

답 $3\sqrt{5}$

19

$\sqrt{50}+2\sqrt{12}-\sqrt{2}\left(2-\dfrac{3}{\sqrt{6}}\right)=5\sqrt{2}+4\sqrt{3}-2\sqrt{2}+\dfrac{3}{\sqrt{3}}$
$\qquad\qquad=5\sqrt{2}+4\sqrt{3}-2\sqrt{2}+\sqrt{3}$
$\qquad\qquad=3\sqrt{2}+5\sqrt{3}$ 60%

따라서 $a=3$, $b=5$ 이므로 20%

$a-b=3-5=-2$ 20%

답 -2

20

$a\sqrt{\dfrac{4b}{a}}+b\sqrt{\dfrac{9a}{b}}=\sqrt{a^2\times\dfrac{4b}{a}}+\sqrt{b^2\times\dfrac{9a}{b}}$
$\qquad\qquad=\sqrt{4ab}+\sqrt{9ab}$
$\qquad\qquad=2\sqrt{ab}+3\sqrt{ab}$
$\qquad\qquad=5\sqrt{ab}=5\sqrt{16}$
$\qquad\qquad=5\times4=20$

답 20

21

$3-\sqrt{5}=\sqrt{9}-\sqrt{5}>0$, $2\sqrt{5}-6=\sqrt{20}-\sqrt{36}<0$ 이므로

(주어진 식)$=(3-\sqrt{5})-\{-(2\sqrt{5}-6)\}$
$\qquad\quad=3-\sqrt{5}+2\sqrt{5}-6$
$\qquad\quad=-3+\sqrt{5}$

답 $-3+\sqrt{5}$

22

$6<\sqrt{48}<7$ 이므로

$f(48)=\sqrt{48}-6=4\sqrt{3}-6$

$3<\sqrt{12}<4$ 이므로

$f(12)=\sqrt{12}-3=2\sqrt{3}-3$

$\therefore f(48)-f(12)=(4\sqrt{3}-6)-(2\sqrt{3}-3)$
$\qquad\qquad\qquad=4\sqrt{3}-6-2\sqrt{3}+3$
$\qquad\qquad\qquad=2\sqrt{3}-3$

답 ④

---

1. 다항식의 곱셈

개념 01 다항식과 다항식의 곱셈

개념 콕콕 본교재 | 54쪽

1 (1) $xy+2x+3y+6$ (2) $2ab-a+6b-3$
　(3) $ac-ad-bc+bd$ (4) $4ac-ad+8bc-2bd$
　(5) $12xy-3x-8y^2+2y$ (6) $-2xy-10x+3y+15$
2 (1) $a^2+9a+14$ (2) $2x^2-x-6$ (3) $20y^2-7y-3$
　(4) $6a^2+11a-10$ (5) $15x^2-11xy+2y^2$
　(6) $12a^2-2ab-24b^2$
3 (1) $x^2+2xy+3x+2y+2$ (2) $a^2-b^2-2a+2b$

2

(1) (주어진 식)$=a^2+7a+2a+14=a^2+9a+14$

(2) (주어진 식)$=2x^2-4x+3x-6=2x^2-x-6$

(3) (주어진 식)$=20y^2-12y+5y-3=20y^2-7y-3$

(4) (주어진 식)$=6a^2+15a-4a-10=6a^2+11a-10$

(5) (주어진 식)$=15x^2-5xy-6xy+2y^2=15x^2-11xy+2y^2$

(6) (주어진 식)$=12a^2+16ab-18ab-24b^2=12a^2-2ab-24b^2$

3

(1) (주어진 식)$=x^2+2xy+2x+x+2y+2$
$\qquad\qquad=x^2+2xy+3x+2y+2$

(2) (주어진 식)$=a^2-ab+ab-b^2-2a+2b$
$\qquad\qquad=a^2-b^2-2a+2b$

대표 유형 본교재 | 55쪽

1 ② 　**1**-1 ②
1-2 $8x^2-18xy+4y^2+3x-3y$
2 ④ 　**2**-1 ④ 　**2**-2 -4

1-1

(주어진 식)$=-10a^2+5a-6ab+3b+4a-2$
$\qquad\qquad=-10a^2-6ab+9a+3b-2$

답 ②

1-2

(주어진 식)
$=2x^2+xy+3x-2xy-y^2-3y+6x^2-15xy-2xy+5y^2$
$=8x^2-18xy+4y^2+3x-3y$

답 $8x^2-18xy+4y^2+3x-3y$

2 -1

x항이 나오는 부분만 전개하면

$2x \times (-6) + 1 \times 3x = -12x + 3x = -9x$ $\therefore a = -9$

xy항이 나오는 부분만 전개하면

$2x \times 5y - 3y \times 3x = 10xy - 9xy = xy$ $\therefore b = 1$

$\therefore b - a = 1 - (-9) = 10$ 답 ④

2 -2

xy항이 나오는 부분만 전개하면

$x \times (-6y) + ay \times x = (-6 + a)xy$

이때 xy의 계수가 -10이므로

$-6 + a = -10$ $\therefore a = -4$ 답 -4

개념 02 곱셈 공식 (1)

개념 콕콕   본교재 | 56쪽

1 (1) $a^2 + 4a + 4$ (2) $x^2 - 2x + 1$ (3) $16x^2 + 8x + 1$

   (4) $9x^2 - 12x + 4$ (5) $a^2 - 6ab + 9b^2$ (6) $\frac{1}{4}x^2 + \frac{1}{5}xy + \frac{1}{25}y^2$

2 (1) $x^2 - 4$ (2) $4a^2 - 25$ (3) $1 - 36y^2$ (4) $-a^2 + 9b^2$

대표 유형   본교재 | 57쪽

3 ④   **3 -1** ⑤   **3 -2** ④

4 $5x^2 - 7y^2$ **4 -1** $24x^2 + 48y^2$ **4 -2** ③

3 -1

$(3x + A)^2 = 9x^2 + 6Ax + A^2 = 9x^2 - 30x + B$

따라서 $6A = -30$, $A^2 = B$이므로

$A = -5$, $B = 25$

$\therefore A + B = -5 + 25 = 20$ 답 ⑤

3 -2

④ $(-x - 3y)^2 = \{-(x + 3y)\}^2 = (x + 3y)^2 = x^2 + 6xy + 9y^2$ 답 ④

4 -1

(주어진 식) $= 25x^2 - y^2 - (x^2 - 49y^2)$

              $= 25x^2 - y^2 - x^2 + 49y^2$

              $= 24x^2 + 48y^2$ 답 $24x^2 + 48y^2$

4 -2

$(1 - x)(1 + x)(1 + x^2) = (1 - x^2)(1 + x^2) = 1 - x^4$이므로

$\square = 4$ 답 ③

개념 03 곱셈 공식 (2)

개념 콕콕   본교재 | 58쪽

1 (1) $x^2 + 7x + 12$ (2) $a^2 + 4a - 5$ (3) $y^2 - 6y + 8$

   (4) $b^2 + \frac{1}{2}b - \frac{3}{16}$ (5) $x^2 - xy - 30y^2$ (6) $x^2 + \frac{7}{6}xy + \frac{5}{18}y^2$

2 (1) $6a^2 + 11a + 3$ (2) $4b^2 - 17b - 15$ (3) $15x^2 - x - 6$

   (4) $-2x^2 - 3xy + 5y^2$ (5) $14x^2 - 15xy + 4y^2$

   (6) $\frac{2}{9}a^2 - \frac{1}{3}ab - 6b^2$

대표 유형   본교재 | 59쪽

5 ④   **5 -1** ⑤   **5 -2** $-\frac{3}{8}$

6 -11 **6 -1** 12   **6 -2** ③

5 -1

$(x - 7)(x + A) = x^2 + (-7 + A)x - 7A = x^2 - 3x - B$

따라서 $-7 + A = -3$, $-7A = -B$이므로

$A = 4$, $B = 28$

$\therefore B - A = 28 - 4 = 24$ 답 ⑤

5 -2

$\left(x + \frac{1}{4}y\right)\left(x - \frac{1}{2}y\right) = x^2 - \frac{1}{4}xy - \frac{1}{8}y^2$

따라서 xy의 계수는 $-\frac{1}{4}$, y^2의 계수는 $-\frac{1}{8}$이므로

$-\frac{1}{4} + \left(-\frac{1}{8}\right) = -\frac{3}{8}$ 답 $-\frac{3}{8}$

6 -1

$\left(3x - \frac{3}{4}\right)\left(4x + \frac{4}{3}\right) = 12x^2 + x - 1$이므로

$A = 12$, $B = 1$, $C = -1$

$\therefore A - B - C = 12 - 1 - (-1) = 12$ 답 12

6 -2

(색칠한 직사각형의 넓이) $= (2x + y)(3x - y)$

                             $= 6x^2 + xy - y^2$ 답 ③

🐳 **배운대로 해결하기**

01 $-3a^2+13ab-4b^2-a+4b$ **02** ④

03 ⑤   **04** ②   **05** ⑤

06 $8x^2+32xy+7y^2$ **07** ②   **08** -20

09 -4 **10** ⑤   **11** -24 **12** ③

13 ③   **14** ①   **15** 49

16 $10x^2-3x-4$

01

$$\text{(주어진 식)}=-3a^2+12ab+ab-4b^2-a+4b$$
$$=-3a^2+13ab-4b^2-a+4b$$

🟩 $-3a^2+13ab-4b^2-a+4b$

02

xy항이 나오는 부분만 전개하면

$4x\times y+(-y)\times 2x=4xy-2xy=2xy$

따라서 xy의 계수는 2이다.   🟩 ④

03

y항이 나오는 부분만 전개하면

$2y\times(-2)+a\times 3y=(-4+3a)y$

이때 y의 계수가 11이므로

$-4+3a=11$, $3a=15$ $\therefore a=5$ 🟩 ⑤

04

x^2항이 나오는 부분만 전개하면

$-x^2\times a+9x\times x=(-a+9)x^2$

상수항이 나오는 부분만 전개하면

$-4\times a=-4a$

따라서 $-a+9=-4a$이므로

$3a=-9$ $\therefore a=-3$ 🟩 ②

05

$(2x+a)^2=4x^2+4ax+a^2=4x^2+bx+\dfrac{1}{9}$

따라서 $4a=b$, $a^2=\dfrac{1}{9}$이고 a, b는 양수이므로

$a=\dfrac{1}{3}$, $b=\dfrac{4}{3}$

$\therefore 3(a+b)=3\times\left(\dfrac{1}{3}+\dfrac{4}{3}\right)=5$ 🟩 ⑤

06

$$\text{(주어진 식)}=(16x^2+24xy+9y^2)-2(4x^2-4xy+y^2)$$
$$=16x^2+24xy+9y^2-8x^2+8xy-2y^2$$
$$=8x^2+32xy+7y^2$$

🟩 $8x^2+32xy+7y^2$

07

$(-x+y)^2=x^2-2xy+y^2$

① $(x+y)^2=x^2+2xy+y^2$

② $(x-y)^2=x^2-2xy+y^2$

③ $-(x-y)^2=-(x^2-2xy+y^2)=-x^2+2xy-y^2$

④ $-(y-x)^2=-(x^2-2xy+y^2)=-x^2+2xy-y^2$

⑤ $-(-x-y)^2=-(x^2+2xy+y^2)=-x^2-2xy-y^2$

따라서 $(-x+y)^2$과 전개식이 같은 것은 ②이다.   🟩 ②

08

$$\text{(주어진 식)}=25x^2-9-(25x^2+10x+1)$$
$$=25x^2-9-25x^2-10x-1=-10x-10$$

따라서 x의 계수는 -10, 상수항은 -10이므로

$-10+(-10)=-20$ 🟩 -20

09

$\left(\dfrac{1}{2}x-\dfrac{1}{4}\right)\left(\dfrac{1}{2}x+\dfrac{1}{4}\right)=\dfrac{1}{4}x^2-\dfrac{1}{16}$

따라서 $a=\dfrac{1}{4}$, $b=-\dfrac{1}{16}$이므로

$\dfrac{a}{b}=a\div b=\dfrac{1}{4}\div\left(-\dfrac{1}{16}\right)=\dfrac{1}{4}\times(-16)=-4$ 🟩 -4

10

$$(x-2)(x+2)(x^2+4)(x^4+16)=(x^2-4)(x^2+4)(x^4+16)$$
$$=(x^4-16)(x^4+16)$$
$$=x^8-256$$

따라서 $a=8$, $b=256$이므로

$b-a=256-8=248$ 🟩 ⑤

11

$(x-8)(x+a)=x^2+(-8+a)x-8a$

이때 $-8+a=-5$이므로 $a=3$

따라서 상수항은 $-8a=-8\times 3=-24$ 🟩 -24

12

$$\text{(색칠한 직사각형의 넓이)}=(a+2b)(a-b)$$
$$=a^2+ab-2b^2$$

🟩 ③

13

① $(x+4)^2=x^2+8x+16$

② $(2x-3y)^2=4x^2-12xy+9y^2$

④ $\left(x-\dfrac{1}{4}\right)\left(x+\dfrac{2}{3}\right)=x^2+\dfrac{5}{12}x-\dfrac{1}{6}$

⑤ $(3x+y)(4x-y)=12x^2+xy-y^2$ 🟩 ③

Ⅱ－1. 다항식의 곱셈

14

$(3x+A)(-x+3)=-3x^2+(9-A)x+3A$
$\qquad\qquad\qquad =-3x^2+Bx-15$
따라서 $9-A=B$, $3A=-15$이므로
$A=-5$, $B=14$
$\therefore A-B=-5-14=-19$ ▣ ①

15

$(x-2)(x-5)=x^2-7x+10$이므로 $a=-7$
$(2x+7)(3x-1)=6x^2+19x-7$이므로 $b=-7$
$\therefore ab=-7\times(-7)=49$ ▣ 49

16

$(5x+a)(x+2)=5x^2+(10+a)x+2a$
$\qquad\qquad\qquad =5x^2+6x-8$
이때 $10+a=6$, $2a=-8$이므로 $a=-4$
따라서 바르게 계산한 결과는
$(5x-4)(2x+1)=10x^2-3x-4$ ▣ $10x^2-3x-4$

개념 **04** 곱셈 공식의 활용

개념 콕콕
본교재 | 62쪽

1 A, A, A^2, $(a+2b)^2$, $a^2+4ab+4b^2$

2 (1) 10404 (2) 2304 (3) 2499 (4) 1088

2

(1) $102^2=(100+2)^2=100^2+2\times100\times2+2^2$
$\qquad =10000+400+4=10404$
(2) $48^2=(50-2)^2=50^2-2\times50\times2+2^2$
$\qquad =2500-200+4=2304$
(3) $49\times51=(50-1)(50+1)=50^2-1^2$
$\qquad =2500-1=2499$
(4) $32\times34=(30+2)(30+4)=30^2+(2+4)\times30+2\times4$
$\qquad =900+180+8=1088$

대표 유형
본교재 | 63쪽

1 ③	**1**-1 ③	**1**-2 9
2 ③	**2**-1 ①	**2**-2 ⑤

1-1

$x-2y=A$로 놓으면
(주어진 식)$=(A+1)(A+5)$
$\qquad\qquad =A^2+6A+5$
$\qquad\qquad =(x-2y)^2+6(x-2y)+5$
$\qquad\qquad =x^2-4xy+4y^2+6x-12y+5$ ▣ ③

1-2

$2x-y=A$로 놓으면
$(2x-y+4)^2=(A+4)^2$
$\qquad\qquad\quad =A^2+8A+16$
$\qquad\qquad\quad =(2x-y)^2+8(2x-y)+16$
$\qquad\qquad\quad =4x^2-4xy+y^2+16x-8y+16$
따라서 상수항을 제외한 모든 항의 계수의 합은
$4+(-4)+1+16+(-8)=9$ ▣ 9

2-1

$203^2=(200+3)^2$
➡ $(a+b)^2=a^2+2ab+b^2$ ▣ ①

2-2

① $69^2=(70-1)^2$ ➡ $(a-b)^2=a^2-2ab+b^2$
② $1.03^2=(1+0.03)^2$ ➡ $(a+b)^2=a^2+2ab+b^2$
③ $9.8\times10.2=(10-0.2)(10+0.2)$ ➡ $(a+b)(a-b)=a^2-b^2$
④ $37\times43=(40-3)(40+3)$ ➡ $(a+b)(a-b)=a^2-b^2$
⑤ $103\times105=(100+3)(100+5)$
$\quad$➡ $(x+a)(x+b)=x^2+(a+b)x+ab$ ▣ ⑤

개념 **05** 곱셈 공식을 이용한 근호를 포함한 식의 계산

개념 콕콕
본교재 | 64쪽

1 (1) $4+2\sqrt{3}$ (2) $7-2\sqrt{10}$ (3) -7 (4) 2
2 (1) $\sqrt{2}$ (2) $-1-\sqrt{5}$ (3) $7+3\sqrt{3}$ (4) $33-7\sqrt{6}$
3 (1) $\sqrt{6}-\sqrt{5}$ (2) $3-\sqrt{2}$ (3) $2\sqrt{5}+4$ (4) $5+2\sqrt{6}$

1

(1) $(\sqrt{3}+1)^2=3+2\sqrt{3}+1=4+2\sqrt{3}$
(2) $(\sqrt{5}-\sqrt{2})^2=5-2\sqrt{10}+2=7-2\sqrt{10}$
(3) $(\sqrt{2}+3)(\sqrt{2}-3)=2-9=-7$
(4) $(\sqrt{5}-\sqrt{3})(\sqrt{5}+\sqrt{3})=5-3=2$

2

(1) $(\sqrt{2}+2)(\sqrt{2}-1)=2+\sqrt{2}-2=\sqrt{2}$

(2) $(\sqrt{5}+2)(\sqrt{5}-3)=5-\sqrt{5}-6=-1-\sqrt{5}$

(3) $(\sqrt{3}+1)(2\sqrt{3}+1)=6+3\sqrt{3}+1=7+3\sqrt{3}$

(4) $(2\sqrt{6}-3)(3\sqrt{6}+1)=36-7\sqrt{6}-3=33-7\sqrt{6}$

3

(1) $\dfrac{1}{\sqrt{6}+\sqrt{5}}=\dfrac{\sqrt{6}-\sqrt{5}}{(\sqrt{6}+\sqrt{5})(\sqrt{6}-\sqrt{5})}=\dfrac{\sqrt{6}-\sqrt{5}}{6-5}=\sqrt{6}-\sqrt{5}$

(2) $\dfrac{7}{3+\sqrt{2}}=\dfrac{7(3-\sqrt{2})}{(3+\sqrt{2})(3-\sqrt{2})}=\dfrac{7(3-\sqrt{2})}{9-2}=3-\sqrt{2}$

(3) $\dfrac{2}{\sqrt{5}-2}=\dfrac{2(\sqrt{5}+2)}{(\sqrt{5}-2)(\sqrt{5}+2)}=\dfrac{2\sqrt{5}+4}{5-4}=2\sqrt{5}+4$

(4) $\dfrac{\sqrt{3}+\sqrt{2}}{\sqrt{3}-\sqrt{2}}=\dfrac{(\sqrt{3}+\sqrt{2})^2}{(\sqrt{3}-\sqrt{2})(\sqrt{3}+\sqrt{2})}=\dfrac{3+2\sqrt{6}+2}{3-2}=5+2\sqrt{6}$

대표 유형 본교재 | 65쪽

| **3** ③ | **3** -1 ④ | **3** -2 ④ |
| **4** ② | **4** -1 ① | **4** -2 6 |

3 -1

$(2\sqrt{3}+4)^2=12+16\sqrt{3}+16=28+16\sqrt{3}$

따라서 $a=28$, $b=16$이므로

$a-b=28-16=12$ 답 ④

3 -2

$(3+3\sqrt{2})(a-2\sqrt{2})=3a+(-6+3a)\sqrt{2}-12$
$\qquad\qquad\qquad\quad=(3a-12)+(-6+3a)\sqrt{2}$

이때 유리수가 되려면 $-6+3a=0$이어야 하므로

$3a=6$ $\therefore a=2$ 답 ④

4 -1

$\dfrac{3}{\sqrt{5}+\sqrt{2}}-\dfrac{6}{\sqrt{5}-\sqrt{2}}=\dfrac{3(\sqrt{5}-\sqrt{2})}{(\sqrt{5}+\sqrt{2})(\sqrt{5}-\sqrt{2})}$

$\qquad\qquad\qquad\qquad\quad -\dfrac{6(\sqrt{5}+\sqrt{2})}{(\sqrt{5}-\sqrt{2})(\sqrt{5}+\sqrt{2})}$

$\qquad=\dfrac{3(\sqrt{5}-\sqrt{2})}{3}-\dfrac{6(\sqrt{5}+\sqrt{2})}{3}$

$\qquad=\sqrt{5}-\sqrt{2}-2\sqrt{5}-2\sqrt{2}$

$\qquad=-3\sqrt{2}-\sqrt{5}$ 답 ①

4 -2

$x=\dfrac{(\sqrt{2}-1)^2}{(\sqrt{2}+1)(\sqrt{2}-1)}=\dfrac{2-2\sqrt{2}+1}{2-1}=3-2\sqrt{2}$

$y=\dfrac{(\sqrt{2}+1)^2}{(\sqrt{2}-1)(\sqrt{2}+1)}=\dfrac{2+2\sqrt{2}+1}{2-1}=3+2\sqrt{2}$

$\therefore x+y=(3-2\sqrt{2})+(3+2\sqrt{2})=6$ 답 6

개념 **06** 곱셈 공식의 변형

개념 콕콕 본교재 | 66쪽

1 (1) $2ab$, 6, 10 (2) $4ab$, 12, 4

2 (1) $2ab$, 8, 12 (2) $4ab$, 16, 20

3 (1) 2, 2, 7 (2) 4, 4, 5

대표 유형 본교재 | 67쪽

| **5** ② | **5** -1 ⑤ | **5** -2 6 |
| **6** ① | **6** -1 ③ | **6** -2 ④ |

5 -1

$\dfrac{y}{x}+\dfrac{x}{y}=\dfrac{x^2+y^2}{xy}=\dfrac{(x-y)^2+2xy}{xy}$

$\qquad\quad=\dfrac{(3\sqrt{2})^2+2\times2}{2}=\dfrac{22}{2}=11$ 답 ⑤

5 -2

$a^2+b^2=(a+b)^2-2ab$이므로

$24=6^2-2ab$, $2ab=12$

$\therefore ab=6$ 답 6

6 -1

$x^2+\dfrac{1}{x^2}=\left(x-\dfrac{1}{x}\right)^2+2$

$\qquad\quad=5^2+2=27$ 답 ③

6 -2

$\left(x-\dfrac{1}{x}\right)^2=\left(x+\dfrac{1}{x}\right)^2-4$

$\qquad\quad=8^2-4=60$ 답 ④

배운대로 해결하기 본교재 | 68~69쪽

01 $x^2+4x+4-9y^2$	**02** ①	**03** ③
04 ③	**05** ①	**06** ②	**07** ④
08 -25	**09** ④	**10** ②	**11** ⑤
12 ③	**13** ④	**14** ②	**15** 13
16 ④			

01

$x+2=A$로 놓으면

(주어진 식)$=(A+3y)(A-3y)$

$\qquad = A^2-9y^2$

$\qquad = (x+2)^2-9y^2$

$\qquad = x^2+4x+4-9y^2$

답 $x^2+4x+4-9y^2$

02

$x-5y=A$로 놓으면

$(x-5y+2)^2=(A+2)^2$

$\qquad = A^2+4A+4$

$\qquad = (x-5y)^2+4(x-5y)+4$

$\qquad = x^2-10xy+25y^2+4x-20y+4$

따라서 xy의 계수는 -10, y의 계수는 -20이므로

$-10+(-20)=-30$

답 ①

03

$8.3\times 7.7=(8+0.3)(8-0.3)$

➡ $(a+b)(a-b)=a^2-b^2$

답 ③

04

$\dfrac{2019\times 2021+1}{2020}=\dfrac{(2020-1)(2020+1)+1}{2020}$

$\qquad = \dfrac{(2020^2-1^2)+1}{2020}$

$\qquad = \dfrac{2020^2}{2020}=2020$

답 ③

05

$(2\sqrt{2}+\sqrt{5})^2=8+4\sqrt{10}+5$

$\qquad = 13+4\sqrt{10}$

따라서 $a=13$, $b=4$이므로

$a-2b=13-2\times 4=5$

답 ①

06

(주어진 식)$=(3-4\sqrt{3}+4)-(12-16)$

$\qquad = 7-4\sqrt{3}+4=11-4\sqrt{3}$

답 ②

07

$(a-2\sqrt{5})(6+3\sqrt{5})=6a+(3a-12)\sqrt{5}-30$

$\qquad = (6a-30)+(3a-12)\sqrt{5}$

이때 유리수가 되려면 $3a-12=0$이어야 하므로

$3a=12$ $\quad \therefore a=4$

답 ④

08

$x=\sqrt{3}+5$에서 $x-5=\sqrt{3}$

양변을 제곱하면 $(x-5)^2=(\sqrt{3})^2$

$x^2-10x+25=3$, $x^2-10x=-22$

$\therefore x^2-10x-3=-22-3=-25$

답 -25

09

$\dfrac{\sqrt{5}}{\sqrt{10}-\sqrt{2}}=\dfrac{\sqrt{5}(\sqrt{10}+\sqrt{2})}{(\sqrt{10}-\sqrt{2})(\sqrt{10}+\sqrt{2})}$

$\qquad = \dfrac{5\sqrt{2}+\sqrt{10}}{10-2}=\dfrac{5\sqrt{2}}{8}+\dfrac{\sqrt{10}}{8}$

따라서 $a=\dfrac{5}{8}$, $b=\dfrac{1}{8}$이므로

$a-b=\dfrac{5}{8}-\dfrac{1}{8}=\dfrac{4}{8}=\dfrac{1}{2}$

답 ④

10

$\dfrac{2-\sqrt{3}}{2+\sqrt{3}}-\dfrac{2+\sqrt{3}}{2-\sqrt{3}}=\dfrac{(2-\sqrt{3})^2}{(2+\sqrt{3})(2-\sqrt{3})}-\dfrac{(2+\sqrt{3})^2}{(2-\sqrt{3})(2+\sqrt{3})}$

$\qquad = (7-4\sqrt{3})-(7+4\sqrt{3})$

$\qquad = 7-4\sqrt{3}-7-4\sqrt{3}$

$\qquad = -8\sqrt{3}$

답 ②

11

$y=\dfrac{1}{x}=\dfrac{1}{5+2\sqrt{6}}=\dfrac{5-2\sqrt{6}}{(5+2\sqrt{6})(5-2\sqrt{6})}$

$\qquad = \dfrac{5-2\sqrt{6}}{25-24}=5-2\sqrt{6}$

$\therefore x+y=(5+2\sqrt{6})+(5-2\sqrt{6})=10$

답 ⑤

12

$(x-y)^2=(x+y)^2-4xy=7^2-4\times 1=45$

이때 $x>y$, 즉 $x-y>0$이므로

$x-y=\sqrt{45}=3\sqrt{5}$

답 ③

13

$a^2+3ab+b^2=(a-b)^2+5ab$

$\qquad = 4^2+5\times 6=46$

답 ④

14

$x^2+y^2=(x+y)^2-2xy$이므로

$8=(\sqrt{6})^2-2xy$, $2xy=-2$ $\quad \therefore xy=-1$

$\therefore \dfrac{1}{x}+\dfrac{1}{y}=\dfrac{x+y}{xy}=\dfrac{\sqrt{6}}{-1}=-\sqrt{6}$

답 ②

15

$$\left(x+\frac{1}{x}\right)^2=\left(x-\frac{1}{x}\right)^2+4=3^2+4=13$$

답 13

16

$x\neq0$이므로 $x^2-4x+1=0$의 양변을 x로 나누면

$$x-4+\frac{1}{x}=0 \qquad \therefore x+\frac{1}{x}=4$$

$$\therefore x^2+\frac{1}{x^2}=\left(x+\frac{1}{x}\right)^2-2=4^2-2=14$$

답 ④

개념 넓히기로 마무리

01 ②	**02** $36x^2+12xy+y^2$		**03** ⑤
04 -10	**05** ②	**06** ⑤	**07** 4
08 ①	**09** ②	**10** -13	**11** ③
12 65	**13** ③	**14** ⑤	**15** 10
16 ②	**17** 19	**18** $7\sqrt{3}$	**19** 18
20 ③	**21** $\dfrac{\sqrt{11}+1}{5}$	**22** ④	

01

xy항이 나오는 부분만 전개하면

$$ax\times(-2y)+(-5y)\times x=(-2a-5)xy$$

이때 $-2a-5=-13$이므로

$$-2a=-8 \qquad \therefore a=4$$

상수항이 나오는 부분만 전개하면 $3\times b=3b$

이때 $3b=-15$이므로 $b=-5$

$$\therefore a+b=4+(-5)=-1$$

답 ②

02

(정사각형의 넓이)$=(6x+y)^2=36x^2+12xy+y^2$

답 $36x^2+12xy+y^2$

03

$$\begin{aligned}(\text{주어진 식})&=4x^2-20x+25+16-9x^2\\&=-5x^2-20x+41\end{aligned}$$

따라서 x^2의 계수는 -5, 상수항은 41이므로

$$-5+41=36$$

답 ⑤

04

$$\begin{aligned}\left(\frac{1}{3}a+\frac{3}{4}b\right)\left(\frac{1}{3}a-\frac{3}{4}b\right)&=\left(\frac{1}{3}a\right)^2-\left(\frac{3}{4}b\right)^2=\frac{1}{9}a^2-\frac{9}{16}b^2\\&=\frac{1}{9}\times72-\frac{9}{16}\times32=8-18\\&=-10\end{aligned}$$

답 -10

05

①, ③, ④, ⑤ a^2-16

② $-a^2+8a-16$

답 ②

06

□ 안에 알맞은 수는 각각 다음과 같다.

① 9   ② 12   ③ 25   ④ 12   ⑤ 7

따라서 □ 안에 알맞은 수가 가장 작은 것은 ⑤이다.

답 ⑤

07

동현이가 잘못 본 식에서 $(ax+2)(x-1)=ax^2+(-a+2)x-2$

이므로

$$-a+2=-6 \qquad \therefore a=8$$

연정이가 잘못 본 식에서 $(3x+2)(x+b)=3x^2+(3b+2)x+2b$

이므로

$$3b+2=-10, \ 2b=c$$

$3b+2=-10$에서 $3b=-12$ $\therefore b=-4$

$2b=c$에서 $c=2\times(-4)=-8$

$$\therefore a-b+c=8-(-4)+(-8)=4$$

답 4

08

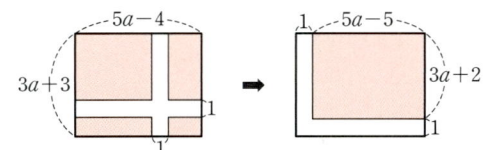

$$\begin{aligned}\therefore (\text{길을 제외한 화단의 넓이})&=(5a-5)(3a+2)\\&=15a^2-5a-10\end{aligned}$$

답 ①

09

$x-y=A$로 놓으면

$$\begin{aligned}(\text{주어진 식})&=\{1+(x-y)\}\{1-(x-y)\}\\&=(1+A)(1-A)=1-A^2\\&=1-(x-y)^2=1-(x^2-2xy+y^2)\\&=-x^2+2xy-y^2+1\end{aligned}$$

답 ②

10

$$\begin{aligned}(\text{주어진 식})&=\{(x+1)(x-2)\}\{(x+3)(x-4)\}\\&=(x^2-x-2)(x^2-x-12)\end{aligned}$$

$x^2-x=A$로 놓으면

$$\begin{aligned}(A-2)(A-12)&=A^2-14A+24\\&=(x^2-x)^2-14(x^2-x)+24\\&=x^4-2x^3+x^2-14x^2+14x+24\\&=x^4-2x^3-13x^2+14x+24\end{aligned}$$

따라서 x^2의 계수는 -13이다.

답 -13

II-1. 다항식의 곱셈

11

③ $203 \times 202 = (200+3)(200+2)$

$\Rightarrow (x+a)(x+b) = x^2 + (a+b)x + ab$ 답 ③

12

$(3\sqrt{10} - \sqrt{5})^2 = 90 - 6\sqrt{50} + 5$

$\qquad\qquad\qquad = 95 - 30\sqrt{2}$

따라서 $a=95$, $b=-30$이므로

$a+b = 95 + (-30) = 65$ 답 65

13

$(a\sqrt{2} - 3)(3\sqrt{2} - 2) - \sqrt{2}(3 - \sqrt{2})$

$= 6a + (-2a-9)\sqrt{2} + 6 - 3\sqrt{2} + 2$

$= (6a+8) + (-2a-12)\sqrt{2}$

이때 유리수가 되려면 $-2a-12=0$이어야 하므로

$-2a = 12$ $\therefore a = -6$ 답 ③

14

$x = \dfrac{1}{3+2\sqrt{2}} = \dfrac{3-2\sqrt{2}}{(3+2\sqrt{2})(3-2\sqrt{2})} = \dfrac{3-2\sqrt{2}}{9-8} = 3-2\sqrt{2}$

$y = \dfrac{1}{3-2\sqrt{2}} = \dfrac{3+2\sqrt{2}}{(3-2\sqrt{2})(3+2\sqrt{2})} = \dfrac{3+2\sqrt{2}}{9-8} = 3+2\sqrt{2}$

$\therefore x+y = (3-2\sqrt{2}) + (3+2\sqrt{2}) = 6$ 답 ⑤

15

$(x-y)^2 = (x+y)^2 - 4xy$이므로

$9 = 49 - 4xy$, $4xy = 40$

$\therefore xy = 10$ 답 10

16

$x \neq 0$이므로 $x^2 + 6x - 1 = 0$의 양변을 x로 나누면

$x + 6 - \dfrac{1}{x} = 0$ $\therefore x - \dfrac{1}{x} = -6$

$\therefore x^2 + \dfrac{1}{x^2} = \left(x - \dfrac{1}{x}\right)^2 + 2 = (-6)^2 + 2 = 38$ 답 ②

17

$(Ax+1)(3x-B) = 3Ax^2 + (-AB+3)x - B$

$\qquad\qquad\qquad\quad = 12x^2 + Cx + 4$

이므로 $3A=12$, $-AB+3=C$, $-B=4$ …… 45%

$3A=12$에서 $A=4$

$-B=4$에서 $B=-4$

$-AB+3=C$에서 $C = -4 \times (-4) + 3 = 19$ …… 45%

$\therefore A+B+C = 4 + (-4) + 19 = 19$ …… 10%

     답 19

18

$A = (1+2\sqrt{3})^2 = 1 + 4\sqrt{3} + 12 = 13 + 4\sqrt{3}$ …… 40%

$B = (5\sqrt{3}+2)(\sqrt{3}-1) = 15 - 3\sqrt{3} - 2 = 13 - 3\sqrt{3}$ …… 40%

$\therefore A - B = (13 + 4\sqrt{3}) - (13 - 3\sqrt{3})$

$\qquad\qquad = 13 + 4\sqrt{3} - 13 + 3\sqrt{3}$

$\qquad\qquad = 7\sqrt{3}$ …… 20%

     답 $7\sqrt{3}$

19

$x+y = (\sqrt{5}-2) + (\sqrt{5}+2) = 2\sqrt{5}$ …… 30%

$xy = (\sqrt{5}-2)(\sqrt{5}+2) = 5 - 4 = 1$ …… 30%

$\therefore \dfrac{y}{x} + \dfrac{x}{y} = \dfrac{x^2+y^2}{xy} = \dfrac{(x+y)^2 - 2xy}{xy}$

$\qquad\qquad\quad = \dfrac{(2\sqrt{5})^2 - 2 \times 1}{1} = 18$ …… 40%

     답 18

20

$(2+1)(2^2+1)(2^4+1)(2^8+1)$

$= (2-1)(2+1)(2^2+1)(2^4+1)(2^8+1)$

$= (2^2-1)(2^2+1)(2^4+1)(2^8+1)$

$= (2^4-1)(2^4+1)(2^8+1)$

$= (2^8-1)(2^8+1)$

$= 2^{16} - 1$

$\therefore A = 16$ 답 ③

21

$3 < \sqrt{11} < 4$이므로

$-4 < -\sqrt{11} < -3$ $\therefore 1 < 5 - \sqrt{11} < 2$

따라서 정수 부분은 1이므로 $a=1$

소수 부분은 $(5-\sqrt{11}) - 1 = 4 - \sqrt{11}$이므로 $b = 4 - \sqrt{11}$

$\therefore \dfrac{2}{3a-b} = \dfrac{2}{3-(4-\sqrt{11})}$

$\qquad\qquad = \dfrac{2}{\sqrt{11}-1}$

$\qquad\qquad = \dfrac{2(\sqrt{11}+1)}{(\sqrt{11}-1)(\sqrt{11}+1)}$

$\qquad\qquad = \dfrac{2(\sqrt{11}+1)}{11-1} = \dfrac{\sqrt{11}+1}{5}$ 답 $\dfrac{\sqrt{11}+1}{5}$

22

(주어진 식)

$= \dfrac{1}{\sqrt{2}+\sqrt{1}} + \dfrac{1}{\sqrt{3}+\sqrt{2}} + \dfrac{1}{\sqrt{4}+\sqrt{3}} + \cdots + \dfrac{1}{\sqrt{36}+\sqrt{35}}$

$= \dfrac{\sqrt{2}-\sqrt{1}}{(\sqrt{2}+\sqrt{1})(\sqrt{2}-\sqrt{1})} + \dfrac{\sqrt{3}-\sqrt{2}}{(\sqrt{3}+\sqrt{2})(\sqrt{3}-\sqrt{2})}$

$\quad + \dfrac{\sqrt{4}-\sqrt{3}}{(\sqrt{4}+\sqrt{3})(\sqrt{4}-\sqrt{3})} + \cdots + \dfrac{\sqrt{36}-\sqrt{35}}{(\sqrt{36}+\sqrt{35})(\sqrt{36}-\sqrt{35})}$

$= (\sqrt{2}-\sqrt{1}) + (\sqrt{3}-\sqrt{2}) + (\sqrt{4}-\sqrt{3}) + \cdots + (\sqrt{36}-\sqrt{35})$

$= -\sqrt{1} + \sqrt{36} = -1 + 6 = 5$ 답 ④

2. 인수분해

개념 01 인수분해

개념 콕콕   본교재 | 74쪽

1 (1) $3x^2-6x$ (2) x^2+2x+1 (3) x^2-9 (4) $4x^2-4x-3$
2 (1) $a(x+y)$ (2) $x(2a-b)$ (3) $2x(2x+1)$ (4) $xy(y-6)$

대표 유형   본교재 | 75쪽

1 ④   **1** -1 ⑤   **1** -2 ㄱ, ㄴ, ㄹ, ㅂ
2 ④   **2** -1 ②, ⑤   **2** -2 ②

1 -1
$ab(a+b)$의 인수는 1, a, b, $a+b$, ab, $a(a+b)$, $b(a+b)$,
$ab(a+b)$이다.   답 ⑤

1 -2
$x(x+1)(x-1)$의 인수는 1, x, $x+1$, $x-1$, $x(x+1)$,
$x(x-1)$, $(x+1)(x-1)$, $x(x+1)(x-1)$이다.
따라서 보기에서 $x(x+1)(x-1)$의 인수는 ㄱ, ㄴ, ㄹ, ㅂ이다.
    답 ㄱ, ㄴ, ㄹ, ㅂ

2 -1
① $2x-2y=2(x-y)$ ③ $x^2y-xy^2=xy(x-y)$
④ $ax+bx-cx=x(a+b-c)$ 답 ②, ⑤

2 -2
ㄱ. $2xy-xyz=xy(2-z)$ ㄴ. $x^2y+ay^2=y(x^2+ay)$
ㄷ. $axy-by^2=y(ax-by)$
ㄹ. $x^2yz-axy+bxy^2=xy(xz-a+by)$
따라서 xy를 인수로 갖는 것은 ㄱ, ㄹ이다.   답 ②

개념 02 인수분해 공식 (1)

개념 콕콕   본교재 | 76쪽

1 (1) $(x+4)^2$ (2) $(x-3)^2$ (3) $\left(x+\dfrac{1}{3}\right)^2$ (4) $(2x-1)^2$
   (5) $(2x+3y)^2$ (6) $(5x-y)^2$
2 (1) 25   (2) ±12

2
(1) $\square=\left(\dfrac{10}{2}\right)^2=25$
(2) $\square=\pm2\sqrt{36}=\pm12$

대표 유형   본교재 | 77쪽

3 ②   **3** -1 ④   **3** -2 ⑤
4 9   **4** -1 36   **4** -2 ④

3 -1
$9x^2+12x+4=(3x)^2+2\times3x\times2+2^2=(3x+2)^2$
따라서 $9x^2+12x+4$의 인수인 것은 ④ $3x+2$이다.   답 ④

3 -2
⑤ $16x^2-24xy+9y^2=(4x)^2-2\times4x\times3y+(3y)^2=(4x-3y)^2$
    답 ⑤

4 -1
$25x^2+60x+a=(5x)^2+2\times5x\times6+a$이므로
$a=6^2=36$ 답 36

4 -2
① $A=2\sqrt{\dfrac{4}{9}}=2\times\dfrac{2}{3}=\dfrac{4}{3}$
② $A=\left\{\dfrac{1}{2}\times\left(-\dfrac{1}{4}\right)\right\}^2=\dfrac{1}{64}$
③ $4x^2-4x+A=(2x)^2-2\times2x\times1+A$이므로 $A=1^2=1$
④ $9x^2+Ax+1=(3x)^2+Ax+1^2$이므로 $A=2\times3\times1=6$
⑤ $\dfrac{1}{16}x^2+Ax+\dfrac{1}{25}=\left(\dfrac{1}{4}x\right)^2+Ax+\left(\dfrac{1}{5}\right)^2$이므로
   $A=2\times\dfrac{1}{4}\times\dfrac{1}{5}=\dfrac{1}{10}$
따라서 양수 A의 값 중 가장 큰 것은 ④이다.   답 ④

개념 03 인수분해 공식 (2)

개념 콕콕   본교재 | 78쪽

1 (1) 4, 4, 4   (2) $\dfrac{1}{2}x$, $\dfrac{1}{2}x$, $\dfrac{1}{2}x$ (3) $2b$, $2b$, $a-2b$
   (4) $3x$, $3x+5$, $3x$
2 (1) $(x+6)(x-6)$ (2) $(2x+3)(2x-3)$
   (3) $(5x+y)(5x-y)$ (4) $\left(x+\dfrac{1}{9}y\right)\left(x-\dfrac{1}{9}y\right)$

대표 유형

본교재 | 79쪽

5 ② **5**-1 ⑤ **5**-2 ③
6 ④ **6**-1 ③
6-2 $(a-1)(a+1)(a^2+1)$

5-1

$$-9a^2+\frac{1}{36}b^2=\frac{1}{36}b^2-9a^2$$
$$=\left(\frac{1}{6}b\right)^2-(3a)^2$$
$$=\left(\frac{1}{6}b+3a\right)\left(\frac{1}{6}b-3a\right)$$

답 ⑤

5-2

$$18x^2-32y^2=2(9x^2-16y^2)$$
$$=2(3x+4y)(3x-4y)$$
따라서 $a=2$, $b=3$, $c=4$이므로
$a+b+c=2+3+4=9$

답 ③

6-1

$$x^2y^2-49x^2=x^2(y^2-49)$$
$$=x^2(y+7)(y-7)$$
따라서 $x^2y^2-49x^2$의 인수가 아닌 것은 ③ x^2y이다.

답 ③

6-2

$$a^4-1=(a^2-1)(a^2+1)$$
$$=(a-1)(a+1)(a^2+1)$$

답 $(a-1)(a+1)(a^2+1)$

개념 04 인수분해 공식 (3)

개념 콕콕

본교재 | 80쪽

1 (1) 2, 4 (2) -3, -1 (3) -1, 2 (4) -5, 3
2 (1) $(x+1)(x+4)$ (2) $(a-2)(a-5)$
  (3) $(x-6)(x+2)$ (4) $(x-3y)(x+2y)$

대표 유형

본교재 | 81쪽

7 ④ **7**-1 ② **7**-2 ①
8 ⑤ **8**-1 ⑤ **8**-2 7

7-1

$$x^2+3xy-10y^2=(x-2y)(x+5y)$$
따라서 $a=-2$, $b=5$이므로
$a-b=-2-5=-7$

답 ②

7-2

$$x^2-9x+20=(x-4)(x-5)$$
따라서 두 일차식의 합은
$(x-4)+(x-5)=2x-9$

답 ①

8-1

$$x^2-6xy+ay^2=(x-by)(x-4y)$$
$$=x^2-(b+4)xy+4by^2$$
따라서 $6=b+4$, $a=4b$이므로
$b=2$, $a=4\times2=8$
$\therefore a+b=8+2=10$

답 ⑤

8-2

$x^2+kx+12=(x+4)(x+m)$ (단, m은 상수)으로 놓으면
$$x^2+kx+12=x^2+(4+m)x+4m$$
따라서 $k=4+m$, $12=4m$이므로
$m=3$, $k=4+3=7$

답 7

개념 05 인수분해 공식 (4)

개념 콕콕

본교재 | 82쪽

1 (1) 2, 2, 4, 5 (2) $3x-2$, -3, 3, -2, -4, -7
  (3) $2y$, $3y$, -2, -4, 3, 3, -1

대표 유형

본교재 | 83쪽

9 ④ **9**-1 ③ **9**-2 ③
10 ⑤ **10**-1 ④ **10**-2 1

9-1

$$6x^2-5xy-4y^2=(2x+y)(3x-4y)$$
따라서 $a=1$, $b=3$, $c=-4$이므로
$a+b+c=1+3+(-4)=0$

답 ③

9-2

$$x^2-5x-14=(x+2)(x-7)$$
$$5x^2+8x-4=(x+2)(5x-2)$$
따라서 두 다항식의 공통인수는 ③ $x+2$이다.

답 ③

10 -1

$2x^2-ax+4=(x-4)(2x+b)$ (단, b는 상수)로 놓으면

$2x^2-ax+4=2x^2+(b-8)x-4b$

따라서 $-a=b-8$, $4=-4b$이므로

$b=-1$, $-a=-1-8=-9$ $\therefore a=9$ 답 ④

10 -2

$10x^2+x+a=(2x+b)(cx+3)$

$\qquad\qquad\quad=2cx^2+(6+bc)x+3b$

따라서 $10=2c$, $1=6+bc$, $a=3b$이므로

$c=5$

$1=6+5b$에서 $b=-1$

$a=3\times(-1)=-3$

$\therefore a+b+c=-3+(-1)+5=1$ 답 1

🐳 **배운대로 해결하기**

본교재 | 84~85쪽

01 ③	**02** ③	**03** ④	**04** ④
05 $a=2$, $b=-7$		**06** ①	**07** $12x$
08 ⑤	**09** ③	**10** ③	**11** -15
12 ④	**13** ③	**14** ③	**15** ①
16 5			

01

$ab(bc+a)$의 인수는 1, a, b, $bc+a$, ab, $a(bc+a)$, $b(bc+a)$, $ab(bc+a)$이다.   답 ③

02

$8x^3-4x^2y=4x^2(2x-y)$의 인수는 ㄱ, ㄹ, ㅂ이다.   답 ③

03

④ $a^3x-3a^2y=a^2(ax-3y)$ 답 ④

04

① $x^2-2x+1=(x-1)^2$

② $a^2+a+\dfrac{1}{4}=\left(a+\dfrac{1}{2}\right)^2$

③ $\dfrac{1}{25}y^2+\dfrac{2}{15}y+\dfrac{1}{9}=\left(\dfrac{1}{5}y+\dfrac{1}{3}\right)^2$

⑤ $9x^2-\dfrac{3}{2}xy+\dfrac{1}{16}y^2=\left(3x-\dfrac{1}{4}y\right)^2$

따라서 완전제곱식으로 인수분해되지 않는 것은 ④이다.   답 ④

05

$4x^2-28x+49=(2x-7)^2$이므로

$a=2$, $b=-7$ 답 $a=2$, $b=-7$

06

$(x+1)(x+3)+k=x^2+4x+3+k$

$\qquad\qquad\qquad\quad=x^2+2\times x\times 2+3+k$

따라서 $3+k=2^2$이므로 $k=4-3=1$ 답 ①

07

$9x^2-4=(3x)^2-2^2=(3x+2)(3x-2)$

따라서 세로의 길이는 $3x-2$이므로

(둘레의 길이)$=2\{(3x+2)+(3x-2)\}=12x$ 답 $12x$

08

$a^4-a^2=a^2(a^2-1)=a^2(a+1)(a-1)$ 답 ⑤

09

$x^2+x-30=(x+6)(x-5)$

따라서 $A=6$, $B=-5$이므로

$A-B=6-(-5)=11$ 답 ③

10

$x^2+5x-24=(x+8)(x-3)$

$x^2-7x+12=(x-3)(x-4)$

따라서 두 다항식의 공통인수는 ③ $x-3$이다.   답 ③

11

$x^2-2x+a=(x+3)(x+b)$ (단, b는 상수)로 놓으면

$x^2-2x+a=x^2+(3+b)x+3b$

따라서 $-2=3+b$, $a=3b$이므로

$b=-5$, $a=3\times(-5)=-15$ 답 -15

12

곱이 18인 두 정수 a, b는 1과 18, 2와 9, 3과 6, -1과 -18, -2와 -9, -3과 -6이 될 수 있다.

이때 $A=a+b$이므로 A의 값이 될 수 없는 것은 ④ 5이다.   답 ④

13

① $x^2+10x+25=(x+5)^2$

② $x^2+3x-40=(x-5)(x+8)$

④ $2x^2+5xy+2y^2=(2x+y)(x+2y)$

⑤ $\dfrac{1}{81}x^2-4=\left(\dfrac{1}{9}x+2\right)\left(\dfrac{1}{9}x-2\right)$ 답 ③

14

$12x^2+x-6=(3x-2)(4x+3)$

따라서 두 일차식의 합은

$(3x-2)+(4x+3)=7x+1$ 답 ③

15

$5x^2+axy+15y^2=(x-5y)(5x+by)$
$\qquad\qquad\qquad=5x^2+(b-25)xy-5by^2$

따라서 $a=b-25$, $15=-5b$이므로

$b=-3$, $a=-3-25=-28$

$\therefore a-b=-28-(-3)=-25$ 답 ①

16

$2x^2+ax-4=(x-4)(2x+m)$ (단, m은 상수)으로 놓으면

$2x^2+ax-4=2x^2+(m-8)x-4m$

따라서 $a=m-8$, $-4=-4m$이므로

$m=1$, $a=1-8=-7$

$5x^2-23x+b=(x-4)(5x+n)$ (단, n은 상수)으로 놓으면

$5x^2-23x+b=5x^2+(n-20)x-4n$

따라서 $-23=n-20$, $b=-4n$이므로

$n=-3$, $b=-4\times(-3)=12$

$\therefore a+b=-7+12=5$ 답 5

개념 06 복잡한 식의 인수분해

개념 콕콕   본교재 | 86쪽

1 (1) 6, $x+2$, 6, 1, 8
(2) $b-1$, $(a+1)(b-1)$
(3) $a-2$, $(a+b-2)(a-b-2)$
(4) x^2+x-6, $x+3$, $(x-2)(x+y+3)$

대표 유형   본교재 | 87~88쪽

1 ④	**1**-1 ⑤	**1**-2 $5x+12$
2 ①	**2**-1 $(x+1)(x-1)(x-2)$	
2-2 ①		
3 ③	**3**-1 ④	**3**-2 1
4 ③	**4**-1 ②	**4**-2 $x-y+4$

1-1

$x+5=A$, $y-3=B$로 놓으면

(주어진 식)$=A^2-B^2=(A+B)(A-B)$
$\qquad\qquad=\{(x+5)+(y-3)\}\{(x+5)-(y-3)\}$
$\qquad\qquad=(x+y+2)(x-y+8)$ 답 ⑤

1-2

$x+3=A$로 놓으면

(주어진 식)$=6A^2-11A-10=(2A-5)(3A+2)$
$\qquad\qquad=\{2(x+3)-5\}\{3(x+3)+2\}$
$\qquad\qquad=(2x+1)(3x+11)$

따라서 두 일차식의 합은 $(2x+1)+(3x+11)=5x+12$

     답 $5x+12$

2-1

$x^3-2x^2-x+2=x^2(x-2)-(x-2)$
$\qquad\qquad=(x^2-1)(x-2)$
$\qquad\qquad=(x+1)(x-1)(x-2)$

     답 $(x+1)(x-1)(x-2)$

2-2

$ab+2a-3b-6=a(b+2)-3(b+2)=(a-3)(b+2)$
$2ab+a-6b-3=a(2b+1)-3(2b+1)=(a-3)(2b+1)$

따라서 두 다항식의 공통인수는 $a-3$이다.   답 ①

3-1

(주어진 식)$=(4b^2+4b+1)-a^2=(2b+1)^2-a^2$
$\qquad\qquad=(2b+1+a)(2b+1-a)$
$\qquad\qquad=(a+2b+1)(-a+2b+1)$ 답 ④

3-2

(주어진 식)$=(x-y)^2-2^2=(x-y+2)(x-y-2)$

따라서 $a=-1$, $b=2$이므로 $a+b=-1+2=1$ 답 1

4-1

(주어진 식)$=ab-3b+(a^2-6a+9)$
$\qquad\qquad=b(a-3)+(a-3)^2$
$\qquad\qquad=(a-3)(a+b-3)$ 답 ②

4-2

$x^2-y^2+2x+6y-8=x^2+2x-(y^2-6y+8)$
$\qquad\qquad=x^2+2x-(y-2)(y-4)$
$\qquad\qquad=\{x-(y-4)\}\{x+(y-2)\}$
$\qquad\qquad=(x-y+4)(x+y-2)$

$\therefore A=x-y+4$ 답 $x-y+4$

개념 **07** 인수분해 공식을 이용한 계산

개념 콕콕 본교재 | 89쪽

1 (1) 89, 100, 2700 (2) 21, 1, 400 (3) 3.5, 3.5, 10, 170

2 (1) 4, 4, 2500 (2) b, b, 24, 24, 100, 5200

대표 유형 본교재 | 90쪽

5 (1) 550 (2) 200 **5** -1 (1) 80 (2) 900

5 -2 1

6 ⑤   **6** -1 ①   **6** -2 $-4\sqrt{2}$

5 -1

(1) $20 \times 2.5^2 - 20 \times 1.5^2 = 20 \times (2.5^2 - 1.5^2)$
$\qquad\qquad\qquad\qquad\quad = 20 \times (2.5 + 1.5)(2.5 - 1.5)$
$\qquad\qquad\qquad\qquad\quad = 20 \times 4 \times 1 = 80$

(2) $32^2 - 4 \times 32 + 4 = 32^2 - 2 \times 32 \times 2 + 2^2$
$\qquad\qquad\qquad\quad = (32 - 2)^2$
$\qquad\qquad\qquad\quad = 30^2 = 900$ 답 (1) 80 (2) 900

5 -2

$\dfrac{98 \times 96 + 98 \times 4}{99^2 - 1} = \dfrac{98 \times (96 + 4)}{(99 + 1)(99 - 1)}$
$\qquad\qquad\qquad = \dfrac{98 \times 100}{100 \times 98} = \dfrac{9800}{9800} = 1$ 답 1

6 -1

$x^2 - 4x + 4 = (x - 2)^2$
$\qquad\qquad\quad = (2 + \sqrt{3} - 2)^2$
$\qquad\qquad\quad = (\sqrt{3})^2 = 3$ 답 ①

6 -2

$x + y = 2\sqrt{2}$, $x - y = -2$이므로
$x^2 - y^2 = (x + y)(x - y)$
$\qquad\quad = 2\sqrt{2} \times (-2) = -4\sqrt{2}$ 답 $-4\sqrt{2}$

🐟 배운대로 해결하기 본교재 | 91쪽

| 01 ① | 02 -2 | 03 ① | 04 ④ |
| 05 ④ | 06 ④ | 07 ③ | 08 -2 |

01

$x - 2y = A$로 놓으면
(주어진 식)$= A(A - 1) - 12$
$\qquad\qquad = A^2 - A - 12$
$\qquad\qquad = (A - 4)(A + 3)$
$\qquad\qquad = (x - 2y - 4)(x - 2y + 3)$ 답 ①

02

$x - 3 = A$로 놓으면
(주어진 식)$= 12A^2 + A - 6$
$\qquad\qquad = (3A - 2)(4A + 3)$
$\qquad\qquad = \{3(x - 3) - 2\}\{4(x - 3) + 3\}$
$\qquad\qquad = (3x - 11)(4x - 9)$
따라서 $a = -11$, $b = -9$이므로
$a - b = -11 - (-9) = -2$

답 -2

03

$ab - 3a - 4b + 12 = a(b - 3) - 4(b - 3)$
$\qquad\qquad\qquad\quad = (a - 4)(b - 3)$
$2ab + 5a - 8b - 20 = a(2b + 5) - 4(2b + 5)$
$\qquad\qquad\qquad\quad = (a - 4)(2b + 5)$
따라서 두 다항식의 공통인수는 $a - 4$이다. 답 ①

04

(주어진 식)$= (x + 2y)^2 - 3^2$
$\qquad\qquad = (x + 2y + 3)(x + 2y - 3)$
따라서 두 일차식의 합은
$(x + 2y + 3) + (x + 2y - 3) = 2x + 4y$ 답 ④

05

(주어진 식)$= x^2 + 4x - (y^2 + 2y - 3)$
$\qquad\qquad = x^2 + 4x - (y - 1)(y + 3)$
$\qquad\qquad = \{x - (y - 1)\}\{x + (y + 3)\}$
$\qquad\qquad = (x - y + 1)(x + y + 3)$ 답 ④

06

$\sqrt{68^2 - 32^2} = \sqrt{(68 + 32)(68 - 32)}$
$\qquad\qquad = \sqrt{100 \times 36}$
$\qquad\qquad = \sqrt{3600} = 60$ 답 ④

07

$a^2+2ab+b^2=(a+b)^2$
$\qquad\qquad\quad=\{(1+\sqrt{5})+(2-\sqrt{5})\}^2$
$\qquad\qquad\quad=3^2=9$　　　　　　답 ③

08

(주어진 식)$=(x+y)(x-y)-5(x-y)$
$\qquad\qquad\quad=(x+y-5)(x-y)$
$\qquad\qquad\quad=(6-5)\times(-2)=-2$　　답 -2

개념 넓히기로 마무리　　　　　본교재 | 92～94쪽

01 ⑤	**02** ②	**03** ③	**04** ⑤
05 ③	**06** ④	**07** $a=11$, $b=9$	
08 ①	**09** ④	**10** ④	**11** ⑤
12 ③	**13** ③	**14** -36	**15** ⑤
16 $2\sqrt{3}$	**17** $2x-4$	**18** 3	**19** 6
20 20	**21** $(3x-2)(4x+3)$	**22** 1	

01

$x^2-2xy=x(x-2y)$
$2x^2-4xy=2x(x-2y)$
따라서 두 다항식의 공통인수는 $x(x-2y)$이다.　답 ⑤

02

$(x-4)(x-2)+1=x^2-6x+9$
$\qquad\qquad\qquad\qquad=(x-3)^2$　　　　답 ②

03

$x^2-2x+1=(x-1)^2$, $x^2+2x+1=(x+1)^2$
이때 $x-1<0$, $x+1>0$이므로
(주어진 식)$=\sqrt{(x-1)^2}+\sqrt{(x+1)^2}$
$\qquad\qquad\quad=-(x-1)+(x+1)$
$\qquad\qquad\quad=-x+1+x+1=2$　　　답 ③

04

$A=\left\{\dfrac{1}{2}\times\left(-\dfrac{3}{2}\right)\right\}^2=\left(-\dfrac{3}{4}\right)^2=\dfrac{9}{16}$
$B=2\sqrt{16}=2\times4=8\ (\because B>0)$
$\therefore AB=\dfrac{9}{16}\times8=\dfrac{9}{2}$　　　　　답 ⑤

05

$12x^2-75y^2=3(4x^2-25y^2)$
$\qquad\qquad\qquad=3(2x+5y)(2x-5y)$
따라서 $a=3$, $b=2$, $c=5$이므로
$a+b+c=3+2+5=10$　　　　　　답 ③

06

① $x^2+8x+15=(x+3)(x+5)$
② $x^2+3x-10=(x-2)(x+5)$
③ $x^2-2x-35=(x-7)(x+5)$
④ $x^2-9x+20=(x-4)(x-5)$
⑤ $x^2+10x+25=(x+5)^2$
따라서 $x+5$를 인수로 갖지 않는 다항식은 ④이다.　答 ④

07

$x^2+ax+18=(x+2)(x+b)$
$\qquad\qquad\qquad=x^2+(2+b)x+2b$
따라서 $a=2+b$, $18=2b$이므로
$b=9$, $a=2+9=11$　　　　答 $a=11$, $b=9$

08

$3x^2-14xy+8y^2=(x-4y)(3x-2y)$
따라서 액자의 세로의 길이는 $3x-2y$이다.　答 ①

09

$ax^2+bx-8=(x+2)(5x+c)$
$\qquad\qquad\qquad=5x^2+(c+10)x+2c$
따라서 $a=5$, $b=c+10$, $-8=2c$이므로
$a=5$, $c=-4$, $b=-4+10=6$
$\therefore a+b+c=5+6+(-4)=7$　　　答 ④

10

$2x^2+ax-15=(x+5)(2x+b)$ (단, b는 상수)로 놓으면
$2x^2+ax-15=2x^2+(b+10)x+5b$
따라서 $a=b+10$, $-15=5b$이므로
$b=-3$, $a=-3+10=7$　　　　　　答 ④

11

① $x^2-5xy+6y^2=(x-2y)(x-3y)$
② $5x^2-16$은 유리수의 범위에서 인수분해할 수 없다.
③ $-x^2+9y^2=-(x^2-9y^2)=-(x+3y)(x-3y)$
④ $3x^2+7x-6=(3x-2)(x+3)$　　　　答 ⑤

12

$2x-1=A$로 놓으면

$(2x-1)^2-7(2x-1)+6=A^2-7A+6$

$\qquad\qquad\qquad\qquad = (A-1)(A-6)$

$\qquad\qquad\qquad\qquad = (2x-1-1)(2x-1-6)$

$\qquad\qquad\qquad\qquad = (2x-2)(2x-7)$

$\qquad\qquad\qquad\qquad = 2(x-1)(2x-7)$ 　　답 ③

13

$a^2-3a-6b-4b^2=a^2-4b^2-3a-6b$

$\qquad\qquad\qquad\quad = (a+2b)(a-2b)-3(a+2b)$

$\qquad\qquad\qquad\quad = (a+2b)(a-2b-3)$ 　　답 ③

14

$(주어진 식)=(1+2)(1-2)+(3+4)(3-4)$

$\qquad\qquad\quad +(5+6)(5-6)+(7+8)(7-8)$

$\qquad\qquad = -3+(-7)+(-11)+(-15)$

$\qquad\qquad = -36$ 　　답 -36

15

$3<\sqrt{10}<4$에서 $\sqrt{10}$의 정수 부분은 3이므로 소수 부분은 $\sqrt{10}-3$이다.

따라서 $a=\sqrt{10}-3$이므로

$a^2+6a+9=(a+3)^2=(\sqrt{10}-3+3)^2$

$\qquad\qquad\quad = (\sqrt{10})^2=10$ 　　답 ⑤

16

$x=\dfrac{1}{2-\sqrt{3}}=\dfrac{2+\sqrt{3}}{(2-\sqrt{3})(2+\sqrt{3})}=2+\sqrt{3}$

$y=\dfrac{1}{2+\sqrt{3}}=\dfrac{2-\sqrt{3}}{(2+\sqrt{3})(2-\sqrt{3})}=2-\sqrt{3}$

따라서 $x-y=(2+\sqrt{3})-(2-\sqrt{3})=2\sqrt{3}$,

$xy=(2+\sqrt{3})(2-\sqrt{3})=1$이므로

$x^2y-xy^2=xy(x-y)$

$\qquad\qquad = 1\times 2\sqrt{3}=2\sqrt{3}$ 　　답 $2\sqrt{3}$

17

$(x+3)(x-4)-3x=x^2-x-12-3x$

$\qquad\qquad\qquad\quad = x^2-4x-12$

$\qquad\qquad\qquad\quad = (x+2)(x-6)$ 　　…… 70%

따라서 두 일차식의 합은

$(x+2)+(x-6)=2x-4$ 　　…… 30%

답 $2x-4$

18

$(주어진 식)=x^2+2yx-(3y^2-4y+1)$

$\qquad\qquad = x^2+2yx-(y-1)(3y-1)$

$\qquad\qquad = \{x-(y-1)\}\{x+(3y-1)\}$

$\qquad\qquad = (x-y+1)(x+3y-1)$ 　　…… 70%

따라서 $a=1$, $b=3$, $c=-1$이므로

$a+b+c=1+3+(-1)=3$ 　　…… 30%

답 3

19

$x+3=A$로 놓으면 　　…… 30%

$(주어진 식)=A^2-4A+4$

$\qquad\qquad = (A-2)^2$

$\qquad\qquad = (x+3-2)^2$

$\qquad\qquad = (x+1)^2$ 　　…… 40%

$\qquad\qquad = (\sqrt{6}-1+1)^2$

$\qquad\qquad = (\sqrt{6})^2=6$ 　　…… 30%

답 6

20

$x^2+9x+A=(x+a)(x+b)=x^2+(a+b)x+ab$이므로

$a+b=9$, $ab=A$

이때 합이 9인 두 자연수 a, b는 1과 8, 2와 7, 3과 6, 4와 5이므로

A의 값 중 가장 큰 값은

$4\times 5=20$ 　　답 20

21

지원 : $(x+2)(2x-3)=2x^2+x-6$에서 x^2의 계수를 잘못 보았으므로 x의 계수는 1이고, 상수항은 -6이다.

민지 : $2(3x+1)(2x-3)=12x^2-14x-6$에서 x의 계수를 잘못 보았으므로 x^2의 계수는 12이고, 상수항은 -6이다.

따라서 처음 이차식은

$12x^2+x-6=(3x-2)(4x+3)$ 　　답 $(3x-2)(4x+3)$

22

$(주어진 식)=\{x(x-3)\}\{(x-1)(x-2)\}+k$

$\qquad\qquad = (x^2-3x)(x^2-3x+2)+k$

$x^2-3x=A$로 놓으면

$(주어진 식)=A(A+2)+k$

$\qquad\qquad = A^2+2A+k$

이 식이 완전제곱식이 되려면

$k=\left(\dfrac{2}{2}\right)^2=1$ 　　답 1

Ⅱ. 이차방정식

3. 이차방정식

개념 01 이차방정식과 그 해

개념 콕콕
본교재 | 96쪽

1 (1) ✕ (2) ○ (3) ✕ (4) ○

2 (1) ✕ (2) ✕ (3) ○ (4) ○

1

(1) x^2+x-2는 이차식이다.

(2) $x^2=-x^2+x$에서 $2x^2-x=0$이므로 이차방정식이다.

(3) $2x^2+x=2x(x+1)$에서 $-x=0$이므로 일차방정식이다.

(4) $3x^2+2=x^2+x$에서 $2x^2-x+2=0$이므로 이차방정식이다.

2

(1) $x^2+x-12=0$에 $x=1$을 대입하면

$1^2+1-12=-10\neq0$

따라서 $x=1$은 이차방정식 $x^2+x-12=0$의 해가 아니다.

(2) $x^2+x-12=0$에 $x=-2$를 대입하면

$(-2)^2+(-2)-12=-10\neq0$

따라서 $x=-2$는 이차방정식 $x^2+x-12=0$의 해가 아니다.

(3) $x^2+x-12=0$에 $x=3$을 대입하면

$3^2+3-12=0$

따라서 $x=3$은 이차방정식 $x^2+x-12=0$의 해이다.

(4) $x^2+x-12=0$에 $x=-4$를 대입하면

$(-4)^2+(-4)-12=0$

따라서 $x=-4$는 이차방정식 $x^2+x-12=0$의 해이다.

대표 유형
본교재 | 97쪽

1 ②, ④   **1**-1 ①, ③   **1**-2 ②

2 ⑤   **2**-1 ④   **2**-2 6

1-1

① $x^2-x=0$은 이차방정식이다.

② $1-2x+x^2$은 이차식이다.

③ $\dfrac{x^2}{3}+\dfrac{x}{2}+1=0$은 이차방정식이다.

④ $(x-1)(x+1)=x^2$에서 $x^2-1=x^2$, $-1=0$이므로 거짓인 등식이다.

⑤ $2x(x^2-4x)=3x-1$에서 $2x^3-8x^2=3x-1$,

$2x^3-8x^2-3x+1=0$이므로 이차방정식이 아니다.

따라서 이차방정식인 것은 ①, ③이다.   **답** ①, ③

1-2

$a(x^2-x)=-3x^2+2$에서 $ax^2-ax=-3x^2+2$

$\therefore (a+3)x^2-ax-2=0$

이때 위의 식이 이차방정식이 되려면 $a+3\neq0$이어야 하므로

$a\neq-3$ **답** ②

2-1

① $x^2+5x=0$에 $x=-5$를 대입하면 $(-5)^2+5\times(-5)=0$

② $x^2-16=0$에 $x=4$를 대입하면 $4^2-16=0$

③ $x^2+2x+1=0$에 $x=-1$을 대입하면

$(-1)^2+2\times(-1)+1=0$

④ $9x^2-3x+1=0$에 $x=\dfrac{1}{3}$을 대입하면

$9\times\left(\dfrac{1}{3}\right)^2-3\times\dfrac{1}{3}+1=1\neq0$

⑤ $2\left(x+\dfrac{1}{2}\right)^2=18$에 $x=\dfrac{5}{2}$를 대입하면 $2\times\left(\dfrac{5}{2}+\dfrac{1}{2}\right)^2=18$

따라서 [ ] 안의 수가 주어진 이차방정식의 해가 아닌 것은 ④이다.   **답** ④

2-2

$x^2+5x+a=0$에 $x=-2$를 대입하면

$(-2)^2+5\times(-2)+a=0$, $-6+a=0$ $\therefore a=6$ **답** 6

개념 02 인수분해를 이용한 이차방정식의 풀이

개념 콕콕
본교재 | 98쪽

1 (1) $x=0$ 또는 $x=-2$ (2) $x=-3$ 또는 $x=3$

(3) $x=-4$ 또는 $x=1$ (4) $x=-5$ 또는 $x=\dfrac{1}{2}$

2 (1) $x=0$ 또는 $x=5$ (2) $x=-4$ 또는 $x=4$

(3) $x=-6$ 또는 $x=-1$ (4) $x=-\dfrac{3}{2}$ 또는 $x=2$

2

(1) $x^2-5x=0$에서 $x(x-5)=0$

$\therefore x=0$ 또는 $x=5$

(2) $x^2-16=0$에서 $(x+4)(x-4)=0$

$\therefore x=-4$ 또는 $x=4$

(3) $x^2+7x+6=0$에서 $(x+6)(x+1)=0$

$\therefore x=-6$ 또는 $x=-1$

(4) $2x^2-x-6=0$에서 $(2x+3)(x-2)=0$

$\therefore x=-\dfrac{3}{2}$ 또는 $x=2$

대표 유형

3 ② **3** -1 ① **3** -2 ⑤

4 $a=-2$, $x=-1$

4 -1 $a=1$, $x=\dfrac{4}{3}$ **4** -2 -3

3 -1

$4x^2+15x+25=x^2-5x$에서 $3x^2+20x+25=0$

$(x+5)(3x+5)=0$ $\therefore x=-5$ 또는 $x=-\dfrac{5}{3}$ 답 ①

3 -2

$2(x+1)^2=4x+10$에서 $2x^2+4x+2=4x+10$

$2x^2-8=0$, $2(x^2-4)=0$

$2(x+2)(x-2)=0$ $\therefore x=-2$ 또는 $x=2$

따라서 $a=2$, $b=-2$이므로 $a-b=2-(-2)=4$ 답 ⑤

4 -1

$3x^2-ax-4=0$에 $x=-1$을 대입하면

$3\times(-1)^2-a\times(-1)-4=0$, $a-1=0$ $\therefore a=1$

따라서 이차방정식 $3x^2-x-4=0$을 풀면

$(3x-4)(x+1)=0$ $\therefore x=\dfrac{4}{3}$ 또는 $x=-1$

즉, 다른 한 근은 $x=\dfrac{4}{3}$이다. 답 $a=1$, $x=\dfrac{4}{3}$

4 -2

$x^2+2x-15=0$에서 $(x+5)(x-3)=0$

$\therefore x=-5$ 또는 $x=3$

따라서 $x=-5$가 이차방정식 $x^2+3x+a-7=0$의 한 근이므로

$(-5)^2+3\times(-5)+a-7=0$, $a+3=0$ $\therefore a=-3$ 답 -3

🐦 배운대로 해결하기

01 ⑤ **02** $a\neq4$ **03** ④ **04** ④

05 ③ **06** ⑤ **07** -4 **08** 2

01

① $x^2=2-x^2$에서 $2x^2-2=0$이므로 이차방정식이다.

② $2-3x=x^2$에서 $-x^2-3x+2=0$이므로 이차방정식이다.

③ $3x^2-2x=-2x$에서 $3x^2=0$이므로 이차방정식이다.

④ $2x(x+1)=2x-3$에서 $2x^2+2x=2x-3$, $2x^2+3=0$이므로
  이차방정식이다.

⑤ $(4x-1)(x-3)=4x^2+x$에서 $4x^2-13x+3=4x^2+x$,
  $-14x+3=0$이므로 일차방정식이다.

따라서 이차방정식이 아닌 것은 ⑤이다. 답 ⑤

02

$(2x-1)(2x+1)=ax^2+5$에서 $4x^2-1=ax^2+5$

$\therefore (4-a)x^2-6=0$

이때 위의 식이 이차방정식이 되려면 $4-a\neq0$이어야 하므로 $a\neq4$

답 $a\neq4$

03

① $x^2-2=0$에 $x=2$를 대입하면
  $2^2-2=2\neq0$

② $x^2-3x+1=0$에 $x=2$를 대입하면
  $2^2-3\times2+1=-1\neq0$

③ $x^2+5x=12$에 $x=2$를 대입하면
  $2^2+5\times2=14\neq12$

④ $(x-4)^2=2x$에 $x=2$를 대입하면
  $(2-4)^2=2\times2$

⑤ $(x+3)(x-1)=15$에 $x=2$를 대입하면
  $(2+3)\times(2-1)=5\neq15$

따라서 $x=2$를 해로 가지는 것은 ④이다. 답 ④

04

$2x^2+ax-15=0$에 $x=-3$을 대입하면

$2\times(-3)^2+a\times(-3)-15=0$, $-3a+3=0$

$-3a=-3$ $\therefore a=1$ 답 ④

05

$(4x+5)(3x+1)=0$에서 $4x+5=0$ 또는 $3x+1=0$

$\therefore x=-\dfrac{5}{4}$ 또는 $x=-\dfrac{1}{3}$ 답 ③

06

$(x+1)(x-1)=2x+7$에서 $x^2-1=2x+7$

$x^2-2x-8=0$, $(x+2)(x-4)=0$

$\therefore x=-2$ 또는 $x=4$

따라서 $a=4$, $b=-2$이므로 $a-b=4-(-2)=6$ 답 ⑤

07

$x^2=3x+18$에서 $x^2-3x-18=0$

$(x+3)(x-6)=0$ $\therefore x=-3$ 또는 $x=6$

따라서 $x=6$이 이차방정식 $x^2+ax-12=0$의 한 근이므로

$6^2+a\times6-12=0$, $6a+24=0$

$6a=-24$ $\therefore a=-4$ 답 -4

08

$(x+2)(x-b)=0$에서 $x=-2$ 또는 $x=b$

주어진 두 이차방정식의 해가 서로 같으므로 $x^2+ax+a-3=0$에 $x=-2$를 대입하면

$(-2)^2+a\times(-2)+a-3=0$, $-a+1=0$ $\quad\therefore a=1$

이때 이차방정식 $x^2+ax+a-3=0$, 즉 $x^2+x-2=0$을 풀면

$(x+2)(x-1)=0$ $\quad\therefore x=-2$ 또는 $x=1$

즉, $b=1$이다.

따라서 $a=1$, $b=1$이므로 $a+b=1+1=2$ **답** 2

개념 **03** 이차방정식의 중근

개념 콕콕
본교재 | 101쪽

1 (1) $x=2$ (2) $x=-5$ (3) $x=-4$ (4) $x=\dfrac{1}{3}$

2 (1) 6, 9 (2) 4, 16, ±4

1

(3) $x^2+8x+16=0$에서 $(x+4)^2=0$ $\quad\therefore x=-4$

(4) $9x^2-6x+1=0$에서 $(3x-1)^2=0$ $\quad\therefore x=\dfrac{1}{3}$

대표 유형
본교재 | 102쪽

1 ⑤	**1**-1 ③	**1**-2 ㄱ, ㄷ
2 ④	**2**-1 ①	**2**-2 ⑤

1-1

① $x^2+3x=0$에서 $x(x+3)=0$ $\quad\therefore x=0$ 또는 $x=-3$

② $2(x+1)^2=2$에서 $(x+1)^2=1$, $x^2+2x+1=1$

$x^2+2x=0$, $x(x+2)=0$ $\quad\therefore x=0$ 또는 $x=-2$

③ $4x^2-4x+1=0$에서 $(2x-1)^2=0$ $\quad\therefore x=\dfrac{1}{2}$

④ $x(x-3)=10$에서 $x^2-3x-10=0$, $(x+2)(x-5)=0$

$\quad\therefore x=-2$ 또는 $x=5$

⑤ $(x+1)(x+2)=6$에서 $x^2+3x+2=6$, $x^2+3x-4=0$

$(x+4)(x-1)=0$ $\quad\therefore x=-4$ 또는 $x=1$

따라서 중근을 갖는 것은 ③이다. **답** ③

1-2

ㄱ. $x^2-9=0$에서 $(x+3)(x-3)=0$ $\quad\therefore x=-3$ 또는 $x=3$

ㄴ. $5-x^2=2x+6$에서 $x^2+2x+1=0$, $(x+1)^2=0$

$\quad\therefore x=-1$

ㄷ. $x(x-8)+12=0$에서 $x^2-8x+12=0$, $(x-2)(x-6)=0$

$\quad\therefore x=2$ 또는 $x=6$

ㄹ. $(2x+1)(2x+5)=-4$에서 $4x^2+12x+5=-4$

$4x^2+12x+9=0$, $(2x+3)^2=0$ $\quad\therefore x=-\dfrac{3}{2}$

따라서 중근을 갖지 않는 것은 ㄱ, ㄷ이다. **답** ㄱ, ㄷ

2-1

$-2a+3=\left(\dfrac{-6}{2}\right)^2$에서 $-2a=6$ $\quad\therefore a=-3$ **답** ①

2-2

$x^2-2ax=4-5a$에서 $x^2-2ax-4+5a=0$

$-4+5a=\left(\dfrac{-2a}{2}\right)^2$에서 $a^2-5a+4=0$

$(a-1)(a-4)=0$ $\quad\therefore a=1$ 또는 $a=4$

따라서 모든 상수 a의 값의 합은

$1+4=5$ **답** ⑤

개념 **04** 제곱근, 완전제곱식을 이용한 이차방정식의 풀이

개념 콕콕
본교재 | 103쪽

1 (1) $x=\pm4$ (2) $x=\pm\sqrt{6}$ (3) $x=\pm2$ (4) $x=\pm\dfrac{\sqrt{6}}{3}$

2 (1) $x=-1\pm\sqrt{2}$ (2) $x=2\pm\sqrt{5}$

(3) $x=-2\pm\sqrt{3}$ (4) $x=3\pm\sqrt{2}$

3 2, 9, 11, 3, 11, 3, 11

1

(3) $2x^2=8$에서 $x^2=4$ $\quad\therefore x=\pm2$

(4) $3x^2-2=0$에서 $3x^2=2$

$x^2=\dfrac{2}{3}$ $\quad\therefore x=\pm\dfrac{\sqrt{6}}{3}$

2

(1) $(x+1)^2=2$에서 $x+1=\pm\sqrt{2}$

$\quad\therefore x=-1\pm\sqrt{2}$

(2) $(x-2)^2-5=0$에서 $(x-2)^2=5$

$x-2=\pm\sqrt{5}$ $\quad\therefore x=2\pm\sqrt{5}$

(3) $2(x+2)^2=6$에서 $(x+2)^2=3$

$x+2=\pm\sqrt{3}$ $\quad\therefore x=-2\pm\sqrt{3}$

(4) $5(x-3)^2-10=0$에서 $5(x-3)^2=10$

$(x-3)^2=2$, $x-3=\pm\sqrt{2}$ $\quad\therefore x=3\pm\sqrt{2}$

대표 유형

3 ⑤ **3** -1 ④ **3** -2 ③

4 12 **4** -1 $\frac{25}{2}$ **4** -2 15

3 -1

$4(x+2)^2=5$에서 $(x+2)^2=\frac{5}{4}$

$x+2=\pm\frac{\sqrt{5}}{2}$ $\therefore x=-2\pm\frac{\sqrt{5}}{2}$

따라서 $a=-2$, $b=5$이므로 $a+b=-2+5=3$ 답 ④

3 -2

$(x-a)^2-10=0$에서 $(x-a)^2=10$

$x-a=\pm\sqrt{10}$ $\therefore x=a\pm\sqrt{10}$

따라서 $a=5$, $b=10$이므로 $a-b=5-10=-5$ 답 ③

4 -1

$2x^2-4x-3=0$에서 $x^2-2x-\frac{3}{2}=0$

$x^2-2x=\frac{3}{2}$, $x^2-2x+1=\frac{3}{2}+1$

$(x-1)^2=\frac{5}{2}$ $\therefore x=1\pm\frac{\sqrt{10}}{2}$

따라서 $A=1$, $B=1$, $C=\frac{5}{2}$, $D=10$이므로

$A-B+C+D=1-1+\frac{5}{2}+10=\frac{25}{2}$ 답 $\frac{25}{2}$

4 -2

$x^2+12x+a=0$에서 $x^2+12x=-a$

$x^2+12x+36=-a+36$, $(x+6)^2=-a+36$

$\therefore x=-6\pm\sqrt{-a+36}$

이때 $-a+36=15$, $b=-6$이므로 $a=21$, $b=-6$

$\therefore a+b=21+(-6)=15$ 답 15

배운대로 해결하기

01 ③ **02** 7 **03** ④ **04** ⑤

05 ① **06** ⑤ **07** $\frac{1}{3}$ **08** ②

01

① $x^2+2x+1=0$에서 $(x+1)^2=0$ $\therefore x=-1$

② $x^2-x+\frac{1}{4}=0$에서 $\left(x-\frac{1}{2}\right)^2=0$ $\therefore x=\frac{1}{2}$

④ $5x(5x+2)=-1$에서 $25x^2+10x+1=0$

$(5x+1)^2=0$ $\therefore x=-\frac{1}{5}$

⑤ $(x-7)^2=2x-15$에서 $x^2-16x+64=0$

$(x-8)^2=0$ $\therefore x=8$

따라서 중근을 갖지 않는 것은 ③이다.   답 ③

02

$x^2+10x+a=0$에서 $a=\left(\frac{10}{2}\right)^2=25$

$x^2-bx+81=0$에서 $81=\left(\frac{-b}{2}\right)^2$, $b^2=324$ $\therefore b=\pm18$

이때 $b>0$이므로 $b=18$

$\therefore a-b=25-18=7$ 답 7

03

$-5a+6=\left(\frac{-8}{2}\right)^2$에서 $-5a=10$ $\therefore a=-2$

따라서 $x^2-8x+16=0$에서 $(x-4)^2=0$, $x=4$ $\therefore b=4$

$\therefore a+b=-2+4=2$ 답 ④

04

$7(x-3)^2=21$에서 $(x-3)^2=3$, $x-3=\pm\sqrt{3}$ $\therefore x=3\pm\sqrt{3}$

따라서 두 근의 곱은 $(3+\sqrt{3})(3-\sqrt{3})=9-3=6$ 답 ⑤

05

$4(x+a)^2-24=0$에서 $(x+a)^2=6$

$x+a=\pm\sqrt{6}$ $\therefore x=-a\pm\sqrt{6}$

따라서 $a=3$, $b=6$이므로 $a-b=3-6=-3$ 답 ①

06

$4x^2-8x+3=0$에서 $x^2-2x+\frac{3}{4}=0$, $x^2-2x=-\frac{3}{4}$

$x^2-2x+1=-\frac{3}{4}+1$ $\therefore (x-1)^2=\frac{1}{4}$

따라서 $p=1$, $q=\frac{1}{4}$이므로 $p+q=1+\frac{1}{4}=\frac{5}{4}$ 답 ⑤

07

$3x^2+12x-5=0$에서 $x^2+4x-\frac{5}{3}=0$

$x^2+4x=\frac{5}{3}$, $x^2+4x+4=\frac{5}{3}+4$

$(x+2)^2=\frac{17}{3}$ $\therefore x=-2\pm\frac{\sqrt{51}}{3}$

따라서 $A=4$, $B=2$, $C=\frac{17}{3}$이므로

$A+B-C=4+2-\frac{17}{3}=\frac{1}{3}$ 답 $\frac{1}{3}$

08

$x^2-8x+7=0$에서 $x^2-8x=-7$

$x^2-8x+16=-7+16$, $(x-4)^2=9$

$x-4=\pm3$ ∴ $x=1$ 또는 $x=7$

따라서 $a=-4$, $b=9$, $c=1$, $d=7$이므로

$ad+bc=-4\times7+9\times1=-19$　　　　답 ②

개념 05 이차방정식의 근의 공식

개념 콕콕　　　　　　　　　　본교재 | 106쪽

1 풀이 참조

2 (1) $x=\dfrac{-1\pm\sqrt{5}}{2}$　(2) $x=\dfrac{7\pm\sqrt{17}}{4}$　(3) $x=-3\pm\sqrt{2}$

　　(4) $x=\dfrac{4\pm\sqrt{22}}{3}$

1

근의 공식에 $a=2$, $b=\boxed{1}$, $c=\boxed{-4}$를 대입하면

$x=\dfrac{\boxed{-1}\pm\sqrt{\boxed{1}^2-\boxed{4}\times2\times(-4)}}{2\times\boxed{2}}=\dfrac{\boxed{-1}\pm\sqrt{\boxed{33}}}{4}$

2

(1) $x=\dfrac{-1\pm\sqrt{1^2-4\times1\times(-1)}}{2\times1}=\dfrac{-1\pm\sqrt{5}}{2}$

(2) $x=\dfrac{-(-7)\pm\sqrt{(-7)^2-4\times2\times4}}{2\times2}=\dfrac{7\pm\sqrt{17}}{4}$

(3) $x=\dfrac{-3\pm\sqrt{3^2-1\times7}}{1}=-3\pm\sqrt{2}$

(4) $x=\dfrac{-(-4)\pm\sqrt{(-4)^2-3\times(-2)}}{3}=\dfrac{4\pm\sqrt{22}}{3}$

대표 유형　　　　　　　　　　본교재 | 107쪽

1 ⑤	**1**-1 ④	**1**-2 $\sqrt{19}$
2 ②	**2**-1 ③	**2**-2 ④

1-1

$3x^2+2x-3=0$에서

$x=\dfrac{-1\pm\sqrt{1^2-3\times(-3)}}{3}=\dfrac{-1\pm\sqrt{10}}{3}$

따라서 $A=-1$, $B=10$이므로

$A+B=-1+10=9$　　　　답 ④

1-2

$2x^2=6x+5$에서 $2x^2-6x-5=0$

∴ $x=\dfrac{-(-3)\pm\sqrt{(-3)^2-2\times(-5)}}{2}=\dfrac{3\pm\sqrt{19}}{2}$

∴ $\alpha-\beta=\dfrac{3+\sqrt{19}}{2}-\dfrac{3-\sqrt{19}}{2}=\sqrt{19}$　　答 $\sqrt{19}$

2-1

$2x^2-10x-k=0$에서

$x=\dfrac{-(-5)\pm\sqrt{(-5)^2-2\times(-k)}}{2}=\dfrac{5\pm\sqrt{25+2k}}{2}$

이때 $25+2k=29$이므로

$2k=4$ ∴ $k=2$　　　　답 ③

2-2

$5x^2+8x+A=0$에서

$x=\dfrac{-4\pm\sqrt{4^2-5\times A}}{5}=\dfrac{-4\pm\sqrt{16-5A}}{5}$

이때 $-4=B$, $16-5A=26$이므로

$A=-2$, $B=-4$

∴ $A-B=-2-(-4)=2$　　　　답 ④

개념 06 복잡한 이차방정식의 풀이

개념 콕콕　　　　　　　　　　본교재 | 108쪽

1 (1) $x=-2\pm2\sqrt{2}$　(2) $x=-1$ 또는 $x=5$

　　(3) $x=\dfrac{-1\pm\sqrt{5}}{4}$　(4) $x=\dfrac{1\pm\sqrt{73}}{6}$

　　(5) $x=-4$ 또는 $x=2$　(6) $x=\dfrac{5\pm\sqrt{17}}{4}$

2 5, 6, 6, 6, 6, 4

1

(1) $(x+2)(x-2)=-4x$에서 $x^2+4x-4=0$

　∴ $x=-2\pm2\sqrt{2}$

(2) $2(x-1)^2=x^2+7$에서 $x^2-4x-5=0$

　$(x+1)(x-5)=0$　∴ $x=-1$ 또는 $x=5$

(3) $x^2+\dfrac{1}{2}x-\dfrac{1}{4}=0$에서 $4x^2+2x-1=0$

　∴ $x=\dfrac{-1\pm\sqrt{5}}{4}$

(4) $x^2-\dfrac{1}{3}x-2=0$에서 $3x^2-x-6=0$

　∴ $x=\dfrac{1\pm\sqrt{73}}{6}$

(5) $0.1x^2+0.2x-0.8=0$에서 $x^2+2x-8=0$
　　$(x+4)(x-2)=0$ 　　$\therefore x=-4$ 또는 $x=2$
(6) $0.2x^2-0.5x+0.1=0$에서 $2x^2-5x+1=0$
　　$\therefore x=\dfrac{5\pm\sqrt{17}}{4}$

대표 유형　　　　　　　　　　　　　　　　본교재 | 109쪽

| **3** ② | **3 -1** ④ | **3 -2** 22 |
| **4** ① | **4 -1** ⑤ | **4 -2** 3 |

3 -1
주어진 이차방정식의 양변에 6을 곱하면
$3x^2-8x+1=0$
$\therefore x=\dfrac{-(-4)\pm\sqrt{(-4)^2-3\times1}}{3}=\dfrac{4\pm\sqrt{13}}{3}$ 　답 ④

3 -2
주어진 이차방정식의 양변에 15를 곱하면
$3x(x-1)=5(x+1)(x-2)$, $3x^2-3x=5x^2-5x-10$
$2x^2-2x-10=0$, $x^2-x-5=0$
$\therefore x=\dfrac{-(-1)\pm\sqrt{(-1)^2-4\times1\times(-5)}}{2\times1}=\dfrac{1\pm\sqrt{21}}{2}$
따라서 $A=1$, $B=21$이므로
$A+B=1+21=22$ 　답 22

4 -1
$x-3=A$로 치환하면 $6A^2+7A-20=0$
$(2A+5)(3A-4)=0$ 　$\therefore A=-\dfrac{5}{2}$ 또는 $A=\dfrac{4}{3}$
즉, $x-3=-\dfrac{5}{2}$ 또는 $x-3=\dfrac{4}{3}$이므로
$x=\dfrac{1}{2}$ 또는 $x=\dfrac{13}{3}$ 　답 ⑤

4 -2
$2x-y=A$로 치환하면 $A(A+6)-27=0$
$A^2+6A-27=0$, $(A+9)(A-3)=0$
$\therefore A=-9$ 또는 $A=3$
이때 $2x>y$에서 $A>0$이므로 $A=3$
$\therefore 2x-y=3$ 　답 3

배운대로 해결하기　　　　　　　　　　본교재 | 110쪽

| 01 ① | 02 ③ | 03 -5 | 04 ② |
| 05 $x=2$ | 06 $x=\dfrac{1}{3}$ | 07 ① | 08 ⑤ |

01
$3x^2+5x-1=0$에서
$x=\dfrac{-5\pm\sqrt{5^2-4\times3\times(-1)}}{2\times3}=\dfrac{-5\pm\sqrt{37}}{6}$ 　답 ①

02
$2x^2+6x-3=0$에서
$x=\dfrac{-3\pm\sqrt{3^2-2\times(-3)}}{2}=\dfrac{-3\pm\sqrt{15}}{2}$
따라서 $A=-3$, $B=15$이므로
$A+B=-3+15=12$ 　답 ③

03
$3x^2+4x+A=0$에서
$x=\dfrac{-2\pm\sqrt{2^2-3\times A}}{3}=\dfrac{-2\pm\sqrt{4-3A}}{3}$
이때 $-2=B$, $4-3A=13$이므로
$A=-3$, $B=-2$
$\therefore A+B=-3+(-2)=-5$ 　답 -5

04
주어진 이차방정식의 괄호를 풀면
$3x^2+8x-3=2x^2-8x+8$, $x^2+16x-11=0$
$\therefore x=\dfrac{-8\pm\sqrt{8^2-1\times(-11)}}{1}=-8\pm\sqrt{75}=-8\pm5\sqrt{3}$ 　답 ②

05
$\dfrac{1}{2}x^2-\dfrac{5}{6}x-\dfrac{1}{3}=0$의 양변에 6을 곱하면
$3x^2-5x-2=0$, $(3x+1)(x-2)=0$
$\therefore x=-\dfrac{1}{3}$ 또는 $x=2$
$0.1x^2+0.1x-0.6=0$의 양변에 10을 곱하면
$x^2+x-6=0$, $(x+3)(x-2)=0$
$\therefore x=-3$ 또는 $x=2$
따라서 두 이차방정식의 공통인 해는 $x=2$이다. 　답 $x=2$

06
주어진 이차방정식의 양변에 20을 곱하면
$5(x+1)(x-1)=8(2x+1)(2x-1)$
$5x^2-5=32x^2-8$, $27x^2-3=0$
$9x^2-1=0$, $(3x+1)(3x-1)=0$
$\therefore x=-\dfrac{1}{3}$ 또는 $x=\dfrac{1}{3}$
따라서 두 근 중 큰 근은 $x=\dfrac{1}{3}$이다. 　답 $x=\dfrac{1}{3}$

07

$x-2=A$로 치환하면 $6A^2+17A-14=0$

$(2A+7)(3A-2)=0$ ∴ $A=-\dfrac{7}{2}$ 또는 $A=\dfrac{2}{3}$

즉, $x-2=-\dfrac{7}{2}$ 또는 $x-2=\dfrac{2}{3}$이므로 $x=-\dfrac{3}{2}$ 또는 $x=\dfrac{8}{3}$

따라서 두 근의 곱은 $-\dfrac{3}{2}\times\dfrac{8}{3}=-4$ 답 ①

08

$x-3y=A$로 치환하면 $A(A+8)+16=0$
$A^2+8A+16=0$, $(A+4)^2=0$ ∴ $A=-4$
즉, $x-3y=-4$이므로
$6y-2x=-2(x-3y)=-2\times(-4)=8$ 답 ⑤

개념 **07** 이차방정식의 근의 개수

개념 콕콕   본교재 | 111쪽

1 (1) 1, 3, −3, 3, −3, 21, >, 2
(2) 1, −1, 1, −1, 1, 0, =, 1
(3) 1, 1, 2, 1, 2, −1, <, 0

대표 유형   본교재 | 112쪽

1 ③   **1**-1 ④   **1**-2 ㄴ, ㄹ

2 $k<5$ **2**-1 $k<-\dfrac{5}{4}$ **2**-2 ①

1-1

① $1^2-1\times3=-2<0$이므로 근을 갖지 않는다.
② $(-2)^2-1\times4=0$이므로 중근을 갖는다.
③ $1^2-4\times2\times1=-7<0$이므로 근을 갖지 않는다.
④ $\dfrac{1}{2}x^2-\dfrac{3}{5}x-1=0$에서 $5x^2-6x-10=0$
  $(-3)^2-5\times(-10)=59>0$이므로 서로 다른 두 근을 갖는다.
⑤ $0.2x^2-0.5x+0.7=0$에서 $2x^2-5x+7=0$
  $(-5)^2-4\times2\times7=-31<0$이므로 근을 갖지 않는다.
따라서 서로 다른 두 근을 갖는 것은 ④이다.   답 ④

1-2

ㄱ. $1^2-4\times1\times(-5)=21>0$이므로 서로 다른 두 근을 갖는다.
ㄴ. $3x^2=6x-7$에서 $3x^2-6x+7=0$
  $(-3)^2-3\times7=-12<0$이므로 근을 갖지 않는다.

ㄷ. $2x(x+3)=x^2-9$에서 $2x^2+6x=x^2-9$, $x^2+6x+9=0$
  $3^2-1\times9=0$이므로 중근을 갖는다.
ㄹ. $(2x-1)(4x+3)=10x^2$에서 $8x^2+2x-3=10x^2$,
  $2x^2-2x+3=0$
  $(-1)^2-2\times3=-5<0$이므로 근을 갖지 않는다.
따라서 근을 갖지 않는 것은 ㄴ, ㄹ이다.   답 ㄴ, ㄹ

2-1

$(-3)^2-4\times3\times(k+2)>0$이어야 하므로

$9-12k-24>0$, $-12k>15$ ∴ $k<-\dfrac{5}{4}$ 답 $k<-\dfrac{5}{4}$

2-2

$4^2-1\times(13-k)=0$이어야 하므로
$16-13+k=0$ ∴ $k=-3$
따라서 $x^2+8x+16=0$에서 $(x+4)^2=0$ ∴ $x=-4$ 답 ①

개념 **08** 이차방정식 구하기

개념 콕콕   본교재 | 113쪽

1 (1) $x^2-4x+3=0$ (2) $2x^2+6x-20=0$ (3) $-x^2-x+2=0$
2 (1) $x^2-4x+4=0$ (2) $4x^2+8x+4=0$ (3) $\dfrac{1}{2}x^2-4x+8=0$

1

(1) $(x-1)(x-3)=0$에서 $x^2-4x+3=0$
(2) $2(x-2)(x+5)=0$에서 $2(x^2+3x-10)=0$
  ∴ $2x^2+6x-20=0$
(3) $-(x-1)(x+2)=0$에서 $-(x^2+x-2)=0$
  ∴ $-x^2-x+2=0$

2

(1) $(x-2)^2=0$에서 $x^2-4x+4=0$
(2) $4(x+1)^2=0$에서 $4(x^2+2x+1)=0$ ∴ $4x^2+8x+4=0$
(3) $\dfrac{1}{2}(x-4)^2=0$에서 $\dfrac{1}{2}(x^2-8x+16)=0$

  ∴ $\dfrac{1}{2}x^2-4x+8=0$

대표 유형   본교재 | 114쪽

3 ①   **3**-1 ④   **3**-2 ④
4 ②   **4**-1 ③   **4**-2 ②

3 -1

두 근이 -2, 3이고 x^2의 계수가 3인 이차방정식은
$3(x+2)(x-3)=0$, $3(x^2-x-6)=0$
$\therefore 3x^2-3x-18=0$
따라서 $a=-3$, $b=-18$이므로
$a-b=-3-(-18)=15$ 　답 ④

3 -2

두 근을 a, $2a$라고 하면 x^2의 계수는 1이므로 주어진 이차방정식은
$(x-a)(x-2a)=0$, $x^2-3ax+2a^2=0$
이때 $-3a=6$이므로 $a=-2$
$\therefore k=2a^2=2\times(-2)^2=8$ 　답 ④

4 -1

중근이 $x=-\dfrac{1}{3}$이고 x^2의 계수가 6인 이차방정식은
$6\left(x+\dfrac{1}{3}\right)^2=0$, $6\left(x^2+\dfrac{2}{3}x+\dfrac{1}{9}\right)=0$ 　$\therefore 6x^2+4x+\dfrac{2}{3}=0$
따라서 $a=4$, $b=\dfrac{2}{3}$이므로 $a-b=4-\dfrac{2}{3}=\dfrac{10}{3}$ 　답 ③

4 -2

$x^2-7x+12=0$에서 $(x-3)(x-4)=0$
$\therefore x=3$ 또는 $x=4$
따라서 $x=3$을 중근으로 갖고, x^2의 계수가 1인 이차방정식은
$(x-3)^2=0$ 　$\therefore x^2-6x+9=0$ 　답 ②

배운대로 해결하기

본교재 | 115쪽

01 ⑤ 　**02** 3 　**03** $k\geq-\dfrac{9}{8}$ 　**04** ④
05 ④ 　**06** ③ 　**07** ④
08 $3x^2+6x+3=0$

01

① $(-3)^2-4\times1\times(-1)=13>0$이므로 서로 다른 두 근을 갖는다.
② $(-1)^2-3\times(-6)=19>0$이므로 서로 다른 두 근을 갖는다.
③ $2^2-(-1)\times(-1)=3>0$이므로 서로 다른 두 근을 갖는다.
④ $\dfrac{1}{2}x^2+\dfrac{7}{2}x-1=0$에서 $x^2+7x-2=0$
　$7^2-4\times1\times(-2)=57>0$이므로 서로 다른 두 근을 갖는다.
⑤ $0.9x^2+0.6x+0.1=0$에서 $9x^2+6x+1=0$
　$3^2-9\times1=0$이므로 중근을 갖는다.
따라서 근의 개수가 나머지 넷과 다른 하나는 ⑤이다. 　답 ⑤

02

$x^2-5x+3=0$에서 $(-5)^2-4\times1\times3=13>0$이므로 서로 다른 두 근을 갖는다.
$\therefore a=2$
$3x^2-2x+\dfrac{1}{3}=0$에서 $(-1)^2-3\times\dfrac{1}{3}=0$이므로 중근을 갖는다.
$\therefore b=1$
$\therefore a+b=2+1=3$ 　답 3

03

$5^2-4\times2\times(-k+2)\geq0$이어야 하므로
$25+8k-16\geq0$, $8k\geq-9$ 　$\therefore k\geq-\dfrac{9}{8}$ 　답 $k\geq-\dfrac{9}{8}$

04

$(-k)^2-4\times1\times(k+3)=0$이어야 하므로
$k^2-4k-12=0$, $(k+2)(k-6)=0$ 　$\therefore k=-2$ 또는 $k=6$
따라서 모든 상수 k의 값의 합은 $-2+6=4$ 　답 ④

05

두 근이 2, -4이고 x^2의 계수가 1인 이차방정식은
$(x-2)(x+4)=0$ 　$\therefore x^2+2x-8=0$
따라서 $a=2$, $b=8$이므로 $b-a=8-2=6$ 　답 ④

06

두 근이 $\dfrac{1}{2}$, $\dfrac{1}{3}$이고 x^2의 계수가 6인 이차방정식은
$6\left(x-\dfrac{1}{2}\right)\left(x-\dfrac{1}{3}\right)=0$, $6\left(x^2-\dfrac{5}{6}x+\dfrac{1}{6}\right)=0$
$\therefore 6x^2-5x+1=0$
따라서 $a=-5$, $b=1$이므로 이차방정식 $-5x^2+x+4=0$에서
$5x^2-x-4=0$, $(5x+4)(x-1)=0$
$\therefore x=-\dfrac{4}{5}$ 또는 $x=1$ 　답 ③

07

x^2의 계수가 -2이고 $x=3$을 중근으로 갖는 이차방정식은
$-2(x-3)^2=0$, $-2(x^2-6x+9)=0$
$\therefore -2x^2+12x-18=0$ 　답 ④

08

$2x^2+5x+3=0$에서 $(2x+3)(x+1)=0$
$\therefore x=-\dfrac{3}{2}$ 또는 $x=-1$
따라서 $x=-1$을 중근으로 갖고, x^2의 계수가 3인 이차방정식은
$3(x+1)^2=0$, $3(x^2+2x+1)=0$
$\therefore 3x^2+6x+3=0$ 　답 $3x^2+6x+3=0$

개념 09 이차방정식의 활용

본교재 | 116쪽

개념 콕콕

1 $x+1$, $x+1$, 30, 30, 5, 5, 5, 5, 6
2 $x-3$, 56, 56, 8, 8, 8, 8

대표 유형

본교재 | 117~118쪽

1 ②	**1**-1 ⑤	**1**-2 ④
2 ②	**2**-1 ③	**2**-2 ③
3 ③	**3**-1 6초	**3**-2 3초
4 3 m	**4**-1 4 m	**4**-2 2 cm

1-1

$\dfrac{n(n-3)}{2}=44$에서 $n^2-3n-88=0$

$(n+8)(n-11)=0$ $\quad \therefore n=-8$ 또는 $n=11$

이때 $n \geq 4$이므로 $n=11$

따라서 구하는 다각형은 십일각형이다. **답** ⑤

1-2

$\dfrac{n(n+1)}{2}=78$에서 $n^2+n-156=0$

$(n+13)(n-12)=0$ $\quad \therefore n=-13$ 또는 $n=12$

이때 n은 자연수이므로 $n=12$ **답** ④

2-1

연속하는 두 홀수를 x, $x+2$라고 하면

$x^2+(x+2)^2=74$, $x^2+x^2+4x+4=74$

$2x^2+4x-70=0$, $x^2+2x-35=0$

$(x+7)(x-5)=0$ $\quad \therefore x=-7$ 또는 $x=5$

이때 x는 홀수이므로 $x=5$

따라서 두 홀수는 5, 7이므로 두 홀수 중 큰 수는 7이다. **답** ③

2-2

연속하는 세 자연수를 $x-1$, x, $x+1$이라고 하면

$5\{(x+1)+(x-1)\}+39=x^2$, $10x+39=x^2$

$x^2-10x-39=0$, $(x+3)(x-13)=0$

$\therefore x=-3$ 또는 $x=13$

이때 x는 자연수이므로 $x=13$

따라서 가장 작은 수는 $13-1=12$ **답** ③

3-1

$-5t^2+25t+30=0$에서 $t^2-5t-6=0$

$(t+1)(t-6)=0$ $\quad \therefore t=-1$ 또는 $t=6$

이때 $t>0$이므로 $t=6$

따라서 이 공이 지면에 떨어지는 것은 공을 던진 지 6초 후이다.

답 6초

3-2

$40t-5t^2=75$에서 $t^2-8t+15=0$

$(t-3)(t-5)=0$ $\quad \therefore t=3$ 또는 $t=5$

따라서 이 물 로켓의 높이가 처음으로 75 m가 되는 것은 쏘아 올린 지 3초 후이다. **답** 3초

4-1

산책로의 폭을 x m라고 하면

$(20-x)(16-x)=192$, $320-36x+x^2=192$

$x^2-36x+128=0$, $(x-4)(x-32)=0$

$\therefore x=4$ 또는 $x=32$

이때 $0<x<16$이므로 $x=4$

따라서 산책로의 폭은 4 m이다. **답** 4 m

4-2

작은 정사각형의 한 변의 길이를 x cm라고 하면

$x^2+(9-x)^2=53$, $x^2+81-18x+x^2=53$

$2x^2-18x+28=0$, $x^2-9x+14=0$

$(x-2)(x-7)=0$ $\quad \therefore x=2$ 또는 $x=7$

따라서 작은 정사각형의 한 변의 길이는 2 cm이다. **답** 2 cm

배운대로 해결하기

본교재 | 119쪽

01 16명	**02** ③	**03** 6	**04** ①
05 ④	**06** 2초	**07** 3 cm	**08** ②

01

$\dfrac{n(n-1)}{2}=120$에서 $n^2-n-240=0$

$(n+15)(n-16)=0$ $\quad \therefore n=-15$ 또는 $n=16$

이때 n은 자연수이므로 $n=16$

따라서 이 모임의 회원 수는 16명이다. **답** 16명

02

연속하는 두 정수를 x, $x+1$이라고 하면
$x^2+(x+1)^2=113$, $x^2+x^2+2x+1=113$
$2x^2+2x-112=0$, $x^2+x-56=0$
$(x+8)(x-7)=0$ ∴ $x=-8$ 또는 $x=7$
따라서 구하는 두 정수는 -8, -7 또는 7, 8이므로 두 수의 곱은
56이다.   답 ③

03

어떤 자연수를 x라고 하면
$4(x+2)=(x+4)^2-68$, $4x+8=x^2+8x+16-68$
$x^2+4x-60=0$, $(x+10)(x-6)=0$
∴ $x=-10$ 또는 $x=6$
이때 x는 자연수이므로 $x=6$ 답 6

04

동생의 나이를 x세라고 하면 언니의 나이는 $(x+3)$세이므로
$x(x+3)=88$, $x^2+3x=88$
$x^2+3x-88=0$, $(x+11)(x-8)=0$
∴ $x=-11$ 또는 $x=8$
이때 x는 자연수이므로 $x=8$
따라서 동생의 나이는 8세이다.   답 ①

05

$120+25t-5t^2=0$에서 $t^2-5t-24=0$
$(t+3)(t-8)=0$ ∴ $t=-3$ 또는 $t=8$
이때 $t>0$이므로 $t=8$
따라서 이 물 로켓이 지면에 떨어지는 것은 쏘아 올린 지 8초 후이
다.   답 ④

06

$30t-5t^2=40$에서 $t^2-6t+8=0$
$(t-2)(t-4)=0$ ∴ $t=2$ 또는 $t=4$
따라서 이 폭죽의 높이가 처음으로 40 m가 되는 것은 쏘아 올린 지
2초 후이다.   답 2초

07

처음 원의 반지름의 길이를 x cm라고 하면
$\pi\times(x+3)^2=4\times\pi\times x^2$, $x^2+6x+9=4x^2$
$3x^2-6x-9=0$, $x^2-2x-3=0$
$(x+1)(x-3)=0$ ∴ $x=-1$ 또는 $x=3$
이때 $x>0$이므로 $x=3$
따라서 처음 원의 반지름의 길이는 3 cm이다.   답 3 cm

08

세로의 길이를 x cm라고 하면 가로의 길이는 $(20-x)$ cm이므로
$x(20-x)=96$, $20x-x^2=96$
$x^2-20x+96=0$, $(x-8)(x-12)=0$
∴ $x=8$ 또는 $x=12$
이때 가로의 길이가 세로의 길이보다 더 길므로 $x=8$
따라서 세로의 길이는 8 cm이다.   답 ②

개념 넓히기로 마무리

본교재 | 120~122쪽

01 ⑤	**02** ①	**03** ⑤	**04** ①
05 ⑤	**06** ③	**07** ⑤	**08** ⑤
09 ①	**10** ②	**11** ③	**12** 6
13 ④	**14** 11	**15** 4, 6	
16 3 cm 또는 10 cm		**17** 10	**18** -5
19 2초	**20** 3	**21** -6	**22** 15 cm

01

② $5x-6=x^2$에서 $x^2-5x+6=0$이므로 이차방정식이다.
④ $2(x^2-1)=2x-5$에서 $2x^2-2=2x-5$, $2x^2-2x+3=0$이므로
   이차방정식이다.
⑤ $x(x+4)=x^2-5x$에서 $x^2+4x=x^2-5x$, $9x=0$이므로 일차
   방정식이다.   답 ⑤

02

$x=2$를 $x^2+(3+a)x-a=0$에 대입하면
$2^2+(3+a)\times2-a=0$, $4+6+2a-a=0$
$a+10=0$ ∴ $a=-10$ 답 ①

03

$3x^2-16x+5=0$에서 $(3x-1)(x-5)=0$
∴ $x=\dfrac{1}{3}$ 또는 $x=5$
$x^2-3x=10$에서 $x^2-3x-10=0$
$(x+2)(x-5)=0$ ∴ $x=-2$ 또는 $x=5$
따라서 두 이차방정식의 공통인 근은 $x=5$이다.   답 ⑤

04

$x^2-2x-8=0$에서 $(x+2)(x-4)=0$
∴ $x=-2$ 또는 $x=4$
따라서 $x=4$가 $x^2+ax+4=0$의 한 근이므로
$4^2+a\times4+4=0$, $4a+20=0$
$4a=-20$ ∴ $a=-5$ 답 ①

05

$2a-1=\left(\dfrac{-10}{2}\right)^2$에서 $2a=26$ $\therefore a=13$ 답 ⑤

06

$(x+a)^2=b$에서 $x+a=\pm\sqrt{b}$ $\therefore x=-a\pm\sqrt{b}$

이때 $x=\dfrac{-3\pm\sqrt{5}}{2}=-\dfrac{3}{2}\pm\sqrt{\dfrac{5}{4}}$이므로 $a=\dfrac{3}{2}$, $b=\dfrac{5}{4}$

$\therefore 2a+4b=2\times\dfrac{3}{2}+4\times\dfrac{5}{4}=8$ 답 ③

07

$x^2-3x+1=0$에서 $x^2-3x=-1$

$x^2-3x+\dfrac{9}{4}=-1+\dfrac{9}{4}$, $\left(x-\dfrac{3}{2}\right)^2=\dfrac{5}{4}$

$x-\dfrac{3}{2}=\pm\dfrac{\sqrt{5}}{2}$ $\therefore x=\dfrac{3\pm\sqrt{5}}{2}$

따라서 ⑤에 알맞은 것은 $\dfrac{3\pm\sqrt{5}}{2}$이다. 답 ⑤

08

$-2x^2+6x-A=0$에서 $2x^2-6x+A=0$

$\therefore x=\dfrac{-(-3)\pm\sqrt{(-3)^2-2\times A}}{2}=\dfrac{3\pm\sqrt{9-2A}}{2}$

이때 $9-2A=3$, $B=3$이므로 $A=3$, $B=3$

$\therefore A+B=3+3=6$ 답 ⑤

09

주어진 이차방정식의 양변에 10을 곱하면

$x^2+10x+4=0$

$\therefore x=\dfrac{-5\pm\sqrt{5^2-1\times4}}{1}=-5\pm\sqrt{21}$ 답 ①

10

$3x+2=A$로 치환하면 $A^2+2A-15=0$

$(A+5)(A-3)=0$ $\therefore A=-5$ 또는 $A=3$

즉, $3x+2=-5$ 또는 $3x+2=3$이므로

$x=-\dfrac{7}{3}$ 또는 $x=\dfrac{1}{3}$ 답 ②

11

ㄱ. $(-1)^2-4\times1\times1=-3<0$이므로 근을 갖지 않는다.

ㄴ. $3^2-4\times2\times(-1)=17>0$이므로 서로 다른 두 근을 갖는다.

ㄷ. $3^2-3\times2=3>0$이므로 서로 다른 두 근을 갖는다.

ㄹ. $0.4x^2-1.2x+0.9=0$에서 $4x^2-12x+9=0$

  $(-6)^2-4\times9=0$이므로 중근을 갖는다.

따라서 서로 다른 두 근을 갖는 것은 ㄴ, ㄷ이다. 답 ③

12

$(k-1)^2-4\times1\times(k-1)=0$이어야 하므로

$k^2-2k+1-4k+4=0$, $k^2-6k+5=0$

$(k-1)(k-5)=0$ $\therefore k=1$ 또는 $k=5$

따라서 모든 상수 k의 값의 합은 $1+5=6$ 답 6

13

두 근을 α, 3α라고 하면 x^2의 계수는 1이므로 주어진 이차방정식은

$(x-\alpha)(x-3\alpha)=0$, $x^2-4\alpha x+3\alpha^2=0$

이때 $-4\alpha=-4$이므로 $\alpha=1$

$\therefore k+1=3\alpha^2=3\times1^2=3$

$\therefore k=2$ 답 ④

14

수민 : $(x-1)(x-5)=0$에서 $x^2-6x+5=0$

  x의 계수 a를 잘못 보고 풀었으므로 $b=5$

주형 : $(x+3)^2=0$에서 $x^2+6x+9=0$

  상수항 b를 잘못 보고 풀었으므로 $a=6$

따라서 $a=6$, $b=5$이므로 $a+b=6+5=11$ 답 11

15

연속하는 두 짝수를 x, $x+2$라고 하면

$(x+2)^2=2x^2+4$, $x^2+4x+4=2x^2+4$

$x^2-4x=0$, $x(x-4)=0$ $\therefore x=0$ 또는 $x=4$

이때 x는 짝수이므로 $x=4$

따라서 연속하는 두 짝수는 4, 6이다. 답 4, 6

16

처음 정사각형의 한 변의 길이를 x cm라고 하면

$(x+15)(x-2)=2x^2$, $x^2+13x-30=2x^2$

$x^2-13x+30=0$, $(x-3)(x-10)=0$

$\therefore x=3$ 또는 $x=10$

따라서 처음 정사각형의 한 변의 길이는 3 cm 또는 10 cm이다.

  답 3 cm 또는 10 cm

17

$x=-2$를 $x^2-ax-3a=0$에 대입하면

$(-2)^2-a\times(-2)-3a=0$, $4+2a-3a=0$

$4-a=0$ $\therefore a=4$ ······ 40 %

즉, $x^2-4x-12=0$에서 $(x+2)(x-6)=0$

$\therefore x=-2$ 또는 $x=6$

즉, $b=6$이다. ······ 40 %

$\therefore a+b=4+6=10$ ······ 20 %

  답 10

18

$-4a+1=\left(\dfrac{6}{2}\right)^2$에서 $-4a=8$ $\quad \therefore a=-2$ $\quad$ 40%

$a=-2$를 $x^2+6x-4a+1=0$에 대입하면

$x^2+6x+9=0$, $(x+3)^2=0$ $\quad \therefore x=-3$

$\therefore b=-3$ $\quad$ 40%

$\therefore a+b=-2+(-3)=-5$ $\quad$ 20%

답 -5

19

$h=50t-5t^2$에 $h=120$을 대입하면

$50t-5t^2=120$ $\quad$ 20%

$t^2-10t+24=0$, $(t-4)(t-6)=0$

$\therefore t=4$ 또는 $t=6$ $\quad$ 50%

따라서 공의 높이가 120 m 이상인 것은 4초부터 6초까지이므로 2초 동안이다. $\quad$ 30%

답 2초

20

$(a+1)◎(2a-1)=(a+1)+(2a-1)^2-(a+1)(2a-1)$

$\qquad\qquad\qquad =(a+1)+(4a^2-4a+1)-(2a^2+a-1)$

$\qquad\qquad\qquad =2a^2-4a+3$

$(a+1)◎(2a-1)=9$에서 $2a^2-4a+3=9$

$2a^2-4a-6=0$, $a^2-2a-3=0$

$(a+1)(a-3)=0$ $\quad \therefore a=-1$ 또는 $a=3$

그런데 $a>0$이므로 $a=3$

답 3

21

$\dfrac{-b-\sqrt{b^2-4ac}}{a}=-6$이므로 $\dfrac{-b-\sqrt{b^2-4ac}}{2a}=-3$

$\dfrac{-b+\sqrt{b^2-4ac}}{a}=4$이므로 $\dfrac{-b+\sqrt{b^2-4ac}}{2a}=2$

따라서 이 이차방정식의 옳은 두 근은 -3, 2이므로 그 곱은

$-3\times2=-6$

답 -6

22

처음 직사각형 모양의 종이의 세로의 길이를 x cm라고 하면 가로의 길이는 $(x+5)$ cm이므로

$3(x+5-6)(x-6)=108$, $(x-1)(x-6)=36$

$x^2-7x+6=36$, $x^2-7x-30=0$

$(x+3)(x-10)=0$ $\quad \therefore x=-3$ 또는 $x=10$

이때 $x>6$이므로 $x=10$

따라서 처음 직사각형 모양의 종이의 세로의 길이가 10 cm이므로 가로의 길이는

$10+5=15$(cm)

답 15 cm

1. 이차함수와 그 그래프

개념 01 이차함수

개념 콕콕 $\qquad$ 본교재 | 124쪽

> **1** (1) $\times$ (2) $\times$ (3) $\bigcirc$ (4) $\bigcirc$
>
> **2** (1) $y=x^2+3x$, $\bigcirc$ (2) $y=4x$, $\times$ (3) $y=\pi x^2$, $\bigcirc$
>
> **3** (1) 6 (2) 3

1

(1) 이차방정식

(2) 일차함수

3

(1) $f(2)=2^2-2+4=6$

(2) $f(2)=2\times2^2+2-7=3$

대표 유형 $\qquad$ 본교재 | 125쪽

> **1** ③, ⑤ $\quad$ **1**-1 ②, ④ $\quad$ **1**-2 ④
>
> **2** ④ $\quad$ **2**-1 ⑤ $\quad$ **2**-2 4

1-1

① 이차식이다.

③ x가 분모에 있으므로 이차함수가 아니다.

④ $y=(x-2)(x+2)$에서 $y=x^2-4$이므로 이차함수이다.

⑤ $y=3x^2-3x(x+1)$에서 $y=3x^2-3x^2-3x$, $y=-3x$이므로 일차함수이다.

따라서 y가 x에 대한 이차함수인 것은 ②, ④이다. $\quad$ 답 ②, ④

1-2

① $y=2\pi x$ $\qquad$ ② $y=x^3$ $\qquad$ ③ $y=5x$

④ $y=\dfrac{1}{6}\pi x^2$ $\qquad$ ⑤ $y=5x$

따라서 y가 x에 대한 이차함수인 것은 ④이다. $\quad$ 답 ④

2-1

$f(2)=3\times2^2+2\times2-6=10$

$f(-2)=3\times(-2)^2+2\times(-2)-6=2$

$\therefore f(2)+f(-2)=10+2=12$ $\quad$ 답 ⑤

2 -2

$f(-1)=-4$이므로 $f(-1)=a\times(-1)^2+5\times(-1)-3=-4$

$a-8=-4$ ∴ $a=4$ 답 4

개념 02 이차함수 $y=x^2$의 그래프

개념 콕콕   본교재 | 126쪽

1 (1) 0, 0, 아래 (2) $x=0$ (3) 증가 (4) 위 (5) x

2 (1) 0, 0, 위 (2) $x=0$ (3) 감소 (4) 아래 (5) x

대표 유형   본교재 | 127쪽

3 ④   **3 -1** ⑤

4 ②   **4 -1** ④   **4 -2** ①

3 -1

① 위로 볼록한 곡선이다.

② 축의 방정식은 $x=0$이다.

③ 이차함수 $y=x^2$의 그래프와 x축에 대칭이다.

④ $x>0$일 때, x의 값이 증가하면 y의 값은 감소한다.   답 ⑤

4 -1

④ $y=-x^2$에 $x=2$, $y=4$를 대입하면 $4\neq-2^2$ 답 ④

4 -2

$y=-x^2$에 $x=-4$, $y=a$를 대입하면

$a=-(-4)^2=-16$ 답 ①

개념 03 이차함수 $y=ax^2$의 그래프

개념 콕콕   본교재 | 128쪽

1 (1) 0, 0, 아래 (2) y (3) $-2x^2$ (4) 증가

2 (1) ㄴ, ㄷ, ㅁ (2) ㄹ (3) ㄷ과 ㅂ

대표 유형   본교재 | 129쪽

5 ①   **5 -1** ③   **5 -2** ⑤

6 ②   **6 -1** ③   **6 -2** $\dfrac{5}{8}$

5 -1

그래프가 아래로 볼록하면서 폭이 가장 넓은 것은 x^2의 계수가 양수이면서 절댓값의 크기가 가장 작은 것이므로 ③이다.   답 ③

5 -2

⑤ $\left|\dfrac{3}{2}\right|<|-3|$이므로 이차함수 $y=\dfrac{3}{2}x^2$의 그래프가 이차함수 $y=-3x^2$의 그래프보다 폭이 넓다.   답 ⑤

6 -1

$y=-\dfrac{1}{3}x^2$에 $x=k$, $y=-\dfrac{3}{4}$을 대입하면

$-\dfrac{3}{4}=-\dfrac{1}{3}k^2$, $k^2=\dfrac{9}{4}$ ∴ $k=\dfrac{3}{2}$ $(\because k>0)$ 답 ③

6 -2

$y=ax^2$에 $x=4$, $y=2$를 대입하면

$2=16a$ ∴ $a=\dfrac{1}{8}$

$y=\dfrac{1}{8}x^2$에 $x=-2$, $y=b$를 대입하면

$b=\dfrac{1}{8}\times(-2)^2=\dfrac{1}{2}$

∴ $a+b=\dfrac{1}{8}+\dfrac{1}{2}=\dfrac{5}{8}$ 답 $\dfrac{5}{8}$

배운대로 해결하기   본교재 | 130쪽

01 ④	**02** ①, ⑤	**03** 12	**04** ①
05 ㉡, ㉤	**06** ②, ④	**07** ②	**08** -6

01

③ $y=(x+2)^2-4x$에서 $y=x^2+4x+4-4x$, $y=x^2+4$이므로 이차함수이다.

④ $y=-3(x+1)^2+3x^2$에서 $y=-3x^2-6x-3+3x^2$, $y=-6x-3$이므로 일차함수이다.

⑤ $y=(1-x)(4-x)$에서 $y=x^2-5x+4$이므로 이차함수이다.

따라서 y가 x에 대한 이차함수가 아닌 것은 ④이다.   답 ④

02

① $y=x^2$

② $y=8x^3$

③ $y=200x$

④ $y=60x$

⑤ $y=x(2x-3)$에서 $y=2x^2-3x$

따라서 y가 x에 대한 이차함수인 것은 ①, ⑤이다.　　📋 ①, ⑤

03

$f(1)=4$이므로

$f(1)=a-1-1=4$　　∴ $a=6$

따라서 $f(x)=6x^2-x-1$이므로

$f(-1)=6\times(-1)^2-(-1)-1=6$　　∴ $b=6$

∴ $a+b=6+6=12$　　📋 12

04

이차함수 $y=ax^2$의 그래프에서 y축에 가장 가까운 그래프는 폭이 가장 좁은 그래프이고, a의 절댓값이 클수록 폭이 좁아지므로 y축에 가장 가까운 것은 ①이다.　　📋 ①

05

a의 값이 큰 것부터 차례대로 나열하면

ㄴ, ㄱ, ㄷ, ㄹ, ㅁ이다.

따라서 a의 값이 가장 큰 것은 ㄴ이고, 가장 작은 것은 ㅁ이다.

📋 ㄴ, ㅁ

06

② 꼭짓점의 좌표는 $(0, 0)$이다.

④ 이차함수 $y=\dfrac{2}{5}x^2$의 그래프와 x축에 대칭이다.　　📋 ②, ④

07

$y=ax^2$에 $x=3$, $y=-6$을 대입하면

$-6=9a$　　∴ $a=-\dfrac{2}{3}$　　📋 ②

08

$y=3x^2$에 $x=a$, $y=12$를 대입하면

$12=3a^2$, $a^2=4$　　∴ $a=-2$ ($\because a<0$)

$y=3x^2$에 $x=-1$, $y=b$를 대입하면

$b=3\times(-1)^2=3$

∴ $ab=-2\times3=-6$　　📋 -6

개념 04 이차함수 $y=ax^2+q$의 그래프

본교재 | 131쪽

개념 콕콕

1 (1) $y=x^2+2$　(2) $y=3x^2-1$　(3) $y=-2x^2+4$
　　(4) $y=-4x^2-3$

2 (1) $(0, -1)$, $x=0$　(2) $(0, 3)$, $x=0$　(3) $(0, 7)$, $x=0$
　　(4) $(0, -2)$, $x=0$

대표 유형

본교재 | 132쪽

1 2　　　**1**-1 $\dfrac{1}{2}$　　　**1**-2 8

2 (가) -5, (나) 0, (다) -5

2-1 (가) 1, (나) 0, (다) 1　　　**2**-2 ⑤

1-1

이차함수 $y=-\dfrac{1}{4}x^2$의 그래프를 y축의 방향으로 q만큼 평행이동하면 $y=-\dfrac{1}{4}x^2+q$

따라서 $a=-\dfrac{1}{4}$, $q=\dfrac{3}{4}$이므로

$a+q=-\dfrac{1}{4}+\dfrac{3}{4}=\dfrac{1}{2}$　　📋 $\dfrac{1}{2}$

1-2

이차함수 $y=3x^2$의 그래프를 y축의 방향으로 -4만큼 평행이동하면 $y=3x^2-4$

$y=3x^2-4$에 $x=-2$, $y=k$를 대입하면

$k=3\times(-2)^2-4=8$　　📋 8

2-1

이차함수 $y=-3x^2+1$의 그래프에서

꼭짓점의 좌표는 $(0, 1)$이므로 (가)에 알맞은 수는 1이다.

축의 방정식은 $x=0$이므로 (나)에 알맞은 수는 0이다.

y축과 만나는 점의 y좌표는 1이므로 (다)에 알맞은 수는 1이다.

∴ (가) 1, (나) 0, (다) 1　　📋 (가) 1, (나) 0, (다) 1

2-2

① 아래로 볼록한 포물선이다.

② 꼭짓점의 좌표는 $(0, 4)$이다.

③ 축의 방정식은 $x=0$이다.

④ 제1, 2사분면을 지난다.　　📋 ⑤

개념 05 이차함수 $y=a(x-p)^2$의 그래프

개념 콕콕　본교재 | 133쪽

1 (1) $y=(x-1)^2$　(2) $y=4(x+2)^2$　(3) $y=-3(x-5)^2$
　(4) $y=-6(x+1)^2$

2 (1) $(2, 0)$, $x=2$　(2) $(-3, 0)$, $x=-3$
　(3) $(4, 0)$, $x=4$　(4) $(-7, 0)$, $x=-7$

대표 유형　본교재 | 134쪽

3 $\dfrac{1}{3}$　**3 -1** $\dfrac{2}{5}$　**3 -2** 4

4 (가) 3, (나) 3, (다) $x>3$

4 -1 (가) -6, (나) -6, (다) $x<-6$　**4 -2** ②, ⑤

3 -1

이차함수 $y=ax^2$의 그래프를 x축의 방향으로 $-\dfrac{4}{5}$만큼 평행이동하

면 $y=a\left(x+\dfrac{4}{5}\right)^2$

따라서 $a=-\dfrac{2}{5}$, $p=\dfrac{4}{5}$이므로

$a+p=-\dfrac{2}{5}+\dfrac{4}{5}=\dfrac{2}{5}$　　　　답 $\dfrac{2}{5}$

3 -2

이차함수 $y=4x^2$의 그래프를 x축의 방향으로 -2만큼 평행이동하

면 $y=4(x+2)^2$

$y=4(x+2)^2$에 $x=-1$, $y=k$를 대입하면

$k=4\times(-1+2)^2=4$　　　　답 4

4 -1

이차함수 $y=-3(x+6)^2$의 그래프에서

꼭짓점의 좌표는 $(-6, 0)$이므로 (가)에 알맞은 수는 -6이다.

축의 방정식은 $x=-6$이므로 (나)에 알맞은 수는 -6이다.

$x<-6$일 때, x의 값이 증가하면 y의 값도 증가하므로 (다)에 알맞

은 것은 $x<-6$이다.

$\therefore$ (가) -6, (나) -6, (다) $x<-6$　　답 (가) -6, (나) -6, (다) $x<-6$

4 -2

② 꼭짓점의 좌표는 $(-1, 0)$이다.

⑤ 이차함수 $y=-\dfrac{1}{2}x^2$의 그래프를 x축의 방향으로 -1만큼 평행

　이동한 것이다.　　　　답 ②, ⑤

배운대로 해결하기　본교재 | 135쪽

01 ②	**02** ①	**03** $(0, 2)$	**04** ㄷ, ㄹ
05 ④	**06** ①	**07** 2	**08** ③

01
답 ②

02

① 이차함수 $y=-4x^2+3$의 그래프를 y축의 방향으로 -4만큼 평
행이동하면 이차함수 $y=-4x^2-1$의 그래프와 완전히 포개어
진다.　　　　답 ①

03

이차함수 $y=\dfrac{1}{2}x^2$의 그래프를 y축의 방향으로 q만큼 평행이동하면

$y=\dfrac{1}{2}x^2+q$

$y=\dfrac{1}{2}x^2+q$에 $x=-2$, $y=4$를 대입하면

$4=\dfrac{1}{2}\times(-2)^2+q$　$\therefore q=2$

따라서 꼭짓점의 좌표는 $(0, 2)$이다.　　　답 $(0, 2)$

04

ㄱ. 꼭짓점의 좌표는 $(0, 3)$이다.

ㄴ. 점 $(2, -1)$을 지난다.

따라서 옳은 것은 ㄷ, ㄹ이다.　　　답 ㄷ, ㄹ

05

이차함수 $y=5x^2$의 그래프를 x축의 방향으로 p만큼 평행이동하면

$y=5(x-p)^2$

따라서 $a=5$, $p=9$이므로

$a+p=5+9=14$　　　　답 ④

06

이차함수 $y=(x+3)^2$의 그래프는 아래로 볼록하고 꼭짓점의 좌표

가 $(-3, 0)$, y축과 만나는 점의 좌표가 $(0, 9)$인 포물선이다.

답 ①

07

이차함수 $y=ax^2$의 그래프를 x축의 방향으로 6만큼 평행이동하면

$y=a(x-6)^2$

$y=a(x-6)^2$에 $x=5$, $y=2$를 대입하면

$2=a\times(5-6)^2$　$\therefore a=2$　　　답 2

08

㉠ $y=\dfrac{3}{4}x^2-1$, ㉡ $y=-\dfrac{3}{4}(x+1)^2$에 대하여

① ㉠은 점 $\left(1,\ -\dfrac{1}{4}\right)$을 지난다.

② ㉠의 꼭짓점의 좌표는 $(0,\ -1)$이고, ㉡의 꼭짓점의 좌표는 $(-1,\ 0)$이다.

④ ㉠의 축의 방정식은 $x=0$이고, ㉡의 축의 방정식은 $x=-1$이다.

⑤ ㉡의 그래프는 이차함수 $y=-\dfrac{3}{4}x^2$의 그래프를 평행이동한 것이다.

$\qquad\qquad\qquad\qquad\qquad\qquad$ 目 ③

개념 06 이차함수 $y=a(x-p)^2+q$의 그래프

개념 콕콕 $\qquad\qquad\qquad$ 본교재 | 136쪽

1 (1) $y=(x-2)^2+1$ (2) $y=-2(x+3)^2-1$
　(3) $y=4(x+4)^2+3$ (4) $y=-5(x-2)^2-2$
2 (1) $(1,\ 5)$, $x=1$ (2) $(-6,\ 1)$, $x=-6$
　(3) $(-2,\ -3)$, $x=-2$

대표 유형 $\qquad\qquad\qquad$ 본교재 | 137쪽

1 ③　　　**1** -1 ④　　　**1** -2 ③
2 ③, ⑤　　**2** -1 ④, ⑤　**2** -2 제 3사분면

1 -1

이차함수 $y=6(x-3)^2-2$의 그래프는 이차함수 $y=6x^2$의 그래프를 x축의 방향으로 3만큼, y축의 방향으로 -2만큼 평행이동한 것이므로
$p=3$, $q=-2$ 　　　　　　　　　 目 ④

1 -2

이차함수 $y=3x^2$의 그래프를 x축의 방향으로 5만큼, y축의 방향으로 -7만큼 평행이동하면
$y=3(x-5)^2-7$
$y=3(x-5)^2-7$에 $x=3$, $y=k$를 대입하면
$k=3\times(3-5)^2-7=5$ 　　　　 目 ③

2 -1

④ $x>2$일 때, x의 값이 증가하면 y의 값은 감소한다.

⑤ 평행이동하면 이차함수 $y=-\dfrac{1}{4}x^2$의 그래프와 포개어진다.

$\qquad\qquad\qquad\qquad\qquad\qquad$ 目 ④, ⑤

---

2 -2

이차함수 $y=(x-3)^2-4$의 그래프는 오른쪽 그림과 같으므로 제3사분면을 지나지 않는다.

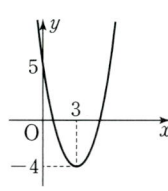

目 제3사분면

개념 07 이차함수 $y=a(x-p)^2+q$의 그래프에서 $a,\ p,\ q$의 부호

개념 콕콕 $\qquad\qquad\qquad$ 본교재 | 138쪽

1 (1) $>$ (2) $<,\ >$
2 (1) $<$ (2) $>,\ <$

대표 유형 $\qquad\qquad\qquad$ 본교재 | 139쪽

3 ④　　　**3** -1 ①　　**3** -2 ③
4 ③　　　**4** -1 ④

3 -1

그래프가 위로 볼록하므로
$a<0$
꼭짓점이 제2사분면 위에 있으므로
$p<0$, $-q>0$ 　∴ $p<0$, $q<0$ 　目 ①

3 -2

그래프가 위로 볼록하므로 $a<0$
꼭짓점이 제1사분면 위에 있으므로
$p>0$, $q>0$
따라서 $a<0$, $pq>0$이므로 일차함수 $y=ax+pq$의 그래프는 오른쪽 그림과 같이 제3사분면을 지나지 않는다.

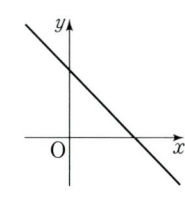

目 ③

4 -1

$a<0$이므로 그래프는 위로 볼록하고, $p<0$, $q<0$이므로 꼭짓점 $(p,\ q)$는 제3사분면 위에 있다.
따라서 이차함수 $y=a(x-p)^2+q$의 그래프는 ④이다. 　目 ④

Ⅲ-1. 이차함수와 그 그래프

개념 08 이차함수 $y=a(x-p)^2+q$의 그래프의 평행이동과 대칭이동

개념 콕콕
본교재 | 140쪽

1 (1) $y=(x-3)^2-2$ (2) $y=3(x+2)^2-4$
2 (1) $y=-(x-1)^2+3$ (2) $y=2(x+3)^2+5$
3 (1) $y=(x+2)^2-4$ (2) $y=5(x-6)^2-3$

1

(1) $y=(x-2-1)^2+2-4$ ∴ $y=(x-3)^2-2$
(2) $y=3(x+4-2)^2+1-5$ ∴ $y=3(x+2)^2-4$

2

(1) $-y=(x-1)^2-3$ ∴ $y=-(x-1)^2+3$
(2) $-y=-2(x+3)^2-5$ ∴ $y=2(x+3)^2+5$

3

(1) $y=(-x-2)^2-4$ ∴ $y=(x+2)^2-4$
(2) $y=5(-x+6)^2-3$ ∴ $y=5(x-6)^2-3$

대표 유형
본교재 | 141쪽

5 ④ **5** -1 ③ **5** -2 ③
6 ④ **6** -1 ② **6** -2 ③

5 -1

이차함수 $y=3(x-2)^2$의 그래프를 x축의 방향으로 -4만큼, y축의 방향으로 6만큼 평행이동하면
$y=3(x-2+4)^2+6$ ∴ $y=3(x+2)^2+6$
따라서 구하는 꼭짓점의 좌표는 $(-2, 6)$이다. 답 ③

5 -2

이차함수 $y=-(x+2)^2-1$의 그래프를 x축의 방향으로 m만큼, y축의 방향으로 n만큼 평행이동하면
$y=-(x+2-m)^2-1+n$
위의 그래프가 이차함수 $y=-(x-1)^2-2$의 그래프와 일치하므로
$2-m=-1$, $-1+n=-2$ ∴ $m=3$, $n=-1$
∴ $m+n=3+(-1)=2$ 답 ③

6 -1

이차함수 $y=-6(x+1)^2+3$의 그래프를 y축에 대칭이동하면
$y=-6(-x+1)^2+3$ ∴ $y=-6(x-1)^2+3$

따라서 $a=-6$, $p=1$, $q=3$이므로
$a+p+q=-6+1+3=-2$ 답 ②

6 -2

이차함수 $y=\frac{3}{2}(x+4)^2-7$의 그래프를 x축에 대칭이동하면
$-y=\frac{3}{2}(x+4)^2-7$ ∴ $y=-\frac{3}{2}(x+4)^2+7$
$y=-\frac{3}{2}(x+4)^2+7$에 $x=-2$, $y=k$를 대입하면
$k=-\frac{3}{2}\times(-2+4)^2+7=1$ 답 ③

배운대로 해결하기
본교재 | 142~143쪽

01 ④ **02** ④ **03** ① **04** $(-5, 2)$
05 ② **06** ④ **07** ② **08** ④
09 ③ **10** 8 **11** ② **12** ⑤
13 1 **14** ②

01

이차함수 $y=\frac{1}{2}(x-6)^2+\frac{1}{3}$의 그래프는 이차함수 $y=\frac{1}{2}x^2$의 그래프를 x축의 방향으로 6만큼, y축의 방향으로 $\frac{1}{3}$만큼 평행이동한 것이므로
$p=6$, $q=\frac{1}{3}$
∴ $pq=6\times\frac{1}{3}=2$ 답 ④

02

이차함수 $y=-(x-2)^2+1$의 그래프는 위로 볼록하고 꼭짓점의 좌표가 $(2, 1)$, y축과 만나는 점의 좌표가 $(0, -3)$인 포물선이다. 답 ④

03

이차함수 $y=-\frac{1}{3}x^2$의 그래프를 x축의 방향으로 4만큼, y축의 방향으로 -1만큼 평행이동하면
$y=-\frac{1}{3}(x-4)^2-1$
$y=-\frac{1}{3}(x-4)^2-1$에 $x=1$, $y=k$를 대입하면
$k=-\frac{1}{3}\times(1-4)^2-1=-4$ 답 ①

50 정답과 풀이

04

이차함수 $y=4x^2$의 그래프를 x축의 방향으로 -5만큼, y축의 방향으로 2만큼 평행이동하면

$y=4(x+5)^2+2$

따라서 이 그래프의 꼭짓점의 좌표는 $(-5,\ 2)$이다.　　답 $(-5,\ 2)$

05

② 축의 방정식은 $x=-1$이다.　　답 ②

06

주어진 이차함수의 그래프의 꼭짓점의 좌표를 각각 구하면

① $(-1,\ 0)$　②$(0,\ 5)$　③$(1,\ -4)$

④$(-2,\ 3)$　⑤$(-3,\ -5)$

따라서 꼭짓점이 제2사분면 위에 있는 것은 ④이다.　　답 ④

07

이차함수 $y=-2x^2$의 그래프를 x축의 방향으로 -4만큼, y축의 방향으로 7만큼 평행이동하면

$y=-2(x+4)^2+7$

따라서 $x<-4$일 때, x의 값이 증가하면 y의 값도 증가한다.　　답 ②

08

그래프가 위로 볼록하므로

$a<0$

꼭짓점이 제3사분면 위에 있으므로

$-p<0,\ -q<0$　∴ $p>0,\ q>0$

④ $a<0,\ p>0,\ q>0$이므로 $apq<0$　　답 ④

09

$a>0$이므로 그래프는 아래로 볼록하고, $-p>0,\ q<0$이므로 꼭짓점 $(-p,\ q)$는 제4사분면 위에 있다.

따라서 이차함수 $y=a(x+p)^2+q$의 그래프는 ③이다.　　답 ③

10

이차함수 $y=3x^2-5$의 그래프를 x축의 방향으로 a만큼, y축의 방향으로 1만큼 평행이동하면

$y=3(x-a)^2-5+1$　∴ $y=3(x-a)^2-4$

따라서 $a=4,\ q=-4$이므로 $a-q=4-(-4)=8$　　답 8

11

이차함수 $y=-2(x+5)^2+3$의 그래프를 x축의 방향으로 2만큼, y축의 방향으로 n만큼 평행이동하면

$y=-2(x+5-2)^2+3+n$　∴ $y=-2(x+3)^2+3+n$

$y=-2(x+3)^2+3+n$에 $x=-3,\ y=2$를 대입하면

$2=-2\times(-3+3)^2+3+n$

$2=3+n$　∴ $n=-1$　　답 ②

12

이차함수 $y=\frac{1}{3}(x-6)^2+2$의 그래프를 x축의 방향으로 -2만큼, y축의 방향으로 -1만큼 평행이동하면

$y=\frac{1}{3}(x-6+2)^2+2-1$

∴ $y=\frac{1}{3}(x-4)^2+1$

① 아래로 볼록한 포물선이다.

② 꼭짓점의 좌표는 $(4,\ 1)$이다.

③ 축의 방정식은 $x=4$이다.

④ y축과 만나는 점의 좌표는 $\left(0,\ \frac{19}{3}\right)$이다.　　답 ⑤

13

이차함수 $y=a(x-p)^2+q$의 그래프를 y축에 대칭이동하면

$y=a(-x-p)^2+q$　∴ $y=a(x+p)^2+q$

따라서 $a=2,\ p=4,\ q=-5$이므로

$a+p+q=2+4+(-5)=1$　　답 1

14

이차함수 $y=-4(x-3)^2-8$의 그래프를 x축에 대칭이동하면

$-y=-4(x-3)^2-8$　∴ $y=4(x-3)^2+8$

다시 y축에 대칭이동하면

$y=4(-x-3)^2+8$　∴ $y=4(x+3)^2+8$

따라서 구하는 꼭짓점의 좌표는 $(-3,\ 8)$이다.　　답 ②

개념 넓히기로 마무리　　본교재 | 144~146쪽

01 ②	02 ④	03 ②	04 ③
05 ④	06 ⑤	07 ③	08 ③
09 ①	10 ⑤	11 ③, ⑤	12 ⑤
13 ④	14 ⑤	15 ⑤	16 ②
17 9	18 3	19 제4사분면	
20 $y=3(x+1)^2-3$		21 15	22 30
23 $-2<k<3$			

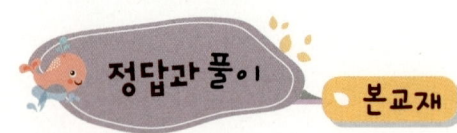

01

ㄱ. $y=x(x+4)$에서 $y=x^2+4x$

ㄴ. $y=5x^2\times x$에서 $y=5x^3$

ㄷ. $y=2000-600x$

ㄹ. $y=6x^2$

따라서 y가 x에 대한 이차함수인 것은 ㄱ, ㄹ이다. **답** ②

02

$y=(k+2)x^2+2x-3x^2$에서

$y=(k-1)x^2+2x$

위의 식이 x에 대한 이차함수가 되려면 $k-1\neq0$이어야 하므로

$k\neq1$ **답** ④

03

$f(a)=1$이므로 $f(a)=3a^2+a-3=1$

$3a^2+a-4=0$, $(3a+4)(a-1)=0$

$\therefore a=-\dfrac{4}{3}$ 또는 $a=1$ **답** ②

04

$y=ax^2$에 $x=-2$, $y=3$을 대입하면

$3=4a$ $\therefore a=\dfrac{3}{4}$

$y=\dfrac{3}{4}x^2$에 $x=4$, $y=b$를 대입하면

$b=\dfrac{3}{4}\times4^2=12$

$\therefore ab=\dfrac{3}{4}\times12=9$ **답** ③

05

이차함수 $y=ax^2$의 그래프가 아래로 볼록해야 하므로

$a>0$

이차함수 $y=ax^2$의 그래프가 이차함수 $y=2x^2$의 그래프보다 폭이 넓어야 하므로

$|a|<2$ $\therefore -2<a<2$

따라서 상수 a의 값의 범위는

$0<a<2$ **답** ④

06

$y=-\dfrac{1}{2}x^2+q$에 $x=2$, $y=1$을 대입하면

$1=-\dfrac{1}{2}\times2^2+q$ $\therefore q=3$ **답** ⑤

07

이차함수 $y=-5x^2-3$의 그래프는 오른쪽 그림과 같으므로 제3, 4사분면을 지난다.

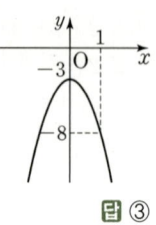

답 ③

08

이차함수 $y=-2x^2$의 그래프를 x축의 방향으로 1만큼 평행이동하면 $y=-2(x-1)^2$

$y=-2(x-1)^2$에 $x=0$을 대입하면

$y=-2\times(0-1)^2=-2$

따라서 y축과 만나는 점의 좌표는 $(0, -2)$이다. **답** ③

09

이차함수 $y=-(x+4)^2$의 그래프는 위로 볼록한 포물선이고, 꼭짓점의 좌표가 $(-4, 0)$이므로 $x<-4$일 때, x의 값이 증가하면 y의 값도 증가한다. **답** ①

10

⑤ 이차함수 $y=3x^2$의 그래프를 x축의 방향으로 -2만큼, y축의 방향으로 -8만큼 평행이동하면 이차함수 $y=3(x+2)^2-8$의 그래프와 완전히 포개어진다. **답** ⑤

11

① x축과 두 점에서 만난다.

② 점 $(2, 5)$를 지난다.

④ $x<-3$일 때, x의 값이 증가하면 y의 값도 증가한다. **답** ③, ⑤

12

$y=(x-a)^2-a$에 $x=1$, $y=5$를 대입하면

$5=(1-a)^2-a$, $5=1-2a+a^2-a$

$a^2-3a-4=0$, $(a+1)(a-4)=0$

$\therefore a=-1$ 또는 $a=4$

이때 꼭짓점 $(a, -a)$가 제4사분면 위에 있으므로 $a>0$

$\therefore a=4$ **답** ⑤

13

이차함수 $y=-3(x-p)^2+4$의 그래프의 꼭짓점의 좌표는 $(p, 4)$이다.

$y=x+2$에 $x=p$, $y=4$를 대입하면

$4=p+2$ $\therefore p=2$ **답** ④

14

그래프가 아래로 볼록하므로 $a>0$

꼭짓점이 제2사분면 위에 있으므로

$-p<0$, $q>0$ $\therefore p>0$, $q>0$ **답** ⑤

15

이차함수 $y=2(x-4)^2-1$의 그래프를 x축의 방향으로 2만큼, y축의 방향으로 3만큼 평행이동하면

$y=2(x-4-2)^2-1+3$ ∴ $y=2(x-6)^2+2$

따라서 꼭짓점의 좌표는 $(6, 2)$이므로 $a=6$, $b=2$

∴ $a+b=6+2=8$ 🔁 ⑤

16

이차함수 $y=-\dfrac{1}{4}(x+1)^2+2$의 그래프를 x축에 대칭이동하면

$-y=-\dfrac{1}{4}(x+1)^2+2$ ∴ $y=\dfrac{1}{4}(x+1)^2-2$

$y=\dfrac{1}{4}(x+1)^2-2$에 $x=-3$, $y=k$를 대입하면

$k=\dfrac{1}{4}\times(-3+1)^2-2=-1$ 🔁 ②

17

$f(2)=2^2+2\times2-7=1$ ‥‥‥ 40%

$f(-1)=(-1)^2+2\times(-1)-7=-8$ ‥‥‥ 40%

∴ $f(2)-f(-1)=1-(-8)=9$ ‥‥‥ 20%

🔁 9

18

이차함수 $y=-2x^2$의 그래프를 y축의 방향으로 3만큼 평행이동하면 $y=-2x^2+3$ ‥‥‥ 50%

이때 꼭짓점의 좌표는 $(0, 3)$이고, 축의 방정식은 $x=0$이므로

$a=0$, $b=3$, $c=0$ ‥‥‥ 30%

∴ $a+b+c=0+3+0=3$ ‥‥‥ 20%

🔁 3

19

그래프가 아래로 볼록하므로 $a>0$ ‥‥‥ 30%

꼭짓점의 x좌표가 음수이므로 $b<0$ ‥‥‥ 30%

이때 $a>0$, $-b>0$이므로 일차함수 $y=ax-b$
의 그래프는 오른쪽 그림과 같이 제4사분면을
지나지 않는다. ‥‥‥ 40%

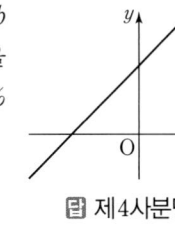

🔁 제4사분면

20

이차함수 $y=3(x+2)^2-1$의 그래프를 x축의 방향으로 3만큼, y축의 방향으로 -2만큼 평행이동하면

$y=3(x+2-3)^2-1-2$ ∴ $y=3(x-1)^2-3$ ‥‥‥ 50%

$y=3(x-1)^2-3$의 그래프를 y축에 대칭이동하면

$y=3-(-x-1)^2-3$ ∴ $y=3(x+1)^2-3$ ‥‥‥ 50%

🔁 $y=3(x+1)^2-3$

21

이차함수 $y=-\dfrac{1}{5}x^2$의 그래프와 x축에 대칭인 그래프를 나타내는 이차함수의 식은

$y=\dfrac{1}{5}x^2$

$y=\dfrac{1}{5}x^2$에 $x=a-5$, $y=a-1$을 대입하면

$a-1=\dfrac{1}{5}\times(a-5)^2$

$5a-5=a^2-10a+25$, $a^2-15a+30=0$

∴ $a=\dfrac{15\pm\sqrt{15^2-4\times1\times30}}{2}=\dfrac{15\pm\sqrt{105}}{2}$

따라서 모든 a의 값의 합은

$\dfrac{15+\sqrt{105}}{2}+\dfrac{15-\sqrt{105}}{2}=15$ 🔁 15

22

$y=\dfrac{1}{3}x^2-3$에 $y=0$을 대입하면

$0=\dfrac{1}{3}x^2-3$, $\dfrac{1}{3}x^2=3$

$x^2=9$ ∴ $x=\pm3$

∴ $A(-3, 0)$, $B(3, 0)$

$y=\dfrac{1}{3}x^2+2$에 $x=-3$을 대입하면

$y=\dfrac{1}{3}\times(-3)^2+2=5$ ∴ $C(-3, 5)$

$y=\dfrac{1}{3}x^2+2$에 $x=3$을 대입하면

$y=\dfrac{1}{3}\times3^2+2=5$ ∴ $D(3, 5)$

이때 주어진 두 이차함수의 그래프의 모양과 폭이 서로 같으므로

(색칠한 부분의 넓이)$=\square ABDC=6\times5=30$ 🔁 30

23

이차함수 $y=\dfrac{5}{4}(x+3)^2$의 그래프를 x축의 방향으로 k만큼, y축의 방향으로 $k+2$만큼 평행이동하면

$y=\dfrac{5}{4}(x+3-k)^2+k+2$

이때 꼭짓점의 좌표는 $(k-3, k+2)$이고, 꼭짓점이 제2사분면 위에 있으므로

$k-3<0$에서 $k<3$

$k+2>0$에서 $k>-2$

∴ $-2<k<3$ 🔁 $-2<k<3$

Ⅲ. 이차함수

2. 이차함수의 활용

개념 01 이차함수 $y=ax^2+bx+c$의 그래프

개념 콕콕
본교재 | 148쪽

1 2, 2, 1, 1, 1, 3
2 (1) 0, 0, 1, 1, 1 (2) 0, -3, -3

대표 유형
본교재 | 149~150쪽

1 ⑤	**1**-1 ③	**1**-2 ⑤
2 ⑤	**2**-1 ④	**2**-2 ③
3 ①	**3**-1 ⑤	**3**-2 $(0, 4)$
4 ④	**4**-1 ②	

1-1

$y=3x^2+6x+7=3(x^2+2x+1-1)+7$
$\quad =3(x+1)^2+4$
따라서 꼭짓점의 좌표는 $(-1, 4)$이고, 축의 방정식은 $x=-1$이다. 답 ③

1-2

$y=2x^2-12x+a=2(x^2-6x+9-9)+a$
$\quad =2(x-3)^2-18+a$
따라서 꼭짓점의 좌표는 $(3, -18+a)$이므로
$b=3, -18+a=-5$ ∴ $a=13, b=3$
∴ $a+b=13+3=16$ 답 ⑤

2-1

$y=-2x^2+8x-7=-2(x^2-4x+4-4)-7$
$\quad =-2(x-2)^2+1$
따라서 이차함수 $y=-2x^2+8x-7$의 그래프는 이차함수 $y=-2x^2$의 그래프를 x축의 방향으로 2만큼, y축의 방향으로 1만큼 평행이동한 것이므로 $p=2, q=1$
∴ $p+q=2+1=3$ 답 ④

2-2

$y=-x^2-8x-10=-(x^2+8x+16-16)-10$
$\quad =-(x+4)^2+6$
이 그래프를 x축의 방향으로 2만큼, y축의 방향으로 -3만큼 평행이동하면

$y=-(x+4-2)^2+6-3=-(x+2)^2+3$
따라서 구하는 꼭짓점의 좌표는 $(-2, 3)$이다. 답 ③

3-1

$y=-x^2+2x+8$에 $y=0$을 대입하면
$0=-x^2+2x+8$, $x^2-2x-8=0$
$(x+2)(x-4)=0$ ∴ $x=-2$ 또는 $x=4$
즉, x축과 만나는 두 점의 좌표는 $(-2, 0)$, $(4, 0)$이므로
$a=-2, b=4$ 또는 $a=4, b=-2$
또, $y=-x^2+2x+8$에 $x=0$을 대입하면 $y=8$
즉, y축과 만나는 점의 좌표는 $(0, 8)$이므로 $c=8$
∴ $a+b+c=-2+4+8=10$ 답 ⑤

3-2

$y=-2x^2+4x+k$에 $x=3, y=-2$를 대입하면
$-2=-18+12+k$ ∴ $k=4$
$y=-2x^2+4x+4$에 $x=0$을 대입하면 $y=4$
따라서 구하는 점의 좌표는 $(0, 4)$이다. 답 $(0, 4)$

4-1

$y=-3x^2-12x-3=-3(x^2+4x+4-4)-3$
$\quad =-3(x+2)^2+9$
① 위로 볼록한 포물선이다.
③ 축의 방정식은 $x=-2$이다.
④ $x<-2$일 때, x의 값이 증가하면 y의 값도 증가한다.
⑤ 이차함수 $y=-3x^2$의 그래프를 x축의 방향으로 -2만큼, y축의 방향으로 9만큼 평행이동한 것이다. 답 ②

개념 02 이차함수 $y=ax^2+bx+c$의 그래프에서 a, b, c의 부호

개념 콕콕
본교재 | 151쪽

1 (1) > (2) >, > (3) >
2 (1) < (2) <, > (3) <

대표 유형
본교재 | 152쪽

5 ③	**5**-1 ②	**5**-2 ④
6 ①	**6**-1 ②	

5 -1

그래프가 위로 볼록하므로 $a<0$

축이 y축의 왼쪽에 있으므로 $ab>0$ ∴ $b<0$

y축과의 교점이 x축보다 위쪽에 있으므로 $c>0$ 답 ②

5 -2

① 그래프가 아래로 볼록하므로 $a>0$

② 축이 y축의 왼쪽에 있으므로 $ab>0$ ∴ $b>0$

③ y축과의 교점이 x축보다 위쪽에 있으므로 $c>0$

④ $x=1$일 때, $y>0$이므로 $a+b+c>0$

⑤ $x=-1$일 때, $y<0$이므로 $a-b+c<0$

따라서 옳지 않은 것은 ④이다. 답 ④

6 -1

$a<0$이므로 그래프는 위로 볼록하고, $ab<0$이므로 축은 y축의 오른쪽에 있다.

또, $c>0$이므로 y축과의 교점은 x축보다 위쪽에 있다.

따라서 이차함수 $y=ax^2+bx+c$의 그래프로 알맞은 것은 ②이다.

답 ②

본교재 | 153쪽

🐳 배운대로 해결하기

01 ②	02 ③	03 ①	04 ①
05 ②	06 ①	07 ②	

01

$y=-3x^2+6x+a=-3(x^2-2x+1-1)+a$

$\quad =-3(x-1)^2+3+a$

따라서 꼭짓점의 좌표는 $(1, 3+a)$이므로

$b=1, 3+a=0$ ∴ $a=-3, b=1$

∴ $a+b=-3+1=-2$ 답 ②

02

$y=x^2-8x+a$에 $x=1$, $y=3$을 대입하면

$3=1^2-8\times 1+a$ ∴ $a=10$

∴ $y=x^2-8x+10=(x^2-8x+16-16)+10$

$\quad =(x-4)^2-6$

따라서 구하는 꼭짓점의 좌표는 $(4, -6)$이다. 답 ③

03

$y=-\dfrac{1}{2}x^2-x+2=-\dfrac{1}{2}(x^2+2x+1-1)+2$

$\quad =-\dfrac{1}{2}(x+1)^2+\dfrac{5}{2}$

이 그래프를 x축의 방향으로 -2만큼, y축의 방향으로 1만큼 평행 이동하면

$y=-\dfrac{1}{2}(x+1+2)^2+\dfrac{5}{2}+1$

$\quad =-\dfrac{1}{2}(x+3)^2+\dfrac{7}{2}$

따라서 구하는 꼭짓점의 좌표는 $\left(-3, \dfrac{7}{2}\right)$이다. 답 ①

04

$y=-2x^2+10x-12$에 $y=0$을 대입하면

$0=-2x^2+10x-12$, $x^2-5x+6=0$

$(x-2)(x-3)=0$ ∴ $x=2$ 또는 $x=3$

따라서 x축과 만나는 두 점의 좌표는 $(2, 0)$, $(3, 0)$이므로

$\overline{AB}=3-2=1$ 답 ①

05

$y=x^2-4x+5$

$\quad =(x^2-4x+4-4)+5$

$\quad =(x-2)^2+1$

② 꼭짓점의 좌표는 $(2, 1)$이다. 답 ②

06

그래프가 위로 볼록하므로 $a<0$

축이 y축의 왼쪽에 있으므로 $ab>0$ ∴ $b<0$

y축과의 교점이 x축보다 아래쪽에 있으므로 $c<0$ 답 ①

07

일차함수 $y=ax+b$의 그래프에서

$a>0$, $b<0$

따라서 이차함수 $y=x^2+ax+b$의 그래프는 아래로 볼록하고, 축은 y축의 왼쪽에 있으며, y축과의 교점은 x축보다 아래쪽에 있다.

따라서 이차함수 $y=x^2+ax+b$의 그래프로 알맞은 것은 ②이다.

답 ②

개념 03 이차함수의 식 구하기 (1)

개념 콕콕

본교재 | 154쪽

1 1, 4, 4, -3, -3, 1, 4

2 1, 5, 11, 3, 1, 3

---

1 ②　　　　　**1**-1 ⑤　　　　　**1**-2 ②
2 ③　　　　　**2**-1 ⑤
2-2 $y=2x^2-4x-2$

1-1

구하는 이차함수의 식을 $y=a(x+3)^2-6$으로 놓고
$x=0$, $y=12$를 대입하면
$12=9a-6$, $9a=18$
$\therefore a=2$
따라서 구하는 이차함수의 식은
$y=2(x+3)^2-6=2x^2+12x+12$　　　　　답 ⑤

1-2

구하는 이차함수의 식을 $y=a(x+2)^2+5$로 놓고
$x=-4$, $y=3$을 대입하면
$3=4a+5$, $4a=-2$
$\therefore a=-\dfrac{1}{2}$
$\therefore y=-\dfrac{1}{2}(x+2)^2+5=-\dfrac{1}{2}x^2-2x+3$

$y=-\dfrac{1}{2}x^2-2x+3$에 $x=0$을 대입하면
$y=3$
따라서 y축과 만나는 점의 좌표는 $(0,\ 3)$이다.　　　　답 ②

2-1

구하는 이차함수의 식을 $y=a(x+2)^2+q$로 놓고
$x=-1$, $y=3$을 대입하면 $3=a+q$　　　…… ㉠
$x=0$, $y=15$를 대입하면 $15=4a+q$　　…… ㉡
㉠, ㉡을 연립하여 풀면
$a=4$, $q=-1$
따라서 구하는 이차함수의 식은
$y=4(x+2)^2-1=4x^2+16x+15$　　　　答 ⑤

2-2

구하는 이차함수의 식을 $y=a(x-1)^2+q$로 놓자.
그래프가 두 점 $(0,\ -2)$, $(3,\ 4)$를 지나므로
$x=0$, $y=-2$를 대입하면 $-2=a+q$　　…… ㉠
$x=3$, $y=4$를 대입하면 $4=4a+q$　　　…… ㉡
㉠, ㉡을 연립하여 풀면
$a=2$, $q=-4$
따라서 구하는 이차함수의 식은
$y=2(x-1)^2-4=2x^2-4x-2$　　答 $y=2x^2-4x-2$

개념 **04** 이차함수의 식 구하기 (2)

1 c, $a+b+c$, $4a+2b+c$, -7, 3, 7, 3
2 2, 2, -1, -1, 2, 2

3 ①　　　　**3**-1 ③　　　　**3**-2 ③
4 ③　　　　**4**-1 ②　　　　**4**-2 ①

3-1

$y=ax^2+bx+c$에
$x=0$, $y=3$을 대입하면 $3=c$　　　　　　…… ㉠
$x=1$, $y=4$를 대입하면 $4=a+b+c$　　　…… ㉡
$x=4$, $y=-5$를 대입하면 $-5=16a+4b+c$　…… ㉢
㉠, ㉡, ㉢을 연립하여 풀면 $a=-1$, $b=2$, $c=3$
$\therefore a-b+c=-1-2+3=0$　　　　答 ③

3-2

구하는 이차함수의 식을 $y=ax^2+bx+c$로 놓고
$x=-1$, $y=9$를 대입하면 $9=a-b+c$　　…… ㉠
$x=0$, $y=4$를 대입하면 $4=c$　　　　　…… ㉡
$x=1$, $y=5$를 대입하면 $5=a+b+c$　　…… ㉢
㉠, ㉡, ㉢을 연립하여 풀면 $a=3$, $b=-2$, $c=4$
$\therefore y=3x^2-2x+4=3\left(x-\dfrac{1}{3}\right)^2+\dfrac{11}{3}$

따라서 꼭짓점의 좌표는 $\left(\dfrac{1}{3},\ \dfrac{11}{3}\right)$이다.　　答 ③

4-1

그래프가 x축과 두 점 $(-1,\ 0)$, $(3,\ 0)$에서 만나므로 구하는 이차함수의 식을 $y=a(x+1)(x-3)$으로 놓자.
이 그래프가 점 $(0,\ 3)$을 지나므로
$y=a(x+1)(x-3)$에 $x=0$, $y=3$을 대입하면
$3=-3a$　　$\therefore a=-1$
따라서 구하는 이차함수의 식은
$y=-(x+1)(x-3)=-x^2+2x+3$　　答 ②

4-2

구하는 이차함수의 식을 $y=a(x+4)(x-2)$로 놓고
$x=0$, $y=-8$을 대입하면
$-8=-8a$　　$\therefore a=1$

$$\therefore y=(x+4)(x-2)=x^2+2x-8$$
$$=(x+1)^2-9$$
따라서 꼭짓점의 y좌표는 -9이다. 　　　　　**답 ①**

개념 **05**　이차함수의 활용

개념 콕콕　　　　　　　　　　　　　　본교재 | 158쪽

1 35, 35, 7, 1, 1, 1

2 $10-x$, $10-x$, 10, 10, 10, 8, 8, 8, 8, 2, 2, 8

3 $8-x$, $8-x$, 8, 8, 8, 5, 5, 5

대표 유형　　　　　　　　　　　　　　본교재 | 159쪽

5 1초 또는 3초　　**5 -1** 2초 또는 4초　**5 -2** ④

6 6, 7　　　　　　**6 -1** 5, 16

6 -2 3 cm 또는 9 cm

5 -1

$y=-5x^2+30x+45$에 $y=85$를 대입하면
$85=-5x^2+30x+45$, $5x^2-30x+40=0$
$x^2-6x+8=0$, $(x-2)(x-4)=0$
$\therefore x=2$ 또는 $x=4$
따라서 이 공이 지면으로부터 85 m 높이에 도달하는 데 걸리는 시간은 2초 또는 4초이다. 　　　　　**답** 2초 또는 4초

5 -2

$y=-5x^2+60x$에 $y=0$을 대입하면
$0=-5x^2+60x$, $x^2-12x=0$
$x(x-12)=0$　　$\therefore x=0$ 또는 $x=12$
이때 $x>0$이므로 $x=12$
따라서 이 공이 지면에 떨어질 때까지 걸리는 시간은 12초이다.
　　　　　답 ④

6 -1

두 수 중 한 수를 x라고 하면 다른 한 수는 $21-x$이다.
두 수의 곱을 y라고 하면
$y=x(21-x)=-x^2+21x$
$y=-x^2+21x$에 $y=80$을 대입하면
$80=-x^2+21x$, $x^2-21x+80=0$
$(x-5)(x-16)=0$　　$\therefore x=5$ 또는 $x=16$
$x=5$일 때, 다른 한 수는 $21-5=16$

$x=16$일 때, 다른 한 수는 $21-16=5$
따라서 구하는 두 수는 5, 16이다. 　　　　　**답** 5, 16

6 -2

직사각형의 가로의 길이를 x cm라고 하면 세로의 길이는 $(12-x)$ cm이다.
직사각형의 넓이를 y cm²라고 하면
$y=x(12-x)=-x^2+12x$
$y=-x^2+12x$에 $y=27$을 대입하면
$27=-x^2+12x$, $x^2-12x+27=0$
$(x-3)(x-9)=0$　　$\therefore x=3$ 또는 $x=9$
따라서 구하는 직사각형의 가로의 길이는 3 cm 또는 9 cm이다.
　　　　　답 3 cm 또는 9 cm

배운대로 해결하기　　　　　　　　본교재 | 160～161쪽

01 ③　　**02** ④　　**03** 7　　**04** ④

05 ③　　**06** ③　　**07** ①　　**08** 2

09 ①　　**10** ③　　**11** ⑤　　**12** ③

13 ①　　**14** ⑤　　**15** 2, 7

16 4 cm 또는 11 cm

01

구하는 이차함수의 식을 $y=a(x+2)^2+3$으로 놓고 $x=0$, $y=7$을 대입하면
$7=4a+3$, $4a=4$　　$\therefore a=1$
따라서 구하는 이차함수의 식은
$y=(x+2)^2+3=x^2+4x+7$ 　　　　　**답 ③**

02

구하는 이차함수의 식을 $y=a(x-4)^2-1$로 놓고 $x=3$, $y=1$을 대입하면
$1=a-1$　　$\therefore a=2$
$\therefore y=2(x-4)^2-1=2x^2-16x+31$
$y=2x^2-16x+31$에 $x=0$을 대입하면 $y=31$
따라서 y축과 만나는 점의 y좌표는 31이다. 　　　　　**답 ④**

03

꼭짓점의 좌표가 $(2, -5)$이므로 구하는 이차함수의 식을 $y=a(x-2)^2-5$로 놓자.
그래프가 점 $(0, -2)$를 지나므로 $y=a(x-2)^2-5$에
$x=0$, $y=-2$를 대입하면
$-2=4a-5$, $4a=3$　　$\therefore a=\dfrac{3}{4}$

따라서 $y = \frac{3}{4}(x-2)^2 - 5$에 $x=6$, $y=k$를 대입하면

$k = \frac{3}{4} \times 4^2 - 5 = 7$ **답** 7

04
구하는 이차함수의 식을 $y = a(x+1)^2 + q$로 놓자.
그래프가 두 점 $(-3, 3)$, $(0, 0)$을 지나므로
$x=-3$, $y=3$을 대입하면 $3 = 4a + q$ ······ ㉠
$x=0$, $y=0$을 대입하면 $0 = a + q$ ······ ㉡
㉠, ㉡을 연립하여 풀면 $a=1$, $q=-1$
따라서 구하는 이차함수의 식은
$y = (x+1)^2 - 1 = x^2 + 2x$ **답** ④

05
구하는 이차함수의 식을 $y = a(x+2)^2 + q$로 놓고
$x=-1$, $y=1$을 대입하면 $1 = a + q$ ······ ㉠
$x=0$, $y=-5$를 대입하면 $-5 = 4a + q$ ······ ㉡
㉠, ㉡을 연립하여 풀면 $a=-2$, $q=3$
$\therefore y = -2(x+2)^2 + 3$
따라서 꼭짓점의 좌표는 $(-2, 3)$이다.   **답** ③

06
조건 ㈎, ㈐에 의하여 구하는 이차함수의 식을 $y = -4(x-2)^2 + q$로 놓자.
조건 ㈏에 의하여 $y = -4(x-2)^2 + q$에 $x=3$, $y=4$를 대입하면
$4 = -4 + q$ $\therefore q = 8$
$\therefore y = -4(x-2)^2 + 8 = -4x^2 + 16x - 8$
따라서 $a=-4$, $b=16$, $c=-8$이므로
$a+b+c = -4 + 16 + (-8) = 4$ **답** ③

07
구하는 이차함수의 식을 $y = ax^2 + bx + c$로 놓고
$x=-2$, $y=0$을 대입하면 $0 = 4a - 2b + c$ ······ ㉠
$x=-1$, $y=-5$를 대입하면 $-5 = a - b + c$ ······ ㉡
$x=0$, $y=-12$를 대입하면 $-12 = c$ ······ ㉢
㉠, ㉡, ㉢을 연립하여 풀면 $a=-1$, $b=-8$, $c=-12$
따라서 구하는 이차함수의 식은
$y = -x^2 - 8x - 12$ **답** ①

08
구하는 이차함수의 식을 $y = ax^2 + bx + c$로 놓고
$x=-1$, $y=-1$을 대입하면 $-1 = a - b + c$ ······ ㉠
$x=0$, $y=4$를 대입하면 $4 = c$ ······ ㉡

$x=1$, $y=7$을 대입하면 $7 = a + b + c$ ······ ㉢
㉠, ㉡, ㉢을 연립하여 풀면
$a=-1$, $b=4$, $c=4$
따라서 $y = -x^2 + 4x + 4 = -(x-2)^2 + 8$이므로 축의 방정식은
$x=2$이다.
$\therefore p = 2$ **답** 2

09
그래프가 세 점 $(-1, 0)$, $(0, 3)$, $(2, 3)$을 지나므로
$y = ax^2 + bx + c$에
$x=-1$, $y=0$을 대입하면 $0 = a - b + c$ ······ ㉠
$x=0$, $y=3$을 대입하면 $3 = c$ ······ ㉡
$x=2$, $y=3$을 대입하면 $3 = 4a + 2b + c$ ······ ㉢
㉠, ㉡, ㉢을 연립하여 풀면
$a=-1$, $b=2$, $c=3$
$\therefore abc = -1 \times 2 \times 3 = -6$ **답** ①

10
구하는 이차함수의 식은
$y = -2(x+3)(x-2) = -2x^2 - 2x + 12$
$y = -2x^2 - 2x + 12$에 $x=0$을 대입하면 $y=12$
따라서 그래프가 y축과 만나는 점의 좌표는 $(0, 12)$이다.   **답** ③

11
구하는 이차함수의 식을 $y = a(x+1)(x-5)$로 놓고
$x=4$, $y=-10$을 대입하면
$-10 = -5a$ $\therefore a = 2$
따라서 $y = 2(x+1)(x-5) = 2x^2 - 8x - 10$이므로
$b=-8$, $c=-10$
$\therefore a+b-c = 2 + (-8) - (-10) = 4$ **답** ⑤

12
그래프가 x축과 두 점 $(-2, 0)$, $(4, 0)$에서 만나므로 주어진 그래프를 나타내는 이차함수의 식을 $y = a(x+2)(x-4)$로 놓자.
이 그래프가 점 $(0, -4)$를 지나므로 $y = a(x+2)(x-4)$에
$x=0$, $y=-4$를 대입하면
$-4 = -8a$ $\therefore a = \frac{1}{2}$
$\therefore y = \frac{1}{2}(x+2)(x-4) = \frac{1}{2}(x^2 - 2x - 8)$
$\quad = \frac{1}{2}(x-1)^2 - \frac{9}{2}$
따라서 이 포물선을 x축의 방향으로 -2만큼, y축의 방향으로 $\frac{1}{2}$만큼 평행이동하면
$y = \frac{1}{2}(x-1+2)^2 - \frac{9}{2} + \frac{1}{2} = \frac{1}{2}(x+1)^2 - 4$ **답** ③

13

$y=-5x^2+35x$에 $x=3$을 대입하면

$y=-45+105=60$

따라서 물체를 쏘아 올린 지 3초 후의 물체의 높이는 60 m이다.

답 ①

14

$y=-5x^2+20x+60$에 $y=0$을 대입하면

$0=-5x^2+20x+60$, $x^2-4x-12=0$

$(x+2)(x-6)=0$ ∴ $x=-2$ 또는 $x=6$

이때 $x>0$이므로 $x=6$

따라서 이 물 로켓이 지면에 떨어질 때까지 걸리는 시간은 6초이다.

답 ⑤

15

두 자연수 중 작은 수를 x라고 하면 큰 수는 $x+5$이다.

두 자연수의 곱을 y라고 하면

$y=x(x+5)=x^2+5x$

$y=x^2+5x$에 $y=14$를 대입하면

$14=x^2+5x$, $x^2+5x-14=0$

$(x+7)(x-2)=0$ ∴ $x=-7$ 또는 $x=2$

이때 x는 자연수이므로 $x=2$

따라서 구하는 두 수는 2, 2+5=7이다.

답 2, 7

16

직사각형의 세로의 길이를 x cm라고 하면 가로의 길이는 $(15-x)$ cm이다.

직사각형의 넓이를 y cm²라고 하면

$y=x(15-x)=-x^2+15x$

$y=-x^2+15x$에 $y=44$를 대입하면

$44=-x^2+15x$, $x^2-15x+44=0$

$(x-4)(x-11)=0$ ∴ $x=4$ 또는 $x=11$

따라서 구하는 직사각형의 세로의 길이는 4 cm 또는 11 cm이다.

답 4 cm 또는 11 cm

개념 넓히기로 마무리

본교재 | 162~164쪽

01 ①	**02** ③	**03** ②	**04** ①
05 1	**06** ④	**07** ⑤	**08** ④
09 ③	**10** ③	**11** ①	**12** ③
13 ②	**14** ①	**15** ④	
16 $x=3$ 또는 $x=7$		**17** 1	**18** 제3사분면
19 8	**20** 6	**21** $y=-3(x-1)^2-2$	
22 200원 또는 700원			

01

$y=-x^2-6x-7=-(x^2+6x+9-9)-7$
$\quad =-(x+3)^2+2$

따라서 꼭짓점의 좌표는 $(-3,\ 2)$이고, 축의 방정식은 $x=-3$이다.

답 ①

02

$y=x^2-2x-a=(x^2-2x+1-1)-a$
$\quad =(x-1)^2-1-a$

에서 그래프의 꼭짓점의 좌표는 $(1,\ -1-a)$

$y=\frac{1}{2}x^2-x=\frac{1}{2}(x^2-2x+1-1)$

$\quad =\frac{1}{2}(x-1)^2-\frac{1}{2}$

에서 그래프의 꼭짓점의 좌표는 $\left(1,\ -\frac{1}{2}\right)$

이때 두 그래프의 꼭짓점이 일치하므로

$-1-a=-\frac{1}{2}$, $-a=\frac{1}{2}$ ∴ $a=-\frac{1}{2}$

답 ③

03

$y=-x^2+8x-5=-(x^2-8x+16-16)-5$
$\quad =-(x-4)^2+11$

이 그래프를 x축의 방향으로 -2만큼, y축의 방향으로 -6만큼 평행이동하면

$y=-(x-4+2)^2+11-6=-(x-2)^2+5$

따라서 구하는 꼭짓점의 좌표는 $(2,\ 5)$이다.

답 ②

04

$y=2x^2+5x-3$에 $y=0$을 대입하면

$0=2x^2+5x-3$, $(x+3)(2x-1)=0$

∴ $x=-3$ 또는 $x=\frac{1}{2}$

∴ $p=-3$, $q=\frac{1}{2}$ 또는 $p=\frac{1}{2}$, $q=-3$

$y=2x^2+5x-3$에 $x=0$을 대입하면

$y=-3$ ∴ $r=-3$

∴ $p+q-r=-3+\frac{1}{2}-(-3)=\frac{1}{2}$

답 ①

05

$y=x^2-4x+3+a=(x^2-4x+4-4)+3+a$
$\quad =(x-2)^2-1+a$

따라서 그래프의 꼭짓점의 좌표는 $(2,\ -1+a)$이고 이 그래프가 x축에 접하므로

$-1+a=0$ ∴ $a=1$

답 1

06

$y = -2x^2 + 4x + 7$
$= -2(x^2 - 2x + 1 - 1) + 7$
$= -2(x-1)^2 + 9$

④ 이차함수 $y = -2x^2$의 그래프를 x축의 방향으로 1만큼, y축의 방향으로 9만큼 평행이동한 것이다. **답 ④**

07

① 그래프가 아래로 볼록하므로 $a > 0$
② 축이 y축의 오른쪽에 있으므로 $ab < 0$ ∴ $b < 0$
③ y축과의 교점이 x축보다 아래쪽에 있으므로 $c < 0$
④ $x = 1$일 때, $y < 0$이므로 $a + b + c < 0$
⑤ $x = -1$일 때, $y > 0$이므로 $a - b + c > 0$ **답 ⑤**

08

그래프가 위로 볼록하므로 $a < 0$
축이 y축의 오른쪽에 있으므로 $ab < 0$ ∴ $b > 0$
y축과의 교점이 x축보다 위쪽에 있으므로 $c > 0$
따라서 $y = bx^2 - ax - c$에서 $b > 0$이므로 그래프는 아래로 볼록하고, $-ab > 0$이므로 축이 y축의 왼쪽에 있다.
또한 $-c < 0$이므로 y축과의 교점은 x축보다 아래쪽에 있다.
그러므로 이차함수 $y = bx^2 - ax - c$의 그래프로 알맞은 것은 ④이다. **답 ④**

09

구하는 이차함수의 식을 $y = a(x-3)^2 - 1$로 놓고 $x = 0$, $y = 8$을 대입하면
$8 = 9a - 1$, $9a = 9$
∴ $a = 1$
따라서 구하는 이차함수의 식은
$y = (x-3)^2 - 1 = x^2 - 6x + 8$ **답 ③**

10

꼭짓점의 좌표가 $(2, 3)$이므로 구하는 이차함수의 식을 $y = a(x-2)^2 + 3$으로 놓자.
그래프가 점 $(0, 1)$을 지나므로 $y = a(x-2)^2 + 3$에 $x = 0$, $y = 1$을 대입하면
$1 = 4a + 3$, $4a = -2$
∴ $a = -\dfrac{1}{2}$
따라서 $y = -\dfrac{1}{2}(x-2)^2 + 3$에 $x = 4$, $y = k$를 대입하면
$k = -\dfrac{1}{2} \times 2^2 + 3 = 1$ **답 ③**

11

구하는 이차함수의 식을 $y = a(x+5)^2 + q$로 놓고
$x = -4$, $y = -3$을 대입하면 $-3 = a + q$ ······ ㉠
$x = -2$, $y = 13$을 대입하면 $13 = 9a + q$ ······ ㉡
㉠, ㉡을 연립하여 풀면 $a = 2$, $q = -5$
∴ $y = 2(x+5)^2 - 5$
따라서 꼭짓점의 좌표는 $(-5, -5)$이다. **답 ①**

12

$y = ax^2 + bx + c$에
$x = -1$, $y = -6$을 대입하면 $-6 = a - b + c$ ······ ㉠
$x = 0$, $y = -2$를 대입하면 $-2 = c$ ······ ㉡
$x = 3$, $y = -2$를 대입하면 $-2 = 9a + 3b + c$ ······ ㉢
㉠, ㉡, ㉢을 연립하여 풀면 $a = -1$, $b = 3$, $c = -2$
∴ $a + b + c = -1 + 3 + (-2) = 0$ **답 ③**

13

그래프가 x축과 두 점 $(1, 0)$, $(5, 0)$에서 만나므로 구하는 이차함수의 식을 $y = a(x-1)(x-5)$로 놓자.
이 그래프가 점 $(4, 3)$을 지나므로 $y = a(x-1)(x-5)$에 $x = 4$, $y = 3$을 대입하면
$3 = -3a$ ∴ $a = -1$
∴ $y = -(x-1)(x-5) = -x^2 + 6x - 5$
$= -(x-3)^2 + 4$
따라서 꼭짓점의 좌표는 $(3, 4)$이므로 $p = 3$, $q = 4$
∴ $p + q = 3 + 4 = 7$ **답 ②**

14

구하는 이차함수의 식을 $y = a(x+3)(x-4)$로 놓고
$x = 1$, $y = -4$를 대입하면
$-4 = -12a$ ∴ $a = \dfrac{1}{3}$
∴ $y = \dfrac{1}{3}(x+3)(x-4) = \dfrac{1}{3}x^2 - \dfrac{1}{3}x - 4$
$y = \dfrac{1}{3}x^2 - \dfrac{1}{3}x - 4$에 $x = 0$을 대입하면 $y = -4$
따라서 y축과 만나는 점의 y좌표는 -4이다. **답 ①**

15

$y = -5x^2 + 45x$에 $y = 0$을 대입하면
$0 = -5x^2 + 45x$, $x^2 - 9x = 0$
$x(x-9) = 0$ ∴ $x = 0$ 또는 $x = 9$
이때 $x > 0$이므로 $x = 9$
따라서 이 공이 지면에 떨어질 때까지 걸리는 시간은 9초이다.
답 ④

16

철망의 길이가 20 m이고 꽃밭의 세로의 길이가 x m이므로 가로의 길이는 $(20-2x)$ m이다.

이때 꽃밭의 넓이 y m²는

$$y=x(20-2x)=-2x^2+20x$$

$y=-2x^2+20x$에 $y=42$를 대입하면

$$42=-2x^2+20x, \ x^2-10x+21=0$$

$$(x-3)(x-7)=0 \qquad \therefore \ x=3 \ \text{또는} \ x=7$$

따라서 꽃밭의 넓이가 42 m²가 되도록 하는 x의 값은 $x=3$ 또는 $x=7$이다.　　　　　　　　　　　　🔁 $x=3$ 또는 $x=7$

17

$$y=x^2-6x+12=(x^2-6x+9-9)+12$$

$$=(x-3)^2+3$$

이 그래프를 x축의 방향으로 a만큼, y축의 방향으로 b만큼 평행이동하면

$$y=(x-3-a)^2+3+b \qquad \cdots\cdots 40\%$$

$$y=x^2-4x+9=(x^2-4x+4-4)+9$$

$$=(x-2)^2+5$$

이므로 $-3-a=-2, \ 3+b=5$

$$\therefore \ a=-1, \ b=2 \qquad \cdots\cdots 40\%$$

$$\therefore \ a+b=-1+2=1 \qquad \cdots\cdots 20\%$$

🔁 1

18

그래프가 위로 볼록하므로 $a<0$

축이 y축의 오른쪽에 있으므로 $ab<0$ $\quad \therefore \ b>0$

y축과의 교점이 x축보다 위쪽에 있으므로 $c>0$ $\quad \cdots\cdots 50\%$

따라서 $a<0, \ bc>0$이므로 일차함수 $y=ax+bc$의 그래프는 오른쪽 그림과 같이 제3사분면을 지나지 않는다. $\qquad \cdots\cdots 50\%$

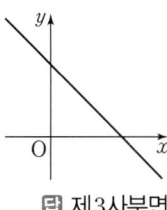

🔁 제3사분면

19

조건 ㈎에 의하여 구하는 이차함수의 식을 $y=a(x+3)(x-2)$로 놓자. $\qquad \cdots\cdots 20\%$

조건 ㈏에 의하여 $y=a(x+3)(x-2)$에 $x=0, \ y=12$를 대입하면

$$12=-6a \qquad \therefore \ a=-2 \qquad \cdots\cdots 30\%$$

$$\therefore \ y=-2(x+3)(x-2)=-2x^2-2x+12 \qquad \cdots\cdots 30\%$$

따라서 $a=-2, \ b=-2, \ c=12$이므로

$$a+b+c=-2+(-2)+12=8 \qquad \cdots\cdots 20\%$$

🔁 8

20

$$y=-x^2+2x+8=-(x^2-2x+1-1)+8$$

$$=-(x-1)^2+9$$

에서 A$(1, 9)$

$y=-x^2+2x+8$에 $x=0$을 대입하면

$$y=8 \qquad \therefore \ \text{B}(0, 8)$$

$y=-x^2+2x+8$에 $y=0$을 대입하면

$$0=-x^2+2x+8, \ x^2-2x-8=0$$

$$(x+2)(x-4)=0 \qquad \therefore \ x=-2 \ \text{또는} \ x=4$$

$$\therefore \ \text{C}(4, 0)$$

$$\therefore \ \triangle\text{ABC}=\triangle\text{ABO}+\triangle\text{AOC}-\triangle\text{BOC}$$

$$=\frac{1}{2}\times 8\times 1+\frac{1}{2}\times 4\times 9-\frac{1}{2}\times 4\times 8$$

$$=4+18-16=6 \qquad\qquad 🔁 6$$

21

구하는 이차함수의 식을 $y=ax^2+bx+c$로 놓고

$x=-1, \ y=6$을 대입하면 $6=a-b+c \qquad \cdots\cdots ㉠$

$x=0, \ y=1$을 대입하면 $1=c \qquad\qquad\qquad \cdots\cdots ㉡$

$x=2, \ y=9$를 대입하면 $9=4a+2b+c \quad \cdots\cdots ㉢$

㉠, ㉡, ㉢을 연립하여 풀면 $a=3, \ b=-2, \ c=1$

$$\therefore \ y=3x^2-2x+1=3\left(x^2-\frac{2}{3}x+\frac{1}{9}-\frac{1}{9}\right)+1$$

$$=3\left(x-\frac{1}{3}\right)^2+\frac{2}{3}$$

이 그래프를 x축의 방향으로 $\frac{2}{3}$만큼, y축의 방향으로 $\frac{4}{3}$만큼 평행이동하면

$$y=3\left(x-\frac{1}{3}-\frac{2}{3}\right)^2+\frac{2}{3}+\frac{4}{3}=3(x-1)^2+2$$

다시 x축에 대칭이동하면

$$-y=3(x-1)^2+2 \qquad \therefore \ y=-3(x-1)^2-2$$

🔁 $y=-3(x-1)^2-2$

22

공책 한 권당 가격을 x원 내릴 때의 총 판매 금액을 y원이라고 하면

$$y=(800-x)(200+2x)=-2x^2+1400x+160000$$

$y=-2x^2+1400x+160000$에 $y=280000$을 대입하면

$$280000=-2x^2+1400x+160000$$

$$2x^2-1400x+120000=0$$

$$x^2-700x+60000=0$$

$$(x-100)(x-600)=0$$

$$\therefore \ x=100 \ \text{또는} \ x=600$$

따라서 공책 한 권의 가격을 $800-100=700$(원) 또는 $800-600=200$(원)으로 해야 한다. 　　🔁 200원 또는 700원

I. 실수와 그 계산

1. 제곱근과 실수

배운대로 복습하기 개념 01 ~ 개념 02

01 ②	**02** ③	**03** ②	**04** ③
05 $\sqrt{42}$	**06** ①	**07** ⑤	**08** ⑤

01

$a^2=7$, $b^2=12$이므로 $a^2+b^2=7+12=19$ 답 ②

02

$1.\dot{7}=\dfrac{17-1}{9}=\dfrac{16}{9}$이고 $\left(-\dfrac{4}{3}\right)^2=\left(\dfrac{4}{3}\right)^2=\dfrac{16}{9}$이므로

$1.\dot{7}$의 제곱근은 $\pm\dfrac{4}{3}$이다. 답 ③

03

음수의 제곱근은 없으므로 제곱근을 구할 수 없는 수는 -49, -12^2의 2개이다. 답 ②

04

③ $\sqrt{4}=2$이므로 $\sqrt{4}$의 제곱근은 $\pm\sqrt{2}$이다. 답 ③

05

(삼각형의 넓이)$=\dfrac{1}{2}\times12\times7=42$

정사각형의 한 변의 길이를 x라고 하면 $x^2=42$

이때 x는 42의 양의 제곱근이므로 $x=\sqrt{42}$

따라서 구하는 정사각형의 한 변의 길이는 $\sqrt{42}$이다. 답 $\sqrt{42}$

06

① $\sqrt{5}$ ②, ③, ④, ⑤ $\pm\sqrt{5}$ 답 ①

07

각각의 제곱근을 구하면

① $\pm\sqrt{0.9}$ ② $\pm\sqrt{15}$ ③ $\pm\sqrt{48}$

④ $\pm\sqrt{80}$ ⑤ $\pm\sqrt{121}=\pm11$ 답 ⑤

08

$\left(-\dfrac{2}{5}\right)^2=\dfrac{4}{25}$이고 $\left(-\dfrac{2}{5}\right)^2=\left(\dfrac{2}{5}\right)^2=\dfrac{4}{25}$이므로

$\left(-\dfrac{2}{5}\right)^2$의 양의 제곱근 $a=\dfrac{2}{5}$

(제곱근 5)$=\sqrt{5}=b$

$\therefore ab^2=\dfrac{2}{5}\times(\sqrt{5})^2=\dfrac{2}{5}\times5=2$ 답 ⑤

배운대로 복습하기 개념 03 ~ 개념 04

01 ③	**02** -5	**03** ④	**04** ③
05 ⑤	**06** ②	**07** ④	**08** ③

01

③ $-\sqrt{(-5)^2}=-5$ 답 ③

02

$(-\sqrt{9})^2=9$의 양의 제곱근은 3이므로 $a=3$

$\sqrt{(-4)^2}=4$의 음의 제곱근은 -2이므로 $b=-2$

$\therefore b-a=-2-3=-5$ 답 -5

03

① $(\sqrt{2})^2+(-\sqrt{3})^2=2+3=5$

② $\sqrt{36}-\sqrt{(-2)^2}=\sqrt{6^2}-\sqrt{(-2)^2}=6-2=4$

③ $-\sqrt{3^2}\times\left(-\sqrt{\dfrac{5}{3}}\right)^2=-3\times\dfrac{5}{3}=-5$

④ $\sqrt{0.04}\div\sqrt{(-0.1)^2}=\sqrt{0.2^2}\div\sqrt{(-0.1)^2}=0.2\div0.1=2$

⑤ $(-\sqrt{8})^2-\sqrt{(-4)^2}+\sqrt{9}=(-\sqrt{8})^2-\sqrt{(-4)^2}+\sqrt{3^2}$
$\qquad\qquad =8-4+3=7$ 답 ④

04

$A=\sqrt{(-3)^2}+\sqrt{11^2}-\sqrt{9^2}=3+11-9=5$

$B=-\sqrt{16^2}\div(-\sqrt{8})^2\times\sqrt{(-3)^2}=-16\div8\times3=-6$

$\therefore A+B=5+(-6)=-1$ 답 ③

05

① $a>0$이므로 $\sqrt{a^2}=a$

② $a>0$이므로 $(-\sqrt{a})^2=a$

③ $-a<0$이므로 $\sqrt{(-a)^2}=-(-a)=a$

④ $a>0$이므로 $(\sqrt{a})^2=a$

⑤ $a>0$이므로 $-(-\sqrt{a})^2=-a$ 답 ⑤

06

$-\sqrt{b^2}-\sqrt{a^2}=-b-(-a)=a-b$ 답 ②

07

$x<5$이므로 $5-x>0$, $x-5<0$

$\therefore \sqrt{(5-x)^2}-\sqrt{(x-5)^2}=(5-x)-\{-(x-5)\}$
$\qquad\qquad =5-x+x-5=0$ 답 ④

08

$2<x<4$에서 $x-2>0$, $x-4<0$

$\therefore \sqrt{(x-2)^2}+\sqrt{(x-4)^2}=x-2-(x-4)$
$\qquad\qquad =x-2-x+4=2$ 답 ③

01 ④	**02** ③	**03** ⑤	**04** ②
05 ⑤	**06** 30	**07** 4개	**08** ③

01

$\sqrt{150x} = \sqrt{5^2 \times 2 \times 3 \times x}$ 가 자연수가 되려면

$x = 2 \times 3 \times$ (자연수)^2 꼴이어야 한다.

이때 x가 두 자리의 자연수이므로

$x = 2 \times 3 \times 2^2,\ 2 \times 3 \times 3^2,\ 2 \times 3 \times 4^2$

따라서 가장 작은 수는 24이다. 답 ④

02

$\sqrt{\dfrac{56}{n}} = \sqrt{\dfrac{2^3 \times 7}{n}}$ 이 자연수가 되는 가장 작은 자연수 n은

$2 \times 7 = 14$이다. 답 ③

03

① $\sqrt{21+4} = \sqrt{25} = 5$ ② $\sqrt{21+15} = \sqrt{36} = 6$

③ $\sqrt{21+28} = \sqrt{49} = 7$ ④ $\sqrt{21+43} = \sqrt{64} = 8$

⑤ $\sqrt{21+59} = \sqrt{80}$ 답 ⑤

04

$25-x$는 0 또는 25보다 작은 제곱수가 되어야 한다.

즉, $25-x = 0,\ 1,\ 4,\ 9,\ 16$

따라서 $x = 25,\ 24,\ 21,\ 16,\ 9$이므로 그 개수는 5개이다. 답 ②

05

① $6 = \sqrt{36}$이므로 $\sqrt{37} > 6$

② $-\dfrac{1}{2} = -\dfrac{1}{\sqrt{4}}$이므로 $-\dfrac{1}{\sqrt{6}} > -\dfrac{1}{2}$

④ $\dfrac{1}{2} = \dfrac{1}{\sqrt{4}}$이므로 $\dfrac{1}{2} < \dfrac{1}{\sqrt{2}}$

⑤ $-\sqrt{(-3)^2} = -\sqrt{9}$이므로 $-\sqrt{(-3)^2} > -\sqrt{10}$ 답 ⑤

06

$-\sqrt{5} < -\sqrt{3} < 0 < (\sqrt{3})^2 < 4 < \sqrt{(-5)^2}$이므로

$a = \sqrt{(-5)^2} = 5,\ b = -\sqrt{5}$

$\therefore a^2 + b^2 = 5^2 + (-\sqrt{5})^2 = 25 + 5 = 30$ 답 30

07

$-5 < -\sqrt{2x} < -4$에서 $4 < \sqrt{2x} < 5$이므로 $16 < 2x < 25$

$\therefore 8 < x < \dfrac{25}{2}$

따라서 조건을 만족시키는 자연수 x는 9, 10, 11, 12의 4개이다.

답 4개

08

$3 < \sqrt{2x+1} < 4$에서 $\sqrt{9} < \sqrt{2x+1} < \sqrt{16}$이므로

$9 < 2x+1 < 16,\ 8 < 2x < 15$

$\therefore 4 < x < \dfrac{15}{2}$

따라서 조건을 만족시키는 자연수 x는 5, 6, 7이므로 가장 큰 수는 7이다. 답 ③

01 ④	**02** ③	**03** ④	**04** $-2-\sqrt{13}$
05 4	**06** ③	**07** ③	**08** ②

01

무리수가 아닌 것은

① 0 ② $0.\dot{2} = \dfrac{2}{9}$ ③ $\sqrt{9} = 3$

⑤ $-\sqrt{0.49} = -0.7$, $\sqrt{4} + 3 = 2 + 3 = 5$ 답 ④

02

ㄱ. $\sqrt{64} = 8$ ㄴ. $\sqrt{1.21} = \sqrt{1.1^2} = 1.1$ ㅁ. $\sqrt{\dfrac{1}{9}} = \sqrt{\left(\dfrac{1}{3}\right)^2} = \dfrac{1}{3}$

따라서 순환소수가 아닌 무한소수는 ㄷ, ㄹ, ㅂ의 3개이다. 답 ③

03

④ 근호를 사용하여 나타낸 수 중 $\sqrt{4} = 2$이므로 근호를 사용하여 나타낸 수가 모두 무리수는 아니다. 답 ④

04

$\overline{BA} = \sqrt{2^2 + 3^2} = \sqrt{13}$이므로 $\overline{BP} = \overline{BA} = \sqrt{13}$

따라서 점 P에 대응하는 수는 $-2 - \sqrt{13}$이다. 답 $-2-\sqrt{13}$

05

$\overline{BA} = \sqrt{1^2 + 2^2} = \sqrt{5}$이므로

$\overline{BP} = \overline{BA} = \sqrt{5}$, $\overline{BQ} = \overline{BC} = \sqrt{5}$

따라서 두 점 P, Q에 대응하는 수는 각각 $2 - \sqrt{5}$, $2 + \sqrt{5}$이므로

$(2 - \sqrt{5}) + (2 + \sqrt{5}) = 4$ 답 4

06

③ 1보다 크면서 1에 가장 가까운 실수는 알 수 없다.

④ $-4 < -\sqrt{10} < -3$, $2 < \sqrt{5} < 3$이므로 $-\sqrt{10}$과 $\sqrt{5}$ 사이의 정수는 $-3, -2, -1, 0, 1, 2$의 6개이다. 답 ③

07

① $(1-\sqrt{3})-(1-\sqrt{2})=-\sqrt{3}+\sqrt{2}<0$이므로 $1-\sqrt{3}<1-\sqrt{2}$

② $3-(1+\sqrt{5})=2-\sqrt{5}=\sqrt{4}-\sqrt{5}<0$이므로 $3<1+\sqrt{5}$

③ $(\sqrt{6}-1)-2=\sqrt{6}-3=\sqrt{6}-\sqrt{9}<0$이므로 $\sqrt{6}-1<2$

④ $(\sqrt{5}-\sqrt{8})-(\sqrt{5}-3)=-\sqrt{8}+3=-\sqrt{8}+\sqrt{9}>0$이므로
$\sqrt{5}-\sqrt{8}>\sqrt{5}-3$

⑤ $(5+\sqrt{2})-(2+\sqrt{2})=3>0$이므로 $5+\sqrt{2}>2+\sqrt{2}$ 답 ③

08

$a-b=(\sqrt{3}-\sqrt{10})-(\sqrt{3}-3)=-\sqrt{10}+3=-\sqrt{10}+\sqrt{9}<0$
이므로 $b>a$

$c-a=(1-\sqrt{10})-(\sqrt{3}-\sqrt{10})=1-\sqrt{3}<0$이므로 $a>c$

$\therefore b>a>c$ 답 ②

---

2. 근호를 포함한 식의 계산

워크북 | 6~7쪽

배운대로 복습하기 개념 01 ~ 개념 04

01 ④	02 ②	03 5	04 $\frac{1}{2\sqrt{3}}$
05 ⑤	06 ②	07 ⑤	08 ⑤
09 ⑤	10 48	11 ⑤	12 ①
13 $\frac{\sqrt{19}}{2}$ cm	14 ④	15 ②	16 ②

01

① $\sqrt{2}\times\sqrt{3}=\sqrt{6}$ ② $\sqrt{48}\times\sqrt{\frac{1}{8}}=\sqrt{6}$

③ $\sqrt{\frac{1}{2}}\times\sqrt{12}=\sqrt{6}$ ④ $\sqrt{56}\times\sqrt{\frac{1}{7}}=\sqrt{8}$

⑤ $\sqrt{18}\times\sqrt{\frac{2}{3}}\times\sqrt{\frac{1}{2}}=\sqrt{6}$ 답 ④

02

$\sqrt{7}\times\sqrt{\frac{1}{14}}\times\sqrt{24}=\sqrt{12}$이므로 $a=12$

$\sqrt{3}\times\sqrt{\frac{1}{21}}=\sqrt{\frac{1}{7}}$이므로 $b=\frac{1}{7}$

$\therefore a+7b=12+7\times\frac{1}{7}=13$ 답 ②

03

$\frac{\sqrt{143}}{\sqrt{11}}=\sqrt{\frac{143}{11}}=\sqrt{13}$이므로 $a=13$

$\sqrt{10}\div\sqrt{26}=\sqrt{\frac{10}{26}}=\sqrt{\frac{5}{13}}$이므로 $b=\frac{5}{13}$

$\therefore ab=13\times\frac{5}{13}=5$ 답 5

04

$-\frac{\sqrt{2}}{\sqrt{3}}\div\frac{\sqrt{10}}{5}\div(-2\sqrt{5})=-\frac{\sqrt{2}}{\sqrt{3}}\times\frac{5}{\sqrt{10}}\times\left(-\frac{1}{2\sqrt{5}}\right)$

$=\frac{1}{2\sqrt{3}}$ 답 $\frac{1}{2\sqrt{3}}$

05

① $2\sqrt{5}=\sqrt{20}$ ② $-\sqrt{270}=-3\sqrt{30}$

③ $\sqrt{1250}=25\sqrt{2}$ ④ $\sqrt{500}=10\sqrt{5}$

⑤ $-4\sqrt{\frac{5}{2}}=-\sqrt{40}$

따라서 가장 큰 것은 ⑤이다. 답 ⑤

06

$\sqrt{48}=\sqrt{4^2\times3}=4\sqrt{3}$이므로 $a=3$

$-5\sqrt{3}=-\sqrt{5^2\times3}=-\sqrt{75}$이므로 $b=75$

$\therefore b-a=75-3=72$ 답 ②

07

$\sqrt{12}\times\sqrt{24}\times\sqrt{75}=2\sqrt{3}\times2\sqrt{6}\times5\sqrt{3}$

$=(2\times2\times5)\times\sqrt{3\times6\times3}$

$=20\times3\sqrt{6}=60\sqrt{6}$

$\therefore a=60$ 답 ⑤

08

$\sqrt{108}=\sqrt{2^2\times3^3}=3\times(\sqrt{2})^2\times\sqrt{3}=3a^2b$ 답 ⑤

09

⑤ $\frac{3}{\sqrt{18}}=\frac{3}{3\sqrt{2}}=\frac{1}{\sqrt{2}}=\frac{\sqrt{2}}{2}$ 답 ⑤

10

$\frac{\sqrt{5}}{3\sqrt{2}}=\frac{\sqrt{5}\times\sqrt{2}}{3\sqrt{2}\times\sqrt{2}}=\frac{\sqrt{10}}{6}$이므로 $a=\frac{1}{6}$

$\frac{\sqrt{3}}{\sqrt{32}}=\frac{\sqrt{3}}{4\sqrt{2}}=\frac{\sqrt{3}\times\sqrt{2}}{4\sqrt{2}\times\sqrt{2}}=\frac{\sqrt{6}}{8}$이므로 $b=\frac{1}{8}$

$ab=\frac{1}{48}$이므로 $\frac{1}{ab}=48$ 답 48

11

$\sqrt{108}\div3\sqrt{3}\times\sqrt{48}=6\sqrt{3}\times\frac{1}{3\sqrt{3}}\times4\sqrt{3}=8\sqrt{3}$

$\therefore a=8$ 답 ⑤

12

$\frac{3\sqrt{3}}{\sqrt{2}}\times\frac{8}{\sqrt{12}}\div\frac{\sqrt{6}}{\sqrt{5}}=\frac{3\sqrt{3}}{\sqrt{2}}\times\frac{8}{2\sqrt{3}}\times\frac{\sqrt{5}}{\sqrt{6}}=\frac{12\sqrt{5}}{\sqrt{12}}=2\sqrt{15}$ 답 ①

13

원기둥의 높이를 x cm라고 하면 $\pi \times (2\sqrt{10})^2 \times x = \sqrt{7600}\pi$

$40x = 20\sqrt{19}$ $\quad \therefore x = \dfrac{20\sqrt{19}}{40} = \dfrac{\sqrt{19}}{2}$ (cm)

따라서 원기둥의 높이는 $\dfrac{\sqrt{19}}{2}$ cm이다. **답** $\dfrac{\sqrt{19}}{2}$ cm

14

④ $\sqrt{6750} = \sqrt{67.5 \times 100} = 10\sqrt{67.5}$

$\qquad = 10 \times 8.216 = 82.16$ **답** ④

15

① $\sqrt{0.00672} = \sqrt{\dfrac{67.2}{10000}} = \dfrac{\sqrt{67.2}}{100} = 0.08198$

② $\sqrt{0.0683} = \sqrt{\dfrac{6.83}{100}} = \dfrac{\sqrt{6.83}}{10}$ 이므로 그 값을 구할 수 없다.

③ $\sqrt{65} = 8.062$

④ $\sqrt{6620} = \sqrt{66.2 \times 100} = 10\sqrt{66.2} = 81.36$

⑤ $\sqrt{684000} = \sqrt{68.4 \times 10000} = 100\sqrt{68.4} = 827$ **답** ②

16

② $\sqrt{0.2} = \sqrt{\dfrac{20}{100}} = \dfrac{\sqrt{20}}{10} = 0.4472$ **답** ②

워크북 | 8~9쪽

🦊 배운대로 복습하기 개념 05 ~ 개념 07

01 $-3\sqrt{5}$	**02** ③	**03** $-6-4\sqrt{5}$	**04** ④
05 ②	**06** 1	**07** ①	**08** ④
09 -3	**10** ⑤	**11** ⑤	**12** $2\sqrt{10}+\dfrac{5}{2}$
13 $5-2\sqrt{5}$	**14** ④	**15** ②	**16** ③

01

$A = 2\sqrt{5} - 4\sqrt{5} - \sqrt{5} = (2-4-1)\sqrt{5} = -3\sqrt{5}$

$B = -\sqrt{3} + 5\sqrt{3} - 4\sqrt{3} = (-1+5-4)\sqrt{3} = 0$

$\therefore A+B = -3\sqrt{5}$ **답** $-3\sqrt{5}$

02

$2\sqrt{3} + \dfrac{\sqrt{7}}{2} - 3\sqrt{3} - \dfrac{2\sqrt{7}}{3} = (2-3)\sqrt{3} + \left(\dfrac{1}{2} - \dfrac{2}{3}\right)\sqrt{7} = -\sqrt{3} - \dfrac{\sqrt{7}}{6}$

따라서 $a = -1$, $b = -\dfrac{1}{6}$ 이므로

$a + 6b = -1 + 6 \times \left(-\dfrac{1}{6}\right) = -2$ **답** ③

03

$\overline{AB} = \sqrt{2^2 + 1^2} = \sqrt{5}$ 이므로 $\overline{BP} = \overline{BA} = \sqrt{5}$, $\overline{BQ} = \overline{BC} = \sqrt{5}$

$p = 3 - \sqrt{5}$, $q = 3 + \sqrt{5}$

$\therefore p - 3q = (3 - \sqrt{5}) - 3(3 + \sqrt{5})$

$\qquad = 3 - \sqrt{5} - 9 - 3\sqrt{5}$

$\qquad = -6 - 4\sqrt{5}$ **답** $-6-4\sqrt{5}$

04

③ $\sqrt{300} - 6\sqrt{3} + 2\sqrt{3} = 10\sqrt{3} - 6\sqrt{3} + 2\sqrt{3} = 6\sqrt{3}$

④ $\dfrac{\sqrt{5}}{2} + \dfrac{\sqrt{5}}{3} - \dfrac{3\sqrt{5}}{4} = \left(\dfrac{1}{2} + \dfrac{1}{3} - \dfrac{3}{4}\right)\sqrt{5} = \dfrac{\sqrt{5}}{12}$

⑤ $\sqrt{28} - \sqrt{63} + 5\sqrt{7} = 2\sqrt{7} - 3\sqrt{7} + 5\sqrt{7} = 4\sqrt{7}$ **답** ④

05

$\sqrt{2}\left(\dfrac{1}{\sqrt{2}} + \dfrac{1}{\sqrt{3}}\right) + \sqrt{3}\left(\dfrac{1}{\sqrt{2}} - \dfrac{1}{\sqrt{3}}\right) = 1 + \dfrac{\sqrt{2}}{\sqrt{3}} + \dfrac{\sqrt{3}}{\sqrt{2}} - 1$

$\qquad = \dfrac{\sqrt{6}}{3} + \dfrac{\sqrt{6}}{2}$

$\qquad = \dfrac{5\sqrt{6}}{6}$ **답** ②

06

$4\sqrt{5} - a\sqrt{5} + \sqrt{45} = 4\sqrt{5} - a\sqrt{5} + 3\sqrt{5} = (7-a)\sqrt{5}$

따라서 $7 - a = 6$ 이므로 $a = 1$ **답** 1

07

$\sqrt{2}A - \sqrt{3}B = \sqrt{2}(\sqrt{3} + \sqrt{6}) - \sqrt{3}(3\sqrt{2} - 2)$

$\qquad = \sqrt{6} + 2\sqrt{3} - 3\sqrt{6} + 2\sqrt{3}$

$\qquad = 4\sqrt{3} - 2\sqrt{6}$ **답** ①

08

$\sqrt{2}(a + 3\sqrt{2}) - \sqrt{50} - 2a + 8 = 14 - 2a + (a-5)\sqrt{2}$

이때 유리수가 되려면 $a - 5 = 0$ 이어야 하므로 $a = 5$ **답** ④

09

$\dfrac{\sqrt{3} - 3\sqrt{2}}{\sqrt{3}} - \dfrac{\sqrt{32} - 2\sqrt{3}}{\sqrt{2}} = \dfrac{\sqrt{3} - 3\sqrt{2}}{\sqrt{3}} - \dfrac{4\sqrt{2} - 2\sqrt{3}}{\sqrt{2}}$

$\qquad = \dfrac{3 - 3\sqrt{6}}{3} - \dfrac{8 - 2\sqrt{6}}{2}$

$\qquad = (1 - \sqrt{6}) - (4 - \sqrt{6})$

$\qquad = -3$ **답** -3

10

$\dfrac{2}{\sqrt{5}}(\sqrt{5} - \sqrt{3}) - \dfrac{\sqrt{27} - 3\sqrt{5}}{3\sqrt{3}} = \dfrac{2}{\sqrt{5}}(\sqrt{5} - \sqrt{3}) - \dfrac{3\sqrt{3} - 3\sqrt{5}}{3\sqrt{3}}$

$\qquad = 2 - \dfrac{2\sqrt{3}}{\sqrt{5}} - 1 + \dfrac{\sqrt{5}}{\sqrt{3}}$

$\qquad = 2 - \dfrac{2\sqrt{15}}{5} - 1 + \dfrac{\sqrt{15}}{3}$

$\qquad = 1 - \dfrac{\sqrt{15}}{15}$ **답** ⑤

11

$$(좌변)=2\sqrt{10}-10\sqrt{2}+\frac{18\sqrt{2}-36\sqrt{10}}{3}$$
$$=2\sqrt{10}-10\sqrt{2}+6\sqrt{2}-12\sqrt{10}$$
$$=-4\sqrt{2}-10\sqrt{10}$$

따라서 $a=-4$, $b=-10$이므로
$$a-b=-4-(-10)=6$$ **답 ⑤**

12

$$(사다리꼴\ ABCD의\ 넓이)=\frac{1}{2}\{(\sqrt{8}+\sqrt{5})+\sqrt{8}\}\times\sqrt{5}$$
$$=\frac{\sqrt{5}}{2}\times(2\sqrt{8}+\sqrt{5})$$
$$=\sqrt{40}+\frac{5}{2}$$
$$=2\sqrt{10}+\frac{5}{2}$$ **답 $2\sqrt{10}+\frac{5}{2}$**

13

$2<\sqrt{5}<3$이므로 $\sqrt{5}$의 정수 부분은 2이다.
따라서 소수 부분은 $x=\sqrt{5}-2$이므로
$$\frac{5x}{x+2}=\frac{5(\sqrt{5}-2)}{(\sqrt{5}-2)+2}=\frac{5(\sqrt{5}-2)}{\sqrt{5}}=5-2\sqrt{5}$$ **답 $5-2\sqrt{5}$**

14

$5<\sqrt{30}<6$이므로 $3<\sqrt{30}-2<4$
따라서 $a=3$, $b=(\sqrt{30}-2)-3=\sqrt{30}-5$이므로
$$a+2b=3+2(\sqrt{30}-5)=-7+2\sqrt{30}$$ **답 ④**

15

$1<\sqrt{3}<2$이므로 $\sqrt{3}$의 정수 부분은 1이고, 소수 부분은 $p=\sqrt{3}-1$이다.
$$\therefore \sqrt{3}=p+1$$
한편, $10<\sqrt{108}<11$이므로 $\sqrt{108}$의 소수 부분은
$$\sqrt{108}-10=6\sqrt{3}-10=6(p+1)-10=6p-4$$ **답 ②**

16

① $(\sqrt{3}+1)-3=\sqrt{3}-2=\sqrt{3}-\sqrt{4}<0$
　　$\therefore \sqrt{3}+1<3$
② $(1+\sqrt{2})-(4-\sqrt{2})=-3+2\sqrt{2}=-\sqrt{9}+\sqrt{8}<0$
　　$\therefore 1+\sqrt{2}<4-\sqrt{2}$
③ $(2-\sqrt{2})-(\sqrt{2}-1)=3-2\sqrt{2}=\sqrt{9}-\sqrt{8}>0$
　　$\therefore 2-\sqrt{2}>\sqrt{2}-1$
④ $\sqrt{40}-(3+\sqrt{10})=2\sqrt{10}-3-\sqrt{10}=\sqrt{10}-3=\sqrt{10}-\sqrt{9}>0$
　　$\therefore \sqrt{40}>3+\sqrt{10}$
⑤ $(\sqrt{27}-4)-(\sqrt{12}-2)=3\sqrt{3}-4-2\sqrt{3}+2=\sqrt{3}-2$
　　　　　　　　　　　　　　　　$=\sqrt{3}-\sqrt{4}<0$
　　$\therefore \sqrt{27}-4<\sqrt{12}-2$ **답 ③**

---

1. 다항식의 곱셈

배운대로 복습하기 개념 01~개념 03

01 ④	**02** ③	**03** ④	**04** ⑤
05 ⑤	**06** ②	**07** ④	**08** ④
09 ⑤	**10** ⑤	**11** ①	**12** ③
13 ②	**14** ③	**15** -140	
16 $12x^2-5x-2$			

01

$$(a-b)(2a-3b+1)=2a^2-3ab+a-2ab+3b^2-b$$
$$=2a^2-5ab+3b^2+a-b$$ **답 ④**

02

x항이 나오는 부분만 전개하면
$$5\times x=5x \quad \therefore A=5$$
xy항이 나오는 부분만 전개하면
$$2x\times(-2y)+3y\times x=-xy \quad \therefore B=-1$$
$$\therefore A+B=5+(-1)=4$$ **답 ③**

03

$(5x-2y)(3x-ay+3)$에서 xy항이 나오는 부분만 전개하면
$$5x\times(-ay)+(-2y)\times3x=(-5a-6)xy$$이므로
$$-5a-6=-26 \quad \therefore a=4$$ **답 ④**

04

$(x^2-x+a)(2x^2+bx-3)$에서 x^3항이 나오는 부분만 전개하면
$$bx^3-2x^3=(b-2)x^3$$
따라서 $b-2=-1$이므로 $b=1$
x^2항이 나오는 부분만 전개하면
$$-3x^2-bx^2+2ax^2=(2a-b-3)x^2$$
따라서 $2a-b-3=4$이므로 $a=4$
$$\therefore a+b=4+1=5$$ **답 ⑤**

05

$$(3x+a)^2=9x^2+6ax+a^2=9x^2+bx+\frac{1}{16}$$
이때 $6a=b$, $a^2=\frac{1}{16}$이므로
$$a=\frac{1}{4},\ b=\frac{3}{2}\ (\because a>0)$$
$$\therefore 4(a+b)=4\times\left(\frac{1}{4}+\frac{3}{2}\right)=7$$ **답 ⑤**

2. 인수분해

워크북 | 14~15쪽

배운대로 복습하기   개념 01 ~ 개념 05

01 ④	**02** ④	**03** ④	**04** ⑤
05 ②	**06** ⑤	**07** ⑤	**08** ②
09 ②	**10** ⑤	**11** -28	**12** ④
13 ③	**14** ③	**15** ①	**16** 4

01

$3ab(4a-b)$의 인수는 $1, 3, a, b, 4a-b, 3a, 3b, 3(4a-b), ab,$
$a(4a-b), b(4a-b), 3ab, 3a(4a-b), 3b(4a-b), ab(4a-b),$
$3ab(4a-b)$이다.   답 ④

02

$$xy^2(3x-6y)-x^2y(6y-3x)=xy^2(3x-6y)+x^2y(3x-6y)$$
$$=(3x-6y)(xy^2+x^2y)$$
$$=3xy(x-2y)(x+y)$$

따라서 주어진 식의 인수인 것은 ㄱ, ㄴ, ㄷ, ㄹ, ㅁ의 5개이다.
답 ④

03

④ $x^2y+xy-2xy^2=xy(x+1-2y)$ 답 ④

04

① $x^2-6x+9=(x-3)^2$
② $x^2+5x+\dfrac{25}{4}=\left(x+\dfrac{5}{2}\right)^2$
③ $x^2-8x+16=(x-4)^2$
④ $16x^2-8x+1=(4x-1)^2$
⑤ $10x^2-5x+1$은 완전제곱식으로 나타낼 수 없다.
따라서 완전제곱식으로 인수분해되지 않는 것은 ⑤이다.   답 ⑤

05

$x^2-\dfrac{3}{4}x+\dfrac{9}{64}=\left(x-\dfrac{3}{8}\right)^2$이므로

$a=1, b=-\dfrac{3}{8}$

$\therefore 8ab=-3$ 답 ②

06

$(x+3)(x-5)+k=x^2-2x-15+k$
이 식이 완전제곱식이 되려면
$-15+k=\left(-\dfrac{2}{2}\right)^2=1$ $\therefore k=16$ 답 ⑤

07

$9a^2+30ab+25b^2=(3a+5b)^2$
이때 정사각형 한 변의 길이가 $3a+5b$이므로
둘레의 길이는 $4\times(3a+5b)=12a+20b$ 답 ⑤

08

$a^4-1=(a^2+1)(a^2-1)=(a^2+1)(a+1)(a-1)$
따라서 a는 a^4-1의 인수가 아니다.   답 ②

09

$x^2-2x-15=(x-5)(x+3)$
$\therefore a+b=-5+3=-2$ 답 ②

10

$x^2-x-30=(x+5)(x-6)$
$x^2+3x-10=(x+5)(x-2)$
따라서 두 다항식의 공통인수는 $x+5$이다.   답 ⑤

11

$x^2+3x+a=(x-4)(x+\square)=x^2+(\square-4)x-4\times\square$에서
$\square-4=3$이므로 $\square=7$
$\therefore a=-4\times\square=-4\times7=-28$ 답 -28

12

곱이 28인 두 정수는
1과 28, -1과 -28, 2와 14, -2와 -14, 4와 7, -4와 -7
이므로 A의 값이 될 수 있는 것은
29, -29, 16, -16, 11, -11이다.
따라서 A의 값이 될 수 없는 것은 ④ 5이다.   답 ④

13

① $2x^2-12x+18=2(x-3)^2$
② $1-4x^2=-(2x-1)(2x+1)$
④ $6x^2+7x-3=(2x+3)(3x-1)$
⑤ $a(x-1)+b(x-1)=(a+b)(x-1)$ 답 ③

14

$14x^2+33x-5=(2x+5)(7x-1)$
따라서 두 일차식은 $2x+5, 7x-1$이므로
$(2x+5)+(7x-1)=9x+4$ 답 ③

15

$(x-2)(bx+c)=bx^2+(c-2b)x-2c$
$b=4, c-2b=-5, -2c=a$이므로 $b=4, c=3, a=-6$
$\therefore a+b+c=4+3+(-6)=1$ 답 ①

16

$3x^2+Ax-6=(x+3)(3x+\square)=3x^2+(\square+9)x+3\times\square$ 에서
$3\times\square=-6$ 이므로 $\square=-2$
$\therefore A=\square+9=-2+9=7$
$4x^2+11x+B=(x+3)(4x+\square)=4x^2+(\square+12)x+3\times\square$
에서
$\square+12=11$ 이므로 $\square=-1$
$\therefore B=3\times\square=3\times(-1)=-3$
$\therefore A+B=7+(-3)=4$ 　　　　답 4

워크북 | 16쪽

배운대로 복습하기　개념 06 ~ 개념 07

| **01** ⑤ | **02** 17 | **03** ④ | **04** 2 |
| **05** $x+2y-1$ | **06** ③ | **07** 4 | **08** 12 |

01

$a+3b=A$ 라고 하면
(주어진 식)$=A(A-2)-8$
　　　　$=A^2-2A-8$
　　　　$=(A+2)(A-4)$
　　　　$=(a+3b+2)(a+3b-4)$ 　　답 ⑤

02

$x+3=A$ 라고 하면
$15(x+3)^2+7(x+3)-2=15A^2+7A-2$
　　　　　　　　$=(3A+2)(5A-1)$
　　　　　　　　$=\{3(x+3)+2\}\{5(x+3)-1\}$
　　　　　　　　$=(3x+11)(5x+14)$
따라서 $a=3$, $b=14$이므로
$a+b=3+14=17$ 　　　　답 17

03

$ab-2a-4b+8=a(b-2)-4(b-2)=(a-4)(b-2)$
$2ab-4a+3b-6=2a(b-2)+3(b-2)=(2a+3)(b-2)$
따라서 두 다항식의 공통인수는 $b-2$이다. 　　답 ④

04

$x^2-4xy+4y^2-16=(x-2y)^2-4^2$
　　　　　　　$=(x-2y+4)(x-2y-4)$
따라서 $a=-2$, $b=4$이므로
$a+b=-2+4=2$ 　　　　답 2

05

$x^2+2y^2+3xy+y-1$을 x에 대한 내림차순으로 정리하여 인수분해하면
$x^2+2y^2+3xy+y-1=x^2+3yx+2y^2+y-1$
　　　　　　　　$=x^2+3yx+(2y-1)(y+1)$
　　　　　　　　$=(x+2y-1)(x+y+1)$
$\therefore A=x+2y-1$ 　　　　답 $x+2y-1$

06

$51^2\times6-49^2\times6=6(51^2-49^2)=6(51+49)(51-49)$
　　　　　　　$=6\times100\times2=1200$ 　　답 ③

07

$x^2-2xy+y^2=(x-y)^2$
　　　　$=\{(2+\sqrt{3})-(4+\sqrt{3})\}^2$
　　　　$=(-2)^2=4$ 　　　　답 4

08

$(1+x^2)y+(1+y^2)x=y+x^2y+x+xy^2$
　　　　　　　　$=xy(x+y)+(x+y)$
　　　　　　　　$=(x+y)(xy+1)$
　　　　　　　　$=6\times2=12$ 　　답 12

3. 이차방정식

워크북 | 17쪽

배운대로 복습하기　개념 01 ~ 개념 02

| **01** ⑤ | **02** ④ | **03** ② | **04** 3 |
| **05** ② | **06** 2 | **07** -5 | **08** 6 |

01

① $4x^2-x=0$ (이차방정식)
② $x^2-4x+3=0$ (이차방정식)
③ $4x^2+x-1=0$ (이차방정식)
④ $-2x^2=0$ (이차방정식)
⑤ $-\dfrac{5}{3}x=0$ (일차방정식) 　　　　답 ⑤

02

$3(x-1)^2=ax^2-5x+3$에서
$3x^2-6x+3=ax^2-5x+3$, $(3-a)x^2-x=0$
이 식이 이차방정식의 되려면 $3-a\neq0$　　$\therefore a\neq3$ 　　답 ④

03

① $1^2+2\times1-3=0$

② $2^2-5\times2\neq-2$

③ $4^2-4\times4=0$

④ $2\times(1-3)^2=8$

⑤ $2\times(-2)^2-4=-2\times(-2)$ 　　　　답 ②

04

$x=3$을 $x^2-4x+a=0$에 대입하면

$3^2-4\times3+a=0$　　$\therefore a=3$ 　　　답 3

05

$5x+2=0$ 또는 $4x-3=0$

$\therefore x=-\dfrac{2}{5}$ 또는 $x=\dfrac{3}{4}$ 　　　답 ②

06

$4x^2-4x-3=0$에서 $(2x+1)(2x-3)=0$

$\therefore x=-\dfrac{1}{2}$ 또는 $x=\dfrac{3}{2}$

따라서 $a=\dfrac{3}{2}$, $b=-\dfrac{1}{2}$이므로

$a-b=\dfrac{3}{2}-\left(-\dfrac{1}{2}\right)=2$ 　　　답 2

07

$2x^2+x-10=0$에서 $(2x+5)(x-2)=0$

$\therefore x=-\dfrac{5}{2}$ 또는 $x=2$

따라서 $x=2$가 이차방정식 $x^2+3x+2a=0$의 한 근이므로

$x^2+3x+2a=0$에 $x=2$를 대입하면

$4+6+2a=0$　　$\therefore a=-5$ 　　　답 -5

08

$(2x-b)(x+3)=0$에서 $x=\dfrac{b}{2}$ 또는 $x=-3$

주어진 두 이차방정식의 해가 서로 같으므로

$2x^2+ax+a-8=0$에 $x=-3$을 대입하면

$2\times(-3)^2+a\times(-3)+a-8=0$, $-2a=-10$　　$\therefore a=5$

이때 이차방정식 $2x^2+ax+a-8=0$, 즉 $2x^2+5x-3=0$을 풀면

$(x+3)(2x-1)=0$　　$\therefore x=-3$ 또는 $x=\dfrac{1}{2}$

따라서 $a=5$, $b=1$이므로 $a+b=5+1=6$ 　　　답 6

배운대로 복습하기　개념 03 ~ 개념 04

01 ③	**02** 12	**03** ④	**04** ②
05 ⑤	**06** ⑤	**07** $\dfrac{45}{2}$	**08** -1

01

① $\left(x+\dfrac{3}{2}\right)^2=0$　　$\therefore x=-\dfrac{3}{2}$

② $(x-6)^2=0$　　$\therefore x=6$

④ $(4x-1)^2=0$　　$\therefore x=\dfrac{1}{4}$

⑤ $(3x+1)^2=0$　　$\therefore x=-\dfrac{1}{3}$ 　　　답 ③

02

$x^2-(a+6)x+64=0$에서

$\left\{\dfrac{-(a+6)}{2}\right\}^2=64$, $a^2+12a+36=256$

$a^2+12a-220=0$, $(a-10)(a+22)=0$

$\therefore a=10\ (\because a>0)$

$2x^2-4x+b=0$에서 양변을 2로 나누면 $x^2-2x+\dfrac{b}{2}=0$이므로

$\left(\dfrac{-2}{2}\right)^2=\dfrac{b}{2}$　　$\therefore b=2$

$\therefore a+b=10+2=12$ 　　　답 12

03

$4x^2+16x+a=0$에서 양변을 4로 나누면

$x^2+4x+\dfrac{a}{4}=0$이므로

$\left(\dfrac{4}{2}\right)^2=\dfrac{a}{4}$　　$\therefore a=16$

즉 $4x^2+16x+16=0$, $x^2+4x+4=0$

$(x+2)^2=0$　　$\therefore x=-2$

$\therefore b=-2$

$\therefore a-b=16-(-2)=18$ 　　　답 ④

04

$2(x+1)^2-12=0$에서

$(x+1)^2=6$, $x+1=\pm\sqrt{6}$　　$\therefore x=-1\pm\sqrt{6}$

따라서 두 근의 곱은 $(-1+\sqrt{6})(-1-\sqrt{6})=-5$ 　　　답 ②

05

$4(x-2)^2=12$, $(x-2)^2=3$

$x-2=\pm\sqrt{3}$　　$\therefore x=2\pm\sqrt{3}$

따라서 $A=2$, $B=3$이므로

$A+B=2+3=5$ 　　　답 ⑤

06

$3x^2-12x+2=0$, $x^2-4x+\dfrac{2}{3}=0$, $x^2-4x=-\dfrac{2}{3}$

$x^2-4x+4=-\dfrac{2}{3}+4$, $(x-2)^2=\dfrac{10}{3}$

따라서 $a=2$, $b=\dfrac{10}{3}$이므로 $a+b=2+\dfrac{10}{3}=\dfrac{16}{3}$

답 ⑤

07

$A=9$, $B=3$, $C=\dfrac{21}{2}$이므로

$A+B+C=9+3+\dfrac{21}{2}=\dfrac{45}{2}$

답 $\dfrac{45}{2}$

08

$x^2+8x+a=0$에서 $x^2+8x=-a$, $x^2+8x+16=16-a$

$(x+4)^2=16-a$ ∴ $x=-4\pm\sqrt{16-a}$

$16-a=13$에서 $a=3$, $b=-4$

∴ $a+b=3+(-4)=-1$

답 -1

워크북 | 19쪽

🦊 **배운대로 복습하기** 개념 05 ~ 개념 06

01 ③	**02** ③	**03** 1	**04** ①
05 $x=4$	**06** $x=-1$	**07** ①	**08** ⑤

01

$x=\dfrac{-3\pm\sqrt{3^2-4\times5\times(-1)}}{2\times5}=\dfrac{-3\pm\sqrt{29}}{10}$

답 ③

02

$x=\dfrac{-(-5)\pm\sqrt{(-5)^2-4\times2\times1}}{2\times2}=\dfrac{5\pm\sqrt{17}}{4}$

따라서 $A=5$, $B=17$이므로

$A+B=5+17=22$

답 ③

03

$x=\dfrac{-(-3)\pm\sqrt{(-3)^2-4\times4\times a}}{2\times4}=\dfrac{3\pm\sqrt{9-16a}}{8}$

$9-16a=41$에서 $a=-2$, $b=3$

∴ $a+b=(-2)+3=1$

답 1

04

괄호를 풀어 정리하면 $3x^2+7x+3=0$

∴ $x=\dfrac{-7\pm\sqrt{7^2-4\times3\times3}}{2\times3}=\dfrac{-7\pm\sqrt{13}}{6}$

답 ①

05

$0.1x^2-\dfrac{1}{5}x-0.8=0$의 양변에 10을 곱하여 정리하면

$x^2-2x-8=0$, $(x+2)(x-4)=0$ ∴ $x=-2$ 또는 $x=4$

$\dfrac{x-1}{3}=0.2(x+1)(x-3)$의 양변에 15를 곱하여 정리하면

$3x^2-11x-4=0$, $(3x+1)(x-4)=0$

∴ $x=-\dfrac{1}{3}$ 또는 $x=4$

따라서 두 이차방정식의 공통인 해는 $x=4$이다.

답 $x=4$

06

주어진 이차방정식의 양변에 5를 곱하면

$3x-5=2(x-1)(x+3)$, $2x^2+x-1=0$

$(x+1)(2x-1)=0$ ∴ $x=-1$ 또는 $x=\dfrac{1}{2}$

따라서 두 근 중 더 작은 근은 $x=-1$이다.

답 $x=-1$

07

$x+3=A$라고 하면 $6A^2+A-35=0$, $(2A+5)(3A-7)=0$

∴ $A=-\dfrac{5}{2}$ 또는 $A=\dfrac{7}{3}$

$x+3=-\dfrac{5}{2}$ 또는 $x+3=\dfrac{7}{3}$

∴ $x=-\dfrac{11}{2}$ 또는 $x=-\dfrac{2}{3}$

답 ①

08

$x-y=A$라고 하면

$A(A-10)+25=0$, $A^2-10A+25=0$

$(A-5)^2=0$ ∴ $A=5$

∴ $x-y=5$

답 ⑤

워크북 | 20쪽

🦊 **배운대로 복습하기** 개념 07 ~ 개념 08

01 ㄷ	**02** 1	**03** ②	**04** ①
05 ③	**06** ②	**07** ④	
08 $4x^2-4x+1=0$			

01

ㄱ. $b^2-4ac=3^2-4\times1\times3=-3<0$이므로 근이 없다.

ㄴ. $b'^2-ac=(-2)^2-1\times5=-1<0$이므로 근이 없다.

ㄷ. $b^2-4ac=(-3)^2-4\times2\times(-1)=17>0$이므로 서로 다른 두 근을 갖는다.

ㄹ. $b'^2-ac=6^2-36\times1=0$이므로 중근을 갖는다.

ㅁ. $b'^2-ac=1^2-3\times3=-8<0$이므로 근이 없다.

답 ㄷ

02

$4x^2-2x+\dfrac{1}{4}=0$에서

$b'-ac=(-1)^2-4\times\dfrac{1}{4}=0$　　　$\therefore a=1$

$3x^2-4x+2=0$에서

$b'-ac=(-2)^2-3\times 2=-2<0$　　　$\therefore b=0$

$\therefore a+b=1+0=1$　　　　　　　　　　　　답 1

03

$b'^2-ac=(-5)^2-5\times(k+2)>0$

$-5k+15>0$　　　$\therefore k<3$　　　　　　　답 ②

04

$b'^2-ac=6^2-3\times(-k+3)=0$

$3k+27=0$　　　$\therefore k=-9$　　　　　　　답 ①

05

두 근을 a, $3a$라고 하면 주어진 이차방정식은

$(x-a)(x-3a)=0$, 즉 $x^2-4ax+3a^2=0$이므로

$-4a=12$　　　$\therefore a=-3$

$\therefore m=3a^2=3\times(-3)^2=27$　　　　　　답 ③

06

$(x+1)(x-4)=0$, $x^2-3x-4=0$　　　$\therefore a=-3,\ b=-4$

따라서 이차방정식 $-3x^2-4x-1=0$을 풀면

$3x^2+4x+1=0$, $(3x+1)(x+1)=0$

$\therefore x=-\dfrac{1}{3}$ 또는 $x=-1$　　　　　　답 ②

07

x^2의 계수가 3이고 $x=-2$를 중근으로 갖는 이차방정식은

$3(x+2)^2=0$, $3(x^2+4x+4)=0$

$\therefore 3x^2+12x+12=0$　　　　　　　　　　답 ④

08

$2x^2-5x+2=0$에서 $(2x-1)(x-2)=0$

$\therefore x=\dfrac{1}{2}$ 또는 $x=2$

따라서 $x=\dfrac{1}{2}$을 중근으로 갖고, x^2의 계수가 4인 이차방정식은

$4\left(x-\dfrac{1}{2}\right)^2=0$, $4\left(x^2-x+\dfrac{1}{4}\right)=0$

$\therefore 4x^2-4x+1=0$　　　　답 $4x^2-4x+1=0$

배운대로 복습하기　개념 09

01 ④	02 ③	03 1	04 ①
05 ②	06 2초	07 72 cm^2	08 ②

01

$\dfrac{n(n-3)}{2}=65$, $n^2-3n-130=0$

$(n-13)(n+10)=0$　　　$\therefore n=13$ ($\because n$은 자연수)

따라서 구하는 다각형은 십삼각형이다.　　　　　답 ④

02

연속하는 두 홀수를 x, $x+2$라고 하면

$x^2+(x+2)^2=130$, $x^2+2x-63=0$

$(x-7)(x+9)=0$　　　$\therefore x=7$ ($\because x>0$)

따라서 연속하는 두 홀수는 7, 9이므로 그 곱은 $7\times 9=63$　　답 ③

03

어떤 양수를 x라고 하면 $2(x+3)=(x+3)^2-8$

$x^2+4x-5=0$, $(x+5)(x-1)=0$

$\therefore x=1$ ($\because x$는 양수)

따라서 구하는 양수는 1이다.　　　　　　　　　답 1

04

동생의 나이를 x살이라고 하면 형의 나이는 $(x+4)$살이다.

$x(x+4)=192$, $x^2+4x-192=0$

$(x+16)(x-12)=0$　　　$\therefore x=12$ ($\because x>0$)

따라서 동생의 나이는 12살이다.　　　　　　　답 ①

05

$-5t^2+30t+10=55$, $t^2-6t+9=0$

$(t-3)^2=0$　　　$\therefore t=3$

따라서 물체가 55 m의 높이에 도달할 때까지 걸리는 시간은 3초이다.　　　　　　　　　　　　　　　　　　　　답 ②

06

$-5t^2+9t+2=0$, $5t^2-9t-2=0$

$(t-2)(5t+1)=0$　　　$\therefore t=2$ ($\because t>0$)

따라서 야구공이 지면에 떨어지는 것은 2초 후이다.　　답 2초

07

처음 삼각형의 밑변의 길이를 x cm라고 하면

$\dfrac{1}{2}\times(x+6)(x+4)=\dfrac{1}{2}\times x^2\times 2$, $x^2-10x-24=0$

$(x+2)(x-12)=0$ $\therefore x=-2$ 또는 $x=12$

이때 $x>0$이므로 $x=12$

따라서 처음 삼각형의 넓이는

$\dfrac{1}{2} \times 12 \times 12 = 72 \,(\text{cm}^2)$ **답** $72 \,\text{cm}^2$

08

세로의 길이를 x cm라고 하면 가로의 길이는 $(23-x)$ cm이다.

$x(23-x)=130,\ x^2-23x+130=0$

$(x-10)(x-13)=0$ $\therefore x=10$ 또는 $x=13$

따라서 가로의 길이가 세로의 길이보다 더 길므로 세로의 길이는 10 cm이다.   **답** ②

Ⅲ. 이차함수

1. 이차함수와 그 그래프

워크북 | 22쪽

배운대로 복습하기 개념 01 ~ 개념 03

01 ④	**02** ①, ⑤	**03** 8	**04** ②
05 ②	**06** ③, ④	**07** ⑤	**08** $\dfrac{2}{3}$

01

① 이차함수

② $y=x^2+6x+9$ (이차함수)

③ $y=4x^2-8x+3$ (이차함수)

④ $y=12x+18$ (일차함수)

⑤ 이차함수   **답** ④

02

① $y=\pi x^2$ (이차함수)

② $y=60x$ (일차함수)

③ $xy=20$ $\therefore y=\dfrac{20}{x}$ (이차함수가 아니다.)

④ $y=2 \times \{x+(x+5)\}=4x+10$ (일차함수)

⑤ $y=x(x-3)=x^2-3x$ (이차함수)   **답** ①, ⑤

03

$f(-1)=(-1)^2-5 \times (-1)+4=10$

$f(2)=2^2-5 \times 2+4=-2$

$\therefore f(-1)+f(2)=10+(-2)=8$ **답** 8

04

답 ②

05

㈎ — ㄹ, ㈏ — ㄷ, ㈐ — ㅁ, ㈑ — ㄱ, ㈒ — ㄴ   **답** ②

06

③ $x<0$일 때, x의 값이 증가하면 y의 값은 감소한다.

④ $y=-3x^2$의 그래프와 x축에 대하여 대칭이다.   **답** ③, ④

07

$y=ax^2$에 $x=2$, $y=2$를 대입하면 $2=4a$ $\therefore a=\dfrac{1}{2}$

따라서 $y=\dfrac{1}{2}x^2$이고 이 식에 $x=-4$, $y=b$를 대입하면

$b=\dfrac{1}{2} \times 16=8$ $\therefore 4a+b=4 \times \dfrac{1}{2}+8=10$ **답** ⑤

08

$y=ax^2$에 $x=2$, $y=-12$를 대입하면

$-12=4a$ $\therefore a=-3$

$y=-3x^2$에 $x=k$, $y=-\dfrac{4}{3}$를 대입하면

$-\dfrac{4}{3}=-3k^2,\ k^2=\dfrac{4}{9}$ $\therefore k=\dfrac{2}{3}\ (\because k>0)$ **답** $\dfrac{2}{3}$

워크북 | 23쪽

배운대로 복습하기 개념 04 ~ 개념 05

01 ②	**02** ③	**03** -2	**04** ④
05 ②	**06** ⑤	**07** 8	**08** ④

01

답 ②

02

③ 이차함수 $y=4x^2-1$의 그래프를 y축의 방향으로 1만큼 평행이 동하면 이차함수 $y=4x^2$의 그래프와 완전히 포개어진다.   **답** ③

03

평행이동한 그래프의 식은 $y=2x^2+q-3$

이 그래프의 꼭짓점의 좌표가 $(0,\ q-3)$이므로 $q-3=-5$

$\therefore q=-2$ **답** -2

04

④ $x>0$일 때, x의 값이 증가하면 y의 값도 증가한다.   **답** ④

05

$y=ax^2$의 그래프를 x축의 방향으로 -3만큼 평행이동한 그래프를 나타내는 이차함수의 식은 $y=a(x+3)^2$

따라서 $a=-4$, $p=3$이므로

$a+p=-4+3=-1$ 　　　　　　　　　　　　답 ②

06

위로 볼록하고 꼭짓점의 좌표가 $(3,\,0)$인 것은 ⑤이다. 　　답 ⑤

07

꼭짓점의 좌표가 $(4,\,0)$이므로 $y=a(x-4)^2$ 　　∴ $p=4$

점 $(2,\,8)$을 지나므로 $8=a(2-4)^2$ 　　∴ $a=2$

∴ $ap=2\times4=8$ 　　　　　　　　　　　　　　　답 8

08

① 축의 방정식은 각각 $x=0$, $x=2$이다.

② $y=3x^2+2$의 그래프는 아래로 볼록, $y=-3(x-2)^2$의 그래프는 위로 볼록하다.

③ $y=3x^2+2$의 그래프는 제1, 2사분면을 지나고, $y=-3(x-2)^2$의 그래프는 제3, 4사분면을 지난다.

④ x^2의 계수의 절댓값이 같으므로 그래프의 폭이 같다. 　답 ④

워크북 | 24∼25쪽

🦊 **배운대로 복습하기**　개념 06 ～ 개념 08

01 ③	**02** ③	**03** ①	**04** $(1,\,-3)$
05 ④	**06** ⑤	**07** ②	**08** ④
09 ③	**10** ①	**11** ③	**12** ④
13 12	**14** $(-1,\,2)$		

01

$y=5(x+2)^2-3$의 그래프는 $y=5x^2$의 그래프를 x축의 방향으로 -2만큼, y축의 방향으로 -3만큼 평행이동한 것이다.

따라서 $p=-2$, $q=-3$이므로

$pq=6$ 　　　　　　　　　　　　　　　　　답 ③

02

　　　　　　　　　　　　　　　　　　　　　답 ③

03

이차함수 $y=3x^2$의 그래프를 x축의 방향으로 -3만큼, y축의 방향으로 -2만큼 평행이동하면 $y=3(x+3)^2-2$

$y=3(x+3)^2-2$에 $x=-4$, $y=k$를 대입하면

$k=3(-4+3)^2-2=1$ 　　　　　　　　　　답 ①

04

$y=-4x^2$의 그래프를 x축의 방향으로 1만큼, y축의 방향으로 -3만큼 평행이동하면

$y=-4(x-1)^2-3$

따라서 꼭짓점의 좌표는 $(1,\,-3)$이다. 　　답 $(1,\,-3)$

05

④ $y=-x^2$의 그래프보다 폭이 좁다. 　　　　답 ④

06

주어진 이차함수의 그래프의 꼭짓점의 좌표를 각각 구하면

① $(-1,\,0)$ → x축

② $(-2,\,-3)$ → 제3사분면

③ $(4,\,-2)$ → 제4사분면

④ $(1,\,4)$ → 제1사분면

⑤ $(-3,\,5)$ → 제2사분면

따라서 제2사분면 위에 있는 것은 ⑤이다. 　　답 ⑤

07

$y=4(x-1)^2+5$에서 $x<1$일 때, x의 값이 증가하면 y의 값은 감소한다.

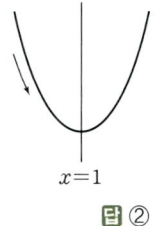

$x=1$

　　　　　　　　　　　　　　　　　　　　답 ②

08

아래로 볼록하므로 $a>0$

꼭짓점이 제2사분면 위에 있으므로 $p<0$, $q>0$

④ $apq<0$ 　　　　　　　　　　　　　　答 ④

09

$a>0$이므로 아래로 볼록하다. 또, 꼭짓점의 좌표가 $(-p,\,q)$이고, $p>0$, $q<0$이므로 꼭짓점은 제3사분면 위에 있다. 　답 ③

10

평행이동한 그래프의 식은 $y=3(x+2-m)^2+1+n$

이때 이 식이 $y=3(x+5)^2-2$와 같으므로

$2-m=5$, $1+n=-2$ 　　∴ $m=-3$, $n=-3$

∴ $m+n=-3+(-3)=-6$ 　　　　　　　答 ①

11

$y=\dfrac{1}{3}(x-4)^2+2$의 그래프를 x축의 방향으로 m만큼, y축의 방향으로 n만큼 평행이동하면 $y=\dfrac{1}{3}(x-4-m)^2+2+n$

이 그래프의 꼭짓점의 좌표는 $(4+m, 2+n)$이므로
$4+m=2$에서 $m=-2$
$2+n=-2$에서 $n=-4$
$\therefore m+n=-2+(-4)=-6$ 답 ③

12

$y=-\dfrac{1}{2}(x+1)^2-3$의 그래프를 x축의 방향으로 3만큼, y축의 방

향으로 -1만큼 평행이동한 그래프는 $y=-\dfrac{1}{2}(x-2)^2-4$

④ 꼭짓점의 좌표는 $(2, -4)$이다.   답 ④

13

$y=a(x-p)^2+q$의 그래프를 y축에 대칭이동한 그래프를 나타내는
이차함수의 식은 x대신 $-x$를 대입하면
$y=a(-x-p)^2+q$ $\therefore y=a(x+p)^2+q$
따라서 $a=3$, $p=-4$, $q=-1$이므로 $apq=12$ 답 12

14

$y=3(x-1)^2-2$를 y축에 대칭이동하면 $y=3(-x-1)^2-2$
즉 $y=3(x+1)^2-2$
$y=3(x+1)^2-2$를 x축에 대칭이동하면 $-y=3(x+1)^2-2$
즉 $y=-3(x+1)^2+2$
따라서 구하는 꼭짓점의 좌표는 $(-1, 2)$이다.   답 $(-1, 2)$

2. 이차함수의 활용

워크북 | 26쪽

배운대로 복습하기   개념 01 ~ 개념 02

01 ③	02 ①	03 ②	04 5
05 ⑤	06 ③	07 ④	

01

$y=-2x^2+4x+a=-2(x-1)^2+a+2$의 그래프의 꼭짓점의 좌
표는 $(1, a+2)$
따라서 $1=b$, $a+2=-b^2+1$이므로 $b=1$, $a=-2$
$\therefore a+b=-2+1=-1$ 답 ③

02

$y=4x^2-kx+5$에 $x=-1$, $y=1$을 대입하면
$1=4\times(-1)^2-k\times(-1)+5$ $\therefore k=-8$
$y=4x^2+8x+5=4(x+1)^2+1$
따라서 꼭짓점의 좌표는 $(-1, 1)$ 답 ①

03

$y=x^2+2x-5=(x+1)^2-6$이므로 이 그래프의 꼭짓점의 좌표는
$(-1, -6)$이다.
따라서 이 그래프를 x축의 방향으로 -1만큼, y축의 방향으로 1만
큼 평행이동한 그래프의 꼭짓점의 좌표는 $(-2, -5)$이다.   답 ②

04

$y=0$을 $y=2x^2+6x-8$에 대입하면
$2x^2+6x-8=0$, $x^2+3x-4=0$
$(x+4)(x-1)=0$ $\therefore x=-4$ 또는 $x=1$
따라서 x축과의 교점의 좌표는 $(-4, 0)$, $(1, 0)$이므로
$\overline{AB}=1-(-4)=5$ 답 5

05

$y=2x^2-4x+3=2(x-1)^2+1$
⑤ $y=2x^2$의 그래프를 x축의 방향으로 1만큼, y축의 방향으로 1만
큼 평행이동한 것이다.   답 ⑤

06

위로 볼록한 포물선이므로 $a<0$
축이 y축의 오른쪽에 있으므로 $ab<0$ $\therefore b>0$
y축과의 교점이 x축의 위쪽에 있으므로 $c>0$ 답 ③

07

$y=ax+b$의 그래프에서 (기울기)$=a>0$, (y절편)$=b>0$
$y=x^2-ax-b$에서 $1\times(-a)<0$이므로 축은 y축의 오른쪽에 있다.
또, $-b<0$이므로 y축과의 교점은 x축의 아래쪽에 있다.
따라서 $y=x^2-ax-b$의 그래프의 꼭짓점은 제4사분면 위에 있다.
답 ④

워크북 | 27 ~ 28쪽

배운대로 복습하기   개념 03 ~ 개념 05

01 ④	02 ③	03 $-\dfrac{9}{2}$	04 ②
05 ②	06 ④	07 ③	08 $x=-1$
09 ④	10 ⑤	11 ①	12 $(1, 3)$
13 ④	14 ③	15 2, 22	16 12 cm

01

구하는 이차함수의 식을 $y=a(x-3)^2-2$로 놓고 $x=1$, $y=-6$을
대입하면
$-6=a(1-3)^2-2$ $\therefore a=-1$
$\therefore y=-(x-3)^2-2=-x^2+6x-11$
$\therefore a+b-c=-1+6-(-11)=16$ 답 ④

02

구하는 이차함수의 식을 $y=a(x-2)^2+5$로 놓고

$x=1$, $y=3$을 대입하면

$3=a(1-2)^2+5$ $\therefore a=-2$

$y=-2(x-2)^2+5=-2x^2+8x-3$

따라서 y축과 만나는 점의 y좌표는 -3이다.   답 ③

03

구하는 이차함수의 식을 $y=a(x-2)^2+8$로 놓자.

그래프가 점 $(0, 6)$을 지나므로 $x=0$, $y=6$을 대입하면

$6=a(0-2)^2+8$ $\therefore a=-\dfrac{1}{2}$

$\therefore y=-\dfrac{1}{2}(x-2)^2+8=-\dfrac{1}{2}x^2+2x+6$

위의 식에 $x=-3$, $y=k$를 대입하면

$k=-\dfrac{1}{2}\times(-3)^2+2\times(-3)+6=-\dfrac{9}{2}$ 답 $-\dfrac{9}{2}$

04

구하는 이차함수의 식을 $y=a(x+1)^2+q$로 놓자.

그래프가 두 점 $(0, -3)$, $(1, 0)$을 지나므로

$-3=a+q$, $0=4a+q$ $\therefore a=1$, $q=-4$

따라서 구하는 이차함수의 식은

$y=(x+1)^2-4=x^2+2x-3$ 답 ②

05

구하는 이차함수의 식을 $y=a(x-2)^2+q$로 놓자.

두 점 $(1, -2)$, $(4, 4)$를 지나므로

$a+q=-2$, $4a+q=4$ $\therefore a=2$, $q=-4$

$\therefore y=2(x-2)^2-4$

따라서 꼭짓점의 좌표는 $(2, -4)$이다.   답 ②

06

조건 ㈎, ㈐에 의하여 구하는 이차함수의 식을

$y=3(x-3)^2+q$로 놓자.

조건 ㈏에 의하여 $17=3(1-3)^2+q$ $\therefore q=5$

$\therefore y=3(x-3)^2+5=3x^2-18x+32$

따라서 $a=3$, $b=-18$, $c=32$이므로

$a+b+c=3+(-18)+32=17$ 답 ④

07

$y=ax^2+bx+c$로 놓고 세 점의 좌표를 각각 대입하면

$6=c$, $0=a-b+c$, $8=a+b+c$ $\therefore a=-2$, $b=4$, $c=6$

$\therefore y=-2x^2+4x+6$ 답 ③

08

$y=ax^2+bx+c$의 그래프가 점 $(0, -3)$을 지나므로 $c=-3$

$y=ax^2+bx-3$의 그래프가 두 점 $(-1, -4)$, $(2, 5)$를 지나므로

$-4=a-b-3$, $5=4a+2b-3$

즉, $a-b=-1$, $2a+b=4$

위의 두 식을 연립하여 풀면 $a=1$, $b=2$

$\therefore y=x^2+2x-3=(x+1)^2-4$

따라서 축의 방정식은 $x=-1$이다.   답 $x=-1$

09

$y=ax^2+bx+c$의 그래프가 세 점 $(0, 3)$, $(2, 3)$, $(3, 0)$을 지나므로

$3=c$, $3=4a+2b+3$, $0=9a+3b+3$

$\therefore a=-1$, $b=2$, $c=3$

$\therefore a+b+c=-1+2+3=4$ 답 ④

10

구하는 이차함수의 식은 $y=-(x+1)(x-3)=-x^2+2x+3$

위의 식에 $x=0$을 대입하면 $y=3$

따라서 그래프가 y축과 만나는 점의 y좌표는 3이다.   답 ⑤

11

구하는 이차함수의 식을 $y=a(x+3)(x-3)$으로 놓고 $x=0$, $y=9$를 대입하면

$9=-9a$ $\therefore a=-1$

즉 $y=-(x+3)(x-3)=-x^2+9$에서 $b=0$, $c=9$

$\therefore a+b-c=-1+0-9=-10$ 답 ①

12

구하는 이차함수의 식을 $y=a(x+1)(x-4)$로 놓고

$x=0$, $y=2$를 대입하면

$a=-\dfrac{1}{2}$

$\therefore y=-\dfrac{1}{2}(x+1)(x-4)$

$=-\dfrac{1}{2}x^2+\dfrac{3}{2}x+2$

$=-\dfrac{1}{2}\left(x-\dfrac{3}{2}\right)^2+\dfrac{25}{8}$

이 이차함수의 식을 x축의 방향으로 $-\dfrac{1}{2}$만큼, y축의 방향으로

$-\dfrac{1}{8}$만큼 평행이동한 그래프의 식은 $y=-\dfrac{1}{2}(x-1)^2+3$

따라서 구하는 꼭짓점의 좌표는 $(1, 3)$이다.   답 $(1, 3)$

13

$y=-5x^2+50x+100$에 $x=3$을 대입하면

$y=-45+150+100=205$

따라서 물체를 쏘아 올린 지 3초 후의 지면으로부터의 높이는 205 m
이다.   **답** ④

14

$h=9+6t-3t^2$에 $h=0$을 대입하면

$0=9+6t-3t^2$, $t^2-2t-3=0$

$(t+1)(t-3)=0$ $\therefore x=-1$ 또는 $x=3$

이때 $x>0$이므로 $x=3$

따라서 이 물체가 지면에 떨어질 때까지 걸리는 시간은 3초이다.

    답 ③

15

두 자연수 중 작은 수를 x라고 하면 큰 수는 $x+20$이므로 두 수의
곱을 y라고 하면

$y=x(x+20)=x^2+20x$

이 식에 $y=44$를 대입하면 $44=x^2+20x$

$x^2+20x-44=0$, $(x-2)(x+22)=0$

$\therefore x=2$ 또는 $x=-22$

이때 $x>0$이므로 $x=2$

따라서 구하는 두 수는 2, 22이다.   **답** 2, 22

16

직사각형의 세로의 길이를 x cm라고 하면 가로의 길이는
$(18-x)$ cm이므로 직사각형의 넓이를 y cm²라고 하면

$y=x(18-x)=-x^2+18x$

위의 식에 $y=72$를 대입하면 $72=-x^2+18x$

$x^2-18x+72=0$, $(x-12)(x-6)=0$ $\therefore x=12$ 또는 $x=6$

따라서 구하는 직사각형의 세로의 길이는 12 cm이다.   **답** 12 cm

1. 제곱근과 실수

워크북 | 30~35쪽

🦎 서술형 훈련하기

01 5 　**02** −1 　**03** $\sqrt{35}$ 　**04** $5a+b$
05 $-2x-2$ 　**06** $2b$ 　**07** 20 　**08** 125
09 2 　**10** 0 　**11** 3 　**12** 2
13 P : $1+\sqrt{5}$, Q : $1-\sqrt{5}$ 　**14** P : $3+\sqrt{10}$, Q : $3-\sqrt{10}$
15 (1) $\overline{AQ}=\sqrt{2}$, $\overline{BP}=\sqrt{5}$ (2) P : $3-\sqrt{5}$, Q : $\sqrt{2}$
16 (1) $A>B$ (2) $B>C$ (3) $C<B<A$ 　**17** $8-\sqrt{11}$
18 구간 F, 구간 D

01

❶ A는 $\sqrt{(-4)^2}=\sqrt{16}=4$의 음의 제곱근이므로
　$A=-\sqrt{4}=-2$
❷ B는 $(-7)^2=49$의 양의 제곱근이므로
　$B=\sqrt{49}=7$
❸ $A+B=-2+7=5$ 　　　　　　　　답 5

02

A는 제곱근 64이므로
$A=\sqrt{64}=8$ 　　　　　　　……❶
B는 $\left(-\dfrac{1}{8}\right)^2=\dfrac{1}{64}$의 음의 제곱근이므로
$B=-\sqrt{\dfrac{1}{64}}=-\dfrac{1}{8}$ 　　　……❷
$\therefore AB=8\times\left(-\dfrac{1}{8}\right)=-1$ 　……❸
　　　　　　　　　　　　　　　　답 −1

03

(삼각형의 넓이)$=\dfrac{1}{2}\times14\times5=35$ 　……❶
정사각형의 한 변의 길이를 x라고 하면 $x^2=35$
이때 x는 35의 양의 제곱근이므로 $x=\sqrt{35}$
따라서 구하는 정사각형의 한 변의 길이는 $\sqrt{35}$이다. 　……❷
　　　　　　　　　　　　　　　답 $\sqrt{35}$

04

❶ $a>0$이므로 $-2a<0$, $3a>0$
　$b<0$이므로 $-b>0$
❷ $\sqrt{(-2a)^2}-\sqrt{(-b)^2}+\sqrt{(3a)^2}=-(-2a)-(-b)+3a$
　　　　　　　$=2a+b+3a$
　　　　　　　$=5a+b$ 　　답 $5a+b$

05

$-3<x<1$이므로
$x-1<0$, $x+3>0$ 　　　　　　……❶
$\therefore \sqrt{(x-1)^2}-\sqrt{(x+3)^2}=-(x-1)-(x+3)$
　　　　　　　　$=-x+1-x-3$
　　　　　　　　$=-2x-2$ 　……❷
　　　　　　　　　　　　답 $-2x-2$

06

$a<b$이고, $ab<0$에서 a와 b는 서로 다른 부호이므로
$a<0$, $b>0$, $b-a>0$ 　　　　……❶
$\therefore -\sqrt{a^2}+\sqrt{b^2}+\sqrt{(b-a)^2}=-(-a)+b+(b-a)$
　　　　　　　　$=a+b+b-a$
　　　　　　　　$=2b$ 　　　……❷
　　　　　　　　　　　　　답 $2b$

07

❶ $180=2^2\times3^2\times5$
❷ $\sqrt{180x}=\sqrt{2^2\times3^2\times5\times x}$가 자연수가 되어야 하므로
　$x=5\times(자연수)^2$의 꼴이어야 한다.
❸ 가장 작은 두 자리의 자연수 x의 값은
　$5\times2^2=20$ 　　　　　　　답 20

08

$\sqrt{30-x}$가 정수가 되어야 하므로
$30-x=0, 1, 4, 9, 16, 25$
$\therefore x=30, 29, 26, 21, 14, 5$ 　……❶
따라서 모든 자연수 x의 값의 합은
$30+29+26+21+14+5=125$ 　……❷
　　　　　　　　　　　　答 125

09

n의 값이 최대이려면 m의 값은 최소이어야 한다. 　……❶
또한, $\sqrt{\dfrac{104}{m}}=\sqrt{\dfrac{2^3\times13}{m}}$이 자연수가 되어야 하므로 m의 최솟값은
$m=2\times13=26$ 　　　　　　……❷
따라서 구하는 n의 최댓값은
$n=\sqrt{\dfrac{104}{m}}=\sqrt{4}=2$ 　　……❸
　　　　　　　　　　　　　답 2

10

❶ $4=\sqrt{16}>\sqrt{15}$이므로
　$4-\sqrt{15}>0$, $\sqrt{15}-4<0$
❷ $\sqrt{(4-\sqrt{15})^2}-\sqrt{(\sqrt{15}-4)^2}=4-\sqrt{15}-\{-(\sqrt{15}-4)$
　　　　　　　　$=4-\sqrt{15}+\sqrt{15}-4$
　　　　　　　　$=0$ 　　　　답 0

서술형 훈련하기

11

$\sqrt{5}<x<\sqrt{39}$이므로

$5<x^2<39$

이때 x는 자연수이므로 $x=3,\ 4,\ 5,\ 6$ ····· ❶

따라서 $M=6,\ m=3$이므로

$M-m=6-3=3$ ····· ❷

답 3

12

$49<63<64$이므로

$7<\sqrt{63}<8$ ∴ $f(63)=7$ ····· ❶

$25<27<36$이므로

$5<\sqrt{27}<6$ ∴ $f(27)=5$ ····· ❷

∴ $f(63)-f(27)=7-5=2$ ····· ❸

답 2

13

❶ 피타고라스 정리를 이용하면 정사각형 ABCD의 한 변의 길이는 $\sqrt{1^2+2^2}=\sqrt{5}$

❷ $\overline{\mathrm{AP}}=\overline{\mathrm{AB}}=\sqrt{5}$이므로 점 P에 대응하는 수는 $1+\sqrt{5}$

$\overline{\mathrm{AQ}}=\overline{\mathrm{AD}}=\sqrt{5}$이므로 점 Q에 대응하는 수는 $1-\sqrt{5}$

답 P : $1+\sqrt{5}$, Q : $1-\sqrt{5}$

14

$\overline{\mathrm{AB}}=\sqrt{1^2+3^2}=\sqrt{10}$

따라서 □ABCD의 한 변의 길이는 $\sqrt{10}$이다. ····· ❶

$\overline{\mathrm{AP}}=\overline{\mathrm{AB}}=\sqrt{10}$이므로 점 P에 대응하는 수는 $3+\sqrt{10}$

$\overline{\mathrm{AQ}}=\overline{\mathrm{AD}}=\sqrt{10}$이므로 점 Q에 대응하는 수는 $3-\sqrt{10}$ ····· ❷

답 P : $3+\sqrt{10}$, Q : $3-\sqrt{10}$

15

(1) $\overline{\mathrm{AQ}}=\overline{\mathrm{AC}}=\sqrt{1^2+1^2}=\sqrt{2}$

$\overline{\mathrm{BP}}=\overline{\mathrm{BC}}=\sqrt{1^2+2^2}=\sqrt{5}$

(2) 점 P에 대응하는 수는 $3-\sqrt{5}$

점 Q에 대응하는 수는 $\sqrt{2}$

답 (1) $\overline{\mathrm{AQ}}=\sqrt{2}$, $\overline{\mathrm{BP}}=\sqrt{5}$ (2) P : $3-\sqrt{5}$, Q : $\sqrt{2}$

16

(1) $A-B=(\sqrt{10}+2)-(\sqrt{10}+\sqrt{3})$

$=2-\sqrt{3}=\sqrt{4}-\sqrt{3}>0$

∴ $A>B$

(2) $B-C=(\sqrt{10}+\sqrt{3})-(3+\sqrt{3})$

$=\sqrt{10}-3=\sqrt{10}-\sqrt{9}>0$

∴ $B>C$

(3) $A>B$이고 $B>C$이므로

$C<B<A$ 답 (1) $A>B$ (2) $B>C$ (3) $C<B<A$

17

$A-C=(6-\sqrt{11})-(-\sqrt{13}+6)$

$=-\sqrt{11}+\sqrt{13}>0$

∴ $A>C$ ····· ❶

$B-C=2-(-\sqrt{13}+6)$

$=\sqrt{13}-4=\sqrt{13}-\sqrt{16}<0$

∴ $B<C$ ····· ❷

$A>C$이고 $B<C$이므로

$B<C<A$ ····· ❸

따라서 가장 큰 수는 $A=6-\sqrt{11}$, 가장 작은 수는 $B=2$이므로 그 합은

$(6-\sqrt{11})+2=8-\sqrt{11}$ ····· ❹

답 $8-\sqrt{11}$

18

$\sqrt{9}<\sqrt{15}<\sqrt{16}$에서 $3<\sqrt{15}<4$

∴ $2<\sqrt{15}-1<3$ ····· ❶

따라서 $\sqrt{15}-1$에 대응하는 점은 구간 F에 있다. ····· ❷

$\sqrt{1}<\sqrt{3}<\sqrt{4}$에서 $1<\sqrt{3}<2$

$-2<-\sqrt{3}<-1$ ∴ $0<2-\sqrt{3}<1$ ····· ❸

따라서 $2-\sqrt{3}$에 대응하는 점은 구간 D에 있다. ····· ❹

답 구간 F, 구간 D

2. 근호를 포함한 식의 계산

워크북 | 36~41쪽

서술형 훈련하기

01 5	**02** $\sqrt{3}$	**03** 4 cm	**04** $\sqrt{15}$
05 4	**06** 20	**07** 876	**08** 95.82
09 2.981	**10** $\dfrac{5}{8}$	**11** $-3+\sqrt{5}$	**12** 4
13 -1	**14** 1	**15** 2, -7	**16** $2\sqrt{10}-5$
17 $8-\sqrt{2}$	**18** $2\sqrt{2}-3$		

01

❶ $3\times\sqrt{5}\times\sqrt{a}=\sqrt{5}\times\sqrt{45}$에서 $3\sqrt{5\times a}=\sqrt{5\times45}$

$3\sqrt{5a}=15$ ∴ $\sqrt{5a}=5$

❷ 양변을 제곱하면

$5a=25$ ∴ $a=5$ 답 5

02

$\sqrt{a}=\sqrt{\dfrac{5}{3}}\times\sqrt{\dfrac{27}{5}}=\sqrt{\dfrac{5}{3}\times\dfrac{27}{5}}$

$=\sqrt{9}$ ····· ❶

$$\sqrt{b}=\sqrt{\frac{39}{2}}\div\sqrt{\frac{13}{2}}=\sqrt{\frac{39}{2}}\times\sqrt{\frac{2}{13}}$$
$$=\sqrt{\frac{39}{2}\times\frac{2}{13}}$$
$$=\sqrt{3}\qquad\cdots\cdots\,\text{❷}$$
$$\therefore\ \sqrt{a}\div\sqrt{b}=\sqrt{9}\div\sqrt{3}=\sqrt{\frac{9}{3}}=\sqrt{3}\qquad\cdots\cdots\,\text{❸}$$
답 $\sqrt{3}$

03

직사각형의 넓이는
$$\sqrt{32}\times\sqrt{8}=\sqrt{32\times8}=\sqrt{256}$$
$$=16(\text{cm}^2)\qquad\cdots\cdots\,\text{❶}$$
따라서 넓이가 16 cm²인 정사각형의 한 변의 길이는
$$\sqrt{16}=4(\text{cm})\qquad\cdots\cdots\,\text{❷}$$
답 4 cm

04

❶ $\sqrt{27}=\sqrt{3^2\times3}=3\sqrt{3}$이므로
$$a=3$$
❷ $\sqrt{125}=\sqrt{5^2\times5}=5\sqrt{5}$이므로
$$b=5$$
❸ $\sqrt{ab}=\sqrt{3\times5}=\sqrt{15}$
답 $\sqrt{15}$

05

$$\sqrt{\frac{128}{9}}=\sqrt{\frac{8^2\times2}{3^2}}=\frac{8\sqrt{2}}{3}\text{이므로}$$
$$a=\frac{8}{3}\qquad\cdots\cdots\,\text{❶}$$
$$\sqrt{0.0252}=\sqrt{\frac{252}{10000}}=\sqrt{\frac{6^2\times7}{100^2}}=\frac{6\sqrt{7}}{100}=\frac{3\sqrt{7}}{50}\text{이므로}$$
$$b=\frac{3}{50}\qquad\cdots\cdots\,\text{❷}$$
$$\therefore\ 25ab=25\times\frac{8}{3}\times\frac{3}{50}=4\qquad\cdots\cdots\,\text{❸}$$
답 4

06

$\sqrt{50000}=\sqrt{100^2\times5}=100\sqrt{5}$이므로 $\sqrt{50000}$은 $\sqrt{5}$의 100배이다.
$$\therefore\ a=100\qquad\cdots\cdots\,\text{❶}$$
$\sqrt{\frac{18}{75}}=\sqrt{\frac{6}{25}}=\sqrt{\frac{6}{5^2}}=\frac{\sqrt{6}}{5}$이므로 $\sqrt{\frac{18}{75}}$은 $\sqrt{6}$의 $\frac{1}{5}$배이다.
$$\therefore\ b=\frac{1}{5}\qquad\cdots\cdots\,\text{❷}$$
$$\therefore\ ab=100\times\frac{1}{5}=20\qquad\cdots\cdots\,\text{❸}$$
답 20

07

❶ $\sqrt{32.6}=5.710$이므로
$$a=5.710$$
❷ $\sqrt{30.5}=5.523$이므로
$$b=30.5$$
❸ $100a+10b=100\times5.710+10\times30.5$
$$=571+305=876$$
답 876

08

$$\sqrt{530}=\sqrt{5.3\times10^2}=10\sqrt{5.3}$$
$$=10\times2.302=23.02\qquad\cdots\cdots\,\text{❶}$$
$$\sqrt{5300}=\sqrt{53\times10^2}=10\sqrt{53}$$
$$=10\times7.280=72.80\qquad\cdots\cdots\,\text{❷}$$
$$\therefore\ \sqrt{530}+\sqrt{5300}=23.02+72.80$$
$$=95.82\qquad\cdots\cdots\,\text{❸}$$
답 95.82

09

$$10\sqrt{0.19}=10\sqrt{\frac{19}{10^2}}=10\times\frac{\sqrt{19}}{10}$$
$$=\sqrt{19}=4.359\qquad\cdots\cdots\,\text{❶}$$
$$\frac{1}{100}\sqrt{19000}=\frac{1}{100}\sqrt{1.9\times10^4}=\frac{1}{100}\times100\sqrt{1.9}$$
$$=\sqrt{1.9}=1.378\qquad\cdots\cdots\,\text{❷}$$
$$\therefore\ 10\sqrt{0.19}-\frac{1}{100}\sqrt{19000}=4.359-1.378$$
$$=2.981\qquad\cdots\cdots\,\text{❸}$$
답 2.981

10

❶ (좌변)$=\left(\frac{4}{3}-\frac{3}{8}\right)\sqrt{2}+\left(-\frac{1}{2}+\frac{1}{6}\right)\sqrt{3}$
$$=\left(\frac{32}{24}-\frac{9}{24}\right)\sqrt{2}+\left(-\frac{3}{6}+\frac{1}{6}\right)\sqrt{3}$$
$$=\frac{23\sqrt{2}}{24}-\frac{\sqrt{3}}{3}$$
❷ $a=\frac{23}{24}$, $b=-\frac{1}{3}$이므로
$$a+b=\frac{23}{24}+\left(-\frac{1}{3}\right)=\frac{23}{24}-\frac{8}{24}$$
$$=\frac{15}{24}=\frac{5}{8}$$
답 $\frac{5}{8}$

11

$$\sqrt{5}-3=\sqrt{5}-\sqrt{9}<0$$
$$6-2\sqrt{5}=\sqrt{36}-\sqrt{20}>0\qquad\cdots\cdots\,\text{❶}$$
$$\therefore\ \sqrt{(\sqrt{5}-3)^2}-\sqrt{(6-2\sqrt{5})^2}=-(\sqrt{5}-3)-(6-2\sqrt{5})$$
$$=-\sqrt{5}+3-6+2\sqrt{5}$$
$$=-3+\sqrt{5}\qquad\cdots\cdots\,\text{❷}$$
답 $-3+\sqrt{5}$

서술형 훈련하기

12

$\sqrt{3}(\sqrt{12}-2)+\sqrt{6}(\sqrt{6}-\sqrt{18})$
$=6-2\sqrt{3}+6-6\sqrt{3}$
$=12-8\sqrt{3}$ ...... ❶
따라서 $a=12$, $b=-8$이므로
$a+b=12+(-8)=4$ ...... ❷

답 4

13

❶ $\sqrt{2}(\sqrt{2}-\sqrt{3})-\sqrt{3}(a\sqrt{2}+\sqrt{3})$
　$=2-\sqrt{6}-a\sqrt{6}-3$
　$=-1+(-1-a)\sqrt{6}$
❷ 위의 식이 유리수가 되어야 하므로
　$-1-a=0$　∴ $a=-1$

답 -1

14

$\dfrac{a}{\sqrt{2}}(4-\sqrt{32})+\sqrt{48}\left(\dfrac{1}{\sqrt{3}}-\dfrac{1}{\sqrt{6}}\right)$
$=2\sqrt{2}a-4a+4-2\sqrt{2}$
$=(-4a+4)+(2a-2)\sqrt{2}$ ...... ❶
위의 식이 유리수가 되어야 하므로
$2a-2=0$, $2a=2$
∴ $a=1$ ...... ❷

답 1

15

$5(a-2\sqrt{3})+6\sqrt{3}+2a\sqrt{3}-17$
$=5a-10\sqrt{3}+6\sqrt{3}+2a\sqrt{3}-17$
$=(5a-17)+(2a-4)\sqrt{3}$ ...... ❶
위의 식이 유리수가 되어야 하므로
$2a-4=0$, $2a=4$
∴ $a=2$ ...... ❷
∴ (주어진 식)$=(5a-17)+(2a-4)\sqrt{3}$
　　　　　　$=5\times2-17+0\times\sqrt{3}$
　　　　　　$=-7$ ...... ❸

답 2, -7

16

❶ $3<\sqrt{10}<4$이므로
　$1<\sqrt{10}-2<2$
❷ $a=1$, $b=(\sqrt{10}-2)-1=\sqrt{10}-3$
❸ $a+2b=1+2(\sqrt{10}-3)$
　　　　$=1+2\sqrt{10}-6$
　　　　$=2\sqrt{10}-5$

답 $2\sqrt{10}-5$

17

$1<\sqrt{2}<2$이므로 $a=\sqrt{2}-1$ ...... ❶
$2<\sqrt{6}<3$이므로 $b=\sqrt{6}-2$ ...... ❷
∴ $\sqrt{2}a+\sqrt{6}b+\dfrac{12}{\sqrt{6}}$
　$=\sqrt{2}(\sqrt{2}-1)+\sqrt{6}(\sqrt{6}-2)+2\sqrt{6}$
　$=2-\sqrt{2}+6-2\sqrt{6}+2\sqrt{6}$
　$=8-\sqrt{2}$ ...... ❸

답 $8-\sqrt{2}$

18

$8<\sqrt{72}<9$이므로
$f(72)=\sqrt{72}-8=6\sqrt{2}-8$ ...... ❶
$5<\sqrt{32}<6$이므로
$f(32)=\sqrt{32}-5=4\sqrt{2}-5$ ...... ❷
∴ $f(72)-f(32)=(6\sqrt{2}-8)-(4\sqrt{2}-5)$
　　　　　　　　$=6\sqrt{2}-8-4\sqrt{2}+5$
　　　　　　　　$=2\sqrt{2}-3$ ...... ❸

답 $2\sqrt{2}-3$

Ⅱ. 이차방정식

1. 다항식의 곱셈

워크북 | 42~45쪽

🦎 서술형 훈련하기

01 49	02 4	03 -32	04 56
05 28	06 33	07 $-\dfrac{10}{3}$	08 8
09 37	10 (1) 512　(2) $(a+b)(a-b)=a^2-b^2$		
11 (1) 29　(2) 33		12 194	

01

❶ $(3x-A)^2=9x^2-6Ax+A^2$
❷ $9x^2-6Ax+A^2=9x^2-Bx+49$이므로
　$-6A=-B$, $A^2=49$
　이때 A, B는 양수이므로
　$A=7$, $B=42$
❸ $A+B=7+42=49$

답 49

02

$(x+3)(x-4)=x^2-x-12$에서 x의 계수는 -1이므로
$a=-1$ ...... ❶
$(5x+2)(5x-2)=25x^2-4$에서 상수항은 -4이므로
$b=-4$ ...... ❷
∴ $ab=(-1)\times(-4)=4$ ...... ❸

답 4

03

$(x-2)(x+2)(x^2+4)(x^4+16)$
$=(x^2-4)(x^2+4)(x^4+16)$
$=(x^4-16)(x^4+16)$
$=x^8-256$　　　　　　　　　　　……❶
이때 $x^8-256=x^a+b$이므로
$a=8$, $b=-256$　　　　　　　　　……❷
$\therefore \dfrac{b}{a}=\dfrac{-256}{8}=-32$　　　……❸

　　　　　　　　　　　　　　　　답 -32

04

❶ (좌변)$=16-8\sqrt{7}+7+1+4\sqrt{7}+28$
　　　　$=52-4\sqrt{7}$
❷ a, b는 유리수이므로 $a=52$, $b=-4$
❸ $a-b=52-(-4)=56$　　　　　　답 56

05

$(5-3\sqrt{2})(2+4\sqrt{2})=10+(20-6)\sqrt{2}-12\times(\sqrt{2})^2$
　　　　　　　　　　　$=10+14\sqrt{2}-24$
　　　　　　　　　　　$=-14+14\sqrt{2}$　　　……❶
따라서 $a=-14$, $b=14$이므로
　　　　　　　　　　　　　　　　　　　　……❷
$b-a=14-(-14)=28$

　　　　　　　　　　　　　　　　답 28

06

$A=5+8\sqrt{5}+16$
　$=21+8\sqrt{5}$　　　　　　　　　　……❶
$B=15+(1-9)\sqrt{5}-3$
　$=12-8\sqrt{5}$　　　　　　　　　　……❷
$\therefore A+B=(21+8\sqrt{5})+(12-8\sqrt{5})$
　　　　　$=33$　　　　　　　　　　……❸

　　　　　　　　　　　　　　　　답 33

07

❶ $\dfrac{2}{\sqrt{6}+\sqrt{3}}-\dfrac{5}{\sqrt{6}-\sqrt{3}}$

$=\dfrac{2(\sqrt{6}-\sqrt{3})}{(\sqrt{6}+\sqrt{3})(\sqrt{6}-\sqrt{3})}-\dfrac{5(\sqrt{6}+\sqrt{3})}{(\sqrt{6}-\sqrt{3})(\sqrt{6}+\sqrt{3})}$

$=\dfrac{2\sqrt{6}-2\sqrt{3}}{3}-\dfrac{5\sqrt{6}+5\sqrt{3}}{3}$

$=\dfrac{2\sqrt{6}}{3}-\dfrac{2\sqrt{3}}{3}-\dfrac{5\sqrt{6}}{3}-\dfrac{5\sqrt{3}}{3}$

$=-\dfrac{7\sqrt{3}}{3}-\sqrt{6}$

❷ $a=-\dfrac{7}{3}$, $b=-1$이므로

$a+b=-\dfrac{7}{3}+(-1)=-\dfrac{10}{3}$　　답 $-\dfrac{10}{3}$

08

$\dfrac{\sqrt{3}-2}{\sqrt{3}+2}-\dfrac{\sqrt{3}+2}{\sqrt{3}-2}$

$=\dfrac{(\sqrt{3}-2)^2}{(\sqrt{3}+2)(\sqrt{3}-2)}-\dfrac{(\sqrt{3}+2)^2}{(\sqrt{3}-2)(\sqrt{3}+2)}$

$=\dfrac{7-4\sqrt{3}}{-1}-\dfrac{7+4\sqrt{3}}{-1}$

$=-7+4\sqrt{3}+7+4\sqrt{3}$

$=8\sqrt{3}$　　　　　　　　　　　……❶
따라서 $a=0$, $b=8$이므로
$a+b=0+8=8$　　　　　　　　　……❷

　　　　　　　　　　　　　　　　답 8

09

$x=\dfrac{1}{3-2\sqrt{2}}=\dfrac{3+2\sqrt{2}}{(3-2\sqrt{2})(3+2\sqrt{2})}=3+2\sqrt{2}$

$y=\dfrac{1}{3+2\sqrt{2}}=\dfrac{3-2\sqrt{2}}{(3+2\sqrt{2})(3-2\sqrt{2})}=3-2\sqrt{2}$　……❶

$\therefore x+y=(3+2\sqrt{2})+(3-2\sqrt{2})=6$
　　$xy=(3+2\sqrt{2})(3-2\sqrt{2})=1$　　……❷
$\therefore x^2+3xy+y^2=(x+y)^2+xy=6^2+1=37$　……❸

　　　　　　　　　　　　　　　　답 37

10

❶ $\dfrac{(A-1)(A+1)+1}{A}$

❷ $\dfrac{(A-1)(A+1)+1}{A}=\dfrac{A^2-1+1}{A}=A$이므로

주어진 식의 값은 512이다.
❸ $(a+b)(a-b)=a^2-b^2$

　　답 (1) 512　(2) $(a+b)(a-b)=a^2-b^2$

11

(1) $a^2+b^2=(a-b)^2+2ab$　　　　　……❶
　　　　　$=(-5)^2+2\times2=29$　　……❷
(2) $(a+b)^2=(a-b)^2+4ab$　　　　　……❶
　　　　　$=(-5)^2+4\times2=33$　　……❷

　　　　　　　　　　　　답 (1) 29　(2) 33

12

$x^2+\dfrac{1}{x^2}=\left(x+\dfrac{1}{x}\right)^2-2$　　　　　……❶
　　　　$=4^2-2=14$　　　　　　　……❷
$\therefore x^4+\dfrac{1}{x^4}=\left(x^2+\dfrac{1}{x^2}\right)^2-2$　　……❸
　　　　　$=14^2-2=194$　　　　　……❹

　　　　　　　　　　　　　　　　답 194

2. 인수분해

워크북 | 46~51쪽

서술형 훈련하기

01 7	**02** 5	**03** $-a+3b$	**04** 9
05 $3a$	**06** $36x$	**07** -12	**08** $2x+1$
09 $(x+2)(x-9)$	**10** -15	**11** $2x-3$	
12 $6x+6$	**13** 7	**14** $x+2$	**15** 0
16 240	**17** $2\sqrt{2}$	**18** 21	

01

❶ $4x^2+20x+25=(2x)^2+2\times 2x\times 5+5^2$
$\qquad\qquad\qquad =(2x+5)^2$

❷ a, b는 자연수이므로
$\quad a=2$, $b=5$

❸ $a+b=2+5=7$ ☐ 7

02

$16x^2+24x+a=(4x)^2+2\times 4x\times 3+a$이므로
$a=3^2=9$ ······ ❶
$x^2-bx+49=x^2-bx+7^2$이므로
$b=2\times 7=14\ (\because b>0)$ ······ ❷
$\therefore b-a=14-9=5$ ······ ❸
☐ 5

03

$0<a<b$이므로 $a+b>0$, $a-b<0$ ······ ❶
$\therefore \sqrt{a^2+2ab+b^2}+\sqrt{4a^2-8ab+4b^2}$
$\quad =\sqrt{a^2+2ab+b^2}+\sqrt{4(a^2-2ab+b^2)}$
$\quad =\sqrt{(a+b)^2}+\sqrt{4(a-b)^2}$
$\quad =(a+b)-2(a-b)$
$\quad =a+b-2a+2b$
$\quad =-a+3b$ ······ ❷
☐ $-a+3b$

04

❶ $32x^2-18y^2=2(16x^2-9y^2)$
$\qquad\qquad\quad =2(4x+3y)(4x-3y)$

❷ a, b, c는 양의 정수이므로
$\quad a=2$, $b=4$, $c=3$

❸ $a+b+c=2+4+3=9$ ☐ 9

05

$a^3-a=a(a^2-1)$
$\qquad =a(a+1)(a-1)$ ······ ❶

따라서 a의 계수가 1인 세 일차식은 a, $a+1$, $a-1$이므로 그 합은
$a+(a+1)+(a-1)=3a$ ······ ❷
☐ $3a$

06

$81x^2-36=(9x+6)(9x-6)$이므로 ······ ❶
이 그림의 세로의 길이는 $9x-6$이다.
따라서 그림의 둘레의 길이는
$2\{(9x+6)+(9x-6)\}=2\times 18x$
$\qquad\qquad\qquad\qquad\qquad =36x$ ······ ❷
☐ $36x$

07

❶ $x^2+ax-14=(x+2)(x+b)=x^2+(2+b)x+2b$이므로
$\quad a=2+b$, $-14=2b$
$\quad \therefore a=-5$, $b=-7$

❷ $a+b=(-5)+(-7)=-12$ ☐ -12

08

$(x-3)(x+4)-8=x^2+x-12-8$
$\qquad\qquad\qquad\quad =x^2+x-20$
$\qquad\qquad\qquad\quad =(x+5)(x-4)$ ······ ❶
따라서 x의 계수가 1인 두 일차식은 $x+5$, $x-4$이므로 그 합은
$(x+5)+(x-4)=2x+1$ ······ ❷
☐ $2x+1$

09

$(x+6)(x-3)=x^2+3x-18$
이때 현성이는 x의 계수를 잘못 보았으므로 상수항은 -18이다.
······ ❶
$(x-2)(x-5)=x^2-7x+10$
이때 지율이는 상수항을 잘못 보았으므로 x의 계수는 -7이다.
······ ❷
따라서 처음 이차식은 $x^2-7x-18$이므로 바르게 인수분해하면
$x^2-7x-18=(x+2)(x-9)$ ······ ❸
☐ $(x+2)(x-9)$

10

❶ $4x^2+(2a-7)x-15=(x-5)(4x+b)$
$\qquad\qquad\qquad\qquad\quad =4x^2+(b-20)x-5b$
이때 $2a-7=b-20$, $-15=-5b$이므로
$a=-5$, $b=3$

❷ $ab=(-5)\times 3=-15$ ☐ -15

11

주어진 두 다항식을 각각 인수분해하면

$6x^2-7x-3=(3x+1)(2x-3)$ ······ ❶

$10x^2-9x-9=(5x+3)(2x-3)$ ······ ❷

따라서 두 다항식의 공통인수는 $2x-3$이다. ······ ❸

답 $2x-3$

12

새로 만든 큰 직사각형의 넓이는

$2x^2+5x+2=(x+2)(2x+1)$

이때 직사각형의 가로의 길이와 세로의 길이는 $x+2$, $2x+1$이다. ······ ❶

따라서 이 직사각형의 둘레의 길이는

$2\{(x+2)+(2x+1)\}=2(3x+3)$

$=6x+6$ ······ ❷

답 $6x+6$

13

❶ $5x-1=A$로 치환하면

(좌변)$=A^2+3A-10$

$=(A+5)(A-2)$

$=(5x-1+5)(5x-1-2)$

$=(5x+4)(5x-3)$

❷ $a>b$이므로

$a=4$, $b=-3$

❸ $a-b=4-(-3)=7$ 답 7

14

주어진 두 다항식을 각각 인수분해하면

$xy-6x+2y-12=x(y-6)+2(y-6)$

$=(x+2)(y-6)$ ······ ❶

$x^2+2x-xy-2y=x(x+2)-y(x+2)$

$=(x+2)(x-y)$ ······ ❷

따라서 두 다항식의 공통인수는 $x+2$이다. ······ ❸

답 $x+2$

15

$4x^2-4xy+y^2-9z^2=(2x-y)^2-(3z)^2$

$=(2x-y+3z)(2x-y-3z)$ ······ ❶

$\therefore a=2$, $b=1$, $c=3$ ······ ❷

$\therefore a+b-c=2+1-3=0$ ······ ❸

답 0

16

❶ $A=22.5^2-2\times22.5\times2.5+2.5^2$

$=(22.5-2.5)^2$

$=20^2=400$

❷ $B=\sqrt{0.36\times0.18+0.36\times0.82}$

$=\sqrt{0.36\times(0.18+0.82)}$

$=\sqrt{0.36}=0.6$

❸ $AB=400\times0.6=240$ 답 240

17

$x=\dfrac{1}{\sqrt{2}+1}=\dfrac{\sqrt{2}-1}{(\sqrt{2}+1)(\sqrt{2}-1)}=\sqrt{2}-1$

$y=\dfrac{1}{\sqrt{2}-1}=\dfrac{\sqrt{2}+1}{(\sqrt{2}-1)(\sqrt{2}+1)}=\sqrt{2}+1$ ······ ❶

$\therefore x+y=(\sqrt{2}-1)+(\sqrt{2}+1)=2\sqrt{2}$

$xy=(\sqrt{2}-1)(\sqrt{2}+1)=1$ ······ ❷

$\therefore x^2y+xy^2=xy(x+y)$

$=1\times2\sqrt{2}=2\sqrt{2}$ ······ ❸

답 $2\sqrt{2}$

18

$4<\sqrt{21}<5$이므로

$a=\sqrt{21}-4$ ······ ❶

$3\sqrt{2}=\sqrt{18}$이고 $4<\sqrt{18}<5$이므로

$b=4$ ······ ❷

$\therefore \dfrac{a^3-b^3+a^2b-ab^2}{a-b}=\dfrac{a^2(a+b)-b^2(a+b)}{a-b}$

$=\dfrac{(a+b)(a^2-b^2)}{a-b}$

$=\dfrac{(a+b)^2(a-b)}{a-b}$

$=(a+b)^2=(\sqrt{21}-4+4)^2$

$=(\sqrt{21})^2=21$ ······ ❸

답 21

3. 이차방정식

워크북 | 52~58쪽

서술형 훈련하기

01 $a=24$, $x=6$	**02** 2	**03** 34
04 14	**05** -1	**06** $\dfrac{7}{6}$ **07** 42
08 -35	**09** (1) $x=\dfrac{7\pm\sqrt{49-4q}}{2}$ (2) $q\leq\dfrac{49}{4}$ (3) $6, 10, 12$	
10 66	**11** $\sqrt{34}$	**12** 9 **13** 52
14 4	**15** 2	**16** $4x^2+25x+25=0$
17 -6	**18** -2	**19** 16 **20** 7초
21 4 m		

01

❶ $x^2-10x+a=0$에 $x=4$를 대입하면
$16-40+a=0$, $-24+a=0$
$\therefore a=24$

❷ $x^2-10x+24=0$에서
$(x-4)(x-6)=0$
$\therefore x=4$ 또는 $x=6$
따라서 다른 한 근은 6이다.　　　답 $a=24$, $x=6$

02

$2x^2-x-a=0$에 $x=2$를 대입하면
$8-2-a=0$, $6-a=0$
$\therefore a=6$　　　……❶
$5x^2+9x-b=0$에 $x=-1$을 대입하면
$5-9-b=0$, $-4-b=0$
$\therefore b=-4$　　　……❷
$\therefore a+b=6+(-4)=2$　　　……❸
답 2

03

$x^2+6x+1=0$에 $x=a$를 대입하면
$a^2+6a+1=0$
$a\neq0$이므로 양변을 a로 나누면
$a+6+\dfrac{1}{a}=0$　　$\therefore a+\dfrac{1}{a}=-6$　　　……❶
$\therefore a^2+\dfrac{1}{a^2}=\left(a+\dfrac{1}{a}\right)^2-2$
$\qquad\qquad =(-6)^2-2=34$　　　……❷
답 34

04

❶ $x^2+(a+5)x+4a=0$에 $x=-3$을 대입하면
$9-3a-15+4a=0$, $a-6=0$
$\therefore a=6$

❷ $x^2+(a+5)x+4a=0$에 $a=6$을 대입하면
$x^2+11x+24=0$
좌변을 인수분해하면 $(x+8)(x+3)=0$
$\therefore x=-8$ 또는 $x=-3$
$\therefore b=-8$

❸ $a-b=6-(-8)=14$　　　답 14

05

$x^2+3x-18=0$의 좌변을 인수분해하면
$(x+6)(x-3)=0$
$\therefore x=-6$ 또는 $x=3$　　　……❶

따라서 이차방정식 $x^2-ax-30=0$의 해는 $x=-6$이므로
$36+6a-30=0$, $6a+6=0$
$\therefore a=-1$　　　……❷
답 -1

06

이차방정식 $x^2-8x-m=0$이 중근을 가지므로
$-m=(-4)^2=16$　　$\therefore m=-16$　　　……❶
$(m+10)x^2+17x-10=0$에 $m=-16$을 대입하면
$-6x^2+17x-10=0$, $6x^2-17x+10=0$
좌변을 인수분해하면 $(6x-5)(x-2)=0$
$\therefore x=\dfrac{5}{6}$ 또는 $x=2$　　　……❷
따라서 두 근의 차는 $2-\dfrac{5}{6}=\dfrac{7}{6}$　　　……❸
답 $\dfrac{7}{6}$

07

❶ $9(x-a)^2=b$에서 $(x-a)^2=\dfrac{b}{9}$
$x-a=\pm\sqrt{\dfrac{b}{9}}$
$\therefore x=a\pm\sqrt{\dfrac{b}{9}}$

❷ 해가 $x=-3\pm\sqrt{5}$이므로
$a=-3$, $\dfrac{b}{9}=5$
$\therefore a=-3$, $b=45$

❸ $a+b=-3+45=42$　　　답 42

08

$3x^2+10x+6=0$에서 $x^2+\dfrac{10}{3}x+2=0$
$x^2+\dfrac{10}{3}x+\dfrac{25}{9}=-2+\dfrac{25}{9}$, $\left(x+\dfrac{5}{3}\right)^2=\dfrac{7}{9}$
$x+\dfrac{5}{3}=\pm\dfrac{\sqrt{7}}{3}$　　$\therefore x=\dfrac{-5\pm\sqrt{7}}{3}$　　　……❶
해가 $x=\dfrac{a\pm\sqrt{b}}{3}$이므로
$a=-5$, $b=7$　　　……❷
$\therefore ab=(-5)\times7=-35$　　　……❸
답 -35

09

(1) $x^2-7x+q=0$에서 $x^2-7x+\dfrac{49}{4}=-q+\dfrac{49}{4}$
$\left(x-\dfrac{7}{2}\right)^2=\dfrac{49-4q}{4}$, $x-\dfrac{7}{2}=\pm\dfrac{\sqrt{49-4q}}{2}$
$\therefore x=\dfrac{7\pm\sqrt{49-4q}}{2}$

(2) 해를 가지려면 $49-4q \geq 0$이어야 하므로

$-4q \geq -49$ $\therefore q \leq \dfrac{49}{4}$

(3) 유리수인 해를 가지려면 $49-4q$가 0 또는 제곱수이어야 하므로

$49-4q = 0, 1, 4, 9, 16, 25, 36, 49$

$4q = 49, 48, 45, 40, 33, 24, 13, 0$

$\therefore q = \dfrac{49}{4}, 12, \dfrac{45}{4}, 10, \dfrac{33}{4}, 6, \dfrac{13}{4}, 0$

이때 q는 자연수이므로 $q = 6, 10, 12$

           답 (1) $x = \dfrac{7 \pm \sqrt{49-4q}}{2}$ (2) $q \leq \dfrac{49}{4}$ (3) 6, 10, 12

10

❶ 주어진 이차방정식의 양변에 15를 곱하면

$3x^2 - 5x - 3 = 0$

$\therefore x = \dfrac{-(-5) \pm \sqrt{(-5)^2 - 4 \times 3 \times (-3)}}{2 \times 3}$

$= \dfrac{5 \pm \sqrt{61}}{6}$

❷ 해가 $x = \dfrac{p \pm \sqrt{q}}{6}$이므로

$p = 5, q = 61$

❸ $p + q = 5 + 61 = 66$ **답** 66

11

주어진 이차방정식의 양변에 10을 곱하면

$3(x+3)(x-1) = 2x(x-2)$

$3(x^2 + 2x - 3) = 2x^2 - 4x$

$3x^2 + 6x - 9 = 2x^2 - 4x$

$x^2 + 10x - 9 = 0$

$\therefore x = -5 \pm \sqrt{5^2 - 1 \times (-9)}$

$= -5 \pm \sqrt{34}$ ...... ❶

이때 $a = -5 + \sqrt{34}$이므로

$a + 5 = \sqrt{34}$ ...... ❷

        답 $\sqrt{34}$

12

$2x - y = A$로 치환하면

$(A+1)(A+5) + 4 = 0$ ...... ❶

$A^2 + 6A + 5 + 4 = 0, A^2 + 6A + 9 = 0$

$(A+3)^2 = 0$ $\therefore A = -3$ ...... ❷

이때 $2x - y = -3$이므로

$3y - 6x = -3(2x - y) = -3 \times (-3) = 9$ ...... ❸

        답 9

13

❶ $x^2 - 8x + a = 0$이 중근을 가지려면

$(-8)^2 - 4 \times 1 \times a = 0$이어야 하므로

$64 - 4a = 0$

$\therefore a = 16$

❷ $x^2 - (a-4)x + b = 0$에 $a = 16$을 대입하면

$x^2 - 12x + b = 0$

이 이차방정식이 중근을 가지려면

$(-12)^2 - 4 \times 1 \times b = 0$이어야 하므로

$144 - 4b = 0$

$\therefore b = 36$

❸ $a + b = 16 + 36 = 52$ **답** 52

14

$ax^2 + 8x + (3a-8) = 0$이 중근을 가지려면

$8^2 - 4 \times a \times (3a-8) = 0$이어야 하므로

$64 - 12a^2 + 32a = 0, 3a^2 - 8a - 16 = 0$

$(3a+4)(a-4) = 0$

$\therefore a = -\dfrac{4}{3}$ 또는 $a = 4$ ...... ❶

이때 a는 양수이므로 $a = 4$ ...... ❷

        답 4

15

$x^2 - ax + 1 = 0$이 중근을 가지려면

$a^2 - 4 \times 1 \times 1 = 0$이어야 하므로

$a^2 = 4$ $\therefore a = \pm 2$ ...... ❶

또, $ax^2 - 8x + a + 6 = 0$이 중근을 가지려면

$(-8)^2 - 4 \times a \times (a+6) = 0$이어야 하므로

$64 - 4a^2 - 24a = 0, a^2 + 6a - 16 = 0$

$(a+8)(a-2) = 0$

$\therefore a = -8$ 또는 $a = 2$ ...... ❷

따라서 두 이차방정식이 모두 중근을 가지는 a의 값은 2이다.

      ...... ❸

        답 2

16

❶ 주어진 그래프는 두 점 $(-4, 0), (0, -5)$를 지나는 직선이므로

$(기울기) = \dfrac{-5-0}{0-(-4)} = -\dfrac{5}{4}, (y절편) = -5$

$\therefore a = -\dfrac{5}{4}, b = -5$

❷ a, b를 두 근으로 하고 x^2의 계수가 4인 이차방정식은

$4\left(x + \dfrac{5}{4}\right)(x+5) = 0, 4\left(x^2 + \dfrac{25}{4}x + \dfrac{25}{4}\right) = 0$

$\therefore 4x^2 + 25x + 25 = 0$ **답** $4x^2 + 25x + 25 = 0$

17

이차방정식 $x^2+2mx+n=0$의 한 근이 $4-\sqrt{3}$이므로 다른 한 근은 $4+\sqrt{3}$이다. ...... ❶

$\{x-(4-3\sqrt{2})\}\{x-(4+3\sqrt{2})\}=0$
$\{(x-4)+3\sqrt{2}\}\{(x-4)-3\sqrt{2}\}=0$
$(x-4)^2-18=0,\ x^2-8x-2=0$

이므로 $2m=-8$에서 $m=-4,\ n=-2$ ...... ❷
∴ $m+n=-4-2=-6$ ...... ❸

답 -6

18

$2x^2+ax+b=0$의 두 근의 차가 2이므로 두 근을 각각 $\alpha,\ \alpha+2$라고 하면 큰 근이 작은 근의 3배이므로

$\alpha+2=3\alpha,\ 2\alpha=2$ ∴ $\alpha=1$
따라서 두 근은 각각 1, 3이다. ...... ❶
x^2의 계수가 2이고, 두 근이 각각 1, 3인 이차방정식은
$2(x-1)(x-3)=0,\ 2x^2-8x+6=0$이므로
$a=-8,\ b=6$ ...... ❷
∴ $a+b=-8+6=-2$ ...... ❸

답 -2

19

❶ 연속하는 두 홀수를 $x,\ x+2$라고 하면
$x^2+(x+2)^2=130$
❷ 괄호를 풀어 정리하면
$2x^2+4x-126=0,\ x^2+2x-63=0$
$(x+9)(x-7)=0$
∴ $x=-9$ 또는 $x=7$
이때 x는 홀수이므로 $x=7$
❸ 두 홀수는 7, 9이므로 그 합은
$7+9=16$ 답 16

20

물체가 다시 지면에 떨어질 때의 높이는 0 m이므로
$35x-5x^2=0$ ...... ❶
$x^2-7x=0,\ x(x-7)=0$
∴ $x=0$ 또는 $x=7$
이때 $x>0$이므로 $x=7$
따라서 물체가 다시 지면에 떨어지는 것은 물체를 쏘아 올린 지 7초 후이다. ...... ❷

답 7초

21

도로의 폭을 x m라고 하면
$(20-x)(16-x)=192$ ...... ❶
$x^2-36x+128=0,\ (x-4)(x-32)=0$
∴ $x=4$ 또는 $x=32$
이때 $x<16$이므로 $x=4$
따라서 도로의 폭은 4 m이다. ...... ❷

답 4 m

Ⅲ. 이차함수

1. 이차함수와 그 그래프

워크북 | 59~62쪽

서술형 훈련하기

01 4	02 $\sqrt{5}$	03 24	04 4
05 2	06 10	07 12	08 2
09 -6	10 8	11 $\frac{7}{3}$	12 -2

01

❶ $y=ax^2$에 $x=2,\ y=-8$을 대입하면
$-8=4a$ ∴ $a=-2$
❷ $y=-2x^2$에 $x=-1,\ y=b$를 대입하면
$b=-2\times(-1)^2=-2$
❸ $ab=(-2)\times(-2)=4$ 답 4

02

원점을 꼭짓점으로 하는 포물선을 그래프로 하므로 구하는 이차함수의 식을 $y=ax^2$라고 하자. ...... ❶
$y=ax^2$에 $x=-2,\ y=16$을 대입하면
$16=4a$ ∴ $a=4$ ...... ❷
$y=4x^2$에 $x=k,\ y=20$을 대입하면
$20=4k^2,\ k^2=5$
이때 k는 양수이므로 $k=\sqrt{5}$ ...... ❸

답 $\sqrt{5}$

03

$y=3x^2$에 $x=-3,\ y=a$를 대입하면
$a=3\times(-3)^2=27$ ...... ❶
이차함수 $y=3x^2$의 그래프와 이차함수 $y=bx^2$의 그래프가 x축에 대하여 대칭이므로
$b=-3$ ...... ❷
∴ $a+b=27+(-3)=24$ ...... ❸

답 24

04

❶ $y=ax^2+q$에 $x=-1$, $y=4$를 대입하면

$4=a+q$ ...... ㉠

$y=ax^2+q$에 $x=3$, $y=12$를 대입하면

$12=9a+q$ ...... ㉡

❷ ㉠, ㉡을 연립하여 풀면 $a=1$, $q=3$

❸ $a+q=1+3=4$ 답 4

05

이차함수 $y=-3x^2+q$의 그래프의 꼭짓점의 좌표가 $(0, -2)$이므로 $q=-2$ ...... ❶

$y=-3x^2-2$에 $x=k$, $y=-14$를 대입하면

$-14=-3k^2-2$, $3k^2=12$, $k^2=4$

이때 k는 양수이므로 $k=2$ ...... ❷

답 2

06

이차함수 $y=-5x^2+1$의 그래프를 x축에 대하여 대칭이동하면

$y=5x^2-1$

또, y축의 방향으로 b만큼 평행이동하면

$y=5x^2-1+b$ ...... ❶

이차함수 $y=5x^2-1+b$의 그래프와 이차함수 $y=ax^2+4$의 그래프가 일치하므로

$5=a$, $-1+b=4$ ∴ $a=5$, $b=5$ ...... ❷

∴ $a+b=5+5=10$ ...... ❸

답 10

07

❶ 이차함수 $y=3x^2$의 그래프를 x축의 방향으로 -4만큼 평행이동하면

$y=3(x+4)^2$

❷ $y=3(x+4)^2$에 $x=-6$, $y=m$을 대입하면

$m=3\times(-2)^2=12$ 답 12

08

이차함수 $y=-\dfrac{1}{2}(x-4)^2$의 그래프의 꼭짓점의 좌표가 $(4, 0)$이므로 $a=4$ ...... ❶

$y=-\dfrac{1}{2}(x-4)^2$에 $x=2$, $y=b$를 대입하면

$b=-\dfrac{1}{2}\times(-2)^2=-2$ ...... ❷

∴ $a+b=4+(-2)=2$ ...... ❸

답 2

09

이차함수 $y=a(x-1)^2$의 그래프를 x축에 대하여 대칭이동하면

$y=-a(x-1)^2$

또, 이차함수 $y=-a(x-1)^2$의 그래프를 y축에 대하여 대칭이동하면

$y=-a(x+1)^2$ ...... ❶

위의 식에 $x=-2$, $y=6$을 대입하면

$6=-a\times(-1)^2$ ∴ $a=-6$ ...... ❷

답 -6

10

❶ 축의 방정식이 $x=3$인 포물선을 그래프로 하므로 구하는 이차함수의 식을 $y=a(x-3)^2+q$라고 하자.

❷ $y=a(x-3)^2+q$에 $x=-1$, $y=15$를 대입하면

$15=16a+q$ ...... ㉠

$y=a(x-3)^2+q$에 $x=5$, $y=3$을 대입하면

$3=4a+q$ ...... ㉡

㉠, ㉡을 연립하여 풀면 $a=1$, $q=-1$

❸ 그래프가 y축과 만나는 점의 x좌표는 0이므로 $y=(x-3)^2-1$에 $x=0$을 대입하면

$y=9-1=8$ 답 8

11

꼭짓점의 좌표가 $(-1, 3)$이므로

$p=-1$, $q=3$ ...... ❶

$y=a(x+1)^2+3$에 $x=0$, $y=\dfrac{10}{3}$을 대입하면

$\dfrac{10}{3}=a+3$ ∴ $a=\dfrac{1}{3}$ ...... ❷

∴ $a+p+q=\dfrac{1}{3}+(-1)+3=\dfrac{7}{3}$ ...... ❸

답 $\dfrac{7}{3}$

12

이차함수 $y=4(x-5)^2+7$의 그래프를 y축의 방향으로 m만큼 평행이동하면

$y=4(x-5)^2+7+m$ ...... ❶

이때 이 그래프의 꼭짓점의 좌표는 $(5, 7+m)$이므로

$n=5$, $0=7+m$

∴ $m=-7$, $n=5$ ...... ❷

∴ $m+n=-7+5=-2$ ...... ❸

답 -2

2. 이차함수의 활용

워크북 | 63~65쪽

서술형 훈련하기

01 6　　**02** $\dfrac{12}{5}$　　**03** 1　　**04** 6

05 $(-10, 0)$　**06** 54　　**07** 5　　**08** -6

09 -3

01

❶ $y=x^2+4x$
　$=(x+2)^2-4$
이때 꼭짓점의 좌표는 $(-2, -4)$이다.

❷ $y=-x^2+2px+q$
　$=-(x-p)^2+p^2+q$
이때 꼭짓점의 좌표는 (p, p^2+q)이다.

❸ $p=-2$, $p^2+q=-4$이므로
　$p=-2$, $q=-8$

❹ $p-q=-2-(-8)=6$　　　　답 6

02

$y=-x^2+6x-5a+3$
　$=-(x-3)^2-5a+12$
이때 꼭짓점의 좌표는 $(3, -5a+12)$이다.　……❶
이차함수 $y=-x^2+6x-5a+3$의 그래프가 x축에 접하므로
$-5a+12=0$, $-5a=-12$

$\therefore a=\dfrac{12}{5}$　　　　　　　　　　……❷

답 $\dfrac{12}{5}$

03

$y=-\dfrac{1}{3}x^2-2x+1$

　$=-\dfrac{1}{3}(x+3)^2+4$　　　　　　……❶

위의 그래프를 x축의 방향으로 1만큼 평행이동하면

$y=-\dfrac{1}{3}(x+3-1)^2+4$

　$=-\dfrac{1}{3}(x+2)^2+4$　　　　　　……❷

위의 식에 $x=1$, $y=m$을 대입하면

$m=-\dfrac{1}{3}\times 3^2+4=1$　　　　　……❸

답 1

04

❶ $y=-3x^2-12x+15$에 $y=0$을 대입하면
　$-3x^2-12x+15=0$, $x^2+4x-5=0$
　$(x+5)(x-1)=0$　　$\therefore x=-5$ 또는 $x=1$

❷ $A(-5, 0)$, $B(1, 0)$이므로
　$\overline{AB}=1-(-5)=6$　　　　　　答 6

05

$y=ax^2-6x-10$에 $x=-2$, $y=0$을 대입하면

$0=4a+12-10$, $4a=-2$　　$\therefore a=-\dfrac{1}{2}$　……❶

$y=-\dfrac{1}{2}x^2-6x-10$에 $y=0$을 대입하면

$-\dfrac{1}{2}x^2-6x-10=0$, $x^2+12x+20=0$

$(x+10)(x+2)=0$　　$\therefore x=-10$ 또는 $x=-2$　……❷

따라서 구하는 다른 한 점의 좌표는 $(-10, 0)$이다.　……❸

답 $(-10, 0)$

06

$y=-2x^2-4x+16$
　$=-2(x+1)^2+18$
$\therefore A(-1, 18)$　　　　　　　　　　……❶
$y=-2x^2-4x+16$에 $y=0$을 대입하면
$-2x^2-4x+16=0$, $x^2+2x-8=0$
$(x+4)(x-2)=0$　　$\therefore x=-4$ 또는 $x=2$
$\therefore B(-4, 0)$, $C(2, 0)$　　　　　　……❷

$\therefore \triangle ABC=\dfrac{1}{2}\times 6\times 18=54$　　　　……❸

답 54

07

❶ $y=ax^2+bx+c$에
　$x=0$, $y=9$를 대입하면 $9=c$　　　　……㉠
　$x=1$, $y=-1$을 대입하면 $-1=a+b+c$　……㉡
　$x=2$, $y=-7$을 대입하면 $-7=4a+2b+c$　……㉢

❷ ㉠, ㉡, ㉢을 연립하여 풀면
　$a=2$, $b=-12$, $c=9$

❸ $a-b-c=2-(-12)-9=5$　　　　答 5

08

x축과의 교점의 x좌표가 -2, 6이므로 구하는 이차함수의 식을
$y=a(x+2)(x-6)$이라고 하자.　　　　……❶

$y=a(x+2)(x-6)$에 $x=2$, $y=8$을 대입하면

$8=-16a$ $\therefore a=-\dfrac{1}{2}$ ······ ❷

$y=-\dfrac{1}{2}(x+2)(x-6)$

$\quad =-\dfrac{1}{2}x^2+2x+6$

$\therefore b=2$, $c=6$ ······ ❸

$\therefore abc=\left(-\dfrac{1}{2}\right)\times 2\times 6=-6$ ······ ❹

답 -6

09

$y=ax^2+bx+c$에

$x=-1$, $y=3$을 대입하면 $3=a-b+c$ ······ ㉠

$x=0$, $y=\dfrac{3}{4}$을 대입하면 $\dfrac{3}{4}=c$ ······ ㉡

$x=1$, $y=-1$을 대입하면 $-1=a+b+c$ ······ ㉢ ······ ❶

㉠, ㉡, ㉢을 연립하여 풀면

$a=\dfrac{1}{4}$, $b=-2$, $c=\dfrac{3}{4}$ ······ ❷

$y=\dfrac{1}{4}x^2-2x+\dfrac{3}{4}$에 $x=3$, $y=k$를 대입하면

$k=\dfrac{1}{4}\times 3^2-2\times 3+\dfrac{3}{4}=-3$ ······ ❸

답 -3

빠른 정답

본교재

I. 실수와 그 계산

1. 제곱근과 실수

개념 01 제곱근의 뜻

개념 콕콕   본교재 | 6쪽

1 (1) $5, -5$ (2) $0.2, -0.2$ (3) 0
   (4) $\dfrac{1}{4}, -\dfrac{1}{4}$ (5) 없다. (6) $\dfrac{1}{3}, -\dfrac{1}{3}$

2 (1) $9, 9, 3, -3$ (2) $\dfrac{1}{64}, \dfrac{1}{64}, \dfrac{1}{8}, -\dfrac{1}{8}$

대표 유형   본교재 | 7쪽

1 (1) $6, -6$ (2) 0 (3) $\dfrac{1}{2}, -\dfrac{1}{2}$ (4) 없다.

1-1 (1) $1, -1$ (2) $0.9, -0.9$ (3) 없다.
     (4) $5, -5$

1-2 ⑤

2 ④   **2-1** ③, ⑤   **2-2** ㄴ, ㄹ

개념 02 제곱근의 표현

개념 콕콕   본교재 | 8쪽

1 (1) $\pm\sqrt{5}$ (2) $\pm\sqrt{11}$ (3) $\pm\sqrt{0.3}$ (4) $\pm\sqrt{\dfrac{1}{2}}$

2 (1) $\sqrt{6}$ (2) $-\sqrt{6}$ (3) $\pm\sqrt{6}$ (4) $\sqrt{6}$

3 (1) 3 (2) -7 (3) 0.2 (4) $-\dfrac{1}{6}$

대표 유형   본교재 | 9쪽

3 ①   **3-1** ⑤   **3-2** $\sqrt{34}$
4 ①, ⑤   **4-1** ③   **4-2** 2개

배운대로 해결하기   본교재 | 10쪽

01 ③   **02** ⑤   **03** ②   **04** ①, ③
05 ③   **06** ③   **07** ④   **08** ②

개념 03 제곱근의 성질

개념 콕콕   본교재 | 11쪽

1 (1) 5 (2) $\dfrac{2}{7}$ (3) 0.2 (4) -6

2 (1) 10 (2) -1.6 (3) 7 (4) $-\dfrac{3}{4}$

3 (1) 9 (2) -2 (3) 12 (4) 4 (5) 2 (6) 6

대표 유형   본교재 | 12쪽

1 ④   **1-1** ⑤   **1-2** ⑤
2 -4 **2-1** 13 **2-2** ⑤

개념 04 $\sqrt{A^2}$의 성질

개념 콕콕   본교재 | 13쪽

1 (1) $>, 2a$ (2) $<, 3a$
2 (1) $<, -4a$ (2) $>, a$
3 (1) $>, a-1$ (2) $<, a-1$

대표 유형   본교재 | 14쪽

3 ㄷ, ㄹ   **3-1** ㄱ, ㄷ   **3-2** ③
4 $-2x+4$ **4-1** 0 **4-2** ②

배운대로 해결하기   본교재 | 15쪽

01 ⑤   **02** -2 **03** ③   **04** ④
05 ④   **06** ①   **07** ②   **08** 7

개념 05 제곱수를 이용하여 근호 없애기

개념 콕콕   본교재 | 16쪽

1 $2, 3, 3, 3$
2 $9, 16, 25, 9, 9, 5$

대표 유형   본교재 | 17쪽

1 ①   **1-1** ①   **1-2** 5
2 ③   **2-1** ③   **2-2** ④

개념 06 제곱근의 대소 관계

개념 콕콕   본교재 | 18쪽

1 (1) $<$ (2) $>$ (3) $>$ (4) $<$ (5) $<$ (6) $<$
2 $3, 9, 5, 6, 7, 8$

대표 유형   본교재 | 19쪽

3 ③   **3-1** ④   **3-2** $\sqrt{0.1}$
4 ④   **4-1** ②   **4-2** ③

배운대로 해결하기   본교재 | 20쪽

01 ④   **02** ⑤   **03** ③   **04** 47
05 ④   **06** 25 **07** 9개   **08** ①

개념 07 무리수와 실수

개념 콕콕   본교재 | 21쪽

1 (1) 무 (2) 유 (3) 유 (4) 무 (5) 유 (6) 무
2 (1) ○ (2) ○ (3) ×

대표 유형   본교재 | 22쪽

1 ③   **1-1** ⑤   **1-2** 2개
2 ④, ⑤   **2-1** ②, ④   **2-2** ㄱ, ㄴ, ㅁ

개념 08 실수와 수직선

개념 콕콕   본교재 | 23쪽

1 $P : 1+\sqrt{2}, Q : 1-\sqrt{2}$
2 (1) ○ (2) ○ (3) ×

대표 유형   본교재 | 24쪽

3 $2+\sqrt{8}$ **3-1** $-1-\sqrt{5}$
3-2 $P(\sqrt{5}), Q(-\sqrt{5})$
4 ③   **4-1** ②, ⑤   **4-2** 2개

개념 09 실수의 대소 관계

개념 콕콕   본교재 | 25쪽

1 $\sqrt{7}-3, <, <, <$
2 $5, <$
3 $2, 1, <$

대표 유형   본교재 | 26쪽

5 (1) <   (2) <   (3) >
5-1 (1) >   (2) >   (3) <   **5-2** ②
6 ⑤   **6-1** ④
6-2 $1-\sqrt{2}$, $\sqrt{5}-\sqrt{2}$, $\sqrt{5}$

배운대로 해결하기   본교재 | 27쪽

01 ㄴ, ㄷ   **02** ④   **03** ③, ④   **04** $1-\sqrt{8}$
05 -6 **06** ②   **07** ⑤
08 $a<b<c$

개념 넓히기로 마무리   본교재 | 28~30쪽

01 ④   **02** ②   **03** $\sqrt{85}$ cm
04 ②   **05** ③   **06** ④   **07** 12
08 ⑤   **09** ⑤   **10** ①   **11** ②
12 $-2+\sqrt{10}$ **13** ④   **14** ③
15 ④   **16** ④   **17** $\sqrt{13}$ **18** $3x-9$
19 15개   **20** ③   **21** 19   **22** 6

2. 근호를 포함한 식의 계산

개념 01   제곱근의 곱셈과 나눗셈

개념 콕콕   본교재 | 32쪽

1 (1) $\sqrt{14}$ (2) $-\sqrt{33}$ (3) $\sqrt{30}$ (4) $\sqrt{\dfrac{3}{5}}$
    (5) $6\sqrt{15}$ (6) $-8\sqrt{30}$ (7) $\sqrt{110}$ (8) $-2\sqrt{6}$
2 (1) $\sqrt{5}$ (2) $\sqrt{3}$ (3) 2   (4) $-\sqrt{21}$
    (5) $\dfrac{1}{\sqrt{35}}$ (6) $\dfrac{\sqrt{2}}{2}$ (7) $\sqrt{2}$ (8) -2

대표 유형   본교재 | 33쪽

1 $-4\sqrt{11}$ **1-1** $6\sqrt{15}$ **1-2** ④
2 ⑤   **2-1** ④   **2-2** $-\sqrt{5}$

개념 02   근호가 있는 식의 변형

개념 콕콕   본교재 | 34쪽

1 (1) $2\sqrt{5}$ (2) $3\sqrt{6}$ (3) $-4\sqrt{2}$ (4) $-5\sqrt{3}$
    (5) $\dfrac{\sqrt{5}}{2}$ (6) $-\dfrac{\sqrt{2}}{5}$ (7) $\dfrac{\sqrt{3}}{10}$ (8) $-\dfrac{\sqrt{41}}{10}$
2 (1) $\sqrt{24}$ (2) $\sqrt{45}$ (3) $-\sqrt{200}$ (4) $\sqrt{\dfrac{8}{5}}$
    (5) $\sqrt{\dfrac{3}{25}}$ (6) $-\sqrt{\dfrac{7}{9}}$

대표 유형   본교재 | 35쪽

3 30   **3-1** 75   **3-2** ③
4 ③   **4-1** ①   **4-2** ②

개념 03   분모의 유리화

개념 콕콕   본교재 | 36쪽

1 (1) $\dfrac{\sqrt{5}}{5}$ (2) $-\dfrac{\sqrt{6}}{2}$ (3) $\dfrac{\sqrt{10}}{2}$
    (4) $-\dfrac{\sqrt{21}}{3}$ (5) $\dfrac{3\sqrt{5}}{10}$ (6) $\dfrac{\sqrt{14}}{6}$
2 (1) $\dfrac{\sqrt{2}}{4}$ (2) $\dfrac{\sqrt{5}}{5}$ (3) $\dfrac{\sqrt{15}}{6}$ (4) $-\dfrac{\sqrt{14}}{10}$

대표 유형   본교재 | 37쪽

5 ④   **5-1** ⑤   **5-2** $\dfrac{3}{5}$
6 ④   **6-1** ②   **6-2** $4\sqrt{6}$ cm

개념 04   제곱근표와 제곱근의 값

개념 콕콕   본교재 | 38쪽

1 (1) 3.162   (2) 3.332   (3) 3.507   (4) 3.674
2 (1) 10.2   (2) 12.4

대표 유형   본교재 | 39쪽

7 9.945   **7-1** 0.053   **7-2** 18.65
8 ③   **8-1** ⑤   **8-2** ③

배운대로 해결하기   본교재 | 40~41쪽

01 ③   **02** ①   **03** $\sqrt{3}$ **04** $-3\sqrt{5}$
05 ⑤   **06** 10   **07** ⑤   **08** ⑤
09 ③   **10** $\dfrac{4}{5}$ **11** ⑤   **12** ③
13 $2\sqrt{3}$ cm   **14** 7081   **15** ④
16 ⑤

개념 05   제곱근의 덧셈과 뺄셈

개념 콕콕   본교재 | 42쪽

1 (1) $5\sqrt{3}$ (2) $4\sqrt{5}$ (3) $2\sqrt{2}$ (4) $-3\sqrt{7}$
    (5) $2\sqrt{2}$ (6) $6\sqrt{5}-2\sqrt{11}$
2 (1) $6\sqrt{2}$ (2) $\sqrt{3}$ (3) $4\sqrt{5}$ (4) $-5\sqrt{2}$
    (5) $5\sqrt{3}$ (6) $-2\sqrt{2}$

대표 유형   본교재 | 43쪽

1 ②, ⑤   **1-1** ③, ⑤   **1-2** $-\dfrac{7}{5}$
2 ①   **2-1** 2   **2-2** ③

개념 06   근호를 포함한 식의 혼합 계산

개념 콕콕   본교재 | 44쪽

1 (1) $\sqrt{6}+\sqrt{14}$ (2) $\sqrt{3}-\sqrt{15}$
    (3) $\sqrt{6}-4\sqrt{15}$ (4) $\sqrt{5}+2$
2 (1) $\dfrac{\sqrt{2}+2}{2}$ (2) $\dfrac{\sqrt{15}-2\sqrt{10}}{5}$
3 (1) $2\sqrt{3}+\sqrt{5}$ (2) $6\sqrt{3}$

대표 유형   본교재 | 45쪽

3 ①   **3-1** ⑤   **3-2** 5
4 ④   **4-1** ②   **4-2** -1

개념 07   무리수의 정수 부분과 소수 부분

개념 콕콕   본교재 | 46쪽

1 4, 9, 4, 9, 2, 3, 4, 5, 4, $\sqrt{5}-2$
2 (1) <   (2) >

대표 유형   본교재 | 47쪽

5 ⑤   **5-1** ②   **5-2** $\dfrac{\sqrt{2}}{2}$
6 ④   **6-1** ⑤   **6-2** ③

배운대로 해결하기   본교재 | 48~49쪽

01 $\sqrt{3}$ **02** ③   **03** $2+3\sqrt{5}$
04 ②, ④   **05** $\dfrac{5\sqrt{2}}{2}+\dfrac{3\sqrt{5}}{10}$ **06** ③
07 ②   **08** -2 **09** $\sqrt{3}-\sqrt{6}$
10 ③   **11** ①   **12** $2+3\sqrt{6}$
13 정수 부분 : 3, 소수 부분 : $\sqrt{15}-3$
14 ①   **15** ②   **16** ②

개념 넓히기로 마무리   본교재 | 50~52쪽

01 ④   **02** ②   **03** 30   **04** ③
05 ④   **06** ③   **07** $3\sqrt{15}$
08 0.1543, 15.65   **09** ②   **10** ①
11 ②   **12** ②   **13** $3\sqrt{2}-8$
14 120 m²   **15** ⑤   **16** ②   **17** 1
18 $3\sqrt{5}$ **19** -2 **20** 20
21 $-3+\sqrt{5}$ **22** ④

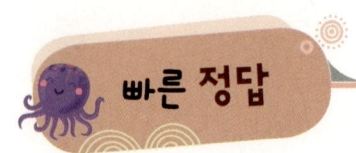

Ⅱ. 이차방정식

1. 다항식의 곱셈

개념 01 다항식과 다항식의 곱셈

개념 콕콕   본교재 | 54쪽

1 (1) $xy+2x+3y+6$
  (2) $2ab-a+6b-3$
  (3) $ac-ad-bc+bd$
  (4) $4ac-ad+8bc-2bd$
  (5) $12xy-3x-8y^2+2y$
  (6) $-2xy-10x+3y+15$

2 (1) $a^2+9a+14$ (2) $2x^2-x-6$
  (3) $20y^2-7y-3$ (4) $6a^2+11a-10$
  (5) $15x^2-11xy+2y^2$ (6) $12a^2-2ab-24b^2$

3 (1) $x^2+2xy+3x+2y+2$
  (2) $a^2-b^2-2a+2b$

대표 유형   본교재 | 55쪽

1 ②   **1**-1 ②
1-2 $8x^2-18xy+4y^2+3x-3y$
2 ④   **2**-1 ④   **2**-2 -4

개념 02 곱셈 공식 (1)

개념 콕콕   본교재 | 56쪽

1 (1) a^2+4a+4 (2) x^2-2x+1
  (3) $16x^2+8x+1$ (4) $9x^2-12x+4$
  (5) $a^2-6ab+9b^2$ (6) $\frac{1}{4}x^2+\frac{1}{5}xy+\frac{1}{25}y^2$

2 (1) x^2-4 (2) $4a^2-25$ (3) $1-36y^2$
  (4) $-a^2+9b^2$

대표 유형   본교재 | 57쪽

3 ④   **3**-1 ⑤   **3**-2 ④
4 $5x^2-7y^2$ **4**-1 $24x^2+48y^2$
4-2 ③

개념 03 곱셈 공식 (2)

개념 콕콕   본교재 | 58쪽

1 (1) $x^2+7x+12$ (2) a^2+4a-5
  (3) y^2-6y+8 (4) $b^2+\frac{1}{2}b-\frac{3}{16}$
  (5) $x^2-xy-30y^2$ (6) $x^2+\frac{7}{6}xy+\frac{5}{18}y^2$

2 (1) $6a^2+11a+3$ (2) $4b^2-17b-15$
  (3) $15x^2-x-6$ (4) $-2x^2-3xy+5y^2$
  (5) $14x^2-15xy+4y^2$ (6) $\frac{2}{9}a^2-\frac{1}{3}ab-6b^2$

대표 유형   본교재 | 59쪽

5 ④   **5**-1 ⑤   **5**-2 $-\frac{3}{8}$
6 -11 **6**-1 12 **6**-2 ③

배운대로 해결하기   본교재 | 60~61쪽

01 $-3a^2+13ab-4b^2-a+4b$ **02** ④
03 ⑤   **04** ②   **05** ⑤
06 $8x^2+32xy+7y^2$ **07** ②   **08** -20
09 -4 **10** ⑤   **11** -24 **12** ③
13 ③   **14** ①   **15** 49
16 $10x^2-3x-4$

개념 04 곱셈 공식의 활용

개념 콕콕   본교재 | 62쪽

1 A, A, A^2, $(a+2b)^2$, $a^2+4ab+4b^2$
2 (1) 10404 (2) 2304 (3) 2499 (4) 1088

대표 유형   본교재 | 63쪽

1 ③   **1**-1 ③   **1**-2 9
2 ③   **2**-1 ①   **2**-2 ⑤

개념 05 곱셈 공식을 이용한 근호를 포함한 식의 계산

개념 콕콕   본교재 | 64쪽

1 (1) $4+2\sqrt{3}$ (2) $7-2\sqrt{10}$ (3) -7 (4) 2
2 (1) $\sqrt{2}$ (2) $-1-\sqrt{5}$ (3) $7+3\sqrt{3}$
  (4) $33-7\sqrt{6}$
3 (1) $\sqrt{6}-\sqrt{5}$ (2) $3-\sqrt{2}$ (3) $2\sqrt{5}+4$
  (4) $5+2\sqrt{6}$

대표 유형   본교재 | 65쪽

3 ③   **3**-1 ④   **3**-2 ④
4 ②   **4**-1 ①   **4**-2 6

개념 06 곱셈 공식의 변형

개념 콕콕   본교재 | 66쪽

1 (1) $2ab$, 6, 10 (2) $4ab$, 12, 4
2 (1) $2ab$, 8, 12 (2) $4ab$, 16, 20
3 (1) 2, 2, 7 (2) 4, 4, 5

대표 유형   본교재 | 67쪽

5 ②   **5**-1 ⑤   **5**-2 6
6 ①   **6**-1 ③   **6**-2 ④

배운대로 해결하기   본교재 | 68~69쪽

01 $x^2+4x+4-9y^2$ **02** ①   **03** ③
04 ③   **05** ①   **06** ②   **07** ④
08 -25 **09** ④   **10** ②   **11** ⑤
12 ③   **13** ③   **14** ⑤   **15** 13
16 ④

개념 넓히기로 마무리   본교재 | 70~72쪽

01 ②   **02** $36x^2+12xy+y^2$ **03** ⑤
04 -10 **05** ②   **06** ⑤   **07** 4
08 ①   **09** ②   **10** -13 **11** ③
12 65 **13** ③   **14** ⑤   **15** 10
16 ②   **17** 19 **18** $7\sqrt{3}$ **19** 18
20 ③   **21** $\frac{\sqrt{11}+1}{5}$ **22** ④

2. 인수분해

개념 01 인수분해

개념 콕콕   본교재 | 74쪽

1 (1) $3x^2-6x$ (2) x^2+2x+1 (3) x^2-9
  (4) $4x^2-4x-3$
2 (1) $a(x+y)$ (2) $x(2a-b)$
  (3) $2x(2x+1)$ (4) $xy(y-6)$

대표 유형   본교재 | 75쪽

1 ④   **1**-1 ⑤
1-2 ㄱ, ㄴ, ㄹ, ㅂ
2 ④   **2**-1 ②, ⑤   **2**-2 ②

개념 02 인수분해 공식 (1)

개념 콕콕   본교재 | 76쪽

1 (1) $(x+4)^2$ (2) $(x-3)^2$
  (3) $\left(x+\frac{1}{3}\right)^2$ (4) $(2x-1)^2$
  (5) $(2x+3y)^2$ (6) $(5x-y)^2$
2 (1) 25 (2) ±12

대표 유형   본교재 | 77쪽

3 ②   **3**-1 ④   **3**-2 ⑤
4 9   **4**-1 36   **4**-2 ④

개념 03   인수분해 공식 (2)

개념 콕콕   본교재 | 78쪽

1 (1) 4, 4, 4   (2) $\frac{1}{2}x$, $\frac{1}{2}x$, $\frac{1}{2}x$
   (3) $2b$, $2b$, $a-2b$ (4) $3x$, $3x+5$, $3x$
2 (1) $(x+6)(x-6)$ (2) $(2x+3)(2x-3)$
   (3) $(5x+y)(5x-y)$
   (4) $\left(x+\frac{1}{9}y\right)\left(x-\frac{1}{9}y\right)$

대표 유형   본교재 | 79쪽

5 ②   **5**-1 ⑤   **5**-2 ③
6 ④   **6**-1 ③
6-2 $(a-1)(a+1)(a^2+1)$

개념 04   인수분해 공식 (3)

개념 콕콕   본교재 | 80쪽

1 (1) 2, 4   (2) -3, -1 (3) -1, 2
   (4) -5, 3
2 (1) $(x+1)(x+4)$ (2) $(a-2)(a-5)$
   (3) $(x-6)(x+2)$ (4) $(x-3y)(x+2y)$

대표 유형   본교재 | 81쪽

7 ④   **7**-1 ②   **7**-2 ①
8 ⑤   **8**-1 ⑤   **8**-2 7

개념 05   인수분해 공식 (4)

개념 콕콕   본교재 | 82쪽

1 (1) 2, 2, 4, 5
   (2) $3x-2$, -3, 3, -2, -4, -7
   (3) $2y$, $3y$, -2, -4, 3, 3, -1

대표 유형   본교재 | 83쪽

9 ④   **9**-1 ③   **9**-2 ③
10 ⑤   **10**-1 ④   **10**-2 1

배운대로 해결하기   본교재 | 84~85쪽

01 ③   02 ③   03 ④   04 ④
05 $a=2$, $b=-7$ 06 ①   07 $12x$
08 ⑤   09 ③   10 ⑤   11 -15
12 ④   13 ③   14 ④   15 ①
16 5

개념 06   복잡한 식의 인수분해

개념 콕콕   본교재 | 86쪽

1 (1) 6, $x+2$, 6, 1, 8
   (2) $b-1$, $(a+1)(b-1)$
   (3) $a-2$, $(a+b-2)(a-b-2)$
   (4) x^2+x-6, $x+3$, $(x-2)(x+y+3)$

대표 유형   본교재 | 87~88쪽

1 ④   **1**-1 ⑤   **1**-2 $5x+12$
2 ①   **2**-1 $(x+1)(x-1)(x-2)$
2-2 ①
3 ③   **3**-1 ④   **3**-2 1
4 ③   **4**-1 ②   **4**-2 $x-y+4$

개념 07   인수분해 공식을 이용한 계산

개념 콕콕   본교재 | 89쪽

1 (1) 89, 100, 2700   (2) 21, 1, 400
   (3) 3.5, 3.5, 10, 170
2 (1) 4, 4, 2500   (2) b, b, 24, 24, 100, 5200

대표 유형   본교재 | 90쪽

5 (1) 550   (2) 200
5-1 (1) 80   (2) 900   **5**-2 1
6 ⑤   **6**-1 ①   **6**-2 $-4\sqrt{2}$

배운대로 해결하기   본교재 | 91쪽

01 ①   02 -2 03 ①   04 ④
05 ④   06 ④   07 ①   08 -2

개념 넓히기로 마무리   본교재 | 92~94쪽

01 ⑤   02 ②   03 ③   04 ⑤
05 ③   06 ④   07 $a=11$, $b=9$
08 ①   09 ④   10 ④   11 ⑤
12 ④   13 ③   14 -36 15 ⑤
16 $2\sqrt{3}$ 17 $2x-4$ 18 3   19 6
20 20   21 $(3x-2)(4x+3)$ 22 1

---

3. 이차방정식

개념 01   이차방정식과 그 해

개념 콕콕   본교재 | 96쪽

1 (1) ×   (2) ○   (3) ×   (4) ○
2 (1) ×   (2) ×   (3) ○   (4) ○

대표 유형   본교재 | 97쪽

1 ②, ④   **1**-1 ①, ③   **1**-2 ②
2 ⑤   **2**-1 ④   **2**-2 6

개념 02   인수분해를 이용한 이차방정식의 풀이

개념 콕콕   본교재 | 98쪽

1 (1) $x=0$ 또는 $x=-2$
   (2) $x=-3$ 또는 $x=3$
   (3) $x=-4$ 또는 $x=1$
   (4) $x=-5$ 또는 $x=\frac{1}{2}$
2 (1) $x=0$ 또는 $x=5$ (2) $x=-4$ 또는 $x=4$
   (3) $x=-6$ 또는 $x=-1$
   (4) $x=-\frac{3}{2}$ 또는 $x=2$

대표 유형   본교재 | 99쪽

3 ②   **3**-1 ①   **3**-2 ⑤
4 $a=-2$, $x=-1$
4-1 $a=1$, $x=\frac{4}{3}$ **4**-2 -3

배운대로 해결하기   본교재 | 100쪽

01 ⑤   02 $a\neq4$ 03 ④   04 ④
05 ③   06 ⑤   07 -4 08 2

개념 03   이차방정식의 중근

개념 콕콕   본교재 | 101쪽

1 (1) $x=2$ (2) $x=-5$ (3) $x=-4$
   (4) $x=\frac{1}{3}$
2 (1) 6, 9   (2) 4, 16, ±4

대표 유형   본교재 | 102쪽

1 ⑤   **1**-1 ①   **1**-2 ㄱ, ㄷ
2 ④   **2**-1 ①   **2**-2 ⑤

개념 04 제곱근, 완전제곱식을 이용한 이차방정식의 풀이

개념 콕콕　　　　본교재 | 103쪽

1 (1) $x=\pm4$　(2) $x=\pm\sqrt{6}$　(3) $x=\pm2$
　(4) $x=\pm\dfrac{\sqrt{6}}{3}$

2 (1) $x=-1\pm\sqrt{2}$　(2) $x=2\pm\sqrt{5}$
　(3) $x=-2\pm\sqrt{3}$　(4) $x=3\pm\sqrt{2}$

3 2, 9, 11, 3, 11, 3, 11

대표 유형　　　　본교재 | 104쪽

3 ⑤　　**3-1** ④　　**3-2** ③
4 12　　**4-1** $\dfrac{25}{2}$　　**4-2** 15

배운대로 해결하기　　　　본교재 | 105쪽

01 ③　　**02** 7　　**03** ④　　**04** ⑤
05 ①　　**06** ⑤　　**07** $\dfrac{1}{3}$　　**08** ②

개념 05 이차방정식의 근의 공식

개념 콕콕　　　　본교재 | 106쪽

1 풀이 참조
2 (1) $x=\dfrac{-1\pm\sqrt{5}}{2}$　(2) $x=\dfrac{7\pm\sqrt{17}}{4}$
　(3) $x=-3\pm\sqrt{2}$　(4) $x=\dfrac{4\pm\sqrt{22}}{3}$

대표 유형　　　　본교재 | 107쪽

1 ⑤　　**1-1** ④　　**1-2** $\sqrt{19}$
2 ②　　**2-1** ③　　**2-2** ④

개념 06 복잡한 이차방정식의 풀이

개념 콕콕　　　　본교재 | 108쪽

1 (1) $x=-2\pm2\sqrt{2}$　(2) $x=-1$ 또는 $x=5$
　(3) $x=\dfrac{-1\pm\sqrt{5}}{4}$　(4) $x=\dfrac{1\pm\sqrt{73}}{6}$
　(5) $x=-4$ 또는 $x=2$　(6) $x=\dfrac{5\pm\sqrt{17}}{4}$

2 5, 6, 6, 6, 6, 4

대표 유형　　　　본교재 | 109쪽

3 ②　　**3-1** ④　　**3-2** 22
4 ①　　**4-1** ⑤　　**4-2** 3

배운대로 해결하기　　　　본교재 | 110쪽

01 ①　　**02** ③　　**03** -5　　**04** ②
05 $x=2$　　**06** $x=\dfrac{1}{3}$　**07** ①　　**08** ⑤

개념 07 이차방정식의 근의 개수

개념 콕콕　　　　본교재 | 111쪽

1 (1) 1, 3, -3, 3, -3, 21, $>$, 2
　(2) 1, -1, 1, -1, 1, 0, $=$, 1
　(3) 1, 1, 2, 1, 2, -1, $<$, 0

대표 유형　　　　본교재 | 112쪽

1 ③　　**1-1** ④　　**1-2** ㄴ, ㄹ
2 $k<5$　　**2-1** $k<-\dfrac{5}{4}$　**2-2** ①

개념 08 이차방정식 구하기

개념 콕콕　　　　본교재 | 113쪽

1 (1) $x^2-4x+3=0$
　(2) $2x^2+6x-20=0$　(3) $-x^2-x+2=0$
2 (1) $x^2-4x+4=0$　(2) $4x^2+8x+4=0$
　(3) $\dfrac{1}{2}x^2-4x+8=0$

대표 유형　　　　본교재 | 114쪽

3 ①　　**3-1** ④　　**3-2** ④
4 ②　　**4-1** ③　　**4-2** ②

배운대로 해결하기　　　　본교재 | 115쪽

01 ⑤　　**02** 3　　**03** $k\geq-\dfrac{9}{8}$
04 ④　　**05** ④　　**06** ③　　**07** ④
08 $3x^2+6x+3=0$

개념 09 이차방정식의 활용

개념 콕콕　　　　본교재 | 116쪽

1 $x+1$, $x+1$, 30, 30, 5, 5, 5, 5, 6
2 $x-3$, 56, 56, 8, 8, 8, 8

대표 유형　　　　본교재 | 117~118쪽

1 ②　　**1-1** ⑤　　**1-2** ④
2 ②　　**2-1** ③　　**2-2** ②
3 ③　　**3-1** 6초　　**3-2** 3초
4 3 m　　**4-1** 4 m　　**4-2** 2 cm

배운대로 해결하기　　　　본교재 | 119쪽

01 16명　**02** ③　　**03** 6　　**04** ①
05 ④　　**06** 2초　　**07** 3 cm　**08** ②

개념 넓히기로 마무리　　　　본교재 | 120~122쪽

01 ⑤　　**02** ①　　**03** ⑤　　**04** ①
05 ⑤　　**06** ③　　**07** ⑤　　**08** ⑤
09 ①　　**10** ②　　**11** ③　　**12** 6
13 ④　　**14** 11　　**15** 4, 6
16 3 cm 또는 10 cm　**17** 10　　**18** -5
19 2초　　**20** 3　　**21** -6　　**22** 15 cm

Ⅲ. 이차함수

1. 이차함수와 그 그래프

개념 01 이차함수

개념 콕콕　　　　본교재 | 124쪽

1 (1) ×　(2) ×　(3) ○　(4) ○
2 (1) $y=x^2+3x$, ○　(2) $y=4x$, ×
　(3) $y=\pi x^2$, ○
3 (1) 6　(2) 3

대표 유형　　　　본교재 | 125쪽

1 ③, ⑤　　**1-1** ②, ④　**1-2** ④
2 ④　　**2-1** ⑤　　**2-2** 4

개념 02 이차함수 $y=x^2$의 그래프

개념 콕콕　　　　본교재 | 126쪽

1 (1) 0, 0, 아래　(2) $x=0$　(3) 증가
　(4) 위　(5) x
2 (1) 0, 0, 위　(2) $x=0$　(3) 감소
　(4) 아래　(5) x

대표 유형　　　　본교재 | 127쪽

3 ④　　**3-1** ⑤
4 ②　　**4-1** ④　　**4-2** ①

개념 03 이차함수 $y=ax^2$의 그래프

개념 콕콕　　　　본교재 | 128쪽

1 (1) 0, 0, 아래　(2) y　(3) $-2x^2$　(4) 증가
2 (1) ㄴ, ㄷ, ㅁ　(2) ㄹ　(3) ㄷ과 ㅂ

대표 유형 본교재 | 129쪽

5 ①   **5**-1 ③   **5**-2 ⑤
6 ②   **6**-1 ③   **6**-2 $\frac{5}{8}$

배운대로 해결하기 본교재 | 130쪽

01 ④   **02** ①, ⑤   **03** 12   **04** ①
05 ㄴ, ㅁ   **06** ②, ④   **07** ②   **08** -6

개념 04 이차함수 $y=ax^2+q$의 그래프

개념 콕콕 본교재 | 131쪽

1 (1) $y=x^2+2$ (2) $y=3x^2-1$
  (3) $y=-2x^2+4$ (4) $y=-4x^2-3$
2 (1) $(0, -1)$, $x=0$ (2) $(0, 3)$, $x=0$
  (3) $(0, 7)$, $x=0$ (4) $(0, -2)$, $x=0$

대표 유형 본교재 | 132쪽

1 2   **1**-1 $\frac{1}{2}$ **1**-2 8
2 (가) -5, (나) 0, (다) -5
2-1 (가) 1, (나) 0, (다) 1   **2**-2 ⑤

개념 05 이차함수 $y=a(x-p)^2$의 그래프

개념 콕콕 본교재 | 133쪽

1 (1) $y=(x-1)^2$ (2) $y=4(x+2)^2$
  (3) $y=-3(x-5)^2$ (4) $y=-6(x+1)^2$
2 (1) $(2, 0)$, $x=2$ (2) $(-3, 0)$, $x=-3$
  (3) $(4, 0)$, $x=4$ (4) $(-7, 0)$, $x=-7$

대표 유형 본교재 | 134쪽

3 $\frac{1}{3}$ **3**-1 $\frac{2}{5}$ **3**-2 4
4 (가) 3, (나) 3, (다) $x>3$
4-1 (가) -6, (나) -6, (다) $x<-6$
4-2 ②, ⑤

배운대로 해결하기 본교재 | 135쪽

01 ②   **02** ①   **03** $(0, 2)$ **04** ㄷ, ㄹ
05 ④   **06** ①   **07** 2   **08** ③

개념 06 이차함수 $y=a(x-p)^2+q$의 그래프

개념 콕콕 본교재 | 136쪽

1 (1) $y=(x-2)^2+1$ (2) $y=-2(x+3)^2-1$
  (3) $y=4(x+4)^2+3$
  (4) $y=-5(x-2)^2-2$
2 (1) $(1, 5)$, $x=1$ (2) $(-6, 1)$, $x=-6$
  (3) $(-2, -3)$, $x=-2$

대표 유형 본교재 | 137쪽

1 ③   **1**-1 ④   **1**-2 ③
2 ③, ⑤   **2**-1 ④, ⑤
2-2 제3사분면

개념 07 이차함수 $y=a(x-p)^2+q$의
그래프에서 a, p, q의 부호

개념 콕콕 본교재 | 138쪽

1 (1) $>$ (2) $<$, $>$
2 (1) $<$ (2) $>$, $<$

대표 유형 본교재 | 139쪽

3 ④   **3**-1 ①   **3**-2 ③
4 ③   **4**-1 ④

개념 08 이차함수 $y=a(x-p)^2+q$의
그래프의 평행이동과 대칭이동

개념 콕콕 본교재 | 140쪽

1 (1) $y=(x-3)^2-2$ (2) $y=3(x+2)^2-4$
2 (1) $y=-(x-1)^2+3$ (2) $y=2(x+3)^2+5$
3 (1) $y=(x+2)^2-4$ (2) $y=5(x-6)^2-3$

대표 유형 본교재 | 141쪽

5 ④   **5**-1 ③   **5**-2 ③
6 ④   **6**-1 ④   **6**-2 ③

배운대로 해결하기 본교재 | 142~143쪽

01 ④   **02** ④   **03** ①
04 $(-5, 2)$ **05** ②   **06** ④
07 ②   **08** ④   **09** ③   **10** 8
11 ②   **12** ⑤   **13** 1   **14** ②

개념 넓히기로 마무리 본교재 | 144~146쪽

01 ②   **02** ④   **03** ②   **04** ③
05 ④   **06** ⑤   **07** ③   **08** ③
09 ①   **10** ⑤   **11** ③, ⑤   **12** ⑤
13 ④   **14** ⑤   **15** ①   **16** ②
17 9   **18** 3   **19** 제4사분면
20 $y=3(x+1)^2-3$ **21** 15   **22** 30
23 $-2<k<3$

2. 이차함수의 활용

개념 01 이차함수 $y=ax^2+bx+c$의 그래프

개념 콕콕 본교재 | 148쪽

1 2, 2, 1, 1, 1, 3
2 (1) 0, 0, 1, 1, 1   (2) 0, -3, -3

대표 유형 본교재 | 149쪽

1 ⑤   **1**-1 ③   **1**-2 ⑤
2 ⑤   **2**-1 ④   **2**-2 ③
3 ①   **3**-1 ⑤   **3**-2 $(0, 4)$
4 ④   **4**-1 ②

개념 02 이차함수 $y=ax^2+bx+c$의
그래프에서 a, b, c의 부호

개념 콕콕 본교재 | 151쪽

1 (1) $>$ (2) $>$, $>$ (3) $>$
2 (1) $<$ (2) $<$, $>$ (3) $<$

대표 유형 본교재 | 152쪽

5 ③   **5**-1 ②   **5**-2 ④
6 ①   **6**-1 ②

배운대로 해결하기 본교재 | 153쪽

01 ②   **02** ②   **03** ①   **04** ①
05 ②   **06** ①   **07** ②

개념 03 이차함수의 식 구하기 (1)

개념 콕콕 본교재 | 154쪽

1 1, 4, 4, -3, -3, 1, 4
2 1, 5, 11, 3, 1, 3

대표 유형 본교재 | 155쪽

1 ②   **1**-1 ⑤   **1**-2 ③
2 ③   **2**-1 ⑤
2-2 $y=2x^2-4x-2$

개념 04 이차함수의 식 구하기 (2)

개념 콕콕   본교재 | 156쪽

1 c, $a+b+c$, $4a+2b+c$, -7, 3, 7, 3
2 2, 2, -1, -1, 2, 2

대표 유형   본교재 | 157쪽

3 ①   **3-1** ③   **3-2** ③
4 ③   **4-1** ②   **4-2** ①

개념 05 이차함수의 활용

개념 콕콕   본교재 | 158쪽

1 35, 35, 7, 1, 1, 1
2 $10-x$, $10-x$, 10, 10, 10, 8, 8, 8, 8, 2, 2, 8
3 $8-x$, $8-x$, 8, 8, 8, 5, 5, 5

대표 유형   본교재 | 159쪽

5 1초 또는 3초
5-1 2초 또는 4초   **5-2** ④
6 6, 7   **6-1** 5, 16
6-2 3 cm 또는 9 cm

배운대로 해결하기   본교재 | 160~161쪽

01 ③   **02** ④   **03** 7   **04** ④
05 ③   **06** ③   **07** ①   **08** 2
09 ①   **10** ③   **11** ⑤   **12** ③
13 ①   **14** ⑤   **15** 2, 7
16 4 cm 또는 11 cm

개념 넓히기로 마무리   본교재 | 162~164쪽

01 ①   **02** ③   **03** ②   **04** ①
05 1   **06** ④   **07** ⑤   **08** ④
09 ①   **10** ③   **11** ①   **12** ③
13 ②   **14** ①   **15** ④
16 $x=3$ 또는 $x=7$ **17** 1
18 제3사분면   **19** 8   **20** 6
21 $y=-3(x-1)^2-2$
22 200원 또는 700원

워크북

1. 제곱근과 실수

배운대로 복습하기   워크북 | 2쪽

01 ②   **02** ③   **03** ②   **04** ③
05 $\sqrt{42}$ **06** ①   **07** ⑤   **08** ⑤

배운대로 복습하기   워크북 | 3쪽

01 ③   **02** -5 **03** ④   **04** ③
05 ⑤   **06** ①   **07** ④   **08** ③

배운대로 복습하기   워크북 | 4쪽

01 ④   **02** ③   **03** ⑤   **04** ②
05 ⑤   **06** 30   **07** 4개   **08** ③

배운대로 복습하기   워크북 | 5쪽

01 ④   **02** ③   **03** ④
04 $-2-\sqrt{13}$ **05** 4   **06** ③
07 ③   **08** ②

2. 근호를 포함한 식의 계산

배운대로 복습하기   워크북 | 6~7쪽

01 ④   **02** ②   **03** 5   **04** $\dfrac{1}{2\sqrt{3}}$
05 ⑤   **06** ②   **07** ⑤   **08** ⑤
09 ⑤   **10** 48   **11** ⑤   **12** ①
13 $\dfrac{\sqrt{19}}{2}$ cm   **14** ④   **15** ②
16 ②

배운대로 복습하기   워크북 | 8~9쪽

01 $-3\sqrt{5}$ **02** ③   **03** $-6-4\sqrt{5}$
04 ④   **05** ②   **06** 1   **07** ①
08 ④   **09** -3 **10** ⑤   **11** ⑤
12 $2\sqrt{10}+\dfrac{5}{2}$ **13** $5-2\sqrt{5}$
14 ④   **15** ④   **16** ③

1. 다항식의 곱셈

배운대로 복습하기   워크북 | 10~11쪽

01 ④   **02** ③   **03** ④   **04** ⑤
05 ⑤   **06** ②   **07** ④   **08** ④
09 ⑤   **10** ③   **11** ①   **12** ③
13 ②   **14** ③   **15** -140
16 $12x^2-5x-2$

배운대로 복습하기   워크북 | 12~13쪽

01 $x^2+8xy+16y^2-10x-40y+25$
02 ①   **03** ③   **04** ④   **05** ④
06 ③   **07** ①   **08** 0   **09** ②
10 42   **11** ③   **12** ①, ④   **13** ⑤
14 ④   **15** 29   **16** ③

2. 인수분해

배운대로 복습하기   워크북 | 14~15쪽

01 ④   **02** ③   **03** ④   **04** ⑤
05 ②   **06** ⑤   **07** ⑤   **08** ②
09 ②   **10** ⑤   **11** -28 **12** ④
13 ③   **14** ③   **15** ①   **16** 4

배운대로 복습하기   워크북 | 16쪽

01 ⑤   **02** 17   **03** ④   **04** 2
05 $x+2y-1$ **06** ③   **07** 4
08 12

3. 이차방정식

배운대로 복습하기   워크북 | 17쪽

01 ⑤   **02** ④   **03** ②   **04** 3
05 ②   **06** 2   **07** -5 **08** 6

배운대로 복습하기   워크북 | 18쪽

01 ③   **02** 12   **03** ④   **04** ②
05 ⑤   **06** ⑤   **07** $\dfrac{45}{2}$ **08** -1

배운대로 복습하기 워크북 | 19쪽

01 ③ **02** ③ **03** 1 **04** ①
05 $x=4$ **06** $x=-1$ **07** ①
08 ⑤

배운대로 복습하기 워크북 | 20쪽

01 ㄷ **02** 1 **03** ② **04** ①
05 ③ **06** ② **07** ④
08 $4x^2-4x+1=0$

배운대로 복습하기 워크북 | 21쪽

01 ④ **02** ③ **03** 1 **04** ①
05 ② **06** 2초 **07** 72 cm² **08** ②

Ⅲ. 이차함수

1. 이차함수와 그 그래프

배운대로 복습하기 워크북 | 22쪽

01 ④ **02** ①, ⑤ **03** 8 **04** ②
05 ② **06** ③, ④ **07** ⑤ **08** $\frac{2}{3}$

배운대로 복습하기 워크북 | 23쪽

01 ② **02** ③ **03** -2 **04** ④
05 ② **06** ⑤ **07** 8 **08** ④

배운대로 복습하기 워크북 | 24~25쪽

01 ③ **02** ③ **03** ①
04 $(1, -3)$ **05** ④ **06** ⑤
07 ② **08** ④ **09** ③ **10** ①
11 ③ **12** ④ **13** 12
14 $(-1, 2)$

Ⅲ. 이차함수

2. 이차함수의 활용

배운대로 복습하기 워크북 | 26쪽

01 ③ **02** ① **03** ② **04** 5
05 ⑤ **06** ③ **07** ④

배운대로 복습하기 워크북 | 27~28쪽

01 ④ **02** ③ **03** $-\frac{9}{2}$ **04** ②
05 ② **06** ④ **07** ③
08 $x=-1$ **09** ④ **10** ⑤
11 ① **12** $(1, 3)$ **13** ④ **14** ③
15 2, 22 **16** 12 cm

Ⅰ. 실수와 그 계산

1. 제곱근과 실수

서술형 훈련하기 워크북 | 30~35쪽

01 5 **02** -1 **03** $\sqrt{35}$ **04** $5a+b$
05 $-2x-2$ **06** $2b$ **07** 20
08 125 **09** 2 **10** 0 **11** 3
12 2 **13** P : $1+\sqrt{5}$, Q : $1-\sqrt{5}$
14 P : $3+\sqrt{10}$, Q : $3-\sqrt{10}$
15 (1) $\overline{AQ}=\sqrt{2}$, $\overline{BP}=\sqrt{5}$
　　 (2) P : $3-\sqrt{5}$, Q : $\sqrt{2}$
16 (1) $A>B$ (2) $B>C$ (3) $C<B<A$
17 $8-\sqrt{11}$ **18** 구간 F, 구간 D

Ⅰ. 실수와 그 계산

2. 근호를 포함한 식의 계산

서술형 훈련하기 워크북 | 36~41쪽

01 5 **02** $\sqrt{3}$ **03** 4 cm **04** $\sqrt{15}$
05 4 **06** 20 **07** 876 **08** 95.82
09 2.981 **10** $\frac{5}{8}$ **11** $-3+\sqrt{5}$
12 4 **13** -1 **14** 1 **15** 2, -7
16 $2\sqrt{10}-5$ **17** $8-\sqrt{2}$
18 $2\sqrt{2}-3$

Ⅱ. 이차방정식

1. 다항식의 곱셈

서술형 훈련하기 워크북 | 42~45쪽

01 49 **02** 4 **03** -32 **04** 56
05 28 **06** 33 **07** $-\frac{10}{3}$ **08** 8
09 37
10 (1) 512 (2) $(a+b)(a-b)=a^2-b^2$
11 (1) 29 (2) 33 **12** 194

Ⅱ. 이차방정식

2. 인수분해

서술형 훈련하기 워크북 | 46~51쪽

01 7 **02** 5 **03** $-a+3b$
04 9 **05** $3a$ **06** $36x$ **07** -12
08 $2x+1$ **09** $(x+2)(x-9)$ **10** -15
11 $2x-3$ **12** $6x+6$ **13** 7 **14** $x+2$
15 0 **16** 240 **17** $2\sqrt{2}$ **18** 21

Ⅱ. 이차방정식

3. 이차방정식

서술형 훈련하기 워크북 | 52~58쪽

01 $a=24$, $x=6$ **02** 2 **03** 34
04 14 **05** -1 **06** $\frac{7}{6}$ **07** 42
08 -35
09 (1) $x=\dfrac{7\pm\sqrt{49-4q}}{2}$ (2) $q\leq\dfrac{49}{4}$ (3) 6, 10, 12
10 66 **11** $\sqrt{34}$ **12** 9 **13** 52
14 4 **15** 2
16 $4x^2+25x+25=0$ **17** -6
18 -2 **19** 16 **20** 7초 **21** 4 m

Ⅲ. 이차함수

1. 이차함수와 그 그래프

서술형 훈련하기 워크북 | 59~62쪽

01 4 **02** $\sqrt{5}$ **03** 24 **04** 4
05 2 **06** 10 **07** 12 **08** 2
09 -6 **10** 8 **11** $\frac{7}{3}$ **12** -2

Ⅲ. 이차함수

2. 이차함수의 활용

서술형 훈련하기 워크북 | 63~65쪽

01 6 **02** $\frac{12}{5}$ **03** 1 **04** 6
05 $(-10, 0)$ **06** 54 **07** 5
08 -6 **09** -3

MeMo

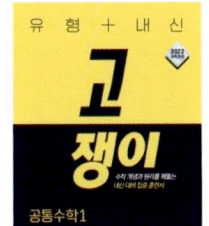

新 수학의 바이블 개념